Rüdiger Trimpop, Andrea Fischbach, Iris Seliger, Anastasiia Lynnyk,
Nicolai Kleineidam & André Große-Jäger (Hrsg.)

21. Workshop Psychologie der Arbeitssicherheit und Gesundheit

Gewalt in der Arbeit verhüten und die Zukunft gesundheitsförderlich gestalten!

Gemeinsam veranstaltet vom
Fachverband Psychologie für Arbeitssicherheit
und Gesundheit (FV PASiG e.V),
der Deutschen Hochschule der Polizei Münster,
dem Lehrstuhl für Arbeits- und Organisationspsychologie
der Friedrich Schiller Universität Jena und
der Initiative neue Qualität der Arbeit

Rüdiger Trimpop, Andrea Fischbach,
Iris Seliger, Anastasiia Lynnyk, Nicolai Kleineidam &
André Große-Jäger (Hrsg.)

21. Workshop Psychologie der Arbeitssicherheit und Gesundheit

Gewalt in der Arbeit verhüten und die Zukunft gesundheitsförderlich gestalten!

Asanger Verlag • Kröning

Layout: Wolfgang Wohlers, einsatz.berlin

Druck: PBtisk, a.s., Czech Republic

Bibliographische Informationen der Deutschen Nationalbibliothek:
Die Deutsche Nationalbibliothek verzeichnet diese Publikation in der Deutschen Nationalbibliographie; detaillierte bibliographische Daten sind im Internet über http://dnb.d-nb.de abrufbar.

ISBN 978-3-89334-640-0

Vorwort der Herausgeber und Veranstalter

Dieser Workshop und der hier vorliegende Band, sind erneut ein Novum. Nachdem wir den letzten Workshop erstmals in einem anderen Land durchführten und dank unserer österreichischen Verbündeten von der AUVA einen sehr erfolgreichen, schönen und auch großen Workshop hatten, hat uns „Corona" dazu gezwungen, den diesjährigen Workshop um ein Jahr zu verschieben. An und mit der Deutschen Hochschule der Polizei und mit INQA und dem BMAS als Partner haben wir ein exzellentes Programm rund um die Schwerpunktthemen: Gewalt am Arbeitsplatz, Digitalisierung, Gesundheitsförderung und vielen weiteren interessanten Beiträgen gestaltet. Wir haben renommierte PlenarsprecherInnen gewonnen, z.B. zu Mobbing, Teamwork, Polizeiarbeit, Erholung, DGUV Vorschrift 2 und vieles mehr. Auch internationale Plenarsprecherinnen aus Israel wollen uns unterstützen. Insgesamt bietet sich hier die exzellente Gelegenheit VertreterInnen der Forschung, Praxis und der Multiplikatoren kommunikativ zu vernetzen und mit der Polizeiarbeit ein weiteres Berufsfeld zu verlinken. Da im kommunikativen Austausch der ExpertenInnen der Schwerpunkt von PASIG insgesamt liegt, haben wir uns entschieden, keine elektronische Online-Veranstaltung zu machen, sondern – fast – alles um ein Jahr zu verschieben.

Die gute Nachricht ist, bisher haben alle zugesagt, auch im nächsten Jahr teilnehmen zu wollen!

Da sehr viele von uns bereits eine Menge Arbeit in die schriftlichen Beiträge gesteckt haben, entschlossen wir uns den peer-reviewten Workshopband schon jetzt zum eigentlichen Workshoptermin herauszugeben. Viele der NachwuchsforscherInnen möchten ihren Beitrag gerne zitierfähig haben und viele PraktikerInnen bereits jetzt lesen, was es an neuen Erkenntnissen für die Umsetzung gibt.

Nicht alle haben es rechtzeitig zum Redaktionsschluss geschafft und es werden im nächsten Jahr auch noch einige Themen dazu kommen. In Anbetracht dessen, hat der Asanger Verlag zugesagt, ein Addendum herauszugeben, das mit dem jetzigen Workshopband zusammen zitierfähig gemacht werden wird. Dies ist auch durch die finanzielle Unterstützung des BMAS und PASIG ermöglicht worden.

Da wir nur von den Erstautorinnen und Erstautoren die Kontaktdaten haben, werden wir zunächst ihnen das Band zukommen lassen. Alle anderen wenden sich bitte direkt an den Asanger Verlag. Wir werden die Kosten des Workshopbandes mit den Teilnahmegebühren im kommenden Jahr verrechnen.

Da ich als Erstherausgeber bereits alle Beiträge – teilweise mehrfach – gelesen habe, kann ich nur sagen: Es lohnt sich!

Wir freuen uns sehr auf die rege Teilnahme im kommenden Jahr und alle VeranstalterInnen wünschen Ihnen und Euch vor allem Gesundheit, aber auch die Chance aus den „Coronakrisen" die Entwicklungschancen nutzen und in einigen Bereichen lange notwendige Optimierungen für Sicherheit und Gesundheit anstoßen und erreichen zu können.

Bleibt Gesund!

Rüdiger Trimpop im Namen des Herausgeberteams

Vorträge im Plenum

Andrea Fischbach
Gewalt als Arbeitsanforderung

Oliver Lauenstein, André Große-Jäger & Andreas Horst
Basic Work – Mittendrin und außen vor

Clemens Lorei
Professionalisierung und Wissenschaft zur Gewalt in der Polizei

Thomas Ellwart
Mensch, Softwareagenten und Roboter in hybriden Teams. Auswirkungen auf Arbeit, Sicherheit und Gesundheit

Jürgen Loyen
Gewalt gegen Polizeibeamte: allgemeine Situationsbeschreibung und Sachstand in Thüringen/in der Landespolizeiinspektion Erfurt

Norbert K. Semmer, Sandra Keller & Franziska Tschan
Gruppen-Konflikte

Torsten Kunz
Zukunft der sicherheitstechnischen und arbeitsmedizinischen Betreuung der Betriebe

Dieter Zapf
Mobbing am Arbeitsplatz: Prävention und Intervention

Andrea Fischbach
Deutsche Hochschule der Polizei, Münster

Gewalt als Arbeitsanforderung

1. Formen arbeitsbezogener Gewalt

Gewalt am Arbeitsplatz (workplace violence and aggression) meint häufig Vorfälle, bei denen Beschäftigte im Rahmen ihrer Arbeitstätigkeit Opfer von Gewalt und Aggression werden (vgl. z.B. BKA, 2018; DGUV, 2016). Die direkte und unmittelbare Erfahrung, selbst Opfer von Gewalt und Aggression im Rahmen der Arbeitstätigkeit zu werden, ist eine Form arbeitsbezogener Gewalterfahrung. Eine zweite Form von Gewalt am Arbeitsplatz betrifft die Ausübung von Gewalt als Teil der Arbeitsaufgabe. Hier geht es darum, staatliche Gewalt, Rechtsvorschriften oder betriebliche Regelungen auch gegen den Widerstand Betroffener durchzusetzen, wie zum Beispiel beim Zoll, bei Berufsgenossenschaften, im Justizvollzug, in Ämtern, bei der öffentlichen Personenbeförderung durch Bus, Bahn oder Flugzeug oder bei der Polizei (vgl. z.B. Lorei, 2017). Eine dritte Form von Gewalt am Arbeitsplatz betrifft die Konfrontation mit Gewalt als Teil der Arbeitsaufgabe. Hier geht es darum, mit Opfern von Gewalt zu arbeiten oder mit Details eines Gewaltereignisses umzugehen, wie zum Beispiel bei der Traumatherapie oder bei der polizeilichen Ermittlung von Kinderpornographie (vgl. Fischbach, 2020), aber auch mit erregten, verärgerten, aufgebrachten oder verwirrten Menschen im Kunden-, Klienten-, oder Bürgerkontakt umzugehen, wie zum Beispiel bei der Bearbeitung von Kundenbeschwerden, bei der medizinischen Betreuung geistig verwirrter Personen oder bei der polizeilichen Begleitung einer Demonstration (vgl. Fischbach, 2016). Häufig fehlt bei der Beschäftigung mit Gewalt am Arbeitsplatz in Forschung, Anwendungsbereichen und der öffentlichen Diskussion eine Unterscheidung dieser Formen arbeitsbezogener Gewalt und eine Differenzierung nach der Schwere des Gewaltereignisses, systematische Erhebungen von Vorfällen im Zusammenhang mit Gewalt am Arbeitsplatz, die Vergleiche zwischen Berufsgruppen oder zeitliche Verlaufsanalysen ermöglichen würden und Rahmenmodelle zur Erklärung von Gewalterfahrung am Arbeitsplatz (vgl. Li, Li, Qiu, & Xiao, 2020). In diesem Beitrag wird eine Definition für Gewalt am Arbeitsplatz vorgeschlagen, die alle Ereignisse, bei denen Beschäftigte im Rahmen ihrer Tätigkeit mit Gewalt konfrontiert werden, umfasst. Im Folgenden sollen einige Aspekte der so definierten Gewalt am Arbeitsplatz aus arbeitspsychologischer Sicht beleuchtet werden. Dabei soll besonders auf Gewalt als Anforderungsdimension der Emotionsarbeit und auf Risiko- und Schutzfaktoren dieser Anforderung eingegangen werden.

2. Perspektiven arbeitsbezogener Gewalt

Arbeitsbezogene Gewalt meint sowohl Gewalt im Sinne der direkten Opferwerdung, als auch die Gewaltdurchsetzung als Arbeitsanforderung und die Konfrontation mit Gewalt als expliziter Teil der Arbeitsaufgabe. Arbeitsbezogene Gewalt kann aus unterschiedlichen Perspektiven betrachtet werden. Zum einen geht es um strafrechtliche und kriminologische Fragen und gesellschaftspolitische Herausforderungen, wie zum Beispiel Fragen der Strafverfolgung, strafrechtliche Konsequenzen, Ursachen und Möglichkeiten der Gefahrenabwehr, Prävention von Gewalt am Arbeitsplatz und öffentliche Kampagnen zur Sensibilisierung der Bevölkerung für die Problematik aus Sicht der Betroffenen (vgl. z.B. BKA, 2018; DGB, 2020). Zweitens geht es um Fragen der Versorgungs- und Versicherungsleistungen für die Betroffenen, zum Beispiel die Anerkennung von Gewaltunfällen als Arbeitsunfälle (DGUV, 2016; Wise & Beck, 2015). Drittens geht es um Fragen der Arbeitsgestaltung und Prävention von Gewaltunfällen, zum Beispiel Fragen nach der Prävalenz von psychischen Störungen wie der Posttraumatischen Belastungsstörung (PTBS) als Folge von arbeitsbezogener Gewalt in bestimmten Berufsgruppen (vgl. z.B. Fischbach, 2020; Fischbach & Lichtenthaler, 2016), die Identifikation von personen-, aufgaben-, arbeits-, organisations- und berufsbezogenen Faktoren zur Erklärung arbeitsbezogener Gewalt, ihren Anforderungen und ihren Folgen für Gesundheit, Wohlbefinden und Leistungsfähigkeit der Beschäftigten und der Organisation und die Entwicklung von Gestaltungsmaßnahmen zur Prävention von arbeitsbezogener Gewalt und ihrer psychischen Folgen. Dieser Beitrag soll sich im Schwerpunkt auf diese dritte arbeitspsychologische Perspektive beziehen. Dazu werden zunächst Formen und Schweregrade arbeitsbedingter Gewaltkonfrontation unterschieden. Anschließend werden die emotionsbezogenen Regulationsanforderungen bei aufgabenbedingter Gewaltkonfrontation dargestellt. Es wird vorgeschlagen, zwischen intrinsischer Emotionsarbeit im Sinne der Arbeitsanforderung, professionelle Emotionen zu erleben und extrinsischer Emotionsarbeit im Sinne der Arbeitsanforderung, professionelle Emotionen zu zeigen, zu unterscheiden. Dieser Erklärungsansatz für arbeitsbedingte Gewalt soll die Diskussion von Gewalt am Arbeitsplatz erweitern, die bislang stark von der Perspektive der Opferwerdung von Beschäftigten und Täterschaft ihrer Gegenüber (z. B. Kunden und gewaltbereite Bürger) geprägt ist.

3. Arbeitsbedingte Gewaltkonfrontation

Menschen können im Rahmen ihrer beruflichen Tätigkeit mit Gewalt konfrontiert werden. Solche Gewaltereignisse können in ihrer schwersten Form traumatische Ereignisse sein, wie z.B. Bedrohungen mit Waffen, sexuelle und körperliche Misshandlungen oder Raub und Überfälle. Ein Trauma ist ein objektives Ereignis, das auf unterschiedliche Arten bei der Arbeit erfahren werden kann und das im Zusammenhang mit Gewalt am Arbeitsplatz von Menschen verursachte schwere Gewaltereignisse im Rahmen der Arbeitstätigkeit meint und schwere körperliche Konsequenzen (Tod, körperliche Verletzungen) und psychische Konsequenzen (Posttraumatische Belastungsreaktionen und Posttraumatische Belastungsstörungen) haben kann. Solche Traumata können unmittelbar bei Ausübung der beruflichen Tätigkeit erfahren werden. Beispielsweise kann ein Behördenmitarbeiter von einem Besucher mit einem Messer bedroht werden oder eine Bankmitarbeiterin wird bei einem Raubüberfall verletzt. Ein Trauma kann zweitens auch in persönlicher Zeugenschaft, aus beobachtender Distanz bei der Arbeit erfahren werden, beispielsweise, wenn ein Polizist mit ansieht, wie seine Kollegin mit einem Messer niedergestochen wird. Bei der Arbeit kann es auch drittens zu indirekter Konfrontation mit einem Trauma kommen, wenn es durch engen persönlichen Kontakt mit der Person, die das Trauma erlebt hat, erfahren wird, z.B. wenn ein Kollege Suizid begangen hat oder Opfer eines Gewaltverbrechens wurde. Schließlich können viertens Beschäftigte aufgabenbedingt mit Traumata konfrontiert werden, beispielsweise, wenn Einsatzkräfte Leichenteile bergen, Notfallseelsorger und Ersthelfer mit Gewaltopfern sprechen, Therapeuten von Gewaltopfern Details eines Traumas erfahren oder wenn polizeiliche Ermittler kinderpornographisches Videomaterial auswerten. Darüber hinaus können Menschen im Rahmen ihrer beruflichen Tätigkeit auch mit weniger schwerwiegender Gewalt und Aggression konfrontiert werden. Auch hier kann zwischen direkter persönlicher Erfahrung, Zeugenschaft, indirekter persönlicher Erfahrung und wiederholter Erfahrung als Teil der Arbeitsaufgabe unterschieden werden. Beispielsweise kann eine Beschäftigte durch sexualisierte Bemerkungen eines Kollegen direkt verletzt werden oder eine Kollegin hört diese Bemerkung, die der anderen Kollegin gilt oder die Kollegin erzählt in einem persönlichen Gespräch von ihren Erfahrungen. Schließlich kann die Konfrontation mit Ärger, Wut, oder Widerstand eines Gegenübers auch legitimer Teil der Arbeitsaufgabe und Teil der erforderlichen extrinsischen Emotionsarbeit bei interaktiver Arbeit sein oder die Konfrontation mit menschenverachtenden Aussagen Teil der erforderlichen intrinsischen Emotionsarbeit bei aufgabenbedingter Konfrontation sein (Fischbach, 2020). Hier gehört ein professioneller Umgang mit den eigenen negativen Emotionen und denen des Gegenübers sowohl zum Auftrag und den Zielen der Organisation, als auch zum beruflichen Selbstverständnis der Beschäftigten, z.B. bei Reklamationsgesprächen, bei Verkehrskontrollen, bei der Betreuung geistig verwirrter Menschen oder bei der Sichtung von Cybermobbing im Rahmen der Moderation von Social Media Seiten.

4. Intrinsische Emotionsarbeit bei Gewalterfahrung

Der professionelle Umgang mit den eigenen Emotionen ist zentraler Bestandteil bei Tätigkeiten mit aufgabenbedingter Gewaltkonfrontation (Fischbach, 2016; 2020; Lampert & Glaser, 2018). Beispielsweise müssen bei der polizeilichen Ermittlungsarbeit im Zusammenhang mit Kinderpornographie zum Teil extreme Details der traumatischen Erfahrungen der Opfer betrachtet, angehört und damit gearbeitet werden. Damit können bei dieser Arbeitstätigkeit starke aversive Reaktionen (negative Emotionen wie Ekel, Angst, Scham, Hilflosigkeit, sexuelle Erregung, unangenehme physiologische Spannungszustände) ausgelöst werden. Solche aufgabenbedingte Gewaltkonfrontation kann als eine extreme Form intrinsischer Emotionsarbeit charakterisiert werden. Klinische Forschung zeigt beispielsweise die negativen spontanen und akkumulierten Effekte extremer emotionsbezogener Belastung, die aus der indirekten Konfrontation von Therapeuten mit Details der Gewalterfahrung ihrer Klienten resultieren (Branson, 2019). Die intrinsische emotionsbezogene Regulationsanforderung bei aufgabenbedingter Gewaltkonfrontation besteht darin, das eigene negative emotionale Erleben so zu regulieren, dass die Sachaufgabe erfolgreich ausgeführt werden kann. Dabei sind Gefühlsregeln wie „es nicht so sehr an sich herankommen zu lassen" Teil des beruflichen Selbstverständnisses und der Organisationskultur und notwendig für eine erfolgreiche Emotionsregulation, beispielsweise in Therapiesettings bei der Polizei und in Rettungsdiensten (Fischbach, 2016; 2020) oder in der Pflegearbeit (Lampert & Glaser, 2018). Solche Gefühlsregeln können allerdings auch falsch sein oder zu stark oder zu schwach berücksichtigt werden, z.B. wenn sie dazu führen, dass Belastungsreaktionen als persönliche Schwäche interpretiert und deshalb zu wenig beachtet werden (Fischbach, 2016; Pieper & Maercker, 1999). Insgesamt tragen professionelle Gefühlsregeln aber zu Kompetenzerleben und persönlicher Leistungserfüllung bei (Böhle, Stöger, & Weihrich, 2015; Semmer, Messerli, & Tschan, 2016; Szymenderski, 2012).

5. Extrinsische Emotionsarbeit bei Gewaltausübung

Die Konfrontation mit Gewalt in Interaktionen mit Kunden, Klienten, Bürgern, Schülern usw. kann unterschiedliche Ursachen haben. So können Beschäftigte in professionellen Interaktionen aufgrund gewaltbezogener Eigenschaften des Gegenübers Opfer von Gewalt werden (z.B. bei alkohol- und substanzinduzierter erhöhter Aggressivität, antisoziale Persönlichkeitsstörung, mangelnder Impulskontrolle, Arroganz, Überheblichkeit, mangelnder Empathiefähigkeit). Bei einer solchen Gewaltkonfrontation geht es für die Beschäftigten darum, durch das Zeigen von Emotionen, die zur Deeskalation und Eigensicherung beitragen und durch Unterdrückung von Emotionen, die eine Eskalation fördern einem Gewaltunfall zu verhindern. Ein respektförderliches kommunikatives Auftreten, das durch ein entsprechendes Äußeres unterstützt wird, kann hier zur Prävention von Gewaltunfällen beitragen (Hermanutz, 2013). Umgekehrt kann Aggression und Gewalt beim Gegenüber aufgrund derselben gewaltbezogenen Eigenschaften der Beschäftigten ausgelöst werden. Solche Eigenschaften widersprechen in der interaktiven Arbeit zentralen Anforderungen und müssen das Ziel von Personalauswahlstrategien und Performanzmanagement sein, damit Gewaltunfälle, die durch Beschäftigte verursacht werden, verhindert werden. Gewaltsame Auseinandersetzungen in der professionellen Interaktion können auch das Ergebnis fehlgelaufener extrinsischer Emotionsarbeit sein, wenn Beschäftigte die negativen Emotionen des Gegenübers und bei sich selbst situationsunangemessen regulieren. Hier üben in einer sich aufschaukelnden Interaktion beide Seiten Gewalt aus im Bestreben, sich gegenseitigen Respekt zu verschaffen. Ärger und Wut des Gegenübers können sich hierbei in Eskalationsstufen in der Interaktion mit den Beschäftigten entwickeln (Fischbach, 2016; Glasl, 1984). Unrechtmäßige Gewalt des Gegenübers (z.B. Kunde, Klient) aber auch unrechtmäßige Gewalt von Beschäftigten (z.B. Polizeigewalt) ist in solchen Fällen die finale und extremste Eskalationsstufe fehlgelaufener extrinsischer Emotionsarbeit (Fischbach & Lichtenthaler, 2013; Martin, Fischbach, & Lichtenthaler, 2013). Gewaltunfälle aufgrund fehlgelaufener extrinsischer Emotionsarbeit können auf verschiedenen Ebenen verhindert werden. Zum einen können die Auslöser für negative Emotionen des Gegenübers Ziel von Gestaltungsansätzen sein. Auf der untersten Eskalationsstufe ist eine solche Situation von einer Störung der Dienstleistung geprägt (z.B. ein Flugausfall, eine Zugverspätung, Angst und Unsicherheit angesichts einer medizinischen Behandlung, nicht erfüllte Leistungsansprüche gegenüber den Kunden, Absperrung eines Demonstrationsweges, Überforderungserleben angesichts der Stoffmenge bei Schülern, usw.). In dieser Stufe können die Beschäftigten durch eine ernsthafte und anteilnehmende Zuwendung zum Problem des Gegenübers und durch eine respektvolle und verständnisvolle Interaktion mit dem Gegenüber, das negative emotionale Erleben des Gegenübers verbessert und das Risiko für eine Gewalteskalation verringern (Groth, Hennig-Thurau, & Walsh, 2009; van Dolen, Lemmink, Mattsson, & Rhoen, 2001). Auf der nächsten Eskalationsstufe ist die Situation von der Notwendigkeit zur Durchsetzung von Maßnahmen und Regelungen, trotz gegenteiliger Wünsche und Interessen des Gegenübers geprägt. In dieser Situation hat das Gegenüber ein Problem, das die Beschäftigten vermeintlich nicht lösen können (z.B. einen Reklamationsfall, der beim Kunden bereits Aufwand und Ärger verursacht hat, bei dem es aber keinen Anspruch auf Rückerstattung des Geldes gibt). In dieser Stufe können die Beschäftigten bei ausreichenden Zeit-, Handlungs- und Entscheidungsspielräumen durch Emotionsarbeit und kooperatives Verhalten Vertrauen erzeugen und einen Interessensausgleich mit dem Gegenüber anstreben und so zur Deeskalation und Gewaltprävention in dieser Situation beitragen (Côté, 2005; Geddes & Callister, 2007). Diese situative Ebene kann durch entsprechende Gestaltung der Regulationsfähigkeiten der Beschäftigten (z.B. durch Kommunikationstrainings), der Regulationsmöglichkeiten der Beschäftigten (z.B. durch die Vergrößerung von Zeit- und Handlungsspielräumen), der Regulationshindernisse (z.B. durch den Abbau starrer betrieblicher Regelungen für den Umgang mit Reklamationen) und der Regulationsanforderungen (z.B. Rollenklarheit, Priorisierung von Kundenbedürfnissen) zur Reduzierung von Gewaltunfällen beitragen. Schließlich kann auf organisationaler Ebene das Risiko für Gewaltunfälle verringert werden (Bowen & Schneider, 2014; Dormann & Zapf, 2007), beispielsweise durch eine konsequente Serviceorientierung, Investitionen in die Qualität der angebotenen Dienstleistungen und Produkte, eine serviceorientierte Arbeits- und Aufgabengestaltung und Personalführung, konsequentes Engagement in Personalauswahl und Personalentwicklung der Beschäftigten und durch die Förderung von Proaktivität, Gesundheit und Wohlbefinden der Beschäftigten.

6. Respektlosigkeit und Gewaltausübung

Ärger und Wut in professionellen Interaktionen zwischen Beschäftigten und deren Gegenüber (Kunden, Klienten, Schüler, Bürger usw.) entsteht in der komplexen Wechselwirkung von Personeneigenschaften des Beschäftigten und Personeneigenschaften des Gegenübers, Situationsmerkmalen (z.B. eine mangelhafte Dienstleistung, geringe Handlungsspielräume der Beschäftigten), Organisationsmerkmalen (z. B. Mängel in der Serviceorientierung und Produktqualität) und gesellschaftlichen Merkmalen (z.B. eine mangelnde gesellschaftliche Wertschätzung der Arbeit bestimmter Berufsgruppen). In der öffentlichen Wahrnehmung steht die Diskussion um eine möglicherweise wachsende Gewalt von Patienten, Kunden und Bürgern im Vordergrund. Eine Befragung des DGB zeigt dazu beispielsweise, dass mehr als die Hälfte der Befragten des öffentlichen und privatisierten Sektors innerhalb von zwei Jahren Beleidigungen, Bedrohungen und tätliche Angriffe erlebt haben (DGB, 2020). Diese Zahl illustriert das Problem der Opferwerdung von Beschäftigten in der interaktiven Arbeit, das auch zunehmend Gegenstand wissenschaftlicher Untersuchungen ist. Hier zeigen sich je nach Definition und Erhebungsmethode sehr unterschiedliche Schätzungen über Fallzahlen der Opferwerdung (Li et al., 2020). Dies zeigt, dass es weitere systematische Erhebungen und eine genauere Definition der Probleme arbeitsbezogener Gewalt bedarf. Mehr Respekt und Wertschätzung von Kunden, Patienten, Schülern und Bürgern ist augenscheinlich eine wichtige Facette zur Reduzierung von Gewalt in der interaktiven Arbeit. Daneben müssen aber auch andere Gestaltungsmöglichkeiten bei aufgabenbedingter Gewaltkonfrontation und den damit verbundenen emotionsbezogenen Anforderungen in den Blick genommen werden. Das Thema Gewalt sollte stärker als bislang geschehen aus der Perspektive der Gefährdungsbeurteilung, der Arbeitsgestaltung und der Organisationsentwicklung betrachtet werden (Fischbach & Lichtenthaler, 2018). Ein Ansatzpunkt für arbeitspsychologische Präventions- und Gestaltungsmaßnahmen bietet ein Erklärungsmodell für Gewalterfahrungen in der Arbeit, die als Ergebnis fehlgelaufener intrinsischer und extrinsischer Emotionsarbeit verstanden werden kann. Gewalterfahrungen am Arbeitsplatz können durch die Gestaltung von Emotionsarbeit reduziert werden, die mit dem Respekt vor dem Kunden, seinen Problemen und Bedürfnissen und der Sinnhaftigkeit der Tätigkeit trotz Gewaltkonfrontation beginnt. Gute Arbeit bemisst sich an guten Arbeitsbedingungen, die es den Beschäftigten ermöglichen, legitime Kunden-, Klienten- und Bürgerbedürfnisse und Wünsche und legitime Anforderungen zur aufgabenbezogenem Gewaltkonfrontation zu erfüllen und so gute Arbeit trotz Gewalt zu leisten.

Literatur

BKA. (2018). *Gewalt gegen Polizeivollzugsbeamtinnen/-beamte. Bundeslagebild 2017.*

Böhle, F., Stöger, U., & Weihrich, M. (2015). Wie lässt sich Interaktionsarbeit menschengerecht gestalten? Zur Notwendigkeit einer Neubestimmung. *Arbeits- Und Industriesoziologische Studien, 8*(1), 37–54.

Bowen, D. E., & Schneider, B. (2014). A Service Climate Synthesis and Future Research Agenda. *Journal of Service Research, 17*(1), 5–22. https://doi.org/10.1177/1094670513491633

Branson, D. C. (2019). Vicarious trauma, themes in research, and terminology: A review of literature. *Traumatology, 25*(1), 2–10.

Côté, S. (2005). A Social Intreaction Model of the Effects of Emotion Regulation on Work Strain. *Academy of Management Review, 30,* 509–530.

DGB. (2020). *Gewalt gegen Beschäftigte im öffentlichen und privatisierten Sektor.* Berlin. https://mensch.dgb.de/++co++da93220e-200a-11ea-93f3-52540088cada

DGUV. (2016). *Datenblatt Schreck, Bedrohung, Gewalt.* https://www.dguv.de/medien/inhalt/mediencenter/pm/pressearchiv/2017/4_quartal/factsheet_schreck_bedrohung_gewalt.pdf

Dormann, C., & Zapf, D. (2007). Kundenorientierung und Kundenzufriedenheit. In L. Rosenstiel & D. Frey (Eds.), *Enzyklopädie der Psychologie, Themenbereich D, Serie III, Bd. 4, Wirtschaftspsychologie* (2nd ed., pp. 751–835). Göttingen: Hogrefe.

Fischbach, A. (2016). Emotionsbezogene Anforderungen in der Polizeiarbeit. In A. Fischbach, P. W. Lichtenthaler, J. Boltz, & H. P. Schmalzl (Eds.), *Erfolgreich im Einsatz: Zur Psychologie der polizeilichen Einsatzbewältigung* (Vol. 2, pp. 31–50). Frankfurt am Main: Verlag für Polizeiwissenschaft.

Fischbach, A. (2020). *Psychische Belastungen durch aufgabenbedingte Traumak-Konfrontation bei Content-Moderation.* Deutsche Hochschule der Polizei: Münster.

Fischbach, A., & Lichtenthaler, P. W. (2016). *Polizeiliche Psychotraumatologie. Forschungsstand, Versorgung, Offene Fragen, Umsetzung.* In A. Fischbach, P. W. Lichtenthaler, J. Boltz, & H. P. Schmalzl (Eds.), Erfolgreich im Einsatz: Zur Psychologie der polizeilichen Einsatzbewältigung (Vol. 2, pp. 75–93). Frankfurt am Main: Verlag für Polizeiwissenschaft.

Fischbach, A., & Lichtenthaler, P. W. (2018). Gefährdungsanalyse in der Emotionsarbeit. In R. M. Trimpop (Ed.), *PASIG Tagungsband Salzburg.* Asanger.

Geddes, D., & Callister, R. R. (2007). Crossing the line(s): A dual threshold model of anger in organizations. *Academy of Management Review, 32,* 721–746.

Glasl, F. (1982). The Process of Escalation of Conflicts and the Roles of Third Parties, in: Bomers, Gerard B. J. and Richard B. Peterson (eds.). *Conflict Management and Industrial Relations.* Boston: Kluwer-Nijhoff.

Groth, M., Hennig-Thurau, T., & Walsh, G. (2009). Customer reactions to emotional labor: The roles of employee acting strategies and customer detection accuracy. *Academy of Management Journal, 52*(5), 958–974.

Hermanutz, M. (2013). *Polizeiliches Auftreten-Respekt und Gewalt.* Frankfurt am Main: Verlag für Polizeiwissenschaft.

Lampert, B., & Glaser, J. (2018). Detached concern in client interaction and burnout. *International Journal of Stress Management, 25*(2), 129–143. https://doi.org/10.1037/str0000053

Li, Y. L., Li, R. Q., Qiu, D., & Xiao, S. Y. (2020). Prevalence of workplace physical violence against health care professionals by patients and visitors: A systematic review and meta-analysis. *International Journal of Environmental Research and Public Health, 17*(1). https://doi.org/10.3390/ijerph17010299

Lorei, C. (2017). Umgang mit Gewalt. In A. Fischbach, P. W. Lichtenthaler, J. Boltz, & H. P. Schmalzl (Eds.), *Erfolgreich im Einsatz: Zur Psychologie der polizeilichen Einsatzbewältigung* (Vol. 2, pp. 51–74). Frankfurt am Main: Verlag für Polizeiwissenschaft.

Martin, C., Fischbach, A., & Lichtenthaler, P. W. (2013). Der Einfluss von Emotionen auf die Zufriedenheit der Bürger*innen mit Polizeiinteraktionen. In *Erfolgreich im Einsatz: Zur Psychologie der polizeilichen Einsatzbewältigung* (Vol. 1, pp. 129–141). Frankfurt am Main: Verlag für Polizeiwissenschaft.

Pieper, G., & Maercker, A. (1999). Männlichkeit und Verleugnung von Hilfsbedürftigkeit nach berufsbedingten Traumata (Polizei, Feuerwehr-, Rettungspersonal). *Verhaltenstherapie, 9,* 222–229.

Semmer, N. K., Messerli, L., & Tschan, F. (2016). Disentangling the components of surface acting in emotion work: Experiencing emotions maybe as important as regulating them. *Journal of Applied Social Psychology, 46*(1), 46–64. https://doi.org/10.1111/jasp.12364

Szymenderski, P. (2012). Gefühlsarbeit im Polizeidienst. Wie Polizeibedienstete die emotionalen Anforderungen ihres Berufs bewältigen.

van Dolen, W., Lemmink, J., Mattsson, J., & Rhoen, I. (2001). Affective consumer responses in service encounters: The emotional content in narratives of critical incidents. *Journal of Economic Psychology, 22*(3), 359–376. https://doi.org/10.1016/s0167-4870(01)00038-1

Wise, E. A., & Beck, J. G. (2015). Work-related trauma, PTSD, and workers compensation legislation: Implications for practice and policy. *Psychological Trauma: Theory, Research, Practice, and Policy, 7*(5), 500–506.

Oliver Lauenstein, André Große-Jäger & Andreas Horst
Bundesministerium für Arbeit und Soziales (BMAS), Referat IIIb4

Basic Work – Mittendrin und außen vor

1. Einführung

Millionen Menschen kaufen täglich bei großen Versandhäusern und Plattformen im Internet ein, lassen sich Bekleidung, Bücher und Lebensmittel bis an die Haustür liefern oder bestellen Dienstleistungen per Mausklick. Was für die einen ein Mehr an Freizeit, Flexibilität und Lebensqualität ist, bedeutet für ein wachsendes Heer an LagerarbeiterInnen und ZustellerInnen harte Arbeit, Stress, geringe Bezahlung, lange Arbeitstage und nicht selten Entwertungserlebnisse. In anderen Bereichen verändern sich Berufsbilder, Aufgaben und Erwartungen rapide: Gesundheits- und KrankenpflegerInnen verbringen nicht selten den Großteil ihrer Arbeitszeit mit Verwaltungsaufgaben. Weil so immer weniger Zeit für die Pflege bleibt, steigen die Anforderungen an andere Teile des Personals. Servicekräfte und HelferInnen kompensieren durch Gespräche mit Patienten das Bedürfnis der Patienten nach sozialem Kontakt und übernehmen Aufgaben in der Pflege. Statt Mahlzeiten nur bereitzustellen, lernen Servicekräfte auch, Patienten zu versorgen. In der Autoindustrie steigen – auch für die ProduktionsmitarbeiterInnen – durch die gleichzeitige Veränderung auf der Produktseite durch den Elektromotor und der Fertigungsseite durch neue Produktionsformen die Anforderungen an die Flexibilität.

Die Lebens- und Arbeitswirklichkeit von Menschen in den skizzierten Bereichen erfährt in den aktuellen Debatten über die Zukunft der Arbeitswelt viel zu wenig Aufmerksamkeit. New Work debattiert eine Zukunft der Arbeitswelt, in der Sinnstiftung und Erfüllung im Mittelpunkt stehen. Selbstständigkeit, Handlungsfreiheit, Selbstverwirklichung und Teilhabe an der Gemeinschaft stehen dabei im Vordergrund. Häufig werden jedoch die vielen Millionen Menschen übersehen, die Basic Work leisten – Arbeit, die vielfach unter schwierigen Bedingungen ausgeführt wird; Arbeit, die die Gesellschaft am Laufen hält und in vielerlei Hinsicht überhaupt erst die Grundlage für Wohlstand und Fortschritt schafft, aber betrieblich und gesellschaftlich wenig Wertschätzung erfährt. Dabei steht es außer Frage, dass die digitale Transformation die Arbeitswelt verändert und das Verhältnis zwischen Menschen und Maschinen neu bestimmen wird. Stichworte in den aktuellen Debatten sind „Künstliche Intelligenz“, „New Work“, „Agiles Arbeiten“, „Vereinbarkeit von Beruf- und Privatleben“ und „Flexibilität“. In den Debatten um Arbeitskultur und Arbeitsqualität stehen dabei vornehmlich High Potentials und Wissensarbeiter im Fokus.

Den Auswirkungen für Beschäftigte im Maschinenraum der Digitalisierung und an den Werkbänken der Nation wird hingegen wenig Beachtung geschenkt.

Die Kluft in der Arbeitsgesellschaft zwischen Wissensarbeit und Werkbank wächst stetig und braucht neue Brücken, um einer weiteren gesellschaftlichen Spaltung entgegenzuwirken: Nicht nur in Betrieben, sondern auch in der Gesellschaft wird die Distanz und Zerklüftung zwischen Wissensarbeitern und den Basisarbeitern immer größer. Die Frage, wie die Zukunft der Arbeit aussehen wird – und was gute Arbeit und gute Arbeitsbedingungen ausmacht – betrifft daher die gesamte Gesellschaft.

Millionen Beschäftigte im Bereich Basic Work brauchen jedoch keine rhetorische oder symbolische Zuwendung, denn davon bieten Populisten stets eine Dosis mehr. Es geht vielmehr um eine ernsthafte und überzeugende Berücksichtigung und Wertschätzung von Basic Work als persönliche (Arbeits-)Leistung sowie Teil des betrieblichen und gesellschaftlichen Wertschöpfungsprozesses. Es geht um die Einbeziehung der auch mit dem Thema Basic Work verbundenen digitalen Veränderungen in die gesellschaftspolitischen Debatten und – in letzter Konsequenz – um die Konzeption einer neuen, zukunftsorientierten Sozial- und Arbeitsmarktpolitik.

2. Was ist „Basic Work"?

Basic Work ist nicht marginal: Rund ein Fünftel aller Arbeitnehmer führen laut IAB Tätigkeiten in ganz unterschiedlichen Berufssegmenten aus, bei denen sie ausschließlich vor Ort in ihre Tätigkeit eingewiesen werden („training on the job") und für die es keiner formalen beruflichen Qualifikation bedarf. Sie erwirtschaften einen signifikanten Anteil des Bruttoinlandsprodukts und leisten essentielle Basisarbeit, auf der die Gesellschaft als Ganzes fußt. Dabei handelt es sich bei dieser Beschäftigungsgruppe keineswegs durchgehend um gering oder gar nicht qualifizierte ArbeitnehmerInnen. 60 % der Basic Worker verfügen über eine berufliche Qualifikation oder Ausbildung, müssen oder wollen jedoch aus einer Reihe von Gründen anderen Tätigkeiten nachgehen, beispielsweise, weil ihre Abschlüsse nicht anerkannt werden oder die Vereinbarkeit von Familie und Beruf es nicht anders zulässt. Kurz: Es gibt Lebenslagen und Lebensphasen, in denen Basic Work die Existenzsicherung und individuelle Unabhängigkeit ermöglicht. Für andere ist Basic Work überhaupt der erste und einzige Zugang zum Arbeitsmarkt und damit zu gesellschaftlicher Teilhabe. Aus diesen Gründen, also um die wichtige wirtschaftliche und gesellschaftliche Relevanz dieser Tätigkeiten zu betonen, aber dabei den Charakter der Tätigkeiten nicht zu verschleiern, sollte in Zukunft von Basic Work oder „Basisarbeit" gesprochen werden.

Auch wenn sich bestimmte Branchen – wie beispielsweise Logistik- und Reinigungsberufe – durch einen besonders hohen Anteil an Basic Work auszeichnen, kommt kaum eine Branche ganz ohne Basic Worker aus. Somit ist dieser Beschäftigungsbereich wesentlich diverser, als es auf den ersten Blick erscheint. Dennoch eint eine Reihe von Faktoren den Bereich Basic Work, die gerade unter den Vorzeichen der digitalen Transformation besonders deutlich zum Vorschein kommen: Die Beschäftigten im Bereich Basic Work profitieren kaum von den positiven Effekten der Flexibilisierung der Arbeitswelt oder betrieblichen Personalmaßnahmen (z.B. Weiterbildung) und betrieblichen Angeboten (z.B. Homeoffice). Damit sind Millionen Menschen einerseits mittendrin im Prozess der Digitalisierung und weiterer Automatisierung und gleichzeitig außen vor bei positiven Veränderungsgewinnen oder sogar von möglichen Jobverlusten bedroht.

Darüber hinaus sind Basic Worker in besonderer Weise mit einer Reihe von Herausforderungen und Schwierigkeiten konfrontiert: einer oftmals geringen Entlohnung und damit Alterssicherung; geringen Weiterbildungsmöglichkeiten und Chancen zur Kompetenzentwicklung; hoher physischer und psychischer Belastung am Arbeitsplatz; kaum Möglichkeiten der Mitsprache und Mitgestaltung; Arbeit zu ungünstigen Zeiten (Nacht-/Schicht-/Wochenendarbeit), häufig mangelhafte Tarifbindung in KMU; nur selten Vertretung durch BetriebsrätInnen, kaum Angebote zur Vereinbarkeit von Familie und Beruf; kaum Angebote bei Integration und Inklusion; Arbeitsplatzunsicherheit, insbesondere Bedrohung des Arbeitsplatzes durch Automatisierung, Outsourcing und/oder Leiharbeit. Basic Work ist in den Betrieben oftmals ausgelagert, so dass Basic Worker nicht Bestandteil der Stammbelegschaft sind.

3. Basic Work: Verstehen und Ansprechen

Wie erwähnt wird Basic Work, insbesondere als Perspektive bisher von der Tätigkeit und nicht der Qualifikation her betrachtet, sowohl wissenschaftlich als auch politisch nicht ausreichend behandelt. Um hier, auch für politisches Handeln, ein besseres Verständnis zu gewinnen, bedarf es arbeits- und sozialwissenschaftlicher Untersuchungen, die die Lebensrealität von Basic Workern besser erfassen helfen, die die Folgen von Basic Work auf individuelle Lebensverläufe, Aufstiegschancen, Gesundheit, Arbeitszufriedenheit, Einstellungen etc. empirisch ausleuchten. Auf Grundlage dieser Erkenntnisse gilt es politische Ansprachen und Maßnahmen für Basic Work(er) zu entwickeln, die über reine Weiterbildungsangebote hinausgehen und es ermöglichen auch in Basic Work sicher und gesund zu arbeiten und für diese Arbeit gesellschaftliche Anerkennung zu erfahren.

Die Literatur kann beim Autor angefordert werden

Clemens Lorei
Hessische Hochschule für Polizei und Verwaltung

Professionalisierung und Wissenschaft zur Gewalt in der Polizei

1. Einleitung

Das Forschungsfeld Polizei ist eines, das nicht nur von der Wissenschaft, sondern auch von der Polizeipraxis und der Politik geprägt wird. So sollen Forschungsergebnisse praktisch und anwendungsorientiert sein (obwohl Forschung nicht immer „für" die Polizei sein muss, sondern auch einfach über sie und nur mit ihr sein kann, was aber von der Polizei selbst weniger Unterstützung erfährt), stoßen aber auch in der Praxis an entsprechende Grenzen. Insbesondere, wenn sie die Sicherheit tangieren. Daneben erfährt die wissenschaftliche Forschung ebenso wie die Polizeipraxis auch die Nähe der Politik (vgl. Buschkamp, 2020). Entsprechend muss die Forschung im Bereich „Gewalt und Polizei" unter diesen Gesichtspunkten betrachtet werden. Dies vor allem auch unter dem Gesichtspunkt der (weiteren) Professionalisierung dieses Bereiches. Letztendlich stellen dann Professionalisierung und Forschung nur Kompromisse aus dem Spannungsfeld Wissenschaft, Forschung, Praxis und Politik dar.

2. Polizei und Gewalt

Der Arbeitsalltag der Polizei ist untrennbar mit Gewalt verbunden. So kommen Polizeibeamte zu Tatorten, an denen Gewalt zwischen Bürgern ausgeübt wurde oder sogar noch stattfindet. Hier nehmen sie gewalttätige Handlungen und deren Folgen wahr. Andererseits erfahren Polizeibeamte auch selbst Gewalt. Die aktuelle öffentliche Diskussion thematisiert diese Form der Gewalterfahrung intensiv. Letztendlich üben Polizeibeamtinnen und Polizeibeamte aber auch selbst Gewalt in unterschiedlicher Form aus, haben sie doch das „Alleinstellungsmerkmal", so Groß (2019), der Ausübung des staatlichen Gewaltmonopols. Gewalt ist also unstrittig ein Teil des Polizeialltages. Forschung und Professionalisierung muss in allen drei Aspekten stattfinden. Und die Polizeibeamtinnen und -beamten stellen dabei keine Randgruppe dar, sondern umfassen allein schon zahlenmäßig mit rund 250.000 Vollzugsbeamtinnen und -beamten (Groß, 2019) ein bedeutsames Feld. Nachfolgend wird versucht, Stand und Problematik zu skizzieren.

3. Polizei beobachtet Gewalt

Das Beobachten von Gewalt und den damit verbundenen Folgen kann unmittelbar zu Emotionen wie Entsetzen, Ohnmacht, Abscheu, Angst und Wut führen. Dabei fühlen sich die Beamtinnen und Beamten einem Handlungsdruck ausgesetzt, da sie einschreiten müssen und auch wollen – Helfen wollen ist ein Aspekt der Berufsmotivation (Liebl, 2003). Diese Situationen sind eine Hauptquelle des operativen Stresses der Polizeiarbeit (Lorei, Hallenberger, Fischbach & Lichtenthaler, 2014). Das Erleben von Gewalt gehört in allen Befragungen zu den am meisten genannten Stressoren. Dies kann zu einer klinisch relevanten Traumatisierung führen. Wie hoch die Prävalenz ist, kann die bisherige Forschung nur sehr vage abschätzen. Arndt und Beerlage (2014) fanden hierfür Quoten zwischen 1 und 35%. Eine andere Folge der entsprechenden Erfahrungen kann das Entwickeln von Burnout sein. Auch hier sind Auftretensraten wissenschaftlich nur skizziert, Arndt, Beerlage und Hering (2008) gehen für die Bundespolizei von 13% aus. Aber auch wenn es nicht zu klinisch relevanten Konsequenzen kommt, so erleben die Polizeibeamtinnen und Polizisten möglicherweise Änderungen auf Grund ihrer Erlebnisse. Das Weltbild kann sich verdunkeln, Feindbilder und Stereotype werden eventuell entwickelt, es kann zu einer Spaltung in „die" und „wir" kommen sowie zu einem allgemeinen Vertrauensverlust in andere Menschen (Ellrich & Baier, 2017). Weiterhin kann überlegt werden, ob diese Gewalterlebnisse nicht auch weitere Effekte z.B. im Sinne des sozialen Lernens haben. So geben Anderson und Lo (2011) eine erhöhte Rate von häuslicher Gewalt bei amerikanischen Polizisten an. Aber auch Polizeisuizide können mit den dienstlichen Erfahrungen in Verbindung gebracht werden (Stein, 2004).

Es stellt sich die Frage, wie durchdrungen diese Aspekte mit Forschung und wie professionalisiert sie sind. Forschung zu Stress bei der Polizei findet relativ umfangreich statt (vgl. Lorei, Hallenberger, Fischbach & Lichtenthaler, 2014). Der Schwerpunkt liegt dabei vor allem auf Stressoren und allgemeinen Copingstrategien. Mitunter erscheint die Elaboriertheit der Erkenntnisse jedoch schwach. Prävention ist sehr verbreitet, jedoch findet sie fast nur auf Individualebene in Aus- und Fortbildung statt (Lorei, Hallenberger, Fischbach & Lichtenthaler, 2014). Für die Intervention bei übermäßiger Belastung existieren umfangreiche Unterstützungsangebote (vgl. Hallenberger & Haller, 2015). Auch bei extremen Hochstresse im Bereich der Traumatisierung findet man Forschung (z.B. Arndt & Beerlage, 2014). Hier zeigt sich ein starker Einfluss von politischen Interessen. Prävention setzt vor allem in Aus- und Fortbildung bei Psychoedukation und ähnlichen Maßnahmen an (vgl. Lorei, 2016/2017). Weitere Ansätze scheinen nicht verfolgt zu werden. Wie bei alltäglichem Stress gibt es für Traumareaktionen umfangreiche Unterstützungsangebote innerhalb der Organisation (vgl. Hallenberger & Haller, 2015).

Hinsichtlich möglicher Änderungen des Weltbildes und ähnlicher Effekte ist Forschung wenig sichtbar. Ebenso werden andere Konsequenzen aus dem Erleben kaum betrachtet. Unprofessionell erscheint in diesem Zusammenhang, dass z.B. Statistiken zu Suiziden in der Polizei kaum zu erhalten sind. Die jährlich von der Innenministerkonferenz herausgegebene Statistik zum polizeilichen Schusswaffengebrauch, die auch die Kategorie Suizide beinhaltet, irritiert hier eher sogar noch: So wird z.B. für das Jahr 2015 für Gesamtdeutschland nur ein Fall gemeldet, während das bayerische Innenministerium bereits für das erste Halbjahr 2015 im Bundesland Bayern 4 Fälle von Suizid in der Polizei berichtet (BSZ, 18.12.2015).

Der Bereich „Polizei beobachtet Gewalt" erscheint wissenschaftlich in Deutschland lohnenswert, aber noch nur vereinzelt mehr oder minder durchdrungen.

4. Polizei übt Gewalt aus

Polizei ist die einzige Personengruppe, die legal Gewalt ausüben darf und soll. In einer Gesellschaft, in der Gewaltfreiheit propagiert wird, ist dabei das Ausüben von Gewalt nicht trivial. Vielmehr muss es gelernt werden. Dies meint sowohl die Rahmenbedingungen (Recht), die Motorik aber auch die psychologischen Aspekte. Letzere sind keinesfalls zu vernachlässigen (Lorei, 2016, 2017; Behr, 2019). Während die motorischen wie rechtlichen Aspekte augenscheinlich funktionieren, ist die psychologische Komponente völlig unklar. Während Polizeibeamte in Befragungen immer wieder angeben, dass das Ausüben von Gewalt als Stressor empfunden wird (Lorei, Hallenberger, Fischbach & Lichtenthaler, 2014), ist die Vorbereitung darauf jedoch empirisch noch unbekanntes Terrain. Alle drei Aspekte der Ausübung von Gewalt sind dabei nicht hinreichend evaluiert oder wissenschaftliche durchdrungen. Insbesondere sind dabei extreme Formen wie Schusswaffengebrauch durch Polizeikräfte wissenschaftlich nur rudimentär analysiert. So gibt die Innenministerkonferenz jährlich eine Statistik heraus und verbreitet diese via Pressemeldung, dennoch ist diese kaum bekannt. Diese Statistik umfasst nur Grobkategorien und ist zur Analyse des Phänomens kaum geeignet. Die Daten werden mitunter als „sensibel" gehandhabt. Etwas detaillierter berichtet – quasi privat – das Institut für Bürgerrechte & öffentliche Sicherheit e.V. über tödliche polizeiliche Schusswaffengebräuche. Ganz anders wird z.B. in den USA mit diesem Thema umgegangen. Hier stellt z.B. das New York Police Department seine Statistik und Analysen polizeilicher Schusswaffengebräuche online (z.B. New York City Police Department, 2011). Die wissenschaftliche Durchdringung des Phänomens Gewalt durch Polizeibeamte ist damit eher basal und erinnert an die kontroversen Diskussionen zur Kennzeichnungspflicht von Polizeibeamten sowie zum Aufbau von unabhängigen Beschwerdestellen. Erst in jüngerer Zeit findet ausführlichere Forschung zum Thema Gewalt durch Polizeibeamte in Deutschland statt (vgl. Abdul-Rahman, Grau & Singelnstein, 2019). Der Bereich „Polizei übt Gewalt aus" ist damit weder wissenschaftliche gut durchdrungen, noch hat eine wissenschaftliche Beschäftigung mit ihm einen guten Nährboden. Für eine Professionalisierung dieses Bereiches durch Forschung ist also noch viel Platz.

5. Polizei erfährt Gewalt

Als im Jahr 2000 in Deutschland acht Polizeibeamtinnen und Polizeibeamten von Rechtsbrechern getötet wurden, kam eine Diskussion um die Zunahme der Gewalt gegen Vollstreckungsbeamte sowie um Schutzausstattung, polizeiliche Einsatzmittel (u.a. Munition), Aus- und Fortbildung sowie weitere Maßnahmen (z.B. Kampagne „Sicherheit braucht sichere Kontrollen"; vgl. Lorei, Wittig, Stiegler & Meyer, 2009) auf. Gleichzeitig wurde klar, dass das Phänomen „Gewalt gegen Polizeibeamte" wissenschaftlich kaum betrachtet war und völlig unklar blieb, ob eine Zunahme der Gewalt auch belegbar sei. Auch 20 Jahre später ist dieses Thema weiterhin aktuell und beschäftigt Praxis, Politik und Medien. Aber immer noch ist der so häufig propagierte Anstieg der Gewalt und der behauptete Verlust des Respektes gegenüber Polizeikräften wissenschaftlich umstritten. Grund hierfür ist, dass eine systematische umfassende Statistik (das Bundeslagebild des BKAs zu Gewalt gegen Polizeivollzugsbeamtinnen/-beamte erfasst hierbei nur bestimmte Aspekte unter bestimmten Bedingungen) nicht geführt und publiziert wird und Studien zum Thema nur vereinzelt und mit deutlicher Schwerpunktsetzung durchgeführt werden. Doch eine entsprechende Erfassung und auch Analyse von Fällen wäre Voraussetzung um Gegenmaßnahmen im Sinne der Schutzzielhierarchie der Arbeitssicherheit (Skiba, 1997) systematisch zu erarbeiten.

Als wesentliche Erhebungen der letzten 40 Jahre für den Bereich in Deutschland können nachfolgende Studien gelten:

- Sessar, Baumann & Mueller, 1980 (Hier ging es exklusiv um Analyse der Umstände der Tötung von Polizisten)
- Jäger, 1994 (allgemeine Betrachtung des Phänomens)
- Ohlemacher, Rüger, Schacht & Feldkötter, 2003 (erste umfassende kriminologische Befragung in Deutschland mit Schwerpunkt auf Umstände und Täter)
- Ellrich, Baier, & Pfeiffer, 2012 (zweite umfassende kriminologische Befragung in Deutschland mit Schwerpunkt auf Umstände und Täter)
- Jager & Bliesener, 2013 (Befragung nur in Nordrhein-Westfalen mit Schwerpunkt auf der subjektiven Sichtweise zur Betreuung und Fürsorge, Aus- und Fortbildung, Einsatznachbereitung, Belastung und Ausstattung)
- Ellrich & Baier, 2014 (kriminologische Befragung in Niedersachsen)
- Elsner & Laumer, 2015 (kriminologische Befragung in Bayern)
- BKA, 2019 (Bundeslagebild Gewalt gegen Polizeivollzugsbeamtinnen und Polizeivollzugsbeamte mit Rückblick; Datengrundlage ist die polizeiliche Kriminal-

statistik mit ihrer entsprechenden Methodik und Einschränkung; vgl. Stadler & Walser, 2000).

Es ist – wenn man als Basis die Vorfälle und Rufe nach einer systematischen Erfassung des Jahres 2000 nimmt – aber nach 20 Jahren keine systematische, detaillierte, übergreifende, kontinuierliche, transparente Statistik vorhanden. Liebl (2016) sieht entsprechend „weiße Flecken" auf diesem Forschungsfeld in Deutschland. Die Erhebungen sind meist subjektiv, retrospektiv, lokal beschränkt mit dem Schwerpunkt auf kriminologische Fakten. Es ist eine Vernachlässigung der Situation (Puschke, 2014) sowie der Interaktion (Liebl, 2016) festzustellen. Damit erscheinen systematische Ansätze zur Prävention nur höchst eingeschränkt möglich.

Ähnlich verhält es sich mit der Erweiterung des Gebietes auf Gewalt gegen Einsatzkräfte allgemein. Dies ist Thema seit ca. 2008 (Lenk, 2008; bzw. Friedrich, 2006). Medien berichten fast täglich, die Lobby erscheint sehr aktiv und die Einsatzkräfte sehr bewegt. Dennoch ist die empirische Forschungslage sehr schwach (Rau & Leuschner, 2019; Lorei, Hartmann, Müller & Ellrich, 2019). Mitunter erstaunt auch eine nur geringe Beteiligung bei Befragungen zu diesem Thema (Lorei, Hartmann, Müller & Ellrich, 2019).

Wie sieht eine Antwort auf die Frage „Wird es immer schlimmer?" aus? Empirisch massiv fundiert ist dies bisher nicht zu beantworten. Behr (2019) stellt für Gewalt allgemein fest, dass Gewaltwahrnehmung und Gewaltvorkommen auseinander driften. Gefühlt verschärft sich das Bild und die Gewalt gegen Einsatzkräfte allgemein und Polizeibeamte insbesondere scheint zuzunehmen. Jedoch sind dem – neben einer tatsächlich möglichen Zunahme – Phänomene entgegenzuhalten, die eine gefühlte Steigerung auch erklären könnten. Hier ist vor allem ein massives Medieninteresse zu beobachten, welche das Thema dauerhaft sehr präsent hält. Neben der regelmäßig dort propagierten Gewaltzunahme führt auch die damit einhergehende mögliche Überrepräsentation in den Medien zu einem „Zunahmegefühl". Das medial erzeugte Anhäufen von Beispielfällen kann im Sinne einer Verfügbarkeitsheuristik (Tversky & Kahnemann, 1973) zur subjektiven Zunahme führen. Ebenso hat Gewalt viele Gesichter. Dabei können unterschiedliche, mitunter gegenläufige Trends der verschiedenen Aspekte von Gewalt zu einem verzerrten Bild führen. Während also vielleicht massivere Gewaltformen wie Arten der Körperverletzung in ihrer Häufigkeit abnehmen, könnten sie durch einen erheblichen Anstieg milderer Gewalt in Form von Beleidigungen in Summe „Gewalt" überlagert werden (vgl. Liebl, 2016). Wenn man dann dabei noch den Anstieg von Beleidigungen als gesellschaftliche Entwicklung mit eventuell eher geringem Bezug zur Polizei ansieht (vgl. Liebl, 2016), so stellt sich der Anstieg von Gewalt gegen Polizeibeamte womöglich anderes dar, als er spontan naheliegen würde.

So lange aber hier die Forschung hinterherhinkt und Statistiken nicht eindeutige Aussagen ermöglichen, muss im Sinne der Nullhypothese von einem Gleichbleiben ausgegangen werden. Ähnlich urteilen auch andere Analysten der Datenlage und sehen einen Anstieg als bisher nicht belegt an (Puschke, 2014).

6. Fazit

Auch wenn zahlreich Forschung in allen drei Bereichen der Gewalt in der Polizei stattfindet, so ist diese jedoch in Deutschland noch sehr unsystematisch und erfasst die Lage nur bruchstückhaft. Insbesondere zu Zwecken der Prävention und Intervention erscheint die Forschung in diesem Bereich höchstens ansatzweise existent und nützlich zu sein. Zur Professionalisierung der Polizeiarbeit sowie der Wissenschaft in diesem Bereich scheinen noch erhebliche Anstrengungen erforderlich zu sein.

Literatur

Abdul-Rahman, L., Grau, S. E. & Singelnstein, T. (2019). Zwischenbericht zum Forschungsprojekt „Körperverletzung im Amt durch Polizeibeamt*innen (KviAPol). Polizeiliche Gewaltanwendungen aus Sicht der Betroffenen. Online unter: https://kviapol.rub.de/images/pdf/KviAPol_Zwischenbericht.pdf

Anderson, A. S. & Lo, C. C. (2011). Intimate partner violence within law enforcement families. Journal of Interpersonal Violence, 26 (6), S. 1176-1193.

Arndt & Beerlage, (2014). Traumatisch erfahrene Ereignisse und Traumafolgestörungen im Polizeiberuf. In F. Hallenberger & C. Lorei (Hrsg,): Grundwissen Stress (S. 395- 413). Frankfurt: Verlag für Polizeiwissenschaft.

Arndt, D., Beerlage, I., & Hering, T. (2008). Arbeitsbelastungen, Burnout und PTBS in der Bundespolizei. Trauma & Gewalt, 2 (3), S. 204 – 219.

Bayrische Staatszeitung (18.12.2015). Suizid mit der Dienstwaffe.

BKA (2019). Bundeslagebild Gewalt gegen Polizeivollzugsbeamtinnen/-beamte. Bundeslagebild 2017. 08.05.2018. Online unter: https://www.bka.de/SharedDocs/ Downloads/DE/Publikationen/JahresberichteUndLagebilder/GewaltGegenPVB/ GewaltGegenPVBBundeslagbild2017.html;jsessionid=C952D0FCBA9E56E2E84B453D31D0D431.live2302?nn=60092

Behr, R. 2019). Gewalt und Polizei. Aus Politik und Zeitgeschichte, 69 (21-23), S. 24 – 28.

Buschkamp, L. (2020). Führung zwischen Organisationsgrenzen. Die Funktionen und Folgen der Besetzung nordrhein-westfälischer Polizeipräsidentenstellen mit Politischen Beamten. Frankfurt: Verlag für Polizeiwissenschaft.

Ellrich, K. & Baier, D. (2014). Gewalt gegen niedersächsische Beamtinnen und Beamte aus dem Einsatz- und Streifendienst. Zum Einfluss von personen-, arbeits- und situationsbezogenen Merkmalen auf das Gewaltopferrisiko. Forschungsbericht Nr. 123. Hannover: Kriminologisches Forschungsinstitut Niedersachsen e.V. (KFN).

Ellrich, K. & Baier, D. (2017). Post-Traumatic Stress Symptoms in Police officers Following Violent Assaults. Journal of interpersonal violence, 32, S. 331 – 356.

Ellrich, K., Baier, D., & Pfeiffer, C. (2012). Polizeibeamte als Opfer von Gewalt: Ergebnisse einer Befragung von Polizeibeamten in zehn Bundesländern. Baden-Baden: Nomos.

Elsner, E. & Laumer, M. (2015). Gewalt gegen Polizeibeamte in Bayern. Langzeitanalyse der Polizeilichen Kriminalstatistik und Auswertung von Strafverfahrensakten. München: Bayerisches Landeskriminalamt.

Friedrich, H. (Hrsg.) (2006). Eigensicherung im Rettungsdienst. Situationsgerechtes Verhalten im Konflikt- und Gefahrenlagen. Edewecht: Stumpf & Kossendey.

Groß, H. (2019). Polizei(en) und Innere Sicherheit in Deutschland. Aus Politik und Zeitgeschichte, 69 (21-23), S. 4 – 10.

Hallenberger, F. & Haller, C. (2015). Psychologische Krisenintervention in den deutschen Polizeien. Frankfurt: Verlag für Polizeiwissenschaft.

Hermanutz, H. (Hrsg.) (2015). Gewalt gegen Polizisten – sinkender Respekt und steigende Aggression?: Eine Beleuchtung der Gesamtumstände. Frankfurt am Main: Verlag für Polizeiwissenschaft.

Jäger, J. (1994). Angriffe auf Polizeibeamte. Münster: Polizei-Führungsakademie.

Jager, J., Klatt, T., & Bliesener, T. (2013). Gewalt gegen Polizeibeamtinnen und Polizeibeamte. Die subjektive Sichtweise zur Betreuung und Fürsorge, Aus- und Fortbildung, Einsatz nachbereitung, Belastung und Ausstattung (Abschlussbericht). Institut für Psychologie, Christian Albrechts Universität zu Kiel. Verfügbar unter: https://polizei.nrw/sites/default/files/2016-11/131202_NRW_Studie_ Gewalt_gegen_PVB_Abschlussbericht.pdf [28.11.2018].

Lenk, M. (2008). Aggressionsverhalten gegenüber Mitarbeitern der Notfallrettung. Online unter: http://digibib.hs-nb.de/file/dbhsnb_derivate_0000000016/Bachelor arbeit _Lenk_2008.pdf

Liebl, K. (2003). „Crime Fighter" oder „Pensionsbesorgter"? Warum wird man Polizist?. Polizei & Wissenschaft, 2/2003, S. 4-17.

Liebl, K. (2016). Gewalt gegen Polizisten: Dramatischer Anstieg oder Veränderung aufgrund gesellschaftlicher Entwicklungen? Soziale Probleme, 27(1), S. 75-94.

Lorei, C. (2016). Umgang mit Gewalt als Thema der Polizeiausbildung. In B. Frevel & H. Groß (Hrsg.): Empirische Polizeiforschung XIX: Bologna und die Folgen für die Polizeiausbildung. Frankfurt am Main: Verlag für Polizeiwissenschaft.

Lorei, C. (2017). Umgang mit Gewalt. In A. Fischbach, P. W. Lichtenthaler, J. Boltz & H. P. Schmalzl (Hrsg.): Erfolgreich im Einsatz. Zur Psychologie der polizeilichen Einsatzbewältigung (S. 51 – 73). Frankfurt: Verlag für Polizeiwissenschaft.

Lorei, C., Hallenberger, F., Fischbach, A. & Lichtenthaler, P. W. (2014). Polizei & Stress. In F. Hallenberger & C. Lorei (Hrsg,): Grundwissen Stress (S. 211-282). Frankfurt: Verlag für Polizeiwissenschaft.

Lorei, C., Hartmann, J., Müller, J. & Ellrich, K. (2019) Gewalterfahrungen im Rettungsdienst. Häufigkeit, situative Umstände und Folgen. Polizei & Wissenschaft, 3/2019, S. 35-66.

Lorei, C., Wittig, G., Stiegler, G. & Meyer, S. (2009). Fahrschulen und Fahrzeugkontrollen der Polizei. Polizei & Wissenschaft, 1/2009, S. 12 – 25.

Ohlemacher, T., Rüger, A., Schacht, G., & Feldkötter, U. (2003). Gewalt gegen Polizeibeamtinnen und -beamte 1985-2000. Baden-Baden: Nomos.

Puschke, J. (2014). Gewalt und Widerstand gegen Polizeibeamte – Befunde und Diskurs. Neue Kriminalpolitik 26 (1), S. 28 – 41).

Rau, M. & Leuschner, F. (2018). Gewalterfahrungen von Rettungskräften im Einsatz – Eine Bestandsaufnahme der empirischen Erkenntnisse in Deutschland. Neue Kriminalpolitik, 30 (3), S. 316 – 335.

Sessar, K., Baumann, U. & Mueller, J. (1980). Polizeibeamte als Opfer vorsätzlicher Tötung: eine Studie zur Eigensicherung. Wiesbaden: BKA.

Skiba R. (1997) Taschenbuch der Arbeitssicherheit (9., neub. Aufl.). Bielefeld: Erich Schmidt.

Stadler, W. & Walser, W. (2000). Fehlerquellen der Polizeilichen Kriminalistik, in: K. Liebl & T. Ohlemacher (Hrsg.): Empirische Polizeiforschung (S. 68 – 89). Herbolzheim.

Stein, M. (2004). Suizide innerhalb der Polizei. Erfahrungswerte aus Luxemburg und prophylaktische Ansätze. Polizei & Wissenschaft, 4/2004, S. 34 – 40.

Tversky, A. & Kahnemann, D. (1973) Availability: A Heuristic for Judging Frequency and Probability, Cognitive Psychology 42, S. 207-232.

van Ooyen, I (2019). Polizeiwissenschaft in Deutschland. Frankfurt am Main: Verlag für Polizeiwissenschaft.

Thomas Ellwart
Universität Trier

Mensch, Softwareagenten und Roboter in hybriden Teams: Auswirkungen auf Arbeit, Sicherheit und Gesundheit

1. Klassische Mensch-Maschine-Funktionsteilung oder neue Herausforderung?

Die Fähigkeiten der zukünftigen „digitalen Arbeitskollegen" wie Roboter und Softwareagenten werden nach Einschätzung der Forscher im Bereich des maschinellen Lernens unsere menschlichen Fähigkeiten in den nächsten Jahrzehnten übertreffen (Grace et al., 2018). Der Studie zufolge werden Maschinen den Menschen in folgenden Feldern ablösen – im Bereich der Fahrzeugführung im Jahr 2027, im Verkaufsgewerbe in 2031 oder im OP-Bereich im Jahr 2054. Wie auch immer man persönlich zu den konkreten Vorhersagen stehen mag, maschinelle Akteure der Automatisierung haben seit den 1970er Jahren die Arbeitswelt verändert. Durch die digitalen Entwicklungen im Bereich der Informationsverarbeitung wird heute und in Zukunft das moderne Arbeitsleben in Bereichen wie Transport, Gesundheit, Wissenschaft, Finanzen und Militär nachhaltig verändert. Die neuen Kooperationsformen unterliegen einer bunten Begriffsvielfalt, beispielsweise Human-Agent-Teams (J. Y. C. Chen et al., 2011), Human-Robot-Teaming (Endsley, 2016b), Human-Robot-Collaboration (M. Chen et al., 2020), hybride Teams (Straube & Schwartz, 2016), sozio-digitale Teams (Ellwart & Kluge, 2019). In diesem Beitrag wird von hybriden Teams gesprochen. Doch welche konkreten Merkmale hat Kooperation in einem hybriden Team und welche Auswirkungen lassen sich vorhersagen? Entlang interdisziplinärer Forschungsfelder sollen im vorliegenden Beitrag zentrale Konzepte zur Beschreibung und Bewertung einer hybriden Teamarbeit skizziert werden, mit denen Auswirkungen auf Arbeitsprozesse, auf Sicherheit und Gesundheit darstellbar sind. Ausgehend von einem Anwendungsbeispiel im Bereich der Schiffsinspektionen werden diagnostische und gestaltbare Ansatzpunkte einer ganzheitlichen und humanen Arbeitsgestaltung sichtbar. Es soll deutlich werden, dass arbeitspsychologisch bekannte Konzepte und Kriterien einer funktionalen Mensch-Maschine-Funktionsteilung (z.B. Hacker, 1995; Strohm & Ulich, 1997), um weitere Perspektiven aus der Psychologie, der Ingenieurswissenschaft sowie der Informatik ergänzt werden können. Die interdisziplinärere Perspektive ist somit bei der Planung, Einführung und Begleitung hybrider Teams eine nützliche und empirisch fundierte Strategie.

1.1 Merkmale sozio-digitaler Arbeitsformen
Technisierung und Digitalisierung sind kein Alleinstellungsmerkmal der letzten 20 Jahre. Beginnend mit der industriellen Revolution im 18. und 19. Jahrhundert, über die erste Rechenmaschine auf Grundlage binärer Zahlen im Jahr 1936 (Zuse, 2016), befinden wir uns schon seit dem vergangenen Jahrhundert in einem Prozess der stetig fortschreitenden Automatisierung und Digitalisierung. Auch Roboter gibt es bereits seit den 1980er Jahren (Ahrens, 2012). Doch was ist das Besondere an den aktuellen sozio-digitalen Arbeitsformen hybrider Teams? Vier Merkmale sollen exemplarisch skizziert werden, die sich insbesondere auf das Erleben und Verhalten in einer sozio-digitalen Kooperation auswirken.

Autonomie digitaler Akteure. Fokussierte die Arbeitspsychologie der 1980er Jahre auf die Autonomie des Menschen (Ulich, 1980), so ist im Bereich der Human Factors-Forschung mit Autonomie der Automatisierungsgrad des technischen Systems gemeint (Level of Automation, LoA; Endsley, 2016b). Durch die digitale Vernetzung und die Möglichkeit der Maschinen, Umweltsignale in großen Mengen und allen Ortes zu verarbeiten, maschinell zu lernen und Entscheidungen zu generieren, können hoch automatisierte – autonome – Systeme geschaffen werden. Diese folgen nicht mehr ausschließlich installierten Programmen, wie bei Industrierobotern in einer Werkhalle, sondern können in allen Bereichen der Produktion, Verwaltung und Dienstleistung eigenständige Teilaufgaben übernehmen.

Aufgabentypen der digitalen Akteure. Eng verbunden mit der steigenden Autonomie digitaler Systeme im Digitalisierungsprozess verändern sich auch die Aufgabentypen, welche durch digitale Akteure übernommen werden können. Waren es bislang vorwiegend Aufgaben der Tätigkeitsausführung (z.B. automatisierte Produktionsketten) oder Datenverarbeitung (z.B. Datenbanken), können digitale Systeme nun Aufgaben übernehmen, die bislang dem menschlichen Akteur vorbehalten waren. Systeme mit künstlicher Intelligenz (KI) können aus gesammelten Daten Zusammenhänge erfassen und in Vorhersagen umwandeln (z.B. Persönlichkeitsanalysen, Börsenbewegungen). Sie können Ideen generieren und alternative Handlungspläne vorschlagen (z.B. Navigation). Sie können aber auch Entscheidungen eigenständig treffen und umsetzen (z.B. Kreditentscheidungen, autonomes Fahren) (Anwendungsfelder KI siehe z.B. Kreutzer & Sirrenberg, 2019). Dies verändert die bisher bekannte Funktionsteilung über das derzeit bekannte Maß hinaus.

Undurchschaubarkeit der digitalen Akteure. Folgte die Automatisierung des vorigen Jahrhunderts den Programmen und Regeln menschlicher Vorbilder, so lassen sich die Algorithmen und Entscheidungsprozeduren der KI nicht ohne weiteres nachvollziehen. Die Maschine lernt nach eigenen kognitiven Regeln in einer „Black Box“, die vom menschlichen Kooperationspartner nicht durchschaubar ist. Diese Undurchschaubarkeit ist bei der Automatisierung der Ausführung weniger problematisch, da die Planung und Entscheidung zur Ausführung beim Menschen liegt. Werden diese Aufgaben und Verantwortlichkeiten jedoch an ein undurchschaubares System wie die KI abgegeben, führt dies nicht selten zu Vorbehalten und Abwehr auf Seite der Menschen (vgl. Kreutzer & Sirrenberg, 2019).

1.2 Arbeit, Sicherheit und Gesundheit: Ein Praxisbeispiel hybrider Teams in der Schiffsinspektion

In dem Projekt „BugWright2", einem aktuellen Forschungsprojekt des Programms H2020 der EU-Kommission, soll der Prozess der Einführung eines autonomen Robotiksystems bei Schiffsinspektionen arbeitspsychologisch begleitet werden.[1] Exemplarisch kann man sich ein Team aus drei Akteuren vorstellen, die gemeinsam einen Schiffsrumpf (beispielsweise eines 200 Meter langen und 30 Meter hohen Öltankers) auf Schadstellen, Wanddicke, Anstrichgüte u.v.a. prüfen. Das Schiff liegt im Trockendock. Das menschliche Team nutzt eine mechanische Hebebühne. Akteur 1 bedient die Hebebühne und fährt das Schiff ab, Akteur 2 nimmt die Messungen am Schiffsrumpf vor. Akteur 3 protokolliert die Messungen (z.B. Wanddicke in mm) manuell auf dem Protokollbogen und dirigiert Akteur 1 zum nächsten Messpunkt.

Diese Gruppenaufgabe soll zukünftig verändert werden. Das menschliche Team wird um magnetische Roboter als Teamkollegen ergänzt, die an der Bootswand haften und autonom eine solche Inspektionsaufgabe übernehmen können. Da auch Unterwasserroboter und fliegende Drohnen die Navigation und Messungen unterstützen sollen, würde das Trockendeck zukünftig nicht mehr benötigt. Als Fernziel wird die Inspektion somit im Wasser durchgeführt.

Auswirkungen auf die Arbeit. Die Kooperation, Koordination und Kommunikation des bisherigen Teams wird durch die neuen autonomen Teammitglieder verändert. Es interessiert also z.B. welche wissenschaftlichen Konzepte bei der Analyse, Bewertung und Gestaltung des Arbeitsprozesses dazu beitragen können, die neue Art der Aufgabenteilung so zu verändern, dass eine funktionale Zusammenarbeit gesichert wird. Wodurch entstehen Störungen und wie können sie vermieden werden? Störungen können im Arbeitsprozess nämlich einerseits durch Fehler im neuen technischen System auftreten und so die Arbeitsprozesse zusätzlich belasten. Sie können aber auch durch eine ungünstige neue Funktionsteilung zwischen menschlichen Teammitgliedern und Robotern entstehen, nämlich immer dann, wenn diese von den menschlichen Akteuren nicht akzeptiert wird.

[1] Dieses Projekt wird durch das EU Forschungs- und Innovationsprogramm Horizont 2020 im Rahmen der Zuschussvereinbarung Nr. 871260 finanziert *(This project has received funding from the European Union's Horizon 2020 research and innovation programme under grant agreement No. 871260).* Siehe https://cordis.europa.eu/project/id/871260 [Stand: 09.03.2020]

Auswirkungen auf die Sicherheit. Werden sich Sicherheitsrisiken für menschliche Akteure reduzieren, da beispielsweise Unfälle durch Stürze von Hebeplattformen und Gerüsten vermieden werden, da digitale Akteure die gefährlichen Aufgaben zukünftig übernehmen? Werden durch die hybriden Teams, neben den Arbeitsprozessen, auch die geprüften Schiffsrümpfe sicherer, da die Roboter Schadstellen präziser erkennen als Menschen? Können die Sensordaten der Roboter so aufgearbeitet werden, dass mittels Virtual Reality (VR) und Augmented Reality (AR) die menschlichen Akteure Schadstellen auch in physischer Distanz zum Schiff zweifelsfrei bewerten können? Werden die transformierten Daten der digitalen VR und AR Systeme als reliabel und valide beurteilt, wenn zum Schluss menschliche Akteure – nicht Maschinen – die Sicherheit eines Schiffrumpfes vor Versicherungen und Klassifizierungsinstitutionen per Unterschrift bestätigen?

Auswirkungen auf die Gesundheit. Wie verändert sich die Gesundheit der Akteure, wenn Roboter das Team unterstützen? Wird es zu psychischen Fehlbeanspruchungen kommen, da Monotonie durch die Überwachungsaufgabe zunimmt? Kommt es zu Cybersickness, da bei den Operateuren durch das Tragen der VR-Brille Schwindel und Übelkeit auftreten (Rebenitsch & Owen, 2016)? Verbessert sich Vitalität und Gesundheit der Akteure, da psychische Belastungen wie z.B. Lärm und Nässe im Hafen in der VR Umgebung keine Rolle mehr spielen?

So vielfältig die Auswirkungen sein können, so unscharf und diffus scheint die Beurteilung von Arbeitsprozessen, Sicherheit und Gesundheit, wenn die Betrachtung nicht vor dem Hintergrund der konkreten Arbeitsaufgabe erfolgt. Zur Ableitung überprüfbarer und theoretisch begründbarer Vorhersagen können Konzepte und Modelle unterschiedlicher interdisziplinärer Forschungsfelder beitragen. Der bestehende und stetig wachsende Korpus empirischer Erkenntnisse und Messinstrumente bietet eine Vielzahl von Möglichkeiten zur Analyse hybrider Arbeitsbedingungen sowie zur Vorhersage von der Funktionalität von Arbeitsprozessen, von Sicherheitsverhalten und Gesundheit.

2. Interdisziplinäre Perspektiven: Konzepte zur Bewertung und Gestaltung hybrider Teams

Die Umsetzung eines hybriden Teams, wie im Fallbeispiel dargestellt, ist in erster Linie eine Herausforderung für die Entwicklungsingenieure, die Informatiker, die Infrastrukturen der Anwender (Häfen, Werften) sowie für die Klassifizierungsagenturen, die mit den digital gewonnen Daten Sicherheitszertifikate und Versicherungspolicen gewährleisten müssen. Doch schon bei der Planung und Gestaltung hybrider Systeme können fundierte Konstrukte und Erkenntnisse verschiedener Disziplinen dazu dienen, ein menschengerechtes, funktionales und zugleich ökonomisches System zu entwickeln. Dabei werden eigenständige Konzepte, Konstrukte und Methoden zur Beschreibung und Vorhersage der Auswirkungen in den einzelnen Forschungsfeldern deutlich, die komplementär bei der Gestaltung berücksichtigt werden können. Der vorliegende Beitrag kann dabei nur einen groben Überblick liefern, indem Konzepte kurz adressiert und Auswirkungen überblicksartig in Bezug auf das Fallbeispiel skizziert werden. Eine Übersicht ist in Tabelle 1 dargestellt.

Tab. 1: Interdisziplinäre Perspektiven auf hybride Teamarbeit

Ausgewählte Konzepte, Konstrukte und Methoden	Vorhersage von Auswirkungen auf Arbeit, Sicherheit und Gesundheit
Arbeitspsychologie • Mensch-Technik-Organisation Konzept (MTO, Strohm & Ulich, 1997), Psychische Regulation von Tätigkeiten (Hacker, 2003; Hacker & Sachse, 2014) • Z.B. KOMPASS-Methode zur Arbeitsanalyse bestehender und zukünftiger Systeme der Mensch-Maschine-Funktionsteilung (Wäfler et al., 2010)	• Psychische Beanspruchung • Kontrollerleben und Gesundheit • Unterbrechungen und Störungen
Human Factors: Automationsforschung • Level of Automation (Endsley, 2016a, 2016b) • Automation Bias (Parasuraman & Manzey, 2010) • Aufgabenphasen der Informationsverarbeitung (Informationsmonitoring, Optionsgenerierung, Aktionsauswahl, Aktionsumsetzung) (Kaber & Endsley, 1997b; Parasuraman et al., 2000; Parasuraman, 2000) • Diverse Aufgabenmerkmale (Workload und Komplexität (z.B. Mirhoseini et al., 2017)	• Vertrauen, Misstrauen und „blindes" Vertrauen • Situatives Bewusstsein und Störungsvorhersage • Out-of-the-Loop Verhalten (Übernahme der manuellen Kontrolle in kritischen Ausnahmesituationen)
Human Factors: Usabilityforschung • Technikakzeptanzmodelle (z.B. UTAUT, Venkatesh et al., 2003; Venkatesh et al., 2016)	• Funktionale und dysfunktionale Arbeitsprozesse • Nutzungsintention und Systemvertrauen
Organisationspsychologische Teamforschung • Modelle der Gruppenarbeit (IMOI, Mathieu et al., 2008; Rynek & Ellwart, 2019a) aus Prozessvariablen (z.B. Kommunikation, Koordination), kognitiven Zuständen (z.B. Team Mental Models) und emotionalen Zuständen (z.B. Identifikation) • Übertragung der Modelle auf Mensch-Roboter-Interaktionen (You & Robert, 2017)	• Vertrauen • Performanz und Störungsmanagement • Informationsüberlastung • Gesundheitsrelevante Ressourcen und Wohlbefinden
Konzepte der Stressforschung und Arbeits- & Organisationspsychologie zu Kompetenzen sowie Persönlichkeit • Personenvariablen und Bewältigungsstile der Stressforschung (Buchwald & Hobfoll, 2013; Zapf & Semmer, 2004) • Digitales Selbstkonzept (Schauffel, 2019) • Komparatives sozio-digitales Selbstkonzept (Ellwart et al., 2020) • Bedrohung beruflicher Rollen (Rynek & Ellwart, 2019b)	• Psychische Beanspruchung und Wohlbefinden • Stressbewältigung • Nutzungsintention und Systemvertrauen
Künstliche Intelligenzforschung (KI) • Erklärbarkeit von KI (Ha et al., 2018; Miller, 2019) • Ähnlichkeit zwischen KI und menschlicher Informationsverarbeitung (Ellwart & Kluge, 2019)	• Akzeptanz • Nutzungsintention und Systemvertrauen

2.1 Arbeitspsychologische Konzepte: Mensch, Technik, Organisation

Ansätze. Die Arbeitspsychologie bietet zahlreiche Modelle und Konzepte zur Analyse, Bewertung und Gestaltung der Mensch-Maschine-Interaktion (z.B. Hacker & Sachse, 2014; Strohm & Ulich, 1997). Insbesondere die Mehrebenenbetrachtung von Mensch, Technik und Organisation im MTO-Konzept (Strohm & Ulich, 1997) bietet heuristische Moderationsverfahren (z.B. KOMPASS, Wäfler et al., 2010), um die Funktionsteilung zwischen Mensch und Maschine zu beschreiben und zu bewerten, als auch eine prognostische Bewertung in Planungsprozessen umzusetzen.

Konzepte und Auswirkungen. Die sehr umfangreichen Kriterien der Arbeitspsychologie, insbesondere des MTO-Ansatzes, lassen sich den Ebenen des Arbeitssystems (z.B. vollständige Tätigkeiten), der Arbeitstätigkeit (z.B. Anforderungsvielfalt) und des Mensch-Maschine Systems (z.B. Flexibilität, Transparenz) zuordnen. Der Zusammenhang zwischen arbeitspsychologischen Kriterien auf den drei Ebenen und psychischer Beanspruchung wurde in zahlreichen Studien belegt (vgl. Zapf & Semmer, 2004). Hervorzuheben ist z.B. das Kontrollerleben von menschlichen Akteuren als Prädiktor von Gesundheit, Fehlzeiten und körperlichen Beschwerden (Wieland, 2009). Auch gehören Unterbrechungen und Störungen von Arbeitsabläufen zu den wichtigsten Stressfaktoren (z.B. Leitner & Resch, 2005) und führen zu Fehlbeanspruchungen (Schulz, 2012). Fehlbeanspruchungen als Überforderung (Stress) als auch Unterforderung (Monotonie) haben die stärkste Wirkung auf den allgemeinen Gesundheitszustand und senken die Belastbarkeit (Hacker & Richter, 2012).

Fazit. Für die Gestaltung eines funktionalen, sicheren und gesunderhaltenden hybriden Teams der Schiffsinspektion, können die bereits gut etablierten und bekannten Methoden der Arbeitspsychologie wichtige Beiträge leisten. Der Gestaltungsprozess sollte auf der Analyse der bestehenden Arbeitsaufgabe ansetzen (Primat der Aufgabe) und die technischen Entwickler sowie die betroffenen Inspekteure in den Designprozess einbeziehen. Arbeitspsychologische Bewertungskriterien bieten wichtige Entscheidungshilfen für die prospektive Bewertung und Umsetzung.

2.2 Human Factors: Aufgaben und Rollen autonomer Systeme und Technikakzeptanz

Ansätze. In dem sehr umfangreichen Forschungsgebiet der Human Factors (Ingenieurspsychologie, Arbeitswissenschaft) lassen sich zwei zentrale Forschungsstränge identifizieren, in denen die Schnittstelle zwischen Menschen und technischen Systemen zentral sind. Im Bereich der Automationsforschung werden Fragen zur Aufgaben- und Rollenverteilung zwischen Mensch und digitalen Akteuren untersucht, wobei die Betrachtung von hybriden Teams mit Robotern oder Softwareagenten an Bedeutung gewinnt (z.B. J. Y. C. Chen et al., 2011; Endsley, 2016b). Aus dem klassischen Feld der

Technikakzeptanzforschung lassen sich zudem Konstrukte zur Bewertung von Mensch-Maschine-Kooperationen ableiten (Venkatesh et al., 2003; Venkatesh et al., 2016). Auch hier soll nur eine Auswahl an Konzepten hervorgehoben werden.

Konzepte und Auswirkungen der Automationsforschung. Zwei der wichtigsten Variablen zur Bewertung von hybriden Teams sind das Ausmaß der Automatisierung (Level of Automation, LoA) und die Differenzierung der Aufgabentypen, in denen die Automatisierung (d.h. Aufgabenübernahme durch Roboter/Agenten) stattfindet (Kaber & Endsley, 1997a, 2004; Parasuraman et al., 2000). Dieser, der aufgabenspezifischen Betrachtung des MTO-Ansatzes, sehr ähnliche Ansatz, differenziert die Risiken, Chancen und Auswirkungen der Automatisierung entlang unterschiedlicher Aufgabentypen. Bleiben dem menschlichen Akteur im Robotiksystem nur noch Überwachungsaufgaben, so ist dies kritisch in Bezug auf Ermüdung und damit auf die steigende Fehleranfälligkeit und Monotonie. Andererseits bevorzugen Operateure in komplexen Aufgaben Roboter im Team, wenn diese zu einer subjektiven Beanspruchungsreduktion im Workload beitragen (J. Y. C. Chen et al., 2011). Eine breit erforschte und kritische Auswirkung der Automatisierung von Aufgaben lässt sich auf das Situationsbewusstsein feststellen, d.h. die Wahrnehmung der aktuellen Umgebung und die Vorhersehbarkeit kommender Veränderungen (Endsley, 2016b). Je mehr die Automatisierung die manuelle Performanz unterstützt (z.B. durch einen Fahrassistenten beim (teil-)autonomen Fahren), desto kritischer ist das menschliche Verhalten in den Ausnahmesituationen, in denen die Automatisierung versagt (sog. Out-of-the-Loop Situationen; Onnasch et al., 2014). Dieses als Automatisierungsproblem bekannte Phänomen (automation conundrum, Endsley, 2016b) ist insbesondere für die Systemsicherheit hoch relevant. Je zuverlässiger der digitale Akteur Aufgaben übernimmt, desto weniger Aufmerksamkeit schenkt das menschliche Teammitglied der Situation und der Wahrscheinlichkeit von Systemausfällen. Vertrauen spielt nicht nur unter Menschen, sondern auch zwischen sozialem und digitalem Akteur eine zentrale Rolle und wird als wichtige Einfluss- und Ergebnisgröße der Automatisierungsforschung, insbesondere auch in Bezug auf Robotiksysteme untersucht (J. Y. C. Chen et al., 2011; M. Chen et al., 2020). Vertrauen, aber auch Misstrauen und „blindes Vertrauen" sind von Systemfaktoren (z.B. Zuverlässigkeit, Stabilität der Roboter), von Personenfaktoren (eigene Kompetenzwahrnehmung, Persönlichkeitseigenschaften) und situativen Faktoren (z.B. Zeitdruck, Workload) abhängig (Schaefer et al., 2016) und machen die Analyse sowie Bewertung von hybriden Teams komplex und die Vorhersagen anspruchsvoll.

Konzepte und Auswirkungen der Technikakzeptanzforschung. Auch wenn sich das Forschungsfeld der Technikakzeptanz nicht direkt mit interagierenden und kooperierenden Systemen beschäftigt, so liefern Modelle und empirische Befunde zur

Technikakzeptanz eine Vielzahl an Analyse- und Gestaltungsvariablen, die auch auf die hybride Teamarbeit übertragbar sind (vgl. Technology Acceptance Model, TAM, Unified Theory of Acceptance and Use of Technology, UTAUT, Venkatesh et al., 2003; Venkatesh et al., 2016). Beispielsweise sind die Erwartungen der Nutzer in Bezug auf die mögliche Zielerreichung und die Aufwandserwartungen kritische Prädiktoren, die Nutzungsintention vorhersagen. Zweifeln die menschlichen Teammitglieder an der Unterstützungsleistung der Roboter oder assoziieren deren Einsatz mit höheren Aufwänden, dann sinkt die Akzeptanz. Auch soziale Einflüsse wichtiger Bezugspersonen und die organisationale Unterstützung beim Einführungsprozess können Nutzungsverhalten und Vermeidungshaltung im Umgang mit Technik erklären.

Fazit. Die zukünftige Inspektionsaufgabe an den Schiffen muss zunächst bezüglich der Aufgabenarten und Automatisierungsgrade differenziert dargestellt werden. So kann prospektiv und partizipativ herausgearbeitet werden, welche Aufgaben durch Roboter und Menschen übernommen werden (Ausführung oder Entscheidung) und welche Auswirkungen die Automatisierung auf Vertrauen, Situationsbewusstsein und Akzeptanz haben wird. Entscheidend ist die Kosten-NutzenWahrnehmung der menschlichen Akteure: Sie müssen einen Nutzen im neuen System erkennen (z.B. sicherere Arbeitsbedingungen vor Ort, zusätzliche Informationen zur Entscheidung). Gleichzeitig müssen kritische Kosten (z.B. Zeitverzögerungen durch Störungen) vermieden werden.

2.3 Organisationspsychologische Teamforschung: Kognitionen, Emotionen und Prozesse zwischen Akteuren

Ansätze. Die psychologische Gruppenforschung systematisiert Konzepte für eine erfolgreiche Zusammenarbeit in Gruppen auf der individuellen sowie der Gruppenebene. Sie unterscheidet zusätzlich zwischen Einflussvariablen (Inputs), vermittelnden Prozessen (Koordinations- und Kommunikationsverhalten), Zuständen (Teamkognitionen und Teamemotionen) und Ergebnisgrößen (Outputs) wie Effektivität, Fehler oder Stress. Diese Outputs können in einer dynamischen Sichtweise wieder zu Inputs der nächsten Arbeitsphase werden, womit der Begriff IMOI-Modelle in der Gruppenforschung Bedeutung erhält (Mathieu et al., 2008; Rynek & Ellwart, 2019a). Diese Forschungsperspektive kann ebenso auf hybride Teams übertragen werden. Somit lassen sich messbare, etablierte Teamvariablen zur Vorhersage von funktionaler Arbeit, Sicherheit und Gesundheit untersuchen (You & Robert, 2017).

Konzepte und Auswirkungen. In einer experimentellen Studie zeigen You et al. (2018), dass die Identifikation mit dem hybriden Team und das Vertrauen in den Roboter das Sicherheitsgefühl in der Arbeitsaufgabe erhöht. Identifikation und Vertrauen in das Team kennzeichnen wichtige emotionale Zustandsvariablen, die in bisherigen Forschungsarbeiten zunehmend in Bezug auf psychische Gesundheit sowie Wohlbefinden Bedeutung gewinnen und folglich eine wichtige Ressource darstellen (vgl. Haslam et al., 2018). Neben emotionalen Variablen sind insbesondere Teamkognitionen wichtige Prädiktoren für eine funktionale und sichere Gruppenarbeit. Teamkognitionen beschreiben dabei das gemeinsam geteilte Wissen sowie Situationswahrnehmungen einer Gruppe. Diese können sehr facettenreich differenziert werden (vgl. Rynek & Ellwart, 2019a). Mögliche Facetten sind das Teamwissen über die konkreten Aufgaben, die Verantwortlichkeiten sowie Rollen über Arbeitswege und Ziele (Rynek & Ellwart, 2019a). Vergleichbar mit Ergebnissen aus menschlichen Arbeitsgruppen zeigen Studien in hybriden Teams, dass bei Austausch eines menschlichen Teammitglieds durch einen Softwareagenten das Teamwissen eine wichtige Rolle spielt. Teams mit einem hohen Wissen über die Rollen und Aufgaben des Softwareagenten zeigen höheres Vertrauen. Sie erwarten weniger Koordinationsverluste sowie eine höhere Zielerreichung (Ellwart et al., 2020). Auch in Bezug auf die gesundheitskritische Ergebnisvariable „Informationsüberlastung" können Gruppenkonzepte der IMOI-Modelle Wirkzusammenhänge erklären und zur Analyse sowie Gestaltung in hybriden Teams beitragen (Antoni & Ellwart, 2017).

Fazit. Verändert man die Gruppenaufgabe der Schiffsinspekteure, dann greift man in das komplexe Zusammenspiel von Teamvariablen auf der Individual- und Gruppenebene ein. Hier gilt es, die „Stützpfeiler" effektiver Teamarbeit nicht zu beschädigen, sondern zu stärken. Das Wissen um die Aufgaben und Rollen im Team stärkt das Vertrauen und das Sicherheitsgefühl der menschlichen Teammitglieder. Teamemotionen wie Identifikation können Ressourcen darstellen, die in kritischen Phasen unterstützen. Es ist zentral, die Veränderung zu einem hybriden Team als Anpassungsprozess zu verstehen, der neue Handlungsstrategien im Team erforderlich macht. Hierzu bieten Konzepte der Teamadaptation Handlungspläne, mit denen die Transformation der sozialen Teamarbeit in eine sozio-digitale Kooperation erklärbar und gestaltbar wird (Ellwart et al., 2016).

2.4 Selbstkonzept, Selbstwirksamkeit und Selbstwert bei digitaler Kooperation

Ansätze. Die Bedeutung des deklarativen und prozeduralen Wissens für die erfolgreiche Ausführung von Tätigkeiten in sozio-digitalen Systemen ist sowohl in der Arbeitspsychologie, als auch im Human Factors und der Teamforschung belegt. Doch neben dem objektiven Wissen rückt immer stärker auch die subjektive Selbsteinschätzung der eigenen Fähigkeiten in den Fokus der psychologischen Forschung im Arbeitskontext (z.B. Huang, 2011; Marsh & Yeung, 1998; Sung & Oh, 2011; Tharenou, 1979; Tzeng, 2004). Damit assoziierte Konzepte des Selbstkonzeptes und der

Selbstwirksamkeitserwartung erlauben auch in hybriden Teams Vorhersagen funktionaler Arbeitsprozesse und gesundheitsrelevanter Variablen.

Konzepte und Auswirkungen. Das digitale Selbstkonzept beschreibt die allgemeine subjektive Einschätzung der eigenen Fähigkeit in Bezug auf die erfolgreiche Nutzung eines digitalen Systems („Ich bin gut darin, digitale Systeme zu nutzen."). Angelehnt an das Rahmenmodell digitaler Kompetenz der EU DigComp 2.0 (Carretero et al., 2017; Vuorikari et al., 2016) unterscheidet Schauffel (2019) zwischen einem allgemeinen digitalen Selbstkonzept und bereichsspezifischen Subfacetten (z.B. Sicheres Anwenden, Generieren von Inhalten, Verarbeiten und Speichern). Erste Forschungsergebnisse zeigen, dass ein hohes digitales Selbstkonzept positiv mit der Bereitschaft zur Nutzung digitaler Kooperationsformen einhergeht (Schauffel, 2019).

Selbstbewertungen der eigenen Handlungskompetenz in Bezug auf digitale Aufgaben werden als *digitale Selbstwirksamkeit* (self-efficacy) beschrieben („Ich traue mir zu, Aufgabe X mit dem digitalen System erfolgreich zu bewältigen"). Auch hier untermauern empirische Studien die Bedeutsamkeit von Selbstwirksamkeit im digitalen Kontext in Bezug auf Nutzungsintention und leistungsrelevante Variablen (Brosnan, 1998; Igbaria & Iivari, 1995; Pajares, 2003; Rosenthal-von der Pütten & Bock, 2018).

Eine weitere Perspektive der Selbstbewertungen digitaler Fähigkeiten bezieht sich auf den Vergleich der eigenen Kompetenz im Vergleich zum digitalen Teammitglied. Aus dem bisher untersuchten sozialen Vergleichsprozess (Festinger, 1954) wird im Kontext hybrider Teams ein *sozio-digitaler Vergleichsprozess.* Auch wenn eine eindeutige Konstruktdefinition noch aussteht, so zeigen Studien, dass der Ausgang dieses Vergleichsprozesses Einstellungen gegenüber der sozio-digitalen Kooperation beeinflusst. Lee und Moray (1992) zeigen beispielsweise, dass Personen mit einem höherem Selbstvertrauen in die eigenen Fähigkeiten (im Vergleich zum Vertrauen in die technischen Akteure), eine manuelle Tätigkeit vorziehen. Ellwart et al. (2020) erfassen in einem hybriden Team komparative Leistungsbewertungen („Der Softwareagent löst die Aufgabe besser versus schlechter als ich es kann") und sagen damit Verlustängste sowie Motivation zur hybriden Kooperation vorher.

Persönliches *Bedrohungserleben* in hybriden Kooperationen ist eine weitere – bisher wenig untersuchte Größe in hybriden Teams. Die Bedrohung beruflicher Rollen kann im Arbeitskontext Stresserleben vorhersagen (Rynek & Ellwart, 2019b). Auch durch den Einsatz digitaler Agenten und Roboter, können Menschen die eigene Kompetenz, den beruflichen Status oder ihre Autonomie als bedroht beurteilen, mit Auswirkungen auf die mentale Gesundheit und Motivation (Smids et al., 2019).

Fazit. Die Schiffsinspekteure werden bei der Einführung des Robotiksystems subjektive Beurteilungen bezüglich ihrer eigenen Kompetenzen im hybriden System vornehmen und auch dem Roboter Kompetenzen zuschreiben. Dieser Beurteilungsprozess sollte im Veränderungsprozess begleitet werden und selbstwertdienlich gestaltet sein. Maßnahmen sind neben klassischen Methoden der Personalentwicklung (z.B. Kompetenztrainings im Umgang mit der neuen Technik) auch Reflexionsansätze mit den Fokussen Kompetenzen, Rollen sowie Verantwortlichkeiten im Team (vgl. Rynek & Ellwart, 2019a).

2.5 Künstliche Intelligenz: Verständnis und Ähnlichkeit zwischen Mensch und Maschine

Ansätze, Konzepte und Auswirkungen. Beim Einsatz autonomer Softwareagenten und Roboter geht die Automatisierung weit über den Einsatz von fest definierten Programmen hinaus. Digitale Akteure besitzen eine künstliche Intelligenz, d.h. sie besitzen die Fähigkeit zu lernen, können mit Unsicherheit umgehen und komplexere Probleme lösen (Bostrom, 2016). Ein Forschungsfeld in der KI Forschung, aus dem Ansatzpunkte und Konzepte für die Einführung von Robotiksystemen genutzt werden können, ist das Feld der „erklärbaren KI" (explainable artificial intelligence). Erklärbare KI bezieht sich auf Methoden und Ansätze, um Handlungen, Empfehlungen und die den Entscheidungen zugrunde liegenden Ursachen in der KI für den Menschen verständlich zu machen (Anjomshoae et al., 2019).

Bei der Entwicklung von KI in Robotern und Softwareagenten kann sich das Verhalten der KI auch an den menschlichen Prozessen der Informationsverarbeitung orientieren (Ellwart & Kluge, 2019). Die kognitive Ähnlichkeit zwischen den Mitgliedern des hybriden Teams kann Performanz und Akzeptanz der sozio-digitalen Gemeinschaft fördern (Biswas & Murray, 2015).

Fazit. Bei der Umsetzung der hybriden Teams in Schiffsinspektionen kann auch die KI-Forschung Anstöße zur Gestaltung und Implementierung des Prozesses geben. Mit Blick auf die Erklärbarkeit von KI sollte das Handeln und Entscheiden der autonomen Roboter verstehbar und nachvollziehbar für die menschlichen Akteure sein. Dies bedeutet nicht, dass Menschen die „Black Box" der KI erklären können. Vielmehr sollte das Verhalten der KI als vorhersagbar und plausibel – als „berechenbar" – wahrgenommen werden. Die dafür notwendige Reflexion der Prozesse im hybriden Team kann gleichzeitig als Ausgangspunkt einer lernförderlichen Arbeitsumgebung konzipiert werden, in der durch einen stetigen Abgleich menschlicher und digitaler Verhaltensweisen Missverständnisse und Störquellen identifiziert werden können.

3. Schlussfolgerungen

Für die Gestaltung einer funktionalen, sicheren und gesundheitserhaltenden Arbeitsumgebung, in der Roboter und menschliche Akteure gemeinsam Schiffswände auf Mängel inspizieren, können Konzepte und Ansätze unterschiedlicher Disziplinen beitragen. Trotz unterschiedlicher Begriffe und Forschungstraditionen lassen sich disziplinübergreifende Merkmale einer erfolgreichen Gestaltung herausarbeiten.

Primat der Aufgabe. Bewertungs- und Gestaltungsebene müssen die konkreten Aufgaben in der Tätigkeit sein. Eine allgemeine und abstrakte Reflexionsebene von Mensch-Roboter-Teams mag in Talkshows und populärwissenschaftlichen Beiträgen genügen. Die Prognose von Funktionalität, Sicherheit und Gesundheit ist hingegen nur in der aufgabenspezifischen Umsetzung des jeweiligen Einzelfalls beurteilbar und gestaltbar.

Ganzheitlich. Die Erkenntnis der MTO-Konzepte gilt auch für moderne hybride Teams: Bei der Gestaltung gilt es, alle Systemebenen zu berücksichtigen. Dies bedeutet, die technischen Möglichkeiten, die menschlichen Bedürfnisse und Fähigkeiten sowie die organisationalen Rahmenbedingungen als Einheit zu betrachten und zu gestalten. Ein partizipativer Entwicklungsansatz, der sowohl Schiffsinspekteure, Informatiker als auch Ingenieure berücksichtigt, kann dabei frühzeitig Dysfunktionalitäten aufdecken und Akzeptanz sicherstellen.

Transparent. Wenngleich es nicht möglich sein wird, die Funktionsweise von KI in Robotern und Softwareagenten intuitiv verstehbar zu machen, so müssen mindestens die Aufgaben, Rollen, Einsatzmöglichkeiten und Grenzen transparent und vorhersagbar sein. Hier unterscheiden sich hybride Teams nicht von heute arbeitenden Teams in der Schiffswerft. Die Inspekteure müssen sich in der Gruppe aufeinander verlassen können. Je besser man das Verhalten der zukünftig digitalen Kooperationspartner vorhersagen kann, desto funktionaler wird das Systemvertrauen sein. Transparenz fördert ein funktionales Vertrauen, welches auf einer realistischen Erwartung gegenüber dem digitalen Teammitglied beruht, ohne diesem zu wenig oder zu viel Vertrauen zu schenken.

Dynamisch. Sowohl digitale Systeme als auch menschliche Akteure verändern sich. Digitale Systeme z.B. dann, wenn eine lernende KI die Unterwasser- und Überwasserroboter steuert. Menschliche Inspekteure verändern ihr Verhalten in Abhängigkeit ihrer Erfahrungen mit den Robotern. Wenn sie dem System beispielsweise stark vertrauen, werden sie die eigene Kontrolle reduzieren. Der Gestaltungsprozess hybrider Teams ist deshalb nicht mit der Einführung des Systems abgeschlossen, sondern erfordert einen stetigen Reflexions- und Lernprozess, um kritische Veränderungen in der Funktionalität, der Sicherheit und der Gesundheit zu antizipieren und darauf reagieren zu können.

Differentiell. Menschliche Akteure in der Schiffsinspektion unterscheiden sich bezüglich ihrer aufgabenbezogenen Vorerfahrungen, in ihrem Wissen und in Persönlichkeitseigenschaften. Dieser Teamdiversität muss bei der Gestaltung und Einführung hybrider Teams durch eine differentielle Personalentwicklung Rechnung getragen werden.

Interdisziplinär. Abschließend soll noch einmal die Bedeutung einer disziplinübergreifenden Kooperation bei der Gestaltung hybrider Teamaufgaben hervorgehoben werden. Gerade am Beispiel der Einführung des Robotiksystems im Schiffsbereich wird deutlich, wie unterschiedlich die Perspektiven von Reedern, Werften, Wartungsfirmen, Ingenieuren, Softwareentwicklern, Maschinenbauern und dem Vertrieb sind. Schlussendlich wird jedoch der Erfolg des Mensch-Roboter-Teams in der Arbeitsaufgabe der Schiffsinspekteure deutlich. Diese muss effizient, fehlerfrei und sicher bewältigt werden. Zur Berücksichtigung von Aufgabe und menschlichem Akteur im Entwicklungsprozess können die Human Factors-Forschung sowie Arbeits- und Organisationspsychologie wichtige Konzepte und Methoden beitragen.

Literatur

Ahrens, R. (2012). Rationalisierungseuphorie und Innovationsschwäche. Industrieroboter im Werkzeugmaschinenkombinat „Fritz Heckert“ um 1980. *TG Technikgeschichte, 79* (1), 61–78. https://doi.org/10.5771/0040-117X-2012-1-61

Anjomshoae, S., Najjar, A., Calvaresi, D. & Främling, K. (2019). Explainable agents and robots: Results from a systematic literature review. In *Proceedings of the 18th International Conference on Autonomous Agents and MultiAgent Systems (AAMAS '19).*

Antoni, C. H. & Ellwart, T. (2017). Informationsüberlastung bei digitaler Zusammenarbeit – Ursachen, Folgen und Interventionsmöglichkeiten. *Gruppe. Interaktion. Organisation. Zeitschrift für Angewandte Organisationspsychologie (GIO), 48* (4), 305–315. https://doi.org/10.1007/s11612-017-0392-4

Biswas, M. & Murray, J. (2015). Robotic companionship: How forgetfulness affects long-term human-robot interaction. In H. Lui, N. Kubota, X. Zhu, R. Dillmann & D. Zhou (Hg.), *Intelligent Robotics and Applications: ICIRA 2015. Lecture Notes in Computer Science* (9245. Aufl., Bd. 9245, S. 37–48). Springer. https://doi.org/10.1007/978-3-319-22876-1_4

Bostrom, N. (2016). *Superintelligenz: Szenarien einer kommenden Revolution* (J.-E. Strasser, Übers.) (Wissenschaftliche Sonderausgabe). Suhrkamp.

Brosnan, M. J. (1998). The impact of computer anxiety and self-efficacy upon performance. *Journal of Computer Assisted Learning, 14* (3), 223–234. https://doi.org/10.1046/j.1365-2729.1998.143059.x

Buchwald, P. & Hobfoll, S. E. (2013). Die Theorie der Ressourcenerhaltung: Implikationen für den Zusammenhang von Stress und Kultur. In P. Genkova (Hg.), *Springer-Handbuch. Handbuch Stress und Kultur: Interkulturelle und kulturvergleichende Perspektiven* (Bd. 12, S. 127–138). Springer VS. https://doi.org/10.1007/978-3-531-93449-5_8

Carretero, S., Vuorikari, R. & Punie, Y. (2017). DigComp 2.1: *The digital competence framework for citizens with eight proficiency levels and examples of use* (EUR, Scientific and technical research series). Luxembourg. http://publications.jrc.ec.europa.eu/repository/bitstream/JRC106281/web-digcomp2.1pdf_(online).pdf

Chen, J. Y. C., Barnes, M. J. & Harper-Sciarini, M. (2011). Supervisory control of multiple robots: Human-performance issues and user-interface design. *IEEE Transactions on Systems, Man, and Cybernetics – Part C: Applications and Reviews, 41* (4), 435–454. https://doi.org/10.1109/TSMCC.2010.2056682

Chen, M., Nikolaidis, S., Soh, H., Hsu, D. & Srinivasa, S. (2020). Trust-aware decision making for human-robot collaboration: Model learning and planning. *ACM Trans. Hum.-Robot Interact. 9,* 2, Artikel 9. https://doi.org/10.1145/3359616

Ellwart, T., Antoni, C. H., Graf, B., Reuter, L., Berndt, J. O., Timm, I. & Göbel, J. (2020). *AdaptPRO – Adaptive Prozess- und Rollengestaltung in Organisationen* [unveröffentlichte Projektergebnisse]. Universität Trier, Trier.

Ellwart, T. & Kluge, A. (2019). Psychological perspectives on intentional forgetting: An overview of concepts and literature. *KI – Künstliche Intelligenz, 33* (1), 79–84. https://doi.org/ 10.1007/s13218-018-00571-0

Ellwart, T., Peiffer, H., Matheis, G. & Happ, C. (2016). Möglichkeiten und Grenzen eines Online Team Awareness Tools (OnTEAM) in Adaptationsprozessen. *Zeitschrift für Wirtschaftspsychologie* (4), 5–15.

Endsley, M. R. (2016a). Designing for situation awareness: *An approach to user-centered design* (2nd). CRC Press.

Endsley, M. R. (2016b). From here to autonomy: Lessons learned from human-automation research. *Human factors, 59* (1), 5–27. https://doi.org/10.1177/0018720816681350

Festinger, L. (1954). A theory of social comparison processes. *Human Relations, 7* (2), 117–140. https://doi.org/10.1177/001872675400700202

Grace, K., Salvatier, J., Dafoe, A., Zhang, B. & Evans, O. (2018). Viewpoint: When will AI exceed human performance? Evidence from AI experts. *Journal of Artificial Intelligence Research, 62,* 729–754. https://doi.org/10.1613/jair.1.11222

Ha, T., Lee, S. & Kim, S. (2018). Designing explainability of an artificial intelligence system. In *Proceedings of the Technology, Mind, and Society Conference (TechMindSociety '18),* Washington, DC, USA.

Hacker, W. (1995). *Arbeitstätigkeitsanalyse: Analyse und Bewertung psychischer Arbeitsanforderungen.* Asanger.

Hacker, W. (2003). Action Regulation Theory: A practical tool for the design of modern work processes? *European Journal of Work and Organizational Psychology, 12* (2), 105–130. https://doi.org/10.1080/13594320344000075

Hacker, W. & Richter, P. (2012). *Psychische Fehlbeanspruchung: Psychische Ermüdung, Monotonie, Sättigung und Stress. Spezielle Arbeits- und Ingenieurpsychologie in Einzeldarstellungen: Bd. 2.* Springer. https://doi.org/10.1007/978-3-642-87990-6

Hacker, W. & Sachse, P. (2014). *Allgemeine Arbeitspsychologie: Psychische Regulation von Tätigkeiten* (3. Aufl.). Hogrefe.

Haslam, C., Jetten, J., Cruwys, T., Dingle, G. & Haslam, A. (2018). *The New Psychology of Health: Unlocking the Social Cure.* Routledge.

Huang, C. (2011). Self-concept and academic achievement: A meta-analysis of longitudinal relations. *Journal of school psychology, 49* (5), 505–528. https://doi.org/10.1016/j.jsp.2011.07.001

Igbaria, M. & Iivari, J. (1995). The effects of self-efficacy on computer usage. *Omega The Internationale Journal of Management Science, 23* (6), 587–605. https://doi.org/10.1016/0305-0483(95)00035-6

Kaber, D. B. & Endsley, M. R. (1997a). Level of automation and adaptive automation effects on performance in a dynamic control task. In *Proceedings of the 13th Triennial Congress of the International Ergonomics Association.* Symposium im Rahmen der Tagung von Finnish Institute of Occupational Health, Helsinki.

Kaber, D. B. & Endsley, M. R. (1997b). Out-of-the-loop performance problems and the use of intermediate levels of automation for improved control system functioning and safety. *Process Safety Progress, 16* (3), 126–131. https://doi.org/10.1002/prs.680160304

Kaber, D. B. & Endsley, M. R. (2004). The effects of level of automation and adaptive automation on human performance, situation awareness and workload in a dynamic control task. Theoretical *Issues in Ergonomics Science, 5* (2), 113–153. https://doi.org/10.1080/146392202100 0054335

Kreutzer, R. T. & Sirrenberg, M. (Hg.). (2019). *Künstliche Intelligenz verstehen.* Springer Fachmedien Wiesbaden. https://doi.org/10.1007/978-3-658-25561-9

Lee, J. & Moray, N. (1992). Trust, control strategies and allocation of function in human-machine systems. *Ergonomics, 35* (10), 1243–1270. https://doi.org/10.1080/00140139208967392

Leitner, K. & Resch, M. G. (2005). Do the effects of job stressors on health persist over time? A longitudinal study with observational stressor measures. *Journal of occupational health psychology, 10* (1), 18–30. https://doi.org/10.1037/1076-8998.10.1.18

Marsh, H. W. & Yeung, A. S. (1998). Top-down, bottom-up, and horizontal models: The direction of causality in multidimensional, hierarchical self concept models. *Journal of personality and social psychology, 75* (2), 509–527.

Mathieu, J., Maynard, M. T., Rapp, T. & Gilson, L. (2008). Team effectiveness 1997-2007: A review of recent advancements and a glimpse into the future. *Journal of Management, 34* (3), 410–476. https://doi.org/10.1177/0149206308316061

Miller, T. (2019). Explanation in artificial intelligence: Insights from the social sciences. *Artificial Intelligence, 267,* 1–38. https://doi.org/10.1016/j.artint.2018.07.007

Mirhoseini, S. M. M., Léger, P.-M. & Sénécal, S. (2017). The influence of task characteristics on multiple objective and subjective cognitive load measures. In F. D. Davis, R. Riedl, J. vom Brocke, P.-M. Léger & A. B. Randolph (Hg.), *Lecture Notes in Information Systems and Organisation: Bd. 16.* Information systems and neuroscience: Gmunden Retreat on NeuroIS 2016 (Bd. 16, S. 149–156). Springer. https://doi.org/10.1007/978-3-319-41402-7_19

Onnasch, L., Wickens, C. D., Li, H. & Manzey, D. H. (2014). Human performance consequences of stages and levels of automation: An integrated meta-analysis. *Human factors, 56* (3), 476–488. https://doi.org/10.1177/0018720813501549

Pajares, F. (2003). Self-efficacy beliefs, motivation, and achievement in writing: A review of the literature. *Reading & Writing Quarterly, 19* (2), 139–158. https://doi.org/10.1080/105735 60308222

Parasuraman, R. (2000). Designing automation for human use: Empirical studies and quantitative models. *Ergonomics, 43* (7), 931–951. https://doi.org/10.1080/001401300409125

Parasuraman, R. & Manzey, D. H. (2010). Complacency and bias in human use of automation: An attentional integration. *Human factors, 52* (3), 381–410. https://doi.org/10.1177/00187208 10376055

Parasuraman, R., Sherdian, T. B. & Wickens, C. D. (2000). A model for types and levels of human interaction with automation. *IEEE Transactions on Systems, Man, and Cybernetics – Part A: Systems and Humans, 30* (3), 286–297. https://doi.org/10.1109/3468.844354

Rebenitsch, L. & Owen, C. (2016). Review on cybersickness in applications and visual displays. *Virtual Reality, 20* (2), 101–125. https://doi.org/10.1007/s10055-016-0285-9

Rosenthal-von der Pütten, A. M. & Bock, N. (2018). Development and validation of the self-efficacy in human-robot-interaction scale (SE-HRI). *ACM Transactions on Human-Robot Interaction, 7* (3), 1–30. https://doi.org/10.1145/3139352

Rynek, M. & Ellwart, T. (2019a). Modellbasierte Situations- und Prozessanalysen in Einsatzteams. Ansatzpunkte zur Messung, Reflexion und Veränderung. In A. Fischbach, P. W. Lichtenthaler & S. Fink (Hg.), *Psychische Gesundheit und Suizidprophylaxe in der Polizei.* Verlag für Polizeiwissenschaft.

Rynek, M. & Ellwart, T. (September 2019b). *Rollenbedrohungen in Arbeitssituationen. Eine Systematisierung von Triggern, Targets und Konsequenzen* [Vortrag]. 11. Fachtagung Arbeits-, Organisations- und Wirtschaftspsychologie, Braunschweig.

Schaefer, K. E., Chen, J. Y. C., Szalma, J. L. & Hancock, P. A. (2016). A meta-analysis of factors influencing the development of trust in automation: Implications for understanding autonomy in future systems. Human factors, 58 (3), 377–400. https://doi.org/10.1177/0018720816634228

Schauffel, N. (2019). *Digitales Selbstkonzept im Arbeitskontext: Definition, Struktur, Messung sowie Förderung im Zuge der Personalentwicklung* [unveröffentliche Masterarbeit]. Universität Trier, Trier.

Schulz, P. (2012). *Beanspruchung und Gesundheit: Fehlbeanspruchung, Gesundheitsrisiken und Beanspruchungsoptimierung im Arbeitsleben.* Asanger.

Smids, J., Nyholm, S. & Berkers, H. (2019). Robots in the workplace: A threat to—or opportunity for—meaningful work? *Philosophy & Technology, 17* (9–10), 608. https://doi.org/10.1007/s13347-019-00377-4

Straube, S. & Schwartz, T. (2016). Hybride Teams in der digitalen Vernetzung der Zukunft: Mensch-Roboter-Kollaboration. *Industrie 4.0 Management* (32), 41–45.

Strohm, O. & Ulich, E. (Hg.). (1997). *Mensch, Technik, Organisation: Bd. 10. Unternehmen arbeitspsychologisch bewerten: Ein Mehr-Ebenen-Ansatz unter besonderer Berücksichtigung von Mensch, Technik und Organisation.* Vdf Hochschulverlag.

Sung, M.-H. & Oh, M.-O. (2011). The relationships of professional self-concept, role conflict and job Sstisfaction on emergency department nurses. *Journal of Korean Academy of Fundamentals of Nursing* (18), Artikel 1, 107-115.

Tharenou, P. (1979). Employee self-esteem: A review of the literature. *Journal of Vocational Behavior, 15* (3), 316–346. https://doi.org/10.1016/0001-8791(79)90028-9

Tzeng, H.-M. (2004). Nurses' self-assessment of their nursing competencies, job demands and job performance in the Taiwan hospital system. *International journal of nursing studies, 41* (5), 487–496. https://doi.org/10.1016/j.ijnurstu.2003.12.002

Ulich, E. (1980). Humanisierung am Arbeitsplatz – arbeitspsychologische Konzepte [Humanizing the work place – concepts of work psychology]. *Sozial- und Präventivmedizin, 25* (6), 349–353. https://doi.org/10.1007/BF02078450

Venkatesh, V., Morris, M. G., Davis, G. B. & Davis, F. D. (2003). User acceptance of information technology: Toward a unified view. *MIS Quarterly, 27* (3), 425–478. https://doi.org/10.2307/30036540

Venkatesh, V., Thong, J. & Xu, X. (2016). Unified theory of acceptance and use of technology: A synthesis and the road ahead. *Journal of the Association for Information Systems, 17* (5), 328–376. https://doi.org/10.17705/1jais.00428

Vuorikari, R., Punie, Y., Carretero, S. & van den Brande, L. (2016). *DigComp 2.0: The digital competence framework for citizens. Update phase 1: The conceptual reference model. JRC science for policy report: EUR 27948 EN.* Publications Office of the European Union 2018. https://doi.org/10.2791/11517

Wäfler, T., Grote, G., Windischer, A. & Ryser, C. (2010). Kompass. In E. Hollnagel (Hg.), *Human Factors and Ergonomics. Handbook of cognitive task design* (Bd. 20031153, S. 477–502). CRC Press. https://doi.org/10.1201/9781410607775.ch20

Wieland, R. (2009). *Barmer Gesundheitsreport 2009: Psychische Gesundheit und psychische Belastungen.* BARMER Ersatzkasse.

You, S., Kim, J.-H., Lee, S., Kamat, V. & Robert, L. P. (2018). Enhancing perceived safety in human–robot collaborative construction using immersive virtual environments. *Automation in Construction, 96,* 161–170. https://doi.org/10.1016/j.autcon.2018.09.008

You, S. & Robert, L. P. (2017). Teaming up with Robots: An IMOI (Inputs-Mediators-Outputs-Inputs) Framework of Human-Robot Teamwork. *International Journal of Robotic Engineering, 2* (1), 1–7. https://doi.org/10.35840/2631-5106/4103

Zapf, D. & Semmer, N. K. (2004). Stress und Gesundheit in Organisationen. In H. Schuler (Hg.), *Organisationspsychologie – Grundlagen der Personalpsychologie: Bd. 3. Enzyklopädie der Psychologie, Themenbereich D* (2. Aufl., S. 1007–1012). Hogrefe.

Zuse, H. (2016). Der lange Weg zum Computer: Von Leibniz' Dyadik zu Zuses Z3. In M. Grötschel, E. Knobloch, J. Schiffers, M. Woisnitza & G. M. Ziegler (Hg.), *Vision als Aufgabe: Das Leibniz-Universum im 21. Jahrhundert* (S. 111–124). Berlin-Brandenburgische Akademie der Wissenschaften.

Jürgen Loyen
Leiter der Landespolizeiinspektion Erfurt

Gewalt gegen Polizeibeamte: allgemeine Situationsbeschreibung und Sachstand in Thüringen/in der Landespolizeiinspektion Erfurt

1. Vorbemerkung

Medial stehen häufig Übergriffe gegen Polizeibeamte bei Veranstaltungen im Fokus, zu denen die Polizei gerufen wird, um bei Streitereien oder Schlägereien zu schlichten. Oder es kommt zu Widerstandshandlungen, wenn die Polizei Verdächtige überprüft und Tatverdächtige festnimmt. Wiederkehrend kritische Einsätze erlebt die Polizei beim Aufeinandertreffen mit sog. Reichsbürgern oder mit Clan-Kriminellen. Berichtet wird auch über rechts- oder linksextremistische Übergriffe auf Einsatzkräfte bei Demonstrationen oder über Ausschreitungen bei Fußballspielen. Neben überwiegend polizeilich bekannten Straftätern entstammt das Spektrum derjenigen, die physische oder psychische Gewalt gegen Polizeibeamte und auch andere Staatsbedienstete ausüben, aus der Mitte der Gesellschaft. Die Landespolizeiinspektion (LPI) Erfurt betreut das Stadtgebiet Erfurt mit seinen 214.000 Einwohnern und den Landkreis Sömmerda. In polizeilichen Aufgabenfeldern wie dem Notruf- und Einsatzmanagement, der Kriminalitäts- und Verkehrsunfallbekämpfung und auch im Hinblick auf die Thematik „Gewalt gegen Polizeibeamte“ ist sie bei weitem nicht vergleichbar mit Großstädten wie Berlin, Hamburg, Frankfurt oder München. Dessen ungeachtet sind auch für die Erfurter Polizeibehörde gravierende Ereignisse der Gewalt gegen Polizeibeamte dokumentiert. Negativer Höhepunkt war der Amoklauf am Gutenberg-Gymnasium in Erfurt 2002, als ein 19-jähriger elf Lehrer, eine Referendarin, eine Sekretärin, zwei Schüler und einen Polizeibeamten erschoss und sich anschließend selbst tötete. Die Folgen dieser Tat sind auch heute, 18 Jahre nach diesem schrecklichen Ereignis, spürbar.

2. Lagebild

Gewalt gegen Polizeibeamte umfasst alle Formen von verbaler und körperlicher Gewalt. Statistisch wird jedoch nur die enger gefasste Gewaltkriminalität betrachtet, weiterhin werden statistisch nur die der Polizei bekanntgewordenen und abschließend bearbeiteten Straftaten nach Abgabe an die Staatsanwaltschaft erfasst (sog. Ausgangsstatistik). Die Anzahl der wegen Widerstands gegen Vollstreckungsbeamte in der Polizeilichen Kriminalstatistik und Strafverfolgungsstatistik Erfassten kann aus verschiedensten Gründen innerhalb weniger Jahre deutlichen Schwankungen unterliegen. Gesellschaftliche Großkonflikte rund um die Atomkraft, Umbruchprozesse wie die deutsche Wiedervereinigung, externe Effekte durch internationale politische Krisen und die folgende Zuwanderung, Änderungen der rechtlichen Rahmenbedingungen wie im Falle des Gaststättenrechts oder Strafgesetzbuches, aber auch eine problematische Bevölkerungsstruktur mit gewaltbereiten Subkulturen können so Einfluss auf die Arbeitsbedingungen von Polizeibeamten haben. Tendenziell nahmen bei 38.109 Gewaltstraftaten im Jahr 2018 die Gewaltdelikte zu. Der statistische Anstieg ist jedoch eher der Zunahme einfacher Straftaten wie Beleidigung, Bedrohung und einfache Körperverletzung geschuldet und könnte Ausfluss der Änderung des Strafgesetzbuches in 2017 sein. Die Art der Einsatzanlässe trägt sehr häufig die erhöhte Wahrscheinlichkeit für Widerstandshandlungen in sich. In über 90 % der registrierten Widerstandhandlungen hatten Polizeibeamte entweder mit allein handelnden und der Polizei bereits bekannten, dazu alkoholisierten oder unter Drogeneinfluss stehenden oder psychisch erkrankten Personen zu tun. Hinzu kommt ein meist aggressiv aufgeladener Hintergrund vieler Einsätze wie Konfliktsituationen mit zuvor bereits begangenen Gewaltstraftaten oder das Einschreiten bei Beziehungs- oder sonstigen Streitereien. Das Ausgeh- und Feierverhalten mit oft exzessivem Alkohol- und Drogenkonsum und einem Bezug zu Tatörtlichkeiten wie Gaststätten, Diskotheken, Vergnügungsstätten etc. haben erhebliche Auswirkungen auf Widerstandshandlungen. Nicht selten nehmen die Betroffenen Kontrollen, Platzverweise, Freiheitsentziehungen und andere polizeiliche Maßnahmen als nicht zu akzeptierende Einschränkung oder sogar Bedrohung wahr, gegen die man sich vermeintlich zur Wehr setzen muss. Plötzliche, überraschende und völlig unerwartete auf die Beamten zukommenden Widerstandshandlungen sind eher selten, kommen aber im Einzelfall immer wieder auch bei Routinemaßnahmen vor.

3. Gesellschaftlicher Diskurs

Nach einer repräsentativen Umfrage der Konrad-Adenauer-Stiftung vom November 2019 haben Politiker und Journalisten das geringste Ansehen. Ebenfalls kommen Gewerkschafter, Lehrer, Pfarrer, Soldaten und Polizisten nur auf niedrige Werte. Das mag auch ein Grund dafür sein, dass Polizisten, Rettungssanitäter, Feuerwehrleute und andere Berufsgruppen zunehmend Opfer von Pöbeleien und Angriffen sind. Gesellschaftliche Fehlentwicklungen und soziale Disbalancen erzeugen Spannungsfelder, in denen Staatsbedienstete, insbesondere Polizeibeamte, als Blitzableiter herhalten müssen.

Hinsichtlich der zunehmenden Radikalisierung und der zunehmenden Gewaltbereitschaft in der Bevölkerung geht es nach Prof. Dr. Dr. Markus Thiel darum, das Ansehen der Polizei und der handelnden Beamtinnen und Beamten zu steigern, den

Respekt wiederherzustellen und die Hemmschwelle für Rechtsgutverletzungen anzuheben. Wünschenswert ist also eine größere Unterstützung durch Politik, Justiz, Medien und Öffentlichkeit, an der es in vielen Bereichen mangelt. Die Verunsicherung der Polizeibeamten nimmt in der zum Teil sehr stark auseinanderdriftenden gesellschaftlichen Diskussion noch zu, wenn in manchen Regionen nur geringer politischer Rückenhalt für die Polizei spürbar ist. Rühmliches und außerordentlich positives Ausnahmebeispiel ist der „Pakt zur Bekämpfung von Gewalt gegen Beschäftigte im Öffentlichen Dienst in Hessen. So ist im Pakt von 2918 schriftlich fixiert, dass der Schutz der Beschäftigten vor Übergriffen bzw. ihre Betreuung, wenn sie Opfer geworden sind, eine der wichtigsten Formen der Fürsorge ist. Nur durch das Zusammenwirken aller Beteiligten und Institutionen könne eine wirksame Bekämpfung der Gewalt gegen Beschäftigte im öffentlichen Dienst gelingen.

In Thüringen ist eine Sachargumentation begrenzt nur auf Gewaltdelikte gegen Polizeibeamte und gleichgestellte Personen eher die Ausnahme. Reflexartig finden in dieser Argumentation sofort die erfassten Straftaten Erwähnung, die Polizeibeamte begangen haben. Mögliche Maßnahmen mit präventivem Charakter zur Reduzierung von Gewalt gegen Polizeibeamte, hier insbesondere der Einsatz von Bodycams, werden kontrovers diskutiert und finden derzeit keine politische Mehrheit. Zu wünschen wäre – analog dem hessischen Beispiel – ein parteiübergreifend abgestimmtes Maßnahmenpaket zum Schutz der Staatsbediensteten in der sich zuspitzenden gesellschaftlichen Auseinandersetzung.

4. Angriffsfolgen

Statistische Verknüpfungen von Strafverfahren gemäß §§ 113, 114, 115 StGB und Dienstunfallmeldungen bzw. Krankenstatistiken waren ohne weiteres nicht abrufbar. Dieser Umstand erschwert die Antwort auf die Frage, wie hoch das Risiko einer physischen oder psychischen Gesundheitsschädigung nach einem Widerstand/tätlichen Angriff tatsächlich ist. Im Abgleich unterschiedlicher Datenerhebungen waren zwischen 4,3 % und 11 % aller Polizeibeamten, die einen tätlichen bzw. nicht-tätlichen Angriff bejaht hatten, mindestens einen Tag oder länger dienstunfähig erkrankt. Laut NRW-Studie „Gewalt gegen Polizeibeamtinnen und Polizeibeamte“ wurden als insgesamt häufigsten Beschwerden nach tätlichen Angriffen erhöhte Wachsamkeit, erhöhte Reizbarkeit und Schlafstörungen genannt. Dezidierte Auswertungen zu psychischen Erkrankungen von Polizeibeamten nach Gewaltstraftaten, einhergehend mit Dienstunfallmeldungen und Krankschreibungen, lagen jedoch nicht vor.

Die Ausführungen klinischer Psychologen verdeutlichen die Schwierigkeit, die Korrelation zwischen einem erlebten tätlichen bzw. nicht-tätlichen Angriff und einem diagnostizierten psychischen Krankheitsbild herzustellen. Es mag sein, dass genau der eine Angriff die Ursache für den eingetretenen psychischen Gesundheitsschaden des Polizeibeamten haben kann. Es kann jedoch nicht ausgeschlossen werden, dass der eingetretene psychische Gesundheitsschaden nach der Gewaltausübung gegen Polizeibeamte das Ergebnis in einer Kette unterschiedlich empfundener belastender Ereignisse ist, und dass der letzte Übergriff bildlich der berühmte letzte Tropfen ist, der das Fass zum Überlaufen bringt und die Belastungsstörung determiniert. Wesentlich ist die Suche nach schützenden Faktoren und somit präventiven Maßnahmen, um ungeachtet der größtenteils unausweichlichen Stressfaktoren (alltägliche Stressoren, kritische Lebensereignisse und traumatische Ereignisse) das Erkrankungsrisiko der Polizeibeamten nach Gewaltereignissen zu minimieren.

5. Mögliche Handlungsoptionen in Thüringen/Erfurt

Die Handlungsoptionen sind nachfolgend nach Maßnahmen der primären Prävention (Maßnahmen vor Gewaltausübung gegen Polizeibeamte), sekundären Prävention (Maßnahmen unmittelbar nach Gewaltausübung gegen Polizeibeamte) und tertiären Prävention (langfristig angelegte Prävention durch psychotherapeutische Maßnahmen) gestaffelt. Innerhalb der Staffelung ist die Reihenfolge der Handlungsempfehlungen nicht gleichbedeutend mit einer Prioritätensetzung oder Dringlichkeit. Auch sei vorab der relativierende Hinweis erlaubt, dass weder die Polizei des Bundes noch der Länder in allen nachfolgend gelisteten Präventionsmaßnahmen 100%ige Sollzustände erzielt haben. Wie auch die Thüringer Polizei und die LPI Erfurt hat jede Polizei ihre Stärken und ihre Schwächen und sollte demgemäß reflektieren, welche Stärken ausgebaut und welche Schwächen kompensiert werden müssen.

5.1 Primäre Prävention

Zur Gefahrenminimierung in der Zukunft liegender Gewalt gegen Polizeibeamte sind insbesondere organisatorische Maßnahmen und Klärung von Ausstattungsfragen zielführend. Die Rahmengefährdungsbeurteilung der Thüringer Polizei vom 25. Juli 2019 fußt auf einer tätigkeitsorientierten Betrachtung, die auch den „Umgang mit gewaltbereiten, alkoholisierten, unter Drogeneinfluss stehenden und psychisch auffälligen Personen“ einbezieht. In der Thüringer Polizei ist bei einigen der genannten Lösungsvorschläge bereits ein guter Umsetzungsstand zu vermelden (z.B. Führungs- und Einsatzmittel, Schutzausstattung), bei vielen Lösungsvorschlägen jedoch wurde eine Umsetzung noch nicht begonnen oder steckt noch in den Anfängen.

Kernpunkt der *Ausbildung und Studium* in der Thüringer Polizei ist die Verknüpfung theoretischer fächerübergreifender Wissensvermittlung mit realitätsnahen Handlungstrainings/Rollenspielen in Trainingskabinetten und im Gelände des Ausbildungsstandorts in Meiningen. In der *Fortbildung* geriet der vormals priorisierte Ansatz der Deeskalations- und Handlungstrainings, der gewaltpräventive Maßnahmen wie Deeskalationstechniken und körperschonende Abwehrtechniken für konfliktbehaftete Situationen in den Mittelpunkt rückte, wegen der Fokussierung auf sogenannte lebensbedrohliche Einsatzlagen wie Amok oder Terroranschlag zunehmend in den Hintergrund. In der LPI Erfurt wurde daher für 2020 das konkrete Ziel formuliert, tatsächlich stattgefundene Einsatzanlässe zu analysieren und daraus realitätsnahe Handlungstrainings zu entwickeln. Polizeibeamte können körperlichen Bedrohungen und gewalttätigen Angriffen in vielen Fällen nicht aus dem Weg gehen. Demzufolge ist es von großem Vorteil, wenn die Polizeiorganisation über physisch und psychisch robuste Polizeibeamte verfügt. Die hohe körperliche Leistungsfähigkeit muss im eigenen Interesse der Polizeibeamten stehen, darüber hinaus gibt es für die Beamten eine Verpflichtung zur Gesunderhaltung. In der Thüringer Polizei, so auch in der LPI Erfurt, werden zwar attraktive *Dienstsportangebote* unterbreitet, jedoch ist für Polizeibeamte im Einsatz- und Streifendienst die Wahrnahme des Dienstsports erschwert. Eine erste Initiative der LPI Erfurt zur Lockerung der für die Schichtdienstbeamten nachteiligen Weisungslage, z.B. in Form des Dienstsports nach festgelegten Kriterien in der Freizeit am Wohnort, führte bisher noch nicht zu einem zufriedenstellenden Ergebnis.

Nahezu alle Forschungsberichte belegen die belastungsverschärfende Wirkung der sehr hohen Arbeitsbelastung im täglichen Dienst, die Präventionsmöglichkeiten zu gewalttätigen/ nicht gewalttätigen Übergriffen auf Polizeibeamte in unterschiedlichen Ausformungen (Fortbildung, Einsatznachbereitung, Supervisionen) zeitlich erheblich reduziert. Dass aufgrund des *Personalmangels* in brenzligen Einsatzsituationen keine, nicht ausreichend oder rechtzeitig Verstärkung eintrifft, ist gerade in ländlichen Räumen eine immer wieder geäußerte Rückmeldung der Polizeibeamten. Während viele Länderpolizeien und die Bundespolizei zum Teil deutliche Stellenmehrungen aufgrund sich verändernder Rahmenbedingungen (u.a. sich verschärfende Sicherheitslage durch internationalen Terrorismus, Auswirkungen der Flüchtlingskrise) erfuhren, wurde der von der Thüringer Landesregierung im Jahr 2010 verabschiedete Stellenabbaupfad für den Polizeibereich bis 2017 fortgesetzt und seither auf diesem niedrigen Niveau ausgesetzt. Innerorganisatorisch werden Dienstunterricht und Fortbildungsmaßnahmen weitestgehend gewährt, müssen jedoch bei Personalknappheit reduziert werden.

Im Kontext Gewalt gegen Polizeibeamte bedarf es einer funktionsfähigen, zeitgemäßen *Ausstattung* (Führungs- und Einsatzmittel), die der Eigensicherung der Beamten dienlich sind. Hierzu zählen u.a. Schusswaffe, Handfessel, Pfefferspray, Handschuhe, Funkgerät, Schutzweste, Einsatzmehrzweckstock, Unterziehschutzwesten,

Schutzhelm, Handy/Telefon, Schlagstock, Körperschutzausstattung (insbes. für geschlossene Einheiten), Distanz-Elektroimpulsgerät (Taser). Angetrieben von der sich ändernden Sicherheitslage im Hinblick auf den internationalen Terrorismus hat die Thüringer Polizei ihre Konzeption zum Umgang mit lebensbedrohlichen Einsatzlagen weiterentwickelt und in der Beschaffung „hybrider" Führungs- und Einsatzmittel, die als vorbildlich bezeichnet werden kann, eine vielseitige Verwendbarkeit der Ausstattung in polizeilichen Sonderlagen und auch in den alltäglichen Einschreitesituationen hergestellt. In den vorliegenden verschiedenen Studien und im NRW-Bodycam-Pilotprojekt wird dem konkreten individuellen Einschreitverhalten der Polizeibeamten in den jeweilig brisanten Situationen zu wenig Beachtung geschenkt. In konfliktbehafteten Situationen ist der erste Eindruck, den Polizeibeamte dem Gegenüber zum Ausdruck bringen, erfolgssteigernd oder erfolgsminimierend. Schlampige, nicht einheitliche oder zu freizeitorientierte Uniform, Accessoires wie sichtbare großflächige Tattoos oder Piercings verringern den Respekt gegenüber den einschreitenden Polizeibeamten.

Die Auswertung des Bodycam-Projekts in NRW lässt den Schluss zu, dass eine zusätzlich brüchige, in sich nicht stimmige Kommunikation der Polizeibeamten, gepaart mit einem zögerlichen Einschreiten in einer konfliktbehafteten Situation das Risiko von Widerstandshandlungen erheblich steigert. Es gilt zu akzeptieren, dass Polizeibeamte das staatliche Gewaltmonopol ausüben und verkörpern müssen und in Folge dessen kritischen, emotional aufgeladenen Einschreitesituationen in den meisten Fällen nicht ausweichen können. Als Schlussfolgerung sollte das polizeiliche Einschreiten von Persönlichkeit, Überzeugung, Stringenz und Konsequenz geprägt sein. Der Amtsträger, der die Staatsgewalt verkörpert, muss bei aller verständlicher Forderung nach Deeskalation und deren situationsbezogenen Umsetzung zu jeder Phase des Einschreitens eine verbale und nonverbale Kommunikation an den Tag legen, die verdeutlicht, dass die polizeiliche Maßnahme professionell und in aller Konsequenz umgesetzt wird. Hier scheint eine *Sensibilisierung und Bewusstseinsschärfung der Polizeibeamten hinsichtlich ihrer eigenen Wirkung* und dem Einfluss auf die Wahrscheinlichkeit des Einsatzerfolges dringend angeraten. Aktuell befinden sich *Bodycams* in der Thüringer Polizei unter wissenschaftlicher Begleitung in Erprobung. Es liegen durchaus hohe Zustimmungswerte der Polizeibeamten hinsichtlich der vermuteten deeskalativen Wirkung von Bodycams vor. Das Tragen der Bodycams dürfte bei den Thüringer Polizeibeamten allerdings höhere Akzeptanz erfahren, wenn ein weiter gefasster rechtlicher Rahmen eine höhere Einsatzmöglichkeit der Bodycams ermöglichen würde, und wenn – vergleichbar anderer Länderprojekte – eine Tonaufzeichnungs- sowie Pre-recording-Funktion gegeben wäre. Eine Auswertung des Projekts Bodycam in der Thüringer Polizei steht noch aus.

Die Bayerische Polizei votiert in Anlehnung an eine Studie von Özsöz und dem „Lagebild Alkoholmissbrauch“ aus 2012 für Regelungen zur *Bekämpfung des ausufernden Alkoholmissbrauchs,* die die rund-um-die-Uhr-Verfügbarkeit von Alkohol im öffentlichen Raum drastisch reduzieren helfen. Dieser Themenkomplex begrenzt sich in Erfurt in einer lokalen städtischen Initiative auf eine räumliche Begrenzung um Schulen und Kindergärten sowie den Zeitraum von 6:00 und 20:00 Uhr, was bei Betrachtung des Lagebildes „Gewalt gegen Polizeibeamte“ im Hinblick auf alkoholbedingte gewalttätige Übergriffe und Widerstände gegen Polizeibeamte allein wegen der zeitlichen Beschränkung des Alkoholverbots eine eher geringe Wirkung entfaltet.

5.2 Sekundäre Prävention – Prävention unmittelbar nach Gewaltausübung gegen Polizeibeamte

Die sekundäre Prävention ist im Wesentlichen durch die sofortige psychosoziale Betreuung in Form der Krisenintervention determiniert. Trotz Erlass- und Weisungslagen geht das Anliegen, dass Vorgesetzte ihre Mitarbeiter im Anschluss an extreme polizeiliche Einsatzlagen auf Betreuungs- bzw. Beratungsangebote hinweisen sollen, im mitunter hektischen Arbeitsalltag unter. Dann verzichten Mitarbeiter aus falsch verstandener Selbsteinschätzung oder einer hohen Schamschwelle auf die mglw. gesundheitsstabilisierende Beratung oder Betreuung. Und: wer will sich als robuster Polizeibeamter vor Anderen eine Schwäche eingestehen und einen Bedarf an psychosozialer Unterstützung anzeigen? Hier ist nach Überzeugung der Leitung in der LPI Erfurt ein aktiveres Angebot, ja sogar ein Aufdrängen von Beratungs- und Betreuungsangeboten zur Vermeidung der Chronifizierung von Erkrankungen erforderlich. Diese Maßnahme geht einher mit einer *Erhöhung der Sensibilität der Vorgesetzten für psychosozialen Betreuungsbedarf.* Diese gelebte Praxis führt nach wahrgenommenen Beratungen/ Betreuungen zu positiven Rückmeldungen der Mitarbeiter und verankert sich zu einer Handlungsroutine aller Vorgesetzten.

In der Thüringer Polizei kommen in einem „Krisenfall“ nach Anforderung des *Kriseninterventionsteams* Polizeibeamte als Notfallhelfer, sog. Peers, zum Einsatz. Über eine kurzfristige Einflussnahme von außen sollen kritische Entwicklungen bis hin zu dauerhaften Belastungsstörungen aufgehalten und bewältigt werden. Nach Ersteinschätzung der Peers vor Ort können optional, sofern der Bedarf an professioneller Hilfestellung gesehen wird, psychosoziale Fachkräfte hinzugezogen werden. Die zusätzliche Hinzuziehung von Ärzten, psychologischen Psychotherapeuten oder ordinierten Geistlichen hat neben der fachlichen Expertise in den vertraulich zu führenden Gesprächen die Vorteile der gesetzlich zugesicherten Schweigepflicht und des Fehlens des Strafverfolgungszwangs bei Vorliegen eines Anfangsverdachts von Straftaten.

5.3 Tertiäre Prävention – langfristig angelegte Prävention (im Regelfall durch psychotherapeutische Maßnahmen)

Tertiäre Prävention ist in Form von Psychotherapie oder *Supervision* langfristig angelegt. Zu den Maßnahmen der tertiären Prävention werden vorrangig die Einsatznachbereitung nach der Polizeidienstvorschrift (PDV) 100, die Supervision und dienstlich unterstützte Selbsthilfegruppen betrachtet. Um psychische Belastungen bei Polizeibeamten zu erkennen, ist eine systematische Nachbereitung im Sinne einer unterstützenden Alltagskultur hilfreich. Ansprechbarkeit der unmittelbaren Vorgesetzten, eine offene Umgangskultur und Gesprächsbereitschaft über empfundene Belastungen sind wesentliche Voraussetzung für eine bestmögliche Unterstützung. Die LPI Erfurt unterbreitete 2019 den Projektvorschlag, mit wissenschaftlicher Begleitung unter dem Aspekt des Gesundheitsmanagements in der Thüringer Polizei Supervisionsmaßnahmen für zu definierende Organisationsbereiche zu konzipieren und qualifiziert zur Umsetzung zu bringen. Bisher wurde zum Projektvorschlag nicht entschieden. In der LPI Erfurt war die Nachbereitung von kleineren Einsätzen im täglichen Dienst eher lückenhaft und zufallsabhängig. Seit dem Februar 2020 existiert in der LPI Erfurt eine Weisungslage, wonach auch Einsätze in der allgemeinen Aufbauorganisation in vereinfachter Form nachzubereiten und zu dokumentieren sind. Diese *Einsatznachbereitung* dient neben dem Erkenntnisgewinn für zukünftige Einsätze bzw. die Aus- und Fortbildung auch dem Erkennen psychosozialer Belastungen von Polizeibeamten.

In Erfurt trifft sich jeden Monat die *Selbsthilfegruppe „Belastende Ereignisse im Dienst"*. Sie wendet sich an alle Mitarbeiter in der Thüringer Polizei, die in dienstlichem Zusammenhang Ereignisse erfahren haben, die geeignet sind, eine Traumatisierung zu bewirken. Die Selbsthilfegruppe wird seit 2015 durch einen Polizeibeamten organisiert, der Streifenpartner des 2002 beim „Gutenberg-Amoklauf" verstorbenen Polizeibeamten war. Die Selbsthilfegruppe wird durch eine klinische Psychologin begleitet.

Bezogen auf die Polizeiliche Kriminalstatistik und die Verurteiltenstatistik aus dem Jahr 2018 werden nur 34,7% der polizeilich erfassten Tatverdächtigen von Straftaten tatsächlich rechtskräftig verurteilt. Der nicht von Validität gekennzeichnete Versuch der Aufschlüsselung für Gewaltstraftaten gegen Polizeibeamte im Bereich der LPI Erfurt ergibt in diesem Phänomenbereich eine ähnliche Quote. Der Deutsche Beamtenbund spricht bei relevanten Übergriffen gegen Staatsbedienstete des öffentlichen Dienstes von einem sog. „Lebenslagenmodell", wenn er keine Unterbrechung des Kreislaufs von der Strafanzeigeerstattung über die Behandlung des Sachverhalts durch die Behörden (Polizei, Staatsanwaltschaft und Gericht) bis zum klaren Signal an die Täter und bis zur möglichst angstfreien Weiterarbeit/Wiedereingliederung des Opfers einfordert. Eine positive Orientierung *konsequenter Strafverfolgung* könnte das Beispiel der Bayerischen Justiz sein, die Gewaltdelikte gegen Vollstreckungsbeamte und gleichgestellte Personen priorisiert und in beschleunigten Verfahren bearbeitet.

In Thüringen besteht nach Aussage von befragten Polizeibeamten offensichtlich Bedarf an einer reibungsloseren *Gewährung der beamtenrechtlichen Unfallfürsorge.* Erleidet der Beamte im Rahmen eines Widerstands/tätlichen Angriffs einen körperlichen oder psychischen Gesundheitsschaden, werden ihm im Rahmen der beamtenrechtlichen Unfallfürsorge, die Teil der Beamtenversorgung ist, die Kosten für die notwendige und angemessene Heilbehandlung erstattet. Jedoch ist es nicht unüblich, dass die Anerkennung des Dienstunfalls vier Monate oder gar längere Zeit in Anspruch nehmen kann. Das hat zur Folge, dass der Beamte für die notwendigen Maßnahmen seiner Heilbehandlung in Vorkasse treten muss.

Auch scheint es in Thüringen die Regel zu sein, dass die Dienstunfallfürsorgestelle den Beamten durch einen externen Gutachter ärztlich oder psychologisch untersuchen lässt, sofern sich die Heilbehandlung aus unterschiedlichen Gründen in die Länge zieht und aus ärztlicher Sicht weitere (kostenintensive) Heilbehandlungsmaßnahmen notwendig sind. Polizeibeamte berichten, dass sie neben der psychischen Belastung durch das schädigende Ereignis zusätzliche psychische Belastungen erfahren, sei es durch den nicht gut verlaufenden Heilungsprozess, sei es durch die Schwierigkeiten der Kostenerstattung über die Unfallkasse. Mehrfach kam der Hinweis, dass man zwar „als Polizeibeamter seine Haut zu Markte tragen dürfe, jedoch im bürokratischen Wahnsinn allein gelassen würde“.

Ein weiterer Knackpunkt stellt sich in den Meldefristen der Dienstunfälle dar. In den vergangenen vier Jahren stellten drei Polizeibeamte ihre ärztlich diagnostizierte posttraumatische Belastungsstörung in den Sachzusammenhang einer erlebten psychosozialen Belastungsstörung „Amoklauf Gutenberg-Gymnasium“ aus dem Jahr 2002 sowie weiterer, in ihrem dienstlichen Alltag hinzugetretenen Belastungsstörungen. Die Anerkennung des Dienstunfalls aus dem Amoklauf scheitert aufgrund der Melde-Ausschlussfrist von 10 Jahren. Ein erkrankter Polizeibeamter der LPI Erfurt hat nunmehr eine gerichtliche Klärung beantragt, deren Ausgang abzuwarten bleibt.

Zum *Sozialen Kompetenzteam* der LPI Erfurt gehören nebenamtlich und ehrenamtlich im sozialen Bereich Beauftragte wie Gleichstellungs-, Suchtbeauftragter, Sozialer Ansprechpartner, Beauftragter für den Opferschutz, Koordinator Selbsthilfegruppe "Belastende Ereignisse im Polizeidienst", Vertreter der Schwerbehindertenvertretung, des Polizeiseelsorgebeirats und des Örtlichen Personalrats. Das Hauptanliegen ist die vernetzte Unterstützung hilfs- und betreuungsbedürftige Mitarbeiter der Behörde.

6. Fazit

Bei den tendenziell steigenden Gewaltstraftaten gegenüber Polizeibeamten trägt die Art der Einsatzanlässe sehr häufig eine erhöhte Wahrscheinlichkeit für Widerstandshandlungen in sich. In über 90% der registrierten Widerstandhandlungen hatten Polizeibeamte entweder mit allein handelnden und der Polizei bereits bekannten, dazu alkoholisierten oder unter Drogeneinfluss stehenden oder psychisch erkrankten Personen zu tun. Hinzu kommt ein meist aggressiv aufgeladener Hintergrund vieler Einsätze wie Konfliktsituationen mit zuvor bereits begangenen Gewaltstraftaten oder das Einschreiten bei Beziehungs- oder sonstigen Streitereien. Plötzliche, überraschende und völlig unerwartete auf die Beamten zukommenden Widerstandshandlungen kommen im Einzelfall auch bei Routinemaßnahmen vor. Hinsichtlich der zunehmenden Radikalisierung und zunehmender Gewaltbereitschaft in der Bevölkerung geht es darum, das Ansehen der Polizei und der handelnden Beamtinnen und Beamten zu steigern, den Respekt wiederherzustellen und die Hemmschwelle für Rechtsgutverletzungen anzuheben. Wünschenswert ist eine größere Unterstützung durch Politik, Justiz, Medien und Öffentlichkeit, an der es oft mangelt.

In vorliegenden wissenschaftlichen Betrachtungen zur „Gewalt gegen Polizeibeamte" stehen wiederkehrend die Person des Täters, Aspekte der Ausrüstung, der Eigensicherung (u.a. Aus- und Fortbildung) sowie Formen der vertrauensvollen Zusammenarbeit im Zentrum. Diesbezügliche Schlussfolgerungen, in dieser Arbeit als Handlungsoptionen formuliert, definieren einen Sollzustand, der in aller Konsequenz erreicht werden sollte.

Nach meiner Einschätzung findet jedoch das konkrete individuelle Einschreitverhalten der Polizeibeamten in den jeweilig brisanten Situationen in den Untersuchungen zu wenig Beachtung. Wichtig scheint mir zu betonen, dass in konfliktbehafteten Situationen der erste Eindruck, den Polizeibeamte dem Gegenüber zum Ausdruck bringen, erfolgssteigernd oder erfolgsminimierend ist. Schlampige, nicht einheitliche oder zu sehr freizeitorientierte Uniform, Accessoires wie sichtbare großflächige Tattoos oder Piercings verringern den Respekt gegenüber den einschreitenden Polizeibeamten. Zudem muss der Amtsträger, der die Staatsgewalt verkörpert, zu jeder Phase des Einschreitens eine verbale und nonverbale Kommunikation an den Tag legen, die verdeutlicht, dass die polizeiliche Maßnahme professionell, immer vorrangig deeskalierend und dennoch in aller Konsequenz umgesetzt wird.

Im Hinblick auf die Fürsorge gegenüber den Polizeibeamten sollte zum Themenkomplex „Gewährung der beamtenrechtlichen Unfallfürsorge" zumindest in Thüringen kritisch überprüft werden, ob sich das Verwaltungshandeln an den Belangen des im Dienstunfall verletzten Beamten orientiert, oder ob den Beamten zusätzlichen Hürden eingeräumt werden.

Literatur

Die verwendete Literatur sowie eine Langfassung des Beitrags können beim Autor angefordert werden.

Norbert K. Semmer[1], Sandra Keller[2] & Franziska Tschan[3]
[1]Institut für Psychologie, Universität Bern, Schweiz;
[2]Department for BioMedical Research; Viszerale- und Transplantationsmedizin, Universitätsspital Bern, Schweiz; [3]Institut de Psychologie du Travail et des Organisations, Université de Neuchâtel, Schweiz

Gruppen-Konflikte

1. Einleitung

Konflikte in Teams können weitreichende Folgen haben – für das Verhaltnis der Teammitglieder untereinander und zu ihrer Arbeit, aber auch für die Qualität der Teamleistung und deren potentiellen Folgen. In den letzten Jahren hat sich die einschlägige Forschung sehr stark auf verschiedene Konfliktarten konzentriert, die vor allem als Aufgaben-, Beziehungs- und Prozesskonflikte diskutiert werden. Dabei fallen verschiedene Punkte auf: Zum einen beziehen sich die Konfliktdefinitionen, neben persönlichen Animositäten, vor allem auf Meinungsunterschiede. Es wird relativ wenig berücksichtigt, dass Teams nicht selten Aufgaben gemeinsam ausführen müssen und dass auch Probleme in der Aufgabenausführung zu Konflikten führen können. Zum anderen wird die Art der Konfliktaustragung und -bewältigung, und dabei insbesondere der Aspekt des Austausches von emotional negativ, oft auch aggressiv getönten Äusserungen zu wenig von der Konfliktart getrennt untersucht – die Forschung zu aggressivem Verhalten (im weitesten Sinn, also unter Einschluss von unhöflichem Verhalten [incivility]) wird zu wenig einbezogen. Und drittens werden auslösende Faktoren nicht selten in allgemeinen Kategorien diskutiert (z.B. Persönlichkeit, Stress, Hierarchie); situative Auslöser werden zu wenig beachtet.

Ausgehend von einer Zusammenfassung der wichtigsten Aussagen der bisherigen Forschung schlagen wir vor, die oben erwähnten Aspekte der Aufgabenausführung, des konkreten Konfliktverhaltens und der situativen Auslöser stärker zu gewichten. Als ein Ergebnis dieser Diskussion postulieren wir die Kategorie des Mikrokoordinations-Konflikts. Dabei handelt es sich um Konflikte, die sich aus Koordinationsproblemen während der gemeinsamen Aufgabenausführung in eng zusammenarbeitenden Teams ergeben, aus spezifischen, als inadäquat wahrgenommenen Handlungen resultieren und mit negativen, vor allem ärgerbezogenen Emotionen verbunden sind, die nicht selten zu unhöflichen Äusserungen führen.

Konfliktdefinition: Ein Konflikt innerhalb eines Teams besteht, wenn ein oder mehrere Teammitglieder zu der Überzeugung gelangen, dass sie von anderen Teammitgliedern in einer Angelegenheit behindert werden, die ihnen wichtig ist (Thomas,

1976; Van de Vliert, 1998). Diese Definition ist sehr inklusiv – die «Angelegenheit» kann sehr viele verschiedene Dinge bedeuten – von vereitelten Zielen über unterschiedliche Meinungen und nicht befriedigte Bedürfnisse bis hin zu sozialer Ablehnung (Van de Vliert, 1998) und der Bedrohung des Selbstwerts (Semmer, in press). Sie kann auch auf Konflikte zwischen Gruppen angewandt werden.

Die Definition schliesst sowohl mild als auch intensiv ausgetragene Konflikte mit ein. Ein wichtiger Bestandteil der Konfliktdefinition ist aber, dass die andere Partei als blockierend wahrgenommen wird – das heisst, dass die andere Partei als „Auslöser" wahrgenommen wird. Wenn die andere Partei sich anders verhalten oder eine andere Meinung vertreten würde, wäre der Konflikt nichtig. Dabei ist unwesentlich, ob die Wahrnehmung der Blockade objektiv stimmt oder auf einem Missverständnis beruht. Zudem müssen sich die Mitglieder eines Teams nicht einig sein in der Wahrnehmung der Blockade (Van de Vliert, 1998); es kann also durchaus vorkommen, dass verschiedene Teammitglieder unterschiedlich viele oder andere Konflikte wahrnehmen (Jehn et al., 2015; Müller et al., 2018; Park et al., 2018; Todorova et al., 2014). Die Forschung zu Gruppenkonflikten hat sich in den letzten Jahren stark auf Konfliktklassifikationen bezogen; diese sollen im nächsten Abschnitt diskutiert werden. Die emotionale Komponente wurde zwar immer mit einbezogen, aber meist im Zusammenhang mit den Klassifikationen diskutiert; sie verdient jedoch eine eigenständige Behandlung, diese ist Gegenstand des darauffolgenden Abschnitts.

2. Klassifikationen von Konflikten in Teams: Aufgaben-, Prozess- und Beziehungskonflikt

Welche Konflikte tauchen typischerweise in Teams auf? Die meisten Konfliktklassifikationen unterscheiden zwischen Konflikten, die mit dem Inhalt der Arbeit zu tun haben (Aufgabenkonflikte) und Konflikten zwischen Personen (Beziehungskonflikte). Nach Jehn (1997), die diese Diskussion in den letzten Jahren stark geprägt hat, sind *Aufgabenkonflikte* am häufigsten. Sie entstehen aus Kontroversen über die Aufgaben; die Teammitglieder sind sich beispielswese nicht einig darüber, welche Aufgaben mit welcher Priorität ausgeführt werden sollen. Ein Beispiel eines Aufgabenkonflikts in einem chirurgischen Team ist eine Kontroverse darüber, auf welche Operationen man sich in Zukunft spezialisieren soll, oder welche Operationsmethode bei einem Patienten angewandt werden soll. Am zweithäufigsten beobachtete Jehn *Beziehungskonflikte,* deren Ursachen persönliche Antipathien oder persönliche Animositäten zwischen den Teammitgliedern sind oder die durch Unterschiede in Normen und Werten entstehen (de Wit et al., 2012; Jehn, 1997; Jehn, 2014). Solche Konflikte entwickeln sich zwischen Personen und können unabhängig von der Aufgabe bestehen. Während diese beiden Konflikttypen in der Literatur seit langem – unter verschiedenen Bezeichnungen – diskutiert wurden, beobachtete Jehn als dritte Kategorie auch *Prozesskonflikte,* die dann auftreten, wenn die Teammitglieder sich nicht einig darüber sind, wie die Aufgabe erledigt werden soll, beispielsweise wer wofür zuständig ist oder über welche Ressourcen verfügen kann.

Die Unterscheidung von Aufgaben-, Prozess- und Beziehungskonflikten in Teams ist inzwischen etabliert, und man ging vielfach davon aus, dass die unterschiedlichen Konfliktarten die Leistung der Teams und die Zufriedenheit der Teammitglieder unterschiedlich beeinflussen. Während Beziehungs- und Prozesskonflikte sich negativ auf die Gruppenleistung auswirken, wurde angenommen, dass Aufgabenkonflikte positive Effekte auf Leistung haben können (Jehn, 1997). Allerdings wurde dies mehrfach in Frage gestellt. Eine erste Metaanalyse, die 30 verschiedene Studien umfasste, zeigte wie erwartet, dass sich Beziehungskonflikte negativ auf die Teamleistung und die Zufriedenheit der Gruppenmitglieder auswirkten. Dieselbe Studie fand aber ebenfalls einen klar negativen Zusammenhang zwischen Aufgabenkonflikten und Gruppenleistung und Zufriedenheit (De Dreu & Weingart, 2003). Prozesskonflikte wurden in dieser Studie nicht untersucht. Eine spätere Metaanalyse (de Wit et al., 2012) zeigte wiederum einen klar negativen Zusammenhang zwischen Beziehungskonflikten und Leistung und auch zwischen Prozesskonflikten und Leistung. Für Aufgabenkonflikte wurden zwar negative Korrelationen zu Vertrauen gefunden, hingegen wurde im Durchschnitt gar kein Zusammenhang – weder negativ noch positiv – zwischen Aufgabenkonflikten und Leistung gefunden. Das weist darauf hin, dass Aufgabenkonflikte unter bestimmten Bedingungen leistungsfördernd, unter anderen hingegen leistungshindernd sein können.

Eine der Bedingungen unter denen Aufgabenkonflikte negativ mit Leistung zusammenhängen ist das gleichzeitige Auftreten von Aufgaben- und Beziehungskonflikten. De Dreu and Weingart (2003) stellten fest, dass das Ausmass dieser beiden Konflikttypen korreliert – Teams mit Aufgabenkonflikten haben also sehr oft gleichzeitig auch Beziehungskonflikte. In der Tat zeigt sich, dass die Gruppenleistung umso mehr beeinträchtigt wurde, je ausgeprägter der Zusammenhang von Aufgaben- und Beziehungskonflikten war (de Wit et al., 2012). Das gemeinsame Auftreten von Aufgaben- und Beziehungskonflikten hängt wohl damit zusammen, dass Auseinandersetzungen während Aufgabenkonflikten zu Beziehungskonflikten eskalieren können. Die Personalisierung von Auseinandersetzungen ist ein typisches Merkmal von Konflikteskalation (Glasl, 2020).

3. Konfliktverhalten und Emotionen

Dass Aufgabenkonflikte häufig negative Folgen haben, und dass sie oft mit Beziehungskonflikten korrelieren, zeigt, dass die Erklärungskraft von Konflikttypen begrenzt ist. Vielmehr spielt *Konfliktverhalten* – und dabei nicht zuletzt Intensität und Schärfe emotionaler Auseinandersetzungen – eine zentrale Rolle. Emotionen wurden ursprünglich vielfach als Bestandteil eines Konflikttyps angesehen, was in Bezeichnungen wie „affective conflict" oder „emotional conflict" für Beziehungskonflikte und „substantive conflict" oder „intellectual conflict" für Aufgabenkonflikte zum Ausdruck kommt (Jehn, 1997). Jeder Konflikt kann jedoch in unterschiedlichem Ausmass mit scharfem, emotionalem und aggressivem Konfliktverhalten oder mit ruhigem und konstruktivem Konfliktverhalten einhergehen (Weingart et al., 2015). So hat eine Reihe von Studien gezeigt, dass nicht nur der Konflikttyp oder das Zusammenfallen von Aufgaben- und Beziehungskonflikten eine Rolle spielt, sondern dass vor allem wichtig ist, wie sich Teammitglieder während eines Konfliktes verhalten. Vermindertes kooperatives Verhalten und häufigeres kompetitives Verhalten ist sowohl bei Aufgaben – als auch bei Beziehungskonflikten zu finden (O'Neill et al., 2013). Wenn Beziehungskonflikte mit Aufgabenkonflikten zusammenfallen, leidet die Qualität der Diskussionen: Teammitglieder berücksichtigen die Informationen von anderen weniger häufig und halten rigider an ihrer ursprünglichen Position fest (de Wit et al., 2013) oder sie interpretieren den Aufgabenkonflikt als Angriff, was einer konstruktiven Konfliktlösung hinderlich ist. Weingart et al. (2015) gehen davon aus, dass eine Konfliktbearbeitung dann besonders schwierig ist, wenn die Meinungsunterschiede als explizit gegensätzliche Positionen ausgedrückt und die Diskussionen mit grosser (negativ gefärbter) Intensität geführt werden. Aktives Angehen des Konfliktes mit einer umgänglichen und höflichen Diskussion sind hingegen vielversprechend für eine leistungsfördernde Konfliktbearbeitung (DeChurch & Marks, 2001). Sogar wenn kein gleichzeitiger Beziehungskonflikt vorhanden ist, dürfen Aufgabenkonflikte nicht zu intensiv sein, damit sie der Leistung nicht schaden (Shaw et al., 2011). Eine zentrale Rolle für die Entstehung von Beziehungskonflikten aus Aufgabenkonflikten spielt zudem die Frage, wie kompetent die Gruppen mit ihren Emotionen umgehen (Curşeu et al., 2012). Vieles spricht zudem dafür, dass Emotionen, die zur Eskalation beitragen, in erheblichem Ausmass daraus resultieren, dass man sich angegriffen fühlt, dass also das Ego bedroht ist (Semmer, in press).

Zu diesen Überlegungen passt, dass mehr Informationen zwischen den Parteien ausgetauscht werden, wenn ein Aufgabenkonflikt als Debatte (debate) und nicht als Uneinigkeit (disagreement) eingeschätzt wird (Tsai & Bendersky, 2016). Aber sogar, wenn Aufgabenkonflikte als Debatte eingeschätzt werden, führen sie nur dann zu besserer Leistung, wenn die unterschiedlichen Meinungen flexibel statt rigide diskutiert werden. Diese Ergebnisse unterstreichen, dass nicht (nur) der Konfliktyp wichtig ist, sondern vor allem, wie ein Team sich während eines Konfliktes verhält und die Kontroversen diskutiert (Johnson, 2015; Tjosvold et al., 2014).

Dass kritische, aber offene und konstruktiv geführte Diskussionen über Aufgaben und Strategien in Teams besserer Teamleistung führen, zeigen auch die Studien über Reflexivität in Gruppen. Ein hohes Mass an Reflexivität zeichnet Gruppen aus, die regelmässig über ihre Ziele und Strategien reflektieren, und diese Reflektionen können durchaus Kontroversen beinhalten (De Dreu, 2002; Kündig et al., 2019; Schippers, 2012; Schippers et al., 2014; Schmutz & Eppich, 2017; van Ginkel et al., 2009; West & Sacramento, 2011; Widmer et al., 2009).

Zusammenfassend zeigt sich, dass die Unterscheidung zwischen Aufgaben-, Beziehungs-, und Prozesskonflikten die Entwicklung von Konflikten wie auch ihre Effekte nur begrenzt erklären kann. Vielmehr spielt die Art und Weise, wie Teammitglieder mit Konflikten umgehen und vor allem, inwieweit sie einander angreifen, eine wesentliche Rolle dafür, ob Konflikte Leistung und Kreativität fördern können. Dass Aufgabenkonflikte und Beziehungskonflikte oft zusammen auftreten, dass Aufgabenkonflikte leicht in Beziehungskonflikte übergehen, und dass eigene Positionen oft mit Angriffen auf andere einhergehen – nicht selten mit Angriffen, die mit dem Konfliktgegenstand im engeren Sinn gar nichts zu tun haben, sondern auf die Person (oder die Gruppe) abzielen –, zeigt die Bedeutung von Emotionen und von gegenseitigen Angriffen (Semmer, in press). Damit wird zugleich deutlich, dass die Konfliktforschung die Forschung aggressivem Verhalten, insbesondere im Hinblick auf „mild aggressives“ also unhöfliches Verhalten („incivility“) stärker berücksichtigen sollte (Raver, 2013).

4. Konflikte während der Handlungsausführung

Aufgaben- Beziehungs und Prozesskonflikte haben als gemeinsames Definitionsmerkmal, dass sie aus Meinungsunterschieden (disagreements) oder aus persönlichen Inkompatibilitäten entstehen (Jehn, 2014; Weingart et al., 2015). Was in gängigen Konfliktkategorien praktisch nicht berücksichtigt wird, sind Konflikte, die sich aus der *Ausführung* von Arbeitsaufgaben ergeben. Teams müssen sich ja nicht nur über Aufgaben und ihre Ausführung einigen, sie müssen auch die Koordination während der Ausführung gewährleisten. Direkte Koordination kann sehr schnell zum Problem werden, wenn es um Tätigkeiten geht, bei denen die physische Ausführung in enger Abstimmung zwischen den Teammitgliedern erfolgen muss. Beispiele wären etwa ein Küchenteam in einem Restaurant, wo verschiedene Zutaten zum selben Zeitpunkt fertig sein müssen; Arbeiten auf dem Bau, wenn man etwa gemeinsam ein Fenster einsetzen muss; oder die Arbeit eines Operationsteams, bei der Instrumente genau dann verfügbar sein müssen, wenn sie gebraucht werden. In solchen Fällen können Konflikte schon auf Grund kleiner Abweichungen von reibungsloser Koordination entstehen. Solche Abweichungen können die zeitliche Koordination betreffen (die Chirurgin kann einen Schnitt nicht wie geplant ausführen, weil der Kauter nicht geputzt wurde) oder sie können Präzision und Qualität betreffen (die Beilage ist verkocht). Für Konflikte aufgrund von Koordinationsproblemen auf Mikro-Ebene gibt es in der Konfliktforschung bisher keine Konzepte und keine Untersuchungen.

Koordinationsprobleme auf der Mikro-Ebene können prinzipiell in allen Gruppen auftreten, wenn auch unterschiedlich häufig. Sie stehen nicht im Vordergrund, wenn Teamarbeit vorwiegend aus Diskutieren und Entscheiden besteht, oder wenn die Ausführung der Aufgaben individuell erfolgt – was durchaus häufig der Fall ist (Arrow et al., 2000; Hackman, 2002). In solchen Teams treten Koordinationsprobleme auf der Ebene der Handlungsausführung allenfalls punktuell auf – zum Beispiel wenn eine Gruppe, deren Mitglieder sonst weitgehend selbständig arbeiten, sich zu einer Sitzung trifft, ihr Fortschritt aber dadurch erschwert wird, dass die dafür Verantwortlichen einen Tagungsordnungspunkt nicht vorbereitet haben. Hingegen sind Koordinationsprobleme bei Teams, die räumlich-zeitlich sehr eng zusammenarbeiten, wahrscheinlicher. Dies gilt vor allem, wenn es um eng koordinierte Bewegungsabläufe mehrerer Teammitglieder geht, beispielsweise während einer Operation in chirurgischen Teams. In diesem Fall ist das Risiko von Koordinationsproblemen praktisch allgegenwärtig, weil über weite Strecken eine zeitlich und qualitativ präzise Feinkoordination nötig ist. Dieser Fall der «Mikro-Koordination» steht für uns im Vordergrund, dementsprechend bezeichnen wir Konflikte, die während der unmittelbaren Koordination in raum-zeitlich eng zusammenarbeitenden Gruppen entstehen, als *Mikrokoordinations-Konflikte.*

4.1 Mikrokoordinations-Konflikte

Mikrokoordinations-Probleme ergeben sich aus einer suboptimalen Koordination bei der *Ausführung* von Handlungen. Sie sind gekennzeichnet durch die Behinderung von Zielen bei einer gemeinsam ausgeführten Handlung. Dies erfolgt oft durch Handlungsunterbrechung, d. h. eine Handlung kann nicht (optimal) weitergeführt werden, weil sie von Handlungen anderer Teammitglieder abhängt und diese nicht, nicht rechtzeitig oder qualitativ unzureichend ausgeführt werden. Eine zweite Möglichkeit bezieht sich auf Handlungen anderer, die zwar die eigenen Handlungen eines Teammitgliedes nicht unmittelbar unterbrechen, aber die Zielerreichung des Teams insgesamt erschweren. Zu Konflikten werden solche Mikrokoordinations-Probleme dadurch, dass die Zielbehinderung als von anderen verursacht und vermeidbar wahrgenommen wird – damit entspricht die Definition generellen Konfliktdefinitionen

(Thomas, 1976; Van de Vliert, 1998). Mikrokoordinations-Konflikte können sich in sichtbaren Reaktionen eines oder mehreren Teammitglieder äussern (Ausdruck von Ärger, Spannungen, Kritik), sie können aber auch von einzelnen Teammitgliedern wahrgenommen werden, ohne dass diese offen reagieren (Keller, Zagarese, et al., 2019).

4.2 Handlungsunterbrechungen als Auslöser von Mikrokoordinations-Konflikten
Mikrokoordinations-Konflikte, die zu Handlungsunterbrechungen führen, behindern die Arbeitsausführung und Zielerreichung – sie stellen klassische Frustrations-Situationen dar (Spector & Fox, 2005), welche eine grosse Wahrscheinlichkeit haben, Ärger oder Verstimmung auszulösen. Das führt nicht selten zu gespanntem oder aggressivem Verhalten und unangenehmen Interaktionssituationen mit (mindestens mildem) unhöflichem Verhalten. Solches Verhalten wird in der Aggressionsforschung als «Incivility» untersucht (Cortina et al., 2017; Pearson & Porath, 2005), und man könnte erwarten, dass diese Forschung Hinweise auf Auslöser von Spannungen liefert. Allerdings konzentriert sich die Incivilityforschung eher auf die *Folgen* von unhöflichem Verhalten – auslösende Faktoren werden überwiegend in sehr allgemeiner Form untersucht. Diese Auslöser beziehen sich etwa auf Persönlichkeitsmerkmale von Gruppenmitgliedern, auf strukturelle Aspekte wie Status und Hierarchie (Jones et al., 2016) oder auf Stressfaktoren wie Arbeitsüberlastung oder Zeitdruck (Cortina et al., 2017) – für eine Übersicht von auslösenden Faktoren in medizinischen Teams siehe die Arbeit von Keller et al. (submitted); sie zeigen, dass Koordinationsprobleme und andere situative Faktoren tatsächlich wenig untersucht wurden.

Bessere Erklärungen, welche Mechanismen Auslöser von Mikrokoordinations-Konflikten und dem damit verbundenen unhöflichen Verhalten sein können, liefert die Forschung zu Unterbrechungen (Baethge & Rigotti, 2013; Puranik et al., 2019; Rigotti et al., 2012). Wir postulieren hier drei Mechanismen zur Erklärung unhöflichen Verhaltens bei beeinträchtigter (Mikro)-Koordination; zwei davon – erhöhter Aufwand und Zielgefährdung – beruhen auf der Unterbrechungsforschung, der dritte – unterbrochener Handlungsfluss – auf der Frustrations-Aggressions-Hypothese.

Erhöhter Aufwand nach einer Unterbrechung entsteht einerseits dadurch, dass zusätzliche Handlungen nötig werden können, um das Ziel zu erreichen – beispielsweise, weil fehlendes Material beschafft werden muss. Ein erheblicher Teil des zusätzlichen Aufwands während und nach einer Unterbrechung ist jedoch kognitiver Natur: Wenn eine Handlung unterbrochen wird, muss die Aufmerksamkeit von der Handlung auf die Unterbrechung und deren Ursache gelenkt werden. So muss ein Chirurg, dem ein Instrument nicht wie gewünscht gereicht wird, die Aufmerksamkeit vom Operationsfeld auf die Gesamtsituation verlagern, etwa auf die Person, welche das Instrument reichen müsste oder auf ein Gerät, das nicht bereit ist. Er muss dann allenfalls von impliziter zu expliziter Team-Koordination wechseln (Weber et al., 2018). Anschliessend muss die unterbrochene Handlung wieder aufgenommen werden – dazu muss diese jedoch im Arbeitsgedächtnis behalten werden (Chevalley & Bangerter, 2010). Der dadurch entstehende Aufwand ist nicht zu unterschätzen, da das Arbeitsgedächtnis begrenzte Kapazität hat und daher schnell zum Nadelöhr wird; je nach Höhe und Intensität dieser Anforderungen wird die Anstrengung ermüdend und aversiv (Hockey, 1997).

Häufig sind zudem Arbeitsunterbrechungen auch mit einer generelleren *Zielgefährdung* verbunden, weil das Risiko von Fehlern steigt (Baethge & Rigotti, 2013; Elfering et al., 2014; Puranik et al., 2019), und die Unterbrechung Qualitätseinbussen in qualitativer oder zeitlicher Hinsicht nach sich ziehen kann. Bei hoch komplexen Tätigkeiten wie etwa Operationen kann durch den mit Unterbrechungen verbundene Stress (Arora, Sevdalis, Nestel, et al., 2010) sogar eine Gefährdung der Gesundheit von Patientinnen und Patienten drohen – so beeinträchtigt Stress die sensumotorische Koordination von Chirurginnen und Chirurgen, sofern sie nicht über grosse Erfahrung verfügen (Arora, Sevdalis, Aggarwal, et al., 2010). Die Gefährdung wichtiger Ziele ist ein Kernelement von Stress (Lazarus, 1999). Im vorliegenden Kontext können also Ziele auf mehreren Ebenen gefährdet sein: das unmittelbare Handlungsziel (einen Schnitt sauber ausführen), das Ziel der Gesamthandlung (die Operation gut zu Ende bringen), aber auch übergeordnete Ziele, die mit der beruflichen Identität zu tun haben (eine gute Chirurgin sein) und die im negativen Fall das berufliche Selbstbewusstsein bedrohen können (Semmer et al., 2019).

Schliesslich bezieht sich ein dritter Aspekt darauf, dass die Unterbrechung einer begonnenen Handlung per se, also unabhängig von Zusatzaufwand und Zielgefährdung, Stress auslösen kann. Schon Lewin (2008/1926) hat darauf hingewiesen, dass bereits die Absicht, eine Handlung auszuführen, eine motivationale Tendenz – ein «Quasibedürfnis» – erzeugt, diese Handlung auszuführen und zu beenden. Ähnliche Annahmen – und empirische Belege – finden sich in der Zielsetzungstheorie (Locke & Latham, 2013) und dem Rubikon-Modell der Handlungsphasen (Achtziger & Gollwitzer, 2018). Frustration als Ergebnis einer Unterbrechung einer Handlungssequenz («interrupted behavior sequence») war ein Kernmerkmal der Frustrations-Aggressions-Hypothese in ihrer ursprünglichen Form (Dollard et al., 1939) wie auch in späteren Entwicklungen (Berkowitz, 2003; Spector & Fox, 2005). Negative Konsequenzen für die Handlung sind aus dieser Perspektive gar nicht notwendig, um Ärger auszulösen – unterbrochen zu werden reicht alleine bereits aus, um Frustration zu erzeugen. Frustration ihrerseits ist mit negativen Emotionen verbunden, wobei Ärger im Vordergrund steht (Averill, 1983; Semmer, in press). Paradoxerweise dürfte eine solche Situation besonders gravierend sein, wenn der Handlungsfluss bis zur Unterbrechung optimal verläuft und einem «Flow-Erlebnis» gleichkommt (Bakker & van Woerkom, 2017).

4.3 Zielgefährdung durch inkompetente Handlungen anderer

Eine Variante des Mikrokoordinations-Konflikts besteht darin, dass Handlungen anderer das Ziel der Gruppenhandlung gefährden, weil sie gar nicht, nicht rechtzeitig, oder qualitativ unzureichend ausgeführt werden. Beispiele wären etwa, wenn eine Chirurgin sieht, dass ihr Assistent dabei ist, eine Naht nicht fachgerecht auszuführen, oder wenn ein Koch sieht, wie eine Kollegin eine Beilage falsch zubereitet. In diesem Fall steht die beobachtete Handlung in einem weniger engen zeitlichen Bezug zur eigenen Handlung und muss diese nicht unbedingt unterbrechen. Im Vordergrund steht die Gefährdung der Zielerreichung, jedoch nicht bezogen auf die eigene (Teil-)-Handlung, sondern auf die Gesamthandlung des Teams. (Allerdings kann eine Unterbrechung der eigenen Handlung aus dieser Beobachtung resultieren, weil die Aufmerksamkeit auf das unsachgemässe Handeln des anderen Teammitglieds anstatt auf die eigene Handlung gerichtet wird; zudem kann es nötig werden einzugreifen. In solchen Fällen ergibt sich die Handlungsunterbrechung aus der Zielgefährdung, während sich im weiter oben diskutierten Fall die Zielgefährdung aus der Handlungsunterbrechung ergibt.)

4.4 Zusammenfassung

Das zentrale Element von Mikrokoordinations-Konflikten ist also eine negative emotionale Reaktion – typischerweise Ärger –, die aus der Wahrnehmung einer als unsachgemäss wahrgenommenen Handlung anderer entsteht. Diese führt im einen Fall zu einer Unterbrechung der eigenen Handlung, welche ihrerseits mit erhöhtem Aufwand und der Gefährdung von Zielen einhergeht, aber auch als solche aversiv sein kann; im anderen Fall wird sie als Gefährdung des Gesamtziels der Gruppenhandlung wahrgenommen.

Das Konzept der Mikrokoordinations-Konflikte macht deutlich, dass Arbeitsaufgaben nicht nur wegen unterschiedlicher Auffassungen, sondern auch wegen Koordinationsschwierigkeiten bei der Ausführung zu spannungsgeladenen Interaktionen, und somit zu Konflikten, in Teams führen können.

4.5 Empirische Evidenz

Bislang sind unsere Ausführungen theoretischer Natur. Es stellt sich daher die Frage nach der empirischen Evidenz für Mikrokoordinations-Konflikte. Aufschlussreich sind hier Zitate aus einer Interview-Studie über die Zusammenarbeit im Operationssaal (Mitchell et al., 2011). Ein Beispiel für einen potentiellen Mikrokoordinations-Konflikt zeigt die Aussage eines Chirurgen: «Wenn ich sage «Meissel bitte», dann erwarte ich, dass mir Meissel und Hammer gereicht werden und dass ich nicht nach jedem einzeln fragen muss, das wäre etwas mühsam» (Mitchell et al., 2011, p. 822). Aber auch Beispiele für die Vermeidung solcher Konflikte sind interessant: «Bevor ich überhaupt nach einem Instrument gefragt habe, legt sie es mir in die Hand…» (p. 822). Die Autorinnen und Autoren fassen ihre Ergebnisse zu Koordinationserfordernissen folgendermassen zusammen: «…der Austausch von Information und Gerätschaften oder Instrumenten muss reibungslos ausgeführt werden, so dass die Prozedur «fliesst» (p. 826). Umgekehrt müssen die Forderungen des Chirurgen sinnvoll sein. «Er fragt nach allem, was ihm in den Sinn kommt, aber die Hälfte davon benutzt er gar nicht» (Lingard et al., 2002, p. 236). Hinweise auf Mikrokoordinations-Konflikte, die sich auf zeitliche Unverträglichkeiten in Restaurant-Küchen beziehen, finden sich in einer Studie von Mohammed, Alipour, et al. (2017).

In unserer eigenen Forschung haben wir «gespannte», d.h. in ärgerlichem Ton vorgetragene Äusserungen im Operationssaal mittels Beobachtung erfasst und bezüglich ihrer Auslöser kodiert (Keller, Tschan, et al., 2019). In 137 Operationen in zwei Schweizer Spitälern wurden 340 ärgerliche Äusserungen beobachtet, rund zweieinhalb pro Operation oder 0.6 pro Stunde. Rund die Hälfte der Operationen (52.6%) waren spannungsfrei. Im Hinblick auf die Auslöser dieser Spannungen zeigte sich, dass Aufgabenkonflikte im Sinne der gängigen Definition von Aufgabenkonflikten, also Meinungsverschiedenheiten bezüglich des Vorgehens nie (0%!) beobachtet wurden. Aufgabenbezogene Hindernisse, die nicht von Personen verursacht wurden (beispielswese Schwierigkeiten mit der Aufgabe oder Funktionsstörungen von Geräten), verursachten 21.2% der Spannungen. Fast drei Viertel (72.4%) der Spannungen hingegen können als Mikrokoordinations-Konflikte bezeichnet werden, weil sie von Koordinationsproblemen bezüglich der Aufgabenausführung ausgelöst wurden: 53.8% dieser Koordinationsprobleme bezogen sich auf die unmittelbare Zusammenarbeit, d.h. sie waren mit Handlungsunterbrechungen verbunden, etwa weil der falsche Faden gereicht wurde; 35.9% betrafen unsachgemässe Handlungen anderer (z.B. weil ein Assistent der Chirurgin die Sicht verstellt) und bei 8.2% der Spannungen war der Auslöser ein wahrgenommener Kompetenzmangel eines Teammitgliedes, z.B. wenn Chirurgen sagen, sie erwarteten, dass ein Ablauf beim gegenwärtigen Ausbildungsstand bekannt sein sollte.

Koordinationsbezogene Spannungen sagten eine verminderte Qualität der wahrgenommenen Kooperation voraus, und diese Effekte waren signifikant für die zweiten ChirurgenInnen, die Instrumentierpflegende und die Zudienenden; für die

HauptchirurgenInnen und die Anästhesie ergab sich ein Trend. Aufgabenbezogene Hindernisse hingen hingegen nicht signifikant mit der eingeschätzten Qualität der Zusammenarbeit zusammen.

5. Schlussfolgerungen

Die Forschung zu Teamkonflikten hat sich bislang vor allem mit Meinungsverschiedenheiten oder unterschiedlichen Auffassungen als Auslöser von Konflikten befasst (Jehn, 2014) und sich auf Aufgaben-, Beziehungs- und Prozesskonflikte konzentriert. Mikrokoordinations-Konflikte bedürfen jedoch keiner Meinungsverschiedenheiten – wenn die falsche Schere gereicht wird, kann das durchaus daran liegen, dass der Operationsassistent nicht aufgepasst hat oder den Ablauf der Operation nicht gut genug kennt; er muss keineswegs der Meinung sein, die Chirurgin vertrete eine «falsche» Auffassung. Noch deutlicher wird das bei schlecht ausgeführten Handlungen – etwa, wenn die Schere so gereicht wird, dass sie nicht sofort verwendet werden kann, sondern erst gedreht werden muss. Für die Arbeitspsychologie ist der Aspekt der Aufgabenausführung seit langem wichtig (Hacker & Sachse, 2014); unsere Überlegungen und die ersten empirischen Ergebnisse zeigen, dass es sich lohnt, auch Konflikte unter dieser Perspektive zu analysieren.

In praktischer Hinsicht legt das Konzept des Mikrokoordinations-Konflikts nahe, die Qualität der Handlungsregulation im Hinblick auf reibungslose Koordination stärker zu beachten. Reibungslose Koordination erfordert gut ausgebildete mentale Modelle der eigenen Handlungen, und diese müssen im Hinblick auf die unmittelbare Zusammenarbeit mit denen der Teammitglieder, mit denen man jeweils kooperiert, übereinstimmen (geteilte mentale Modelle). Zudem erfordern sie ausreichendes Situationsbewusstsein (situation awareness), d. h. man muss auf dem Laufenden sein, was vor sich geht. Vor dem Hintergrund guter mentaler Modelle kann die Information aus dem laufenden Prozess interpretiert und eingeordnet werden, und auf dieser Basis kann abgeleitet werden, was als Nächstes erforderlich ist, so dass es möglich wird, die Handlungen der anderen zu antizipieren (Mohammed, Hamilton, et al., 2017). Mitchell et al. (2011) sprechen von "thinking ahead of the surgeon".

Eine weitere wichtige Konsequenz dieses Ansatzes ist, die Aufmerksamkeit stärker auf die möglichen situativen Auslöser von unhöflichem Verhalten in direkter Kooperation zu lenken. Die Incivility-Literatur befasst sich vorrangig mit den Merkmalen der Person, welche sich unhöflich verhält oder mit Merkmalen von Personen, die Opfer von Unhöflichkeiten werden, und vernachlässigt tendenziell situative Auslöser (Keller et al., submitted). Auch Forschungen über die wahrgenommene Qualität der Zusammenarbeit in Teams zeigen, dass Teammitglieder Ursachen von problematischer Zusammenarbeit oft auf Personen und deren Persönlichkeit und weniger auf die Situation attribuieren (Müller et al., 2018). Ein Beispiel für diese Tendenz ist der Begriff des «difficult surgeon» (Hallock, 2015) als Erklärungsansatz für Spannungen während Operationen; er ist in der medizinischen Literatur in verschiedenen Abwandlungen zu finden, und man kann sich dabei des Eindrucks nicht erwehren, dass hier nicht zuletzt der fundamentale Attributionsfehler – also die Tendenz, Verhalten stärker überdauernden Merkmale der Person zuzuschreiben als situativen Merkmalen (Fincham & Hewstone, 2003) – eine Rolle spielt. In unserer oben erwähnten Beobachtungsstudie über Spannungen im Operationssaal (Keller, Tschan, et al., 2019) zeigte sich, dass es tatsächlich Unterschiede zwischen Chirurgen gab; die Anzahl spannungsgeladener Situationen war zwischen den 30 Haupt-ChirurgInnen signifikant verschieden; bei 12 von ihnen traten gar keine Spannungen auf. Andererseits zeigten Multilevel-Analysen, dass die Person des Hauptchirurgen 24% der Varianz aufklärte, der situative Kontext hingegen 76%. Personenbezogene Aspekte sind also zweifellos bis zu einem gewissen Grad beteiligt, jedoch darf der Einfluss der jeweiligen Situation nicht unterschätzt werden.

Das bedeutet auch, dass zur Vermeidung unnötiger Konflikte selbstverständlich Training in Konflikt-Management nützlich sein kann, wobei die Betonung situativer Merkmale und die Betonung konkreter Verhaltensweisen wie der Auslösung und Eskalation von Konflikten durch verletzende Äusserungen besonderes Gewicht beigemessen werden sollte (Semmer, in press). Hinzu kommt aber, dass auch fachbezogene Aus- und Weiterbildung, die reibungslose Koordination fördert sowie ausreichend Information im Team über den Handlungsverlauf, die ein gutes Situationsbewusstsein ermöglicht (Bleakley et al., 2013; Santos & Passos, 2013; Tschan et al., 2015) dazu beitragen kann, dass Spannungen in Teams durch Mikrokoordinations-Konflikte vermieden werden können.

Literatur

Achtziger, A., & Gollwitzer, P. M. (2018). Motivation und Volition im Handlungsverlauf. In J. Heckhausen & H. Heckhausen (Eds.), Motivation und Handeln (pp. 355-388). Berlin: Springer.

Arora, S., Sevdalis, N., Aggarwal, R., Sirimanna, P., Darzi, A., & Kneebone, R. (2010, Oct). Stress impairs psychomotor performance in novice laparoscopic surgeons. Surgical Endoscopy and Other Interventional Techniques, 24(10), 2588-2593. https://doi.org/DOI 10.1007/s00464-010-1013-2

Arora, S., Sevdalis, N., Nestel, D., Woloshynowych, M., Darzi, A., & Kneebone, R. (2010). The impact of stress on surgical performance: a systematic review of the literature. Surgery, 147(3), 318–330.

Arrow, H., McGrath, J. E., & Berdahl, J. L. (2000). Small groups as complex systems : formation, coordination, development and adaptation. Sage Publications. http://www.loc.gov/catdir/enhancements/fy0656/99050490-d.html

http://www.loc.gov/catdir/enhancements/fy0656/99050490-t.html

Averill, J. R. (1983). Studies on anger and aggression: implications for theories of emotion. American Psychologist, 38(11), 1145–1160.

Baethge, A., & Rigotti, T. (2013). Interruptions to workflow: Their relationship with irritation and satisfaction with performance, and the mediating roles of time pressure and mental demands. Work & Stress, 27(1), 43–63.

Bakker, A. B., & van Woerkom, M. (2017). Flow at work: A self-determination perspective. Occupational Health Science, 1(1-2), 47–65.

Berkowitz, L. (2003). Affect, aggression, and anticosial behavior. In R. J. Davidson, K. R. Scherer, & H. H. Goldsmith (Eds.), Handbook of affective sciences (pp. 804-823). New York: Oxford University Press.

Bleakley, A., Allard, J., & Hobbs, A. (2013). 'Achieving ensemble': communication in orthopaedic surgical teams and the development of situation awareness—an observational study using live videotaped examples. Advances in Health Sciences Education, 18(1), 33–56.

Chevalley, E., & Bangerter, A. (2010). Suspending and reinstating joint activities with dialogue. Discourse Processes, 47(4), 263–291.

Cortina, L. M., Kabat-Farr, D., Magley, V. J., & Nelson, K. (2017). Researching rudeness: The past, present, and future of the science of incivility. Journal of Occupational Health Psychology, 22(3), 299–313.

Curşeu, P. L., Boroş, S., & Oerlemans, L. A. (2012). Task and relationship conflict in short-term and long-term groups: The critical role of emotion regulation. International Journal of Conflict Management, 23(1), 97–107.

De Dreu, C. K. W. (2002). Team innovation and team effectiveness: The importance of minority dissent and reflexivity. European Journal of Work and Organizational Psychology, 11(3), 285-298. http://ejournals.ebsco.com/direct.asp?ArticleID=0X9YN33GH0HMYBD8Y7XW

De Dreu, C. K. W., & Weingart, L. R. (2003). Task versus relationship conflict, team performance, and team member satisfaction: A meta-analysis. Journal of Applied Psychology, 88(4), 741–749. https://doi.org/10.1037/0021-9010.88.4.741

de Wit, F. R. C., Greer, L. L., & Jehn, K. A. (2012). The Paradox of Intragroup Conflict: A meta-analysis. Journal of Applied Psychology, 97(2), 360–390. https://doi.org/10.1037/a0024844.supp

de Wit, F. R. C., Jehn, K. A., & Scheepers, D. (2013). Task conflict, information processing, and decision-making: The damaging effect of relationship conflict. Organizational Behavior and Human Decision Processes, 122(2), 177–189. https://doi.org/10.1016/j.obhdp.2013.07.002

DeChurch, L. A., & Marks, M. A. (2001). Maximizing the benefits of task conflict: The role of conflict management. International Journal of Conflict Management, 12(1).

Dollard, J., Miller, N. E., Doob, L. W., Mowrer, O. H., & Sears, R. R. (1939). Frustration and aggression. New Haven, CT: Yale University Press.

Elfering, A., Nützi, M., Koch, P., & Baur, H. (2014). Workflow interruptions and failed action regulation in surgery personnel. Safety and Health at Work, 5(1), 1–6. https://doi.org/10.1016/j.shaw.2013.11.001

Fincham, F., & Hewstone, M. (2003). Attributionstheorie und –forschung – Von den Grundlagen zur Anwendung. In W. Stroebe, K. Jonas, & M. Hewstone (Eds.), Sozialpsychologie (4th ed., pp. 215–264). Springer.

Glasl, F. (2020). Konflikt-management. Ein Handbuch für Führung, Beratung und Mediation (12 ed.). Huber

Hacker, W., & Sachse, P. (2014). Allgemeine Arbeitspsychologie (3rd ed.). Hogrefe.

Hackman, J. R. (2002). Leading teams : setting the stage for great performances. Harvard Business School Press.

Hallock, G. G. (2015, Sep). The Difficult Surgeon [Editorial]. Ann Plast Surg, 75(3), 249–250. https://doi.org/10.1097/SAP.0000000000000568

Hockey, G. R. J. (1997). Compensatory control in the regulation of human performance under stress and high workload: A cognitive-energetical framework. Biological Psychology, 45(1), 73–93.

Jehn, K. A. (1997). A qualitative analysis of conflict types and dimensions in organizational groups. Administrative science quarterly, 530–557.

Jehn, K. A. (2014). Types of conflict: The history and future of conflict definitions and typologies. In O. B. Ayoko, N. M. Ashkanasy, & K. A. Jehn (Eds.), Handbook of conflict management research (pp. 3–18). Edward Elgar.

Jehn, K. A., De Wit, F. R., Barreto, M., & Rink, F. (2015). Task conflict asymmetries: effects on expectations and performance. International Journal of Conflict Management.

Johnson, D. W. (2015). Constructive Controversy. Theory, Research, Practice Cambridge University Press.

Jones, L. K., Jennings, B. M., Goelz, R. M., Haythorn, K. W., Zivot, J. B., & de Waal, F. B. (2016). An Ethogram to Quantify Operating Room Behavior. Ann Behav Med, 50(4), 487–496. https://doi.org/10.1007/s12160-016-9773-0

Keller, S., Tschan, F., Semmer, N. K., Timm-Holzer, E., Zimmermann, J., Candinas, D., Demartines, N., Hübner, M., & Beldi, G. (2019). "Disruptive behavior" in the operating room: A prospective observational study of triggers and effects of tense communication episodes in surgical teams. PloS One, 14(12).

Keller, S., Yule, S., Zagarese, V., & Parker, S. H. (submitted). Predictors and triggers of incivility within healtcare teams: A systematic review of the literature

Keller, S., Zagarese, V., Safford, S., & Parker, S. (2019, July 18th, 2019). Experienced and Expressed tensions in the opertaing room: Are all team members on the same emotional page? 14th Annual INGRoup conference Lisbon, Portugal.

Kündig, P., Tschan, F., Semmer, N. K., Morgenthaler, C., Zimmermann, J., Holzer, E., Huber, S. A., Hunziker, S., & Marsch, S. (2019). More than experience: a post-task reflection intervention among team members enhances performance in student teams confronted with a simulated resuscitation task – a prospective randomised trial. bmjstel-2018-000395. https://doi.org/10.1136/bmjstel-2018-000395 %J BMJ Simulation and Technology Enhanced Learning

Lazarus, R. S. (1999). Stress and emotion: a new synthesis. New York: Springer.

Lewin, K. (2008/1926). Vorsatz, Wille und Bedürfnis. In P. Sachse, W. Hacker, & E. Ulich (Eds.), Quellen der Arbeitspsychologie (pp. 15-74). Bern: Huber-Hogrefe. https://doi.org/10.1007/BF02424365 (Wiederabdruck aus Psychologische Forschung,1926, 7, 330-385)

Lingard, L., Reznick, R., Espin, S., Regehr, G., & DeVito, I. (2002, Mar). Team communications in the operating room: talk patterns, sites of tension, and implications for novices. Acad Med, 77(3), 232-237. http://www.ncbi.nlm.nih.gov/entrez/query.fcgi?cmd=Retrieve&db=PubMed&dopt=Citation&list_uids=11891163

Locke, E. A., & Latham, G. P. (Eds.). (2013). New developments in goal setting and task performance. New York: Routledge.

Mitchell, L., Flin, R., Yule, S., Mitchell, J., Coutts, K., & Youngson, G. (2011). Thinking ahead of the surgeon. An interview study to identify scrub nurses' non-technical skills. International Journal of Nursing Studies, 48, 818-828. https://doi.org/doi:10.1016/j.ijnurstu.2010.11.005

Mohammed, S., Alipour, K. K., Martinez, P., Livert, D., & Fitzgerald, D. (2017). Conflict in the kitchen: Temporal diversity and temporal disagreements in chef teams. Group Dynamics: Theory, Research, and Practice, 21(1), 1–19.

Mohammed, S., Hamilton, K., Sánchez-Manzanares, M., & Rico, R. (2017). Team mental models and situation awareness. In E. Salas, R. Rico, & J. Passmore (Eds.), The Wiley-Blackwell Handbook of the Psychology of Team Working and Collaborative Processes (pp. 369–392). Chichester, UK: Wiley.

Müller, P., Tschan, F., Keller, S., Seelandt, J., Beldi, G., Elfering, A., Dubach, B., Candinas, D., Pereira, D., & Semmer, N. (2018). Assessing perceptions of teamwork quality among perioperative team members AORN, 180(3).

O'Neill, T. A., Allen, N. J., & Hastings, S. E. (2013). Examining the "Pros" and "Cons" of Team-Conflict: A Team-Level Meta-Analysis of Task, Relationship, and Process Conflict. Human Performance, 26(3), 236–260. https://doi.org/10.1080/08959285.2013.795573

Park, S., Mathieu, J., & Grosser, T. J. (2018). A network conceptualization of team conflict. Academy of Management Review(ja).

Pearson, C. M., & Porath, C. L. (2005). On the nature, consequences and remedies of workplace incivility: No time for "nice"? Think again. The Academy of Management Executive, 19(1), 7–18.

Puranik, H., Koopman, J., & Vough, H. C. (2019). Pardon the interruption: An integrative review and future research agenda for research on work interruptions. Journal of Management, Advance Onlilne publication. https://doi.org/0149206319887428

Raver, J. L. (2013). Counterproductive Work Behavior and Conflict: Merging Complementary Domains. Negotiation and Conflict Management Research, 6(3), 151–159. https://doi.org/10.1111/ncmr.12013

Rigotti, T., Baethge, A., & Freude, G. (2012). Arbeitsunterbrechungen als tägliche Belastungsquelle. In B. Badura, A. Ducki, H. Schröder, J. Klose, & M. Meyer (Eds.), Fehlzeitenreport 2012 (pp. 61–69). Springer.

Santos, C. M., & Passos, A. M. (2013). Team mental models, relationship conflict and effectiveness over time. Team Performance Management, 19(7/8), 363–385.

Schippers, M. (2012). Why team reflexivity works. RSM insight, 12(4), 18–19.

Schippers, M. C., Edmondson, A. C., & West, M. A. (2014). Team Reflexivity as an Antidote to Team Information-Processing Failures. Small Group Research, 45(6), 731–769. https://doi.org/10.1177/1046496414553473

Schmutz, J. B., & Eppich, W. J. (2017, Nov). Promoting Learning and Patient Care Through Shared Reflection: A Conceptual Framework for Team Reflexivity in Health Care [Review]. Acad Med, 92(11), 1555–1563. https://doi.org/10.1097/ACM.0000000000001688

Semmer, N. K. (in press). Conflict and offense to self. In T. Theorell (Ed.), Socioeconomic determinants of occupational health: From macro-level to micro-level evidence. Handbook series in occupational health science, Vol. 2 (K. Daniels, J. Siegrist, Eds.). Cham, Switzerland: Springer Nature.

Semmer, N. K., Tschan, F., Jacobshagen, N., Beehr, T. A., Elfering, A., Kälin, W., & Meier, L. L. (2019). Stress as offense to self: A promising approach comes of age. Occupational Health Science, 3, 205-238. https://doi.org/10.1007/s41542-019-00041-5

Shaw, J. D., Zhu, J., Duffy, M. K., Scott, K. L., Shih, H. A., & Susanto, E. (2011, Mar). A contingency model of conflict and team effectiveness. Journal of Applied Psychology, 96(2), 391–400. https://doi.org/10.1037/a0021340

Spector, P. E., & Fox, S. (2005). The stressor-emotion model of counterproductive work behavior. In S. Fox & P. E. Spector (Eds.), Counterproductive work behavior: Investigations of actors and targets (pp. 151–174). American Psychological Association.

Thomas, K. W. (1976). Conflict and conflict management. In D. Dunnett (Ed.), Handbook of industrial and organization psychology (pp. 889-936). Rand McNally

Tjosvold, D., Wong, A. S. H., & Feng Chen, N. Y. (2014). Constructively Managing Conflicts in Organizations. Annual Review of Organizational Psychology and Organizational Behavior, 1(1), 545-568. https://doi.org/10.1146/annurev-orgpsych-031413-091306

Todorova, G., Bear, J. B., & Weingart, L. R. (2014). Can conflict be energizing? a study of task conflict, positive emotions, and job satisfaction. Journal of Applied Psychology, 99(3), 451–467. https://doi.org/10.1037/a0035134

Tsai, M.-H., & Bendersky, C. (2016). The Pursuit of Information Sharing: Expressing Task Conflicts as Debates vs. Disagreements Increases Perceived Receptivity to Dissenting Opinions in Groups. Organization Science, 27(1), 141–156. https://doi.org/10.1287/orsc.2015.1025

Tschan, F., Seelandt, J. C., Keller, S., Semmer, N. K., Kurmann, A., Candinas, D., & Beldi, G. (2015). Impact of case-relevant and case-irrelevant communication within the surgical team on surgical-site infection. British Journal of Surgery, 102(13), 1718–1725. https://doi.org/10.1002/bjs.9927

Van de Vliert, E. (1998). Conflict and conflict management In P. J. D. Drenth, H. Thierry, & C. J. de Wolff (Eds.), Personnel Psychology (pp. 351–376). Psychology Press van Ginkel, W., Tindale, R. S., & van Knippenberg, D. (2009). Team reflexivity, development of shared task representations, and the use of distributed information in group decision making. Group Dynamics: Theory, Research, and Practice, 13(4), 265–280. https://doi.org/10.1037/a0016045

Weber, J., Catchpole, K., Becker, A. J., Schlenker, B., & Weigl, M. (2018). Effects of flow disruptions on mental workload and surgical performance in robotic-assisted surgery. World Journal of Surgery, 42(11), 3599–3607.

Weingart, L. R., Behfar, K. J., Bendersky, C., Todorova, G., & Jehn, K. A. (2015). The directness and oppositional intensity of conflict expression. Academy of Management Review, 40(2), 235–262. https://doi.org/10.5465/amr.2013 0124

West, M. A., & Sacramento, C. A. (2011). Team reflexivity. In J. M. Levine & M. A. Hogg (Eds.), Encyclopedia of Group Processes and Intergroup Relations (pp. 907–909). Sage.

Widmer, P. S., Schippers, M., & West, M. A. (2009). Recent developments in reflexivity research: A review. Psychology of Everyday Activity, 2–11.

Torsten Kunz
Unfallkasse Hessen

Zukunft der sicherheitstechnischen und arbeitsmedizinischen Betreuung der Betriebe

1. Hintergrund

1.1 Rechtlicher Rahmen

Die sicherheitstechnische und arbeitsmedizinische Betreuung der Betriebe ist in Deutschland im Gesetz über Betriebsärzte, Sicherheitsingenieure und andere Fachkräfte für Arbeitssicherheit (ASIG) geregelt, das 1973 in Kraft trat und seither nicht mehr substanziell angepasst wurde. Es regelt die Aufgaben, Bestellung und Qualifikation von Betriebsärzten und Fachkräften für Arbeitssicherheit (SiFa). Während im Gesetz die Qualifikation relativ detailliert festgelegt wurde, blieben die Aufgaben im Detail und insbesondere der notwendige zeitliche Umfang der Betreuung der DGUV Vorschrift 2 (bzw. ihren Vorgängern) vorbehalten, die so das ASIG konkretisiert. Die DGUV Vorschrift 2 ist eine Unfallverhütungsvorschrift, die aktuell in einer Projektgruppe des Fachbereichs „Organisation des Arbeitsschutzes" der DGUV aktualisiert wird.

1.2 Entwicklungen seit Inkrafttreten des ASIG und ihre Folgen

Betrachtet man die Situation des Arbeitsschutzes Anfang der 1970er Jahre, so war die Arbeitswelt stark von mechanischen Gefahren, Gefahrstoffen, physisch schwerer Arbeit sowie Lärm geprägt. Psychische Belastungen, die es natürlich schon gab, standen nicht im Fokus der Prävention. Auch war die Arbeitspsychologie universitär und institutionell noch im Aufbau. Somit ist es nicht verwunderlich, dass das ASIG die Beratung der Betriebe auf die Professionen beschränkte, die in größerer Zahl vorhanden waren und die einen Beitrag zu den damals wichtigsten Gefährdungen und Belastungen leisten konnten. Dies waren auf der einen Seite die Sicherheitsingenieure, -techniker und –meister für Beratungen der Unternehmer und der Beschäftigten zu mechanischen, chemischen und vergleichbaren Gefährdungen und Belastungen, sowie die Arbeitsmediziner für die Durchführung von Eignungs- und Vorsorgeuntersuchungen und für die Beratung in gesundheitlichen Fragen.

Inzwischen hat sich die Arbeitswelt stark verändert: Zwar sind die genannten Gefährdungen und Belastungen weiterhin zu finden – aber eher im Einzelfall. Ein deutlich größeres Gewicht in der Präventionsarbeit nehmen nun die Folgen der Digitalisierung, psychische Belastungen, Entgrenzung der Arbeit, ungünstige soziale Beziehungen und die Schnittstelle Mensch – Maschine ein. Hierzu ist eine deutlich breitere Expertise erforderlich als es sie in den 1970er Jahren gab. Zudem stehen nun mit der Arbeits- und Organisationspsychologie, den Arbeitswissenschaften und der Arbeitshygiene auch Professionen mit größeren Absolventenzahlen zur Verfügung, die in der Beratung der Betriebe zu den aktuellen Themen einen wichtigen Beitrag leisten könnten.

Hinzu kommt, dass die Zahl der Arbeitsmediziner rückläufig ist. Mehr als die Hälfte der ausgebildeten Arbeitsmediziner ist mehr als 65 Jahre alt (Neumann & Brüning, 2019). Bemühungen der Unfallversicherungsträger, der Ärztekammern und Fachverbände zur Steigerung der Attraktivität der Arbeitsmedizin für angehende Ärzte waren nicht ausreichend erfolgreich. Daher wird die Lücke zwischen den benötigten und den zur Verfügung stehenden Ärzten trotz leicht steigender Absolventenzahlen immer größer (Barth, Hamacher & Eickholt, 2014). Dies führt dazu, dass Klein- und Mittelbetriebe – insbesondere in ländlichen Gebieten – zunehmende Schwierigkeiten haben, eine arbeitsmedizinische Beratung zu organisieren. Für diese Arbeitgeber ist die Vorschrift in der jetzigen Form objektiv nicht erfüllbar.

2. Überarbeitung der DGUV Vorschrift 2

2.1 Der Prozess der Überarbeitung

Die DGUV Vorschrift 2 wird aktuell in der erwähnten Projektgruppe überarbeitet. An der Erstellung sind neben Fachleuten der Unfallversicherungsträger die Sozialpartner, das Bundesministerium für Arbeit und Sozialordnung (BMAS), die Sozialministerien der Länder sowie die Fachverbände (für die Betriebsärzte der VDBW, für die SiFa der VDSI und für die Arbeitspsychologen und anderen Berufsgruppen der PASIG) beteiligt.

Die Projektgruppe griff zum einen die beiden in Punkt 1.2 genannten Entwicklungen auf. Zum anderen sollten zahlreiche Ungenauigkeiten und Mängel beseitigt werden, die eine umfangreiche Evaluation der Vorschrift 2016 aufdeckte – etwa die unzureichende Verständlichkeit der Vorschrift, die ungeregelte Berechnung von Teilzeitkräften, die mangelnde Abgrenzung der Aufgaben der Grundbetreuung und der betriebsspezifischen Betreuung sowie das Fehlen einer Fortbildungsverpflichtung für SiFas (Wetzstein et al., 2017).

In acht Treffen der Projektgruppe sowie in zahlreichen Einzelgesprächen mit Sozialpartnern und Ministerien konnte für fast alle zu klärenden Punkte eine Lösung gefunden werden, die von allen oder der großen Mehrheit der Mitglieder der Projektgruppe mitgetragen wurden. Dies betrifft insbesondere

1. Die Aufteilung der Vorschrift in einen verbindlichen (Vorschrift) und erläuternden Teil (Regel) und ihre redaktionelle Überarbeitung.
2. Die Aufnahme einer Fortbildungsverpflichtung für SiFas.

3. Eine bessere Abgrenzung von Grundbetreuung und betriebsspezifischer Betreuung.
4. Vereinfachter Zugang zur SiFa-Ausbildung für weitere Professionen.
5. Eine vielfältigere Betreuung der Betriebe im betriebsspezifischen Teil
6. Aktualisierung der WZ-Code-Liste.
7. Konkretisierung der Regelung, wenn der Betrieb keinen Betriebsarzt findet.
8. Erhöhung der Grenze für Kleinbetriebe von 10 auf 20 Beschäftigte.

Noch keine Lösung wurde hingegen für die Berücksichtigung der Teilzeitkräfte nach ASIG-Modell in § 2 Abs. 5. und den möglichen Wegfall der Mindesteinsatzzeiten von SiFa und BA durch Neufassung der Anlage 2 (zu § 2 Abs. 3), Abschnitt 2. gefunden. Hier verlief die Diskussion bisher sehr kontrovers. Ende 2019 wurde dennoch ein erster Entwurf der überarbeiteten Vorschrift und einer zugehörigen (neuen) Regel fertig gestellt, die in 2020 den zuständigen Gremien der Unfallkassen und Berufsgenossenschaften zur Stellungnahme zugehen wird.

2.2 Die gravierendsten Veränderungen

Insbesondere durch den Mangel an Arbeitsmedizinern – aber auch durch den Wandel der Arbeitswelt – soll bei der Betreuung der Betriebe zukünftig auch auf Professionen jenseits der Ingenieurswissenschaften und Medizin zurückgegriffen werden. Dies soll durch die Einbeziehung weiterer Professionen – gedacht ist an Absolventinnen und Absolventen der Physik, Chemie, Biologie, Humanmedizin, Ergonomie, Arbeits- und Organisationspsychologie, Arbeitshygiene und Arbeitswissenschaften – in die Ausbildung der SiFa erreicht werden. Sie werden dann die gleiche Ausbildung durchlaufen wie die SiFa mit ingenieurswissenschaftlich-technischem Hintergrund und hätten dann im Regelfall die uneingeschränkte Möglichkeit, Betriebe nach ASIG zu betreuen, sofern die jeweils notwendige bereichsspezifische Ausbildung erworben wurde. Gerade überbetrieblichen Diensten sowie den sicherheitstechnischen und arbeitsmedizinischen Diensten größerer Betriebe würde es mit dieser Öffnung der Vorschrift nun möglich, mit einem interdisziplinären SiFa-Team die Betriebe bedarfsgerecht zu betreuen.

Weiterhin wurde die Option des Einsatzes von Spezialisten in der betriebsspezifischen Beratung der Betriebe geschaffen, die keine SiFas oder Betriebsärzte sind. Neben technischen Spezialisten (z.B. zum Lärm- oder Brandschutz) können hier auch Arbeitspsychologen tätig werden – z.B. zur Planung und Durchführung größerer Mitarbeiterbefragungen im Zuge der Einbeziehung der psychischen Belastungen in die Gefährdungsbeurteilung. Noch kontrovers diskutiert wird die Frage, mit welchen Mitteln eine Erfüllbarkeit der Vorschrift in der Fläche erreicht werden kann.

Wie oben beschrieben, ist diese aktuell nicht mehr gegeben, da es zu wenige Arbeitsmediziner gibt, um alle notwendigen Einsatzzeiten der Grundbetreuung und betriebsspezifischen Betreuung abzudecken. Hier ist zu berücksichtigen, dass die (zeitaufwändigen) personenbezogenen arbeitsmedizinischen Leistungen einschließlich der Vorsorge zur betriebsspezifischen Betreuung gehören und zeitlich nicht begrenzt sind. Somit wäre es nur möglich, den Zeitanteil der Betriebsärzte an der Grundbetreuung zu reduzieren, um einer Erfüllbarkeit der Vorschrift näher zu kommen. In der aktuellen Version der Vorschrift sind aber sowohl Betriebsärzten als auch SiFa 20 % der Einsatzzeit (in Gruppe 3 sogar 40 %) garantiert. Es wurden daher zwei Ansätze diskutiert, diesen Mindestanteil zu reduzieren: Zum einen, den Mindestanteil in der Vorschrift wegfallen zu lassen, aber in der Regel zu empfehlen. Zum anderen könnte ein einheitlicher Mindestanteil von 20 % an der Einsatzzeit der Grundbetreuung für Betriebe mit über 20 Beschäftigten gelten. Welcher der beiden Entwürfe zum Tragen kommt, wird die Diskussion in Frühjahr 2020 ergeben.

In der Überarbeitung der DGUV Vorschrift 2 ist es allerdings nicht gelungen, die „weiteren" Professionen als eigenständige Säule der betrieblichen Betreuung neben SiFas und Betriebsärzten zu etablieren. Dies wäre ohne Anpassung des ASIG nicht möglich gewesen, die von Seiten des BMAS aktuell aber nicht für nötig angesehen wird.

3. Folgen für die Universitäten

Durch die Erweiterung der Liste der Professionen, die als SiFa ausgebildet werden können, wird es z.B. Absolventinnen und Absolventen der Arbeits- und Organisationspsychologie zukünftig möglich sein, an der Grundbetreuung voll teilzunehmen – insbesondere als Teil eines interdisziplinären Teams eines überbetrieblichen oder auch betrieblichen Dienstes. Zudem wurde der Zugang zur Beratung im betriebsspezifischen Teil der Betreuung erleichtert.

Bereits jetzt beinhaltet die universitäre Ausbildung vieler Professionen bereits Themen, die auch Bestandteil der SiFa-Ausbildung sind. Es gilt nun, die Curricula der universitären Ausbildung und die Ausbildung als SiFa so zu verzahnen, dass die doppelte Behandlung einzelner Themen vermieden wird und die Ausbildungszeiten verkürzt werden.

Literatur

Neumann, S. & Brüning, T. (2019). Weiterbildung Arbeits- und Betriebsmedizin. IPA-Journal 3/2019, S. 40-41. Bochum: Institut für Prävention und Arbeitsmedizin.

Barth, C., Hamacher, W. & Eickholt, C. (2014). Arbeitsmedizinischer Betreuungsbedarf in Deutschland. Dortmund/Berlin/Dresden: BAuA.

Wetzstein, A., Rahnfeld, M., Bell, F. & Edelhäuser, S. (2017). Evaluation der DGUV Vorschrift 2, Anlage 2. DGUV Report 1/2017, Berlin: DGUV.

Dieter Zapf
Goethe-Universität Frankfurt

Mobbing am Arbeitsplatz: Prävention und Intervention

Mobbing erhielt in den letzten Jahrzehnten in Deutschland in der Öffentlichkeit immer wieder viel Aufmerksamkeit. Kürzlich gab es dazu einen Gesetzesinitiative der Parteien Die Grünen (19/6128) und Die Linke (Antrag der Fraktion DIE LINKE 19/16480)[1], um einen Paragraphen zu Mobbing einzuführen sowie, um Mobbing explizit im Arbeitsschutzgesetz zu verankern. Im Folgenden sollen einige Aspekte, die die aktuelle Diskussion beherrschen, dargestellt werden.

1. Definition und Abgrenzung von Mobbing

Unter Mobbing wird üblicherweise verstanden, dass jemand häufig und über eine lange Zeit negativen sozialen Handlungen ausgesetzt ist. Eine viel zitierte Definition von Einarsen, Hoel, Zapf und Cooper (2003, S. 15): lautet: „Mobbing bei der Arbeit bedeutet belästigen, beleidigen, jemanden sozial ausschließen oder die Arbeitsaufgaben von jemandem negativ beeinflussen. Um den Begriff Bullying (oder Mobbing) für eine bestimmte Aktivität, Interaktion oder Prozess in Anspruch nehmen zu können, muss dies wiederholt und regelmäßig (z.B. wöchentlich) und über einen längeren Zeitraum auftreten (z.B. etwa sechs Monate). Mobbing ist ein eskalierender Prozess, in dessen Verlauf die betroffene Person in eine unterlegene Position gerät und zum Ziel systematischer negativer sozialer Handlungen wird. Ein Konflikt kann nicht als Mobbing bezeichnet werden, wenn der Vorfall ein isoliertes Ereignis ist oder wenn zwei Parteien von ungefähr gleicher ‚Stärke' im Konflikt stehen" (Übersetz. d. Verfassers).

Die in Deutschland verbreiteten Kriterien von Leymann (1993), dass Mobbing mindestens sechs Monate andauern und mindestens wöchentlich auftreten muss, spielen eine gewisse Rolle, haben sich international aber nicht generell durchgesetzt. Es besteht jedoch Einigkeit darüber, dass Mobbing langanhaltend sein, und dass es eine gewisse Häufigkeit der Handlungen geben muss. Mobbing im Sinne Leymanns wird oft als „schwerwiegendes Mobbing" bezeichnet (Zapf et al., 2020). Die Definition hat natürlich Auswirklungen auf das Auftreten. In der Meta-Analyse von Zapf et al. (2020, Tabelle 3.1) haben sich folgende Prävalenzraten ergeben: wöchentliches Mobbing ohne Angabe einer längeren Zeitdauer: 11,2 %; wöchentliches Mobbing

[1] https://www.bundestag.de/ausschuesse/a11#url=L2Rva3VtZW50ZS90ZXh0YXJjaGl2LzIwMjAva3cwNS1wYS1hcmJlaXQtbW9iYmluZy1hcmJlaXRzcGxhdHotNjY5NTgy&mod=mod538358

mindestens über 6 Monate: 9,6 %, Vorgabe einer Definition (Selbstbezeichnung als Mobbingopfer: 6,0 %; wöchentliches Mobbing mindestens über 6 Monate plus Selbstbezeichnung als Mobbingbetroffene/r: 3,0 % (N > 160.000). Diese 3 % könnte man als schwerwiegendes Mobbing ansehen.

„Bossing" in Abgrenzung von Mobbing wird in wissenschaftlichen Untersuchungen nur gelegentlich gebraucht, obwohl Mobbing durch Kollegen und/oder durch Vorgesetzte in Studien gelegentlich unterschieden wird (z. B. Lange, Burr, Conway & Rose, 2019). Allerdings gibt es den Begriff „abusive supervision" von Tepper, Simon & Park (2017), allerdings in einer weiter gefassten Bedeutung im Sinne von „harassment" durch Vorgesetzte (s. u.). Davon unbenommen ist, dass tatsächlich Vorgesetzte in 50 % aller Fälle bei Mobbing beteiligt sind (Meta-Analyse von Zapf et al., 2020; k = 60 Stichproben, N = 17.919 Mobbingbetroffene) und die Beteiligung von Vorgesetzten bei den Mobbingbetroffenen häufig zu größeren Problemen führt.

Die Unterscheidung zwischen Bullying als eskalierten Konflikt mit einem Täter und Mobbing als eskalierten Konflikt mit mehreren Tätern ist nicht gebräuchlich. International hat sich der Begriff Bullying durchgesetzt und letztlich werden die Begriffe Bullying und Mobbing von den meisten Forschern synonym verwendet (Einarsen et al., 2020; Zapf & Einarsen, 2005).

Bei der Sichtung der Mobbingliteratur ist zu berücksichtigen, dass Mobbing sehr häufig lediglich über das Auftreten negativer Handlungen gemessen wird, also die anderen Kriterien der Mobbingdefinition nicht berücksichtigt werden, am häufigsten unter Anwendung des ‚Negative Acts Questionnaires' (Einarsen, Hoel & Notelaers, 2009). Da oft auch keine cut-offs zur Unterscheidung zwischen Mobbingbetroffenen und Nichtbetroffenen verwendet werden, machen diese Studien Aussagen über die Ursachen und Wirkungen von negativen sozialen Handlungen im Allgemeinen, jedoch nicht notwendigerweise über Mobbing. Dies hat sicher dazu beigetragen, dass Mobbing oft nicht von anderen Konzepten wie Beziehungskonflikten, Aggression am Arbeitsplatz, „social undermining" oder „workplace incivility" abgrenzbar ist (Hershcovis, 2011), alles Konstrukte, die unterschiedliche Schattierungen weniger eskalierten negativen Sozialverhaltens am Arbeitsplatz beschreiben (Keashly; Tye-Williams & Jagatic, 2020).

2. Prävention und Intervention von Mobbing

Wie in vielen anderen Bereichen auch gibt es in Bezug auf Mobbing nur begrenzt empirische Evidenz für Präventions-. und Interventionsverfahren (Zapf & Vartia, 2020). Prävention kann auf gesellschaftlicher Ebene (z.B. rechtliche Verfahren; Beschwerdeeinrichtungen, Yamada, 2020), organisationaler Ebene (z.B. Dienst- oder Betriebsvereinbarungen gegen Mobbing; ‚Anti-bullying policies'; Rayner & Lewis,

2020) und individueller Ebene stattfinden. Hervorzuheben ist hier z.B. das verhaltenstherapeutische Programm zur Psychotherapie von Mobbingbetroffenen von Schwickerath und Holz (2012), welches auch überzeugend evaluiert wurde (Schwickerath & Zapf, 2020).

Am 27. Januar 2020 fand eine öffentliche Anhörung zu einer besseren rechtlichen Absicherung von Mobbingbetroffenen im Ausschuss für Arbeit und Soziales des Deutschen Bundestags statt[2]. Die Diskussion wurde sehr kontrovers geführt. Insbesondere von Vertretern der Arbeitgeberseite wurde die Sinnhaftigkeit eines „Mobbingparagraphen" bestritten mit dem Argument, dass sich die gegenwärtigen rechtlichen Möglichkeiten als völlig ausreichend erwiesen hätten, was von gewerkschaftlicher Seite jedoch anders gesehen wurde.

2.1 Das Framework Agreement on Harassment and Violence at Work von 2007

Eine solche Diskussion mag deswegen als überraschend erscheinen, weil es schon im Jahr 2007 ein *Framework Agreement on Harassment and Violence at Work signed in 2007 by the European social partners, ETUC/CES, BUSINESSEUROPE, UEAPME and CEEP* gegeben hat. In dieser gemeinsamen Stellungnahme beziehen sich Gewerkschaften und Arbeitgeberverbände auf europäischer Ebene auf „harassment" und „violence". Bei *Violence* geht es um körperliche Gewalt. *Harassment* umfasst belästigendes schikanöses Verhalten („Harassment occurs when one or more worker or manager are repeatedly and deliberately abused, threatened and/or humiliated in circumstances relating to work"). Harassment beinhaltet mit Mobbing vergleichbares Verhalten. Der Begriff ist aber *weiter gefasst* und enthält keine Angaben über Dauer, Systematik und Unterlegenheit. Mobbing bezieht sich also gewissermaßen auf extremere Formen des Harassment. Aus dem Grund sollten Aussagen über Harassment auf Mobbing erst recht zutreffen.

Die Sozialpartner stellen in dieser gemeinsamen Verlautbarung fest, dass Harassment die Würde des Menschen verletzt und deswegen in jeder Hinsicht inakzeptabel ist. Arbeitgeber und Arbeitnehmer müssen deshalb interessiert sein, dass es nicht zu Harassment kommt.

Die Vereinbarung beschränkt sich jedoch nicht auf diese Feststellung, sondern beinhaltet auch Vorschläge, was zu tun ist (nun angewandt auf Mobbing): Arbeitgeber und Arbeitnehmer sollen zu einer Vereinbarung kommen, die beinhaltet, dass Mobbing in dem Unternehmen nicht akzeptiert werden kann (zero-tolerance). Insgesamt könnten solche Vereinbarungen die in Tabelle 1 gelisteten Punkte beinhalten (siehe auch Rayner & Lewis, 2020).

[2] https://www.bundestag.de/ausschuesse/a11/Anhoerungen/70-sitzung-mobbingschutz-668516

Tab. 1: Anti-Bullying Policies (Anti-Mobbing-Vereinbarungen) – Inhalt

- Definition von Mobbing
- Beispiele für Mobbing
- Null-Toleranz-Statement
- Vorgehensweise im Umgang mit Mobbing: Einreichen einer Mobbing-Beschwerde
- Nachsorge für Opfer und Täter

Das Rahmenabkommen sieht vor, dass „ein geeignetes Verfahren zur Einreichung einer Mobbing-Beschwerde folgende Punkte enthalten sollte“ (European Social Dialog, 2007):

- Es liegt im Interesse aller Beteiligten, den erforderlichen Ermessensspielraum zum Schutz der Würde und der Privatsphäre aller zu wahren
- Keine Informationen sollten an Parteien weitergegeben werden, die nicht in den Fall involviert sind
- Beschwerden sollten unverzüglich untersucht und bearbeitet werden
- Alle Beteiligten sollten unparteiisch angehört und fair behandelt werden
- Beschwerden sollten mit detaillierten Informationen belegt werden
- Falsche Anschuldigungen sollten nicht toleriert werden und können zu Disziplinarmaßnahmen führen
- Externe Unterstützung kann helfen.

Dazu stellen die Sozialpartner fest: „*Eine Sensibilisierung und angemessene Schulung von Managern und Arbeitnehmern* kann die Wahrscheinlichkeit von Harassment und Violence am Arbeitsplatz verringern“ (Raising awareness and appropriate training of managers and workers can reduce the likelihood of harassment and violence at work).

Dem ist wenig hinzuzufügen. Wir wissen seit vielen Jahrzehnten, dass Organisationsentwicklungsmaßnahmen (die Einführung einer Anti-Mobbing-Vereinbarung wäre eine solche) nur funktionieren, wenn dies vom Top-Management unterstützt wird, wenn die Maßnahmen im Unternehmen gut bekannt und wenn umfassende Qualifizierungsmaßnahmen für alle Beteiligten durchgeführt worden sind (z.B. Porras & Robertson, 1992). Entsprechend zeigte eine Studie zu Mobbing in 14 Ländern (Salin et al., 2018), dass der beste Weg, Mobbing zu verhindern, darin besteht, das Bewusstsein durch Schulungs- und Anti-Mobbing-Richtlinien und Verhaltenskodizes zu stärken. Das heißt, eine mit Sensibilisierung und Qualifikationsmaßnahmen unterlegte Anti-Mobbing-Vereinbarung mit den beschriebenen Inhalten zeigt nicht nur auf, wie mit einem konkreten Mobbingfall umgegangen werden sollte, sondern hat gleichzeitig eine präventive Wirkung und trägt dazu bei, dass es zu weniger Mobbing kommt. Ohne Sensibilisierung und Qualifikationsmaßnahmen gibt es dagegen keine präventiven Effekte (Zapf & Vartia, 2020).

Ähnliche weitreichende Beschlüsse wurden auch kürzlich auf der 190. Convention der International Labour Organization ILO im „Übereinkommen über die Beseitigung von Gewalt und Belästigung in der Arbeitswelt" (Violence and Harassment Convention, 2019)[3] gefasst. Darin wird anerkannt, „dass jede Person das Recht auf eine Arbeitswelt ohne Gewalt und Belästigung, einschließlich geschlechtsspezifischer Gewalt und Belästigung, hat" und „dass Gewalt und Belästigung in der Arbeitswelt eine Verletzung oder einen Missbrauch der Menschenrechte darstellen können". Auch hier werden von den Staaten, die diese Convention unterzeichnen, ähnliche Maßnahmen auf nationaler und betrieblicher Ebene zur Bekämpfung und Eindämmung von Gewalt und Mobbing/Harassment gefordert.

2.2 Maßnahmen gegen Mobbing/Harrasment in Europa

Obwohl Akzeptanz und Einhaltung des Abkommens der Sozialpartner von 2007 in den verschiedenen Ländern uneinheitlich waren (Cox & Lippel, 2020), zeigt sich, dass das Abkommen Aktivitäten auf nationaler Ebene hervorgerufen und zur Sensibilisierung der Öffentlichkeit für das Thema beigetragen hat (Eurofound, 2015). So haben in einigen Ländern Arbeitnehmer- und Arbeitgeberverbände weitere Vereinbarungen zur Umsetzung des Abkommens auf nationaler Ebene geschlossen, Informationen über das Abkommen an die Mitglieder der Arbeitnehmer- und Arbeitgeberverbände verteilt und Arbeitsgruppen zur Planung der Umsetzung der Vereinbarung eingerichtet. Ein Follow-up-Bericht über den Fortschritt der Umsetzung des Rahmenabkommens durch die Europäischen Sozialpartner im Jahr 2011 kam zu dem Schluss, dass ein echter Mehrwert darin besteht, das Bewusstsein zu schärfen und Arbeitgeber und Arbeitnehmer besser für den Umgang mit Belästigungs- und Gewaltsituationen in der EU auszurüsten (siehe Hoel & Vartia, 2018). Auf nationaler Ebene wurden in einigen Ländern spezifische Gesetze gegen Mobbing und Belästigung verabschiedet, während in anderen Ländern allgemeine Sicherheits- und Gesundheitsvorschriften auch Mobbing abdecken (Eurofound, 2015; siehe auch Cox & Lippel, 2020; Yamada, 2020).

Im Bericht Eurofound (2015) werden dazu empirische Daten präsentiert. Es wird Bezug genommen auf das Konzept des *aversiven Sozialverhaltens (ASB),* das für den Fifth European Working Conditions Survey (EWCS) 2010 entwickelt wurde. ASB ist ein Index, der erfasst, ob man in den letzten 12 Monaten während der Arbeit ver-

[3] https://www.ilo.org/dyn/normlex/en/f?p=NORMLEXPUB:12100:0::NO:12100:P12100_INSTRUMENT_ID:3999810:NO

balem Missbrauch, unerwünschter sexueller Aufmerksamkeit, Drohungen oder demütigendem Verhalten ausgesetzt war. Er ist also weiter gefasst als das Mobbingkonzept. Die Frage nach ASB in den letzten 12 Monaten wurde in Europa von 14.9 % der Befragten bejaht. Deutschland liegt hier knapp über dem Schnitt (p. 15, Figure 2). Bei Mobbing liegt die europäische Quote bei 4.1 % (Tab 1 S. 16).

Besonders interessant ist nun Abbildung 9 in diesem Bericht (Eurofound, 2015, S. 48), in welcher der Anteil der Unternehmen in den einzelnen EU-Staaten verglichen wird, die über Vorschriften und Maßnahmen verfügen, um mit Mobbing/Harassment und Gewalt am Arbeitsplatz umzugehen. In Bezug auf Mobbing/Harassment liegt Deutschland mit ca. 18 % der Unternehmen im Mittelfeld, aber weit hinter den Spitzenstaaten wie Niederlande, Norwegen, Finnland, Schweden, UK, Belgien und Irland, bei denen zwischen 50 und 88 % der Unternehmen über entsprechenden Vereinbarungen verfügen. Vor diesem Hintergrund mag es erstaunen, dass die Arbeitgeberseite in der Berliner Anhörung die Meinung vertrat, dass einerseits keine Daten vorlägen und dass andererseits in den deutschen Unternehmen kein Handlungsbedarf existiere. Man kann also zusammenfassend festhalten, dass in einigen europäischen Ländern auf EU-Ebene angeregte Gesetzesinitiativen aufgegriffen und in nationales Recht umgesetzt wurden und dass in diesen Ländern auch mehr Unternehmen entsprechende Vereinbarungen zu Mobbing/Harassment umgesetzt haben.

Diese Daten auf europäischer Ebene sprechen aus meiner Sicht dafür, auch in Deutschland auf nationaler Ebene noch stärker aktiv zu werden, zumal es keine Hinweise darauf gibt, dass Mobbing in den letzten Jahren an Bedeutung verloren hätte (Einarsen et al., 2020; Zapf et al., 2020). Während einige Gesetze das Ziel einer Verbesserung der Lage von Mobbingbetroffenen bei gerichtlichen Auseinandersetzungen haben, zielt das Framework Agreement von 2007, wie die Ausführungen zeigen, auf innerbetriebliche Lösungen, die gerade verhindern sollen, dass es zu gerichtlichen Auseinandersetzungen kommt. Die von den Parteien eingebrachten Anträge sehen in der Weiterentwicklung des Arbeitsschutzgesetzes eine Möglichkeit. Es ist in der Tat so, dass wir nun seit einigen Jahren die psychischen Belastungen im Arbeitsschutzgesetz verankert haben. Es wird aber nicht ausgeführt, was man alles unter psychischen Belastungen zu verstehen hat. Meiner praktischen Erfahrung nach wird normalerweise nicht in erster Linie an Konflikte und Mobbing gedacht. Das explizite Aufnehmen von Mobbing/Harassment als eine Form psychischer Belastungen könnte hier durchaus hilfreich sein.

Dies heißt zusammengefasst, dass das Arbeitsschutzgesetz in Bezug auf Mobbing ergänzt und präzisiert werden könnte. Die Verantwortung der Arbeitgeberinnen und Arbeitgeber, die Beschäftigten vor Mobbing zu schützen, sollte explizit mit aufgenommen werden. Darüber hinaus sollte das Arbeitsschutzgesetz verpflichten, die oben dargestellten Maßnahmen (Anti-Mobbing-Vereinbarung zu Prävention und Intervention bei Mobbing, Sensibilisierung der Belegschaft und Qualifikationsmaßnahmen) durchzuführen. Da es bereits 2007 dazu eine gemeinsame Verlautbarung von Gewerkschaften und Arbeitgeberverbänden gab, der u. a. durch die ILO Convention 190 von 2019 noch einmal bekräftigt wurde, sind hier eigentlich die Grundlagen für einen breiten gesellschaftlichen Konsens geschaffen.

Literatur

Cox, R., Lippel, K. (2020). Legal frameworks for preventing work related bullying and harassment and ensuring access to remedies for targets. In S. V. Einarsen, H. Hoel, D. Zapf, & C. L. Cooper (Eds.). *Bullying and harassment in the workplace: Theory, research, and practice* (3rd ed., pp. 649–674). Boca Raton: CRC Press.

Einarsen, S., Hoel, H., & Notelaers, G. (2009). Measuring exposure to bullying and harassment at work: Validity, factor structure and psychometric properties of the Negative Acts Questionnaire-Revised. *Work and Stress, 23,* 24–44.

Einarsen, S., Hoel, H., Zapf, D., & Cooper, C. L. (2003). The concept of bullying at work: the European tradition. In S. Einarsen, H. Hoel, D. Zapf, & C. L. Cooper, (Eds.). *Bullying and emotional abuse in the workplace. International perspectives in research and practice* (pp. 3–30). London: Taylor & Francis.

Einarsen, S. V., Hoel, H., Zapf, D., & Cooper, C. L. (2020). The concept of bullying and harassment at work: the European tradition. In S. V. Einarsen, H. Hoel, D. Zapf, & C. L. Cooper (Eds.). *Bullying and harassment in the workplace: Theory, research, and practice* (3rd ed., pp. 3–53). Boca Raton: CRC Press.

Eurofound (2015), *Violence and harassment in European workplaces: Causes, impacts and policies,* Dublin. https://www.eurofound.europa.eu/sites/default/files/ef_comparative_analytical_report/field_ef_documents/ef1473en.pdf

European Social Dialog (2007). *Framework Agreement on Harassment and Violence at Work.* https://drive.google.com/file/d/0B9RTV08-rjErYURTckhMZzFETEk/view

ETUC/CES, BUSINESSEUROPE, UEAPME and CEEP (http://www.tradeunionpress.eu/Agreement%20violence/Framework%20Agreement%20Harassment%20and%20Violence%20at%20Work2.pdf) European Trade Union Confederation (ETUC), The Confederation of European Business (BUSINESSEUROPE), European Association of Craft Small and Medium-sized Enterprises (UEAPME), European Centre of Enterprises with Public Participation and of Enterprises of General Economic Interest (CEEP)

Hershcovis, M. S. (2011). "Incivility, social undermining, bullying... oh my!": A call to reconcile constructs within workplace aggression research. *Journal of Organizational Behavior, 32*(3), 499–519.

Hoel, H., & Vartia, M. (2018). *Bullying and sexual harassment at the workplace, in public spaces, and in political life in the EU.* Policy Department for Citizens' Right and Constitutional Affairs. Directorate General for Internal Polices of the Union. Brussels: European Parliament. https://www.europarl.europa.eu/RegData/etudes/STUD/2018/604949/IPOL_STU(2018)604949_EN.pdf

Keashly, L., Tye-Williams, S., & Jagatic, K. (2020). By any other name: North American perspectives on workplace bullying. In S. V. Einarsen, H. Hoel, D. Zapf, & C. L. Cooper (Eds.). *Bullying and harassment in the workplace: Theory, research, and practice* (3rd ed., pp. 55–102). Boca Raton: CRC Press

Lange, S., Burr, H., Conway, P. M. and Rose, U. (2019) Workplace bullying among employees in Germany: Prevalence estimates and the role of the perpetrator. *International Archives of Occupational and Environmental Health, 92* (2), 237–247.

Leymann, H. (1993) *Mobbing – Psychoterror am Arbeitsplatz und wie man sich dagegen wehren kann.* Reinbeck bei Hamburg: Rowohlt.

Porras, J. I., & Robertson, P. J. (1992). Organizational development. In M. D. Dunnette, & L. M. Hough (eds.), *Handbook of industrial and organizational psychology* (Vol. 3, pp. 719–822). Palo Alto, CA: Consulting Psychologists Press.

Rayner, C., & Lewis, D. (2020). Managing workplace bullying: The role of policies. In S. V. Einarsen, H. Hoel, D. Zapf, & C. L. Cooper, (Eds.). Bullying and harassment in the workplace: Theory, research, and practice (3rd ed., 497–520). Boca Raton: CRC Press.

Salin, D., Cowan, R. L., Adewumi, O., Apospori, E., Bochantin, J., D'Cruz, P., ... Zedlacher, E. (2018). Prevention of and interventions in workplace bullying: A global study of human resource professionals' reflections on preferred action. *International Journal of Human Resource Management.* https://doi.org/10.1080/09585192.2018.1460857

Schwickerath, J., & Holz, M. (2012). *Mobbing am Arbeitsplatz – Trainingsmanual für Psychotherapie und Beratung.* Weinheim: Beltz.

Schwickerath, J., & Zapf, D. (2020). Impatient psychotherapy of bullying victims. In S. V. Einarsen, H. Hoel, D. Zapf, & C. L. Cooper (Eds.). *Bullying and harassment in the workplace: Theory, research, and practice* (3rd ed., 593–626). Boca Raton: CRC Press.

Tepper, B. J., Simon, L. and Park, H. M. (2017). Abusive supervision. *Annual Review of Organizational Psychology and Organizational Behavior, 4,* 123–152.

Yamada, D. (2020). Bullying and the law. Gradual progress on a global scale. In S. V. Einarsen, H. Hoel, D. Zapf, & C. L. Cooper, (Eds.). *Bullying and harassment in the workplace: Theory, research, and practice* (3rd ed., pp. 627–648). Boca Raton: CRC Press.

Zapf, D., & Einarsen, S. (2005). Mobbing at work: Escalated conflicts in organisations. In S. Fox and P. E. Spector (Eds.). Counterproductive work behaviour. Investigations of actors and targets (pp. 271–295). Washington, DC: American Psychological Association.

Zapf, D., Escartín, J., Scheppa-Lahyani, M., Einarsen, S. V., Hoel, H., & Vartia, M. (2020). Empirical findings on the prevalence and risk groups of bullying in the workplace. In S. V. Einarsen, H. Hoel, D. Zapf, & C. L. Cooper (Eds.). *Bullying and harassment in the workplace: Theory, research, and practice* (3rd ed., pp. 105–162). Boca Raton: CRC Press.

Zapf, D., & Vartia, M. (2020). Prevention and treatment of workplace bullying: An overview. In S. V. Einarsen, H. Hoel, D. Zapf, & C. L. Cooper (Eds.). *Bullying and harassment in the workplace: Theory, research, and practice* (3rd ed., pp. 457–496). Boca Raton: CRC Press.

Arbeitskreis

Psychische Belastung und Beanspruchung: Überblick und Gefährdungen

Leitung: Bettina Splittgerber

Melanie Ebener & Michael Stiller
Bergische Universität Wuppertal

Betriebliche Unterstützung als Puffer für die Auswirkung von IKT-Lernanforderungen – Ergebnisse der lidA-Studie

1. Lernanforderungen in der digitalen Arbeit

Mit der Verbreitung von Informations- und Kommunikationstechnologien (IKT) gehen veränderte Arbeitsanforderungen für Beschäftigte einher (Rothe et al., 2019). Trotz der vielfältigen Potenziale solcher Transformationsprozesse besteht hier das Risiko, dass neue IKT am Arbeitsplatz eingeführt werden, bevor ausreichende Kenntnisse zu deren Nutzung vorliegen. Durch den technischen Fortschritt verändert sich zudem die Nutzung etablierter IKT. Damit besteht für Beschäftigte eine dauerhafte Notwendigkeit, sich entsprechende Fertigkeiten anzueignen oder diese anzupassen, um die eigene Arbeit zu bewältigen (Ragu-Nathan et al., 2008). Werden Lernanforderungen dauerhaft als hoch erlebt, können Beschäftigte ungünstig beansprucht werden. Verschiedene ungünstige Effekte von IKT-Arbeitsbedingungen auf Gesundheit und Wohlbefinden wurden deswegen diskutiert und auch empirisch belegt (Day et al., 2012; Gimpel et al., 2018; Ragu-Nathan et al., 2008). Bei beeinträchtigter Gesundheit und Wohlbefinden wird oft auf eine verringerte Arbeitsfähigkeit geschlossen, ohne dies jedoch direkt zu untersuchen. Deswegen legt der vorliegende Beitrag einen Fokus auf die psychische Arbeitsfähigkeit als direkte Folge hoher Lernanforderungen in der digitalen Arbeit.

2. Was beeinflusst die Auswirkung von Lernanforderungen in der digitalen Arbeit?

Unterstützung im Betrieb kann ungünstige Effekte von IKT-Nutzung abfedern, z.B. dadurch, dass Beschäftigte umfangreich in neue Technologien eingearbeitet werden (Ragu-Nathan et al., 2008). Entsprechend konnten Day et al. (2012) zeigen, dass gerade bei wenig Unterstützung im Betrieb IKT-Lernanforderungen die Beschäftigten stark beanspruchen, während sich dies bei viel Unterstützung umgekehrt verhielt. Zweitens stellt sich die Frage, welche Rolle der *Digitalisierungsgrad des Arbeitsplatzes* in diesem Zusammenhang spielt (Gimpel et al., 2018). Bei hoch digitalisierten Tätigkeiten könnten IKT-bedingte Lernanforderungen bereits Alltag geworden sein und die Beschäftigten daher weniger stark beanspruchen.

Die genannten Herausforderungen stellen sich auch älteren Beschäftigten. Da deren Anteil an der Erwerbsbevölkerung zunimmt (Hasselhorn & Ebener, 2014), sind sie aus politischer und wirtschaftlicher Sicht eine der kritischen Gruppen für das künftige Erwerbspersonenpotenzial in Deutschland. Deswegen untersucht der Beitrag, ob hohe IKT-Lernanforderungen mit niedrigerer psychischer Arbeitsfähigkeit bei älteren Beschäftigten einhergehen, und ob die erlebte betriebliche Unterstützung und der Digitalisierungsgrad des Arbeitsplatzes diesen Zusammenhang jeweils moderieren.

3. Stichprobe und Konstrukte

Die Daten wurden im computerunterstützten Interview in Welle 3 der lidA(leben in der Arbeit)-Studie 2018 erhoben. LidA untersucht prospektiv Aspekte von Arbeit, Alter, Gesundheit und Erwerbsteilhabe und ist repräsentativ für sozialversicherungspflichtig Erwerbstätige der beiden genannten „Baby-Boomer“-Jahrgänge in Deutschland (Steinwede et al., 2018). Es wurden N = 3 298 Erwerbstätige aller Berufsgruppen der Geburtsjahrgänge 1959 (44.3 %) und 1965 (55.7 %) selektiert, die mindestens eine Stunde pro Woche einer sozialversicherungspflichtigen Tätigkeit nachgingen. Hiervon waren 45.5 % männlich und 54.5 % weiblich.

IKT-Lernanforderungen wurden mit zwei Items ($r = .71$) gemessen und umfassten „Erwartungen an Anpassung an die Technologie“ und „Schnelligkeit der technologischen Änderungen“. Betriebliche Unterstützung wurde mit vier Items ($\alpha = .83$) gemessen, nämlich „Programm-Updates“, „technische Unterstützung“, „Einarbeitung“ und „ausreichende Einarbeitungszeit“. Beide Kurzskalen sind modifiziert nach Day et al. (2012). Das Antwortformat war jeweils 5-stufig von 1 = *trifft überhaupt nicht zu* bis 5 = *trifft sehr zu.* Der Digitalisierungsgrad wurde über die mittlere Nutzungshäufigkeit neun digitaler Technologien in der Arbeit operationalisiert, u. a. stationäre und mobile Computer, Mobiltelefone, Webseiten. Das Antwortformat war 5-stufig von 0 = *niemals* bis 4 = *sehr häufig.* Die psychische Arbeitsfähigkeit wurde mit dem Item „Wie schätzen Sie ihre derzeitige Arbeitsfähigkeit in Bezug auf die psychischen Arbeitsanforderungen ein?“ aus dem „work ability index“ (WAI; Hasselhorn & Freude, 2007) erfasst. Das Antwortformat war 5-stufig von 1 = *sehr schlecht* bis 5 = *sehr gut.* Geschlecht und Bildungs-/Ausbildungsgrad waren Kontrollvariablen.

Die Forschungsfragen wurden per hierarchischer linearer Regression geprüft. In Schritt 1 wurden die Kontrollvariablen, in Schritt 2 die Prädiktoren (mittelwertzentriert) und in Schritt 3 die Interaktionsterme von Lernanforderungen jeweils mit betrieblicher Unterstützung und mit Digitalisierungsgrad in das Modell aufgenommen.

4. Ergebnisse

IKT-Lernanforderungen hingen signifikant und gering negativ mit psychischer Arbeitsfähigkeit zusammen, $B = -0.11$, $SE = 0.02$, $\beta = -.14$, $p < .001$. Der Digitalisierungsgrad moderierte diesen Zusammenhang nicht, B = -0.02, SE = 0.02, p = .517. Betriebliche Unterstützung war dagegen ein signifikanter Moderator, B = 0.08, SE = 0.01, $p < .001$, adj. $R^2 = .07$. Es wurden dann Simple Slopes-Analysen für niedrige, mittlere und hohe Werte betrieblicher Unterstützung (-1 *SD, M,* +1 *SD*) durchgeführt. IKT-Lernanforderungen waren signifikant negativ mit der psychischen Arbeitsfähigkeit assoziiert bei wenig Unterstützung (B = -0.18, SE = 0.02, β = -.23, $p < .001$) und mittlerer Unterstützung (B = -0.11, SE = 0.02, β = -.14, p<.001). Bei viel Unterstützung bestand dieser Zusammenhang nicht mehr (B = -0.03, SE = 0.03, β = -.04, p = .216; siehe Abb. 1).

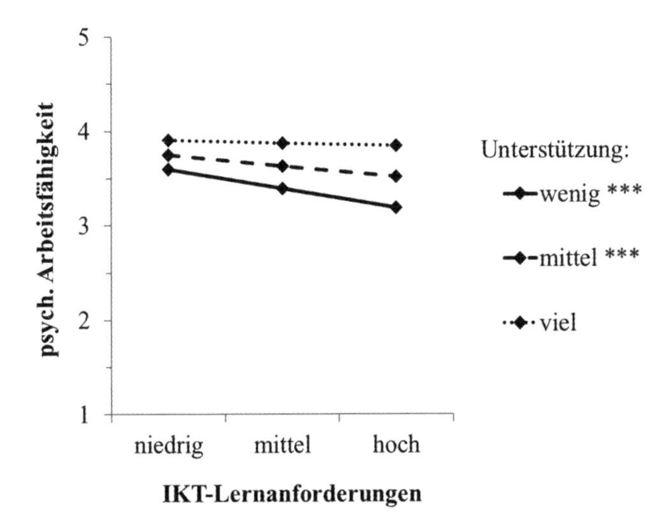

Abb. 1: Bedingte Effekte von IKT-Lernanforderungen (-1 *SD*, M, +1 *SD*) auf psychische Arbeitsfähigkeit als Funktion von betrieblicher Unterstützung (kontrolliert für Bildung und Geschlecht; N = 3 019; *** Steigung der Geraden auf dem Niveau p < .001 von Null verschieden).

5. Schlussfolgerungen

IKT-Lernanforderungen hängen schwach negativ mit der psychischen Arbeitsfähigkeit zusammen, unabhängig von Bildung und Geschlecht. Betriebliche Unterstützung zeigt hier einen geringen bis moderaten Puffer-Effekt. Angesichts geringer Effektstärken ist zu bedenken: Das als Outcome verwendete Arbeitsfähigkeits-Item zeigt in der Regel einen Deckeneffekt (so auch in dieser Stichprobe), und ein geringer numerischer Unterschied kann bereits einen relevanten Unterschied im Befinden bedeuten. Zweitens sind die Effektstärken eventuell auf die sehr heterogene Stichprobe zurückzuführen. Anschließende Analysen könnten bestimmte Berufsgruppen herausgreifen.

In den Analysen wurde nicht unterschieden, welche der vier berücksichtigten Aspekte betrieblicher Unterstützung den größten Puffereffekt bei älteren Beschäftigten hat. Möglicherweise sind in verschiedenen Berufsgruppen verschiedene Unterstützungsaspekte relevant, was ebenfalls für separate Analysen spräche. – Die vorliegenden Querschnittsanalysen erlauben im Übrigen nicht, Kausalannahmen zu überprüfen.

In der Gesamtheit weisen die Ergebnisse auf die ambivalente Rolle IKT-bedingter Lernanforderungen in digitaler Arbeit hin. Einerseits sind Lernanforderungen als Voraussetzung des Kompetenzerwerbs in der IKT-Nutzung positiv zu werten. Jedoch muss berücksichtigt werden, ab welchem Ausmaß sie individuell zum Stressor werden. Eine umfassende betriebliche Unterstützung, die nicht nur neue Progamme zur Verfügung stellt, sondern auch Einarbeitung in neue Technologien und Zeit zur Einarbeitung bietet, hilft, ungünstigen Effekten subjektiv hoher Lernanforderungen entgegenzutreten.

Die Untersuchung wurde gefördert mit Mitteln der Deutschen Gesetzlichen Unfallversicherung (DGUV, FP-0403). Die Verantwortung für den Text liegt allein bei den Autoren.

Literatur

Day, A., Paquet, S., Scott, N. & Hambley, L. (2012). Perceived information and communication technology (ICT) demands on employee outcomes: The moderating effect of organizational ICT support. *Journal of Occupational Health Psychology, 17,* 473–491.

Gimpel, H., Lanzl, J., Manner-Romberg, T. & Nüske, N. (2018). *Digitaler Stress in Deutschland.* Düsseldorf: Hans-Böckler-Stiftung.

Hasselhorn, H. M. & Ebener, M. (2014). Gesundheit, Arbeitsfähigkeit und Motivation bei älter werdenden Belegschaften. In B. Badura, A. Ducki, H. Schröder, J. Klose & M. Meyer (Hrsg.), *Fehlzeiten-Report 2014* (S. 75–84). Heidelberg: Springer.

Hasselhorn, H. M. & Freude, G. (2007). *Der Work Ability Index – ein Leitfaden.* 1. Auflage. Bremerhaven: Wirtschaftsverlag NW Verlag für neue Wissenschaft GmbH 2007. (Schriftenreihe der Bundesanstalt für Arbeitsschutz und Arbeitsmedizin: Sonderschrift, S 87)

Ragu-Nathan, T. S., Tarafdar, M., Ragu-Nathan, B. S. & Tu, Q. (2008). The consequences of technostress for end users in organizations: Conceptual development and empirical validation. *Information Systems Research, 19*(4), 417–433.

Rothe, I., Wischniewski, S., Tegtmeier, P. & Tisch, A. (2019). Arbeiten in der digitalen Transformation – Chancen und Risiken für die menschengerechte Arbeitsgestaltung. *Zeitschrift für Arbeitswissenschaft, 73,* 246–251.

Steinwede, J., Ruiz Marcos, J. & Kleudgen, M. (2018). *Methodenbericht lidA Welle 3.* Nürnberg: Institut für Arbeitsmarkt- und Berufsforschung (IAB).

Claudia Flake[1], Holger Lehnhardt[1] & Bettina Splittgerber[2]
[1]Regierungspräsidium Gießen, [2]Hessisches Ministerium für Soziales und Integration

Gefährdungsbeurteilung psychischer Belastung – Herausforderung für Betriebe und Aufsichtsdienste

1. Das GDA-Arbeitsprogramm Psyche bundesweit und in Hessen

Ein zentrales Ziel des GDA-Programms Psyche war es, in den Betrieben bundesweit die Umsetzung der Gefährdungsbeurteilung unter Berücksichtigung der psychischen Belastung zu erhöhen. Dafür vereinbarten die Arbeitsschutzbehorden der Bundesländer und die Unfallversicherungsträger in den Jahren 2015 bis 2017 die bundesweite Durchführung von 12000 Betriebsbesichtigungen, in denen die Aufsichtskräfte Betriebe zur Gefährdungsbeurteilung unter Berücksichtigung der psychischen Belastung berieten und zur Umsetzung aufforderten. Konzeptionell orientierten sich die Beratungs- und Überwachungsinstrumente an den Prozessschritten der GDA-Empfehlung zur Umsetzung der Gefährdungsbeurteilung psychischer Belastung (Leitung des GDA-Arbeitsprogramms Psyche, 2017). Die Überprüfung und Beantwortung der Erhebungsfragen erfolgte auf der Grundlage von Gesprächen mit betrieblichen Vertretern, Dokumenteneinsicht und einer stichprobenhaften Inaugenscheinnahme ausgewählter Arbeitsplätze (System- und Compliance-Audit). In den Betriebsbesichtigungen wurde zudem auf Fragen zum konkreten Umgang mit ausgewählten Belastungsfaktoren eingegangen: zum einen auf die Arbeitszeitgestaltung, zum anderen bei Bedarf auf den Umgang mit traumatischen Ereignissen.

Die hessischen Arbeitsschutzbehörden führten in dem vorgesehenen Zeitraum 489 Betriebsbesichtigungen durch, bei denen die Gefährdungsbeurteilung zur psychischen Belastung geprüft wurde. Entsprechend des Programmschwerpunktes überwachten und berieten die hessischen Arbeitsschutzbehörden vorrangig mittelständische Betriebe aller Branchen mit 20 bis 249 Beschäftigten. Ergänzend zu den Betriebsbesuchen wurde bundesweit ein breites Spektrum an Informations- und Schulungsmaßnahmen durchgeführt, um in Betrieben und den Arbeitsschutzbehörden ein fundiertes Wissen zur psychischen Belastung bei der Arbeit aufzubauen. In Hessen flankierten Projekte, regionale Informationsveranstaltungen für Betriebe, Fachveröffentlichungen und Vorträge sowie regelmäßige Schulungen und Erfahrungsaustausche zwischen den Aufsichtskräften und Fachexperten der Länder und Unfallversicherungen die Überwachungsaktivitäten.

2. Ergebnisse der Arbeitsschutzbehörden in Hessen

2.1 Prozess der Gefährdungsbeurteilung psychischer Belastung

Insgesamt gibt es in vielen Betrieben noch einen hohen Beratungs- und Handlungsbedarf, wenn es um die Umsetzung der Gefährdungsbeurteilung zur psychischen Belastung geht (GBpsy). Zwei Drittel der Betriebe standen nach eigener Einschätzung noch am Anfang der GBpsy. 36 % hatten weitgehend oder vollständig den Prozess zur GBpsy umgesetzt. In der Planung und Durchführung erwies sich die GBpsy als Herausforderung für alle Betriebe unabhängig von der Betriebsgröße. Die Herausforderung für KMU bestehe in der Durchführung der GBpsy angesichts mangelnder Ressourcen, in größeren Betrieben sei es die Komplexität, den Prozess GBpsy auf alle Standorte und Filialen auszurollen, äußerten die Aufsichtskräfte in den programmbegleitenden Erfahrungsaustauschen. Dementsprechend stieg die Anzahl prozessbeteiligter Akteure und Personengruppen mit der Betriebsgröße und dem Prozessfortschritt. Fehlten hingegen wichtige Akteure, z.B. wenn den Organisationspflichten nach dem ASiG nicht nachgekommen wurde, wirkte sich dies negativ auf den Umsetzungsgrad der GBpsy aus. Ein einvernehmliches Vorgehen zwischen Unternehmensleitung und Betriebs-/Personalrat erwies sich wiederum als förderlich, ebenso die Qualifizierung der Akteure. 58 % der aufgesuchten Betriebe hatten den Schritt der Ermittlung psychischer Belastung und damit den ersten und zweiten Schritt – von insgesamt sieben Prozessschritten – hin zu einer vollständigen GBpsy durchgeführt. Am häufigsten wurden psychische Belastungsfaktoren betrachtet, die sich aus der Arbeitsaufgabe und Arbeitsorganisation ergeben, gefolgt von psychischen Belastungsfaktoren, die aus der Arbeitsumgebung und sozialen Arbeitsbeziehungen resultieren. Verbesserungsbedarf bestand insbesondere bei der Ermittlung psychischer Belastungsfaktoren bei neuen Arbeitsformen und der psychischen Belastung der Beschäftigtengruppe „Führungskräfte".

Die Ermittlung erfolgte in den meisten Betrieben mittels einer schriftlichen Mitarbeiterbefragung, unabhängig von der Betriebsgröße oder Branchengruppe. 20 % der aufgesuchten Betriebe setzte zwei Verfahrenstypen – mit der häufigsten Verfahrenskombination Fragenbogen und Workshop – ein.

46 % der Betriebe konnte eine überwiegend plausible und sachlich begründete Bewertung der ermittelten Belastungsfaktoren darlegen, wohingegen in jedem zweiten Betrieb eine Bewertung psychischer Belastung noch ausstand. Auf der Basis der ermittelten Ergebnisse leiteten die Betriebe rechtskonform, etwas häufiger Maßnahmen der Verhältnisprävention als Maßnahmen der Verhaltensprävention ab. Eine weitgehende Umsetzung der abgeleiteten Maßnahmen fand in gut jedem zweiten Betrieb statt: 55 % der Betriebe setzte die abgeleiteten, verhältnisorientierten Maßnahmen weitgehend umgesetzt und 58 % die verhaltensorientierten Maßnahmen. 55 % der Betriebe setzte die abgeleiteten, verhältnisorientierten Maßnahmen und 58% die

verhaltensorientierten Maßnahmen weitgehend um. Der Erfolg der GBpsy „steht und fällt" mit der Umsetzung der erforderlichen Maßnahmen. Die staatlichen Arbeitsschutzbehörden bestehen nachdrücklich auf eine Verbesserung der Arbeitsbedingungen und die Ergebnisse der Zweitbesichtigungen zeigen, dass sie mit ihrem Handeln auch erfolgreich sind. Die angekündigten Zweitbesichtigung führten sowohl zu einer höheren Maßnahmenumsetzung als auch zu Verbesserungen in sämtlichen Prozessschritten.

2.2 Arbeitszeitgestaltung
Dominierendes Arbeitszeitmodell in den 262 Betrieben, in denen die Arbeitszeitgestaltung betrachtet wurde, war mit 73% das Arbeiten zu festen Arbeitszeiten. In jedem zweiten Betrieb wurde aber mehr als ein Arbeitszeitmodell praktiziert. Dienstleistungsbetriebe stellen tendenziell höhere Flexibilitätsanforderungen an ihre Beschäftigten als das produzierende Gewerbe z.B. über Bereitschaftszeiten, Arbeit auf Abruf oder erweiterte Erreichbarkeit. Durch eine direkte Beteiligung seiner Beschäftigten an der Arbeitszeitplanung ermöglichte jeder zweite Dienstleistungsbetrieb zeitflexibles Arbeiten, wohingegen das produzierende Gewerbe – hier auch jeder zweite Betrieb – Gleitzeitmodelle umsetzte.

Auffällig war der hohe Anteil von Betriebe mit Überstunden im Sinne der Mehrarbeit. In 66% der Betriebe kam es ein- bis mehrmals wöchentlich zu Überstunden bzw. Mehrarbeit, dies etwas häufiger in Dienstleistungsbetrieben als im produzierenden Gewerbe. Das Aufkommen von Überstunden ging häufig mit den psychischen Belastungsfaktoren Arbeitsdichte und Arbeitsunterbrechung einher. Jeder zweite Betrieb hatte Gegenmaßnahmen ergriffen.

2.3 Umgang mit traumatischen Ereignissen
Die Überprüfung zum Umgang mit traumatischen Ereignissen in den ausgewählten 110 Betriebe ergab, dass ein Großteil der Betriebe eine zufriedenstellende Struktur aufgebaut hatte, um sich und seine Beschäftigten auf den Umgang mit traumatischen Ereignissen vorzubereiten bzw. den Umgang zu erleichtern. Verbesserungsansätze bieten die Einbindung in die Gefährdungsbeurteilung, um den angemessenen Umgang und die Unterweisung der Führungskräfte und MitarbeiterInnen kontinuierlich zu reflektieren.

3. Fazit der Arbeitsschutzbehörden in Hessen
Im Hinblick auf die zukünftigen Beratungs- und Besichtigungsaktivitäten zum Themenfeld der GBpsy ist festzuhalten, dass das GDA-Arbeitsprogramm wichtige Impulse gesetzt hat. Dies wurde durch Zweitbesichtigungen bestätigt. Zugleich wurde

deutlich, dass die GBpsy in den Betrieben noch keine Routine ist und die Gefahr besteht, dass begonnene Aktivitäten enden (z.B. die Umsetzung notwendiger Maßnahmen), wenn der Prozess nicht konsequent weiterverfolgt wird. Seitens der Aufsichtsdienste kommt es darauf an, die betrieblichen Akteure zu informieren und ergänzend zu den Prozessprüfungen vermehrt den konkreten betrieblichen Aktivitäten nachzugehen, die Betriebe zur Verbesserung belastender Arbeitsbedingungen umsetzen.

Diese hessenspezifische Auswertung zeigt zudem, dass eine Betrachtung der jeweils eigenen GDA-Daten den GDA-Trägern sinnvolle Hinweise für die Standortbestimmung und weitere Schwerpunkte liefert.

Für das zukünftige Beratungs- und Aufsichtshandeln in Hessen ist von besonderer Relevanz:

- den Betrieben Hinweise für eine gute Prozessvorbereitung zu geben, die u. a. folgendes vorsieht:
  - Bereitstellung personeller Ressourcen
  - Beteiligung der Beschäftigten
  - Einvernehmen und Qualifikation der Akteure
  - Information an Führungskräfte und Beschäftigte zu Zielen, Ablauf und Ergebnissen
- betriebliche und institutionelle Arbeitsschutzexperten über Methoden und Instrumente zur Ermittlung und Bewertung der psychischen Belastung zu informieren, insbesondere über dialogische Verfahren wie z.B. Workshops, Gruppenbesprechungen und sinnvolle Methodenkombinationen
- über die Notwendigkeit der Berücksichtigung eines breiten Belastungsspektrums aufzuklären
- die konkreten Aktivitäten der Betriebe zur Verbesserung der Arbeitsbedingungen bei psychischer Belastung zu verfolgen und die Umsetzung der abgeleiteten Maßnahmen nachdrücklich einzufordern
- Festlegungen für Wirksamkeitskontrollen, Aktualisierung und Dokumentation sowie Möglichkeiten der Verstetigung zu besprechen
- die Durchführung von halbtägigen Informationsveranstaltungen mit Praxisberichten regionaler Betriebe fortzuführen bzw. ein zweites Format aufzulegen, das einen moderierten Erfahrungsaustausch für fortgeschrittene Betriebe bietet
- das Schulungsangebot für die Aufsichtskräfte um das Thema „Gefährdungsbeurteilung psychischen Belastung in KKU" zu erweitern

Literatur

Leitung des GDA-Arbeitsprogramms Psyche (Hrsg.). (2017). *Empfehlung zur Umsetzung der Gefährdungsbeurteilung psychischer Belastung* (3., überarbeitete Aufl.). Berlin.

Boris Ludborzs
Freiberufliche Beratungstätigkeit

Keine Optimierung psychischer Belastung, aber gut, darüber mal gesprochen zu haben

1. Das Anliegen dieses Beitrages

Es wird über eine kleine Auswahl von Erfahrungen mit einem Workshop-Konzept berichtet, das ich in der aktuellen Form (WPB20) seit gut 10 Jahren in 13 Firmen insgesamt 27 Mal durchgeführt habe. Es handelt sich vom Typ her um ein Experten verfahren, setzt also voraus, dass es in der Regel nur von einem Fachpsychologen mit fundierten Kenntnissen der (unter-)gesetzlichen Anforderungen an Gefährdungsbeurteilungen mit der notwendigen Professionalität und Qualität durchgeführt werden kann. Alle Prozess-Schritte sind im Vorgehen enthalten, von der intensiven Vorbereitung mit den führenden Akteuren eines Betriebes bis hin zur systematischen Wirksamkeitskontrolle nach etwa 6 Monaten.

Ich werde nicht über die Erfolge, sondern über Herausforderungen, Stolpersteller und Widerstände im Prozess der Gefährdungsbeurteilung berichten. Es sind Erfahrungen, auf die ich zwar durch meine Qualifikation als Fachpsychologe vorbereitet war, nicht aber durch Fachpublikationen.

Zur Vertiefung kann über eine E-Mail-Anfrage eine ausführliche Beschreibung des Verfahrens und aller Erfahrungen angefordert werden.

2. Die aktuelle fachpolitische Präventionskultur fördert Oberflächlichkeit und Unprofessionalität

Das Ausmaß an Informations- und Arbeitsmaterialien sowie das Medienangebot der GDA-Akteure ist in positiver Weise bemerkenswert. Umso frustrierender ist es, dass sich seit 1996 und der gesetzlichen Klarstellung 2013 kaum ein nachhaltiger Erfolg zeigt. Die Gründe liegen meiner Meinung nach in drei wesentlichen Merkmalen der etablierten fachpolitischen Präventionskultur, die im Workshop eine nicht unbedeutende Herausforderung darstellen:

Ein Gesetz ist kein ergebnisoffenes Motivations- oder Werbeprogramm. Die akzentuierte und seit einem Jahrzehnt bei jeder Gelegenheit kommunizierte motivationspsychologische und edukativen Strategie bei Vermeidung von Sanktionen hat meiner Meinung nach die betriebliche Präventionskultur negativ beeinflusst. Der Abschlussbericht zur letzten GDA-Periode (Lauenstein, 2018, S. 40) weist eher auf den wahren Grund hin: „Zudem werden die rechtlichen Rahmenbedingungen für Sanktionen im Bereich psychischer Belastung als (zu) schwach eingestuft, um damit nachhaltig eine Verbesserung der Arbeitssituation zu erreichen". Bei jeder Gelegenheit wurde betont, dass die Gefährdungsbeurteilung sehr einfach sei. Man müsse nur den Mut haben zu beginnen. In dem genannten Abschlussbericht gibt es auf Seite 41 auch eine realitätsnähere Korrektur: „Das Planen, Durchführen und Umsetzen der Prozessschritte für eine Gefährdungsbeurteilung, die auch psychische Belastung umfasst, ist für Betriebe komplexer und zeitaufwändiger als vermutet".

Der Gesetzgeber hat ausdrücklich gefordert, dass der Adressat des Gesetzes selbstständig die Gefährdungsbeurteilung durchführen können solle. Vor allem brauche es keine Experten, also Fachpsychologen, zur Unterstützung. Dieser Grundsatz gilt für keinen anderen Bereich des Arbeitsschutzes. Für physikalische Gefährdungen bieten sogar die Berufsgenossenschaften Mess- und Beratungsdienste an.

3. Ausgewählte Erfahrungen

Meine Erfahrungen basieren auf Gefährdungsbeurteilungen in mittleren und großen Firmen, die sehr stark von der schnellen Dynamik des technischen Wandels getrieben waren. Alle waren sehr motiviert mit dem Ziel, auf dem Niveau guter und bester Praxis zu arbeiten. Alle hatten das Alleinstellungsmerkmal dieses Workshop-Konzeptes akzeptiert, dass die Belastungsanalyse, Bewertung der Gefährdung und verbindliche Ableitung der Maßnahmen in einem Workshop geschehen soll. Somit waren nicht nur die direkten Linienvorgesetze, sondern auch mindestens ein zuständiger Vertreter der Geschäftsleitung und des Betriebsrates bei Eröffnung, im letzten Drittel des Workshops zur Verabschiedung einer konkreten To-Do-Liste, sowie im nach etwa sechs Monaten mit den gleichen Teilnehmern stattfindenden Workshop zur Wirksamkeitskontrolle anwesend.

3.1 Planung und Vorabentscheidungen

Viel ist darüber berichtet worden, was alles in der Vorbereitung geschehen muss. Aufgrund meiner Erfahrungen möchte ich drei Aspekte hinzufügen.

Die Vorbereitung muss unbedingt eine Qualifizierung der Entscheidungsträger und der mit der Durchführung befassten Personen enthalten.

In der Vorbereitung sollten alle Vorentscheidungen bis zum Ende des Prozesses enthalten sein. Ganz besonders wichtig ist, dass die Firma zusichert, bei hoher Belastung und Gefährdung nachhaltig zu agieren, ggf. auch mit Investitionen, unter Vermeidung von Deals. Ich konnte beobachten, dass Geschäftsführung und Betriebsrat dazu neigen, vor den Teilnehmern Quid pro Quo Verhandlungsstile zu praktizieren.

Und schließlich sollte auf einen Methodenmix vorbereitet, eine Festlegung auf eine Methodenalternative vermieden werden. Ein Fragebogen hilft wenig bei der Maßnahmenfindung, aber gibt erste Anhaltspunkte für Problembereiche in einer

Firma. Zwingend müssen dann dafür Workshop-Techniken genutzt werden. In einige Fällen mussten diese auch durch arbeitswissenschaftliche Analysen ergänzt werden. Auch eine erneute Befragung ist nur begrenzt aussagefähig, deshalb müssen problemspezifische Methoden zur Wirksamkeitskontrolle benutzt werden.

3.2 Arbeitsatmosphäre und Nachhaltigkeit

In einer nach der „Blitzlicht-Methode“ durchgeführten Abfrage artikulierten fast alle Teilnehmer in allen Workshops, einschließlich der Führungsebene, hohe Zufriedenheit. Vor allem die wertschätzende und in der Regel konstruktive Diskussion und Ableitung von Maßnahmen wurde am haufigsten genannt. Im folgenden Workshop zur Wirksamkeitskontrolle hing der Grad der Zufriedenheit etwas davon ab, wie zeitnah, vollständig und nachhaltig die Umsetzung der To-Do-Liste geschah und wie der Umgang miteinander bei der Umsetzung war. Trotzdem war die Gesamtzufriedenheit immer noch relativ hoch, auch wenn nur wenig Optimierung von Belastung wahrgenommen wurde.

Der hohe Einfluss von sichtbarem wertschätzendem Führungsverhalten in den Workshops ist aber zweischneidig. In vier Workshops war zu einzelnen Fragestellungen diese Führungskompetenz manipulativ benutzt worden. Betont wertschätzend wurde mit Unterlagen, zum Beispiel Konkurrenzangeboten ausländischer Firmen, „wertschätzend“ der offensichtliche Optimierungsbedarf zwar anerkannt, aber gleichzeitig geschickt vermittelt, dass damit die Existenz der Firma gefährdet sei. „Eingelullt“ durch den wertschätzenden Umgang verzichteten dann die Teilnehmer auf die nötige Investition. In einem Workshop bemerkte ich noch rechtzeitig, dass in der Arbeitsgruppe konsensual entschiedene, deutlich negative Belastungs- und Gefährdungsbeurteilungen in mildere Urteile umgewandelt wurden. Begründet wurde dies damit, dass man das der sehr positiv wahrgenommenen Führungskraft „nicht antun könne“. So ist es zumindest keine Seltenheit, dass wenig verbessert wurde und dennoch alle mit dem Workshop zufrieden waren, wie schon in der Überschrift dieses Beitrags angedeutet wurde.

3.3 Besondere Herausforderung Wirksamkeitsanalyse

Eine ausführliche To-Do-Liste, in der Termine, Zuständigkeiten und Aufgaben konkretisiert waren, bildete die Basis. Es wurden jeweils die To-Do's – zwischen 12 bis 20 – aufgerufen. Im ersten Schritt wurde zurückgeblickt, was die Ausgangslage war. Dann wurde berichtet, was im Einzelnen getan wurde und im Anschluss jeweils unter Verwendung einer 6-stufigen Skala, zunächst rückwirkend für den Zeitpunkt des Workshops und dann für den aktuellen Zeitpunkt beurteilt, ob die Maßnahme erfolgreich war.

In allen Wirksamkeitsanalysen ergaben die Urteile der 10 bis 16 Teilnehmer eine mehr oder weniger flache Normalverteilung über mindestens 4 der 6 Skalenwerte, sowohl rückblickend, wie auch zur aktuellen Situation. Die Mittelwerte verbesserten sich zwischen 0,5 und maximal 1,8 Skalenpunkten. Diese große Streuung der Ergebnisse muss hinterfragt werden, da verschiedene Gründe dazu führen können. Grundsätzlich spricht eine breite Streuung weniger für die Erfassung von Belastung, eher für Beanspruchung. Aber es kann auch sein, dass Teilnehmer nicht mit dieser Belastung konfrontiert waren, dann wäre es ein Problem der Heterogenität in der ausgewählten Analyseeinheit und im Workshop. Es kann aber auch sein, dass nicht alle Teilnehmer über die realisierten Maßnahmen ausreichend informiert waren.

Bemerkenswert war auch, dass in den Analyse-Workshops, in denen ebenfalls diese Skala benutzt wurde, die nicht anonym erarbeiteten Bewertungen von der Gruppe als konsensual oder einstimmig präsentiert wurden. Aber die Skalenwerte im Analyse-Workshop waren zu einem deutlichen Anteil sehr viel negativer, als die anonymen retrospektiven Ergebnisse in den Workshops zur Wirksamkeitsanalyse. Gestärkt durch meine Beobachtungen, dass häufig Meinungsführer die Urteile ins Negative beeinflussten, ist meine Empfehlung, alle Beurteilungen im Analyse-Workshop ebenfalls anonym zu generieren, auch wenn dies einen deutlichen Mehraufwand bedeutet.

Im Mittel wurden etwa 20 Prozent der To-Do's nicht umgesetzt. Weitere etwa 20 Prozent wurden modifiziert, weil die Ergebnisse nicht den Erwartungen entsprachen.

4. Ausblick

Dringend notwendig ist, dass Referenzbeispiele von der GDA gesammelt und publiziert werden, in denen in Beispielen präzise geklärt wird, ob sich sächliche und personelle Investitionen signifikant belastungsoptimierend ausgewirkt haben. Denn wenn hohe Belastungsergebnisse vorliegen, sieht sich der moderierende Psychologe häufig in der Situation, belegen zu wollen, ob diese eine signifikante Gesundheitsgefährdung darstellen und ob eine Investition wirklich zu einer deutlichen Belastungssituation führen wird. Hier ist vor allem auch die Begleitforschung gefordert.

Literatur

Lauenstein, O. (2018). Abschlussbericht zum GDA-Arbeitsprogramm Schutz und Stärkung der Gesundheit bei arbeitsbedingter psychischer Belastung. Berlin: baua

Ludborzs, B. (2020). Erfahrungen zur Durchführung des WPB20. Mannheim: Erhältlich über Anfrage an boris-ludborzs@t-online.de

Jonas Wehrmann[1], Friedrich Englisch[2] & Oliver Sträter[2]
[1]Bundesanstalt für Arbeitsschutz und Arbeitsmedizin, [2]Uni Kassel

Interaktionsspezifische Belastungen in der Pflege

1. Einleitung

In Anbetracht des demographischen Wandels ist in naher Zukunft mit einer steigenden Anzahl von pflegebedürftigen Menschen zu rechnen, die aufgrund des aktuellen Fachkräftemangels nicht mehr ausreichend versorgt werden können. Der Fachkräftemangel wird verstärkt durch die zunehmende Zahl an Pflegekräften, die aus gesundheitlichen Gründen vorzeitig aus ihrem Beruf ausscheiden müssen, vor allem wegen psychischer und psychosomatischer Krankheitsbilder (Köllner, 2015). Als Ursachen hierfür sind neben körperlichen Belastungen hohe psychische Belastungen, die mit dem Beruf verbunden sind, zu nennen. Nach Glaser et al. (2008) stellt der Pflegeberuf dabei eine personenbezogene Dienstleistung dar, deren zentrales Wesensmerkmal in der Interaktion mit Patienten und Angehörigen liegt. Während die Interaktionsarbeit einen zentralen Faktor für den Erfolg und die Qualität der Pflege darstellt, können die durch die Interaktion zwischen Pflegekraft und Patienten entstehenden Belastungen zu langfristigen Fehlbeanspruchungen der Pflegenden führen (Glaser et al., 2008). Dem gegenüberstehend zeigt sich ein Arbeits- und Gesundheitsschutz, der die durch die Interaktionsarbeit entstehenden Belastungen bei der Gestaltung von Arbeitsbedingungen weitestgehend vernachlässigt (Köllner, 2015). Daraus erwächst die Notwendigkeit, Belastungsfaktoren aus der Interaktion mit Patienten und Angehörigen systematisch zu erfassen, zu bewerten, um präventive Maßnahmen abzuleiten.

Um die besonderen Anforderungen aus der Arbeit an und mit Menschen in der Pflege zu erfragen, wurde in der Untersuchung ein exploratives Mixed-Method-Untersuchungsdesign gewählt. Das Themengebiet psychischer Belastungen in der Pflege wurde zunächst qualitativ mittels halbstandardisierter Interviews mit Pflegekräften erschlossen und daraus ableitend galt es, speziell auf die Pflege konzipierte Fragebogenmodule zu entwickeln. Im Rahmen dieses Beitrags sollen die Ergebnisse der konzipierten Interaktionsarbeitsskala vorgestellt werden. Im Anschluss erfolgte eine quantitative Analyse interaktionsspezifischer Belastungsfaktoren. So sollte die Befragung insbesondere Auskunft darüber geben, welche Belastungsfaktoren aus der Interaktion mit Patienten und Angehörigen resultieren und wie diese sich auf die Gesundheit der Pflegekräfte auswirken (Tabelle 1). Im Sinne der Verhältnisprävention sollten Gestaltungspotentiale für Arbeitsbedingungen offengelegt werden, mit dem Ziel, arbeitsbedingte psychische Belastungen zu reduzieren.

2. Durchführung und Soziodemographische Daten

Insgesamt wurden 86 Pflegeeinrichtungen telefonisch kontaktiert und gefragt, ob sie bereit wären, an einer Fragebogenuntersuchung zur psychischen Belastung in der Pflege teilzunehmen. Die Auswahl der kontaktierten Einrichtungen erfolgte mit Hilfe von regionalen Pflegedatenbanken. Es wurden sowohl stationäre Pflegekräfte, Krankenpflegekräfte als auch ambulante Pflegekräfte befragt, um auch innerhalb des Pflegebereichs auf interaktionsspezifische Belastungsunterschiede schließen zu können. In Summe nahmen an der Befragung 31 Einrichtungen aus dem Raum Hessen und Niedersachsen teil. Der Befragungszeitraum erstreckte sich vom Dezember 2018 bis Februar 2019. Insgesamt wurden 1042 Fragebögen an Einrichtungen aus dem Raum Niedersachsen und Hessen verteilt. In Summe nahmen 279 Pflegekräfte an der Befragung teil. Damit ergab sich eine Rücklaufquote von ca. 26% (56% Stationäre Altenpflegekräfte, 26% Krankenpflege, 18% Ambulante Pflegekräfte). Das Geschlechterverhältnis der Untersuchung zeigt, dass knapp 85% aller befragten Pflegekräfte weiblich und rund 15% männlich waren. Das Geschlechterverhältnis entspricht weitgehend dem Verhältnis der Pflegestatistik 2017 des Statistischen Bundesamtes (86% weiblich, 14% männlich) und spiegelt das bestehende Ungleichgewicht weiblicher und männlicher Pflegekräfte wider. Die Altersstruktur der Stichprobe zeigt, dass rund 50% aller Pflegekräfte älter als 46-Jahre waren. Insbesondere die Gruppe der 51–55-Jährigen stellt mit 17% die größte Altersgruppe in der Befragung dar.

3. Vorstudie und Konstruktion der Interaktionsskala

Ziel der qualitativen Vorstudie war es, zunächst ein tiefergreifendes Verständnis von der Belastungssituation der Pflegekräfte zu erhalten und auf Basis der gewonnenen persönlichen Erfahrungen der interviewten Pflegekräfte, Rückschlüsse auf Belastungsfaktoren des Pflegeberufes zu ziehen. Die qualitative Vorstudie diente dazu, zentrale Belastungsfaktoren der Pflege zu identifizieren, um auf Grundlage eines abgeleiteten Kategoriensystems interaktionsspezifische Fragebogenmodule für die anschließende quantitative Befragung zu entwickeln. Ziel war es, mit der Konstruktion der „Interaktionsarbeitsskala" eine Skala zu konzipieren, die die besonderen zwischenmenschlichen Anforderungen des Pflegeberufes erfasst. Die Items der Skala wurden in Form von Aussagen formuliert, die auf einer 6-stufigen Likert-Skala von 1 = *trifft überhaupt nicht zu* bis 6 = *trifft völlig zu* beantwortet wurden. In einem anschließenden Schritt wurde die entwickelte Skala psychometrisch getestet.

4. Ergebnisse Skala „Interaktionsarbeit"

Belastung durch das Schicksal der Patienten: Aus der Interaktion mit zum Teil alten, körperlich und geistig schwer kranken Menschen entstehen spezifische Belastungskonstellationen. So werden die Patienten in der Regel durch eine lang angelegte Bezugspflege bis zum Tod von den Pflegekräften nicht nur pflegerisch versorgt, sondern auch psychosozial begleitet (Glaser et al., 2008). Diese teilweise über Jahre hinweg aufgebauten intensiven Beziehungen enden nicht selten mit dem „Misserfolg" des Todes der Patienten (Glaser et al., 2008). Aus den Ergebnissen der Befragung geht hervor, dass die Pflegekräfte in überwiegender Mehrheit angaben, bei ihrer Arbeit mit dem Leiden und Sterben von Menschen konfrontiert zu sein ($M = 5.16$). Neben dem Tod von Patienten beeinflusst auch der körperliche Verfall von Patienten nicht nur den Pflegebedarf selbst, sondern maßgeblich auch die Art und Weise der Interaktion ($M = 5.43$). So kann der körperliche Verfall von Patienten nicht nur durch erhöhte Hebe- oder Tragetätigkeiten zu körperlichen Belastungen führen, sondern hat ebenfalls einen Einfluss auf die psychische Gesundheit der Pflegekräfte (Grabbe, Loos & Nolting, 2005). Weitere Belastungskonstellationen ergeben sich aus der Konfrontation mit dementen oder auch psychisch kranken Patienten ($M = 5.16$) sowie mit unheilbaren Erkrankungen ($M = 4.89$).

Belastung durch das Verhalten der Patienten: Im Pflegealltag kommt es zu kritischen Situationen, bei denen Pflegekräfte nicht nur verbal, sondern auch körperlich attackiert werden. Viele Patienten sind nicht mehr in der Lage, die Notwendigkeit pflegerischer Maßnahmen zu erkennen und dementsprechend nicht bereit, bei der Pflegetätigkeit zu kooperieren. Solche für die Pflegekräfte nicht leichten Situationen haben Spannungen und Konflikte zur Folge. Ein Belastungsschwerpunkt, welchen die Pflegekräfte mehrheitlich angaben, war, bei ihrer Arbeit mit unbequemen (z.B. aggressiven) Patienten konfrontiert zu sein ($M = 4.50$). Viele Pflegekräfte gaben an, bei ihrer Arbeit häufig mit Patienten zu arbeiten, die ein starkes Abwehrverhalten zeigen ($M = 4.09$) oder Pflegekräfte wegen jeder Kleinigkeit rufen ($M = 4,41$).

Belastung durch Angehörige: Grundsätzlich haben Pflegekräfte nicht nur eine enge Beziehung zu den Patienten selbst, sondern aus der Arbeitsstruktur ergibt sich ein enger Kontakt zu den Angehörigen. Pflegekräfte sind oft über den Pflegezeitraum wichtige Ansprechpartner und Bezugspersonen für die Angehörigen (Glaser et al., 2008). Daraus können sich besondere Herausforderungen und Konflikte für die Pflegekräfte ergeben. So nehmen die Angehörigen im ambulanten und stationären Bereich die Pflege anders als im Krankenhaus als Dienstleistung wahr, für die eine gezielte finanzielle Gegenleistung erbracht wird (Grabbe et al., 2006). Insgesamt zeigen die Ergebnisse, dass sich die Pflegekräfte bei ihrer Tätigkeit sowohl mit familiären Konflikten ($M = 3.84$) als auch mit Konflikten in der Zusammenarbeit ($M = 3.67$) mehr oder weniger konfrontiert sehen.

Belastung durch widersprüchliche Anforderungen: In den Interviews wurde immer wieder von den Pflegekräften berichtet, dass die persönliche Ansprache von Patienten aufgrund des hohen Arbeitsaufkommens zu kurz komme. So würde der hohe Zeit- und Leistungsdruck dazu führen, nicht ausreichend Zeit zu haben, um Wünsche und Bedürfnisse der Patienten zu berücksichtigen. In den Interviews gaben die Pflegekräfte an, dass sie in ständigem Konflikt stünden, ihren eigenen Ansprüchen an den Beruf der Pflege nicht gerecht zu werden. Wie die Ergebnisse veranschaulichen, gab die Mehrheit der Pflegekräfte an, dass bei ihrer Arbeit die persönliche Ansprache von Patienten zu kurz komme ($M = 3.93$) und Bedürfnisse der Patienten nicht ausreichend berücksichtigt werden könnten ($M = 4.54$).

Tab. 1: Auswirkung der Interaktionsskala auf die Gesundheit

Belastung Interaktionsarbeit	Irritation		Burnout		Psychosom. Ges.		Zufriedenheit		Motivation	
	R	R^2	R	R^2	R	R^2	R	R^2	R	R^2
Schicksal Patient	.14*	(.02)	.10	(.01)	.20**	(.04)	-.02	(-.00)	.03	(.00)
Verhalten Patient	.33**	(.11)	.35**	(.12)	.41**	(.17)	-.21**	(-.04)	-.15*	(-.02)
Widersprüchliche Anforderungen	.33**	(.11)	.37**	(.05)	.35**	(.12)	-.27**	(-.07)	-.29**	(-.07)
Konflikte mit Angehörigen	.39**	(.15)	.43**	(.18)	.38**	(.14)	-.27**	(-.07)	-.28**	(-.08)
Interaktionsarbeit Belastung	**.37****	**(.13)**	**.38****	**(.14)**	**.42****	**(.18)**	**-.24****	**(-.05)**	**-.20****	**(-.04)**

Anmerkungen: * $p < .05$; ** $p < .01$

5. Diskussion

Die Ergebnisse verdeutlichen, dass Belastungen aus der Interaktionsarbeit in Zusammenhang mit verschiedenen langfristigen Fehlbeanspruchungen stehen (Tab. 1). Dem gegenüberstehend zeigt sich ein Arbeits- und Gesundheitsschutz, welcher die aus der Interaktion mit Patienten und Angehörigen entstehenden Belastungsfaktoren weitestgehend vernachlässigt. So sollten interaktionsspezifische Belastungsfaktoren stärker im Rahmen der nach ArbSchG § 5 gesetzlich geforderten psychischen Gefährdungsbeurteilung eingezogen und langfristige präventive Maßnahmen abgleitet werden (ArbSchG § 4).

Literatur

Glaser, J., Lampert, B. & Weigl, M. (2008). *Arbeit in der stationären Altenpflege – Analyse und Förderung von Arbeitsbedingungen, Interaktion, Gesundheit und Qualität.* Bremerhaven: Wirtschaftsverlag NW.

Grabbe, Y., Nolting, H. D., Loos, S. & Krämer, K. (2006). *DAK-BGW Gesundheitsreport 2006 – Ambulante Pflege. Arbeitsbedingungen und Gesundheit in ambulanten Pflegediensten.* Hamburg.

Köllner, V. (2015). *Psychisch krank in der Pflege – Psychische Belastungen durch den Beruf, Möglichkeiten zu Prävention und Rehabilitation.* Bonn: WISO-direkt, Verlag der Friedrich Ebert Stiftung.

Arbeitskreis

Digitalisierung: Überblick

Leitung: Roland Portuné

Alexander Bendel & Erich Latniak
Universität Duisburg-Essen, Institut Arbeit und Qualifikation

Prinzipien Soziotechnischer Systemgestaltung (STS) am Beispiel der Einführung eines digitalen Informations- und Kommunikationssystems

1. Einleitung: Das Projekt APRODI

Im Projekt „Arbeits- und prozessorientierte Digitalisierung in Industrieunternehmen" (APRODI) arbeiten vier forschungsnahe Einrichtungen sowie fünf Industrieunternehmen zusammen mit dem Ziel, neue Wege einer partizipativen, integrierten und ganzheitlichen Gestaltung von IT-gestützten Arbeitssystemen in den beteiligten Unternehmen zu erarbeiten und zu erproben. Anknüpfend an Konzepte der Soziotechnischen Systemgestaltung (STS) versuchen die APRODI-Akteure dabei arbeits- und prozessorientierte Vorgehensmodelle und Ansätze zu nutzen. Eine zentrale Forschungsfrage des Projektes lautet: Wie kann ein soziotechnischer Digitalisierungsprozess auf Grundlage der betrieblichen und individuellen Voraussetzungen möglichst optimal für Betrieb und Beschäftigte gestaltet werden?

2. Vorgehen

Die APRODI-Forschungseinrichtungen verstehen ihr Handeln in der Tradition der Aktionsforschung (siehe z.B. Herr & Anderson 2015). Ziel des Projektes ist es, in den Betrieben konkrete, digitalisierungsbezogene Veränderungsprozesse anzustoßen, die dabei gemachten Erfahrungen wissenschaftlich aufzubereiten, und die Praxispartner als gleichberechtigte Co-Forscher zu behandeln. Zur Dokumentation und Auswertung der Digitalisierungsprozesse werden für jeden der fünf Betriebe Fallstudien erstellt. Die konkreten Maßnahmen betreffen jeweils sehr spezifische Inhalte. Die im Folgenden vorgestellten Erfahrungen befassen sich exemplarisch mit der Entwicklung eines digitalen Informations- und Kommunikationssystems in einem Projektbetrieb.

3. Einführung eines digitalen Informations- und Kommunikationssystems

In dem Fallbeispiel sollte ein digitales Kommunikations- und Informationssystem eingeführt werden, um einerseits die Funktionen mehrerer bisher genutzter Softwareprogramme zu bündeln, und andererseits die erkannten Schwächen dieser Systeme (wie z.B. redundante Datenhaltung, Unübersichtlichkeit) zu beheben, und so u.a. Zusatzaufwände, Unterbrechungen bei der Arbeit etc. zu reduzieren. Eine weitere Anforderung war dabei die individuelle Anpassbarkeit des Systems an und durch die Nutzer. Zudem versprach man sich im Management durch das neue System die Förderung der Beteiligungskultur im Unternehmen (z.B. über die Einrichtung von Foren, in denen spezifisches Erfahrungswissen nutzbar gemacht werden kann).

Zur Umsetzung wurde eine Software gewählt, die im Betrieb bereits für die Datenablage genutzt wird, die darüber hinaus aber auch die angestrebten Funktionen bereitstellen kann. Bei der Software handelt es sich um ein anpassbares Tool *(customizing).* Die Aufgabe bestand nun darin, diese Software im Sinne der Nutzeranforderungen zu gestalten. Hierfür wurde ein Vorgehensmodell nach Winby & Mohrman (2018) genutzt, das als Instrument zur Digitalen Soziotechnischen Systemgestaltung (D-STS) entworfen wurde. Das Vorgehensmodell lässt sich insgesamt grob in vier Phasen unterteilen: Analysephase, Designphase, Testphase sowie Skalierungsphase.

Die im Folgenden skizzierten soziotechnischen Heuristiken nach Herrmann & Nierhoff (2019) wurden im Rahmen eines Evaluationsworkshops in der Testphase der Systementwicklung gemeinsam mit Beschäftigten für die Beurteilung eines Prototyps genutzt; dabei wurde die Benutzeroberfläche des neuen Systems festgelegt sowie *eine* zukünftige Funktion (IT-Ticketsystem) entworfen.

4. Evaluation des digitalen Informations- und Kommunikationssystems

Bei dem Heuristikset handelt es sich insgesamt um acht einzelne Beurteilungskriterien oder -dimensionen, mit denen Verbesserungspotentiale von Arbeitssystemen identifiziert werden können (ebd., S. 2). Die Heuristiken wurden vor dem Hintergrund aktueller Digitalisierungsprozesse entwickelt und basieren auf einer Re-Analyse bestehender soziotechnischer Kriterien (ebd., S. 3ff.). Durch ihre Anwendung wird bereits in der Designphase aus einer ganzheitlichen und nutzerzentrierten Perspektive einigen kritischen Gestaltungsaspekten die notwendige Beachtung geschenkt (ebd. S. 2). Die einzelnen Heuristiken sind in Tabelle 1 mit exemplarischen Leitfragen dargestellt.

Die Anwendung der Heuristiken während des Evaluationsworkshops erwies sich als praktikabel und für die Verbesserung des Systems erfolgreich. Nachdem die APRODI-Forscher die Heuristiken für die Betriebsvertreter aufbereitet und vorgestellt hatten, wurde der Prototyp sichtbar für alle Workshop-Teilnehmer auf einer Leinwand vorgeführt und simultan evaluiert. Die einzelnen Heuristiken fungierten als Kommunikations- und Reflexionsanlässe, und halfen weitere Verbesserungspotentiale zu identifizieren.

So wurde das neu konzipierte IT-Ticketsystem beispielsweise im Hinblick auf die Heuristik „Nachvollziehbarkeit“ aufgrund des angezeigten Bearbeitungsstatus der IT-Aufträge grundsätzlich als positiv bewertet. Allerdings wurde geraten, das IT-

Tab. 1: Soziotechnische Heuristiken nach Hermann & Nierhoff (2019)

Heuristik	Beispielhafte Reflexionsfrage
Nachvollziehbarkeit	Kann ich den aktuellen Status des Arbeitsprozesses und der technischen Abläufe soweit erkennen, dass ich über das weitere Vorgehen entscheiden kann?
Flexibilität	Können mein Team und ich innerhalb gewisser Regeln selbst bestimmen, wie Aufgaben erledigt werden, z.B. wer was macht, mit welchen Abläufen in welcher Zeiteinteilung oder mit welchen Werkzeugen?
Kommunikationsunterstützung	Habe ich genügend informelle Möglichkeiten (Kaffeeküche, Kantine etc.), meine Kollegen näher kennenzulernen?
Informationsaustausch	Bekomme ich, um meine Aufgaben zu erledigen, zuverlässige Informationen zur rechten Zeit am richtigen Ort?
Balance	Führt der Aufwand, den ich für meine Arbeit betreiben muss, für mich zu einem erlebbaren Nutzen?
Kompatibilität	Wird die Zusammenarbeit mit anderen Bereichen technisch und organisatorisch nahtlos unterstützt?
Effiziente Aufgabenverteilung	Wird unnötige Arbeit auch dadurch vermieden, dass Fehler verhindert oder die Behebung von Fehlerfolgen mit minimalem Arbeitsaufwand möglich ist?
Unterstützende Technik	Findet die eingesetzte Technik Akzeptanz z.B., weil sie zuverlässig und einfach zu benutzen ist, auch wenn die Nutzer unterschiedliche Voraussetzungen mitbringen?

Ticketsystem in Analogie zu einem in der Vergangenheit genutzten ähnlichen Tool auch als „Ticketsystem" zu bezeichnen (die Funktion wurde von dem involvierten IT-Spezialisten in dem Prototyp ursprünglich als „Helpdesk" genannt). Dadurch sollten die zukünftigen Nutzer an bestehende Erfahrungen anknüpfen und schon über die Bezeichnung ein erstes Funktionsverständnis entwickeln können.

Mit Bezug auf die Heuristik „Flexibilität" verständigte man sich darauf, in das IT-Ticketsystem eine Lösch- und Korrekturfunktion für gesendete IT-Aufträge zu integrieren. Dadurch können die Nutzer das System ausprobieren und ggf. aus ihren Fehlern lernen, ohne dass z.B. eine nicht mehr rückgängig zu machende Auftragsvergabe erfolgen würde.

In Bezug auf die Heuristik „Kompatibilität" wurde diskutiert, ob die Beschäftigten überhaupt die nötigen IT-Kenntnisse besitzen, um das IT-Ticketsystem bzw. das neue Informations- und Kommunikationssystem nutzen zu können. Um dies sicherzustellen, verabredete man während des Evaluationsworkshops die Benennung von *key usern,* die durch einen IT-Spezialisten des Betriebs vor dem ‚Ausrollen' des Systems gesondert geschult werden, und danach als Ansprechpartner fungieren sollen.

Auch für die anderen Heuristiken wurden z.T. ähnlich konkrete Verbesserungsmaßnahmen erarbeitet. Die Anwendung der soziotechnischen Heuristiken förderte so insgesamt die Sensibilität für mögliche technische und soziale Auswirkungen des neuen Kommunikations- und Informationssystems, trug zur Vermeidung von Zusatzaufwand und Nutzungsproblemen konkret bei und erfüllte damit die Erwartungen. Es wurde verabredet, unabhängig vom geförderten Projektkontext die Heuristiken immer dann für die Evaluation heranzuziehen, wenn eine neue Funktion programmiert würde.

5. Fazit

Sowohl das eingesetzte Vorgehensmodell als auch die verwendeten Heuristiken haben sich bisher als adäquate soziotechnische Gestaltungsinstrumente erwiesen und Orientierungswissen geboten. Konzipierung, Implementierung und Evaluierung des eingeführten Informations- und Kommunikationssystems erfolgten im Beispielunternehmen partizipativ und ganzheitlich mit Blick auf die jeweiligen Arbeitsprozesse.

Eine adressatengerechte Anpassung vorausgesetzt, besitzen beide Instrumente das Potential, auch selbständig und effektiv von betrieblichen Akteuren eingesetzt werden zu können und zu einer ganzheitlichen und gesundheitsförderlicheren Systemgestaltung beizutragen.

Literatur

Herr, K. & Anderson, G. L. (2015): *The action research dissertation. A guide for students and faculty. 2nd edition.* Los Angeles: Sage.

Herrmann, T. & Nierhoff, J. (2019): *Heuristik 4.0. Heuristiken zur Evaluation digitalisierter Arbeit bei Industrie-4.0 und KI-basierten Systemen aus soziotechnischer Perpsektive.* Düsseldorf: FGW-Studie.

Winby, S. & Mohrman, S. A. (2018): Digital Sociotechnical System Design. In: *The Journal of Applied Behavioral Science 54*(4), S. 399–423.

Förderhinweis

Das Projekt „Arbeits- und prozessorientierte Digitalisierung in Industrieunternehmen – Weiterentwicklung kompetenter Arbeitssysteme (APRODI)" wird vom Bundesministerium für Bildung und Forschung (BMBF) und dem Europäischen Sozialfonds (ESF) gefördert und läuft vom 01.01.2017 bis 31.01.2020. Förderkennzeichen: 02L15A 040 – 046.

Andreas Glenz
Suva

Virtuelle Realität in der Unfallprävention – Chancen und Grenzen

1. Einleitung und Theorie

Virtuelle Realität wird oft als das „next big thing" der technologischen Entwicklung in der Unterhaltungselektronik bezeichnet. Was über Jahre nur eingefleischten Technik-Freaks und Computer-Gamern vorbehalten war, steht dank der Markteinführung preislich attraktiver und leicht zu bedienender Hardware mittlerweile an der Grenze, sich zu einem Consumer-Produkt zu wandeln. Die Möglichkeit, mit Hilfe sogenannter Head-Mounted Displays in computergenerierte künstliche Welten einzutauchen und sich dabei vollständig von der realen Aussenwelt abzukoppeln, wird aber auch bereits vielfach erfolgreich in professionellen Anwendungsgebieten eingesetzt. Physikalische Grenzen überwindend, werden virtuelle Realitäten z.B. in medizinischen Anwendungen als Lern- und Trainingsplattformen für angehende Chirurgen eingesetzt, um ohne Gefahr für Patienten komplizierte und risikoreiche Untersuchungs- und Operationstechniken zu simulieren und einzuüben (z.B. Laparoskopische Operationen).

Obwohl derzeit in kaum einem anderen professionellen Bereich so spezifisch genutzt, ist die Simulation und realitätsnahe virtuelle Darstellung beliebiger Szenarien keineswegs auf medizinische Anwendungen beschränkt. Auch im Bereich der Arbeitssicherheit können sich dank der neuen Technologie ungeahnte Möglichkeiten eröffnen. So können Personen potentiell gefährlichen Arbeitssituationen ausgesetzt und dieser Situation angemessene, sichere und den entsprechenden Sicherheitsrichtlinien entsprechende Verhaltensweisen trainiert werden, ohne dass sich diese Personen tatsächlich in Gefahr begeben müssen. Der Vielfalt dieser Szenarien sind dabei keine Grenzen gesetzt. Auf diese Weise können selbst Gefahrenpunkte erlebbar gemacht werden, deren Umgang in der Realität nicht oder nur mit unverhältnismäßig hohem Aufwand geübt werden kann. Unsachgemäß installierte Bauten, Störungen oder Ausfälle von Geräten und Arbeitsmitteln oder nur selten auftretende und daher schlecht trainierbare Arbeitsumstände (z.B. plötzliche Wetterveränderungen bei Außenarbeiten in der Höhe, Umgang mit Notsituationen etc.) können relativ einfach per Mausklick generiert und auf sehr überzeugende Weise dargestellt werden.

Damit diese Kompetenzen im Ernstfall auch das korrekte Verhalten zugunsten der Arbeitssicherheit beeinflussen, ist es unerlässlich, dass die Trainingserfolge auch nachhaltig im Gedächtnis verankert bleiben und jederzeit zuverlässig abgerufen werden können.

Forschungsergebnisse zum räumlichen und zum episodischen Gedächtnis legen nahe, dass sich Menschen besser an Gelerntes erinnern, wenn die Lerninhalte mit räumlichen Informationen verknüpft werden (Leutgeb et al., 2005). Als Begründung geben die Forscher an, dass sich im entorhinalen Kortex und in den hippocampalen Bereichen unseres Gehirns spezialisierte Gedächtniszellen befinden, welche sowohl Informationen zu der dreidimensionalen Umgebung – ähnlich eines mentalen Koordinatensystems (Hafting et al., 2005) – sowie zur eigenen Position innerhalb des Raumes (O'Keefe & Dostrovsky, 1971) codieren. Durch diese erweiterten Daten werden zusätzliche Verbindungen zwischen den Gedächtniselementen geschaffen, die das Erinnerungsvermögen unterstützen. Lernumgebungen in virtueller Realität sollten demnach ideale Werkzeuge für eine erhöhte Nachhaltigkeit der gelernten Inhalte im Gedächtnis sein, da diese im Gegensatz zu klassischen Medien zusätzlich auch räumliche Information enthalten. Befunde aus bisherigen Studien, bei denen Forscher das Erinnerungsvermögen an Inhalte untersuchten, die einerseits in virtueller Realität und andererseits über eine zweidimensionale Darstellung am Computerbildschirm vermittelt wurden, unterstützen diese Hypothese. Die dabei verwendeten virtuellen Umgebungen waren aber weitgehend kontextfrei, daher kann aus den Ergebnissen nicht geschlossen werden, dass sich die Befunde auch auf Inhalte erweitern lassen, die aus dem Themenbereich der Arbeitssicherheit stammen. Als Ziel unserer Studie galt daher, eine entsprechende Hypothese im Arbeitssicherheitskontext empirisch zu prüfen.

Zusätzlich gingen wir davon aus, dass die Attraktivität von Anwendungen in virtueller Realität bei den Probanden eine höhere Lernbereitschaft bewirkt, dass sie sich durch die Abkapselung von äußeren Einflüssen besser auf die Inhalte konzentrieren können und dass sie mit der Lernerfahrung zufriedener sind als bei den klassischen Lernmethoden.

2. Methode

Im Rahmen der vorliegenden Studie untersuchten wir die Eignung von Trainingsanwendungen in virtueller Realität bezüglich der kurz- und langfristigen Lerneffekte im Kontext der Arbeitssicherheit und stellten dabei einen direkten Vergleich mit klassischen Lernmethoden her. Wir prüften dazu den Wissensstand von Probanden einerseits vor und unmittelbar nach einer 20 Minuten dauernden Trainingseinheit mit virtueller Realität bzw. zwei klassischen Lernmethoden (kurzfristige Lernleistung), sowie nach einer Wartezeit von zwei Monaten (langfristiger Lernleistung, Wissensverlust). Der Kontext der Lerninhalte waren Sicherheitsregeln der Suva im Themenbereich Hochbau. Dazu gehört die korrekte Sicherung von Absturzstellen und

Bodenöffnungen, Anschlagen von Lasten am Kran, die Einrichtung sicherer Zugänge auf Baustellen, sowie die korrekte Auswahl und Anwendung der persönlichen Schutzausrüstung bei der Arbeit. Bei den klassischen Lernmethoden verwendeten wir als Informationsmedium einen Text auf Papier in Form eines Faltprospektes der Suva (Bestellnummer 84035.d) zu den „10 Lebenswichtigen Regeln im Hochbau“, sowie ein an dieselben Regeln angelehntes und am Computerbildschirm durchzuführendes Lernprogramm (http://lernprogramme-lwr.suva.ch/hob/de/). Bei der Anwendung in virtueller Realität handelte es sich um eine dreidimensionale Simulation einer Baustelle für ein dreigeschossiges Gebäude. Die Probanden konnten sich innerhalb dieses virtuellen Baustellenbereiches frei bewegen, zwischen Stockwerken wechseln und begegneten dabei verschiedenen potentiellen Gefahrenstellen. Die Aufgabe bestand darin, diese Gefahren zu entdecken und eingeblendete Multiple-Choice Fragen zum sicheren Umgang mit diesen Gefahren oder zur Gefahrenbehebung zu beantworten. Die Gefahrenstellen und die Fragen/Antworten orientierten sich ebenfalls an den lebenswichtigen Regeln im Hochbau. Die in allen drei Lernmethoden übereinstimmenden Lerninhalte wurden sowohl vor, direkt nach der Trainingseinheit, sowie nach der zweimonatigen Wartezeit mit Hilfe eines mit Papier und Bleistift zu absolvierenden Wissenstests erhoben.

Als Teilnehmer der Studie rekrutierten wir Studierende und Angehörige der Universität Zürich, auf Grundlage der Überlegung, dass Probanden ohne bzw. nur mit geringem Vorwissen im Baubereich nötig sind, um die Lernleistungen möglichst unverfälscht erheben zu können. 142 Personen (62 % weiblich) nahmen zum ersten Termin (Trainingseinheit, Wissenstest vor und nach dem Training) teil. Die Probanden wurden zufällig einer der drei Lernmethoden zugeteilt. Probanden in der VR-Bedingung hatten vor der Trainingseinheit die Gelegenheit, sich in einem kurzen Tutorial (ohne Baustellenbezug) mit der Handhabung des VR Headsets (HTV Vive Pro) vertraut zu machen.

Zusätzlich zu den kurz- und langfristigen Lernleistungen stellten wir vor dem Training in einem (schriftlichen) Fragebogen Fragen zur Lernmotivation, und unmittelbar nach dem Training zum Konzentrationslevel und der Ablenkung während des Trainings. Außerdem erhoben wir eine Einschätzung der Probanden, in welchem Ausmaß ihnen das Training Spaß bereitete.

3. Ergebnisse

Die Resultate unterstützten unsere Hypothesen teilweise. Eine erhöhte Konzentration auf die Lerninhalte und eine Steigerung der Lernmotivation in virtueller Realität im Vergleich zu klassischen Lernmethoden konnte nicht nachgewiesen werden. Auch die Ablenkung durch äußere Einflüsse war in der VR-Bedingung nicht geringer – im Gegenteil, das Training in virtueller Realität war am stärksten von allen Methoden durch äußere Ablenkung geprägt. Dieser Befund lässt sich aber vollständig dadurch erklären, dass das VR-Headset mit einem Kabel mit dem für die Berechnung der Grafiken eingesetzten Computer verbunden war, was bei der physischen Bewegung der Probanden während des Trainings einen erheblichen Störfaktor darstellte. Im Gegensatz dazu gelang es den Probanden im VR-Training deutlich besser als bei den anderen Methoden, sich auf die Inhalte zu fokussieren, und sich nicht durch trainingsfremde Gedanken ablenken zu lassen.

Deutlich stärker ausgeprägt als mit den klassischen Trainingsmethoden war beim Lernen in virtueller Realität der Spassfaktor. Deutlich stärker ausgeprägt, als bei den klassischen Trainingsmethoden, war beim Lernen in virtueller Realität der Spaßfaktor.97 % der Probanden in der VR-Bedingung gaben an, dass sie beim Training viel oder eher viel Spaß hatten (vs. 45 % bzw. 47 % beim Lernen des Textes auf Papier bzw. mit dem Lernprogramm am Computer).

Die höchste kurzfristige Lernleistung durch das Training ergab sich beim textbasierten Lernen mit Hilfe des Faltblattes, nach welchem die Probanden im Wissenstest durchschnittlich 81 % der möglichen Punkte erzielten, gefolgt vom Training mittels Lernprogramm (69 %). In der VR-Bedingung zeigte sich dagegen die geringste Lernleistung (61 %). In Übereinstimmung mit unserer Haupthypothese war dagegen der Wissensverlust zwei Monate nach dem Training in virtueller Realität am geringsten (-13 %), während nach textbasiertem und computergestütztem Lernen 33 % bzw. 26 % des Wissens bereits wieder verloren ging.

4. Fazit

Die vorliegende Studie liefert empirische Evidenz für die Nachhaltigkeit von Gedächtnisinhalten nach Trainings mit virtueller Realität im Arbeitssicherheits-Kontext. Unsere Ergebnisse legen nahe, dass kurzfristiges Lernen in VR weniger effizient ist als mit klassischen Methoden, dass das mit VR einmal aufgenommene Wissen hingegen deutlich besser im Gedächtnis behalten werden kann. Es zeigte sich zudem eine deutliche Überlegenheit von VR Trainings bezüglich Fokussierung auf die Inhalte und Spaß an der Trainingserfahrung. Eine Überlegenheit von VR bezüglich Lernmotivation und Konzentration konnte im Rahmen dieser Studie nicht nachgewiesen werden.

Literatur

Leutgeb, S., Leutgeb, J. K., Barnes, C. A., Moser, E. I., McNaughton, B. L. & Moser, M.-B. (2005). *Independent codes for spatial and episodic memory in hippocampal neuronal ensembles. Science, 309*(5734), 619–623.

O'Keefe, J. & Dostrovsky, J. (1971). The hippocampus as a spatial map. Preliminary evidence from unit activity in the freely-moving rat. *Brain Research, 34*(1), 171–175.

Hafting, T., Fyhn, M., Molden, S., Moser, M.-B. & Moser, E. I. (2005). Microstructure of a spatial map in the entorhinal cortex. *Nature, 436,* 801–806.

Nicolai Johannes Kleineidam
Deutsche Hochschule der Polizei, Münster

Gesundheitsförderung durch den Einsatz von Pflegerobotern

1. Problembeschreibung

Angesichts des sozio-demographischen Wandels stehen Pflegekräfte vor der wachsenden Herausforderung, zunehmend hochaltrige sowie multimorbide Pflegebedürftige mit immer weniger Fachpersonal betreuen zu müssen. Daneben sind durch die Ökonomisierung im Gesundheitssystem die Forderungen an Dokumentation und Qualitätssicherung gestiegen, was negative Auswirkungen auf die Arbeitsqualität und Gesundheit des Pflegepersonals hat (Becke & Bleses, 2016). So weisen Pflegekräfte im Vergleich zu anderen Berufsgruppen besonders hohe Anforderungen physischer Art durch schwere Hebe- und Tragetätigkeiten sowie psychischer Art durch hohe Arbeitsintensität und emotionale Anforderungen auf (Schmucker, 2020). Andererseits erleben sie ihre Tätigkeit als sinnstiftend, was eine förderliche Ressource sein kann. Jedoch spielt nach dem *Job Demands-Resources Model (JD-R Model:* Bakker & Demerouti, 2017; Schaufeli & Bakker, 2004) eine gute Balance zwischen Arbeitsanforderungen und Ressourcen eine wichtige Rolle für eine gesundheitsförderliche Arbeit. Belastende Arbeitsanforderungen begünstigen hiernach langfristig die Entstehung von emotionaler Erschöpfung und psychosomatischen Folgeerkrankungen, während Ressourcen diesem Prozess entgegenwirken und einen motivationalen Effekt auf eine höhere Arbeitsleistung haben.

Gerade die überproportional hohen Erschöpfungswerte sowie die psycho-vegetativen und muskuloskelettalen Beschwerden von Pflegekräften (Bundesanstalt für Arbeitsschutz und Arbeitsmedizin, 2014; Zimber, 2011) machen eine gesundheitsförderliche Arbeitsgestaltung im Pflegebereich erforderlich. Pflegeroboter scheinen dabei zukünftig eine wertvolle Ressource für Pflegekräfte zu sein, um ihre belastenden Anforderungen zu reduzieren. Gleichzeitig wächst die Sorge vor Rationalisierung von Arbeitsplätzen. Im Folgenden sollen daher ausgehend vom *JD-R Model* dargestellt werden, welche Chancen und Risiken Pflegeroboter für eine Gesundheitsförderung im Pflegebereich bieten. Pflegeroboter bezeichnen dabei Systeme, die mit dem Pflegepersonal und den Pflegebedürftigen interagieren und Assistenz-, Service-, und/oder Unterhaltungsfunktionen übernehmen (Kreis, 2018). In Abgrenzung zu altersgerechten Assistenzsystemen, Exoskeletten oder Hightechprothesen stehen somit eigenständig agierende Systeme im Vordergrund.

2. Chancen und Risiken

Assistenzroboter wie *Robear* können das Pflegepersonal beim Aufrichten und Umbetten von Pflegebedürftigen unterstützen (Kreis, 2018). Nach dem *JD-R Model* lassen sich so körperliche Belastungen reduzieren und muskuloskelettale Beschwerden präventiv vorbeugen. Der *intelligente Pflegewagen* bietet ein ähnliches Entlastungspotential, da dieser über einen automatisierten Fahrantrieb verfügt und eigenständig Transportdienste von Pflegeutensilien zum gewünschten Ziel übernehmen kann (Graf, King & Friedrich, 2016). Daneben nimmt er Materialbestellungen vor und ermöglicht eine digitale Pflegedokumentation, wodurch die Arbeitsintensität vermindert und eine effektive Arbeitsorganisation gefördert wird. Denn es entfallen logistische Aufgabentätigkeiten für das Pflegepersonal, die nach Schätzungen sonst mehr als 20% an der gesamten Arbeitszeit ausmachen (Compagna, 2011). Sofern keine Rationalisierungseffekte durch Personaleinsparungen einsetzen (Sparrow & Sparrow, 2006) oder keine Erweiterung des Aufgabenumfelds durch neue bisher unbekannte Tätigkeiten erfolgt (Daum, 2017), könnten diese zusätzlichen Kapazitäten dem Pflegepersonal für eine intensivere Beziehungsarbeit zur Verfügung stehen. Auf diese Weise würden Pflegekräfte eine stärkere Wahrnehmung von Sinnhaftigkeit in ihrer Tätigkeit erleben, was nach dem *JD-R Model* sich förderlich auf ihre Arbeitsmotivation auswirkt.

Daneben können Serviceroboter wie *Care-O-Bot* eigenständige Hol- und Bringdienste übernehmen (Kreis, 2018) und so zukünftig die basale Bedürfnisbefriedigung von Pflegebedürftigen sicherstellen. Das Pflegepersonal spart dadurch tägliche Routinegänge, wodurch die Arbeitsdichte geringer wird. Andererseits entfallen aber Kontaktmöglichkeiten zu Pflegebedürftigen. Zudem besteht das Risiko, das pflegerische Aufgabenfeld ausschließlich auf die Beziehungsarbeit einzuengen. Die Handlungsspielräume des Pflegepersonals sind folglich geringer ausgeprägt, was nach dem *JD-R Model* negative motivationale Konsequenzen hinsichtlich ihrer Arbeitsleistung zur Folge hat. Hinzu kommt die Problematik von wachsenden emotionalen Anforderungen, die sich aus vermehrten und intensiveren Gesprächen zu Krisen- und Leiderfahrungen ergeben. Solche Anforderungen begünstigen nach dem *JD-R Model* langfristig emotionale Erschöpfung und würden somit einer intensiven Beziehungsarbeit diametral entgegenstehen.

Unterhaltungsroboter wie *Pepper* oder *Lio* können vielfältige Aufgaben der Freizeitaktivitäten wie Lesetätigkeit, Gesellschaftsspiele, Quiz sowie Anleitung von sportlichen Übungen übernehmen, wodurch sie Pflegebedürftige körperlich oder geistig anregen (Kreis, 2018). Für das Pflegpersonal bietet dies zunächst eine Entlastung. Positive Reaktionen vonseiten der Pflegebedürftigen gegenüber diesen Robotern würden es den Pflegekräften aber zunehmend erschweren, solche Aktivitäten selbst noch auszuführen. Auf diese Weise besteht die Gefahr, weitere Kontaktmöglichkeiten zu den Pflegebedürftigen zu verlieren. Diese wären dann nur noch in persönlichen Gesprächen zu erreichen, wodurch die Aufgabenvariabilität des Pflegepersonals reduziert wird. Nach dem *JD-R Model* ist somit von einer geringeren Motivation hinsichtlich einer intensiven Beziehungsarbeit auszugehen.

3. Fazit

Insgesamt können Pflegeroboter in Teilen zur Gesundheitsförderung beitragen, indem sie Aufgaben in der Logistik übernehmen und als physische Assistenz fungieren. Problematisch erscheinen aber patientennahe Tätigkeiten, die der basalen Bedürfnisbefriedigung und den Freizeitaktivitäten dienen. Entgegen der eigentlichen Intention entfallen hier eher Kontaktmöglichkeiten für eine intensive Beziehungsarbeit, was Motivationsverluste herbeiführen und so auch die Qualität der Beziehung insgesamt verschlechtern kann. Aus arbeitspsychologischer Sicht sind Pflegeroboter somit – nicht zuletzt aufgrund ihres derzeit noch überwiegend prototypischen Entwicklungsstands (Kehl, 2018) – keine alleinige Lösung für eine gesundheitsförderliche Arbeitsgestaltung.

Zudem stellen sich bei einem Robotereinsatz ethische Anfragen, wie eine menschenwürdige Pflegebeziehung langfristig zu gewährleisten ist, wie das Selbstbestimmungsrecht insbesondere von Demenzpatienten bewahrt werden kann und wer die Verantwortung im Falle von Funktionsstörungen oder Betriebsfehlern trägt. Es empfiehlt sich daher die vorhandene Arbeitssituation des Pflegepersonals zunächst mittels einer Gefährdungsbeurteilung psychischer Belastung zu betrachten. Aus einer solchen Analyse können bedarfsspezifisch und unter Beteiligung der Pflegekräfte geeignete Maßnahmen abgeleitet werden. Neben dem punktuellen Robotereinsatz sind ebenfalls Änderungen in Arbeits- und Organisationsstrukturen (z.B. Arbeitszeit- und Schichtmodelle) sowie auch individuelle Trainingsmaßnahmen in Erwägung zu ziehen. Eine gesundheitsförderliche Arbeitsgestaltung im Pflegebereich kann so einen wichtigen Beitrag leisten, um die Attraktivität für den Berufsstand zukünftig zu erhöhen.

Literatur

Bakker, A. B. & Demerouti, E. (2017). Job demands-resources theory. Taking stock and looking forward. Journal of occupational health psychology, 22 (3), 273–285. https://doi.org/10.1037/ocp0000056

Becke, G. & Bleses, P. (2016). Pflegepolitik ohne Arbeitspolitik? Entwicklungen im Feld der Altenpflege. In M. Heimbach-Steins (Hrsg.), Sozialethik der Pflege und Pflegepolitik (Jahrbuch für Christliche Sozialwissenschaften, Bd. 57, S. 105–126). Münster: Aschendorff Verlag.

Bundesanstalt für Arbeitsschutz und Arbeitsmedizin. (2014). Arbeit in der Pflege – Arbeit am Limit? Arbeitsbedingungen in der Pflegebranche. Factsheet 10. Dortmund.

Compagna, D. (2011). Roboter können Pflegekräfte entlasten. Assistenzrobotik. Altenheim: Lösungen fürs Management, 50 (7), 16–19.

Daum, M. (2017). Digitalisierung und Technisierung der Pflege in Deutschland. Aktuelle Trends und ihre Folgewirkungen auf Arbeitsorganisation, Beschäftigung und Qualifizierung. Hamburg: DAA-Stiftung Bildung und Beruf.

Graf, B., King, R. S. & Friedrich, M. (2016). Entwicklung eines intelligenten Pflegewagens und neuer Versorgungskonzepte für stationäre Pflegeeinrichtungen. In VDE e.V. (Hrsg.), Zukunft Lebensräume. Gesundheit, Selbstständigkeit und Komfort im demografischen Wandel (S. 1–7). Berlin: VDE Verlag.

Kehl, C. (2018). Entgrenzungen zwischen Mensch und Maschine, oder: Können Roboter zu guter Pflege beitragen. Aus Politik und Zeitgeschichte: APuZ, 68 (6-8), 22–28.

Kreis, J. (2018). Umsorgen, überwachen, unterhalten. Sind Pfegeroboter ethisch vertretbar? In O. Bendel (Hrsg.), Pflegeroboter (S. 213–228). Wiesbaden: Springer Gabler.

Schaufeli, W. B. & Bakker, A. B. (2004). Job demands, job resources, and their relationship with burnout and engagement. A multi-sample study. Journal of Organizational Behavior, 25 (3), 293–315. https://doi.org/10.1002/job.248

Schmucker, R. (2020). Arbeitsbedingungen in Pflegeberufen. Ergebnisse einer Sonderauswertung der Beschäftigtenbefragung zum DGB-Index Gute Arbeit. In K. Jacobs, A. Kuhlmey, S. Greß, J. Klauber & A. Schwinger (Hrsg.), Pflege-Report 2019 (S. 49–60). Berlin: Springer.

Sparrow, R. & Sparrow, L. (2006). In the hands of machines? The future of aged care. Minds and Machines, 16 (2), 141–161. https://doi.org/10.1007/s11023-006-9030-6

Zimber, A. (2011). Belastungen, Ressourcen und Beanspruchung in der Altenpflege. In J. Haberstroh & J. Pantel (Hrsg.), Demenz psychosozial behandeln: psychosoziale Interventionen bei Demenz in Praxis und Forschung (S. 305–317). Heidelberg: AKA, Akad. Verl.-Ges.

Peter Nickel[1,2]
[1]*Institut für Arbeitsschutz der Deutschen Gesetzlichen Unfallversicherung (IFA), Sankt Augustin, Deutschland*
[2]*ISSA Section Machine and System Safety, WG Human Factors, Ergonomics and Safe Machines, Mannheim, Deutschland*

Digitalisierung, Vernetzung, Dynamisierung und Maschinen- und Systemsicherheit

1. Die Arbeitswelt wird vielfältiger

Die zukünftige Arbeitswelt wird vielfältiger. Zukunftsvorstellungen reichen von breiterem Variantenreichtum menschlicher Arbeit über Kollaborationen zwischen Mensch und Technik bis hin zu autonomen Arbeitsprozessen ohne Menschen. Für alle Varianten entstehen Gestaltungslösungen für Mensch-System-Interaktionen, für die es durch Human Factors und Ergonomie Handlungs-, Forschungs- und Umsetzungsbedarf zur Arbeitssystemgestaltung gibt.

Für die zukünftige Entwicklung hin zu digitalisierten und dynamisierten Industrie 4.0-Wertschöpfungsnetzwerken, beziehen sich Bedarfe menschengerechter Gestaltung nach Human Factors und Ergonomie z.B. auf

- Digitalisierung, die eng mit Anforderungen aus Prozessen menschlicher Informationsverarbeitung zu verbinden ist,
- Dynamisierung, die auf Anforderungen aus dynamischen Allokationen von Funktionen zu Menschen und zu technischen Systemen eingeht,
- Vernetzung, die innerhalb von Organisationen auf Anforderungen aus mobilen sowie sicheren multimodalen und bidirektionalen Interaktionen zwischen Menschen und/oder Mensch und Technik vermittelt.

Damit sind auch psychologische und insbesondere ingenieurpsychologische Beiträge angesprochen, die zu sicheren und gesunden Mensch-System-Interaktionen in zukünftigen Arbeitssystemen beitragen sollen.

2. Human Factors und Maschinensicherheit

2.1 Human Factors, Ergonomics and Safe Machines

In der Sektion Maschinen- und Systemsicherheit der Internationalen Vereinigung für Soziale Sicherheit (IVSS; engl.: International Social Security Association, ISSA) arbeiten Arbeitsgruppen an den Themenfeldern Steuereinrichtungen, Digitalisierung, Explosionsschutz, Ergonomie und Maschinensicherheit sowie Verhütung von Manipulationen. Die Arbeitsgruppe „Human Factors, Ergonomics and Safe Machines"(kurz: Human Factors, [www.safe-machines-at-work.org/human-factors]) führt wesentliche Erkenntnisse zur ergonomischen Gestaltung von Maschinen und technischen Anlagen für eine sichere und gesunde Mensch-System-Interaktionen (vgl. Abb. 1) auf der englischsprachigen Internetplattform der Sektion zusammen.

Abb. 1: Themen und Dimensionen der Arbeitssystemgestaltung

Handlungsleitend ist das Konzept der Arbeitssystemgestaltung (DIN EN ISO 6385, Nachreiner et al. 1993), das Anforderungen an eine ergonomische, sichere und gesunde Gestaltung von Arbeitssystemen systematisiert. Ebenso bietet es Orientierung für den Prozess der ergonomischen Gestaltung von Maschinen und technischen Anlagen. Einzelne Themen und Empfehlungen der ergonomischen Gestaltung sind leichter zuzuordnen (z.B. zur Arbeitsmittelgestaltung). Während der einzelnen Prozessschritte der Gestaltung werden alle Dimensionen der Arbeitssystemgestaltung offensichtlich, d. h. bei der ergonomischen Gestaltung von Anzeigen geht es z.B. um den Einsatzzweck (Anforderungen der Arbeitsaufgabe), die Informationsdarstellung (Anforderungen der Arbeitsmittel) und mögliche Reflexionen am Einsatzort (Anforderungen der Arbeitsumgebung).

2.2 Die Arbeitsmittel für Arbeitsaufgaben

Die Gestaltung von Mensch-System-Interaktionen in der Arbeitssystemgestaltung bezieht sich z.B. auf drei miteinander verbundene Schnittstellen zur Handhabung und zum Informationsaustausch (Abb. 2, vgl. DGUV Information 215–450). Die ergonomische Gestaltung der Aufgabe (Aufgabenschnittstelle) ist immer der zentrale Ausgangspunkt im Gestaltungsprozess eines Arbeitssystems. Ihr ist die Gestaltung der Ausführungsbedingungen der Arbeitsaufgabe untergeordnet („Primat der Arbeitsaufgabe“, Ulich 2011, DIN EN 614-2, Hacker & Sachse 2014). Funktionen werden auf die beschäftigte Person und das technische System nach Anforderungen an die ergonomische Gestaltung verteilt. Das Ziel ist eine gesunde und sichere Aufgabenbearbeitung unter Ausführungsbedingungen wie z.B. Arbeitsmitteln.

Durch ein Gestalten von Aufgaben werden Arbeitsinhalte und -abläufe bereits vorbestimmt. Die Interaktions- und Informationsgestaltung können Mängel einer ergonomischen Aufgabengestaltung nicht mehr kompensieren. Die Aufgabengestaltung bildet somit den Rahmen für eine ergonomische Gestaltung der Schnittstellen zur Interaktion (z. B. Anzeigen und Stellteile) und Information (z.B. Codes und Meldungen). Für jede Ebene existieren förderliche Gestaltungsprinzipien (vgl. Abb. 2), die Mindestanforderungen an die Gestaltung sind ähnlich. Über eine Gestaltungsebene wird einer jeweils höheren Ebene zugearbeitet. Übergeordnet dazu kann mithilfe der Kriterien zur arbeitswissenschaftlichen Bewertung von Arbeitssystemen (Hacker & Sachse 2014) abgeschätzt werden, inwieweit Ziele von Human Factors durch vorhandene oder geplante Gestaltungslösungen unterstützt werden können.

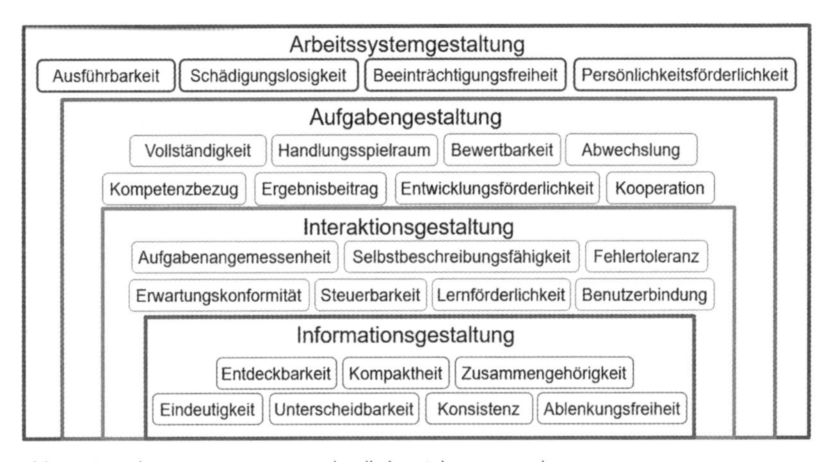

Abb. 2: Gestaltungsprinzipien unterschiedlicher Arbeitssystemdimensionen

Die Prinzipien aus Abbildung 2 beziehen sich auf einen Anwendungsbereich der Softwareergonomie. Eine Übertragung auf den Anwendungsbereich der Gestaltung von Maschinen und technischen Anlagen ist nicht direkt möglich und bedarf der Anpassung und Ergänzung (vgl. z.B. DIN EN 614-2).

2.3 Digitale Transformation in Arbeitsprozessen

Durch Digitalisierung, Vernetzung und Dynamisierung rückt die menschliche Informationsverarbeitung in Mensch-System-Interaktionen in den Fokus der Arbeitssystemgestaltung. Überlegungen zur digitalen Modellierung von Schnittstellen zwischen Mensch und technischen Systemen und besondere Herausforderungen für den Arbeitsschutz als Arbeitssicherheit und Gesundheitsschutz müssen eingebunden werden.

Einige Arbeitssysteme verändern sich mit fortschreitender Digitalisierung, Dynamisierung und Vernetzung in Arbeits- und Produktionsprozessen. Neue Herausforderungen für Human Factors im Arbeitsschutz liegen beispielsweise in einer dynamischen Zuweisung von Aufgaben und Funktionen zu Beschäftigen und technischen Systemen, in vernetzter technischer Intelligenz von Arbeitsumgebungen und in (dynamischen) Anpassungen von Risiko- und Gefährdungsbeurteilungen für dynamische, technische Systeme. Das Gestalten von technischen Systemen sollte sich zukünftig nicht nur auf klassisch ergonomische Anforderungen beschränken, sondern sich intensiv an Gestaltungsanforderungen aus Human Factors, bezogen auf Prozesse menschlicher Informationsverarbeitung, ausrichten (Nickel et al. 2020).

3. Mensch-System-Interaktionen der Zukunft

Die Internetplattform dient dem internationalen Erfahrungsaustausch zu Themen aus Human Factors und Ergonomie in der Maschinen- und Systemsicherheit und der Entwicklung von Lösungsansätzen für die Gestaltung von sicheren und gesunden Mensch-System-Interaktion in zukünftigen Arbeitssystemen. Mit dem vorliegenden Beitrag soll für eine aktive und konstruktive Auseinandersetzung mit arbeitswissenschaftlichen Erkenntnissen in einer zukünftigen Arbeitswelt und für ein vielfältiges Engagement in der Analyse, Gestaltung und Evaluation der Arbeitssystemgestaltung auch und insbesondere aus ingenieurpsychologischer Perspektive geworben werden.

Literatur

DGUV Information 215–450 (2020). Softwareergonomie. Berlin: DGUV.

DIN EN 614:2008. Sicherheit von Maschinen – Ergonomische Gestaltungsgrundsätze – Teil 2: Wechselwirkungen zwischen der Gestaltung von Maschinen und den Arbeitsaufgaben (12/2008). Berlin: Beuth.

DIN EN ISO 6385:2016. Grundsätze der Ergonomie für die Gestaltung von Arbeitssystemen (12/2016). Berlin: Beuth.

Hacker, W. & Sachse, P. (2014). Allgemeine Arbeitspsychologie. Psychische Regulation von Tätigkeiten. Göttingen: Hogrefe.

Nachreiner, F., Mesenholl, E. & Mehl, K. (1993). Arbeitsgestaltung (Doppelkurseinheit). Hagen: Fernuniversität.

Nickel, P., Bärenz, P., Radandt, S., Wichtl, M., Kaufmann, U., Monica, L., Bischoff, H.J. & Nellutla, M. (2020). Human-system interaction design requirements to improve machinery and systems safety. Advances in Intelligent Systems and Computing (AISC) 969, 3–13.

Ulich, E. (2011). Arbeitspsychologie. Zürich: vdf Hochschulverlag.

Danksagung

Mit der Darstellung der Inhalte für diesen Beitrag ist ein Dank an die Arbeitsgruppe „Human Factors, Ergonomics and Safe Machines", verbunden, in der sich derzeit folgende Personen aktiv beteiligen: Dr. Peter Bärenz (FSA e.V., Germany), Dr. Hans-Jürgen Bischoff (ISSA Section MSS, Germany), Urs Kaufmann (SUVA, Switzerland), Dr. Luigi Monica (INAIL, Italy), Dr. Peter Nickel (IFA, Germany), Dr. Siegfried Radandt (ISSA Section MSS, Germany), Michael Wichtl (AUVA, Austria).

Roland Portuné & Heinz Schmid
DGUV

Neue Wege der Beratung – Weiterentwicklung des Beratungsverständnisses der Aufsichtspersonen und weiteren Präventionsfachkräfte

1. Überwachung und Beratung im Wandel

Aufgrund der gravierenden sozialpolitischen, technologischen und gesellschaftlichen Entwicklungen und Veränderungen hat auch die gesetzliche Unfallversicherung einen weitreichenden Entwicklungsbedarf zu bewältigen. Insbesondere die Globalisierung und der digitale Wandel verändern die Arbeits- und Bildungswelt im Hinblick auf Unternehmensstrukturen, Arbeitsorganisation und Qualifikation. Neue Beschäftigungsformen stellen veränderte Anforderungen an eine wirksame Überwachung und Beratung. Die Erhöhung der Lebensarbeitszeiten, die wachsende Bedeutung psychischer Belastung, die Entgrenzung zwischen Arbeit und Privatleben sowie der Fachkräftemangel stellen nicht nur Betriebe und Bildungseinrichtungen, sondern das gesamte System der sozialen Sicherung vor die Herausforderung, dafür zu sorgen, dass die Menschen länger gesund und damit erwerbsfähig bleiben. Diese Veränderungen beeinflussen die Bedarfe der Betriebe und haben damit zwangsläufig Auswirkungen auf das Präventionshandeln der Unfallversicherungsträger, die Berufsgenossenschaften und Unfallkassen. Vor diesem Hintergrund hat die Geschäftsführerkonferenz (GFK) der Deutschen Gesetzlichen Unfallversicherung (DGUV), in der die Leitungsebenen aller Unfallversicherungsträger vertreten sind, die Weiterentwicklung des Beratungsverständnisses als wichtiges strategisches Ziel definiert und deren Umsetzung in Gremien- und Projektstrukturen eingebettet (vgl. Hussy, Schmid & Portuné, 2018). Dieses weiterentwickelte Beratungsverständnis betrifft in erster Linie die Aufsichtspersonen und weitere Präventionsfachkräfte der Unfallversicherungsträger. Mit Blick auf die von der GFK gewünschte Lotsenfunktion sind weitere Bereiche des Trägers unmittelbar betroffen.

2. Neue Aspekte in der Überwachung und Beratung

Überwachung und Beratung sind gesetzliche Aufträge der Unfallversicherung zur Verhütung von Arbeits-, Schul- und Wegeunfällen, Berufskrankheiten und arbeitsbedingten Gesundheitsgefahren sowie zur Sicherstellung einer wirksamen ersten Hilfe mit allen geeigneten Mitteln. Als Kernaufgaben der gesetzlichen Unfallversicherung haben Überwachung und Beratung das Ziel, in den Betrieben und Bildungseinrichtungen eine Kultur der Prävention zu entwickeln, um damit zur Vision Zero beizutragen: einer Welt ohne Arbeitsunfälle, Berufskrankheiten und arbeitsbedingte Gesundheitsgefahren.

Überwachung und Beratung entwickeln sich dabei insbesondere in folgenden Handlungsfeldern weiter:

- Neben dem Unfall- und Berufskrankheitengeschehen werden sich Aufsichtspersonen und Präventionsfachkräfte künftig verstärkt auf weitere zentrale Kennzahlen der betrieblichen Gesundheit stützen, die zur Prävention arbeitsbedingter Gesundheitsgefahren wichtig sind. Dazu ist es erforderlich betriebliche Vertreter des Personalbereichs einzubeziehen, die den Überblick über Krankenstand, betriebliches Gesundheitsmanagement, betriebliches Eingliederungsmanagement und Maßnahmen der Inklusion haben und über den Kontakt zu anderen Sozial•
Belange der Gesundheitsförderung bzw. des BGM, des betrieblichen Eingliederungsmanagements und der Inklusion sollen systematisch integriert und verbunden werden können. Aufsichtspersonen sollen solche Bedarfe erkennen, dazu gegebenenfalls einführend beraten und zum zuständigen Sozialleistungsträger beziehungsweise unterstützenden Institutionen vermitteln.
- Ebenso ist es erforderlich, dass Aufsichtspersonen und spezialisierte Präventionsfachkräfte in den Präventionsdiensten, wie z. B. Arbeitspsychologen oder Gesundheitswissenschaftler, noch intensiver zusammenarbeiten, um sich im Interesse der Präventionsarbeit noch besser ergänzen und bedarfsorientiert abstimmen zu können (vgl. Portuné & Klesper, 2018).
- Über den jeweiligen Unfallversicherungsträger hinaus ist die Weiterentwicklung der Gemeinsamen Deutschen Arbeitsschutzstrategie (GDA) von besonderer Bedeutung. Darüber hinaus wird es zunehmend darauf ankommen, dass Aufsichtspersonen und weitere Präventionsfachkräfte sich zunehmend mehr in einer Lotsenrolle sehen, die andere Sozialleistungsträgern wie gesetzliche Kranken- und Rentenversicherung einbezieht.
- Neben der vertieften fachlichen Beratung zu Sicherheit und Gesundheit kann die Aufsichtsperson oder weitere Präventionsfachkraft bei Bedarf auch zu allgemeinen Fragen der Rehabilitation, Leistung, Mitgliedschaft und Beitrag direkt beraten. Bei tiefergehenden Fragen sorgen diese als Lotsen dafür, dass die Fragen von den Fachleuten anderer Bereiche des Unfallversicherungsträgers beantwortet werden.

3. Operative Umsetzung der strategischen Vorgaben

Durch die Geschäftsführerkonferenz (GFK), in der die Geschäftsführungen sämtlicher Berufsgenossenschaften und Unfallkassen in Deutschland vertreten sind, wurde mit dem GFK-Ausschuss Prävention im Jahr 2017 ein neues Gremium gegründet, das die strategischen Vorstellungen aus Sicht der Geschäftsführungen konkretisierte. Daraus resultierten sechs strategische Schwerpunkte. Neben der „Weiterentwicklung des Beratungsverständnisses“ sind dies:

- Etablierung einer Kultur der Prävention
- Vernetzung von Prävention und Rehabilitation
- Stärkung der Individualprävention, insbes. im BK-Bereich
- Strategien zur Stärkung der Verkehrssicherheit
- Stärkung der Zusammenarbeit zwischen Sozialleistungsträgern

In einem ersten Schritt wurde ein „Gemeinsames Verständnis der Überwachungs- und Beratungstätigkeiten der Unfallversicherungsträger“ erarbeitet, das das aktuelle Präventionshandeln der Unfallversicherungsträger beschreibt (Portuné & Appt, 2019).

Auf diesem Gemeinsamen Verständnis aufbauend wird seit Ende 2018 ein „Muster-Handbuch Prävention“ erarbeitet, das im Sinne des Qualitätsmanagements Führungs- und Kernprozesse beschreibt, wobei letztgenannte sich inhaltlich an den Präventionsleistungen der gesetzlichen Unfallversicherung ausrichten. Dieses Muster-Handbuch beschreibt das Präventionshandeln, das allen Unfallversicherungsträgern gemein ist und bietet zudem die Möglichkeit, branchenspezifische Besonderheiten zu berücksichtigen.

4. Voraussetzungen für den Wandel

Um die genannte Lotsenfunktion erfüllen zu können, bedarf es der Intensivierung der wechselseitigen Zusammenarbeit innerhalb des Trägers. Außerdem müssen Aufsichtspersonen und Präventionsfachkräfte noch stärker als bisher über die Aufgaben und Leistungen, Strukturen und Prozesse insbesondere der Bereiche Rehabilitation und Leistungen, Mitglieder und Beiträge sowie Regress qualifiziert werden.

Weiterhin sind für die Lotsenfunktion anschlussfähige Präventionskonzepte an den Verbindungsstellen zu anderen Sozialleistungsträgern erforderlich. Dazu müssen die zentralen Zugänge zum Leistungsportfolio anderer Sozialleistungsträger und Institutionen bekannt sein, insbesondere zu BGF-Koordinierungsstellen der gesetzlichen Krankenversicherung, dem Firmen-Service der Rentenversicherung, dem Arbeitgeber-Service der Bundesagentur für Arbeit und der regionalen Integrations- bzw. Inklusionsämter.

Allen beschriebenen Veränderungen ist gemein, dass die Aufsichtspersonen und Präventionsfachkräfte ihren veränderten Rollen nur gerecht werden können, wenn sie Zugang zu passgenauen, auf die Branche bzw. die Betriebsstätte bezogenen Informationen haben. Dazu müssen den Aufsichtspersonen und Präventionsfachkräften die für Aufgaben erforderlichen Informationen proaktiv bereitgestellt werden. Die Bereiche Rehabilitation und Leistungen, Mitglieder und Beiträge sowie Regress sind stärker mit der Prävention zu vernetzen.

Den sich rasant entwickelnden Möglichkeiten des digitalen Wissensmanagements kommt eine besondere Bedeutung zu. Benötigt werden – neben der Einbeziehung der Themen in die Aus- und Fortbildung – digitale Werkzeuge, die den Aufsichtspersonen im Idealfall automatisiert, räumlich und zeitlich unabhängig die relevanten Informationen aufbereiten und anbieten. Dies macht die Überwachung und Beratung zielgenauer und wirksamer. Die Automatisierung reduziert den Aufwand für die Recherche und Aufbereitung von Informationen und erhöht die Zeitanteile für den persönlichen Kontakt vor Ort.

Damit dieses weiterentwickelte Überwachungs- und Beratungsverständnis in die Praxis umgesetzt werden kann, sind organisatorische, strukturelle und gegebenenfalls personelle Entscheidungen zu treffen. Die Qualifizierung der Aufsichtspersonen und weiteren Präventionsfachkräfte ist dabei von zentraler Bedeutung; das erwartete Überblickswissen muss im Rahmen der Aus- und Weiterbildung vermittelt werden.

Literatur

Hussy, D., Schmid, H. & Portuné, R. (2018). Das Beratungsverständnis der Präventions experten der gesetzlichen Unfallversicherung. DGUV Forum. 5/2018 S. 20–21.

Portuné, R. & Appt, J. (2019). Gemeinsames Verständnis der Überwachungs – und Beratungstätigkeit der Unfallversicherungsträger. DGUV Forum. 4/2019 S.

Portuné, R. & Klesper, G. (2018). Aufsichtspersonen und Arbeitspsychologie Hand in Hand – ein Erfolgsfaktor. In: Trimpop, R., Kampe, J., Bald, M.Seliger, I., Effenberger, G. (Hrsg.), Psychologie der Arbeitssicherheit und Gesundheit. Voneinander lernen und miteinander die Zukunft gestalten. (S. 707–710). Kröning: Asanger.

Arbeitskreis

Polizei: Gewaltprävention in polizeilichen Einsatzsituationen

Leitung: Stefan Remke

Andrea Fischbach & Anastasiia Lynnyk

Polizeiintegrität und Arbeitssicherheit in der Polizei

Stefan Remke

Taktischen Kommunikation zur Vermeidung von Gewalt bei Demonstrationen

Andrea Fischbach & Anastasiia Lynnyk
Deutsche Hochschule der Polizei, Münster

Polizeiintegrität und Arbeitssicherheit in der Polizei

1. Polizeiintegrität

Polizeiintegrität kann als polizeiliches Handeln in Übereinstimmung mit den Werten der freiheitlich-demokratischen Grundordnung auf individueller, gruppenbezogener, organisationsbezogener und berufsbezogener Ebene definiert werden (Palanski & Yammarino, 2009). Individuelle Polizeiintegrität wird häufig als Fehlverhalten im Zusammenhang mit dem Missbrauch von Rechten und Privilegien des Amtes beschrieben (Klockars, Ivkovich, Harver, & Haberfeld, 2000). Polizeilicher Machtmissbrauch zeigt sich hiernach in besonders schwerwiegendem Fehlverhalten, wie zum Beispiel der Annahme von Bestechungsgeldern, dem unrechtmäßigen Einsatz von Gewalt und unzulässigen Befragungs- und Verhörpraktiken und in weniger schwerwiegendem Fehlverhalten, wie zum Beispiel abschätzigen diskriminierenden Äußerungen gegenüber ethnischen Minderheiten oder einem respektlosen Umgang mit Verdächtigen (Abdul-Rahmann, Grau, & Singelnstein, 2019; De Meijer, Born, Van Zielst, & Van Der Molen, 2010; Kaptein & Van Reenen, 2001; Schafer & Martinelli, 2008). Insgesamt fällt auf, dass individuelle Polizeiintegrität bislang vor allem in ihrer negativen Ausprägung und in ihren Konsequenzen für die Zielpersonen des Einsatzhandelns und ihren Konsequenzen für das subjektive Sicherheitsgefühl und das Vertrauen der Bevölkerung in die Polizei betrachtet wird. Eine positive verhaltensnahe Beschreibung der individuellen Polizeiintegrität und mögliche Konsequenzen individueller Polizeiintegrität für polizeiliche Einsatzkräfte und die Polizei selbst werden hingegen bislang kaum berücksichtigt. Wir postulieren, dass positive Ausprägungen der individuellen Polizeiintegrität sicherheitsrelevante Risiken in polizeilichen Einsatzsituationen, wie beispielsweise mangelnde Kooperationsbereitschaft, Widerstand und verbale und körperliche Aggression der Zielpersonen reduziert, insgesamt deeskalierend in Konfliktsituationen wirkt und so insgesamt zur Sicherheit in polizeilichen Einsatzsituationen und zur Eigensicherung der Einsatzkräfte beiträgt. Um diese postulierten Effekte der individuellen Polizeiintegrität und die arbeitsbezogenen Bedingungen und Gestaltungsmöglichkeiten zur Stärkung der individuellen Polizeiintegrität empirisch zu untersuchen, fehlt es bislang an geeigneten Operationalisierungen der individuellen Polizeiintegrität. Mit diesem Beitrag möchten wir erste Ansätze zu einer möglichen Operationalisierung der individuellen Polizeiintegrität vorstellen.

2. Untersuchungsdesign und Ergebnisse

Wir definieren individuelle Polizeiintegrität als ein Personenmerkmal, das aktives Eintreten für die freiheitlich-demokratische Grundordnung in polizeilichen Einsatzsituationen in Übereinstimmung mit persönlichen Werten und Überzeugungen beschreibt. Zur Identifizierung integritäts-relevanter Einsatzsituationen haben wir Studierende der Deutschen Hochschule der Polizei mit Hilfe der Critical Incidents Technik befragt. Die Studierenden erhielten den Auftrag, in Kleingruppen häufige, erfolgskritische Aktivitäten oder typische Ereignisse zu beschreiben, bei denen sich im Verhalten eines/r PolizeivollzugsbeamtIn Polizeiintegrität zeigt und erfolgsrelevante Personenmerkmale (Fähigkeiten, Kompetenzen, Qualifikationen, Einstellungen und Werte) sowie erfolgsrelevantes Verhalten für diese Situationen und Ereignisse zu erarbeiten. Insgesamt wurden von 14 Studierendengruppen erfolgskritische Situationen, zugehörige erfolgsrelevante Personenmerkmale und konkrete Verhaltensweisen in den kritischen Situationen genannt und ausgewertet.

2.1 Arbeitsanalyse

Die am häufigsten genannte erfolgskritische Situation war der Einsatz bei Demonstrationen und die Berücksichtigung der Meinungsfreiheit im Demonstrationsgeschehen. Dabei wurde betont, dass PolizeivollzugsbeamtInnen ihre Aufgaben (z.B. Demonstrationsbegleitung der linken oder rechten Szene) unabhängig von persönlichen Einstellungen und Überzeugungen ausführen müssen. Ferner wurde der Umgang mit gesellschaftlicher Diversität und Minderheiten als typische Aktivität, in der sich Polizeiintegrität zeigt, genannt. Dabei ging es zum einen um den Umgang und die Kommunikation mit BürgerInnen, Betroffenen, TäterInnen usw. aber auch um die Zusammenarbeit mit KollegenInnen unterschiedlichen Geschlechts, politischer und gesellschaftlicher Gesinnung, Nationalitäten oder Religion. Das Treffen rechtmäßiger polizeilicher Maßnahmen, war eine weitere erfolgskritische Aktivität. Darunter fällt beispielsweise die Anzeigepflicht bei geringen Straftaten von Bekannten oder KollegenInnen (z.B. Drogenbesitz) oder das Eingreifen beim rechtswidrigen Handeln von KollegenInnen. Das Ablehnen von Geschenken oder Bestechungsgeldern gemäß dem Polizeiintegrität-Verständnisses von Klockars et al. (2006), wurde vereinzelt aufgeführt.

2.2 Anforderungsanalyse

Als wichtige Qualifikationen wurden das Wissen um die freiheitlich-demokratische Grundordnung inklusive ihrer Elemente (u.a. Recht auf körperliche Unversehrtheit, Menschenwürde, Grundrecht auf Gleichberechtigung) und Kenntnisse der rechtlichen Rahmenbedingungen polizeilicher Maßnahmen (u.a. Grundgesetz, Strafgesetzbuch, Polizei- und Spezialgesetze) genannt. Relevante und wiederholt genannte Fähigkeiten und Kompetenzen waren Konfliktfähigkeit, Durchsetzungsfähigkeit, Entscheidungsfähigkeit, Gewissenhaftigkeit und Stressresistenz. Für diese Kompetenzen wurde der Bezug zur Polizeiintegrität herausgearbeitet. PolizeivollzugsbeamtInnen sollen sich in Konfliktsituationen rechtstaatlich und gesetzeskonform verhalten und keine übertriebene Einsatzhärte zeigen sowie in Einsatzsituationen besonnen reagieren und sich nicht einschüchtern oder provozieren lassen. Die genannten Werte und Einstellungen im Zusammenhang mit Polizeiintegrität gehen in eine ähnliche Richtung. Hier wurden vor allem eine positive Einstellung gegenüber der freiheitlich-demokratischen Grundordnung und Rechts-, Regel- und Gesetzestreue genannt. Auf Verhaltensebene zeigt sich diese Haltung in einer neutralen und sachlichen Beteiligung in kontroversen und konflikthaften Einsatzsituationen und darin, in emotional aufgeladenen Situationen keine übertriebene Härte oder Vergeltungsabsichten zu zeigen. Weiter wurden häufig Toleranz und Offenheit, ein positives Menschenbild, die Achtung der Menschenwürde und der Menschenrechte, eine moralische Wertehaltung und Gerechtigkeitsempfinden, Loyalität, Neutralität, Unbestechlichkeit, Ehrlichkeit sowie Verantwortungsbewusstsein als erfolgsrelevante Werte und Einstellungen im Zusammenhang mit Polizeiintegrität genannt.

3. Handlungsansätze

Die hier gewonnenen Erkenntnisse können auf personenbezogener Ebene für die Personalauswahl, die Leistungsrückmeldung und Trainings genutzt werden. Positives Verhalten kann explizit erkannt, gewürdigt und gefördert und negatives Verhalten frühzeitig erkannt, missbilligt und unterbunden werden. Auf gruppen-, organisations- und berufsbezogener Ebene können Standards explizit definiert und integritätsförderliche und integritätsgefährdende gruppendynamische Prozesse, Arbeitsbedingungen und Organisationsmerkmale können identifiziert und gestaltet werden. Eine Möglichkeit zur Förderung der individuellen Polizeiintegrität besteht in Weiterbildungsangeboten, bei denen zum Beispiel die Kenntnisse der freiheitlich-demokratischen Grundordnung und rechtlicher Rahmenbedingungen vermittelt, die Selbstreflexion und Auseinandersetzung mit persönlichen und beruflichen Werten, Einstellungen und Zielen unter ethisch-moralischen Gesichtspunkten angeregt, Toleranz durch soziales Lernen und Erfahrung von Empathie und Perspektivenübernahme aufgebaut und deeskalierende Kommunikationsstrategien eingeübt werden. Möglichkeiten zur Förderung der organisationalen Polizeiintegrität bestehen in der Entwicklung und dem Einsatz von Integritätstests in der Personalauswahl und der Berücksichtigung der Polizeiintegrität in Personalbeurteilung und Leistungsfeedback. Dazu werden Tests und andere Beobachtungsinstrumente zur Messung der Polizeiintegrität gebraucht. Die bislang zur Verfügung stehenden Integritätstests können zwar die allgemeine Arbeitsleistung sowie kontraproduktives Verhalten wie Diebstahl vorhersagen, jedoch fehlt häufig der Bezug zu erfolgskritischen polizeilichen Einsatzsituationen (Ones, Viswesvaran, & Schmidt, 2003), zu positiven Ausprägungen der Polizeiintegrität (Klockars et al., 2000; Schafer & Martinelli, 2008), oder die Operationalisierung wird nicht deutlich genug von anderen sozialen Kompetenzen, ethisch-moralischen Werten und Einstellungen und wünschenswertem organisationalem Verhalten abgegrenzt (De Meijer et al., 2010; Palanski & Yammarino, 2009).

4. Fazit

Polizeiintegrität ist ein zentraler Bestandteil des rechtsstaatlichen Selbstverständnisses der Polizei und fördert das subjektive Sicherheitsempfinden und das Vertrauen in die Polizei in der Bevölkerung. Individuelle Polizeiintegrität ist darüber hinaus relevant für die Sicherheit der Einsatzkräfte in konkreten Einsatzsituationen. Dabei ist es wichtig zu beachten, dass individuelle Polizeiintegrität ein Ergebnis individueller Eigenschaften, aber auch situations-, aufgaben-, arbeitsgruppen- und organisationsbezogener Eigenschaften ist. Damit ist die Förderung der Polizeiintegrität, so wie wir sie verstehen eine Aufgabe der Personalauswahl und Personalentwicklung einerseits und der Arbeits-, Aufgaben- und Organisationsgestaltung andererseits.

Literatur

Abdul-Rahmann, L., Grau, H. E., & Singelnstein, T. (2019). *Polizeiliche Gewaltanwendungen aus Sicht der Betroffenen.* Bochum.

De Meijer, L. A. L., Born, M. P., Van Zielst, J., & Van Der Molen, H. T. (2010). Construct-driven development of a video-based situational judgment test for integrity : A study in a multi-ethnic police setting. *European Psychologist, 15*(3), 229–236. https://doi.org/10.1027/1016-9040/a000027

Kaptein, M., & Van Reenen, P. (2001). Integrity management of police organizations. *Policing: An International Journal of Police Strategies & Management, 24*(3), 281–300. https://doi.org/10.1108/13639510110401672

Klockars, C. B., Ivkovich, S. K., Harver, W. E., & Haberfeld, M. R. (2000). The measurement of police integrity. *National Institute of Justice.*

Ones, D. S., Viswesvaran, C., & Schmidt, F. L. (2003). Personality and absenteeism: A meta-analysis of integrity tests. *European Journal of Personality, 17*(Suppl1), S19–S38. https://doi.org/10.1002/per.487

Palanski, M. E., & Yammarino, F. J. (2009). Integrity and leadership: A multi-level conceptual framework. *Leadership Quarterly, 20*(3), 405–420. https://doi.org/10.1016/j.leaqua.2009.03.008

Schafer, J. A., & Martinelli, T. J. (2008). First-line supervisor's perceptions of police integrity: The measurement of police integrity revisited. Policing: *An International Journal of Police Strategies & Management, 31*(2), 306–323. https://doi.org/10.1108/13639510810878749

Stefan Remke
Bereitschaftspolizei Sachsen

Taktische Kommunikation zur Vermeidung von Gewalt bei Demonstrationen

1. Einleitung

Das Protestgeschehen in der Bundesrepublik unterliegt ständigen Veränderungen und ist stark von gesellschaftspolitischen Einflüssen geprägt. Demonstrationsteilnehmer und unbeteiligte Bürger vor Ort haben in der Regel ein hohes Bedürfnis nach Kommunikation mit der Polizei. Kommunikation gewann als Einsatzmittel in den letzten Jahren zunehmend an Gewicht bei der Einsatzplanung und Durchführung und fand als „Taktische Kommunikation" (TaktKom) Aufnahme in die PDV 100.

Waren noch vor Jahren bei polizeilichen Großlagen hauptsächlich potenzielle oder vermeintliche Straftäter im Fokus polizeilicher Arbeit, so setzt sich zunehmend auch die Erkenntnis durch, dass diese enge Fokussierung unzureichend ist. Man verkennt durch dieses Vorgehen, dass damit die überwiegende Mehrheit der Versammlungsteilnehmer vor Ort zu wenig beachtet, ihr Informationsbedürfnis ignoriert wird. Denn gerade diese oftmals sehr heterogene Menge kann in Konfliktkonstellationen (z.B. basierend auf Fehlinformationen/Fehlinterpretationen) schnell zu einer kritischen Masse im und nach dem Einsatz werden. In der Kommunikation ist nicht nur die Rolle des Senders, also der Polizei, für eine angestrebte Wirkung von Bedeutung, sondern auch, welche Erwartungen und welches Verständnis von polizeilicher Kommunikation bei den Bürgern bestehen. In diesem Sinne soll folgend das Konzept der TaktKom erläutert und dessen Wirkung in Einsatzgeschehen beleuchtet werden.

2. Säulen der Taktischen Kommunikation

Im Rahmen der Professionalisierung der Polizeiarbeit werden zunehmend speziell ausgebildete Kommunikationskräfte bei Demonstrationen eingesetzt. Vordergründige Zielstellung ist es (entsprechend der PDV 100): „Polizeiliches Handeln im Rahmen von konfliktträchtigen Einsatzlagen, insbesondere bei Versammlungen und Besetzungen/Blockaden, transparent zu machen und eine Beeinflussung des Verhaltens des polizeilichen Gegenübers zu erreichen."

Die generell auch zu Kommunikation aufgerufenen Einsatzkräfte der geschlossenen Einheiten können diese Erwartungen objektiv nicht erfüllen. In der Dynamik des Einsatzgeschehens ist es in der Regel allein aufgrund der unterschiedlichen Aufträge nicht möglich, tragfähige kommunikative Beziehungen aufzubauen oder aufrecht zu halten (Remke, 2008).

Die TaktKom beruht im Idealfall auf drei Säulen, den Kommunikationsteams, die Taktischen Lautsprechertrupps (TLT) sowie „Social-Media-Teams" (Remke & Marx, 2016). Damit durch TaktKom in Einsatzlagen eine Vielzahl von demonstrierenden sowie weitgehend unbeteiligten Bürgern, aber auch Einsatzkräfte, erreicht werden können, sollten alle drei Säulen bei der Planung eines Einsatzes in Betracht gezogen werden. Die Einrichtung und Gewichtung dieser Komponenten im Einsatz müssen jeweils dem konkreten Einsatzanlass und der Situation vor Ort angepasst werden.

Kommunikationsteams

Kommunikationsteams sollen durch offensive und unmittelbar kommunikative Einflussnahme den Erfolg eines Einsatzes mitgestalten. Der Einsatz von Kommunikationskräften macht daher sowohl bei kleineren Einsatzanlässen, z.B. bei singulären konfliktträchtigen Protestveranstaltungen, als auch bei Großdemonstrationen mit entsprechendem Gegenprotestpotenzial Sinn. Sie sind für den Bürger unmittelbar vor Ort ansprechbar und intervenieren schon bei kleinsten Konfliktkonstellationen, um einen friedlichen Verlauf von Veranstaltungen zu gewährleisten.

Taktische Lautsprechertrupps

Die taktische Bedeutung der TLT's entspricht dem der Kommunikationsteams. Entsprechend der technischen Möglichkeiten der Beschallung eignen sie sich jedoch für die Informationsgabe an Menschenmengen und können dadurch gruppendynamischen Effekten auf einem anderen Niveau beeinflussen. Ist der TLT rechtzeitig zu Beginn einer Veranstaltung im Einsatzraum präsent und hat sich u.a. durch Servicedurchsagen etabliert, kann er von einer Vielzahl der Veranstaltungsteilnehmer verstanden und akzeptiert werden. Eine entsprechend gewaltpräventive Einflussnahme ist durch eine gezielte Ansprache destruktiv handelnder Personen sowie eine deeskalierend wirkende kommunikative Ereignisbegleitung möglich.

Dem singulären Gebrauch der TLT's sind im Einsatz hinsichtlich der Beeinflussung des Verhaltens vom Personen Grenzen gesetzt. Eine effektive Einflussnahme auf Menschenmengen, im Sinne der taktischen Kommunikation, ist oftmals nur durch den koordinierten Einsatz von TLT's und Kommunikationsteams vor Ort möglich.

Social Media Team

Auf die große und in einem erstaunlichen Maß rasant wachsende Bedeutung moderner Kommunikationsmittel, wie vor allem Smartphones, muss nicht explizit hingewiesen werden. Die meist in der Nähe des Polizeiführers, z.B. im Bereich der Öffentlichkeitsarbeit oder im Einsatzabschnitt TaktKom, agierenden Social Media

Teams, leisten mit ihren Aktivitäten in den sozialen Medien (hauptsächlich Twitter) polizeitaktische Arbeit. Durch deren Nutzung kann die Polizei unmittelbar auf Ereignisse reagieren, entsprechende Informationen verbreiten oder Transparenz zu ihrem Agieren gewähren und damit eine Vielzahl von Personen unmittelbar am Ereignisort aber auch darüber hinaus erreichen. Im Gegensatz zur weitgehenden Einwegkommunikation durch einen TLT, ist hier die Möglichkeit zur Interaktion gegeben.

Der Wert und Nutzen aller drei Säulen der TaktKom wird maßgeblich durch die Qualität deren Zusammenarbeit untereinander und mit den weiteren polizeilichen Einsatzkräften bestimmt. Ein eigener Einsatzabschnitt TaktKom hat sich daher bewährt.

3. Beeinflussung von potenziellen Gewalttaten

TaktKom versucht gezielt Verhalten von Menschenmengen, -massen konstruktiv zu beeinflussen. Die Einflussnahme auf folgende gruppendynamische Phänomene steht im Vordergrund:

Emotionalisierung

Wesentliches Ziel der TaktKom besteht in der Beeinflussung des Emotionalisierungsgrades einer Menschenmenge, um einen friedlichen und sicheren Verlauf von Einsatzlagen zu erreichen. Ursachen oder Auslöser einer kritischen, emotional destruktiven Entwicklung und der damit verbundenen Gefahr aggressiver Verhaltensweisen von Demonstrationsteilnehmern können sehr unterschiedlich sein. Diese reichen von Provokationen durch externe Faktoren (wie z.B. Wahrnehmung und Parolen von Gegendemonstranten), geplanten Störaktionen von Demonstrationsteilnehmern, unglücklichen polizeilichen Handelns bis hin zu Fehldeutungen polizeilicher Arbeit. In all diesen Fällen besteht eine hohe Wahrscheinlichkeit, dass diese Einflussfaktoren und/oder der Emotionalisierungsgrad zumindest eines Teils der Versammlungsteilnehmer durch direkte Kontakte und frühzeitige kommunikative Einflussnahme konstruktiv beeinflusst werden kann.

Verhaltensansteckung

Das Phänomen der subjektiven und eingeschränkten Wahrnehmung für die Interpretation von Verhalten, u.a. des polizeilichen Handelns in der Einsatzsituation, spielt auch hierbei eine Rolle. Verhalten einzelner kann dadurch vervielfacht werden, indem rationale Verhaltensteile bei vor Ort befindlichen Personen verringert sind und das eigene Verhalten dem der Menge angepasst wird. Durch eine offensive Kommunikation kann die Polizei schon während des Einsatzes darauf Einfluss nehmen. Durch Erläuterungen, transparent machen polizeilichen Handelns und geführten Dialogen können mögliche mediale oder politische Fehlinterpretationen reduziert oder verhindert werden.

Solidarisierung

Emotionalisierte Personen und ein damit verbundener hoher Stresslevel bei allen Beteiligten sind oft Ursachen einer eingeschränkten Wahrnehmung. Der subjektive Wirklichkeitsausschnitt des Geschehens, die Agitation und verzerrte Interpretation aus der Versammlung heraus, schränken die Wahrnehmung zusätzlich ein und bieten schnelle Erklärungen für das „vermeintlich eskalierende Verhalten" der Polizei. Kommt es in diesen Situationen zu Maßnahmen gegen (potenzielle) Straftäter, so solidarisieren sich auch ansonsten dialogbereite protestierende Bürger mit diesen Versammlungsteilnehmern und behindern ggf. das Handeln der Polizei. Aus Unmutsäußerungen Einzelner wird im Handumdrehen – auch durch die schnelle Verbreitung in sozialen Medien – ein kollektiver Protest (Schenk et al., 2012). Das Phänomen der Solidarisierung erhält damit eine enorme Triebfeder. Solidarisierungstendenzen können wirkungsvoll durch zeitnahe und transparente polizeiliche Kommunikation beeinflusst werden.

Anonymisierung

Unterstützend für die Phänomene der Verhaltensansteckung und Solidarisierung ist neben einer angespannten Stimmungslage der Demonstrationsteilnehmer auch der Umstand, dass die Identität einer Person in der Menge/Masse schwindet. Man fühlt sich als ein anonymer Teil der Menge/Masse und eigene Hemmungen (u. a. Straftaten zu begehen) können massiv schwinden. Mittels TaktKom können entsprechende Personen gezielt angesprochen und aus ihrer empfundenen Anonymität herausgeholt werden. Die Wahrscheinlichkeit des destruktiven Verhaltens sinkt dadurch enorm.

TaktKom ist ein Mosaikbaustein im Einsatzgeschehen der Polizei. Sie hat ein großes, oftmals noch unterschätztes Potenzial. Andererseits sind ihr ab einem bestimmten Maß an Eskalation und Gewalt auch Grenzen gesetzt.

Literatur

PDV 100 (2014). Führung und Einsatz der Polizei.

Remke, S. (2008). Taktische Einsatzkommunikation durch Kommunikationsteams. Die Polizei 11, S. 319–323

Remke, S. & Marx, J. (2016). Die drei Säulen der Taktischen Kommunikation. Die Polizei 3, S. 81–88

Schenk, C., Singer, S. & Neutzler, M. (2012). Taktische Kommunikation. In: H. P. Schmalzl & M. Hermanutz (Hrsg.) Moderne Polizeipsychologie in Schlüsselbegriffen (S. 336-346). Stuttgart: Boorberg

Arbeitskreis
Führung und Organisation: Überblick
Leitung: Stephan Hinrichs

Ida Ott & Sebastian Beitz
„Yes, WE can!" – Führung nach dem Ansatz der sozialen Identität und die Gesundheit von Mitarbeitenden: Der mediierende Effekt der Befriedigung psychologischer Grundbedürfnisse

Corinna Steidelmüller, Corinna Weber, Barbara Steinmann, Birgit Thomson, Anja Wittmers & Tim Schröder
Führung und Organisation im Wandel (FOWa) – Führungskräfte im Fokus

Ida Ott[1] & Sebastian Beitz[2]
[1]*Institut für Betriebliche Gesundheitsförderung BGF GmbH (BGF-Institut),*
[2]*IOP.BUW – Institut für Organisationspsychologie (Bergische Universität Wuppertal)*

„Yes, WE can!" – Führung nach dem Social-Identity-Management Ansatz und die Gesundheit von Mitarbeitenden: Der mediierende Effekt der Befriedigung psychologischer Grundbedürfnisse

1. Hintergrund und Fragestellung

Vor dem Hintergrund der Transformation der Arbeitswelt, bildet die Gesundheit von Mitarbeitenden eine wichtige Ressourcen für Unternehmen. Auf diese haben Führungskräfte durch ihr Verhalten einen wesentlichen Einfluss. In diesem Kontext findet die Führung nach dem Ansatz der sozialen Identität zunehmendes Interesse. Der als Social Identity Management (SIM; Steffens et al., 2014) bezeichnete Ansatz erweitert bestehende Führungstheorien, indem er das Schaffen eines gemeinsamen Wir-Gefühls durch die Führungskraft betont und das Augenmerk auf die Interaktion zwischen Führungskraft und Follower richtet. Führer bekräftigen diese Verbindung, indem sie ihren Followern das Gefühl geben, selbst Teil der Gruppe zu sein, die Interessen der Gruppe zu vertreten, indem sie gemeinsame Wertvorstellungen prägen und Aktivitäten und Strukturen des Austauschs schaffen.

Erste Hinweise deuten auf einen Zusammenhang zwischen einzelnen Dimensionen des SIM und der Mitarbeitergesundheit (z.B. Arbeitsengagement, Burnoutsymptome) (Steffens et al., 2017b) hin. Bislang wurde dieser Zusammenhang jedoch weder für das SIM als Gesamtkonstrukt noch auf seinen Wirkmechanismus hin untersucht.

Die Befriedigung der psychologischen Grundbedürfnisse könnte als Mediator fungieren (Steffens et al., 2017a). Dafür spricht auch eine Meta-Analyse, die die Bedürfnisbefriedigung als einen Wirkmechanismus im Zusammenhang zwischen Autonomy Support in der Führung und der Mitarbeitergesundheit darstellt (Slemp et al., 2018).

Deshalb war das Ziel, (1) den Gesamtzusammenhang zwischen dem SIM und verschiedenen Gesundheitsoutcomes (GOs) sowie (2) eine mögliche Mediatorfunktion der Bedürfnisbefriedigung zu untersuchen.

Hypothese 1: Zwischen SIM, der Bedürfnisbefriedigung und den GOs besteht jeweils ein positiver Zusammenhang zu positiven GOs (Funktionelle Beanspruchung, Beanspruchungsbilanz, Arbeitsengagement) sowie ein negativer Zusammenhang zu negativen GOs (Dysfunktionelle Beanspruchung, Burnoutsymptomatik).

Hypothese 2: Die Befriedigung der psychologischen Grundbedürfnisse mediiert den Effekt des SIM auf verschiedene GOs.

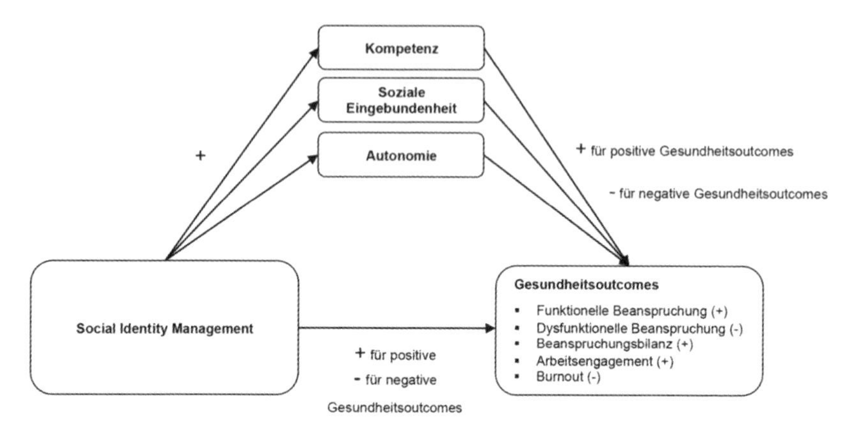

Abb. 1: Angenommene Effekte von SIM über die Mediatoren Kompetenzbedürfnis, Bedürfnis nach sozialer Eingebundenheit und Autonomie auf verschiedene GOs.

2. Methode

Von September bis Oktober 2018 wurden 236 Personen in einer Querschnittstudie mit Hilfe eines Fragebogens (online oder paper-pencil) befragt. Die Teilnehmer (TN) wurden über vom BGF-Institut betreute Unternehmen und mittels privater Kontakte über soziale Medien rekrutiert. Als Einschlusskriterium wurde definiert, dass TN als Angestellte in einem Team unter einer Führungskraft arbeiten. Auch Führungskräfte wurden in die Befragung mit eingeschlossen, insofern sie das genannte Einschlusskriterium erfüllten. Die TN waren durchschnittlich 41,0 Jahre alt (Min = 22; Max = 70; SD = 11,4). 54,7 % der TN waren weiblich. Der Großteil der TN (54,7 %) gab ein abgeschlossenes Studium oder eine abgeschlossene Lehre (25,8 %) als höchsten Bildungsabschluss an. Die meisten TN (76,2 %) hatten keine Führungsverantwortung. Im Vergleich waren etwas mehr TN in der Verwaltung/Dienstleistung (47,7 %) tätig als im gewerblichen Bereich/Produktion (43,2 %).

Neben soziodemographischen Daten wurden das SIM (Steffens et al., 2014), die Bedürfnisbefriedigung (Kleinert, 2012), die Beanspruchung (Wieland & Hammes, 2014), das Arbeitsengagement (Schaufeli & Bakker, 2004) und Burnoutsymptome (Maslach et al., 1996) erfasst.

Zur Überprüfung der Hypothesen wurden Korrelationsanalysen (Pearson) sowie Mediationsanalysen (Hayes) durchgeführt.

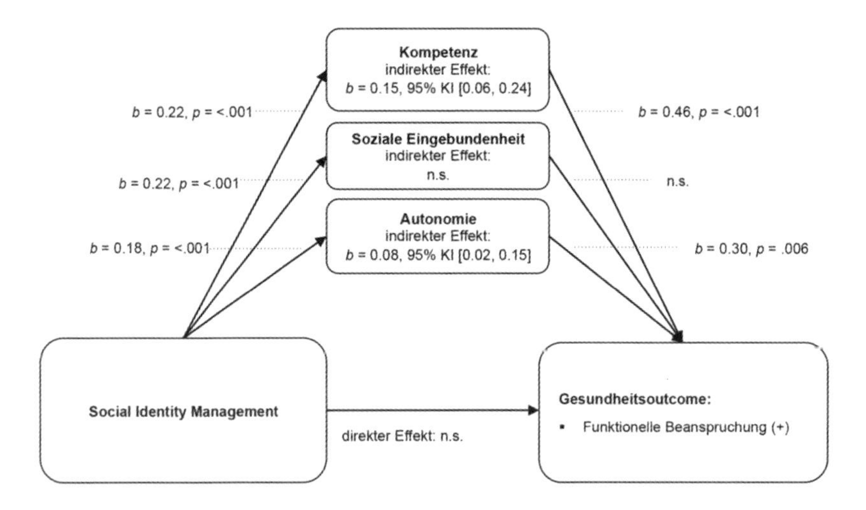

Abb. 2: Effekte des SIM auf GOs über die Mediatoren Bedürfnis nach Kompetenz, sozialer Eingebundenheit und Autonomie. Hier: beispielhafte Darstellung der Effekte für das GO funktionelle Beanspruchung.

3. Ergebnisse

Es zeigten sich entsprechend der, in den Hypothesen angenommenen Richtungen, signifikante Zusammenhänge zwischen dem SIM und allen GOs. Die Effektstärken waren für die positiven GOs höher ausgeprägt als für die negativen GOs des gleichen Konstrukts (Funktionelle vs. Dysfunktionelle Beanspruchung, Arbeitsengagement vs. Burnoutsymptome).

Hinsichtlich des Wirkmechanismus traten die beiden psychologischen Bedürfnisse Autonomie und Kompetenz bei fast allen Modellen als vollständige Mediatoren auf. Das Bedürfnis nach sozialer Eingebundenheit verfehlte jedoch jeweils das Signifikanzniveau. Beim Zusammenhang zur dysfunktionellen Beanspruchung trat ausschließlich das Bedürfnis nach Autonomie als Mediator auf.

4. Diskussion

Die Ergebnisse zeigen, dass Mitarbeitende, die eine hohe Ausprägung des SIM empfinden, eine höhere Bedürfnisbefriedigung erleben. Dies führt zu einer Zunahme der positiven GOs und zu einer Reduktion der Ausprägung negativer GOs. Als Wirkmechanismus fungiert die Befriedigung des Autonomie- und Kompetenzbedürfnisses.

Aus den Ergebnissen und den Überschneidungen der beiden Theorien könnte gefolgert werden, dass das SIM ein Führungsverhalten mit hohem Autonomy Support darstellt. Dies gilt es in zukünftigen Arbeiten weiter zu überprüfen. In der Praxis sollten Führungskräfte verstärkt für ihren Einfluss auf die Bedürfnisbefriedigung von Mitarbeitenden und deren Gesundheit sensibilisiert werden.

Literatur

Kleinert, J. (2012). Kontextuelle bedürfnisbefriedigung: Erste Erfahrungen mit einem Diagnostiktool für die sportpsychologische Forschung und Betreuung [Contextual Need Satisfaction: First Experiences with a Diagnostic Tool for Research and Counselling in Sport Psychology]. *Sportpsychologische Kompetenz und Verantwortung,* 96.

Maslach, C., Jackson, S. E., & Leiter, M. P. (1996). *Maslach Burnout Inventory.* Palo Alto, CA: Consulting Psychologists Press.

Schaufeli, W. B., & Bakker, A. B. (2004). Utrecht work engagement scale: Preliminary manual. *Occupational Health Psychology Unit, Utrecht University, Utrecht,* 26. Zugriff am 02.10.2019 unter https://www.wilmarschaufeli.nl/publications/Schaufeli/Test%20Manuals/Test_manual_UWES_English.pdf

Slemp, G. R., Kern, M. L., Patrick, K. J., & Ryan, R. M. (2018). Leader autonomy support in the workplace: A meta-analytic review. *Motivation and Emotion,* 1–19.

Steffens, N. K., Haslam, S. A., Reicher, S. D., Platow, M. J., Fransen, K., Yang, J., Ryan, M. K., Jetten, J., Peters, K. & Boen, F. (2014). Leadership as social identity management: Introducing the Identity Leadership Inventory (ILI) to assess and validate a four-dimensional model. *The Leadership Quarterly,* 25(5), 1001–1024.

Steffens, N. K., Haslam, S. A., Schuh, S. C., Jetten, J., & van Dick, R. (2017a). A meta-analytic review of social identification and health in organizational contexts. *Personality and Social Psychology Review, 21*(4), 303–335.

Steffens, N. K., Yang, J. Jetten, J., Haslam, S. A. & Lipponen, J. (2017b). The unfolding impact of leader identity entrepreneurship on burnout, work engagement, and turnover intentions. *Journal of Occupational Health Psychology.* Advance online publication.

Wieland, R., & Hammes, M. (2014). Wuppertaler Screening Instrument Psychische Beanspruchung (WSIB)–Beanspruchungsbilanz und Kontrollerleben als Indikatoren für gesunde Arbeit. *Journal Psychologie des Alltagshandelns, 7*(1), 30–50.

Corinna Steidelmüller, Corinna Weber, Barbara Steinmann, Birgit Thomson, Anja Wittmers & Tim Schröder
Bundesanstalt für Arbeitsschutz und Arbeitsmedizin

Führung und Organisation im Wandel (FOWa) – Führungskräfte im Fokus

1. Hintergrund

Führungskräfte nehmen eine Schlüsselrolle sowohl für die erfolgreiche Umsetzung von Veränderungen in Organisationen als auch für die Leistung, Einstellung und Gesundheit ihrer Mitarbeiterinnen und Mitarbeiter ein (Avolio, Walumbwa, & Weber, 2009; Montano, Reeske-Behrens, & Franke, 2016). Sie wirken direkt durch ihr Führungsverhalten auf die mentale Gesundheit ihrer Mitarbeiterinnen und Mitarbeiter (Montano et al., 2016), agieren als Vorbilder und tragen damit entscheidend zum betrieblichen Gesundheitsmanagement in Organisationen bei (Franke, Ducki, & Felfe, 2015).

Um dies leisten zu können, ist es erforderlich, dass Führungskräfte selbst gesund sind, ihnen genügend Ressourcen zur Verfügung stehen und in der Organisation ermöglichende Rahmenbedingungen im Sinne von Unterstützungsstrukturen und einer entsprechenden Unternehmenskultur bzw. bestimmten Unternehmensklimafacetten vorhanden sind (Montano et al., 2016). Diese Aspekte gewinnen vor dem Hintergrund der Veränderungen der Arbeitswelt und den damit einhergehenden neuen Anforderungen an Führung zusätzlich an Relevanz. Organisationale Rahmenbedingungen, die maßgeblich das Führungsverhalten beeinflussen, spezifische Anforderungen der Führungskräfte sowie ihre Gesundheitssituation werden in der aktuellen Führungsforschung allerdings bisher eher vernachlässigt (Barling & Cloutier, 2017; Montano et al., 2016).

2. Das Projekt „Führung und Organisation im Wandel" (FOWa)

2.1 Inhalte und Aufbau des Projekts

Im aktuell laufenden Forschungsprojekt der Bundesanstalt für Arbeitsschutz und Arbeitsmedizin stehen deshalb die Führungskräfte als Zielgruppe im Fokus. Das Projekt verfolgt u.a. das Ziel, die Rahmenbedingungen von Führung, die Arbeitsbedingungen von Führungskräften sowie die damit einhergehenden Auswirkungen auf das Führungsverhalten und die Gesundheit zu beleuchten. Im Projekt werden verschiedene methodische Ansätze verfolgt, um sich jeweils verschiedenen inhaltlichen Teilaspekten zu nähern. Für einen ersten Überblick wurden im Rahmen explorativer Vorarbeiten zunächst die Literatur zum Einfluss organisationaler Rahmenbedingungen mit Hilfe einer breit angelegten Suche aufgearbeitet und erste Analysen basierend auf Sekundärdaten durchgeführt. Darauf aufbauend erfolgte die Konzeption eigener empirischer Erhebungen. Im Rahmen einer Mehr-Ebenen-Befragungen, bei welcher in ca. 30 Betriebsstätten jeweils die Geschäftsleitung, Führungskräfte der operativen Ebene sowie deren Mitarbeiterinnen und Mitarbeiter befragt werden, soll insbesondere der Einfluss organisationaler Rahmenbedingungen auf die Arbeitsbedingungen, das Führungsverhalten sowie die Gesundheit der Führungskräfte betrachtet werden. Eine anschließende Dyaden-Studie legt den Schwerpunkt auf den Interaktionsprozess zwischen Führungskräften und Mitarbeiterinnen wie Mitarbeitern. Die quantitativen Ansätze werden ergänzt durch qualitative Fallstudien, in denen moderne und innovative Organisations- und Führungsformen vertiefend analysiert werden. Ziel ist es, die Bedingungen, Motive und Haltungen, die zur Etablierung neuer Führungskonzepte beitragen, näher zu beleuchten.

2.2 Ausgewählte Ergebnisse der Vorarbeiten

Um weitere Erkenntnisse zu den bisher widersprüchlichen Ergebnissen der Gesundheitssituation von Führungskräften (Zimber, Hentrich, Bockhoff, Wissing, & Petermann, 2015) zu gewinnen, wurden Auswertungen basierend auf zwei großen, repräsentativen Datensätzen durchgeführt (BAuA, in Vorbereitung; Thomson et al., 2020).

Datengrundlage

Als Grundlage hierfür dienten die BIBB/BAuA-Erwerbstätigenbefragung 2018 und Daten des „Linked-Personnel-Panel (LPP) kombiniert mit Daten des IAB-Betriebspanel[1]. Bei der BIBB/BAuA-Erwerbstätigenbefragung handelt es sich um eine telefonische, computerunterstützte Befragung von rund 20.000 Erwerbstätigen in Deutschland. Da für die folgenden Analysen nur die abhängig Erwerbstätigen berücksichtigt wurden, umfasst die Stichprobe 17.852 Personen[2]. Das LPP kombiniert Daten aus der Perspektive der Betriebe (mit mind. 50 Mitarbeitern) mit der Beschäftigtenperspektive.

Für die Analysen wurden die beiden ersten Wellen des LPP aus den Jahren 2012/13 und 2014/15 gepoolt und auf abhängig Beschäftigte im Alter von 25 bis

[1] Die Datengrundlage dieses Beitrags bildet das Linked Personnel Panel (LPP), Welle 12/13 und 14/15, DOI: 10.5164/IAB.LPP1617. de.en.v1 sowie das IAB-Betriebspanel, Wellen 1993-2017, DOI: 10.5164/IAB.IABBP9317.de.en.v1. Der Datenzugang erfolgte über einen Gastaufenthalt am Forschungsdatenzentrum der Bundesagentur für Arbeit im Institut für Arbeitsmarkt- und Berufsforschung (FDZ) und anschließend mittels kontrollierter Datenfernverarbeitung beim FDZ.

[2] Bei der Angabe der Stichprobengröße handelt es sich um einen gewichteten Wert, bei dem die Stichprobe in wesentlichen Merkmalen an die Mikrozensusdaten angepasst wird.

59 Jahren beschränkt, sodass die Stichprobe 771 Betriebe und 11.160 „Personenjahre" umfasst.

Ergebnisse
Bei einem Vergleich des Gesundheitszustands von Führungskräften und Beschäftigten ohne Führungsfunktion zeigte sich in beiden Datensätzen, dass Führungskräfte ihren allgemeinen Gesundheitszustand als signifikant besser einschätzten als Beschäftigte ohne Führungsfunktion (BIBB/BAuA[3]: $\text{Mittelwert}_{FK} = 2{,}70$, $\text{Mittelwert}_{MA} = 2{,}78$, $t\,(17.810) = -6{,}407$, $p < {,}001$; LPP: $\text{Mittelwert}_{FK} = 2{,}27$, $\text{Mittelwert}_{MA} = 2{,}37$ [revers kodiert, 1 = sehr gut bzw. ausgezeichnet, 5 = schlecht]). Wurden allerdings Angaben zu gesundheitlichen Beschwerden (z.B. Schmerzen im unteren Rücken oder Kopfschmerzen) verglichen, unterschieden sich diese nicht signifikant zwischen den Beschäftigten und den Führungskräften (BIBB/BAuA: $\text{Mittelwert}_{FK} = 2{,}45$, $\text{Mittelwert}_{MA} = 2{,}41$, $t\,(17.709) = -0{,}896$, $p = {,}370$).

Mit Blick auf die Arbeitssituation von Führungskräften wird basierend auf Analysen der BIBB/BAuA-Erwerbstätigenbefragung deutlich, dass diese signifikant häufiger von hohen Arbeitsanforderungen berichten als Beschäftigte ohne Führungsfunktion (insbesondere schnelles Arbeiten, Multitasking und starker Termin- und Leistungsdruck). Allerdings berichteten Führungskräfte auch häufiger von vorhandenen Handlungsspielräumen. Letzteres wurde auch im Rahmen der Auswertungen der LPP-Daten bestätigt. Zudem berichteten Führungskräfte auf Basis der LPP-Daten von einem stärkeren Konflikt zwischen Beruf- und Privatleben als Beschäftigte ohne Führungsfunktion.

Erste Regressionsanalysen basierend auf den LPP-Daten getrennt nach Führungskräften und Beschäftigten ohne Führungsfunktion machen deutlich, dass es Unterschiede in Bezug auf die Einflussfaktoren des selbst eingeschätzten Gesundheitszustand gibt. So scheinen insbesondere Führungskräfte, die anderen ein hohes Maß an Unterstützung entgegenbringen, ihren Gesundheitszustand als schlechter einzuschätzen.

3. Diskussion und Schlussfolgerung

Die ersten Ergebnisse deuten darauf hin, dass Führungskräfte mit hohen Anforderungen konfrontiert sind, aber auch über mehr Ressourcen verfügen, um mit diesen Anforderungen umzugehen. Die unklaren Ergebnisse in Hinblick auf den Gesundheitszustand sowie die Unterschiede zwischen Führungskräften und Beschäftigten ohne Führungsfunktion in Bezug auf mögliche Einflussfaktoren des allgemeinen Ge-

[3] Für die deskriptiven Analysen (z.B. Mittelwerte) wird die gewichtete und für die inferenzstatistischen Analysen (z.B. T-Test) die ungewichtete Stichprobe verwendet.

sundheitszustands sprechen dafür, dass mehr Forschung zur Gesundheits- und Arbeitssituation von Führungskräften durchgeführt werden sollte. Dass Führungskräfte ihren allgemeinen Gesundheitszustand besser einschätzen, könnte z.B. auch dadurch beeinflusst worden sein, dass sie denken, dass Führungskräfte stark und resilient sein müssen und ihr Antwortverhalten entsprechend anpassen (Barling & Cloutier, 2017).

Insgesamt lässt sich schlussfolgern, dass die Forschung wie auch die Praxis die Gesundheit und die spezifische Arbeitssituation der Führungskräfte im Blick behalten und diese Zielgruppe nicht nur als Verantwortliche, sondern auch als Betroffene betrachten müssen – gerade aufgrund ihrer hohen Verantwortung. Auch die organisationalen Rahmenbedingungen von Führung und die Wechselwirkung zwischen Führungskräften und Geführten müssen hierbei mitberücksichtigt werden.

Literatur

Avolio, B. J., Walumbwa, F. O., & Weber, T. J. (2009). Leadership: Current Theories, Research, and Future Directions. 60(1), 421–449. doi:10.1146/annurev.psych.60.110707.163621

Barling, J., & Cloutier, A. (2017). Leaders' Mental Health at Work: Empirical, Methodological, and Policy Directions. *Journal of Occupational Health Psychology, 22*(3), 394–406. doi:10.1037/ocp0000055

BAuA. (in Vorbereitung). *Stressreport Deutschland 2019: Psychische Anforderungen, Ressourcen und Befinden.* Dortmund: Bundesanstalt für Arbeitsschutz und Arbeitsmedizin.

Franke, F., Ducki, A., & Felfe, J. (2015). Gesundheitsförderliche Führung. In J. Felfe (Ed.), *Trends in der psychologischen Führungsforschung* (pp. 253–264). Göttingen: Hogrefe.

Montano, D., Reeske-Behrens, A., & Franke, F. (2016). *Psychische Gesundheit in der Arbeitswelt. Führung.* Dortmund: Bundesanstalt für Arbeitsschutz und Arbeitsmedizin.

Thomson, B., Steidelmüller, C., Schröder, T., Wittmers, A., Pundt, F., & Weber, C. (2020). Der Zusammenhang organisationaler Rahmenbedingungen und Gesundheit bei Führungskräften und Beschäftigten. *BAuA-Bericht.*

Zimber, A., Hentrich, S., Bockhoff, K., Wissing, C., & Petermann, F. (2015). Wie stark sind Führungskräfte psychisch gefährdet? *Zeitschrift für Gesundheitspsychologie, 23*(3), 123–140. doi:10.1026/0943-8149/a000143

Arbeitskreis
Aus- und Weiterbildungen: Verfahren
Leitung: Christian Schwennen

Milena Barz & Sonja Berger
„Werkzeuge für sicheres Arbeiten" – Vorstellung der Entwicklung und Evaluation einer Sammlung von Praxistipps für sicheres Verhalten auf der Baustelle

Jörg Heu & Christian Schwennen
Achtsamkeitstraining als unspezifische Präventionsmaßnahme zum Umgang mit negativen Emotionen und sozialen Spannungen im betrieblichen Umfeld

Wolfgang Höfling
Die Bedeutung von Täuschungen und Methoden, ihnen entgegen zu wirken

Maike Niggemann & Christian Schwennen
„Umdenken" – Ein Training zur Verbesserung der mentalen Gesundheit

Milena Barz & Sonja Berger
Berufsgenossenschaft der Bauwirtschaft

„Werkzeuge für sicheres Arbeiten" – Vorstellung der Entwicklung und Evaluation einer Sammlung von Praxistipps für sicheres Verhalten auf der Baustelle

1. Hintergrund

Im Jahr 2017 startete die Berufsgenossenschaft der Bauwirtschaft (BG BAU), das auf zehn Jahre Laufzeit angelegte Präventionsprogramm „Bau auf Sicherheit. Bau auf Dich." für mehr Verhaltenssicherheit auf der Baustelle.

Zentrale Elemente dieses Präventionsprogramms sind die Betriebliche Erklärung, Lebenswichtige Regeln und die Stopp-Botschaft. Diese drei Elemente stellen die Basis dar auf der sich eine bessere Präventionskultur im Unternehmen und sichereres Verhalten bei den Mitarbeitern entwickeln kann.

Um die Betriebe bei der Einführung und Umsetzung des Programms im eigenen Unternehmen zu unterstützen hat die BG BAU das Ringbuch „Werkzeuge für sicheres Arbeiten – Praxistipps für sicheres Verhalten auf der Baustelle" entwickelt und evaluiert.

Ziele der Praxistipps sind die Bewusstwerdung der Vorbildrolle von Vorgesetzten, die Risikowahrnehmung der Beschäftigten zu erhöhen, Motivation zu sicherem Verhalten und sicheres Verhalten zu fördern und sichere Bedingungen auf Baustellen zu schaffen.

Die Zielgruppen sind Unternehmerinnen und Unternehmer, Führungskräfte und Sicherheitsfachkräfte im Baugewerbe. Insbesondere sollen die „Werkzeuge für sicheres Arbeiten" kleine und mittelständische Unternehmen auf dem Weg zu mehr Arbeitssicherheit unterstützen.

Theoretische Grundlagen der Tipps sind die sozialkognitive Lerntheorie (Bandura, 1977), Operante Konditionierung (Skinner, 1982), Gruppenprozesse (Asch, 1951), Unaufmerksamkeitsblindheit (Simons & Chabris, 1999), Kognitive Dissonanz (Festinger, 1978), Entscheidungsprozesse (Ariely, 2008; Cialdini, 2008; Storch, 2003), Risikowahrnehmung (Schwarzer & Renner, 1997), Selbstaufmerksamkeit (Wicklund & Frey, 1993), Wertschätzung und Kommunikation (Rosenberg, 2001) und Selbstregulation (Oettingen, 2015).

2. Entwicklung der Tipps

2.1 Methode

Die Tipps wurden auf Grundlage von fünf Experteninterviews (Unternehmern) und drei Expertenworkshops (Aufsichtspersonen und Psychologinnen) entwickelt.

In den Experteninterviews und im ersten Expertenworkshop (sechs Aufsichtspersonen) wurden Best-Practice-Beispiele dafür gesammelt, wie in Unternehmen der Bauwirtschaft sicheres Verhalten gefördert wird.

Der zweite Expertenworkshop (acht Aufsichtspersonen) diente zur Prüfung der Best-Practice-Beispiele auf Nutzen, Machbarkeit und rechtliche Rahmenbedingungen.

Die so entwickelten Tipps wurden im Anschluss noch einmal in einem letzten Expertenworkshop 20 Aufsichtspersonen vorgelegt, welche jeden einzelnen Tipp im Hinblick auf Nutzen und Machbarkeit bewertet haben. Außerdem wurde die Gestaltung als Ringbuch entwickelt.

2.2 Ergebnisse

Im Rahmen der Experteninterviews und des ersten Expertenworkshops wurden 36 Tipps gesammelt. Nach dem zweiten Expertenworkshop wurden die Tipps auf 33 Tipps gekürzt. Aufgrund der Bewertung im dritten Expertenworkshop verblieben 21 Tipps als „Werkzeuge für sicheres Arbeiten“. Hinzukommen neun Tipps mit Informationen zu den Angeboten der BG BAU.

Die Tipps wurden in fünf Kapitel aufgeteilt: Sichere Verhältnisse schaffen, sicheres Verhalten fördern, psychologisches Wissen für den Arbeitsalltag, vertiefende Hinweise die Kernelemente des Präventionsprogramms „Bau auf Sicherheit. Bau auf Dich.“ einzuführen und Angebote der BG BAU.

3. Evaluation der Tipps

3.1 Methode

Eine Pilotversion des Ringbuchs wurde mit einer Onlinebefragung und Interviews durch das IAG (Institut für Arbeit und Gesundheit der DGUV) evaluiert. Dazu wurden im Juli 2019 ca. 300 Unternehmerinnen und Unternehmern, welche am Präventionsprogramm „Bau auf Sicherheit. Bau auf Dich.“ teilnehmen, ein Ringbuch mit einem Anschreiben geschickt. Das Anschreiben enthielt eine Einladung zur Teilnahme an der Onlinebefragung. Die Teilnahme an der Befragung war zwei Monate lang geöffnet.

An der Onlinebefragung nahmen 98 Personen teil. Mit 15 der teilnehmenden Personen wurde zusätzlich ein Telefoninterview durchgeführt.

Zur Person und zum Betrieb wurden das Gewerk, die Größe des Betriebs, die Funktion der Person im Betrieb, sowie das Alter erfasst. Die Indikatoren der Evaluation waren die Gestaltung, die Akzeptanz und Relevanz, das Interesse an dem Produkt, die Anwenderfreundlichkeit und die Handhabbarkeit, die Verständlichkeit, die Umsetzung, die Bewusstseinsveränderung, die Veränderung des Verhaltens und die Veränderung der Verhältnisse.

3.2 Ergebnisse

Die Tipps wurden sowohl in der Onlinebefragung als auch in den Interviews sehr positiv bewertet. Insbesondere die Verständlichkeit und die Gestaltung der Tipps wurden als sehr gut bewertet.

Das Kapitel „Sicheres Verhalten fordern" bewerteten 65,3 % der Befragten als besonders interessant. 70,8 % der Befragten gaben an, schon einen oder mehrere der Tipps ausprobiert zu haben. Ein Großteil der Befragten (ca. 70-85 %) berichtet, dass sich durch die Verwendung der Tipps das Sicherheitsbewusstsein, die Vorbildfunktion und das Sicherheitsverhalten sehr oder zumindest teilweise verbessert hat.

62,4 % der Teilnehmenden würden die „Werkzeuge für sicheres Arbeiten" gerne digital verwenden.

Im Anschluss an die Befragung und die Interviews wurde das Ringbuch dem Feedback entsprechend leicht modifiziert. Es besteht final aus 26 Tipps und neun Angeboten der BG BAU.

Literatur

Ariely, D. (2008). Denken hilft zwar, nützt aber nichts. München: Droemer Knaur

Asch, S. E. (1951). Effects of group pressure upon the modification and distortion of judgment. In H. Guetzkow (Hrsg.), Groups, leadership and men. Pittsburgh, PA: Carnegie Press.

Bandura, A. (1977). Self-efficacy: Towards a unifying theory of behavioral change. *Psychological Reviews, 84(*2).

Cialdini, R. B. (2008). Die Psychologie des Überzeugens. Ein Lehrbuch für alle, die ihren Mitmenschen und sich selbst auf die Schliche kommen wollen. Bern: Huber

Festinger, L. (1978). Theorie der Kognitiven Dissonanz. Bern: Hans Huber Verlag.

Oettingen, G. (2015). Die Psychologie des Gelingens. München: Pattloch.

Rosenberg, M, (2001). Gewaltfreie Kommunikation, Paderborn: Junfermann.

Schwarzer, R. & Renner, B. (1997). Risikoeinschätzung und Optimismus. In R. Schwarzer (Hrsg.), Gesundheitspsychologie. Ein Lehrbuch. Göttingen: Hogrefe.

Simons, D. J. & Chabris C. F. (1999). Gorillas in Our Midst: Sustained Inattentional Blindness for Dynamic Events. *Perception,* 28, S. 1059–1074

Skinner, B. F. (1982). Jenseits von Freiheit und Würde. Reinbek: Rowohlt.

Storch, M. (2003). Das Geheimnis kluger Entscheidungen – von somatischen Markern, Bauchgefühl und Überzeugungskraft. Pendo: Zürich

Wicklund, R.A. & Frey, D. (1993). Die Theorie der Selbstaufmerksamkeit. In D. Frey & M. Irle (Hrsg.), Theorien der Sozialpsychologie. Band I (S. 155–173). Bern: Huber.

Jörg Heu & Christian Schwennen
CURRENTA GmbH & Co.OHG – Gesunde Arbeitswelt

Achtsamkeitstraining als unspezifische Präventionsmaßnahme zum Umgang mit negativen Emotionen und sozialen Spannungen im betrieblichen Umfeld

1. Ausgangslage

Im betrieblichen Kontext gehört das Erleben von Stress und negativen Emotionen bei vielen Menschen zum Arbeitsalltag. Laut der TK-Stressstudie (2016) fühlt sich mehr als die Hälfte der Befragten „gestresst", insbesondere die berufstätigen Altersgruppen. Zudem erfordern gerade Dienstleistungsberufe ein hohes Maß an Kompetenz im Umgang mit Emotionen, die aus der Interaktion mit dem Kunden entstehen und einen eigenen berufsbedingten Belastungsfaktor darstellen können (Zapf et al. 2000). In diesem Zusammenhang wurde für einen Verwaltungsbereich in der chemischen Industrie ein Achtsamkeitstraining entwickelt, um die Mitarbeitenden in ihrer Kompetenz, mit stressauslösenden Situationen und negativen Emotionen umzugehen, zu fördern. Die Aufgaben in diesem Bereich erfordern viel Kundenkontakt und gehen mit hohem Zeitdruck einher. Die Mitarbeitenden arbeiten zum großen Teil in Großraumbüros und erleben sich gehäuft subjektiv belastet. Mit dem individuellen Stresserleben geht in der Regel der allgemeinen Erfahrung nach eine erhöhte Reizbarkeit einher, die zu interpersonellen Konflikten beitragen kann. Dies sowohl im Umgang mit Kunden als auch mit Kollegen. Ebenso ändern sich häufig die Wahrnehmung und das Denken in eine negative Richtung, so dass Situationen kritischer eingeschätzt werden als in einem entspannten Zustand. Dies kann entstandene Konflikte und innere Spannungen verstärken. Im Großraumbüro fehlen häufig Möglichkeiten sich in stressigen Situationen zurückzuziehen. Dies erschwert die eigene Emotionsregulation. Der Geräuschpegel in großen Büros, die mit vielen Personen besetzt sind, fördert zudem eine unterschwellige Anspannung, wie es von den Teilnehmern im vorgestellten Training verbal mitgeteilt worden ist. „Am Klackern der Tastatur meines Kollegen kann ich erkennen, ob dieser sich gerade geärgert hat." So kann sich die Spannung von einem zum anderen Kollegen übertragen. Gerade in stressigen Phasen falle es schwer mit fordernden Kunden umzugehen. Dies führe zu einem hohen subjektiven Belastungsgefühl. Die Teilnehmer berichteten, dass es ihnen gerade in solchen Situationen schwer falle nach der Arbeit abzuschalten, so dass im subjektiven Erleben die Erholungsfähigkeit deutlich nachlasse. Achtsamkeitstrainings können zur Stressreduktion eingesetzt werden (Kabat-Zinn, 2013). Der Vorteil von Achtsamkeitstechniken gegenüber anderen Entspannungsverfahren liegt hier besonders in der Möglichkeit, diese in den Arbeitsalltag zu integrieren (Thich Nath Hanh, 2013). Durch das mentale Training ist es möglich, Abstand von belastenden Gedanken und Gefühlen zu bekommen, was mit einem Gefühl der Gelassenheit einhergehen kann. Die erreichte Gelassenheit ermöglicht einen souveränen Umgang mit schwierigen Situationen und geht häufig mit einer Steigerung der eigenen Geduld im sozialen Umgang einher. Dies kann indirekt dazu beitragen, dass sich Spannungen zwischen Mitarbeitenden und auch in Bezug auf den Umgang mit Kunden reduzieren.

2. Trainingskonzept

Das Achtsamkeitstraining umfasst sechs aufeinanderfolgende Sitzungen, in denen theoretische Inhalte mit praktischen Achtsamkeitsübungen verbunden werden. Im Anschluss erfolgen mit drei Monaten Abstand zwei Boostersitzungen. Diese dienen dem Transfer des Gelernten in den Arbeitsalltag, dem Erfahrungsaustausch und der erneuten gemeinsamen Übung. Die Gruppengröße umfasst zwölf Teilnehmende. Besonderer Augenmerk wurde in der Trainingskonzeption darauf gelegt, dass die Teilnehmenden lernen im Arbeitsalltag Situationen zu identifizieren, die sie als Achtsamkeitsübung nutzen können. Ziel des Trainings ist es, Achtsamkeit als mentalen Zustand so weit zu verinnerlichen, dass dieser nicht nur während formaler Übungen angestrebt wird, sondern ihn als integralen Bestandteil des Arbeitslebens zu etablieren, um ständig auftretenden „Stressauslösern" konsequent entgegenzuwirken. Das Training wird flankiert von vorangehenden Impulsvorträgen im Zeitrahmen von 60 Minuten, in denen Grundinformationen zum Thema Stress vermittelt werden und eine Sensibilisierung für den Nutzen von einer achtsamen Gestaltung des Arbeitsalltags erfolgt.

Die theoretischen Inhalte des Trainings beziehen sich auf Informationen zur körperlichen Stressreaktion, ihre Entstehung, Bedeutung und ihre Auswirkungen auf körperliche Prozesse, das Wahrnehmen und Denken. Es wird vermittelt, dass es sich bei Stress um eine Anpassungsreaktion des Körpers auf eine Bedrohungssituation handelt, die bei realen physischen Bedrohungen sehr wichtig und erfolgreich ist, um schnell fliehen oder kämpfen zu können, bei Stress durch Gedanken jedoch zu einer Situation führt, die auf Dauer eher eine größere Belastung als eine Ressource darstellt. Es werden Zusammenhänge zwischen dem Stresserleben und Verarbeitungsprozessen in verschiedenen Gehirnregionen erarbeitet. Hier wird besonderes Augenmerk auf die unterschiedlichen Arbeitsweisen des limbischen Systems und des Frontallappens gelegt und deren Auswirkungen auf das eigene Erleben und Verhalten besprochen.

Im Anschluss an die Wissensvermittlung erfolgen erste Übungen. Diese sind bewusst sehr einfach gehalten, so dass sie auch ohne verbale Anleitung rasch erlern- und anwendbar sind. Auf diese Weise sollen die Teilnehmer zur eigenständigen Übung motiviert werden. Eine Durchführung von langen individuellen Übungseinheiten wird nicht verlangt. Kürzere Einheiten die regelmäßig durchgeführt, den eigenen Bedürfnissen angepasst werden und keine zusätzlichen Zeiträume erfordern, haben unserer praktischen Erfahrung nach eine höhere Wahrscheinlichkeit im Alltag beibehalten zu werden. Schwerpunkt der gemeinsamen Übungen liegt auf dem Erlernen von Atembeobachtungsübungen, dem Gewahrwerden von körperlichen Spannungszuständen, Gedanken und Gefühlen sowie dem Erlernen einer Variante des Bodyscans. Mit zunehmender Praxiserfahrung werden die Teilnehmenden motiviert eigene, auf sie und ihren Arbeitsalltag zugeschnittene Achtsamkeitsübungen zu entwickeln und umzusetzen.

3. Evaluation

Die Evaluation des Trainings erfolgte zu drei Messzeitpunkten. Zu Beginn der Sitzungen wurde eine Selbsteinschätzung der eigenen Kompetenzen im Bereich Achtsamkeit erfragt, sowie eine leicht gekürzte Fassung des Freiburger Fragebogens zur Achtsamkeit (FFA Walach et al., 2004) eingesetzt.

Nach den ersten sechs Sitzungen wurde die Veranstaltung allgemein evaluiert (Fragen zur Verständlichkeit der Inhalte, der Rahmenbedingungen und der Dozierenden), die Selbsteinschätzung wiederholt, wie auch die gekürzte FFA-Version. Zudem wurde mit vier Items die Eigeneischätzung zum Transfer in den Alltag erfragt.

Zum dritten Messzeitpunkt (nach den Boostersitzungen) wurde noch einmal abschließend nach der Selbsteinschätzung der Achtsamkeitskompetenzen, dem Transfer in den beruflichen Alltag, einer Einschätzung, inwiefern das Training hilfreich für die Bewältigung im Arbeitsalltag und dem Wohlbefinden war, gefragt und die gekürzte FFA-Version wiederholt. Abgeschlossen wurde die Evaluation mit der Frage, ob die Teilnehmenden das Training ihren Kolleginnen und Kollegen weiterempfehlen würden.

Insgesamt haben bisher 95 Teilnehmende das Achtsamkeitstraining absolviert. Aufgrund von betrieblichen Anforderungen konnten nicht alle Personen an allen Sitzungen teilnehmen. Drop-outs sind jedoch nicht zu verzeichnen. Die Veränderungen über die drei Messzeitpunkte wurden mittels ANOVA auf statistische Signifikanz überprüft. Alle beschriebenen Mittelwertdifferenzen waren auf $p = 0.01^{**}$ Niveau signifikant.

In der Selbsteinschätzungsskala der eigenen Kompetenzen lag der Mittelwert (fünfstufige Antwortskala, 1 = schlecht, 5 = sehr gut) der Befragten zum ersten Messzeitpunkt bei 2.64. Die Mittelwerte zum zweiten und dritten Messzeitpunkt lagen bei 4.34 bzw. 4.28. Die Einschätzung der eigenen Kompetenzen verbesserte sich nach dem Training demnach signifikant. In der Kurzversion des FFA stiegen die Werte von 2.88 auf 3.20 bzw. 3.26 was ebenfalls einem signifikanten Anstieg entsprach. Die Inhalte der Veranstaltung wurden mit einem Mittelwert von 4.78 sehr positiv bewertet. Ebenso die Rahmenbedingungen (4.32) und die Dozierenden (4.91). Der Transfer des Gelernten in den Arbeitsalltag schien gut zu gelingen (4.22 nach dem Training und 4.11 nach den Boostersitzungen). Die Frage, ob die Teilnehmenden das Training an Kolleginnen und Kollegen weiterempfehlen würden, wurden im Schnitt nach den sechs Sitzungen mit 5.86 (1 = nein; 6 = absolut) und mit 5.80 nach den Boostersitzungen beantwortet. Nach der sechsten Sitzung wurden die Teilnehmenden gefragt, wie stark das Interesse für die Teilnahme an den Boostersitzungen sei. Dies wurde mit einem mittleren Wert von 5.81 (1 = nein; 6 = absolut) ebenfalls sehr positiv beantwortet. In den verbalen Rückmelderunden nach den Boostersitzungen wurde von den Teilnehmenden berichtet, dass es ihnen im Verlauf des Trainings immer besser gelungen sei bei sich selbst zu erkennen, wenn sie sich in einem Stresszustand befanden. Sie konnten erfolgreich die eingeübten, aber auch eigene Aufmerksamkeitsfokussierungsübungen einsetzten, was oft zu einer schnelleren Beruhigung und deutlich anderen Einschätzung der Situation geführt habe. So konnten sie auch aufkommenden Ärger rasch identifizieren und entsprechend gegenregulieren, was es ihnen ermöglichte auf andere Art und Weise mit belastenden Situationen umzugehen. Insgesamt ist es gelungen ein betriebs- und alltagstaugliches Achtsamkeitstraining zu entwickeln und zu implementieren. Die Inhalte des Seminares wurden als wertvoll erachtet und es gelang, diese im Arbeitsalltag umzusetzen. Alle Teilnehmenden hatten großes Interesse an den Boostersitzungen teilzunehmen und würden das Training weiterempfehlen.

Literatur

Kabat-Zinn, J. (2013). *Gesund durch Mediation.* Knaur.

Techniker Krankenkasse. Entspann Dich, Deutschland. TK-Stressstudie. 2016 2016. 1–56.

Hahn, T.N. (2013). *Achtsam arbeiten, achtsam leben. Der buddhistische Weg zu einem erfüllten Tag.* O.W. Barth

Walach, H., Buchheld, N., Buttenmüller, V., Kleinknecht, N., Grossman, P. & Schmidt, S. (2004). Empirische Erfassung der Achtsamkeit – die Konstruktion des Freiburger Fragebogens zur Achtsamkeit (FFA) und weitere Validierungsstudien. In T. Heidenreich & J. Michalak (Hrsg.), *Achtsamkeit und Akzeptanz in der Psychotherapie* (S. 727–770). Tübingen: DGVT-Verlag.

Zapf, D., Seifert, C., Mertini, H., Voigt, C., Holz, M., Vondran, E., Isic, A. & Schmutte, B. (2000). Emotionsarbeit in Organisationen und psychische Gesundheit. In H.-P. Musahl & T. Eisenhauer (Hrsg.), *Psychologie der Arbeitssicherheit. Beiträge zur Förderung von Sicherheit und Gesundheit in Arbeitssystemen* (S. 99-106). Heidelberg: Asanger.

Wolfgang Höfling
Höfling & Partner, Heidelberg

Die Bedeutung von Täuschungen und Methoden, ihnen entgegen zu wirken

1. Täuschungen als mögliche Unfallursache

1.1 Was bewegt uns?

Uns beschäftigen Ereignisse, die durch Entscheidungen und Handlungen verursacht werden, die im Nachhinein schwer nachvollziehbar scheinen. Erfahrene Mechaniker verunfallen, weil sie Maschinenteile, die sie über Kopf montieren, nicht ordentlich sichern. Operateure greifen, um Störungen zu beheben, in den laufenden Prozess von Maschinen ein. Stets in der Annahme, diese Eingriffe seien beherrschbar. Wir glauben, dass diese Unfälle zum Teil auf Fehleinschätzungen des Risikos beruhen. Risikobeurteilung hängt von der Darstellung der Eintrittswahrscheinlichkeit ab. Diese kognitive Operation ist jedoch fehleranfällig. Wir können uns täuschen.

Daher setzen wir uns mit Möglichkeiten der Täuschung auseinander und kümmern uns um Methoden. Methoden, die helfen, zu einem langsamen und systematischen Denken zu kommen, und die Beschäftigte „zwingen", gemeinsam mit anderen Kollegen systematisch die Situation zu beurteilen.

1.2 Wie kommt es zu Täuschungen?

Mit James Reason (Reason, 1990) gehen wir davon aus, dass uns Fehler unterlaufen können. Doch woran liegt das? Grundlegend für sicheres Arbeiten ist eine annähernd realistische Einschätzung der Risiken. Wie wir diese einschätzen, hängt von unserer Kompetenz, sie wahrzunehmen und zu beurteilen, ab. Dabei handelt es sich, wie der Name sagt, um eine (Ein-)Schätzung. Im Alltag gehen wir jedoch ganz stillschweigend von einer „harten" Vorstellung der Wirklichkeit aus. Wir glauben, dass wir alle Fakten und Tatsachen, so wie sie wirklich sind, erkennen können. Doch was wäre, wenn es keine objektive Wirklichkeit gäbe. Wenn das, was wir für wirklich halten, ein Teil unserer subjektiven oder im besten Fall intersubjektiven Wahrnehmung und Beurteilung wäre. Hiermit hat sich Paul Watzlawick (Watzlawick, 1978) auseinandergesetzt. In seinem Buch „Wie wirklich ist die Wirklichkeit?" geht er davon aus, dass unsere Wahrnehmung der Wirklichkeit beschränkt sei. Mehr noch, dass wir uns unsere Wirklichkeit selbst erschaffen. So vermutet er, dass jeder Mensch sich seine eigene ganz persönliche Weltanschauung konstruiert, die die Basis für „unsere subjektive Wirklichkeit" darstellt. Aus diesem Grund bilden wir mentale Raster, die uns helfen, die Welt zu erklären. In Zuständen der Ungewissheit suchen wir nach Erklärungen, die unseren Erfahrungen Sinn geben. In solchen Situationen neigen wir dazu, die erstbeste Interpretation zu akzeptieren, und sind anfällig für eine verzerrte Wahrnehmung der Wirklichkeit.

Wir meinen, dass wir es in der Praxis mit drei unterschiedlichen Ebenen der Wirklichkeit zu tun haben: Eine scheinbare Realität der Fakten, eine subjektive Realität und eine intersubjektive Realität (siehe auch Luhmann, 1984). Im Alltag unterscheiden wir diese verschiedenen Wirklichkeiten jedoch nicht. Wir gehen stillschweigend immer davon aus, dass es nur eine objektive Realität gibt. Vieles wäre daher schon gewonnen, wenn wir zur Einsicht kämen, dass unsere Einschätzung des Risikos subjektiv und damit für Täuschung anfällig ist. Mehr wäre gewonnen, wenn wir akzeptierten, dass es helfen könnte, Risiken gemeinsam mit anderen – also intersubjektiv und kommunikativ – zu betrachten.

Risikobeurteilung hängt zudem stark von der Darstellung der Eintrittswahrscheinlichkeit ab. Nehmen wir z.B. die beiden folgenden Aussagen: „Dieses Medikament führt mit einer Wahrscheinlichkeit von 0,001 % zu einer Erkrankung eines Kindes“ mit der Aussage: „Ein Kind von 100.000 wird nach der Einnahme dieses Medikaments dauerhaft erkranken“. Obwohl beide Sätze dasselbe aussagen, erzeugt der zweite Satz das mentale Bild eines erkrankten Kindes und ist daher wirkungsvoller. Er hält uns daher eher von der Verabreichung des Medikaments ab. Wir nennen dieses Phänomen „Framing“. Nicht Fakten sind entscheidend, sondern gedankliche Deutungsrahmen, in der kognitiven Psychologie „Frames“ genannt. Frames werden durch Sprache im Gehirn aktiviert. Sie verleihen den Fakten erst eine Bedeutung (Wehling, 2016).

Daniel Kahneman beschreibt in seiner „Dual-Process-Theory“ (Kahnemann, 2012) ein „langsames“ systematisches und ein „schnelles“ intuitives Denken. Ein Großteil unseres Denkens verlaufe nicht etwa bewusst und rational, sondern ganz im Gegenteil schnell und intuitiv ab. Auf der Grundlage eines schnellen und durch Voreingenommenheit beeinflussten Denkens komme es zu Fehleinschätzungen. Unser Gehirn verwende bei Bewertungen Heuristiken als Abkürzung. Das sind kognitive Operationen mit deren Hilfe Schlussfolgerungen gezogen werden, ohne komplizierte und vergleichsweise langwierige Algorithmen einzusetzen. Sie führen ressourcensparend zu Schlussfolgerungen, die in den meisten Lebenssituationen eine hinreichende Güte besitzen. Jedoch besteht die Gefahr, dass gerade in komplexen Situationen voreilige und kognitiv verzerrte Schlüsse gezogen werden. Einige dieser Voreingenommenheiten (Biases), die auf die Beurteilung von Risiken einen Einfluss haben, seien hier genannt:

- Wir überschätzen systematisch unsere Fähigkeit zur Vorhersage.
- Wir filtern und interpretieren Informationen so, dass sie mit unseren Überzeugungen und Ansichten vereinbar sind.

- Wir glauben, dass wir Dinge beeinflussen können, auf die wir absolut keinen Einfluss haben.
- Wir stellen kausale Beziehungen her, wo es keine gibt und wo die „Dinge" nur zufällig zusammenkommen.
- Wir schätzen aufgrund der uns vorliegenden (aber eingeschränkten) Informationen Wahrscheinlichkeiten falsch ein.
- Wir neigen manchmal dazu, Anordnungen einer Autoritätsperson unkritisch nachzukommen.
- Wir kleiden Fakten in Geschichten, die zwar die „Welt" sinnvoll erklären, aber mit der Realität oft nichts zu tun haben.
- Unser Wunsch nach Harmonie und Konformität verführt uns dazu, uns irrationalen Entscheidungen einer Gruppe anzupassen.

2. Strategien, Methoden und Werkzeuge

2.1 Strategien, Täuschungen entgegen zu wirken

Wenn ich meinen Job gut gemacht habe, sollte uns unsere Fähigkeit, Risiken einzuschätzen jetzt störanfällig und unfassbar ungenau vorkommen. Aber was machen wir jetzt? Wir können unsere Kompetenz, Risiken einzuschätzen, ja nicht einfach als hoffnungslosen Fall abtun.

Eine erste generelle Strategie sollte darin bestehen, ein Bewusstsein für die Problematik zu schaffen. Wir meinen, dass das Problem der Täuschung den Arbeitenden nicht wirklich bewusst ist. Wir nehmen daher an, dass wir Zusammenhänge gut erklären sollten. Zudem kommt es auf eine bestimmte Einstellung, ein bestimmtes Mindset an, mit dem Arbeiten ausgeführt werden. Hier helfen fest im Bewusstsein eingeprägte „Lebenswichtige Regeln", wie sie bspw. auf der Website der SUVA vorbildlich beschrieben sind.

2.2 Methoden und Werkzeuge

Wir gehen fest davon aus, dass Methoden weiterhelfen. Charakteristisch ist, dass sie zu einer Beschäftigung (auch) mit (kleinen) Fehlern führen, eine Abneigung gegen vereinfachende Interpretationen erzeugen und die Sensibilität für betriebliche Abläufe erhöhen (Weick & Suttcliff, 2001). Zudem erfüllen sie die nachfolgenden vier Kriterien:

- Sie helfen eine kritische Situation zu erkennen.
- Sie veranlassen Mitarbeiter, eine kritische Arbeit zu unterbrechen.
- Sie führen zu einem Vier-Augen-Gespräch.
- Sie lassen mit Hilfe eines Algorithmus eine Situation neu bewerten.

Meistens werden sie vor Aufnahme einer Arbeit wirksam; motivieren jedoch auch während der Tätigkeit, die Aktivität zu stoppen, einen Kollegen hinzuzuziehen und die

Situation neu zu bewerten. Hilfreich sind hier arbeitsvorbereitende Gespräche, wie „Sicherheitskurzgespräche“ oder das „Last Minute Risk Assessment“. Generell sind wir fest vom Arbeitsfreigabeverfahren oder dem sogenannten „Method Statement“ überzeugt. Hier ein kurzer (unvollständiger) Überblick über mögliche Methoden:

Allgemein
- Lebenswichtige Regeln, die fest im Bewusstsein verankert sind, und im Zielkonflikt abgerufen werden und eine Entscheidung vorgeben.
- Regeln der Sicherheitskultur, wie bspw. die „Sichermacher Regeln“.

Organisatorische Methoden
- Arbeitserlaubnisscheinverfahren, das sowohl Produktion wie Technik zwingt, eine Arbeit auf Gefährdungen hin zu beurteilen und abzusichern.
- Method Statement: Dokumente, in denen detailliert angegeben ist, wie Aufgaben sicher ausgeführt werden müssen.
- Log-Out – Tag-out zwingt dazu, im Zusammenspiel von Produktion und Technik Energien freizuschalten und gegen wieder einschalten zu sichern.

Qualifizierende Methoden
- Risk Kaizen: Einbinden der Beschäftigten in die Erarbeitung oder Modifizierung von Gefährdungsbeurteilungen.
- Daily Safety Person. Feedback-Training von Beschäftigten, aufeinander zu achten und sich gegenseitig in kritischen Situationen anzusprechen.
- Beteiligung der Beschäftigten an Ereignisanalysen, um das Bewusstsein für mögliche Fehler zu entwickeln.

Kommunikative und bewusstseinsbildende Methoden
- Sicherheitskurzgespräch: Teambriefing vor / während der Arbeit.
- Last Minute Risk Assessment: Kurze, vor Aufnahme der Arbeit durchgeführte Gefährdungsbeurteilung im Team.
- Team Time Out: Unterbrechung der gemeinsamen Arbeit und kurze Abstimmung im Team.
- Stopp Methode: Methode, die hilft, die Arbeit zu unterbrechen und mit einem Kollegen die Situation neu zu bewerten.

Literatur
Kahnemann, D. (2012). Schnelles Denken, langsames Denken. München: Pantheon.
Luhmann, N. (1984). Soziale Systeme. Frankfurt: Suhrkamp.
Reason, J. (1990). Human Error. Cambridge University Press.
Watzlawick, P. (1978). Wie wirklich ist die Wirklichkeit? München: Piper.
Wehling, E. (2016).: Politisches Framing. Köln: Herbert von Halem Verlag.
Weick, K. E. & Suttcliff, K. (2001). Das Unerwartete managen. Stuttgart: Klett Cotta.

Maike Niggemann & Christian Schwennen
Currenta GmbH & Co. OHG

„Umdenken" – Ein Training zur Verbesserung der mentalen Gesundheit

1. Ziel und Fokus

Die Abteilung „Gesunde Arbeitswelt" der CURRENTA GmbH & Co. OHG bietet Unternehmen der chemischen Industrie verschiedenste Präventionsangebote an. Neben einer individuellen psychosozialen Beratung, werden auf betrieblicher Ebene Schulungsmaßnahmen im Rahmen des betrieblichen Gesundheitsmanagements mit verschiedenen Schwerpunkten, wie Stressbewältigung oder Achtsamkeit angeboten. Ziel ist es dabei auf allen drei Präventionsebenen die Gesundheit der Mitarbeiter zu fördern.

Die mentale Gesundheit kann dabei als Bestandteil der allgemeinen Gesundheit verstanden werden. Sie lässt sich nicht als reine Abwesenheit psychischer Beeinträchtigungen und Störungen wie Depressionen o.ä. beschreiben, sondern umfasst vielmehr den Zustand des Wohlbefindens, der sowohl individuelle Faktoren wie Zufriedenheit als auch soziale Aspekte des Zusammenwirkens zwischen Mensch und Umwelt beinhaltet. Die mentale Gesundheit steht in einem engen Zusammenhang mit den Dimensionen Arbeits- und Funktionsfähigkeit und ist daher eine entscheidende Voraussetzung für die Teilhabe am Arbeitsleben (Pech, Rose & Freude, 2010).

Die Weltgesundheitsorganisation (WHO) bemüht sich bereits seit Mitte der 90iger Jahre darum, das Bewusstsein für die mentale Gesundheit zu schärfen (WHO, 2004) und lässt diesen Aspekt in immer mehr Strategien und Vorgaben einfließen (z. B. europäischer Aktionsplan für psychische Gesundheit [2013–2030]). Der Schwerpunkt liegt hier allerdings auf Menschen mit psychischen Erkrankungen und Risikogruppen. Während sich beispielsweise Trainingsprogramme zur Stressbewältigung mit dem adäquaten und möglichst effizienten Umgang mit Belastung befassen, erscheint es wünschenswert zu einem noch früheren Zeitpunkt eingreifen und gesunde Menschen gegen Stress immunisieren zu können. Evolutionsbiologisch ist das Ausbleiben einer Stressreaktion sicherlich nicht möglich, mit Hilfe der Erkenntnisse der Hirnforschung, kann aber durch gezieltes Training eine Veränderung der negativen Denkweise und eine damit einhergehende Verbesserung der mentalen Gesundheit erreicht werden.

Während körperliche Hygiene und präventive Maßnahmen, wie Impfungen oder das Tragen von Zahnspangen etc. eine selbstverständliche Praxis sind, lassen sich bei psychischer Gesundheit kaum Äquivalente finden. Wenn man in Betracht zieht, dass die Einführung von Hygienestandards extreme Auswirkungen auf die Lebenserwartung der Menschen hatte und ganze Krankheiten ausrotten konnte, lässt sich – vor dem Hintergrund der Prävalenzen von psychischen Erkrankungen – erahnen, welche unausgeschöpften Potentiale darin liegen könnten, Konzepte zur mentalen Hygiene zu etablieren. Dieser enorme Unterschied, der bezüglich Prävention und Hygiene zwischen unserer psychischen und physischen Gesundheit besteht, soll durch das entwickelte Training verringert werden. Ziel ist es bei den Teilnehmern ein Bewusstsein für mentale Prozesse zu schaffen, Techniken kennenzulernen und Unterstützung beim wortwörtlichen Umdenken zu erhalten.

2. Aufbau des Trainings

Das Training setzt sich aus drei Teilen zusammen, die in drei Halbtagsworkshops übermittelt werden sollen. Vorangehende Impulsvorträge zum Thema mentale Gesundheit können Interesse und Neugier für das Thema wecken, für die bestehenden Möglichkeiten sensibilisieren und Teilnehmer für das eigentliche Training gewinnen. Die Gruppengröße sollte maximal 15 Teilnehmer umfassen.

Der erste Tag des Trainings befasst sich mit den Grundlagen: Zunächst erfolgt eine Herleitung der Relevanz des Themas aus der Historie der allgemeinen Hygiene und ihrer Errungenschaften heraus. Hier wird insbesondere die präventive Funktion betont. Zum vertiefenden Verständnis werden anschließend die notwendigen neuropsychologischen Prozesse und Erkenntnisse erläutert. Während man noch bis zur Mitte der 90iger Jahre davon ausgegangen ist, dass sich das Gehirn eines Erwachsenen nicht mehr groß verändert, wissen wir auf Grund der Forschungsergebnisse von Kandel und Kollegen (Kandel, Schwartz & Jesell, 2009) um die sogenannte Neuroplastizität – die Fähigkeit des Gehirns sich den Umständen anzupassen und weiterzuentwickeln. Der Mensch ist demnach in der Lage durch Gedanken und Übung seine Gehirnstruktur zu beeinflussen und zu formen. Alle Handlungen sind das Ergebnis von Impulsen, die über Nervenfasern durch den Körper „geschickt" werden. Wenn die selben Impulse häufig erfolgen, werden die neuronalen Verbindungen immer schneller. Tagtäglich bildet der Mensch so durch wiederholtes Denken neue Strukturen, während weniger aktive neuronale Pfade „verkümmern". Dieser Prozess wird als neuronaler Darwinismus bezeichnet. Prinzipiell ist es die Aufgabe unseres Gehirns, uns vor Gefahren zu warnen und Mechanismen anzustoßen, die unseren Körper auf die drei Optionen „Kampf", „Flucht" oder „Erstarren" vorbereiten. Diese Struktur in unserem „Reptiliengehirn" ist evolutions-biologisch sicherlich sinnvoll gewesen, scheint in unserer heutigen Zeit ohne Säbelzahntiger oder Mammuts aber überholt zu sein und birgt das Risiko, dass der jüngere Teil unseres Gehirns, welcher mit Entscheidungsfindung, Handlungsplanung und ähnlichem „Denksport" assoziiert ist, häufig „runterreguliert“ wird, da beide nicht gut parallel arbeiten können. Denken wir nun dementsprechend also regelmäßig negativ, stärken wir diese unproduktive und gesundheitsschädliche Art zu denken aufgrund der oben geschilderten Mechanismen. Ein Umstand den es zu verhindern bzw. zu stoppen gilt. Dem Teilnehmer soll ersichtlich werden, wie unser Gehirn „arbeitet“, welche Tatsachen sich evolutionsbiologisch ableiten lassen und welchen Einfluss die Art des Denkens auf unsere Gesundheit und unser Wohlbefinden hat. Die Idee des Trainings, sich die Erkenntnisse der Hirnforschung zu Nutze zu machen, das negative Denken „verkümmern“ zu lassen, indem aktiv geübt wird, positiv zu denken und so unser Gehirn für uns und unsere Gesundheit arbeiten zu lassen, soll als Fazit übermittelt werden. Die Teilnehmer können sich mit Hilfe kleiner Test von der Struktur ihrer eigenen Gedankenwelt überzeugen und einen „status quo“ ermitteln, der als Grundlage für den „Soll-Zustand“ dient.

Der Weg dorthin ist Gegenstand des zweiten Teils. Das Umlernen des Denkens kann auf mehreren Ebenen erfolgen. Bezüglich der Form, werden Regeln für wirklich positives Denken aufgestellt und eingeübt. Sprache, die den inneren Monolog gestaltet, nimmt ebenfalls einen Themenblock ein, um für dieses Medium und seine Auswirkungen zu sensibilisieren. Auf der inhaltlichen Ebene wird der Fokus darauf gerichtet, worüber wir nachdenken und welche Auswirkungen diese Themen haben. Es werden Überlegungen zum eigenen mind-set getätigt und das Konzept des circle of influence (Covey, 2018) integriert.

An allen Stellen werden Beispiele, Metaphern und Studien angewendet, um einen lebendigen und alltagsnahen Austausch zu ermöglichen. Zusätzlich zu den kurzen Übungen und Selbstreflexionen während des gesamten Trainings, folgt am Ende ein spezieller Block mit spezifischen Übungen. Zu diesen gehören insbesondere Visualisierungsübungen, die Etablierung von Affirmationen und Veränderungen des mind-sets. Hier liegt der Schwerpunkt auf der Vermittlung praktikabler Anleitungen das „Umdenken“ regelmäßig zu trainieren, um somit eine Veränderung der neuronalen Strukturen und damit einen anhaltenden Erfolg zu ermöglichen. Zum Abschluss erfolgt, neben einem Hinweis auf die Grenzen von mentalem Training, die insbesondere in ausbleibenden Handlungen liegen, eine Ausarbeitung konkreter Handlungsschritte im Sinne eines „Trainingsplans“. Erfolgskontrollen durch Tandem-Partner oder eine Booster-Session können zu diesem Zeitpunkt vereinbart werden.

3. Pilotierung

Die erste Durchführung des Trainings respektive eine anschließende Evaluation sollen Hinweise für mögliche Verbesserungen und Adaptionen liefern. Die relevanten Leitfragen beziehen sich auf die zeitliche Gestaltung (Sind drei Halbtagsworkshops geeignet?), die Konzeptgestaltung (Fehlen relevante Aspekte? Gibt es weitere Interessen?), die Anwendbarkeit der Übungen sowie die wahrgenommene Relevanz des Themas.

Das Evaluationskonzept sieht vor an zwei Messzeitpunkten folgende Aspekte zu erheben: subjektives Wohlbefinden mittels des WHO-5-Wohlbefindens-Index (Bech, 1998) sowie eine Selbsteinschätzung bezüglich der eigenen mentalen Hygiene jeweils vor und nach dem Training. Bedingt durch die fehlende allgemeine Berücksichtigung des Themas, ist die mentale Hygiene kaum in der Forschung präsent. Aus diesem Grund stehen keine adäquaten Verfahren zur Messung zugehöriger Aspekte zur Verfügung. Bei den Items hierzu handelt es sich aus diesem Grund um selbstentwickelte Fragen, die mit Hilfe einer fünfstufigen Skala die Zustimmung zu einer Aussage, wie z.B. „Ich denke in der Regel eher negativ." ermitteln. Im Anschluss an das Programm wird die Veranstaltung zusätzlich allgemein, in Bezug auf die Rahmenbedingung und die Verständlichkeit der Inhalte, evaluiert. Außerdem erfolgt eine Abfrage, inwiefern die Auseinandersetzung mit dem Thema als hilfreich für den Arbeitsalltag und das Wohlbefinden wahrgenommen wird und, ob ein eigenständiges „weitertrainieren" angestrebt wird. Dieser Punkt bildet die Grundlage, um weiterführende unterstützende Maßnahmen, wie Booster-Sessions, Supervisionstermine oder Tandem-Lösungen zu etablieren.

Auf eine konkrete Testung der veränderten Denkweise wird bewusst verzichtet. Zum einen ist dafür eine Aneignung über einen längeren Zeitraum notwendig und ein Erfolg in diesem Bereich sehr schwierig adäquat abzubilden, zum anderen liegt der Schwerpunkt des Trainings, wie beschrieben, in einer Sensibilisierung und Grundlagenvermittlung mit dem Ziel das Wohlbefinden der Mitarbeiter zu verbessern.

Literatur

Bech, P. (1998). WHO-5 Fragebogen zum Wohlbefinden. Verfügbar unter: https://www.psykiatri-regionh.dk/who-5/Documents/WHO5_German.pdf [17.01.2020]

Covey, S. (2018). Die 7 Wege zur Effektivität: Prinzipien für persönlichen & beruflichen Erfolg (53. Auflage), Offenbach: GABAL Verlag.

Kandel, E., Schwartz, J. & Jesell T. (2009) Neurowissenschaften – Eine Einführung. (3. Auflage) Heidelberg: Springer Spektrum Verlag.

Pech, E., Rose, U. & Freude, U. (2010). Zum Verständnis mentaler Gesundheit – eine erweiterte Perspektive. Konzepte, Auswirkungen und Implikationen für Arbeitsgestaltung und Forschung in: Zentralblatt für Arbeitsmedizin, Arbeitsschutz und Ergonomie, Volume 60, Heft 7 2010. Seiten 234–243, DOI: 10.1007/BF03344289

World Health Organization (2004). Promoting mental health: Concepts, emerging evidence, practice: Summary report. Genf: World Health Organization.

Arbeitskreis
Präventions-, Sicherheits- und Gesundheitskultur: Kulturwerkstatt 1

Leitung: Gabriele Elke

Jana Kampe, Henrik Habenicht & Rüdiger Trimpop
Erfolgreich in Kulturveränderungsprozesse starten: Vorstellung eines praxiserprobten Konzepts in KMU

Peter Krauss-Hoffmann & Jana-Madeline Staupe
Diversity Management als Treiber für Change-Prozesse in öffentlichen Verwaltungen

Rainer Oberkötter & Carolin Wolf
Veränderungsmanagement nach Kotter in der Praxis – Wie ist die Passung von Kotters Change Management Modell mit den Anforderungen der VUKA-Welt?

Jana Kampe, Henrik Habenicht & Rüdiger Trimpop
Friedrich-Schiller-Universität Jena

Erfolgreich in Kulturveränderungsprozesse starten: Vorstellung eines praxiserprobten Konzepts in KMU

1. Theoretischer und praktischer Hintergrund

Wie gelingt ein erfolgreicher Auftakt bei Veränderungsprojekten? Hierzu finden sich bereits zahlreiche theoretische und praxisbezogene Modelle und Erkenntnisse, u.a. in Lewin (1963) und Kotter (1995). Lewin (1963) beschreibt die bekannten drei Phasen *unfreeze – change – refreeze,* welche also die Auflösung des Bestehenden, der Veränderungen an sich und die Stabilisierung umfassen. Kotter (1995) beschreibt acht Schritte von Veränderungsprozessen, von denen die ersten drei der *unfreeze*-Phase nach Lewin zuzuordnen sind: *1. Bewusstmachen der Dringlichkeit, 2. Bildung von Koalitionen, 3. Entwicklung von Visionen und Strategien.* Cummings, Bridgman & Brown (2016) beziehen eine Auswahl an theoretischen Konzepten auf Lewins Modell, wobei deutlich wird, dass unterschiedliche Erfolgsfaktoren beschrieben werden, aber auch Schnittmengen vorhanden sind. Diese betreffen insbesondere die Erzeugung einer veränderungsspezifischen Motivation bzw. eines Bedürfnisses nach Veränderung, die Entwicklung einer Vision sowie die Formierung von Koalitionen. Letzterer Aspekt lässt in Anlehnung an die *Organizational Readiness for Change*-Theorie (Weiner, 2009) um die Bereitstellung weiterer Ressourcen (Personal, Geld, Materialien, Wissen, etc.) ergänzen.

Es stellt sich die Frage, wie diese Faktoren in Veränderungsprojekten für und mit kleinst-, kleinen und mittleren Unternehmen (KMU) umgesetzt werden können, da sich ein Großteil vorhandener Publikationen auf größere Unternehmen bezieht. Die privatwirtschaftliche Forstwirtschaft stellt eine Branche dar, die in großem Maße von Klein- und Kleinstbetrieben geprägt ist. In dem dreijährigen BMBF-Projekt proSILWA (Prävention für sichere und leistungsfähige Waldarbeit, 2016-2019) wurde das Ziel verfolgt, Veränderungen für mehr Sicherheit, Gesundheit und Leistungsfähigkeit in KMU der Forstbranche herbeizuführen, die sich auch auf kultureller Ebene widerspiegeln sollen. Dieser Beitrag soll aufzeigen, inwiefern der proSILWA-Ansatz den Beginn der Veränderungsprozesse motivationsförderlich gestaltet und welche Erkenntnisse sich aus dem Pilotprojekt ergeben.

2. Methodische Bestandteile der Startphase

2.1 Dringlichkeit bewusst machen

Um den teilnehmenden Betrieben, speziell den Unternehmern (n=11, darunter zwei

Einzelunternehmer) die Dringlichkeit der Veränderung bewusst zu machen, wurden umfangreiche Auftaktanalysen durchgeführt. Diese umfassten Interviews, Beobachtungen, Dokumentenanalysen und Fragebögen (u.a. Kulturelle Werteorientierungen). Entlang der Inhaltsbereiche *Technik, Organisation, Person* und *Externe Situation* wurde der durch das Projektteam eingeschätzte Handlungsbedarf für 13 inhaltliche Dimensionen ermittelt. Partizipativ wurde diese Evaluation dann im Rahmen von *Beratungsdialogen* mit der subjektiven Einschätzung der Unternehmer gekoppelt und bei Bedarf nochmals angepasst. So ergab sich eine Spinnennetz-Grafik des Handlungsbedarfs. Mit Hilfe dieser partizipativen, ganzheitlichen, multimethodalen Vorgehensweise soll die Erkenntnis über die (je Unternehmen im Ausmaß variierenden) Dringlichkeit der Veränderung gefördert werden, was vergleichbar mit der Erzeugung einer *change valence* (Weiner, 2009) ist.

2.2 Bereitstellung von Ressourcen

Im Rahmen des speziell konzipierten *Beratungsdialogs* war die Umsetzungsplanung vereinbarter Maßnahmen ein wichtiger Bestandteil. Die beteiligten Projektpartner stellten ihre interdisziplinären Ressourcen für die Umsetzungsphase bereit, sodass diese in die Planung einbezogen wurden. Neben der Ermöglichung dieser „externen Koalitionen" wurden die Unternehmen motiviert, intern nach möglichen Koalitionen zu suchen und diese sinnvoll einzubinden. Dies waren zum Beispiel die Fachkraft für Arbeitssicherheit, Personen der mittleren Führungsebene oder auch die Partnerinnen der Unternehmer. Das Projektteam stellte neben der personalen Unterstützung auch u.a. Workshopkonzepte, Beratungen, Technik oder Literatur zur Verfügung und wirkte darauf hin, dass die Unternehmer ihre diversen internen Ressourcen erkennen und nutzen konnten. Mit diesen Konzeptelementen soll die wahrgenommene *change efficiency* (Weiner, 2009) gefördert werden.

2.3 Entwicklung von Visionen und Strategien

Das *proSILWA-Spinnennetz* stellt das Fundament für die Schaffung einer Planungsvision dar, indem es die anzustrebende Entwicklungsrichtung in bestimmten Inhaltsbereichen klar aufzeigt. Neben diesen inhaltsspezifischen und unternehmensindividuellen Ausrichtungen der Ziele und Visionen ließ sich die projektimmanente Vision von sicheren, gesunden und leistungsfähigen Forstbetrieben ebenfalls auf jeden einzelnen Betrieb anwenden. Die Ableitung konkreter Strategien erfolgte partizipativ mit den Unternehmern und teils auch weiteren Beschäftigten. Ein Dokument zur Umsetzungsplanung wurde den Betrieben unterstützend bereitgestellt. Diese Konzeptelemente wiederum sollen insbesondere den Faktor *change commitment* (Weiner, 2009) steigern.

3. Ergebnisse und Fazit

Als Erfolgsindikatoren für die tatsächliche Entwicklung einer Veränderungsmotivation kann einerseits der Bericht über tatsächlich stattgefundene bzw. wahrgenommene Veränderungen im Betrieb herangezogen werden (T2-Interviewbefragung). Andererseits können als eher distale Indikatoren Veränderungen in Kulturwerten mit Sicherheits- und Gesundheitsbezug betrachtet werden (T1, T2 Fragebogenerhebung).

3.1 Wahrgenommene Veränderungen

Die Tabelle umfasst die Anzahl der Fundstellen aus den Posterhebungs-Interviews (T2: 2019). Unternehmer (und teils auch deren Mitarbeiter) berichteten von Verbesserungen, die sie umgesetzt oder wahrgenommen haben. Die Inhaltsbereiche entsprechen den 13 Spinnennetz-Dimensionen.

Tabelle 1. Interviewergebnisse zu Verbesserungen

	WR	EK	IT	TA	OM	OGF	AGO	AO	ME	SGV	QU	WI	FK	Σ
n	8	9	9	20	7	4	7	12	3	7	17	0	10	155
%	7,1	8,0	8,0	17,7	6,2	3,5	6,2	10,6	2,7	6,2	15,0	0,0	8,8	100

WR= Wirtschaftliche Rahmenbedingungen, EK= Externe Kommunikation, IT= Investitionen in Technik, TA= Technische Arbeitsmittel, OM= Organisation berufsbedingter Mobilität, OGF= Organisation betrieblicher Gesundheitsförderung, AGO= Arbeitssicherheits- und Gesundheitsschutz-Organisation, AO= Arbeitsorganisation, ME= Motivation und Einstellungen, SGV= Sicherheits- und gesundheitsbewusstes Verhalten, QU= Qualifikation, WI= Wissen, FK= Führung und Kommunikation.

Besonders viele Nennungen zu Verbesserungen betreffen die Bereiche Technische Arbeitsmittel, Qualifikation und Arbeitsorganisation. Am wenigsten Verbesserungen werden für Wissen, Motivation und Einstellungen sowie Organisation der betrieblichen Gesundheitsförderung berichtet.

3.2 Veränderungen in Kulturwerten

In der Tabelle 2 mit dem zum aktuellen Zeitpunkt vorliegenden Daten weisen positive Differenzen darauf hin, dass ein kultureller Wert zu Beginn des Projekts (T1: 2017) niedriger ausgeprägt war als nach dem Projekt (T2: 2019), negative Differenzen indizieren somit die gegensätzliche Richtung. Bindungen bezeichnen gleichbleibende Werte. Alle Werte stellen Selbsteinschätzungen der Unternehmer dar.

Tabelle 2. Differenzen sicherheits- und gesundheitsbezogener Kulturwerte (T1, T2)

	Sicherheit und Gesundheit…			
	schützen	fördern	im ganzen Leben	Σ
Positive Differenzen	1	1	2	4
Negative Differenzen	0	3	2	5
Bindungen	6	1	1	8
Σ	7	5	5	17

Deutlich wird, dass negative Bindungen in der Summe die positiven Bindungen leicht übersteigen. Mehr positive als negative Bindungen liegen für den Wert *schützen* vor, das Gegenteil ist für den Wert *fördern* der Fall. Gleich viele positive und negative Differenzen liegen für den Wert *im ganzen Leben* vor. Fast die Hälfte aller Differenzen stellt Bindungen dar.

3. Fazit

Die Ergebnisse aus der Umsetzungs- und Nacherhebungsphase deuten darauf hin, dass die durch die Konzeption intendierte positive Einflussnahme auf die Veränderungsbereitschaft bzw. tatsächlichen Verbesserungen durchaus als wahrscheinlich angesehen werden kann, wobei das Forschungsdesign keine eindeutige Interpretation zulässt. Deutlich mehr Verbesserungen liegen auf manifester Ebene vor im Vergleich zu der kulturwertebezogenen, eher latenten Ebene, was im Einklang zu Äußerungen von u.a. Schein zur zeitlichen Dauer von Kulturveränderung steht (Schein, 1992). Das Überwiegen der negativen im Vergleich zu positiven Differenzen in Kulturwerten entspricht nicht der Veränderungsabsicht und bedarf womöglich angepasster Ansteuerungsmethoden in der Auftaktphase von Kulturveränderungsprozessen.

Insgesamt scheint das vorgestellte Konzept vielversprechend insbesondere bezogen auf die sichtbare Kulturebene (vgl. Schein, 1992), wobei Herausforderungen hinsichtlich der Gestaltung der eher unbewussten und nicht sichtbaren Kulturebenen zu erkennen sind.

Literatur

Cummings, S., Bridgman, T., & Brown, K. G. (2016). Unfreezing change as three steps: Rethinking Kurt Lewin's legacy for change management. Human relations, 69(1), 33–60.

Kotter, J. P. (1995). Leading Change: Why transformation efforts fail. Harvard Business Review, 73, 59–67.

Lewin, K. (1963). Feldstudien in den Sozialwissenschaften. Bern: Huber.

Schein, E. H. (1992). Organizational culture and leadership. San Francisco: Jossey-Bass.

Weiner, B. J. (2009). A theory of organizational readiness for change. Implementation science, 4(1), 67.

Peter Krauss-Hoffmann & Jana-Madeline Staupe
Landesinstitut für Arbeitsgestaltung des Landes Nordrhein-Westfalen

Diversity Management als Treiber für Change-Prozesse in öffentlichen Verwaltungen

1. Change – Ein Thema für öffentliche Verwaltungen

In unserer heutigen Arbeitswelt des stetigen Wandels sind neben der Wirtschaft auch öffentliche Verwaltungen mit Herausforderungen wechselnder Rahmenbedingungen konfrontiert. Geänderte politische Zielsetzungen, Gesetzesnovellierungen oder digitaler Verwaltungstools verändern Arbeitsbereiche und ganze Organisationseinheiten.

Gesellschaftliche Entwicklungen, wie die stetig wachsende Diversität und Bedürfnisvariabilität sowie die Alterung der Bürgerinnen und Bürger stellen beispielsweise neue Anforderungen an die Dienstleistungen der Behörden.

2. Organisationale Resilienz: Eine Basis für Change-Management-Prozesse?

Für reibungslose Verwaltungsprozesse und guten Bürgerservice ist der agile und flexible Umgang der Verwaltungen nötig, um Herausforderungen und Wandel als Chance zu begreifen. Kurz gesagt, müssen moderne Verwaltungen somit „resilient" sein.

Resiliente Organisationen besitzen die Fähigkeit, Veränderungsbedarfe frühzeitig zu identifizieren und schnell darauf zu reagieren (vgl. DIN ISO 22316:2017, Heller, 2018) und von einer Kultur zu profitieren, die eine gelungenen Balance zwischen Flexibilität und Sicherheit bietet (vgl. Heller, 2018). Das Ziel der Resilienzförderung ist es, dass Organisationen durch das Bewältigen von Herausforderungen und Krisen neue Anstöße bekommen und diese für ihre Weiterentwicklung nutzen (vgl. ORES Verband für Organisationale Resilienz e.V., 2018). Moderne Verwaltungen müssen sich der gesellschaftlichen Entwicklungen und dessen Auswirkungen bewusst werden und die Bedürfnisse ihrer Kundinnen und Kunden kennen, um guten Service sicherzustellen. Dazu müssen sie sich ebenso mit ihrer internen Vielfalt auseinandersetzen.

3. Organisationale Resilienz durch Diversity

Unsere Lebens- und Arbeitswelt wird stetig diverser. Zum Beispiel durch den demografischen Wandel, die Ansiedelung internationaler Unternehmen, die heranwachsenden Digital Natives oder moderne Familienmodelle. Unter anderem werden funktionierende E-Services und flexible Öffnungszeiten erwartet, aber auch ein mehrsprachiger Service sowie mehr Barrierefreiheit. Durch die Berücksichtigung, Förderung und Wertschätzung dieser und auch der eigenen organisationalen Vielfalt, stellen sich Verwaltungen im Service bürgerinnen- und bürgerorientiert auf. Darüber hinaus werden demokratische Werte wie Chancengleichheit gelebt und Gleichstellung sowie Inklusion gefördert. Behörden steigern so auch ihre Attraktivität als Arbeitgeber. Monokulturelle Organisationen mit einer dominanten Kultur finden Identifikation in der Homogenisierung und grenzen sich gegenüber allem ab, was von ihren Denk- und Handlungsweisen abweicht (vgl. Krell, 1996). Multikulturelle Organisationen hingegen sind dynamischer und flexibler und somit besser in der Lage, mit Veränderungen umzugehen (vgl. Cox & Blake, 1991). Heterogene Teams verfügen über eine Bandbreite an Ressourcen, die sie flexibel und handlungsfähig für den Umgang mit herausfordernden Situationen machen. Durch eine vielfältige personelle Zusammensetzung in Bezug auf z.B. Alter, Herkunft, individuelle Erfahrungen und Kompetenzen sowie fachliche Hintergründe sind Organisationen besser aufgestellt, um Komplexität erfolgreich begegnen und mit Veränderungen umgehen zu können. Diversität muss jedoch aktiv gemanagt werden, damit sich ihre Vorteile entfalten und Rahmenbedingungen und Voraussetzungen sind so zu gestalten, dass die Organisation Vielfalt als Ressource gewinnbringend nutzen kann. Große Unternehmen setzen sich immer häufiger aktiv mit Vielfalt auseinander und nutzen entstehende Chancen.

4. Diversity im öffentlichen Sektor

Doch wie sieht es im öffentlichen Sektor aus? Bund, Länder und Kommunen sind der größte Arbeitgeber in Deutschland und beschäftigen mehr als 4,6 Millionen Menschen (vgl. Presse- und Informationsamt der Bundesregierung, 2019). Die Beschäftigten im öffentlichen Dienst sind laut einer aktuellen Studie offen für Vielfalt. 77 Prozent befürworten eine Verbesserung von Chancengleichheit und eine vermehrte Rekrutierung von sogenannten benachteiligten Gruppen als Nachwuchs- oder Führungskräfte (vgl. DGB Bundesvorstand, 2018). Jedoch gibt es in weniger als der Hälfte (43%) der betreffenden Dienststellen Konzepte zur Förderung von Vielfalt (vgl. ebd.).

Betrachtet man den Anteil von Beschäftigten mit Migrationshintergrund als einen Indikator von personeller Vielfalt, wird deutlich, dass diesbezüglich Nachholbedarf besteht. Nur 6,7 Prozent der Beschäftigten in der öffentlichen Verwaltung haben einen Migrationshintergrund (vgl. Ette et al., 2016). Im Bundesland Nordrhein-Westfalen (NRW) sieht es ähnlich aus. Aktuell haben durchschnittlich lediglich 8,2% der Beschäftigten in der öffentlichen Verwaltung des Landes einen Migrationshintergrund. Seit 2010 setzt NRW daher Akzente zur interkulturellen Öffnung der Verwaltung: Aktuell mit der Landesinitiative „Erfolgsfaktor interkulturelle Öffnung – NRW stärkt Vielfalt“ sowie entsprechender Vorgängerinitiativen, um u.a. den Anteil der Beschäftigten mit Einwanderungsgeschichte in der öffentlichen Verwaltung zu erhöhen.

Die gleichberechtigte Teilhabe an Arbeit sollte in diesem Zusammenhang stets das übergeordnete Ziel sein. Jedoch profitieren Organisationen gleichzeitig auch von Fremdsprachenkenntnissen auf muttersprachlichem Niveau sowie kulturellem Erfahrungswissen von Mitarbeiterinnen und Mitarbeitern mit Migrationshintergrund.

Um die nötigen Prozesse zur interkulturellen Öffnung anzustoßen, bedarf es zunächst einer Sensibilisierung der Akteurinnen und Akteure auf Entscheidungsebene. Die Dringlichkeit des Bedarfs eines Wandels muss deutlich werden (vgl. Kotter, 2008). Der Austausch mit den Beschäftigten, die tagtäglich mit den interkulturellen Herausforderungen konfrontiert sind und oft selbst schon erste Verbesserungsvorschläge identifiziert haben, ist hier grundlegend. Bottom up-Feedback ermöglicht es, die genauen Handlungsbedarfe festzustellen und die Mitarbeiterinnen und Mitarbeiter von Beginn miteinzubeziehen auf dem Weg des Wandels.

5. Mit Diversity Management den Wandel bewältigen: Das Beispiel Arbeitsschutzverwaltung NRW

Die Arbeitsschutzverwaltung in NRW ist in ihrer Arbeit mit kultureller Vielfalt konfrontiert. 519 AufsichtsbeamtInnen kontrollieren die Umsetzung des Arbeitsschutzes in den Betrieben (vgl. Ministerium für Arbeit, Gesundheit und Soziales des Landes NRW, 2019) und dort treffen sie immer häufiger auf Migrantinnen und Migranten. Mehr als jede vierte erwerbstätige Person im Bundesland hat mittlerweile einen Migrationshintergrund (vgl. it.NRW, 2019). Der Anteil sozialversicherungspflichtiger ausländischer Beschäftigter ist in den vergangen 10 Jahren um 56 % angestiegen (vgl. Bundesagentur für Arbeit, 2019). Fast 28 Prozent der Einzelunternehmen sind 2018 von Ausländerinnen und Ausländern neu angemeldet worden (vgl. it.NRW, 2019a). Diese Entwicklungen haben auch zu neuen Anforderungen an die Arbeitsschutzverwaltung geführt. Die Zahlen zeigen, dass der Umgang mit kultureller Vielfalt mittlerweile Teil der täglichen Routine und häufig eine tägliche Herausforderung ist.

Das Landesinstitut für Arbeitsgestaltung des Landes Nordrhein-Westfalen (LIA.nrw) hat neben einer explorativen Befragung von Akteurinnen und Akteuren des Arbeitsschutzes (vgl. LIA.nrw, 2019) verschiedene Austauschformate mit Mitarbeiterinnen und Mitarbeitern der Arbeitsschutzdezernate der Bezirksregierungen veranstaltet, um Herausforderungen im Kontext von Migration identifizieren zu können. Die Ergebnisse der Befragung zeigen, dass die Mitarbeiterinnen und Mitarbeiter regelmäßig mit Sprachbarrieren konfrontiert sind. Hilfen, wie bspw. mehrsprachige Infomaterialien stehen nicht zur Verfügung. Es spielen aber auch kultur-, religions- und sozialisationsbedingte Kommunikations- und Verhaltensweisen eine Rolle, die teilweise zu Unverständnis und Unsicherheiten im Handeln der Akteurinnen und Akteure führen. Häufig fehlt es an interkultureller Kompetenz. Der öffentliche Dienst sollte seine interkulturelle Öffnung vorantreiben und Maßnahmen des Diversity Managements aktiv nutzen, um eigene Strukturen langfristig an den Bedarf der modernen Arbeitswelt anzupassen. Die Schaffung von Austauschmöglichkeiten zwischen den Beschäftigten, um zu erfahren, wie die Einzelnen mit den Herausforderungen umgehen, um voneinander lernen zu können, kann eine erste niedrigschwellige Maßnahme sein. Weiterhin können Schulungen zur interkulturellen Sensibilisierung und Kommunikations- sowie Konflikttrainings einen Beitrag leisten, um die AkteurInnen zum besseren Umgang mit der kulturellen Vielfalt zu befähigen. Die Verankerung der Themen in Aus- und Fortbildungscurricula muss langfristiges Ziel sein. Aber auch die Rekrutierung von MitarbeiterInnen, die über Fremdsprachenkenntnisse verfügen, stellt eine gewinnbringende Maßnahme dar, um den komplexen Anforderungen der sich wandelnden Arbeitswelt zu begegnen und die Arbeit zielgerichtet durchführen zu können.

6. Resümee

Mithilfe einer neuen Personal- und Weiterbildungsstrategie der interkulturellen Öffnung, gelingt es öffentlichen Organisationen sich zukunftsfähig aufzustellen und im Sinne einer „resilienten Organisation“ auf wachsende und differenziertere Anforderungen mit heterogenen Teams zu reagieren oder proaktiv Impulse zu setzen. Deutschland ist nach den USA aktuell das beliebteste Einwanderungsland (vgl. Organisation for Economic Co-operation and Development, 2019).

Die Einführung eines Diversity Managements ist für jede Organisation eine Herausforderung und stellt einen bedeutenden Eingriff in die bestehenden Strukturen und Kulturen dar, der vorherrschende Handlungs- und Denkweisen in Frage stellt. Dies stößt oft zunächst auf Widerstand und es bedarf adäquater Instrumente und Verfahren für die Zieldefinition, Umsetzung und Evaluation sowie passender Strategien für erfolgreiche Partizipations- und Kommunikationsprozesse (vgl. Hanappi-Egger, 2016). Es müssen klare Verantwortlichkeiten definiert sein. Aus Ressourcengründen werden häufig Personalverantwortliche oder Beschäftigte mit Leitungsfunktion zusätzlich zu Diversitätsbeauftragten benannt. „Nebenbei“ ist diese Aufgabe schwer zu bewältigen. Weiterhin müssen Beauftragte und Beschäftigte geschult werden, damit sie die nötige Diversity-Kompetenz erlangen, was den Prozess verzögert. Öffentliche Verwaltungen sollten das Thema höher auf ihre Agenda setzen, denn durch die langfristige Verankerung eines Diversity Managements und einer interkulturell geschulten und kulturell vielfältigen Belegschaft würde der öffentliche Dienst seine Resilienz fördern und wäre kompetenter aufgestellt für die Herausforderungen der Zukunft.

Literatur

Literaturliste ist beim Verfasser erhältlich: peter.krauss-hoffmann@lia.nrw.de

Rainer Oberkötter & Carolin Wolf
Wolf & Oberkötter Personal- und Organisationsentwicklung

Veränderungsmanagement nach Kotter in der Praxis – Wie ist die Passung von Kotters Change Management Modell mit den Anforderungen der VUKA-Welt?

1. Einleitung

Kotters Konzept des Change Managements beruht darauf, dass nach dem, Unfreezing – Moving – Refreezing eine Phase der Konsolidierung erfolgt. Diese Konsolidierungsphase wird in vielen Unternehmen immer kürzer: zum Teil sogar so kurz, dass auf die aktuelle Moving- Phase, die nächste Moving-Phase folgt. Organisationen werden somit fluider. Dies kann auch mit dem Modewort agiler beschrieben werden. Die Auswirkungen dieser Schnelllebigkeit sind, dass Veränderung der Normalzustand wird und die Konsolidierung die Ausnahme. Mit anderen Worten, Wandel ist die laufende Anpassung von Unternehmensstrategien und -strukturen an veränderte Rahmenbedingungen. Eine Beschreibung hierfür liefert das Akronym VUKA (volatil, unsicher, komplex, ambig) beschrieben werden kann, zunehmend fraglicher. Der Sozialwissenschaftler Bob Johansen (2012) weitet das Akronym VUKA auf Strategien im Umgang mit den VUKA-Anforderungen aus: vision, understanding, clarity, agility. Und hiermit befinden wir uns schon mitten in Kotters Acht Phasen Modell (2008).

2. Phase 1: ein Gefühl für Dringlichkeit erzeugen

Das von Kotter 1995 entwickelte Stufenmodell für erfolgreiche Change Prozesse mit acht Phasen startet mit dem Erzeugen eines Gefühls der Dringlichkeit für den bestehenden Veränderungsprozess. Nun stellt sich die Frage, inwieweit diese erste Phase sinnvoll in Zeiten fortwährender Veränderung eingesetzt werden kann. Während Kotter den Fokus auf das Erzeugens eines Gefühls der Notwendigkeit und der Dringlichkeit für den bevorstehenden Veränderungsprozess beschreibt, weist der Organisationsberater Tilman Peschke (Starker & Peschke, 2017) darauf hin, dass hierbei eine Problemtrance, in der die Organisation sich mit den zukünftigen Problemen und Herausforderungen hineindenkt, entstehen kann. Statt den Fokus auf das Beweisen von Notwendigkeit und Dringlichkeit des Veränderungsvorhabens zu legen, würde Peschke den Fokus auf das *„Wofür"* des Veränderungsvorhaben legen. Das bedeutet: in Zeiten permanenter Veränderung ist es sinnvoll, anstelle einer Problemorientierung auf mögliche, sinnstiftende Zielwelten zu fokussieren, um somit Annährungstendenzen statt Vermeidungstendenzen auszulösen.

3. Phase 2: eine Führungskoalition aufbauen

Die von Kotter beschriebene Empfehlung ein Team von Leistungsträgern zusammenzustellen, die genügend Überzeugung, Kompetenz und Macht zur Gestaltung des Wandels zusammenstellen, ist gemäß unseren Beobachtungen aus der Praxis nach wie vor ein adäquater Start. Aufgrund der Vielzahl der zeitgleich parallel stattfindenden Veränderungsprozesse in einem Unternehmen beobachten wir aber auch immer wieder die Neigung, die Verantwortung an Einzelpersonen oder gar an Externe zu delegieren – mit in der Folge deutlicher Einbußen auf die Kraft für das angestrebte Veränderungsvorhaben. Für die Unternehmen, die sich auch als agile/evolutionäre Organisationen beschreiben lassen, finden sich die zentralen Personen unter anderem bei den Projektleitern oder Scrum-Mastern.

4. Phase 3: eine Vision und Strategie entwickeln

In der Phase 3 sehen wir in der Praxis die größte Kluft zwischen Anspruch und Wirklichkeit. Das Bemühen um die Formulierung einer Vision war auch schon vor 20 Jahren, als zahlreiche Unternehmen sich mit Leitbildprozessen beschäftigt haben, deutlich zu erkennen. Dies wurde in den letzten Jahren nach unserer Wahrnehmung vor allem in Großunternehmen abgelöst durch eine Wertediskussion über die von dem Managementberater Simon Sinek (2010) formulierte Frage des „Why", in dem von ihm vorgestellten Golden Circle. Die Frage nach dem „warum" scheint als Fundament für die Sinnstiftung nach wie vor von zentraler Bedeutung zu sein. Dieses „Why ist kein fünfseitiger Text, sondern ist kurz, lässt sich leicht wiederholen, ist einprägsam und erzeugt eine Spannung, im Sinne von: Da wollen wir hin" (Wolf, 2019). Hier greifen auch die von Aaron Antonovsky (1979) in seinem Salutogenesekonzept beschriebenen Kohärenzfaktoren, zu denen die Sinnhaftigkeit zählt. Schauen wir allerdings auf den zweiten von Kotter formulierten Punkt in dieser Phase, dem Formulieren einer Strategie, dann scheint dies unter den heutigen VUKA-Rahmenbedingungen als Herkules-Aufgabe, wenn nicht gar unlösbar. Es ergeben sich Fragen, im Sinne von: Was ist eine klare Strategie? Und inwiefern ist diese sinnvoll in Zeiten von Ungewissheit und hohem Veränderungstempo. Hier braucht es andere, iterative Vorgehensweisen. Wir halten hier die Kombination mit einer Vision, die die Sinnhaftigkeit vorgibt und einer Strategie des Segelns auf Sicht für eine passende Adaptation an die VUKA-Welt.

5. Phasen 4 bis 6: kommunizieren, befähigen und schnelle Erfolge erzielen

Die von Kotter in den Phasen 4 bis 6 beschriebenen Stellhebel des Kommunizierens, Befähigens der Mitarbeitenden und den Fokus auf schnelle Erfolge erleben wir als die zentralen Stellschrauben. Eine hohe Kunst ist hierbei gerade in Zeiten hoher Veränderung ausreichend Zeit, Energie und Kreativität bei der kontinuierlichen Kommunikation beizubehalten, ganz im Sinne von „nicht gesagt ist wie nicht gemacht". Schnelle Erfolge, quick wins, erhöhen in jedem Fall die Akzeptanz des Veränderungsvorhabens.

6. Phasen 7 bis 8: Erfolge konsolidieren und in der Unternehmenskultur verankern

So sinnhaft diese Phasen erscheinen, so stark stehen sie im Widerspruch zu generellen Erfolgsquoten von Change Projekten – und dies bei zunehmender Wichtigkeit des Themas Change in Organisationen. In einer Metaanalyse von Starker und Peschke (2017) zeigt sich, „dass die Erfolgswahrscheinlichkeit von Change-Management- Prozessen im unteren prozentualen Bereich liegt."

Ein mögliches Erklärungsmodell hierfür bietet das SCARF-Modell nach Rock (2008). Das Modell beinhaltet zwei Grundannahmen von Gordon (2008) sowie Liebermann und Eisenberger (2008):

1. Soziale Motivation wird bestimmt durch das Prinzip der Reduzierung von Bedrohung bzw. Angst und der Maximierung von Belohnungssituationen.
2. Soziale Erlebnisse, die auf Bedrohungs-/Belohnungserfahrung beruhen, tangieren im Gehirn denselben Bereich, der auch für den ureigenen menschlichen Überlebenstrieb zuständig ist.

Rock (2008) kategorisiert in fünf Dimensionen soziales Verhalten, welche sowohl die Belohnungsmuster als auch die Bedrohungsmuster im Hirn aktivieren: Status, Certainty, Autonomy, Relatedness und Fairness. Status beschreibt die persönliche Bedeutung im Verhältnis zu anderen. Hierzu zählen die Position im Organigramm ebenso wie die Statussymbole wie z.B. der Dienst- PKW oder der Büroraum. Unter Certainty wird die Fähigkeit, die Zukunft zu antizipieren, verstanden. Autonomy beschreibt das Gefühl der Kontrolle über die Gegebenheiten und Relatedness das Gefühl der Beziehung/Verbundenheit/Sicherheit mit anderen Menschen. Unter Fairness wird hier das Empfinden des fairen Austausches zwischen Menschen verstanden. In unserer Beobachtung bietet das SCARF Modell einen möglichen Erklärungsansatz für die immer wieder erkennbare Tendenz, doch lieber bei dem gegenwärtigen ungünstigen Zustand zu bleiben. Gleichzeitig wird die besondere Aufgabe und Herausforderung an die Führungskräfte in Veränderungsprozessen deutlich: Orientierung und Bindung trotz Ungewissheit und hoher Dynamik in den Rahmenbedingungen zu vermitteln.

7. Fazit

Wie erfolgreich sind Change Management Projekte? Hier schließt sich die Frage an: Werden die goldenen Regeln der erfolgreichen Chance-Projekte von Kotter nicht adäquat umgesetzt? Oder brauchen die veränderten Rahmenbedingungen neue bzw. adaptierte goldene Regeln? Nach unseren Beobachtungen in den von uns begleiteten Change Projekten haben die mittleren Phasen auch in der VUKA-Welt nach wie vor ihre Berechtigung. Allerdings scheint es in einer Welt, in der man davon ausgehen kann, dass Wandel der Normalzustand ist, zielführender, den Fokus auf das Thema Sinnstiftung als auf die beabsichtigten Ziele zu legen. Darüber hinaus beobachten wir gute Ergebnisse durch die noch stärkere Berücksichtigung der auf Mitarbeitendenseite erlebten Bedrohung durch Veränderungsprozesse. Hier sind explizit und in ganz besonderem Ausmaß die Führungskräfte gefragt. Oder um es mit den Worten des Philosophen Frithjof Bergmann, dem Begründer der New Work Bewegung zu sagen, „Tun, was man wirklich, wirklich will."

Literatur

Antonovsky, A. (1979). Health, stress and coping. San Francisco: Jossey.

Gordon, E. (2008). NeuroLeadership and Integrative Neuroscience: „It's about validation stupid!". NeuroLeadership Journal, 1, 71–80.

Johansen, B. (2012). Leaders Make the Future: Ten New Leadership Skills for an Uncertain World. Berrett Koehler Publishers.

Kotter, J. P. (1995). Leading Change: Why transformation efforts fail. Harvard Business Review, 73, 59–67.

Kotter, J. P. (2008). Das Unternehmen erfolgreich erneuern. Harvard Business Manager, 4, 141–151.

Lieberman, M. D. & Eisenberger, N. I. (2008). The pains and pleasures of social life: a social cognitive neuroscience approach. NeuroLeadership Journal, 1, 38-43.

Rock, D. (2008). SCARF: A Brain-Based Model for Collaborating With and Influencing Other. NeuroLeadership Journal, 1, 44–52

Sinek, S. [TED]. (4. Mai 2010). Simon Sinek: Wie große Führungspersönlichkeiten zum Handeln inspirieren [YouTube]. Abgerufen am 10. Februar 2020 von https://www.youtube.com/watch?v=qp0HIF3SfI4

Starker, V. & Peschke, T. (2017). Hypnosystemische Perspektiven im Change Management. Berlin: Springer Gabler.

Wolf, C. (2019). Gemeinsam Denken: Die VUKA-Welt braucht mehrere Köpfe. Göttingen: BusinessVillage GmbH.

Arbeitskreis

Arbeitssystemgestaltung und Arbeitszeit: Betriebliche Beispiele

Leitung: Friedhelm Nachreiner

Ufuk Altun & Veit Hartmann

Bewertung von Schichtmodellen auf betrieblicher und individueller Ebene

Winfried Hacker, Ulrike Pietrzyk & Michael Gühne

Verfahrensentwicklung zur Zeitbedarfsermittlung für komplexe geistige Tätigkeiten

Friedhelm Nachreiner

Arbeitsschutz nach Art der BRD – am Beispiel der Offshore-Arbeitszeitverordnung, ihrer Evaluation und Umsetzung

Stephan Sandrock & Ralph W. Conrad

Ergonomie und 5S – Zusammenführung zweier Herangehensweisen zur Steigerung von Leistungsfähigkeit und Produktivität

Ufuk Altun & Veit Hartmann
ifaa – Institut für angewandte Arbeitswissenschaft e. V.

Bewertung von Schichtmodellen auf betrieblicher und individueller Ebene

1. Hintergrund und Ausgangslage

Nacht- und Schichtarbeit, wenn sie kontinuierlich und häufiger geleistet wird, kann die Gesundheit gefährden und das soziale Leben beeinträchtigen. Negative Auswirkungen können dann unter anderem sein: Schlafstörungen, Magen- und Darmbeschwerden, erhöhtes Risiko für Arbeits- und Wegeunfälle (DGUV, 2012). Das Arbeitszeitgesetz hält fest, dass die Arbeitszeit der Nacht- und Schichtarbeitnehmer (...) nach den gesicherten arbeitswissenschaftlichen Erkenntnissen über die menschengerechte Gestaltung der Arbeit festzulegen ist (ArbZG § 6 Abs. 1). Als arbeitswissenschaftliche Erkenntnisse gelten Ergebnisse umfangreicher Forschungen zur Nacht- und Schichtarbeit, die in zahlreichen wissenschaftlichen Studien zusammengefasst und veröffentlicht wurden (u. a. Beermann, 2005; Knauth & Hornberger, 1997). Vor diesem Hintergrund wurde im Rahmen des ersten Teils der Arbeitszeitstudie des ifaa – Institut für angewandte Arbeitswissenschaft e. V. im Jahr 2019 die tatsächliche Abbildung der arbeitswissenschaftlichen Erkenntnisse in der Praxis untersucht. Denn eine ausführliche Studie basierend auf praktischen Beispielen existiert(e), unseres Wissens nach, nicht. Die Studie beruht auf den vom ifaa für die Mitgliedsunternehmen der Metall- und Elektroindustrie entwickelten Schichtplänen zwischen den Jahren 2002 und 2018. Es wurde eine Auswahl von 720 Schichtplänen im Hinblick auf die Integration der arbeitswissenschaftlichen Kriterien ausgewertet.

2. Arbeitszeitstudie

2.1 Ziel und Aufbau der Arbeitszeitstudie Teil 1

Ziel des ersten Teils der Studie war es, belastbare Aussagen darüber zu gewinnen, inwieweit die arbeitswissenschaftlichen Kriterien in die betriebliche Praxis einfließen können. Ob die Schichtarbeit eine Gefährdung für die Gesundheit der Beschäftigten darstellt, hängt vom Zusammenwirken mehrerer Bedingungen ab. Bei der Entwicklung von Schichtplänen sind neben der Integration von arbeitswissenschaftlichen Kriterien eine Vielzahl von weiteren Kriterien, betriebsinternen Regeln, Wünschen der Beschäftigten zu beachten – dazu zählen unter anderem Dauer, Lage, Verteilung der Arbeitszeit, Planbarkeit von Schichtmodellen, Zahl der Schichten, Ausfall- und Reserveplanung, gesetzliche sowie tarifliche Bestimmungen (Jaeger et al., 2017). Demzufolge wurden bei der Auswertung von Schichtplänen ergänzend zu den arbeitswissenschaftlichen Empfehlungen unter anderem weitere Kriterien analysiert (Altun, Hartmann & Hille, 2019).

2.2 Ergebnisse der Arbeitszeitstudie Teil 1 und Fragestellung der Arbeitszeitstudie Teil 2
Aus Kapazitätsgründen wird hier nur auf zwei wesentliche Aussagen eingegangen. Eine ausführliche Auswertung der Ergebnisse wurde im zweiten Quartal des Jahres 2019 in einer ifaa-Publikation veröffentlicht (Altun, Hartmann & Hille, 2019). Einerseits konnte aus den Analysen der Schichtpläne abgeleitet werden, dass eine Integration der arbeitswissenschaftlichen Erkenntnisse in die Planerstellung von Schichtmodellen prinzipiell und durchgängig möglich ist. Andererseits zeigen die Ergebnisse auch, dass noch nicht alle Potenziale ausgeschöpft sind. Der erste Teil der ifaa-Arbeitszeitstudie zeigt weiterhin, dass vielfältige Schichtpläne existieren, welche den Bedarf des Betriebes und Bedürfnissen der Beschäftigten entgegenkommen (Altun, Hartmann & Hille, 2019). Gleichzeitig zeigt die Studie, dass die Herausforderung darin liegt, die jeweiligen betrieblichen Anforderungen mit den Wünschen und Bedarfen der Beschäftigten abzugleichen. Hier setzt der zweite Teil der Studie an, der die Gelingensbedingungen bei der Realisierung von ergonomischen Schichtmodellen thematisiert. Wir sprechen daher im zweiten Teil der Studie auch von Schichtmodellen, da wir uns nicht auf die theoretischen Pläne, sondern die faktisch „gelebte" Realität im Betrieb beziehen. Die Forschungsfrage des zweiten Teils der Arbeitszeitstudie lautet demnach, welche Einflussfaktoren bei der Bewertung von Schichtmodellen auf betrieblicher und individueller Ebene maßgeblich sind. Der Anspruch der Studie ist es, belastbare Aussagen über Lage, Verteilung und Dauer der Arbeitszeit von Schichtarbeitenden zu treffen und diese in Relation zu individuellen Bewertungen von Schichtmodellen zu setzen. Daher erscheint es angebracht, zur Versachlichung einer Debatte, die Bewertungen in Relation zu den realen und vorgefundenen betriebsspezifischen Situationen und individuellen Präferenzen von Beschäftigten zu setzen, um die Bewertung von Schichtmodellen bei den Betroffenen im Kontext beurteilen zu können.

2.3 Stand der Forschung zur Arbeitszeitstudie 2
Seit Jahren befassen sich zahlreiche Forschungsprojekte und Studien mit den (gesundheitlichen) Konsequenzen der Schichtarbeit (u. a. Allmendinger & Haarbrücker, 2017; Kutscher & Leydecker, 2018; Lischewski, 2016; Schief, 2003; Wirtz, 2010). Die Meinungen und Bewertungen unterscheiden sich insbesondere in der Berücksichtigung von arbeitswissenschaftlichen und arbeitsmedizinischen Erkenntnissen (sowie deren Kombinationsauswirkungen), die einen positiven Einfluss auf die Gesundheit und Leistungsfähigkeit der Beschäftigten haben. Folglich ist es schwierig, eindeutige Schlussfolgerungen aus diesen Studien zu ziehen. Dazu kommt, dass

auch die Beschäftigten selbst flexible Arbeitszeiten wünschen, bei denen sie ihre Arbeitszeiten aktiv mitgestalten können. Hierdurch sollen die Probleme in der außerberuflichen Lebenswelt vermindert werden (Knauth & Hornberger, 1997). Planbare und flexible Arbeitszeiten sollen den Beschäftigten bei der Vereinbarkeit von Beruf und Familie helfen (Allmendinger & Haarbrücker, 2017).

Obwohl in der Praxis vielfältige Schichtmodelle existieren, besteht Forschungsbedarf hinsichtlich des Vergleichs unterschiedlicher Schichtmodelle, ihrer Wahrnehmung und Bewertung auf betrieblicher und individueller Ebene sowie hinsichtlich der Frage, welche Einflussfaktoren bei der Bewertung von Schichtmodellen maßgeblich sind. Ebenfalls als gering bearbeitetes Forschungsfeld gelten die Wechselwirkungen von arbeitswissenschaftlichen Kriterien, betriebsspezifischen Situationen und individuellen Präferenzen von Beschäftigten. Insofern verfolgt der zweite Teil der Arbeitszeitstudie des ifaa das Ziel, im Rahmen von Betroffenen- und Experteninterviews sowohl die betrieblichen Rahmenbedingungen als auch die privaten Lebensumstände mit den Gegebenheiten des jeweiligen Schichtmodells abzugleichen. Dieser Ansatz hat auch einen positiven Effekt für die Betroffenen: Wenn den Akteuren die Gründe, Wechselwirkungen usw. bewusst geworden sind, können sie aktiv in die Gestaltung eingreifen.

2.4 Aufbau und Methode Arbeitszeitstudie Teil 2

Um zu belastbaren Aussagen zu gelangen, werden ab März 2020 leitfadengestützte Betroffenen- und Experteninterviews in Betrieben der Metall- und Elektroindustrie durchgeführt. Adressaten in den Unternehmen sind Vertreter der Arbeitgeberseite (primär Mitglieder der Geschäfts- und/oder Personalleitung), Beschäftigtenvertreter sowie betroffene Beschäftigte.

Der erste Teil des Interviews bezieht sich auf die Beschreibung der Gegebenheiten des Schichtmodells und thematisiert die relevanten Parameter des Plans. (Was macht den Schichtplan aus?)

Im zweiten Teil des Interviews wird das Verhältnis der betroffenen Person zum Schichtmodell thematisiert (Wie komme ich mit dem Schichtplan zurecht?).

Der dritte Teil klärt die Wechselwirkungen und individuellen Einflussfaktoren zwischen Personen und Schichtmodell (Welche individuellen Parameter bestimmen die Bewertung des Schichtplans?).

Der vierte Teil des Interviews bezieht sich auf die betrieblichen und außerbetrieblichen organisatorischen Angelegenheiten (Welche organisationalen Parameter bestimmen die Bewertung des Schichtplans?).

3. Ausblick

Die volkswirtschaftliche Bedeutung der Schichtarbeit nimmt seit Jahren zu. Dieser Trend wird sich wohl auch mit der steigenden Nachfrage nach Dienstleistungen weiter fortsetzen. Nach Angaben des Statistischen Bundesamtes belief sich in Deutschland der Anteil der Beschäftigten in Schichtarbeit im Jahr 2016 auf rund 15,3 Prozent und lag damit um rund 50 Prozent höher als noch im Jahr 1995 (10,1 Prozent). Treiber des Anstiegs sind sowohl volks- und betriebswirtschaftliche Gründe als auch die Versorgung der Bevölkerung. Daher ist eine differenzierte Betrachtung der unterschiedlichen Einflussfaktoren bei der Bewertung von Schichtmodellen von großer Relevanz und bedarf einer intensiveren Diskussion, zu der wir mit den beiden Teilen der Arbeitszeitstudie einen Beitrag leisten möchten.

Literatur

Allmendinger, J. & Haarbrücker, J. (2017) Arbeitszeiten und die Vereinbarkeit von Beruf und Familie: Ergebnisse der Beschäftigtenbefragung der IG Metall 2017, WZB Discussion Paper, No. P 2017–002, Wissenschaftszentrum Berlin für Sozialforschung (WZB). Berlin

Altun, U., Hartmann, V. & Hille, S., ifaa – Institut für angewandte Arbeitswissenschaft (Hrsg) (2019) ifaa-Studie: Auswertung von Schichtmodellen nach arbeitswissenschaftlichen Kriterien. ifaa, Düsseldorf

Beermann, B. (2005) Leitfaden zur Einführung und Gestaltung von Nacht- und Schichtarbeit, 9. unveränderte Auflage, Bundesanstalt für Arbeitsschutz und Arbeitsmedizin – BAuA, Dortmund

Deutsche Gesetzliche Unfallversicherung (DGUV) (2012): Schichtarbeit – Rechtslage, gesundheitliche Risiken und Präventionsmöglichkeiten. DGUV Report 1/2012. Berlin

Gärtner, J., Kundi, M., Wahl, S., Hörwein, K., Janke, M., Conrad, H., Carlberg, I., Herber, G. & Voß, J. (1998) Handbuch Schichtpläne: Planungstechnik, Entwicklung, Ergonomie, Umfeld. Zürich

Jaeger, C., Altun, U., Glaser, S., Lawonn, C. & Matthes, A., Gesamtmetall, Institut für angewandte Arbeitswissenschaft (Hrsg) (2017) Arbeitszeit im Wandel. IW Medien

Knauth, P. & Hornberger, S. (1997) Schichtarbeit und Nachtarbeit, 4. Neubearbeitete Auflage, Bayerisches Staatsministerium für Arbeit und Sozialordnung, Familie, Frauen und Gesundheit, München

Kutscher, J. & Leydecker, J.M. (2018) Schichtarbeit und Gesundheit: Aktueller Forschungsstand und praktische Schichtplangestaltung. Springer Gabler Verlag

Lischewski, D. (2016) Der Einfluss von Schichtarbeit auf das individuelle Schlafverhalten im Vergleich verschiedener Berufsgruppen, Dissertation. Bad Nauheim

Schief, S. (2003). Arbeitszeiten in Deutschland – Eine Frage der Messung? Mitteilungen aus der Arbeitsmarkt- und Berufsforschung, 36 (2), S. 187–198

Wirtz, A. (2010): Gesundheitliche und soziale Auswirkungen langer Arbeitszeiten. Bundesanstalt für Arbeitsschutz und Arbeitsmedizin (Hrsg.) Dortmund/Berlin/Dresden

Winfried Hacker, Ulrike Pietrzyk & Michael Gühne
Technische Universität Dresden

Verfahrensentwicklung zur Zeitbedarfsermittlung für komplexe geistige Tätigkeiten

1. Problemlage

Die zeitliche Überforderung von Beschäftigten in Unternehmen in Folge inadäquater Zeitvorgaben für die von ihnen auszuführenden Tätigkeiten erhöht das Risiko für gesundheitliche Beeinträchtigungen (Rau & Buyken, 2015). Die Verwendung adäquater Zeitvorgaben setzt das Wissen um Zeitbedarfe für zukünftige Tätigkeiten voraus. Anders als für einfache geistige Tätigkeiten existiert für komplexe geistige Tätigkeiten jedoch kein Verfahren zur Zeitbedarfsermittlung (Hacker, 2020).

Da die zunehmende Verwendung digitaler Arbeitsmittel den Anteil komplexer geistiger Tätigkeiten erhöht (Dengler & Matthes, 2015), ist folglich zu erwarten, dass ein zunehmender Anteil der Beschäftigten vom Risiko gesundheitlicher Beeinträchtigungen in Folge inadäquater Zeitvorgaben betroffen sein wird. Im folgenden Beitrag wird die Entwicklung eines Verfahrens zur Zeitbedarfsermittlung für komplexe geistige Tätigkeiten vorgestellt, welche im Rahmen des BMBF-Verbundprojekts GADIAM erfolgte.

2. Anknüpfungspunkte in der Literatur

Die Zeitbedarfsermittlung für komplexe geistige Tätigkeiten ist mit verschiedenen Herausforderungen verbunden.

Eine erste Herausforderung betrifft die Erfassung der Zeitbedarfe, da komplexe geistige Tätigkeiten oftmals unbewusst ablaufen und somit nicht direkt beobachtbar oder erfragbar sind (Evans & Frankish, 2009). Zudem werden komplexe geistige Tätigkeiten oft parallel zu anderen Tätigkeiten ausgeführt, sie folgen keinem linearen Ablauf und sind durch schnelle Wechsel zwischen verschiedenen Tätigkeiten gekennzeichnet. Da Zeit subjektiv wahrgenommen wird und diese Wahrnehmung von tatsächlichen zeitlichen Abläufen abweichen kann, ist auch die retrospektive Erfassung von früheren Zeitbedarfen unzuverlässig (Roy & Christenfeld, 2007). Dies hat zur Folge, dass die „Datenbasis" der Schätzung zukünftiger Zeitbedarfe oftmals Verzerrungen aufweist.

Eine zweite Herausforderung betrifft die Unterschätzung (planning fallacy) eigener zukünftiger Zeitbedarfe durch die Beschäftigten, selbst wenn die betreffenden Tätigkeiten schon mehrmals ausgeführt wurden (Kahneman, 2011; Lovallo & Kahneman, 2003).

Eine dritte Herausforderung besteht in der Anforderung, gleichzeitig gesundheitliche und ökonomische Aspekte zu berücksichtigen (Hacker, 2020).

Ein Lösungsansatz für diese Herausforderungen findet sich in einem von Debitz et al. (2012) entwickelten partizipativen Verfahren zur Ermittlung von Zeitbedarfen für einfache geistige Tätigkeiten. In diesem wird der Planungsfehlschluss (planning fallacy) durch den Bezug auf vorliegende vergleichbare Referenzleistungen und die Zerlegung von Gesamttätigkeiten, in einfache schätzbare Teiltätigkeiten, verringert. Durch den Vergleich und die Diskussion der Abweichungen zwischen Schätzungen und Messungen (intraindividuell) sowie von Unterschieden zwischen Personen (interindividuell) in der Gruppe wird u.a. das Problem des subjektiven Zeiterlebens sowie die Schwierigkeiten bei der Erfassung nicht direkt beobachtbar ablaufender Tätigkeiten adressiert. Die Einbeziehung von Vorgesetzten in die Gruppendiskussion ermöglicht zudem die gleichzeitige Berücksichtigung der ökonomischen und der gesundheitlichen Perspektive. Durch die neutrale Moderation der Gruppendiskussion sowie individuelle Vorabschätzungen werden zudem gruppenpsychologische Effekte der partizipativen Herangehensweise reflektiert.

Im Ergebnis scheint das Verfahren von Debitz et al. (2012) somit für die Ermittlung von Zeitbedarfen für komplexe geistige Tätigkeiten einen interessanten Ansatz zu liefern. Da dieses Verfahren jedoch für einfache geistige Tätigkeiten entwickelt und erprobt wurde, stellt sich die Frage: Wie kann das Vorgehen nach Debitz et al. (2012) für die Zeitbedarfsermittlung komplexer geistiger Tätigkeiten angepasst werden?

3. Fallstudiendesign

Zur Identifikation nötiger Anpassungen des Verfahrens wurde in einem Fallstudiendesign (Yin, 2014) der Ansatz zur Zeitbedarfsermittlung von Debitz et al. (2012) auf komplexe geistige Tätigkeiten in zwei KMU erprobt.

Im ersten Unternehmen aus dem Bereich der Baugruppenentwicklung und -fertigung wurde der Ansatz in vier Gruppen (technologische Angebotskalkulation, Entwicklung, Arbeitsvorbereitung, Auftragsabwicklung) mit insgesamt 18 Personen umgesetzt. Im zweiten Unternehmen aus dem Bereich der Unternehmensberatung erfolgte die Verfahrensumsetzung in einer Gruppe (Angebotsabwicklung) mit 18 Personen aus vier Funktionsbereichen. Um ein umfassendes Verständnis der Verfahrensumsetzung und damit einhergehender Probleme in den untersuchten Gruppen zu bekommen, erfolgte die Datenerhebung in beiden Unternehmen jeweils durch Dokumentenanalyse, Selbstaufschreibungen, Interviews sowie Gruppenberatungen.

Die Auswertung der beiden Fälle führte zu mehreren Anpassungen des Ausgangsverfahrens.

4. Darstellung des entwickelten Verfahrens

Das entwickelte Verfahren gliedert sich in sechs Schritte: Im ersten Schritt werden die zu analysierende Tätigkeit sowie die beteiligten Beschäftigten festgelegt. Die Beschäftigten sollten identische Tätigkeiten ausführen oder bei der Arbeit interagieren, so dass in der Gruppe ertragreich über die zu analysierende Tätigkeit diskutiert werden kann. Im Extremfall kann das Verfahren aber auch mit einem zentralen Einzelakteur Anwendung finden. Zur Sicherstellung der Umsetzung der Verfahrensergebnisse und zur Beachtung der ökonomischen Perspektive, sollte die zuständige Führungskraft beteiligt sein.

Im zweiten Schritt wird in der Gruppe konsensual die Gesamttätigkeit in Teiltätigkeiten zerlegt. Für jede Teiltätigkeit wird eine Definition verfasst, sowie ein Start- und Endpunkt festgelegt. Diese werden in eine Zeiterfassungssoftware eingepflegt. Die Teiltätigkeiten sollten dabei nicht zu kleinteilig definiert werden, da eine zu umfassende Beeinträchtigung des Arbeitsalltags durch die Zeiterfassung die Akzeptanz und die korrekte Anwendung des Verfahrens verringern würde. Zudem schätzen die Teilnehmer in Schritt zwei den Zeitbedarf der definierten Tätigkeiten für die nächste Ausführung.

Im dritten Schritt werden softwaregestützt die Zeitbedarfe der definierten Tätigkeiten im Arbeitsalltag in einer Datenbank erfasst. Weiterhin werden Unterbrechungen erhoben, wobei auf ein erarbeitetes Einteilungsschema zurückgegriffen werden kann. Die Beschäftigten sind angehalten, Verbesserungsvorschläge sowie nicht definierte Unterbrechungen oder Tätigkeiten in der Software zu ergänzen.

Im vierten Schritt werden individuell die erfassten Werte ausgewertet. Dabei werden die erhobenen Zeitbedarfe mit den zuvor geschätzten Zeitbedarfen verglichen und etwaige Abweichungen analysiert. Daran anschließend wird der Zeitbedarf der definierten Tätigkeiten für die nächste Ausführung geschätzt. Ebenso werden die erhobenen Unterbrechungen sowie Notizen und Verbesserungsvorschläge ausgewertet und interpretiert. Die Ergebnisse der individuellen Auswertung und Schätzung werden in der Datenbank gespeichert.

Im fünften Schritt werden die gespeicherten Auswertungsergebnisse des vierten Schritts aller beteiligten Beschäftigten unter Anleitung eines geschulten neutralen Moderators in der Gruppe intra- und interindividuell verglichen und diskutiert. Im Ergebnis können Anpassungen bezüglich der definierten Tätigkeiten oder Verbesserungsvorschläge bezüglich der Prozesse oder des Umgangs mit Unterbrechungen beschlossen werden. Den Abschluss des fünften Schritts bildet die konsensuale Schätzung der Zeitbedarfe der definierten Tätigkeiten für die nächste Ausführung. Die Ergebnisse werden wiederum in der Datenbank gespeichert, so dass sukzessive ein umfangreicher Datenspeicher aufgebaut wird.

Im sechsten Schritt erfolgt die Umsetzung der in der Gruppe partizipativ erarbeiteten Beschlüsse.

Im Anschluss an den sechsten Schritt wird, beginnend mit dem dritten Schritt, das Verfahren neu begonnen. Durch den sich ergebenden wiederkehrenden Kreislauf von Messen und Schätzen werden die Teilnehmer im Schätzen trainiert, was eine Verringerung des Schätzfehlers zur Folge hat. Zudem kann die Definition der Teiltätigkeiten iterativ verbessert und auf Veränderungen in der Umwelt reagiert werden. Wenn die ermittelten Zeitbedarfswerte hinreichend genau sind und zukünftige Tätigkeiten adäquat abgebildet werden können, kann die Anwendung des Verfahrens ausgesetzt werden.

5. Ausblick

Das entwickelte Verfahren wird aktuell evaluiert. Parallel dazu wird ein Verfahren zur ökonomischen und gesundheitlichen Bewertung für die Anwender, eine Handlungsanleitung und ein Schulungskonzept erarbeitet.

Literatur

Debitz, U., Hacker, W., Stab, N. & Metz, U. (2012). Zeit- und Leistungsdruck? Anforderungsgerechte partizipative Personal- bzw. Zeitbemessung bei komplexer und interaktiver Arbeit als Grundlage von Nachhaltigkeit. In: Gesellschaft für Arbeitswissenschaft e.V. (Hrsg.) Gestaltung nachhaltiger Arbeitssysteme – Wege zur gesunden, effizienten und sicheren Arbeit. Dortmund: GfA-Press, 397–400.

Dengler, K. & Matthes, B. (2015). Folgen der Digitalisierung für die Arbeitswelt. Substituierbarkeitspotenziale von Berufen in Deutschland. IAB Forschungsbericht 11/2015.

Evans, J. S. & Frankish, K. (Eds.) (2009). In two minds: Dual process and beyond. New York: Oxford University Press.

Hacker, W. (2020). Prävention von zeitlicher Überforderung bei entgrenzter komplexer Wissens- sowie Innovationsarbeit: Möglichkeiten und Grenzen der Zeitbedarfsermittlung – eine Fallstudie. Psychologie des Alltagshandelns, 13(1), 1–16.

Kahneman, D. (2011). Thinking, fast and slow. New York: Farrar, Straus & Giroux.

Lovallo, D. & Kahneman, D. (2003). Delusions of success: How Optimism Undermines Executives' Decisions. Harvard Business Review, 81(7), 56–63.

Rau, R. & Buyken, D. (2015). Der aktuelle Kenntnisstand über Erkrankungsrisiken durch psychische Arbeitsbelastungen: Ein systematisches Review über Metaanalysen und Reviews. Zeitschrift für Arbeits- und Organisationspsychologie, 59(3), 213–229.

Roy, M. M. & Christenfeld, N. J. (2007). Bias in memory predicts bias in estimation of future task duration. Memory & Cognition, 35(3), 557–564.

Yin, R. K. (2014). Case Study Research Design and Methods (5th ed). Thousand Oaks, CA: Sage.

Friedhelm Nachreiner
Gesellschaft für Arbeits-, Wirtschafts- und Organisationspsychologische Forschung, Oldenburg

Arbeitsschutz nach Art der BRD – am Beispiel der Offshore-Arbeitszeitverordnung, ihrer Evaluation und Umsetzung

1. Die Offshore-Arbeitszeitverordnung

Die Verordnung über die Arbeitszeit bei Offshore-Tätigkeiten (Offshore-Arbeitszeitverordnung – Offshore-ArbZV) vom 05.07.2013, mit Zustimmung des Bundesrates verordnet durch das für den Arbeitsschutz zuständige BMAS, regelt die Anwendung des Arbeitszeitgesetzes (ArbZG) und die davon durch diese Verordnung legalisierten Abweichungen bei Offshore-Tätigkeiten.

Wesentliche Abweichungen vom ArbZG beziehen sich dabei auf die Dauer der täglichen Arbeitszeit, die auf 12 Stunden verlängert werden kann, die Dauer der Ruhepause, die bei >10h Arbeitszeit mindestens 60 Minuten betragen muss, sowie die Möglichkeit der Beschäftigung an Sonn- und Feiertagen. Arbeitgeber haben dafür zu sorgen, dass Arbeitnehmer nicht mehr als 21 unmittelbar aufeinander folgende Tage auf See verbringen, wobei die tägliche Arbeitszeit im Schnitt 10h nicht übersteigen darf. Übersteigt die tägliche Arbeitszeit an mehr als sieben Tagen 10h, darf die Dauer des Offshore-Schichtblocks einschränkend nur auf maximal 14 Tage ausgedehnt werden.

Arbeitszeitverlängerungen über 8h/Tag hinaus (Mehrarbeit) sind durch freie Tage auszugleichen, wobei die freien oder die Ersatzruhetage an Land zu gewähren sind, was in der Regel zu längeren Freistellungsphasen führt (z.B. 14 Tage Ruhezeit an Land nach 14 Tagen Offshore-Tätigkeit). Insgesamt darf die durchschnittliche wöchentliche Arbeitszeit (über 12 Monate) 48h nicht überschreiten (für Details sei auf die Verordnung selbst verwiesen).

Legalisiert durch diese Verordnung lassen sich damit Arbeitszeitregelungen und -systeme gestalten und (weiterhin) verfahren, die unter arbeitswissenschaftlicher Perspektive und unter Berücksichtigung der vorliegenden gesicherten arbeitswissenschaftlichen Erkenntnisse zur Arbeitszeitgestaltung (die nach §6 ArbZG bei der Gestaltung von Nacht- und Schichtarbeit zu berücksichtigen sind, eine Forderung, die durch die Verordnung nicht ausgesetzt wird) als inhuman und hoch risikobehaftet zu klassifizieren sind, und zwar im Hinblick auf Sicherheits-, gesundheitliche wie soziale Risiken. Damit werden durch die Verordnung Arbeitszeitsysteme möglich, die inzwischen allgemein akzeptierte grundlegende arbeitswissenschaftliche Anforderungen wie Ausführbarkeit, Schädigungslosigkeit und Beeinträchtigungsfreiheit (vgl. Hacker & Richter, 1984) verletzen, von Persönlichkeitsförderlichkeit ganz zu schweigen.

Schaut man sich Risikobewertungen prototypischer 7/7- oder 14/14-Systeme (x Tage off- gefolgt von x Tagen onshore) mit Hilfe validierter, gängiger rechnergestützter Bewertungsverfahren (z.B. Arbeitszeitrisikorechner (XIMES) sowie BASS 5 (GAWO)) an, wird offensichtlich, dass für alle analysierten Risikobereiche (Sicherheit, Gesundheit, soziale Teilhabe) substantielle Risikosteigerungen gegenüber normaler Tagarbeit vorliegen, z.T. um mehr als das Doppelte. Zusätzliche Risikoerhöhungen ergeben sich bei einem Wechsel zwischen Tag- und Nachschichtblöcken, z.B. bei Konti-Arbeit. Anzumerken ist, dass diese Risikoschätzungen deutliche Unterschätzungen der tatsächlichen Risiken darstellen, weil die hier benutzten Instrumente von „normalen" Bedingungen für Erholung und soziale Teilhabe ausgehen, was bei Offshore-Tätigkeiten definitiv nicht der Fall ist.

Ob derartige Risikoerhöhungen über solche und weitere mit der Verordnung legalisierte Arbeitszeitsysteme dem Verordnungsgeber bekannt waren oder überprüft wurden, ist nicht bekannt. Jedenfalls wurde in §17 der Verordnung eine Evaluierung dieser Verordnung festgelegt, die nach Ablauf von drei Jahren prüfen sollte, (1) ob die vorgesehenen Ausgleichsmaßnahmen nach Art und Umfang angemessen sind und (2) ob das Niveau des Arbeitsschutzes, der durch das ArbZG garantiert werden soll, tatsächlich eingehalten wird. Diese Evaluation ist 2019 durch das BMAS veröffentlicht worden.

Hintergrund der Verordnung ist die Tatsache, dass im Offshore-Bereich traditionell (auch international), insbesondere aus ökonomischen Gründen, nach solchen Schichtmustern gearbeitet wird, allerdings bis zum Inkrafttreten dieser Verordnung in der BRD regelmäßig nur auf Antrag und mit einer Ausnahmegenehmigung der Gewerbeaufsichtsämter, die damit die Unbedenklichkeit der beantragten Arbeitszeitregelungen bestätigen mussten. Mit der Verordnung sind diese Arbeitszeitregelungen legalisiert. Die Verordnung und die Ergebnisse ihrer Evaluierung werden daher gerne von Arbeitgebern genutzt, um solche Arbeitszeitsysteme zu rechtfertigen und – auch gegen den Widerstand der Betroffenen (z.B. in Einigungsstellen) – durchzusetzen.

2. Die Evaluation der Verordnung

Die vom ISG Institut für Sozialforschung und Gesellschaftspolitik GmbH in Zusammenarbeit mit anderen, in der Arbeitszeitforschung bisher ebenfalls nicht in Erscheinung getretenen Instituten und Autoren im Auftrag des BMAS vorgelegte (Duus et al., 2018) und von diesem in 2019 veröffentlichte Evaluation der Offshore-ArbZV kommt auf der Basis der von den Autoren durchgeführten Untersuchungen bezüglich der zu beantwortenden beiden Kernfragestellungen (s.o.) zu folgenden Ergebnissen:

1. „Insgesamt lassen die Evaluationsergebnisse allerdings darauf schließen, dass die in der Offshore-ArbZV vorgesehenen Ausgleichsmaßnahmen vor dem Hintergrund

der festgeschriebenen Ausnahmeregelungen nach Art und Umfang angemessen sind." (S. 119)

2. „Aufgrund fehlender Referenzpunkte kann nicht abschließend geklärt werden, ob die Offshore-ArbZV ein Niveau des Arbeits- und Gesundheitsschutzes gewährleistet, wie ihn auch das ArbZG garantiert." (S. 121)

Aus arbeitswissenschaftlicher Perspektive ist allerdings nicht nachvollziehbar, wie die Autoren auf der Basis der von ihnen durchgeführten Untersuchungen zu einer derart optimistischen Beurteilung kommen. So fehlt jegliche Auseinandersetzung mit den bisher vorliegenden arbeitswissenschaftlichen Erkenntnissen zur Arbeitszeitgestaltung (vgl. dazu etwa Nachreiner 2011 oder die Review-Artikel von Mitgliedern der Working Time Society in der Industrial Health 2019,57(2)), weder in theoretischer Hinsicht noch in Bezug auf deren Anwendung auf die in der Praxis vorgefundenen und/oder mit der Verordnung ermöglichten Schichtmodelle. Dabei wird auf einen Vergleich unterschiedlicher realisierter Schichtmodelle gänzlich verzichtet. Darüber hinaus fehlt eine Auseinandersetzung mit den zugegebenermaßen nicht sehr zahlreichen Publikationen zu den hier relevanten Fragestellungen bei der in Frage stehenden Population oder vergleichbaren Referenzgruppen. Des Weiteren fehlen Risikobewertungen der verfahrenen und der durch die Verordnung ermöglichten Arbeitszeitsysteme mit Hilfe verfügbarer rechnergestützter Bewertungssysteme, auch und besonders im Vergleich mit ArbZG-konformen Arbeitszeitsystemen, und zwar in Bezug auf Sicherheit, Gesundheit und soziale Teilhabe.

Die in Kenntnis der bekannten und zu erwartenden inhaltlichen, methodischen und datentechnischen Probleme (Nachreiner et al., 2013) im Rahmen der Evaluation durchgeführten empirischen Untersuchungen (Duus et al., 2018) sind zur Beantwortung der Evaluationsfragestellungen wegen erheblicher Mängel nicht geeignet. Ging es doch primär nicht darum zu erfassen, wie das Management von Offshore-Unternehmen die Angemessenheit der Ausgleichsmaßnahmen sieht und beurteilt, sondern ob die vorgesehenen und umgesetzten Ausgleichsmaßnahmen tatsächlich angemessen sind; wobei zu klären wäre, bis wann, also bis zu welchem Grad potentielle Beeinträchtigung angemessen sind. Ähnliches gilt für die durchgeführten Erhebungen mit anderen Personen, die ebenfalls nicht oder nur indirekt selbst betroffen sind, wie etwa Gewerbeaufsichtsbeamte oder Schichtplaner. Wobei deren Zufriedenheit mit der Verordnung und ihrer Effektivität sich mit ihrer Entlastung von Organisations- und Genehmigungstätigkeiten und der damit verbundenen Verantwortung leicht nachvollziehen lässt.

Die Befragung der Betroffenen selbst im Rahmen der Evaluationsstudie ist inhaltlich und methodisch derart defizitär, dass den Ergebnissen keinerlei Validität zur Beantwortung der Fragestellungen zugeschrieben werden kann. Time-Budget-Studien mit bis zu elf Offshore-Beschäftigten an 7 (von 14) in Folge offshore gearbeiteten Werktagen müssen hier als Beispiel genügen, ebenso wie der Verzicht auf den Versuch, Konfundierungen zu kontrollieren oder langfristige Wirkungen in die Evaluation einzubeziehen.

3. Fazit

Das BMAS verweist, wie üblich, auf die Verantwortung der Autoren für die Korrektheit der Untersuchungen und der daraus gezogenen Schlüsse. Von interessierter Seite wird das Ergebnis der vorgelegten Evaluation jedoch als ministeriell abgesegnete Rechtfertigung für den (weiteren) Einsatz der damit legalisierten Arbeitszeitsysteme betrachtet, erspart dies doch Arbeitsaufwand und insbesondere Kosten sowie die Übernahme der Verantwortung für absehbare Beeinträchtigungen bei den Betroffenen, die sich dann auch bereits nach relativ kurzer Berufstätigkeit zeigen, z.B. das vermehrte Auftreten von Schlafstörungen (Velasco Garrido et al., 2018) bei dieser hoch selegierten überwiegend jungen, fast rein männlichen Population, im Vergleich zur Gesamtpopulation der BRD.

An humaner, an arbeitswissenschaftlichen Erkenntnissen orientierter Arbeitszeitgestaltung interessierte Beschäftigte und deren Betriebsräte haben damit nahezu keinerlei Chancen, sich gegen die mit der Verordnung legalisierten Systeme durchzusetzen, schon gar nicht, wenn man die ungleiche Machtverteilung beider Seiten, z.B. auch in Einigungsstellen, berücksichtigt.

Dem grundgesetzlich gebotenen und durch das ArbZG geforderten Arbeits- und Gesundheitsschutz dient die vom BMAS erlassene Offshore-ArbZV und deren vom BMAS vorgelegte Evaluation nach den vorliegenden arbeitswissenschaftlichen Erkenntnissen dagegen offensichtlich nicht.

Literatur

Duus, R., Fertig, M., Hägele, H., Kleinemeier, R., Maier, F., Puhe, H., ... & Wolf, L. (2018). Evaluation der Offshore-ArbZV In: BMAS (Hrsg.) Forschungsbericht 524: Evaluation der Offshore-ArbZV. Bonn: BMAS (2019)

Hacker, W. & Richter, P. (1984). Psychologische Bewertung von Arbeitsgestaltungsmaßnahmen. Ziele und Bewertungsmaßstäbe. VEB Deutscher Verlag der Wissenschaften, Berlin

Nachreiner, F. (2011). Arbeitszeit als Risikofaktor für Sicherheit, Gesundheit und soziale Teilhabe. In: GfA (Hrsg) Neue Konzepte zur Arbeitszeit und Arbeitsorganisation. GfA, Dortmund, S 15–32

Nachreiner, F., Arlinghaus, A. & Bockelmann, M. (2013). Machbarkeitsstudie zur Evaluation der neuen Offshore-ArbZV. Abschlussbericht. Oldenburg: GAWO, http://www.gawo-ev.de/cms2/uploads/GAWO_Offshore_Machbarkeit_Abschlussbericht.pdf

Velasco Garrido, M., Mette, J., Mache, S., Harth, V., Preisser, A. (2018). Sleep quality of offshore wind farm workers in the German exclusive economic zone: a cross-sectional study. BMJ Open, 8:e024006. doi:10.1136/bmjopen-2018-024006

Stephan Sandrock & Ralph W. Conrad
ifaa – Institut für angewandte Arbeitswissenschaft e. V.

Ergonomie und 5S – Zusammenführung zweier Herangehensweisen zur Steigerung von Leistungsfähigkeit und Produktivität

1. Einleitung

Unternehmen sind neben spezifischen Bedingungen wie Produkt- und Dienstleistungsportfolio, Wettbewerbssituation, der Lage am regionalen Arbeitsmarkt etc. auch Megatrends ausgesetzt, die Auswirkungen auf die Arbeits- und Betriebsorganisation, und indirekt auch Auswirkungen auf die Arbeitssystemgestaltung, haben. Diese Megatrends sind: Demographischer Wandel, Wertewandel, Reindustrialisierung, Globalisierung/Wettbewerbsfähigkeit, Individualisierung und Digitalisierung. Insbesondere der demographische Wandel zwingt die Unternehmen, einem abzusehenden Fachkräftemangel entgegenzuwirken und dafür zu sorgen, dass die Arbeits- und Leistungsfähigkeit der Beschäftigten erhalten bleiben. Dies bedeutet u. a., dass Arbeitsplätze sicher und ergonomisch gestaltet sein müssen, damit Arbeitnehmer – und so auch deren Wissen und Fertigkeiten – so lange wie nötig dem Betrieb erhalten bleiben. Aufgrund der Auswirkungen der Globalisierung und den daraus folgenden erschwerten Bedingungen zum Erhalt der Wettbewerbsfähigkeit, müssen Unternehmen ihre Bemühungen im Bereich der Produktivitätssteigerung erhöhen. Hierunter fällt insbesondere die Minimierung von Verschwendung in allen Unternehmensbereichen. Ferner stellt die Individualisierung von Kundenwünschen Unternehmen vor neue Herausforderungen, da oftmals existierende Produktionsabläufe hierfür nicht hinreichend flexibel sind.

Erfahrungen aus betrieblichen Projekten zeigen, dass die Bereiche Arbeitsschutz/ergonomische Arbeitsgestaltung und Produktivitätssteigerung oft getrennt voneinander betrachtet und oft von unterschiedlichen betrieblichen Abteilungen bearbeitet werden (z. B. Sandrock & Conrad, 2019). Allerdings sollte eine gemeinsame Betrachtung angestrebt werden: Arbeitsplatz- und Prozessgestaltung, Ergonomie, Arbeits- und Gesundheitsschutz müssen sinnvollerweise zusammengeführt werden, da die Themen nicht in Konkurrenz zueinander stehen. Beiden Themenfeldern ist zudem gemein, dass sie bei der Betrachtung des jeweils anderen Themas mitbetrachtet werden können: so können in 5S- Workshops oder im Rahmen des Kontinuierlichen Verbesserungsprozesses (KVP) auch Ergonomie-Themen bzw. der Arbeits- und Gesundheitsschutz thematisiert werden. Gleiches gilt im umgekehrten Fall. Als Ergebnis sollte stets die Steigerung der Systemperformance bzw. der Produktivität und der Leistungsfähigkeit bzw. der Humanorientierung stehen.

2. Arbeits- und Gesundheitsschutz

Die Bestimmungen des gesetzlichen Arbeitsschutzes verpflichten Arbeitgeber Maßnahmen des Arbeitsschutzes umzusetzen, um die Gesundheit der Beschäftigten aufrechtzuerhalten. Ein zentrales Element im Arbeitsschutz ist die sogenannte Gefährdungsbeurteilung, die in § 5 Arbeitsschutzgesetz festgelegt ist. Sie verpflichtet den Arbeitgeber, eine Beurteilung der für die Beschäftigten mit ihrer Arbeit verbundenen Gefährdungen vorzunehmen. Aus den ermittelten Gefährdungen hat der Arbeitgeber Maßnahmen des Arbeitsschutzes abzuleiten und die Ergebnisse der Beurteilungen sowie die ggf. erforderlichen Maßnahmen zu dokumentieren. Zielsetzung des Arbeitsschutzes ist es, die Sicherheit und den Gesundheitsschutz der Beschäftigten bei der Arbeit durch entsprechende Maßnahmen zu gewährleisten und zu verbessern.

Weiterhin muss der Arbeitgeber den Arbeitsschutz organisieren und diesen in Führungs- und Managementprozessen verankern. Damit diese Aufgaben erfüllt werden können, müssen alle Ebenen des Unternehmens ihren Beitrag zum Arbeitsschutz leisten. Wichtig ist es, die Verantwortlichkeiten im gesamten Unternehmen, beginnend bei der Geschäftsleitung, klar zu benennen, wobei die Verantwortung für den Arbeits- und Gesundheitsschutz sowie die damit verbundenen Aufwendungen grundsätzlich beim Unternehmer oder dessen Beauftragten liegen (ifaa, 2017).

Betriebliche Abläufe, die nicht störungsfrei laufen, können als Merkmalsbereich psychischer Belastung dazu beitragen, beeinträchtigende Folgen wie Stressreaktion oder auch Sättigung bei Beschäftigten hervorzurufen. Im Umkehrschluss bedeutet dies, dass störungsfreie Prozesse zur Zufriedenheit und Motivation der Beschäftigten beitragen können. Ferner ist davon auszugehen, dass Beschäftigte in ergonomischen Arbeitsprozessen motivierter und effektiver arbeiten können und so auch zur Steigerung der Produktivität beitragen.

3. 5S-Methode

Die 5S-Methode ist ein wesentlicher Teil des Toyota-Produktionssystems und wird allgemeinhin als Einstiegsmethode für die Etablierung von Lean-Management-Systemen bezeichnet (ifaa, 2016). Ziel der 5S-Methode ist es, in einem abgegrenzten Verantwortungsbereich des Mitarbeiters oder Teams (Arbeitsplätze, Produktionsanlagen und Hilfsmittel), einen geordneten Grundzustand herbeizuführen und nachhaltig zu bewahren. Die 5S-Methode untergliedert sich in folgende fünf Schritte: Seiso (selektieren), Seiri (Stelle ordentlich hin), Seiton (Säubere), Seiketsu (Sauberkeit bewahren), Shitsuze (Selbstdisziplin üben).

Die Methode ist vorteilhaft, um beispielsweise die Übersicht und Sicherheit am Arbeitsplatz zu steigern, die Übernahme von Verantwortung für den eigenen Arbeitsplatz zu fördern, Verschwendung im täglichen Arbeiten wie z.B. überflüssiges

Suchen oder Wartezeiten zu vermeiden, Arbeitsplätze und Arbeitsprozesse durch Standardisierung effektiver und transparenter zu gestalten oder die Arbeits- und Prozesssicherheit zu erhöhen.

Zudem ist die konsequente Anwendung der 5S- Methode eine erforderliche Grundlage für die Umsetzung des kontinuierlichen Verbesserungsprozesses (KVP) und von anderen Lean-Management Methoden wie beispielsweiseschnelles Rüsten (SMED). Als weitere Vorteile sind zu nennen, dass ein aufgeräumter und ordentlicher Arbeitsplatz, an dem durch ein Team gemeinsam festgelegte Regeln und Visualisierungen existieren, auch zur Sicherheit beiträgt, z. B. durch das Eliminieren von Stolperfallen wie Kabel, Kisten etc. (Sandrock & Peck, 2016).

Ordnungsgemäß beschriftete Flaschen und Kanister verhindern zudem das Verwechseln von gesundheitsgefährdenden Flüssigkeiten, womit Ordnung und Sauberkeit direkt dazu beitragen, Unfälle und Gefahren zu verhindern und die Ergonomie des Arbeitsplatzes zu verbessern. Da im Sinne von 5S jeder Beschäftigte für die Umsetzung in seinem Arbeitsbereich zuständig ist, steigt zudem auch das Verantwortungsbewusstsein der Mitarbeiter für den Arbeitsprozess und der damit verbundenen Arbeitssicherheit. Das erlernte Verständnis dieses kontinuierlichen Verbesserungsprozesses wird Unternehmen bei der Gestaltung des Arbeitsschutzes zugutekommen. Denn auch beim Arbeitsschutz ist es das Ziel, den erreichten Stand zu sichern und kontinuierlich weiterzuentwickeln, um besser bzw. sicherer zu werden (vgl. § 3 ArbSchG).

Für den Einstieg in Arbeits- und Gesundheitsschutzmaßnahmen ist die Anwendung der 5S-Methode daher ein guter Ansatz, da sie einfach umzusetzen ist und keine Investitionen erfordert. Die 5S-Methode hat einen positiven Einfluss auf den Erfolg des Arbeitsschutzes. Aber auch die Gefährdungsbeurteilung kann dabei behilflich sein, neben dem Schutz der Gesundheit der Mitarbeiter, auch Störungen im Betriebsablauf zu beheben.

4. Zusammenführung der Ansätze

Eine Gegenüberstellung beider Ansätze zeigt die oftmals gleiche Ausrichtung (Ziel und Zweck) sowie die gleichen Erfolgsfaktoren bei der Umsetzung von 5S bzw. Arbeits- und Gesundheitsschutz.

Das ifaa hat daher zur Unterstützung bei der betrieblichen Umsetzung dieses gemeinsamen Ansatzes ein Werkzeug entwickelt, das im Folgenden skizziert wird: Zum Einstieg in die Arbeit an beiden Themen sowohl der Produktivität als auch der Ergonomie bzw. der Humanorientierung ist der Ausgangszustand im Unternehmen zu bewerten. Hierzu dient je ein Audit-Tool für den Produktionsbereich und für den Officebereich (Sandrock & Conrad, 2019). Dabei werden in sechs Themenbereichen nach den Schritten der 5S-Methode (Selektieren, Sortieren, Säubern, Standardisieren, Selbstdisziplin, ergänzt durch Sicherheit) entsprechende Items abgefragt und mit einer Skala von „ja“ (vollständig erfüllt) über „teils/teils“ (teilweise erfüllt) und „nein“ (nicht erfüllt) der aktuelle Umsetzungsstand bewertet. Ergänzend können qualitative Bewertungen vorgenommen werden. Diese Ergebnisse werden pro Themenbereich aufsummiert und ergeben in der Darstellung des Endergebnisses ein Bild darüber, in welchen der Themenbereiche die größten Potenziale im Unternehmen liegen. Die Skalierung wird mit einer Farbskala nach der Ampelsystematik unterstützt, damit Anwender Handlungsbedarf gut erkennen und priorisieren können.

Bei negativen Bewertungen einzelner Items besteht die Möglichkeit, anhand von Maßnahmenplänen Abhilfe zu schaffen. Hierbei werden Inhalte (Was? – welche Maßnahmen kommen infrage), Zuständigkeiten (Wer?), Methoden, Werkzeuge (Womit?) und Zeiträume (Bis wann?).

Anhand dieser Auswertung ist es möglich, weitere Maßnahmen hinsichtlich ergonomischer Arbeitsgestaltung und der Produktivitätssteigerung gezielter zu fokussieren. Die Umsetzung der generierten Maßnahmen sollte rasch erfolgen, damit die beteiligten Akteure (Mitarbeiter wie Führungskräfte) motiviert den Prozess vorantreiben. Die Planung ergonomischer Arbeitssysteme bzw. von Prozessverbesserungen sollte ein Team aus den Bereichen Industrial Engineering (IE), Arbeits- und Gesundheitsschutz, Einkauf und Führungskräften übernehmen, wobei die Betrachtung nicht einzelplatzorientiert, sondern prozessorientiert stattfinden sollte. Bei der betrieblichen Umsetzung sollten zudem ergonomische Gestaltungsaspekte sowie Investitionsplanung verknüpft sein. Zur Überprüfung bzw. zur Bewertung der Ergebnisse der Maßnahmen kann das Audit-Werkzeugs/Tools in regelmäßigen Abständen angewendet werden. Die Auditoren können dabei durchaus wechseln, damit auch unterschiedliche Sichtweisen und Verbesserungsideen einfließen.

Literatur

Arbeitsschutzgesetz (1996) – ArbSchG: Gesetz über die Durchführung von Maßnahmen des Arbeitsschutzes zur Verbesserung der Sicherheit und des Gesundheitsschutzes der Beschäftigten bei der Arbeit vom 07.08.1996, Erster Abschnitt – Allgemeine Vorschriften, § 2 Begriffsbestimmungen (1).

ifaa – Institut für angewandte Arbeitswissenschaft e. V. (2016) 5S als Basis des kontinuierlichen Verbesserungsprozesses, Berlin, Springer.

ifaa – Institut für angewandte Arbeitswissenschaft e. V. (2017) Handbuch Arbeits- und Gesundheitsschutz, Berlin, Springer.

Sandrock, S. & Conrad, R.W. (2019) Lean und Arbeitsschutz – Gemeinsam für mehr Produktivität und Leistungsfähigkeit. Sicherheitsingenieur 50(8):14–15

Sandrock, S. & Peck, A. (2016) Arbeits- und Gesundheitsschutz. In: Institut für angewandte Arbeitswissenschaft (Hrsg.) 5S als Basis des kontinuierlichen Verbesserungsprozesses. Springer, Berlin, S 29–34.

Arbeitskreis

Gewalt am Arbeitsplatz: Gender Based Violence

Leitung: Monika Eigenstetter

Monika Eigenstetter

Geschlechtsspezifische Gefährdungen: Ein Neglect im Arbeits- und Gesundheitsschutz

Alexander Herrmann, Christian Seubert & Jürgen Glaser

Integriertes Model zu Negativfolgen von Gewalt, Aggression und sexueller Belästigung bei privatem Sicherheitspersonal durch „Organizational Outsider"

Monika Eigenstetter
A.U.G.E.-Institut der Hochschule Niederrhein

Geschlechtsspezifische Gefährdungen: Ein Neglect im Arbeits- und Gesundheitsschutz

1. Geschlechtsspezifische Gewalt im beruflichen Alltag

Femnet e.V. ist eine Nicht-Regierungsorganisation, die sich für die Arbeitsbedingungen in der textilen Wertschöpfungskette einsetzt und gezielt die Arbeitsbedingungen von Frauen in den Blick nimmt. Im Jahr 2018 bereiste Kalpona Akther auf Einladung von Femnet e.V. Deutschland und berichtete auf Tagungen and an Hochschulen über die Arbeitsbedingungen in der Textilindustrie in Bangladesch. Misshandlungen, Demütigungen, sexuelle Belästigungen von Frauen sowie das Vorenthalten von Lohn sind in vielen Regionen der Welt Alltag (Femnet e.V., 2018). Im Zusammentreffen mit Kalpona Akther wurde der Autorin deutlich, dass Gender-based Violence bzw. geschlechtsspezifische Gewalt ein Arbeitsschutzthema ist, das nicht nur Textilarbeiterinnen, sondern nahezu alle berufstätigen Frauen auf der Welt trifft, egal ob sie Ingenieurin, Stewardess, Polizistin, Soldatin, Krankenpflegerin oder Reinigungskraft ist. Geschlechtsspezifische Gewalt ist jedoch im Kontext des Arbeits- und Gesundheitsschutzes bislang eher wenig beachtet.

Geschlechtsspezifische Gewalt verletzt grundlegende Menschenrechte. Die „Allgemeinen Erklärung der Menschenrechte der Vereinten Nationen von 1948. § 1 besagt: „Alle Menschen sind frei und gleich in Würde und Rechten"; in § 3 heißt es: „Jeder Mensch hat das Recht auf Leben, Freiheit und Sicherheit der Person“, und in § 5: „Niemand darf [...] erniedrigender Behandlung oder Strafe unterworfen werden“ (nach Cruz & Klinger, 2011).

2. Definitionen

Es gibt keine allgemein akzeptierte Definition von „Gewalt am Arbeitsplatz“, obwohl es einen Konsens darüber gibt, dass nicht nur physische Gewalt wie Tötung und körperliche Attacken zu Gewalt zählen, sondern auch Stalking, Bedrohungen, Mobbing, Beleidigungen oder Beschimpfungen, die ein Gefühl von Angst und Misstrauen am Arbeitsplatz entstehen lassen (ILO, 2018). So wird vorgeschlagen von Gewalt und Schikanen zu sprechen (engl.: violence und harassment). Es gibt zudem unterschiedliche Verursacher von Gewalt. Physische als auch psychische Gewalt gegen Mitarbeitende wird von Dritten (KundInnen u. a.) oder aber innerhalb des Arbeitsplatzes (also KollegInnen und Vorgesetzte) ausgeübt. Die DGUV (2019) weist im Report zum Unfallgeschehen „Unfälle durch menschliche Gewalt, Angriff, Bedrohung, Überraschung“ und Gewalt durch „betriebsinterne Personen“ und „betriebsfremde Personen“ aus: Dabei zeigt sich, dass mehr als doppelt so viele Gewalttaten von betriebsfremden Personen verursacht sind (8441 vs. 3391 Fälle). Weitere 1161 Fälle werden nicht genauer bezeichnet.

Als „geschlechtsspezifisch“ werden Gewalttaten und Schikanen dann bezeichnet, wenn sie aus einem ungleichen Machtverhältnis zwischen Männern und Frauen resultieren oder wenn die Gewalttaten und Schikanen gegen Personen ausgeübt werden, die nicht den gängigen geschlechtsrollen-Stereotypen entsprechen. Geschlechtsspezifische Gewalt umfasst alle Formen von Gewalt, die mit sozialen Erwartungen an Geschlecht und sozialen Rollen zusammenhängen und daher nicht akzeptabel mit einem bestimmten Geschlecht gelten, z.B. Mann als Tagesmutter (European Agency for Safety and Health at Work, 2010, Pieck, 2017). 13 % Frauen und 5 % Männer haben z.B. in den letzten drei Jahren sexuelle Belästigung am Arbeitsplatz erlebt (Schröttle et al., 2019). Weiterhin betroffen von geschlechtsspezifischer Gewalt sind homosexuelle Männer und Frauen sowie LGBT (Lesbian, Gay, Bisexual, Transgender/Transsexual). Dass aber geschlechtsspezifische Gewalt oft mit Gewalt gegen Frauen gleichsetzt wird, ist naheliegend, weil Frauen, insbesondere junge Frauen, die häufigsten Opfer sind. Sie stehen innerhalb der organisationalen Hierarchien eher unten (European Agency for Safety and Health at Work, 2010).

3. Geschlechtsspezifische Gefährdungen

Pflege, Hotels und Berufe, in denen Frauen als Dienstleistende in eher gering entlohnten Berufen tätig sind, gelten als gefährliche Arbeitsumgebungen, gerade für unerwünschte sexuelle Aufmerksamkeit und sexuelle Übergriffe. Arbeitswege für Frauen, die in Randzeiten arbeiten, beinhalten weitere Gefährdungen (ILO, 2018, European Agency for Safety and Health at Work, 2010).

Ein recht spezifisches, aber nicht zu unterschätzendes Thema sind Mikroaggressionen und alltägliche Erfahrungen der Entwertung (McKinsey Report & Lean in, 2019). Erfasst, wie häufig bei Männern oder Frauen Aussagen kritisiert werden, übersehen werden oder sie mit jemandem auf einem eher niedrigeren Niveau verwechselt werden, berichten Frauen dies zu 73 %, Männer zu 59 %. Mikroaggressionen und die andauernde Orientierung an einer Leistungsnorm, die als „male bias“ das Arbeitsumfeld dominiert, tragen als andauernde Stressoren zu einem Anstieg der psychischen Belastungen und Beanspruchungen bei (Pieck, 2017, McKinsey Report & Lean in, 2019). Frauen erleben auch dann Entwertung, wenn sie nicht dem stereotypen Schema von „weiblich“ entsprechen. Verletzen sie geltende Stereotype, führt das in der Folge zu sozialer Bestrafung: Abgewertet werden besonders Frauen, die nicht als „warm“ und zugewandt wahrgenommen werden (Rudman & Glick, 1999). Frauen in Führungspositionen erfahren zudem, anders als man vermuten möchte, oft nicht weniger, sondern mehr sexuelle Belästigung, z.B. so in USA und Japan belegt (Folke et al., 2020). Eine Interpretation der Daten legt nahe, dass Frauen, gerade auch in als typisch angesehenen Männerberufen mehr feindseliges Verhalten auslösen, da sie bedrohlich auf die männliche Identität wirken. Die Akzeptanz geschlechtsspezifischer Gewalt ist in Ländern mit hoher Ausprägung auf der Dimension „Maskulinität-Femininität“, also einer Dominanz stereotyper geschlechtsspezifischer Verhaltensweisen hoch. Übergriffiges Verhalten wird dort von Frauen weitaus weniger berichtet (Cruz & Klinger, 2011). Kalpona Akther berichtete, wie schwer es war, die Frauen zu ermutigen, über ihre Erfahrungen am Arbeitsplatz zu berichten.

4. Verhinderung geschlechtsspezifischer Gefährdungen

Die vielen Formen geschlechtsspezifischer Gewalt sind nicht unbekannt. Sie werden u.a. innerhalb der Genderforschung, als Thema von Diversity und als Mobbing thematisiert. Als Teil eines Gesundheits- und Arbeitsschutzmanagements lassen sich z.B. folgende Schritte definieren (Tabelle 1).

Tab. 1: Verhinderung von geschlechtsspezifischen Gefährdungen

Kultur-gestaltung	Vorbildfunktion der Führungskräfte Förderung der Perspektivenübernahme aus Sicht des anderen Geschlechts (INQA, 2017)
Ziele	Integration in die Arbeitsschutzziele
Risiko-analyse	Identifikation wesentlicher Gefährdungspotenziale, z.B. Service, berufliche Wege, „the only one“ in männerdominierten Berufen Systematische Verfahren zur laufenden Risikoerkennung und -berichterstattung als Teil der Gefährdungsanalyse
Maßnahmen	Einführung von Grundsätzen (Leitlinien) und Maßnahmen zur Verhinderung der Gefährdungen Sanktionen Regelmäßige Schulung Ombudperson/Beratungsstelle/Helpline
Kommunikation	Stakeholderinformation
Monitoring	Evaluation der Effektivität/Effizienz

Da Ansätze der Kulturgestaltung, z.B. Leitlinien und Sensibilisierungstrainings oft nur wenig an der faktischen Gefährdung ändern, wird daher ein Ansatz analog eines Compliance-Managements vorgeschlagen. Aber während sich im Bereich der klassischen Gefährdungen viele Maßnahmen finden, um z.B. Unfälle zu vermeiden (z.B. Aufforderung einen Handlauf zu nutzen, wenn man eine Treppe benutzt inkl. Sanktion, wenn dieser nicht genutzt wird), werden für die Verhinderung geschlechtsspezifischer Gewalt und Schikanen oft deutlich weniger Vorkehrungen getroffen. Geschlechtsspezifische Gewalt und Schikanen sollten zukünftig im Arbeitsschutz als eine eigene Dimension der Gefährdungsbeurteilung systematisch erfasst und verhindert werden. Sie sind neben physischen Gefährdungen als psychische Gefährdungen relevant anzusprechen und nicht zu verharmlosen. Und wie bei allen Gefährdungen sind Maßnahmen abzuleiten und zu evaluieren.

Literatur

Cruz, A. & Klinger, S. (2011). Gender-based violence in the world of work: Overview and selected annotated bibliography. ILO working paper 3/11 Online [28.01.2020]

DGUV (2019). Statistik Arbeitsunfallgeschehen 2018. Deutsche Gesetzliche Unfallversicherung. Online [28.01.2020]

European Agency for Safety and Health at Work (2010). Workplace Violence and Harassment: a European Picture. European Risk Observatory Report. Online [28.01.2020]

Femnet e.V., (2018). Geschlechtsspezifische Gewalt in der Bekleidungsindustrie. Online [28.01.2020]

Folke, O., Rickne, J., Seiki, T. &Taeishi, Y.(2020). Sexual Harassment of Women Leaders. American Academy of Arts & Sciences. Published under a Creative Commons Attribution 4.0 International (CCBY 4.0) license https://doi.org/10.1162/DAED_a_01781 [28.01.2020]

ILO (2018). Ending violence and harassment in the world of work. International Labour Conference, 107th Session, 2018. Online [28.01.2020]

McKinsey Report & Lean in (2019). Women in the Workplace 2019. Online [28.01.2020]

Pieck, N. u.a. (2017). Gesundheitliche Chancengleichheit im Betrieb: Schwerpunkt Gender. IGA Report 35. Online [28.01.2020]

Rudman, L. A. & Glick, P. (1999). Feminized management and backlash toward agen-tic women: The hidden costs to women of a kinder, gentler image of middle managers, Journal of Personality and Social Psychology 77 (5) (1999): 1004-1010

Schröttle, M., Meshkova, K. & Lehmann, C. (2019). Umgang mit sexueller Belästigung am Arbeitsplatz – Lösungsstrategien und Maßnahmen zur InterventionStudie im Auftrag der Antidiskriminierungsstelle des Bundes. Online [28.01.2020]

Alexander Herrmann, Christian Seubert & Jürgen Glaser
Universität Innsbruck

Integriertes Model zu Negativfolgen von Gewalt, Aggression und sexueller Belästigung bei privatem Sicherheitspersonal durch „Organizational Outsider"

1. Einleitung

Das Erleben von Gewalt und Aggression stellt einen der schwerwiegendsten Stressoren im Arbeitskontext dar und steht im Zusammenhang mit einer Vielzahl an Negativfolgen für Mensch und Unternehmen. Im europäischen Durchschnitt erleben 1,9 % der Arbeitenden Gewalt, 5 % die Androhung von Gewalt, 4,1 % Bullying und Belästigungen sowie 2 % sexuelle Belästigung im Zuge ihrer Tätigkeit. In Deutschland sind ca. 15 % der Arbeitnehmerschaft von solchen Negativerfahrungen betroffen, in Österreich rund 20 % (Eurofound, 2015). Einige Tätigkeitsfelder (z.B. Krankenpflege, Polizei) stellen bekannte Risikoberufe dar, mit weit überdurchschnittlichen Expositionsraten.

Das private Sicherheitsgewerbe stellt ein weiteres Risikobeschäftigungsfeld dar, welches trotz seiner rund 0.26 Mio. Beschäftigten in Deutschland und Österreich bisher noch kaum wissenschaftliche Beachtung erfahren hat. In Finnland fanden sich hier monatliche Prävalenzen von 39 % für erlebte Aggression, 19 % für Androhung von Gewalt und 15 % für physische Gewalt (Leino et al., 2011). In Frankreich gaben 40 % des befragten Sicherheitspersonals an in den vergangenen 12 Monaten physische oder verbale Gewalt erfahren zu haben (Dang et al., 2016). Obwohl die gesetzliche Unfallversicherung VBG in ihrem Bericht (2018) zeigen konnte, dass Konfrontationen als zweithäufigste Unfallursache bei Sicherheitskräften bald Stürze/Stolpern als Hauptunfallursache ablösen werden, da sich ihre Frequenz seit 1988 verfünffacht hat, fehlen entsprechende Studien im deutschsprachigen Raum. In speziellen Einsatzgebieten wie dem öffentlichen Nahverkehr, Einkaufszentren oder Asylunterkünften sind Gewalterfahrungen zudem mit über 70 % bereits jetzt die häufigste Unfallursache.

2. Integrierte Betrachtung von Gewalt, Aggression und sexueller Belästigung in der Arbeit

Auf Basis der Definition von arbeitsbezogener Gewalt durch die International Labour Organisation (2004) und einer strikten Abgrenzung von Gewalt und Aggression sowie Täter-Opfer Beziehungen (Neuman & Baron, 1998) haben wir ein differenziertes Modell erarbeitet, das zusätzlich den Ruf nach Berücksichtigung bezeugter Gewalt und sexueller Belästigung (z.B. European Social Partners' 2007 Framework

Agreement) aufgreift. Durch Integration und Erweiterung etablierter Forschung (LeBlanc & Kelloway, 2002; Dupré et al., 2014) wurde das dargestellte Modell konzipiert (Abb. 1).

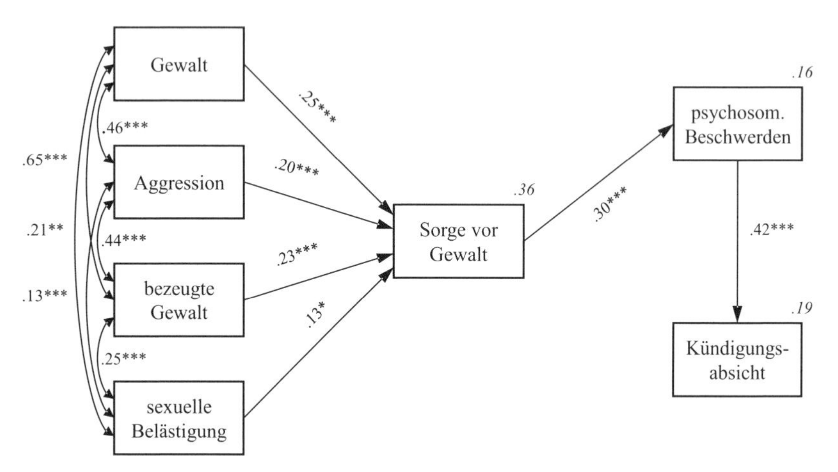

Abb. 1: Integriertes Modell zu arbeitsbezogener Gewalt, Aggression & sexueller Belästigung.
Hinweis: $N = 487$. Kursive Werte geben aufgeklärte Varianz der abhängige Variablen an, $^{*}p < .05$, $^{**}p < .01$, $^{***}p < .001$.

Der Prozess von Negativfolgen aufgrund Gewalterfahrungen in der Arbeit bis hin zur freiwilligen Kündigung als letzter Verhaltenskonsequenz, stellt nach aktuellem Forschungsstand immer noch eine unerforschte Black Box dar. Neben der Schlüsselfunktion subjektiver Bewertung von Gewalterfahrungen hinsichtlich ihrer zukünftigen Auftrittswahrscheinlichkeit und der damit verknüpften Sorge vor Gewalterfahrungen ist unklar, inwieweit verwandte Negativerfahrungen, wie bspw. bezeugte Gewalt, Aggression oder sexuelle Belästigung, zu dieser Sorge beitragen können.

Darüber hinaus wurden Gesundheits- und organisationale Folgen bisher vorwiegend als unabhängig verlaufende Folgeprozesse untersucht. Im Einklang mit dem Belastungs-/Beanspruchungskonzept, bildet unser Modell eine sequentielle Abfolge ab, in welcher wir Sorge vor Gewalt als ultra-proximalen Belastungsindikator, psychosomatische Beschwerden als proximalen Belastungsindikator und Kündigungsabsicht als distale Verhaltenskonsequenz, die belastende Erlebnisse zu vermeiden, verstehen.

3. Hypothesen

Entsprechend unserer Modellannahme erwarten wir daher:

1. Erleben von Gewalt, Aggression, bezeugter Gewalt sowie sexueller Belästigung hängt mit dem Ausmaß an berichteter Sorge vor Gewalt zusammen.

2. Sorge vor Gewalt mediiert Effekte von Gewalt, Aggression, bezeugter Gewalt und sexueller Belästigung auf psychosomatische Beschwerden.
3. Psychosomatische Beschwerden mediieren die Effekte von Gewalt, Aggression, bezeugter Gewalt und sexueller Belästigung via Sorgen vor Gewalt auf Kündigungsabsicht.

4. Methodik

Die Hypothesenprüfung erfolgte durch Pfadmodellierung (Mplus 8) anhand von Querschnittsdaten einer Gelegenheitsstichprobe von 487 SicherheitsmitarbeiterInnen in Österreich und Deutschland. Alle Konstrukte wurden mit oder in Anlehnung an bestehende Instrumente erhoben (Quellenangaben von den Autoren erhältlich). *Kernprädiktoren* (dichotom: *0 = nein, 1 = ja*) waren körperliche Angriffe (M = 0.24), Zeuge von Gewalt (M = 0.30), verbale Aggression (M = 0.56) und sexuelle Belästigung (M = 0.03). *Abhängige Variablen* waren Sorge um Gewalt (1 Item, Skala: 1-5, M = 2.42, SD = 1.19), psychosomatischer Beschwerdedruck (12 Items, Skala: 1-5, α = .93, M = 2.19, SD = 0.86) sowie Kündigungsabsicht (4 Items, Skala: 1-5, α = .90, M = 2.73, SD = 1.26).

Die bivariate Betrachtung der Kontrollvariablen zeigte unter anderem, dass Frauen ($r\Phi = .11$, $p = .012$) häufiger sexuelle Belästigungen erlebten. Bezeugte Gewalt wurde mit geringer Arbeitserfahrung häufiger berichtet ($r\Phi = -.10$, $p = .027$). Mit zunehmender Alleinarbeit verringerte sich das Ausmaß an erlebter Aggression ($r\Phi = -.14$, $p = .002$), erhöhte aber psychosomatische Beschwerden ($rpb = .13$, $p = .004$). Jüngere Probanden waren stärker von allen Negativerfahrungen ($-.12 \leq rpb \leq -.27$, $.006 \leq p \leq .001$) sowie der Sorge vor Gewalt ($rs = -.12$, $p = .007$) betroffen. Bei steigender Wochenarbeitszeit verringerten sich überraschenderweise das Ausmaß an Negativerfahrungen ($-.12 \leq rpb \leq -.22$, $.014 \leq p \leq .001$; außer sexueller Belästigung) sowie die Sorge vor Gewalt ($rs = -.12$, $p = .009$) wohingegen psychosomatische Beschwerden zunahmen ($rpb = .14$, $p = .003$).

5. Ergebnisse

Zur Hypothesenprüfung wurde das postulierte vollständig mediierte Modell mit einem partiell mediierten Modell verglichen. Das vorgestellte Modell erreichte dabei die besten Fit-Parameter, ($\chi2(9) = 5.089$, $p = .826$; RMSEA = .000, CIRMSEA = [.000, .031], p = .994; WRMR = 0.142; CFI = 1.000; TLI = 1.000), überdies fanden sich keine Hinweise auf partiell mediierte Effekte.

1. Innerhalb des postulierten Modells sagten Gewalterfahrungen am besten die Sorge vor Gewalt voraus ($\beta = .246$, $p < .001$). Bezeugte Gewalt ($\beta = .232$, $p < .001$), Aggression ($\beta = .204$, $p < .001$) und sexuelle Belästigung ($\beta = .134$, p =

.025) waren aber ebenfalls statistisch signifikant mit einer erhöhten Sorge assoziiert, was somit Hypothese 1 bestätigte.

2. Sorge vor Gewalt zeigte sich als stärkster Prädiktor für psychosomatische Beschwerden ($\beta = .302$, $p < .001$) während Negativerfahrungen keinen direkten signifikanten Zusammenhang aufwiesen. Die gefundene vollständige Mediation bestätigt damit Hypothese 2.
3. Psychosomatische Beschwerden zeigten sich als stärkster Prädiktor für Kündigungsabsicht ($\beta = .416$, $p < .001$) während Negativerfahrungen und Sorge vor Gewalt keinen direkten signifikanten Zusammenhang aufwiesen. Die gefundene vollständige Mediation bestätigt damit Hypothese 3.

6. Implikationen

Unser Integriertes Modell impliziert wichtige Erkenntnisse für die Konzeption von Präventionsprogrammen im Bereich arbeitsbezogener Gewalt. Neben begrenzt möglicher Verhältnisprävention besonders in Hochrisikoberufen wie dem privaten Sicherheitsgewerbe, kann sich besonders Verhaltensprävention in Form adäquater Schulung und Trainingsprogramme positiv auf die Sorge vor Gewalt auswirken und damit neben gesundheitlichen auch organisationale Negativfolgen verringern. Unsere Ergebnisse zeigen zudem, dass alle relevanten Gewalterfahrungen berücksichtigt werden sollten, da alle untersuchten Gewaltfacetten auf die Sorge der MitarbeiterInnen wirkten.

Literatur

Dang, C., Denis, C., Gahide, S., Chariot, P., & Lefèvre, T. (2016). Violence at work: forensic medical examination of police officers assaulted while on duty: comparisons with other groups of workers in two centres of the Paris area, 2010-2012. *Int Arch Occup Environ Health, 89,* 755–765.

Dupré, K. E., Dawe, K. A., & Barling, J. (2014). Harm to those who serve: Effects of direct and vicarious customer-initiated workplace aggression. *Journal of Interpersonal Violence, 29*(13), 2355–2377.

Eurofound (2015). *Violence and harassment in European workplaces: Causes, impacts and policies.* Dublin.

International Labour Office (ILO) (2004). Workplace violence in services sectors and measures to combat this phenomenon, ILO code of practice. Geneva. Retrieved from ILO website: http://www ilo.org/public/english/dialogue/sector/techmeet/ mevsws03/mevsws-cp.pdf

LeBlanc, M. M., & Kelloway, E. K. (2002). Predictors and outcomes of workplace violence. *Journal of Applied Psychology, 87,* 444-453.

Leino, T., Selin, R., Summala, H., & Virtanen, M. (2011).Work-related violence against security guards-who is most at risk? *Industrial Health, 49,* 143–150.

Neuman, J. H., & Baron, R. A. (1998). Workplace violence and workplace aggression: Evidence concerning specific forms, potential causes, and preferred targets. *Journal of Management, 24,* 391–411.

VBG. (2018). VBG-Securityreport. Retrieved from VBG website: http://www.vbg.de/DE/3_Praevention_und_Arbeitshilfen/1_Branchen/14_Sicherungsdienstleistungen/1Aktuelles/aktuelles_node.html

Arbeitskreis
Mobilität, Transport und Verkehr

Leitung: Felix Wilhelm Siebert

Henrik Habenicht, Tanja Nagel, Julia Hoppe, Jochen Lau, Kay Schulte & Rüdiger Trimpop

Organisationale Mobilität in Kleinst-, Klein- und Mittelunternehmen: Empirische Befunde zu Belastungen, Beanspruchungen und organisationalen Faktoren

Felix Wilhelm Siebert, Madlen Ringhand, Felix Englert, Michael Hoffknecht, Timothy Edwards & Matthias Rötting

Einführung von E-Tretrollern in Deutschland – Herausforderungen für die Verkehrssicherheit

Jürgen Walter

Umgang mit schwierigen Kunden und Strategien zur Deeskalation – ein Trainingskonzept für Beschäftigte eines Energieunternehmens

Henrik Habenicht[1], Tanja Nagel[1], Julia Hoppe[1], Jochen Lau[2],
Kay Schulte[2] & Rüdiger Trimpop[1]
[1]*Friedrich-Schiller-Universität Jena (FSU Jena)*
[2]*Deutscher Verkehrssicherheitsrat (DVR)*

Organisationale Mobilität in Kleinst-, Klein- und Mittelunternehmen: Empirische Befunde zu Belastungen, Beanspruchungen und organisationalen Faktoren

1. Betriebliche Verkehrssicherheit und Arbeitsschutz in KKMU

Kleinste, kleine und mittelgroße Unternehmen (KKMU) stehen im Vergleich zu Großunternehmen vor größeren Herausforderungen bei der Durchführung der Gefährdungsbeurteilung, da sie über weniger Zeit und Personal verfügen, sowie häufig schwächer ausgeprägte Arbeitsschutzstrukturen aufweisen (Beck, 2011). Dies äußert sich unter anderem darin, dass Gefährdungsbeurteilungen desto seltener durchgeführt werden, je kleiner ein Betrieb ist. (BAUA, 2019). Gleichzeitig ist selbst bei Großbetrieben die Verkehrssicherheit kein zentraler Bestandteil der Gefährdungsbeurteilung (Trimpop & Gericke, 2014). Folglich ist anzunehmen, dass die Verkehrssicherheit in KKMU eine äußerst untergeordnete Rolle im Arbeitsschutz spielt.

Dies ist problematisch, da die berufliche Mobilität einen erheblichen Unfallschwerpunkt darstellt. So berichtet der DVR (2020) für das Jahr 2018 rund 190.000 meldepflichtige Wegeunfälle, wovon 310 tödlich ausgingen. In der EU gehen ein Viertel bis ein Drittel aller tödlichen Arbeitsunfälle auf Verkehrsunfälle mit motorisierten Verkehrsmitteln zurück (Bibbings, 2005). Gleichzeitig sind über 60 % aller Beschäftigten in Deutschland in KKMU tätig und somit tendenziell in Forschung und Praxis des Arbeitsschutzes unterrepräsentiert (Statistisches Bundesamt, 2020). Um möglichst effiziente Präventionsmaßnahmen besonders für KKMU identifizieren zu können, stellt sich daher die Frage, wie sich mobilitätsbezogene Belastungen und Beanspruchungen zwischen Großunternehmen und KKMU unterscheiden.

2. Datenauswertung von PKW-Fahrern verschiedener Betriebsgrößen

Zur Unterstützung der mobilitätsbezogenen Gefährdungsbeurteilung wurde das Tool GUROM entwickelt. GUROM wird durch den Deutschen Verkehrssicherheitsrat sowie die österreichische Allgemeine Unfallversicherungsanstalt getragen und durch die FSU Jena umgesetzt. Das Instrument unterstützt Betriebe in Form eines adaptiven Online-Fragebogens bei der Durchführung der Gefährdungsbeurteilung für die betriebliche Mobilität. Dabei werden die Bereiche Technik, Organisation, Person und Situation (TOPS) ganzheitlich erfasst, analysiert und die Ergebnisse in ausführlichen Berichten an die betrieblichen Akteure zurückgemeldet. Daten aus diesen Erhebungen wurden in der vorliegenden Studie genutzt, um Belastungs-, Beanspruchungs- und Gefährdungsschwerpunkte sowie Ressourcen von KKMU im Vergleich zu Großbetrieben zu explorieren. Es wurden Daten von Personen, die Arbeitswege mittels PKW zurücklegen, anhand von Wilcoxon-Rangsummentests analysiert. Es wurden Angaben von 295 Beschäftigten aus KKMU (bis einschl. 250 Mitarbeiter) sowie 495 Beschäftigten aus Großunternehmen aus den Jahren 2017 und 2018 genutzt. Die Teilnehmer waren in 55 verschiedenen Betrieben in Deutschland oder Österreich beschäftigt. Das mittlere Alter betrug 48 Jahre (SD = 10 J.), 32 % der Teilnehmer waren weiblich. Arbeitswege waren im Mittel 20 km lang (SD = 38 km).

3. Ergebnisse

Der erste Teil des adaptiven Fragebogens ist ein *Screening,* in dem übergreifende Fragen zu TOPS-Bereichen gestellt werden. Das Antwortformat ist eine 5-stufige Likertskala mit den Polen *nie* (= 1) und *häufig* (= 5). Hier wurden 15 Items analysiert, von denen 7 signifikante Unterschiede (alle $p < .05$) zwischen den Teilnehmern der beiden Unternehmensgrößen zeigten (siehe Abb. 1).

Signifikante Unterschiede zeigen sich zunächst im Arbeitsvolumen, welches für Tätige in KKMU häufiger über 40 Stunden täglich ausfällt als in Großunternehmen (M = 3.18 vs. M = 2.57). Gleichzeitig werden in KKMU häufiger *unzureichende Pausen- und Erholungszeiten* angegeben als in Großbetrieben (M = 2.16 vs. M = 1.73). Zudem wird in KKMU eine *ungünstigere Work-Life-Balance* berichtet (M = 3.10 vs. M = 2.88)

Unzufriedenheit mit Mitgestaltungsmöglichkeiten wird für Großunternehmen etwas stärker angegeben (M = 2.47 vs. M = 2.33 in KKMU). In KKMU wird wiederum eher berichtet, dass *Sicherheit und Gesundheit im Betrieb keine große Rolle spielen* (M = 2.01 vs. M = 1.81 in Großunternehmen). Zudem betonen Mitarbeiter in Großunternehmen bezüglich ihres Fahrstils eher die *„Freude am Fahren"* (M = 2.63 vs. M = 2.42 in KKMU).

Keine signifikanten Unterschiede ergaben sich hingegen in den Screening-Bereichen *körperlich belastende Arbeitsbedingungen Schwierigkeiten mit den Arbeitsaufgaben, Führung und soziales Klima, Arbeitszufriedenheit, Arbeitsstress, Gesundheit, Besorgnis bei der Verkehrsteilnahme, sowie Sicherheitsnorm.*

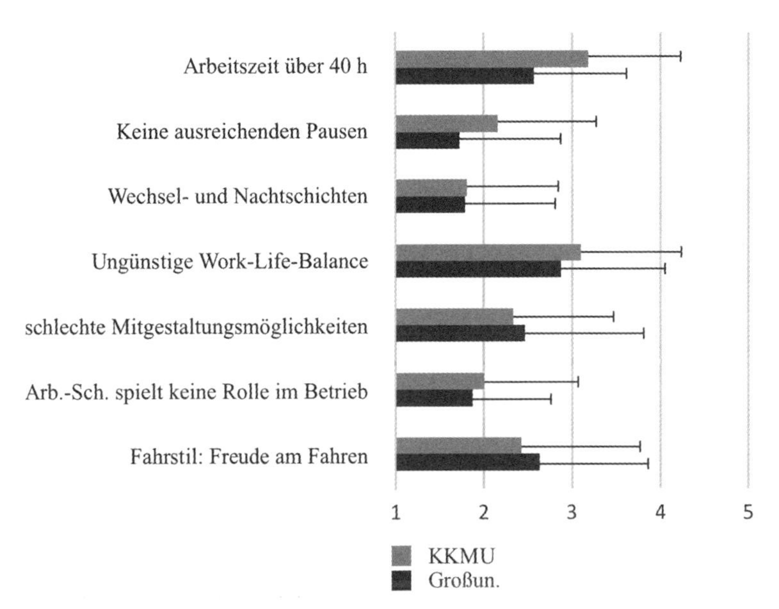

Abbildung 1. Mittelwerte und Standardabweichungen der signifikanten Screening-Items (1 = nie; 5 = sehr häufig)

Für die Items, welche im Screening signifikante Unterschiede aufwiesen, wurden daraufhin auch statistische Tests der jeweils dazugehörigen Detailangaben durchgeführt, welche die Teilnehmer in einem späteren Bereich des Fragebogens gemacht haben. Abgesehen vom Bereich der *Sicherheitskultur* unterstützen die Resultate die Ergebnisse des Screenings, entsprechend der jeweiligen TOPS-Bereiche.

Aufgrund des berichteten hohen Arbeitsvolumens durch die KKMU-Beschäftigten wurde zusätzlich der Detailbereich *Arbeitsstress* in die Detailanalyse mit aufgenommen. Hier zeigten sich signifikante Unterschiede zwischen 2 der 4 Items bezüglich der Arbeitsanforderungen, sowie ebenfalls in 2 der 4 Items bezüglich Sorgen bei der Arbeit. In KKMU wird hier ein etwas höheres *Anforderungserleben* ($M = 3.01$ vs. $M = 2.84$ in Großun.) sowie größere *Sorgen bezüglich der Menge der Arbeitsaufgaben* berichtet ($M = 2.82$ vs. $M = 2.41$).

Zusätzlich wurde die Beanspruchung bei der Verkehrsteilnahme auf den Arbeitswegen analysiert. Hier berichten die Teilnehmer aus Großunternehmen häufiger von *Müdigkeit* ($M = 2.47$ vs. $M = 2.15$ in KKMU).

4. Fazit für Forschung und Praxis

Zwar fallen die berichteten Unterschiede zwischen den beiden Unternehmensklassen überwiegend eher gering aus und es wurde nur ein enger Ausschnitt aller möglichen

Daten analysiert, dennoch lassen sich in den hier berichteten Daten typische Differenzen zwischen größeren und kleineren Betrieben erkennen. Höhere Beanspruchungen durch Arbeitszeit und -volumen können Unfälle auf Arbeitswegen in KKMU besonders begünstigen, speziell bei einem Mangel an ausreichenden Pausen. Gleichzeitig können bessere Mitgestaltungsmöglichkeiten für kleinere Betriebe eine Chance darstellen, mittels partizipativer Ansätze (z.B. Zirkelkonzepte) Verbesserungsprozesse zu etablieren.

Insgesamt können die hier berichteten Daten dazu beitragen, Forschung und praktische Maßnahmen zu Mobilität in kleineren Betrieben stärker in den Fokus von Forschung und Praxis zu stellen. Weitere Arbeiten, beispielsweise zu Dienstwegen und Unterschieden zwischen verschiedenen Verkehrsmitteln, können dazu beitragen passgenauere Interventionen für KKMU zu ermöglichen und so Verkehrsunfällen vorzubeugen.

Literatur

BAUA. (2019). *Arbeitswelt im Wandel.* Zugriff am 31.01.2020 unter https://www.baua.de/DE/Angebote/Publikationen/Praxis/A100.pdf?__blob=pub licationFile&v=6

Beck, D. (2011). *Zeitgemäße Gesundheitspolitik in Kleinst-und Kleinbetrieben: hemmende und fördernde Bedingungen.* Berlin: edition sigma.

Bibbings, R. (2005). *Comments on 'Adapting to change in work and society: a new Community strategy on health and safety at work 2002–2006' [COM (2002) 118 final]*

DVR. (2020). *Arbeits- und Wegeunfälle in der gewerblichen Wirtschaft 2016 bis 2018.* Zugriff am 31.01.2020 unter https://www.dvr.de/unfallstatistik/de/wegeunfaelle/

Statistisches Bundesamt. (2020). *61 % in kleinen und mittleren Unternehmen tätig.* Zugriff am 31.01.2020 unter https://www.destatis.de/DE/Themen/Branchen-Unternehmen/Unternehmen/Kleine-Unternehmen-Mittlere-Unternehmen/aktuell-beschaeftigte.html

Trimpop, R. & Gericke, G. (2014). Verkehrssicherheit in die Gefährdungsbeurteilung implementieren. *DVR Schriftenreihe Verkehrssicherheit (14),* 73–101.

Felix Wilhelm Siebert[1], Madlen Ringhand[2], Felix Englert[1],
Michael Hoffknecht[1], Timothy Edwards[1] & Matthias Rötting[1]
[1]*Institut für Psychologie und Arbeitswissenschaft, Technische Universität Berlin*
[2]*Institut für Verkehrsplanung und Straßenverkehr, Technische Universität Dresden*

Einführung von E-Tretrollern in Deutschland – Herausforderungen für die Verkehrssicherheit

1. Ausgangssituation

Seit dem Sommer 2019 sind in Deutschland elektrounterstützte Tretroller (E-Scooter), die über Smartphone-Apps geliehen werden können (sog. E-Scooter-Sharing), erlaubt. Der Gesetzgeber hat zur Regulierung von E-Scootern im deutschen Straßenverkehr die sog. Elektrokleinstfahrzeuge-Verordnung (eKFV) erlassen. In dieser ist z.B. vorgeschrieben, dass E-Scooter nur auf bestimmter Verkehrsinfrastruktur und nur von einer Person pro Fahrzeug genutzt werden dürfen. Zusätzlich ist ein Alkoholgrenzwert von 0,5 ‰ festgeschrieben. Sechs Anbieter von E-Scootern sind in Deutschland aktiv, mit der größten Verbreitung in Berlin von über 11.000 Fahrzeugen mit ca. 3 Fahrten pro Fahrzeug und Tag (Tack, Klein & Bock, 2020).

Bisherige Studien aus dem Ausland legen nahe, dass diese neue Form der Mobilität mit einem erhöhtem Verletzungsrisiko einhergeht (Namiri et al., 2020; B. Trivedi et al., 2019; T. K. Trivedi et al., 2019). Erste Zahlen zu Verletzungsmustern in Deutschland zeigen, dass hauptsächlich Kopfverletzungen, Verletzungen der Extremitäten und Knochenbrüche vorkommen und dass Unfälle am häufigsten durch Eigenverschulden auftreten (Uluk et al., 2020). Dabei wurde neben einem unsicheren Fahrstil das bewusste Missachten von Verkehrsregeln als Unfallursache ermittelt.

Um den Prozess der Einführung von E-Scootern in Deutschland möglichst früh verkehrswissenschaftlich zu begleiten, haben wir in Berlin eine umfassende multimodale Studie zum Wissen der E-Scooter NutzerInnen und zu ihrem tatsächlichen Verhalten im Straßenverkehr durchgeführt. Im Zuge dieser Studie wurde eine Befragung von E-Scooter NutzerInnen mit einer videobasierten Beobachtung an drei Standorten in Berlin kombiniert.

2. Befragung von E-Scooter NutzerInnen

Zwischen November und Dezember 2019 wurden 156 E-Scooter NutzerInnen (weiblich = 46, männlich = 107, divers = 1, keine Angabe = 2) zu ihrem Wissen um die Gesetzeslage in Deutschland befragt. Die befragten NutzerInnen waren im Durchschnitt 22,7 Jahre alt (SD = 5,7). Mehr als die Hälfte der NutzerInnen (62 %) gab an, nur wenige Male (1–3) einen E-Scooter benutzt zu haben, 26 % der Befragten nutzten E-

Scooter einmal im Monat, 8 % einmal pro Woche und nur 4 % mehrmals pro Woche oder täglich. Der mit Abstand meistgenutzte Anbieter war Lime (60 %), gefolgt von Tier (24 %), Voi (6 %), Circ (3 %), Bird (2 %) und Uber/Jump (1 %).

NutzerInnen wurden nach ihrem generellen Verhalten bei der Fahrt mit E-Scootern befragt, speziell zum Fahren unter Alkoholeinfluss und zur Doppelnutzung. Die Ergebnisse der Befragung sind in Tabelle 1 abgebildet. Es ist zu beobachten, dass ein beträchtlicher Teil der NutzerInnen Verhalten zugibt, welches nach der eKFV illegal ist. Diese Zahlen sind besonders schwerwiegend, wenn man betrachtet wie selten die E-Scooter durch die Befragten benutzt werden.

Tab. 1: Befragung zu gesetzeswidrigem Verhalten

	Ja	Nein
Sind Sie schon einmal unter Alkoholeinfluss auf einem E-Tretroller gefahren?	38,5 % (n=60)	61,5 % (n=96)
Sind Sie schon einmal zu zweit auf einem E-Tretroller gefahren?	42,3 % (n=66)	57,7 % (n=90)

Zusätzlich wurden NutzerInnen gebeten ihre wahrgenommene Sicherheit auf einem E-Scooter und auf einem Fahrrad anzugeben (Abbildung 1). Die subjektive Sicherheitseinschätzung der Befragten unterscheidet sich signifikant ($t(155) = -11{,}68; p < .001$) zwischen dem Verkehrsmittel Fahrrad (M = 5,61, SD=1,11) und E-Scooter (M = 3,95, SD = 1,53).

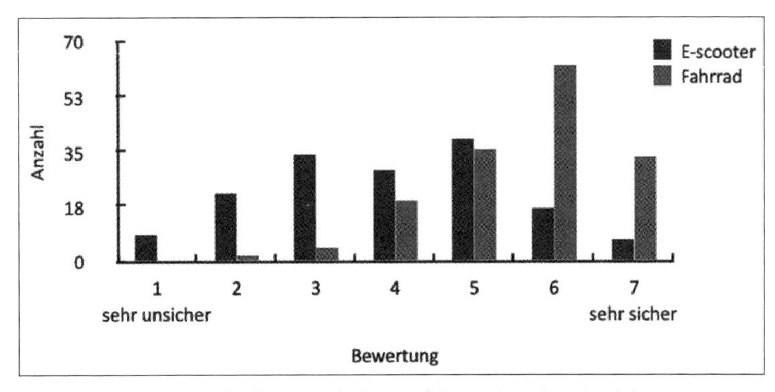

Abb. 1: Einschätzung der subjektiven Sicherheit auf dem Fahrrad und auf dem E-Scooter

3. Beobachtung von E-Scooter NutzerInnen

Zusätzlich zur Befragung wurde der Verkehr an drei Standorten in Berlin mittels Videokameras für etwa 240 Stunden aufgezeichnet, um das Verhalten von E-Scooter

NutzerInnen im Straßenverkehr zu beobachten. Zur Auswahl der Beobachtungsstandorte wurden die Einsatzbereiche aller sechs in Berlin zum Zeitpunkt der Beobachtung aktiven E-Scooter Anbieter analysiert, wonach jeweils eine Kamera am Kurfürstendamm, am Potsdamer Platz, sowie an der Warschauer Straße in etwa 3 m Höhe an einem Laternenpfahl befestigt wurde. Eine Beispielhafte Kameraperspektive ist in Abbildung 2 dargestellt.

Abb. 2: Kameraperspektive Warschauer Straße mit Doppelnutzung

Für alle beobachteten E-Scooter wurde der Anbieter, die Doppelnutzung, und die Nutzung von Helmen registriert. Insgesamt wurden 2894 E-Scooter beobachtet. Der am meisten beobachtete Anbieter war Lime (72 %), gefolgt von Tier (13 %), Voi (11 %), Jump/Uber (2 %), Circ (1 %) und Bird (1 %). Die Ergebnisse zur Helm- und Doppelnutzung sind in Tabelle 2 dargestellt. Während die absolute Zahl von 90 beobachteten Doppelnutzungen nicht hoch ist, ist sie doch kritisch. Bei *n*=40 der mit zwei Personen genutzten Rollermodelle ist durch die Doppelnutzung die Hinterradbremse des E-Scooters nicht mehr erreichbar, was ein erhebliches Sicherheitsrisiko darstellt.

Tab. 2: Doppelnutzung und Helmnutzung auf den beobachteten E-Scootern

	Ja	Nein
Doppelnutzung	3,1% (n=90)	96,9% (n=2804)
Helmnutzung	0,4% (n=12)	99,6% (n=2882)

4. Konsequenzen für die Regulierung von E-Scootern

Bedeutsam sind die Ergebnisse dieser Studie bezüglich der illegalen Nutzung der E-Scooter unter Alkoholeinfluss und der Nutzung zu zweit. Trotz des medialen Interesses an dem Thema und gezielter Polizeiarbeit müssen vor allem Hersteller stärker in die Verantwortung gezogen werden, um über die genauen Regelungen der jeweiligen Länder aufzuklären.

Im internationalen Vergleich ist die beobachtete Helmtragequote der E-Scooter NutzerInnen in Berlin geringer, als z.B. bei Beobachtungen in Kalifornien, wo sie zwischen 2 % und 10,9 % schwankt (Arellano & Fang, 2019; Todd, Krauss, Zimmermann & Dunning, 2019). Vor dem Hintergrund des hohen Anteils an Kopfverletzungen von E-Scooter NutzerInnen, sollten Maßnahmen in die Wege geleitet werden, die darauf abzielen die Helmtragequote zu erhöhen. Zusätzlich zeigt der im internationalen Vergleich ebenfalls hohe Anteil an Doppelnutzungen von 3,1 % (Australien: 2 % (Haworth & Schramm, 2019); USA: 1,75 % (Todd, Krauss, Zimmermann & Dunning, 2019)) die Notwendigkeit für gezielte Aufklärungs- und Kontrollkampagnen in Deutschland auf.

Literatur

Arellano, J. F. & Fang, K. (2019). Sunday Drivers, or Too Fast and Too Furious? *Transport Findings.* https://doi.org/10.32866/001c.11210

Haworth, N. L. & Schramm, A. (2019). Illegal and risky riding of electric scooters in Brisbane. *The Medical Journal of Australia.* https://doi.org/10.5694/mja2.50275

Namiri, N. K., Lui, H., Tangney, T., Allen, I. E., Cohen, A. J. & Breyer, B. N. (2020). Electric Scooter Injuries and Hospital Admissions in the United States, 2014-2018. JAMA Surgery. https://doi.org/10.1001/jamasurg.2019.5423

Todd, J., Krauss, D., Zimmermann, J. & Dunning, A. (2019). Behavior of Electric Scooter Operators in Naturalistic Environments (SAE Technical Paper 2019-01-1007). https://doi.org/10.4271/2019-01-1007

Tack, A., Klein, A. & Bock, B. (civity, Hrsg.). (2020). *E-Scooter in Deutschland. Ein datenbasierter Debattenbeitrag,* civity Management Consultants GmbH & Co. KG. Verfügbar unter http://scooters.civity.de

Trivedi, B., Kesterke, M. J., Bhattacharjee, R., Weber, W., Mynar, K. & Reddy, L. V. (2019). Craniofacial Injuries Seen With the Introduction of Bicycle-Share Electric Scooters in an Urban Setting. *Journal of Oral and Maxillofacial Surgery, 77*(11), 2292–2297. https://doi.org/ 10.1016/j.joms.2019.07.014

Trivedi, T. K., Liu, C., Antonio, A. L. M., Wheaton, N., Kreger, V., Yap, A. et al. (2019). Injuries Associated With Standing Electric Scooter Use. *JAMA Network Open, 2*(1), e187381. https://doi.org/10.1001/jamanetworkopen.2018.7381

Uluk, D., Lindner, T., Palmowski, Y., Garritzmann, C., Göncz, E., Dahne, M. et al. (2020). E-Scooter: erste Erkenntnisse über Unfallursachen und Verletzungsmuster. *Notfall + Rettungsmedizin, 2*(1). https://doi.org/10.1007/s10049-019-00678-3

Jürgen Walter
Jürgen Walter Beratungsgesellschaft für Arbeit, Gesundheit, Umwelt und Verkehr mbH

Umgang mit schwierigen Kunden und Strategien zur Deeskalation – ein Trainingskonzept für Beschäftigte eines Energieunternehmens

Der Umgang mit schwierigen Kunden ist ein Aspekt, der im Rahmen der Gefährdungsbeurteilung nach § 5 ArbSchG Berücksichtigung finden muss. Danach gehören zu den zu berücksichtigenden Faktoren auch die psychischen Belastungen bei der Arbeit.

Bei einem großen Energieunternehmen gehören zu den besonders belasteten Beschäftigten insbesondere die FahrerInnen der öffentlichen Verkehrsmittel, die Beschäftigten in den Energieberatungen, Beschäftigte in Bade- und Saunabetrieben und Außendienstbeschäftigte, die nicht nur Stromablesungen vornehmen müssen, sondern auch Stromsperrungen.

Während sich in einem Vorgespräch klärte, dass die Beschäftigten der Verkehrsbetriebe zunächst einen Selbstverteidigungskurs absolvieren sollten, wurde mit der Personalabteilung, dem Personalrat und der Stelle Arbeitsschutz für die weitere Zielgruppe, ca. 100 Personen, das Konzept für eine 1,5-tägige Trainingsveranstaltung festgelegt. Die Schwerpunkte der Trainingsveranstaltungen mit jeweils zwischen 12 – 15 Teilnehmende sollten in folgenden Trainingsinhalten liegen:

- Begrüßungsrunde: Was macht Spaß an der derzeitigen Tätigkeit, was macht Verdruss? Welche schwierigen Kundenbegegnungen gab es zuletzt?
- Aspekte der Kommunikation am Beispiel „Vier Seiten einer Nachricht“ (nach Friedemann Schulz von Thun)
- „Schlagfertigkeit“ (nach Gerhard Lange)
- Techniken sozialer Kompetenz
- Grundlagen des positiven Denkens (nach Albert Ellis)
- Grundlagen der Transaktionsanalyse (nach Eric Berne)
- Stressmanagement (nach Gerd Kaluza)
- Kundenorientiertes Denken und Handeln
- Verhalten in Extremsituationen

Um die Nachhaltigkeit der Veranstaltung zu untermauern, wurde weiter vereinbart, den Teilnehmenden der Veranstaltung auf freiwilliger Basis, etwa 6 Wochen nach der Trainingsveranstaltung einen 4-stündigen Erfahrungsaustausch anzubieten.

In Erkenntnis dass Vortragende nach neueren Lernkonzepten keine Dozenten oder Referenten mehr sind, sondern „Lernbegleiter", wurde bei der Durchführung der Veranstaltungen besonders auf die Aktivierung der Teilnehmenden geachtet. So wurden zwischen Vortrag und Filmbeispielen viele Ausarbeitungen und Gesprächsübungen eingebaut.

Nach Durchführung von fünf Veranstaltungen und einigenWorksshops lässt sich festhalten, dass die Teilnehmenden die Veranstaltungen in mündlichen und schriftlichen Bewertungen als sehr positiv und sehr hilfreich beschrieben haben. Insbesondere der Fragebogen zur Transaktionsanalyse und der daraus resultierenden Erkenntnis der Einflussnahme auf Gespräche mit schwierigen Kunden wurde als besonders praxisrelevant gelobt. Dies vor allem unter dem Aspekt, dass das Hinzuziehen von polizeilicher Unterstützung nicht förderlich im Rahmen eines reibungslosen Ablaufs ist und nur im Notfall realisiert werden sollte.

Im Rahmen des Themas „Kundenorientiertes Denken und Handeln" wurde noch die Brisanz des Spruchs „Der Kunde ist König" erörtert. Denn, wenn der Kunde „König" ist, sind die Bediensteten „Kaiser", die in letzter Konsequenz darauf achten müssen und dafür verantwortlich sind, dass Regeln eingehalten werden.

Literatur

Berne, E. (2005). Transaktionsanalyse der Intuition. Junfermann Verlag.
Lange, G. (2007). Rhetorik – mit Worten gewinnen. Tasso Verlag.
Schulz von Thun, F. (2010). Miteinander reden. Rowohlt Taschenbuch.

Arbeitskreis
Gesundheitsförderung und Gesundheitsschutz: Erholung

Leitung: Bernhard Zimolong

Arne Bastian Damrath & Christian Schwennen
Currenta GmbH & Co. OHG

Erholungsfähigkeit als Ressource des psychischen Wohlbefindens und Gesundheit

1. Ausgangssituation

Arbeit und Erholung stehen durch erlebte Beanspruchung seitens der Beschäftigten in einem reziproken Wirkprozess. In einer Vielzahl an Studien konnte ein Zusammenhang von stressauslösender, dysfunktional beanspruchender Arbeit, mit verringertem Wohlbefinden und verschlechtertem Gesundheitszustand belegt werden (z. B. Wieland & Hammes, 2014). In der Literatur wird konstatiert, dass durch ungünstig gestaltete Arbeit die Erholungsfähigkeit negativ beeinflusst werden kann und sehen in den eingeschränkten Erholungsprozessen einen Zusammenhang mit zunehmenden Erschöpfungssymptomatiken, Burn-Out-Fällen sowie belastungsassoziierten Krankheiten (vgl. Rau, 2012).

Vor diesem Hintergrund scheint weitere Forschung im Bereich psychischer Erholung und Erholungsprozesse notwendig zu sein. Aus der psychologischen Forschung gehen dazu bislang nur wenige gesicherte Erkenntnisse hervor (Demerouti et al., 2015). Das betrifft sowohl Untersuchungen zu den intrapersonellen als auch den übergeordneten Wirkstrukturen zwischen Belastung, Erholungsfähigkeit und Beanspruchungsfolgen (ebd.). Zwar nehmen die Untersuchungen und Erkenntnisse in diesem Themenfeld zu, jedoch weisen sie unterschiedliche bis z. T. widersprüchliche Ergebnisse auf.

Die vorliegende Untersuchung soll einen Beitrag im theoretischen Mosaik der psychologischen Erholungsforschung leisten, indem die Wirkzusammenhänge zwischen Belastungen, Erholungsfähigkeit als persönliche Ressource und Beanspruchungsfolgen mittels Moderations- und Mediationsanalysen überprüft werden.

Arbeitsbedingungen zu optimieren und Fehlbeanspruchung zu vermeiden, ist eine der Hauptaufgaben eines Betrieblichen Gesundheitsmanagements (BGM). Die Aktivitäten eines BGMs drücken sich unter anderem über den Wert der Gesundheitskultur eines Unternehmens aus welche zu einem bestimmten Teil über den direkten Vorgesetzten vermittelt wird. Der Einfluss der organisationalen Aspekte von *Gesundheitskultur* und *gesunder Führung* auf die Erholungsfähigkeit werden als praxis-relevante Themenfelder ebenfalls betrachtet.

2. Erholungsfähigkeit als persönliche Ressource

Der Erholungsprozess ist eine wichtige Facette für die Gesundheit, das Wohlbefinden und die Leistungsfähigkeit eines Beschäftigten. Für einen effektiven Erholungsprozess scheinen in erster Linie weniger die quantitative Zeitmenge an Erholung oder die ausgeführten Aktivitäten einer Person zu sein. Vielmehr sind es die psychologischen Prozesse und das psychische Erleben dieser, die zu einer effektiven Erholung führen. Die *Erholungsfähigkeit* ist dabei als persönliche Ressource eines Individuums zu verstehen, die den Ausgleich negativer Beanspruchung fördert. In der Erholungsforschung haben sich die *Erholungsstrategien* von Sonnentag und Fritz (2007) als valide Konstrukte gezeigt, die den Erholungsprozess fördern können: *Mentales Abschalten,* als das psychische Distanzieren von der Arbeit; *Entspannung,* als Strategie mit niedriger zentralnervöser Aktivierung; *Herausforderung,* als positiv erlebte, herausfordernde Freizeitaktivitäten; *Kontrolle über die Freizeit,* als Grad der Kontroll- und Entscheidungsfreiheit bezogen auf erholungsförderliche Aktivitäten.

3. Empirische Untersuchung

In der vorliegenden Untersuchung wurden die Wirkzusammenhänge zwischen Arbeitsbelastung, Erholungsfähigkeit und psychischem Wohlbefinden und Gesundheit von Beschäftigten im Querschnitt-Design untersucht. Dazu wurden sowohl Moderations- als auch Mediationsanalysen durchgeführt. Die Daten entstammen einer Mitarbeiterbefragung eines deutschen Unternehmens der chemischen Industrie (N= 433). Diese konnte durch eine Abfrage nach personeller Führungsverantwortung in die Teilstichproben von Mitarbeitenden (MA; n= 302) und Führungskräften (FK; n= 120) unterteilt werden.

Die Auswertung der Moderations- und Mediationsmodelle erfolgte mit dem SPSS-Macro PROCESS. In die Modelle wurde jeweils eine Belastung als unabhängige Variable, eine Beanspruchungsfolge als abhängige Variable sowie eine Erholungsstrategie als Moderator- bzw. Mediatorvariable aufgenommen. Der Einfluss externer Ressourcen wurde mittels linearen Regressionsanalysen berechnet.

Die vorgestellte Untersuchung geht von einem integrativen Ansatz aus. Dazu werden zentrale Annahmen und Ergebnisse der bisherigen Forschung aufgegriffen und ein konzeptionelles Rahmenmodell entwickelt. Den übergeordneten theoretischen Rahmen liefert das Job Demands-Resources Model (JD-R; Bakker & Demerouti, 2017). Als Arbeitsbelastung wurden Workload und emotionale Belastung, für die Beanspruchungsfolgen Irritation und depressive Episode in das Modell aufgenommen. Bei den verwendeten Skalen handelt es sich um validierte Instrumente, oder entlehnte Varianten (α= .80; -.96).

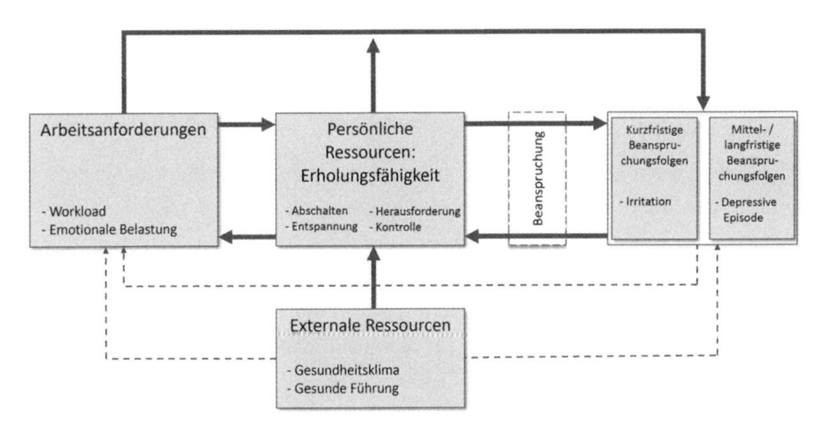

Abb. 1: Belastung-Ressourcen-Modell der Untersuchung

4. Ergebnisse

In keinem der gerechneten Moderationsmodelle ist ein signifikanter Effekt einer Erholungsstrategie auf den Zusammenhang von Belastung und Beanspruchungsfolge nachzuweisen.

Hingegen zeigen sich in den Mediationsmodellen die Erholungsstrategien teilweise als (partieller) Mediator zwischen Belastung und Beanspruchungsfolge. Während die signifikanten indirekten Effekte der Erholungsstrategien Entspannung, Herausforderung und Kontrolle über die Freizeit gering ausfallen ($B = .01$ bis $.03$), zeigen sich für das mentale Abschalten bedeutsame Effekte ($B = .18$ bis $.62$). Der höchste indirekte Effekt entfällt auf das Modell von Workload, Abschalten und Irritation.

Bei Betrachtung der einzelnen Wirkpfade zeigen sich heterogene Ergebnisse. So beeinflusst nicht jede Belastung die Erholungsstrategien gleichermaßen, oder überhaupt. Durchaus haben die Erholungsstrategien aber einen statistisch negativen Einfluss auf sowohl Irritation, als auch Depression.

Die Analyse der Teilstichproben zeigt vor allem, dass sowohl die Belastungen einen differenzierten Effekt auf die Erholungsstrategien von MA und FK haben, als auch die Erholungsstrategien selbst auf die Beanspruchungsfolgen. Während bei MA die Erholungsstrategie Herausforderung einen negativen Effekt auf die Beanspruchungsfolgen hat ($B = -.25; -.30$), ist es bei Führungskräften vor allem die Strategie der Entspannung ($B = -.30; -.18$).

Die Ergebnisse der Regressionsanalysen der externalen Ressourcen auf die Erholungsstrategien fallen heterogen aus. Sowohl Gesundheitsklima als auch gesunde Führung haben einen signifikant-positiven Interaktionseffekt auf die Erholungsstrategien Abschalten (β=.30; .23) und Herausforderung (β= .18; .15), nicht aber für Entspannung und Kontrolle über die Freizeit.

5. Zusammenfassung und Fazit

Die Ergebnisse der Untersuchungen weisen im Einklang mit vorherigen Studien darauf hin, dass die Art des Wirkzusammenhangs von Belastungen, Erholungsfähigkeit und Beanspruchungsfolgen von den erhobenen Variablen abhängig zu sein scheint. Da Belastungen und Ressourcen in einem reziproken Verhältnis stehen, scheint es von den Gesamt-Arbeitsbedingungen abhängig zu sein, welche Erholungsstrategie in jenem Moment die Erholung und das mentale Wohlbefinden fördert. Dieser Hinweis wird durch die Ergebnisse der Teilstichproben gestützt.

Eine hoch ausgeprägte Gesundheitskultur und gesunde Führung haben einen positiven Einfluss auf die außerbetrieblichen Erholungsprozesse der Beschäftigten. Dieser Effekt könnte über die arbeitsgestalterischen Aspekte von BGM und gesunder Führung vermittelt werden. Weitere Untersuchungen sind notwendig, um die Wirkprozesse genauer zu differenzieren.

Literatur

Bakker, A.B. & Demerouti, E. (2017). Job Demands-Resources Theory: Taking stock and looking forward. *Journal of Occupational Health Psychology, 22*(3), 273–285.

Demerouti, E., Bakker, A. B., Geurts, S. A. E. & Taris, T. W. (2015). Current perspectives on job-stress recovery. Daily recovery from work-related effort during non-work time. *Research in Occupational Stress and Well Being, 7*, 85–123.

Rau, R. (2012). Erholung als Indikator für gesundheitsförderlich gestaltete Arbeit. In: B. Badura, A. Ducki, H. Schröder, J. Klose & M. Meyer. Fehlzeiten-Report 2012. Gesundheit in der flexiblen Arbeitswelt: Chancen nutzen – Risiken minimieren (S. 181–190). Berlin: Springer.

Sonnentag, S. & Fritz, C. (2007). The Recovery Experience Quenstionnaire: Development and Validation of a Measure for Assessing Recuperation and Unwinding From Work. Jounal of Occupational Health Psychology, 12 (3), 204–221.

Wieland, R. & Hammes, M. (2014). Wuppertaler Screening Instrument Psychische Beanspruchung (WSIB) – Beanspruchungsbilanz und Kontrollerleben als Indikator für gesunde Arbeit. Psychologie des Alltagshandelns, 7 (1), 30–50.

Anika Peschl, Nora Johanna Schüth & Stephan Sandrock
ifaa – Institut für angewandte Arbeitswissenschaft e. V.

Individuelle Resilienz als Gesundheitskompetenz – ein Training für Beschäftigte

1. Individuelle Resilienz als Gesundheitskompetenz

1.1 Resilienz in der Arbeitswelt im Wandel

Aufgrund immer schnellerer technologischer Entwicklungen, der Globalisierung und zunehmender Flexibilisierung in der Arbeitswelt, sehen sich Unternehmen und deren Beschäftigte mit neuen Herausforderungen konfrontiert, die eine gewisse Veränderungsfähigkeit erfordern. Auch wenn der Wandel ohne Zweifel zahlreiche Vorteile und Chancen für Unternehmen liefert, entstehen durch die mit ihm verbundene veränderte Wachstumsdynamik auch neue Anforderungen, die es zu bewältigen gilt. Es kann zu neuen Belastungssituationen des Einzelnen am Arbeitsplatz kommen. Ein Erfolgsfaktor von Beschäftigten ist vor diesem Hintergrund die Fähigkeit, trotz allem handlungsfähig zu bleiben. Resilienz kann dabei unterstützen und stellt eine Schlüsselkompetenz für psychische Gesundheit dar.

1.2 Ausbildung von resilientem Verhalten

Resiliente Individuen zeichnen sich durch eine höhere Widerstandsfähigkeit gegenüber schwierigen äußeren Einflüssen (z.B. Schicksalsschlägen, Misserfolgen, turbulenten Zeiten) aus. Sie sind nicht immun gegenüber allen Widrigkeiten, aber sie besitzen die Fähigkeit in schwierigen Situationen handlungsfähig zu bleiben. Sie können sogar gestärkt aus Krisen hervorgehen (Wellensiek, 2011). Resiliente Menschen sind sich bewusst, dass sie in der Lage sind, Herausforderungen erfolgreich zu meistern, dass sie proaktiv Einfluss auf ihre Situation nehmen können und sie die Möglichkeit haben, für das eigene Leben Verantwortung zu übernehmen. Auch soziale Unterstützung ist eine wichtige Ressource für die Ausbildung von Resilienz. Vertrauensvolle und wertschätzende Beziehungen führen dazu, dass sich Menschen angenommen fühlen und Resonanz erleben.

Grundsätzlich lässt sich Resilienz durch die Arbeit am eigenen Verhalten und an eigenen Einstellungen sowie Denkmustern entwickeln, wobei die Ausprägung von Resilienz auch in einem gewissen Maße angeboren sein kann. Diese Annahme bestätigt sich z.B. in der Resilienzstudie von Werner (2000), bei der gezeigt wurde, dass sich auch Kinder, die unter widrigen Umständen (z.B. Gewalt, Armut) aufgewachsen sind, positiv entwickeln können (z.B. hinsichtlich psychischer und physischer

Gesundheit). Ihnen ist es gelungen, innere Widerstandskraft aufzubauen, was sich mit dem Vorhandensein protektiver Schutzfaktoren erklären lässt (Werner, 2000). Diese können sich auf personaler (z.B. positive Lebenseinstellung und soziale Kompetenz), familiärer (z.B. gutes Familienklima und stabile Beziehung der Eltern) oder sozialer Ebene (z.B. guter Kontakt zu sozialen Gruppen) bewegen (Wustmann, 2005). Einige dieser Ressourcen können auf- und ausgebaut werden. Damit wird es möglich, im Erwachsenenleben – ungeachtet der Geschehnisse in der Kindheit – Resilienz zu stärken.

Gezielte Trainings und Übungen können hierfür unterstützend wirken. Für die Arbeitswelt bedeutet dies, dass Unternehmen die Möglichkeit haben, die Gesunderhaltung und Leistungsfähigkeit der Beschäftigten durch gezielte resilienzfördernde Maßnahmen zu unterstützen.

Nach dem Resilienzmodell für die Arbeit nach Soucek et al. (2015) können personale Ressourcen (Selbstwirksamkeit, Optimismus und Achtsamkeit) die Umsetzung von resilientem Verhalten fördern – und umgekehrt. Resilientes Verhalten ist erlernbar und umfasst emotionale Bewältigung, positive Umdeutung, umfassende Planung und fokussierte Umsetzung. Die Umsetzung resilienten Verhaltens hilft dabei, mögliche negative Auswirkungen der neuen Herausforderungen, mit denen sich die Beschäftigten konfrontiert sehen, zu reduzieren und ihre Handlungsfähigkeit zu erhalten (Soucek et al., 2015). Deswegen werden im Rahmen des Resilienztrainings entsprechende Verhaltensstrategien vermittelt.

2. Resilienztraining für Beschäftigte

Im Rahmen des Verbundprojekts STÄRKE (www.staerke-projekt.de) wurde ein Workshopkonzept für Beschäftigte entwickelt, dessen Struktur sich an den vier Facetten resilienten Verhaltens nach Soucek et al. (2015) orientiert.

Das Training besteht aus zwei aufeinander aufbauenden Modulen, die jeweils ca. vier Stunden dauern. Bei der Durchführung des Resilienztrainings sollte ein/e ModeratorIn oder ein/e TrainerIn hinzugezogen werden. Ziel des Resilienztrainings ist, dass sich die Beschäftigten Strategien für resilientes Verhalten aneignen, die sie im Arbeitsalltag umsetzen können, um ihre eigene Gesundheit und Leistungsfähigkeit zu erhalten.

2.1 Modul 1: Wissensvermittlung, Identifikation von Ressourcen und positive Umdeutung

Im Rahmen des ersten Moduls bekommen die Teilnehmenden ein Verständnis davon, was Resilienz – gerade am Arbeitsplatz – bedeutet. Hilfreich kann es sein, das theoretische Wissen mit niederschwelligen Methoden (z. B. Bilder oder Filmmaterial) zu vermitteln und das Interesse der Teilnehmenden zu wecken. Nach der Sensibilisierung für das Thema „Resilienz" erlernen die Beschäftigten Strategien und Techniken zur besseren Lenkung der persönlichen Gedanken und des eigenen Verhaltens.

Ziel der ersten Übung ist es, die Verhaltensweise emotionale Bewältigung zu stärken. Dazu können sich die Teilnehmenden ihrer persönlichen Stressoren und Ressourcen sowohl im Privat- als auch Berufsleben bewusst werden, indem sie ihre persönliche „Stresslandkarte" erstellen. Die Beschäftigten erhalten ein Arbeitsblatt, auf dem eine Landkarte abgebildet ist und schreiben Personen, Bereiche, Aufgaben, aber auch Hobbys und Eigenschaften, die in ihrem Leben eine zentrale Rolle spielen auf das Arbeitsblatt. Anschließend wird von jedem selbst bewertet, ob die niedergeschriebenen Faktoren guttun (Ressource) oder eher negative Gefühle erzeugen (Stressor). Eine Ressource wäre z.B. Tennis spielen mit einem Kollegen. Stressoren können z.B. Konflikte im Privat- oder Berufsleben sein. Mit dieser Übung wird ein Bewusstsein dafür geschaffen, welche Aspekte im eigenen Leben reduziert und welche gefördert werden sollten. Die identifizierten Ressourcen können herangezogen werden, wenn belastende Situationen auftreten. Die Stresslandkarte kann dabei unterstützen, Ressourcen aufzudecken, die ausgebaut werden können und sogenannte Energiefresser zu identifizieren, die reduziert werden sollten.

In einer weiteren Übung werden die Teilnehmenden hinsichtlich positiver Umdeutung geschult. Hier geht es darum, sich bewusst zu machen, dass es verschiedene Wege gibt, Situationen wahrzunehmen, zu bewerten und zu interpretieren. Welchen Weg eine Person gehen möchte, kann sie selbst entscheiden (ifaa – et al., 2018). Dadurch wird verdeutlicht, dass jeder Mensch selbst für seine Gedanken verantwortlich ist und diese steuern kann. Beispielsweise können mit dieser Erkenntnis herausfordernde Situationen im Berufsleben auch als Möglichkeit zur persönlichen Stärkung und Weiterentwicklung betrachtet werden.

2.2 Modul 2: Ressourcenaufbau und Umgang mit Krisen

Im zweiten Modul geht es um den expliziten Ressourcenaufbau und den Umgang mit Krisen. Zunächst wird Wissen vermittelt, welches die Teilnehmenden auf die folgenden Übungen vorbereitet.

Vor der ersten Übung des zweiten Moduls werden die verschiedenen Ressourcenarten wiederholt (z.B. persönliche, soziale und materielle Ressourcen) und Beispiele dazu genannt (z.B. ein hilfsbereiter Arbeitskollege/Sparringspartner, Freundschaft mit einer bestimmten Person, Beziehung zu einem Familienmitglied, bestimmtes Hobby). Bei der anschließenden ABC-Übung identifizieren die Teilnehmenden für jeden Buchstaben des Alphabets eine Ressource, auf die sie zur Bewältigung von Herausforderungen und Krisen zurückgreifen können. Abschließend überlegen die Beschäftigten, wie sie ihre Ressourcen noch weiter ausbauen und stärker bei belastenden Situationen heranziehen können.

Dazu reflektieren die Teilnehmenden in einer zweiten Übung über bereits erlebte Krisen am Arbeitsplatz und ihren Umgang damit. Zuvor wird Wissen dazu vermittelt und beispielsweise eine theoretische Abgrenzung von akuten und latenten Krisen vorgenommen. Ziel der Übung ist es, das Gespür für erlebte (vergangene oder präsente) Krisen zu schärfen. Im Tandem werden erlebte Krisen und der Umgang damit diskutiert.

Bei der nächsten Übung legen die Teilnehmenden für sich fest, welche Ressourcen zukünftig auf- bzw. ausgebaut werden sollen, um Herausforderungen zukünftig besser meistern zu können. Definiert wird der Ausbau der Ressourcen anhand der SMART-Kriterien für gute Ziele (Doran, 1981).

Zur Stärkung der fokussierten Umsetzung, stellt die moderierende Person die sogenannte Fish!-Philosophie vor (Lundin et al., 2001). Dabei handelt es sich um ein Motivationskonzept, inspiriert durch das Verhalten und die Einstellung von Verkäufern auf dem Pike Place Fish Market in Seattle.

Am Ende des Trainings wird den Teilnehmenden mit auf den Weg gegeben, dass es für die Umsetzung resilienten Verhaltens wichtig ist, sich die erlernten Strategien und Verhaltensweisen im eigenen Arbeitsalltag immer wieder vor Augen zu halten, um so die Möglichkeit zu haben, an der eigenen Wahrnehmung und am eigenen Verhalten zu arbeiten.

Das abschließende Feedback der Teilnehmenden zum Resilienztraining zeigt, dass die Inhalte des Workshops als hilfreich sowohl für die persönliche Entwicklung der Beschäftigten als auch für ihre tägliche Arbeit eingeschätzt werden.

Literatur

Doran, G. T. (1981). There's a SMART way to write management's goals and objectives. Management Review, 70(11), 25–36.

ifaa – Institut für angewandte Arbeitswissenschaft e. V., Institut für Arbeitswissenschaft, Technische Universität Darmstadt (IAD), Institut der deutschen Wirtschaft Köln e. V. (IW), Hochschule Fresenius Düsseldorf (Hrsg.) (2018). Resilienzkompass zur Stärkung der individuellen und organisationalen Resilienz in Unternehmen. Düsseldorf.

Lundin, S., Paul, H., & Christensen, J. (2001). Für immer Fish! Wie Sie die Fish!-Philosophie verankern und Ihre Motivation frisch halten. München: Redline Verlag.

Soucek, R., Pauls, N., Ziegler, M., Schlett, C. (2015). Entwicklung eines Fragebogens zur Erfassung resilienten Verhaltens bei der Arbeit. Wirtschaftspsychologie, 4, 13–22.

Wellensiek, S. K. (2011). Handbuch Resilienz-Training. Widerstandskraft und Flexibilität für Unternehmen und Mitarbeiter. Weinheim, Basel: Beltz Verlag.

Werner, E. E. (2000). Protective factors and individual resilience. In: J. P. P. Shonkoff & S. J. Meisels (Hrsg.), Handbook of early childhood intervention (S. 115–132). Cambridge: Cambridge University Press.

Johannes Pfeifer & Nele Wild-Wall
Hochschule Rhein-Waal

Schlaf im Kontext Leistung und Gesundheit

Unser Schlaf beeinflusst kurz-, mittel- und langfristig Leistung und Gesundheit und trägt somit auch maßgeblich zur Arbeitssicherheit bei. Den physiologischen Prozessen die beim Schlaf im Gehirn vonstattengehen wird hierbei zunehmend Relevanz beigemessen. Der vorliegende Artikel stellt einige dieser dar und diskutiert im Anschluss Zusammenhänge von Schlafqualität und gesellschaftlichen, organisationalen und individuellen Faktoren.

1. Ausgangslage

Um Belastungen und Beanspruchungen zu bewältigen, werden im Arbeitsalltag physische und psychische Ressourcen eingesetzt, die zeitnah wieder ausgeglichen werden müssen (Clauß et al., 2016; Wieland-Eckelmann & Baggen, 1994). Der Schlaf als kurzzyklische Erholungsmaßnahme spielt hierbei eine grundlegende Rolle. Leistungs- und sicherheitsbezogene Folgen unzureichenden Schlafes sind dabei experimentell sehr gut belegt: Nicht-erholsamer Schlaf verringert die Kapazität diverser neurokognitiver Prozesse (u.a Belenky et al., 2003; Bonnet & Arand, 1995; Grandner, 2018), die weiterhin durch eine instabile und negativierte emotionale Verfassung unter Müdigkeit moderiert werden (Krajewski, 2011; Palmer & Alfano, 2017). Gesundheitsbezogene Relationen bestehen zu neurodegenerativen Erkrankungen im Alter, Übergewicht, kardiovaskulären Erkrankungen, Diabetes, Immunsuppression, sowie weiteren psychischen und physischen Beschwerden (Grandner, 2016; Hafycz & Naidoo, 2019; Itnai et al. 2016). Die Schlafdauer scheint dabei in westlichen Gesellschaften sukzessive abzunehmen, wobei repräsentative Umfragen von 30% der Bevölkerung berichten, die regelmäßig wenig, das heißt sechs oder weniger Stunden pro Nacht schlafen (Grandner, 2016; Itnai et al. 2016).

2. Schlaf und dessen Funktionen

Schlafgewohnheiten entwickeln sich nach Grandner's social ecological model of sleep and health (2018) in individuellen, sozialen und gesellschaftlichen Kontexten, wie der flexibilisierten, digitalen Arbeitswelt. Neuroanatomisch steuert dabei das aufsteigende retikuläre Aktivierungssystem im Hirnstamm mithilfe interner und externer Taktgeber den allgemeinen Aktivierungsstatus des Gehirns, sowie den Schlaf-/Wachrhythmus. Schlaf lässt sich dabei in verschiedene Phasen unterteilen, die sich u.a. per

EEG messen und quantifizieren lassen. Die Schlaftiefe folgt dabei idealtypisch einer Wellenform, bei der innerhalb von ca. 90 Minuten auf Tiefschlaf der sogenannte REM-Schlaf/Traumschlaf folgt (Birbaumer, 2010). Der Tiefschlaf geht dabei mit einer eher geringeren neuronalen Aktivität und langsamen Hirnrhythmen, und der REM-Schlaf mit einer fast wachähnlichen Aktivierung einiger Teile des Gehirns einher. Neben allgemeinen altersbedingten Veränderungen (Mander et al., 2017; Redline et al., 2004) beeinflussen diverse Faktoren kurz- und mittelfristig die sogenannte Schlafarchitektur, das heißt die Dauer, Intensität und Häufigkeit der jeweiligen Schlafphasen. Der Tiefschlaf, der neuronal höher priorisiert wird als der REM-Schlaf (Brunner et al., 1990), reagiert dabei besonders empfindlich auf eine Aktivierung des Gehirns.

2.1 Reinigung des Gehirns

Zu Beginn der 2010er Jahre haben verschiedene Forschungsgruppen eine entscheidende Entdeckung gemacht: Es konnte nachgewiesen werden, dass substantielle Anteile der Cerebrospinalflüssigkeit in kleine Spalten entlang der arteriellen Gefäßwände bis in die kleinsten Strukturen des Gehirns sickern und dabei Stoffwechselprodukte, insbesondere die als Ursache für neurodegenerative Erkrankungen im Alter angesehenen Eiweißablagerungen, in Richtung der venösen Gefäßwände spülen und von dort abtransportieren (u.a. Boespflug & Iliff, 2018; Iliff et al., 2012). Dabei scheint der verminderte Energieverbrauch einiger im Wachzustand aktiver Hirnbereiche im Tiefschlaf zu einer Abnahme der Gefäßdurchmesser im Gehirn zu führen, wodurch die oben genannten, perivaskulären Spalten entstehen und sich das Gehirn, das kein Lymphsystem im klassischen Sinne besitzt, reinigt. Dieser Prozess des sogenannten „glymphatischen Systems", welches seinen Namen auf Grund der beteiligten Gliazellen erhielt, wird seitdem umfangreich erforscht und lässt sich insbesondere im Tiefschlaf vorfinden (siehe u. a. Grubb & Lauritzen, 2019, und für einen Überblick Jessen et al., 2015).

2.2 Energieversorgung

Die Nährstoffversorgung des Gehirns bildet die Basis dessen Leistungsfähigkeit. Die Rolle des Schlafes in Bezug auf den Energiestoffwechsel des Gehirns steht dabei unter intensiver wissenschaftlicher Debatte. Einige Autoren vermuten, dass innerhalb des Schlafes Energiereserven des Gehirns wieder aufgefüllt werden. Dworak et al. (2010) berichten von einem schwallartigen Anstieg des gängigen Energielieferanten ATP (Adenosintriphosphat) nach dem Einschlafen in besonders wachaktiven Bereichen des Gehirns, während relevante Bereiche des Gehirns im Tiefschlaf vom Zucker- auf Fettstoffwechsel umschalten (Aalling et al., 2018). Als gesichert gilt, dass über die

Dauer des Tages der ATP-Spiegel in vielen Hirnbereichen abfällt. Parallel steigt der des ATP-Abbauproduktes Adenosin immer weiter an und verursacht so homöostatisch Schläfrigkeit. Koffein wirkt dabei beispielsweise neben einer allgemeinen sympathischen Aktivierung blockierend auf die Adenosinrezeptoren und verringert damit das Müdigkeitsgefühl symptomatisch (Clark & Landolt, 2017). Die Energie-Aufbau-Hypothese findet sich ebenfalls im Rahmen der Forschung um das glymphatische System wieder: Im Zulauf des Systems konnten vermehrt Lipide und Glukose festgestellt werden (Jessen et al., 2015), die eine Form der Energieversorgung darstellen könnten. Weitere wichtige Funktionen des Schlafes beziehen sich auf den Erwerb, die Konsolidierung und die Integration von Wissen (Tononi & Cirelli, 2014), sowie die Aktivierung des Immunsystems (Dimitrov, 2019).

3. Diskussion

Einer angemessenen schlafbezogenen Erholung kommt eine hohe gesundheits-, sicherheits- und leistungsbezogene Relevanz zu. Dabei zeigt sich insbesondere der Tiefschlaf als essenziell, aber auch empfindlich gegenüber Störungen: Vielfältige kulturelle, biologische, psychologische oder soziale Faktoren vermögen eine neuronale Aktivierung hervorzurufen, die sich negativ auf diesen auswirken kann. Auf gesellschaftlicher Ebene kommt dabei der Digitalisierung und der Flexibilisierung eine zunehmende Bedeutung zu, da diese mit erhöhten psychischen Belastungen einherzugehen scheinen. Auf organisationaler Ebene können übermäßige kognitive, emotionale oder körperliche Belastungen ebenso zu Beanspruchungen führen, die mit einer Gefährdung des Schlafes einhergehen. Diese sollten damit im Rahmen der Gefährdungsbeurteilung mitbedacht werden, und in verhältnisorientierte Maßnahmen wie bspw. angemessene Arbeitszeitmodelle münden. Auch die organisationale Leistungs- und Erholungskultur kann die Schlafqualität beeinflussen – das betriebliche Gesundheitsmanagement vermag daneben eine Erhöhung der schlafbezogenen Gesundheitskompetenz der Belegschaft zu erwirken. Auf Verhaltensebene stehen die persönliche Schlafhygiene, der Ernährungs- und Bewegungsstil, die individuelle Stress- und Entspannungskompetenz, ebenso wie die Umweltfaktoren Lärm, Licht und Luftqualität in engem Zusammenhang zu einer guten Schlafqualität.

Literatur

Aalling, N. N., Nedergaard, M., & DiNuzzo, M. (2018). Cerebral metabolic changes during sleep. *Current neurology and neuroscience reports, 18(9),* 57.

Belenky, G., Wesensten, N. J., Thorne, D. R., Thomas, M. L., Sing, H. C., Redmond, D. P., ... & Balkin, T. J. (2003). Patterns of performance degradation and restoration during sleep restriction [...]. *Journal of sleep research, 12(1),* 1–12.

Birbaumer, N., & Schmidt, R. F. (2010). Biologische Psychologie (7., überarbeitete und ergänzte Auflage). Heidelberg: Springer.

Boespflug, E. L., & Iliff, J. J. (2018). The emerging relationship between interstitial fluid–cerebrospinal fluid exchange, amyloid-β, and sleep. *Biological psychiatry, 83(4),* 328–336.

Bonnet, M. H., & Arand, D. L. (1995). We are chronically sleep deprived. *Sleep, 18(10),* 908–911.

Brunner, D. P., Dijk, D. J., Tobler, I., & Borbély, A. A. (1990). Effect of partial sleep deprivation on sleep stages and EEG power spectra [...]. Electroencephalography and clinical neurophysiology, 75(6), 492-499.

Clark, I., & Landolt, H. P. (2017). Coffee, caffeine, and sleep: A systematic review of epidemiological studies and rct's. *Sleep medicine reviews, 31,* 70-78.

Clauß, E.,Hoppe, A., Schachler, V., Dettmers, J. (2016). Erholungskompetenz bei Berufstätigen mit hoher Autonomie und Flexibilität. PERS. *Quart. 16(2),* 22–27.

Dimitrov, S., Lange, T., Gouttefangeas, C., Jensen, A. T., Szczepanski, M., Lehnnolz, J., [...] & Besedovsky, L. (2019). Gαs-coupled receptor signaling and sleep regulate integrin activation [...]. *Journ. of Exp. Medicine, 216(3),* 517–526.

Dworak, M., McCarley, R. W., Kim, T., Kalinchuk, A. V., & Basheer, R. (2010). Sleep and brain energy levels: ATP changes during sleep. *Journal of Neuroscience, 30(26),* 9007–9016.

Grandner, M. A. (2017). Sleep, health, and society. *Sleep med. clinics, 12(1),* 1–22.

Grubb, S., & Lauritzen, M. (2019). Deep sleep drives brain fluid oscillations. *Science, 366(6465),* 572–573.

Hafycz, J. M., & Naidoo, N. (2019). Sleep, Aging, and Cellular Health: Aged-Related Changes in Sleep and Protein Homeostasis Converge in Neurodegenerative Diseases. *Frontiers in Aging Neuroscience, 11,* 140.

Harris, J. J., Jolivet, R., & Attwell, D. (2012). Synaptic energy use and supply. *Neuron, 75(5),* 762–777.

Iliff, J. J., Wang, M., Liao, Y., Plogg, B. A., Peng, W., Gundersen, G. A., ... & Nagelhus, E. A. (2012). A paravascular pathway facilitates CSF flow [...]. *Science translational medicine, 4(147),* 147ra111.

Itani, O., Jike, M., Watanabe, N., & Kaneita, Y. (2017). Short sleep duration and health outcomes: a systematic review, meta-analysis, and meta-regression. *Sleep medicine, 32,* 246–256.

Jessen, N. A., Munk, A. S. F., Lundgaard, I., & Nedergaard, M. (2015). The glymphatic system: a beginner's guide. *Neurochem. Res., 40(12),* 2583–2599.

Krajewski, J., Mühlenbrock, I., Schnieder, S., & Seiler, K. (2011). Wege aus der müden (Arbeits-) Gesellschaft[...] *Zeitschr. für Arbeitswiss., 65(2),* 97–115.

Mander, B. A., Winer, J. R., & Walker, M. P. (2017). Sleep and human aging. *Neuron, 94(1),* 19–36.

Palmer, C. A., & Alfano, C. A. (2017). Sleep and emotion regulation: an organizing, integrative review. *Sleep medicine reviews, 31,* 6–16.

Redline, S., Kirchner, H. L., Quan, S. F., [...] & Newman, A. (2004). The effects of age, sex[...] on sleep architecture. *Archives of int. medicine, 164(4),* 406–418.

Tononi, G., & Cirelli, C. (2014). Sleep and the price of plasticity: from synaptic and cellular homeostasis to memory consolidation and [...]. *Neuron, 81(1),* 12–34.

Wieland-Eckelmann, R. & Baggen, R. (1994). Beanspruchung und Erholung im Arbeits-Erholungs-Zyklus. In R. Wieland-Eckelmann et al. (Hrsg.): *Erholungsforschung. Beiträge der Emotionspsychologie, Sportpsychologie und Arbeitspsychologie* (S. 102–154). Weinheim: PVU.

Arbeitskreis

Polizei: Arbeitsschutz bei polizeilichen Ermittlern von Kinderpornographie und Content Managern von Cybermobbing/Hatespeech und Gewalt

Leitung: Andrea Fischbach

Andrea Fischbach, Jutta Hannig, Karin Herbers, Thomas Kubera, Sven Schneider & Ingo Wünsch

Arbeitsschutz bei polizeilichen Ermittlern von Kinderpornographie und Content Moderation von Gewalt

Andrea Fischbach[1], Jutta Hannig[2], Karin Herbers[2], Thomas Kubera[2],
Sven Schneider[3] & Ingo Wünsch[4]
[1]Deutsche Hochschule der Polizei, Münster; [2]Landesamt für Ausbildung, Fortbildung und Personalangelegenheiten der Polizei Nordrhein-Westfalen; [3]Zentrale Auswertungs- und Sammelstelle Kinderpornographie, Landeskriminalamt Nordrhein-Westfalen; [4]Stabsstelle Kinderpornographie, Ministerium des Inneren des Landes Nordrhein-Westfalen

Arbeitsschutz bei polizeilichen Ermittlern von Kinderpornographie und Content Moderation von Gewalt

1. Aufgabenbedingte Gewalt in der digitalen Welt

Die Anzahl verstörender nutzer-generierte Inhalte, die auf legalen und illegalen Internetseiten, Social Media Plattformen und anderen Online Angeboten gepostet werden steigt in großer Geschwindigkeit. Nutzer posten und teilen Hatespeech, Cybermobbing und Videoaufnahmen von Verunfallungen, Gewaltausübung an Tieren und Menschen und Gewalterfahrungen bis hin zum sexuellen Missbrauch von Kindern. Arbeit an und in dieser dunklen Seite der digitalen Welt nimmt damit ebenfalls zu. Bei der Content Moderation (CCM) müssen gepostete Online Angebote gesichtet werden, um Inhalte, die den Nutzungsbedingungen der Provider oder gesetzlichen Vorgaben widersprechen herauszufiltern (Roberts, 2014). Bei der Kinderpornographischen Fallbearbeitung (KiPo-Fallbearbeitung) geht es um die kriminalpolizeiliche Ermittlung von sexuellem Missbrauch und Kinderpornographie (Wortley, Smallbone, Powell, & Cassematis, 2014). Bei solchen Tätigkeiten werden die Beschäftigten zum Teil täglich und dauerhaft mit aversiven Details traumatischer Ereignisse konfrontiert, die ähnlich wie biologische oder chemische Gefahrenstoffe akute und chronische gesundheitliche Schäden verursachen können (Wise & Beck, 2015). Verantwortliche des Gesundheitsschutzes in diesen Bereichen stehen vor der drängenden Frage, wie der aufgabenbedingte Umgang mit aversiven digitalen Inhalten anwendungssicher gestaltet und Belastungsfolgen verhindert werden können. Als Antwortversuch möchten wir aus Anwendungs- und Forschungsperspektive die aktuellen Arbeitsschutzmaßnahmen der Polizei Nordrhein-Westfalen (NRW) für Beschäftigte im kriminalstrategischen Schwerpunkt der Bekämpfung des sexuellen Missbrauchs und der Kinderpornographie vorstellen und den Forschungs- und Entwicklungsbedarf zum Arbeitsschutz bei aufgabenbedingter Traumakonfrontation aufzeigen.

2. Arbeitsschutzstrategien für KiPo-Fallbearbeitung

Aufgrund der zunehmenden Fallzahlen und Datenmengen im Bereich Kinderpornographie hat der Innenminister des Landes Nordrhein-Westfalen Reul die Bekämpfung des sexuellen Missbrauchs und der Kinderpornographie im Jahr 2019 zum kriminalstrategischen Schwerpunkt der Arbeit der Polizei NRW erklärt. Es wurden technische Innovationen, Prozessoptimierungen und massive Personalaufstockungen in diesem Deliktsbereich eingeleitet. Damit zentral verbunden ist die Frage, wie der Arbeitsschutz und die Gesunderhaltung der Beschäftigten bei Arbeitstätigkeiten gewährleistet werden kann, die eine dauerhafte Konfrontation mit extremen Gewaltereignissen in Schrift, Bild und Ton beinhalten. Die derzeitige Arbeitsschutzstrategie für die KiPo-Fallbearbeitung in der Polizei NRW setzt dabei in drei Bereichen an. Zum einen in der dazu eingerichteten Stabsstelle (Stabsstelle Kinderpornographie im Ministerium des Innern NRW), die die polizeiliche Aufgabenwahrnehmung in diesem Deliktsfeld überprüft, Handlungsbedarfe identifiziert, Handlungsempfehlungen für eine optimierte Befassung gibt und die Einleitung von Umsetzungsschritten in der Organisation veranlasst und damit Veränderungen, die Technik, Personal und Prozesse betreffen, einleitet und gestaltet. Zweitens beim Landesamt für Ausbildung, Fortbildung und Personalangelegenheiten der Polizei NRW (LAFP NRW), das den Personaleinsatz im Bereich KiPo-Fallbearbeitung durch psychosoziale Konzeptionen und durch die Entwicklung und Umsetzung von Angeboten in den Bereichen Personalauswahl, Personalentwicklung und Behördliches Gesundheitsmanagement begleitet. Drittens setzt die Arbeitsschutzstrategie für die KiPo-Fallbearbeitung bei den Ermittlungsdiensten selbst an. In einer zentralen Auswertungs- und Sammelstelle (ZASt) des Landeskriminalamtes der Polizei NRW (ZASt im LKA NRW) werden Arbeitsschutzmaßnahmen durch Personal-, Aufgaben-, Prozess- und Umgebungsgestaltung in der täglichen Führungsarbeit umgesetzt.

Die Stabsstelle analysierte die Ausgangslage im Bereich KiPo-Fallbearbeitung und stellte fest, dass die Personal- und Sachmittel der Polizei NRW für die Bekämpfung des sexuellen Missbrauchs und der Kinderpornographie unzureichend und dass die Prozessabläufe unzulänglich waren, was die Möglichkeiten einer automatisierten Selektion und Reduktion von Daten betraf. Darüber hinaus wurde festgestellt, dass sich aufgrund der kontinuierlichen Steigerung der Fallzahlen und Datenmengen die Belastungen für die Ermittlungskräfte zunehmend verschärfen. Auf Grundlage dieser Analyse wurden technische Innovationen, optimierte Prozesse und eine Erhöhung der Anzahl der für diese Arbeiten eingesetzten Ermittlungskräfte eingeleitet. Dabei richtet sich ein besonderer Fokus der Stabsstelle auf die Fürsorgeverantwortung gegenüber den Beschäftigten, die mit spezifischen präventiven Maßnahmen vor psychischen Erkrankungen geschützt werden sollen.

Das LAFP NRW hatte bereits vor der Schwerpunktsetzung 2019 kriminalfachliche und spezifische Fortbildungen zu arbeitsbezogener Belastung bei der KiPo-Fallbearbeitung (z.B. zur Stressbewältigung) angeboten. Darüber hinaus wurden durch den Sozialwissenschaftlichen Dienst (SwD), die zentrale psychosoziale Beratungseinrichtung des LAFP NRW, Mitarbeitende aus dem Bereich KiPo-Fallbearbeitung seit Jahren betreut. Dies geschah bislang für die Betroffenen auf freiwilliger Basis im Rahmen von Einzel- oder Gruppensupervisionen. Mit der Schwerpunktsetzung 2019 wurde zur Implementierung der Psychosozialen Unterstützung (PSU) für die KiPo-Fallbearbeitung durch das LAFP NRW eine zentrale Konzeption erarbeitet (PSU-KiPo-Konzeption), die gewährleistet, dass die psychosoziale Betreuung und Supervision für Beschäftigte im Deliktsbereich in NRW künftig landesweit nach einheitlichen Standards erfolgt. Die Konzeption umfasst verhaltenspräventive Maßnahmen für die Beschäftigten, ebenso wie verhältnispräventive Maßnahmen, die bei den Rahmenbedingungen der Arbeit ansetzen. Dem Grundsatz folgend, dass die Tätigkeit die Maßnahme begründet, wurden u. a. verpflichtende Teilnahmen an Stressbewältigungstrainings sowie Einzel- und Gruppensupervisionen etabliert. Die Umsetzung der Konzeption erfolgt unter Einbindung einer breiten Expertise des LAFP NRW aus den Bereichen SwD, Konfliktberatung und Stressbewältigung sowie im Zentrum für ethische Bildung und Seelsorge der Polizei NRW (ZeBuS). Darüber hinaus sind auch externe Supervisorinnen und Supervisoren, beispielsweise der Polizeiseelsorge, eingebunden.

In der ZASt im LKA NRW werden bereits seit 2003 zentral gewaltverherrlichende, pornographische und sonstige jugendgefährdende Schriften ausgewertet. Im Zuge der kriminalstrategischen Schwerpunktsetzung auf die Bekämpfung des sexuellen Missbrauchs von Kindern sowie der Herstellung und Verbreitung von Kinderpornographie in NRW soll zukünftig das gesamte in diesem Zusammenhang sichergestellte Material im LKA NRW zentral ausgewertet werden. Dazu wurden bereits 40 neue Mitarbeitende für die KiPo-Fallbearbeitung eingestellt und bis Ende 2020 werden im Vergleich zur Einrichtung der Stelle 2003 achtmal so viele Beschäftigte in diesem Deliktsbereich tätig sein. Bei den Stellenbesetzungsverfahren sind Motivation, Resilienz und Coping-Fähigkeiten der Bewerbenden zentrale Anforderungs- und Auswahlkriterien. Bei den Stellenausschreibungen für Tarifbeschäftigte wird prominent auf die belastenden Inhalte der Tätigkeit hingewiesen. Unter Aufsicht des LAFP NRW findet ein landeszentrales Auswahlverfahren statt, in dem auch mögliche Belastungsaspekte im Rahmen eines strukturierten Interviews überprüft werden. Bei der Arbeitsplatzgestaltung wird auf eine angemessene räumliche und sächliche Ausstattung und die Einrichtung von Aufenthalts-, Rückzugs- und Besprechungsräumen besonderer Wert gelegt, um die psychosoziale Unterstützung untereinander und durch die Führungskräfte, den sozialen Austausch und die Kommunikations- und Funktionsbeziehungen, die Erholungs- und Coping-Fähigkeit der Beschäftigten und insgesamt ein positives und wertschätzendes Arbeitsklima zu fördern. Die Führungskräfte haben es sich zur zentralen Aufgabe gemacht durch gesundheitsförderliche Führung zur psychischen Gesundheit der Mitarbeitenden bestmöglich beizutragen.

3. Forschungs- und Entwicklungsbedarf

Der Forschungs- und Entwicklungsstand zu aufgabenbedingter Traumakonfrontation im Zusammenhang mit Kinderpornographie-Ermittlung, Content Moderation und anderen vergleichbaren Tätigkeiten muss als sehr vorläufig beurteilt werden (Fischbach, 2020). Über die spezifischen Belastungskonstellationen und den Zusammenhang aufgabenbedingter Traumakonfrontation mit klinisch relevanten Folgestörungen und über spezifische Möglichkeiten des Gesundheitsschutzes bei dieser Arbeit ist zu wenig bekannt. Hinweise zum Gesundheitsschutz legen häufig den Fokus einseitig auf personenbezogene Strategien der Gesunderhaltung. Das Beispiel der Schwerpunktsetzung in der KiPo-Fallbearbeitung in NRW zeigt eindrücklich, dass aufgrund steigender Fallzahlen und Datenmengen Tätigkeiten zunehmen werden, die die Betrachtung und Auswertung von verstörenden digitalen Inhalten einschließen. Damit stellen sich Fragen zur evidenzbasierten Gestaltung von Personalauswahl-, Arbeits- und Aufgabengestaltung, Organisationsentwicklung, gesundheitsförderlichen Führung, kollegialen Unterstützung und der soziotechnischen Systemgestaltung bei aufgabenbedingter Traumakonfrontation und ihrer extremen emotionsbezogenen Inanspruchnahme. Dazu werden wissenschaftliche Erkenntnisse zu Häufigkeit und Verteilung von Erkrankungen, zu Einflussgrößen von Erkrankungsrisiken, zur Wirksamkeit von Präventionsmaßnahmen und zum spezifischen Regelungsbedarf zur Gefährdungsanalyse und zum Arbeitsschutz bei extremer emotionaler Inanspruchnahme benötigt (Fischbach, 2020; Wise & Beck, 2015).

Literatur

Fischbach, A. (2020). *Psychische Belastungen durch aufgabenbedingte Traumak-Konfrontation bei Content-Moderation.* Münster.

Roberts, S. T. (2014). *Behind the screen: the hidden digital labor of commercial content moderation.* University of Illinois at Urban-Campaign.

Wise, E. A., & Beck, J. G. (2015). Work-related trauma, PTSD, and workers compensation legislation: Implications for practice and policy. *Psychological Trauma: Theory, Research, Practice, and Policy, 7*(5), 500–506.

Wortley, R., Smallbone, S., Powell, M., & Cassematis, P. (2014). *Understanding and Managing the Occupational Health Impacts on Investigators of Internet Child Exploitation.*

Arbeitskreis

BMAS-Psyga: Psychische Gesundheit in der Arbeitswelt

Leitung: Bruno Zwingmann

David Beck & Katja Schuller

Berücksichtigung psychischer Belastung in der Gefährdungsbeurteilung – Anforderungen an die Umsetzung und Herausforderungen in der Praxis

Franziska Stiegler, Catherin Bosle, Raphael Herr & Joachim Fischer

Was hält eigentlich psychisch gesund? Erste Ergebnisse der psyGA-Monitorreihe

Franziska Stiegler

Arbeitsbezogenes Wohlbefinden – (wie) geht das?

Oliver Lauenstein

„Gute Arbeitsgestaltung bei psychischen Belastungen" – Das Arbeitsprogramm Psyche in der GDA

Jana May-Schmidt

Aktivitäten der Bundesregierung zur psychischen Gesundheit

Oliver Lauenstein, André Große-Jäger & Andreas Horst

Das Arbeitsprogramm Psyche der Gemeinsamen Deutschen Arbeitsschutzstrategie: Rückblick und Ausblick

Jana May-Schmidt, Oliver Lauenstein & André Große-Jäger

Aktivitäten im Bereich Psychische Gesundheit

David Beck & Katja Schuller
Bundesanstalt für Arbeitsschutz und Arbeitsmedizin (BAuA)

Berücksichtigung psychischer Belastung in der Gefährdungsbeurteilung – Anforderungen an die Umsetzung und Herausforderungen in der Praxis[1]

1. Hintergrund und Ziele

Anforderungen an die Berücksichtigung psychischer Belastung in der Gefährdungsbeurteilung sind in den letzten Jahren durch Änderungen im Vorschriften- und Regelwerk (u.a. BetrSichV, BioStoffV) sowie durch Empfehlungen und Qualitätsgrundsätze im Rahmen der Gemeinsamen Deutschen Arbeitsschutzstrategie (GDA) weitergehend konkretisiert und abgestimmt worden. Wie in den Betrieben konkret vorgegangen wird, ist allerdings wenig empirisch untersucht. Das von der Bundesanstalt für Arbeitsschutz und Arbeitsmedizin (BAuA) im Dezember 2019 abgeschlossene Feldforschungsprojekt „Gefährdungsbeurteilung psychischer Belastung in der betrieblichen Praxis" (F2358) verfolgte daher das Ziel, Vorgehensweisen in den Betrieben, aber auch Schwierigkeiten im Umgang mit psychosozialen Risiken zu explorieren. Ein besonderes Augenmerk wurde dabei auch auf die Untersuchung kleinbetrieblicher Praxis gelegt, weil hierüber besonders große Wissenslücken bestehen.

2. Datengrundlage und Methoden

Primäre empirische Grundlage des Projektes sind leitfadenstrukturierte Interviews mit Akteuren aus insgesamt 41 Betrieben (darunter 15 kleine und mittlere Unternehmen), die Aktivitäten zur Beurteilung und Vermeidung psychosozialer Risiken in ihrem Betrieb organisiert und umgesetzt haben. Ergänzt wurde diese Datenbasis durch Interviews mit 17 Aufsichtspersonen und FachberaterInnen der Unfallversicherungsträger und staatlichen Arbeitsschutzbehörden, die die betriebliche Praxis aus eigener Beratungs- und Überwachungsarbeit (gut) kennen. Weiterhin wurden Daten aus der GDA-Betriebsbefragung 2015 (n = 6.500) analysiert (Umsetzung der GBPB und betriebliche Rahmenbedingungen).

3. Zentrale Ergebnisse

Gefährdungsbeurteilungen psychischer Belastung (GBPB) liegen bislang nur in einer Minderheit der Betriebe vor. In kleinen Betrieben wird mehrheitlich gar keine Ge-

[1] Bei diesem Beitrag handelt es sich um eine leicht gekürzte Fassung des in der Reihe „baua bericht kompakt" erschienenen Berichts „Gefährdungsbeurteilung psychischer Belastung in der betrieblichen Praxis. Erkenntnisse und Schlussfolgerungen aus einem Feldforschungsprojekt" (doi 10.21934/baua:berichtkompakt20200115).

fährdungsbeurteilung durchgeführt, aber auch in vielen großen Betrieben bleiben psychosoziale Risiken in der Gefährdungsbeurteilung häufig außen vor. Die Wahrscheinlichkeit für die Umsetzung einer GBPB steigt mit zunehmender Betriebsgröße, wenn eine Fachkraft für Arbeitssicherheit vorhanden ist, wenn ein Betriebsarzt/eine Betriebsärztin bestellt ist und wenn ein Aufsichtsdienst den Betrieb innerhalb der letzten zwei Jahre besucht und die Berücksichtigung psychischer Belastung in der Gefährdungsbeurteilung angesprochen hat (Beck & Lenhardt 2019).

Zielgerichtete Anstrengungen zur Vermeidung von psychosozialen Risiken werden im Betrieb allerdings nicht nur und ausschließlich im Rahmen der arbeitsschutzgesetzlich geforderten „Gefährdungsbeurteilungen“ unternommen. Auch in anderen betrieblichen Kontexten, in denen Arbeit tagtäglich bewertet und gestaltet wird, ist die Vermeidung von Gefährdungen durch psychische Belastung durchaus Ziel der Gestaltungspraxis – im betrieblichen Personal- und Gesundheitsmanagement ebenso wie als Aufgabe fürsorglicher Mitarbeiterführung durch Vorgesetzte und/oder als Bestandteil professioneller Berufsausübung der Beschäftigten (Beck et al. 2017).

Psychosoziale Risiken durch eine zu hohe Arbeitsintensität, überlange Arbeitszeiten oder inadäquates Führungsverhalten werden in der Praxis als komplexe Beurteilungs- und Gestaltungsprobleme erlebt. Nicht selten sind auch Konflikte mit anderen personal- oder leistungspolitischen Zielen der Arbeitsgestaltung zu lösen, etwa im Falle der Beurteilung und Gestaltung eines „angemessenen“ Verhältnisses von Arbeitsmenge und -zeit. Die GBPB wurde daher vielfach als ein vielschichtiger Kompromissbildungsprozess beschrieben, in dem verschiedene und zum Teil konfligierende Problemsichten und Interessen eingebracht und verhandelt werden. Die Problemsicht und das Interesse des „betrieblichen Arbeitsschutzes“ in diesen Prozess wirksam einzubringen, wird seitens der Fachkräfte für Arbeitssicherheit und BetriebsärzteInnen als eine oftmals schwierige Herausforderung erlebt (Beck 2019).

Zur Erfassung und Beurteilung psychischer Belastung wurden in einem Teil der Fälle Konstrukte zum Bezugspunkt der Beurteilung gemacht, die in der Regel mit standardisierten Befragungs- und/oder Beobachtungsinstrumenten vorgenommen wurde und einer technisch-rationalen Logik von „Messen und Bewerten“ folgte. Konkrete kritische Belastungssituationen (z.B. Überstunden als Folge hohen Einarbeitungsaufwandes in einer Abteilung mit hoher Fluktuation) wurden i.d.R. weniger formal und standardisiert, sondern vielmehr diskursiv und reflexiv analysiert, z.B. in Workshops. Die Analyse folgte weniger dem Anspruch technisch-rationalen „Messens“ als vielmehr dem Bemühen um „Verstehen und Erklären“ von kritischen Belastungssituationen mit ihren kontextspezifischen Entstehungs- und Wirkungszusammenhängen. Während Mess- und Beurteilungsinstrumente einen systematischen

Überblick über Belastungsausprägungen lieferten, ermöglichten diskursiv-reflexive Vorgehensweisen die Entwicklung eines gestaltungsrelevanten Verständnisses betrieblicher Problemlagen (Schuller et al. 2018).

Prozesse der Entwicklung und Umsetzung von Maßnahmen zur Gefährdungsvermeidung waren in den untersuchten Fällen weniger reflektiert, organisiert und gesteuert als die Erfassung und Beurteilung psychischer Belastung. Angesichts der Komplexität und vielfältigen Interdependenzen der mit psychischer Belastung assoziierten Gestaltungsprobleme fiel es Akteuren oft schwer, Ziele der Gestaltung zu definieren und Gestaltungsoptionen zu erkennen. Darüber hinaus wurde die Entwicklung und Umsetzung von Gestaltungsmaßnahmen stark erschwert, wenn Akteure zwar formal Verantwortung für Gestaltungsprozesse trugen, jedoch kaum Spielräume für Entscheidungen über Maßnahmen und deren Umsetzung hatten (Schuller 2019).

4. Schlussfolgerungen für die Praxis

Zielgerichtete Maßnahmen zur Reduzierung psychosozialer Risiken sind im Betrieb in ganz unterschiedlichen Kontexten nötig und möglich, in der Arbeitszeit- und Leistungspolitik ebenso wie in der Personalplanung oder der Qualifizierung, als Aufgabe fürsorglicher Mitarbeiterführung ebenso wie als Bestandteil professioneller Berufsausübung. Im Interesse des Gesundheitsschutzes gilt es, Anstrengungen zur Gefährdungsvermeidung in allen diesen Kontexten systematisch und zielgerichtet zu befördern.

Für viele relevante psychosoziale Risiken ist ein SOLL-IST-Abgleich auf Grundlage allgemeinverbindlicher Messstandards und Schutzvorgaben nicht möglich. Vielmehr gilt es, im Betrieb eine systematische Reflexion und Verständigung über Gefährdungen durch psychische Belastung und Möglichkeiten ihrer Vermeidung zu befördern, an der Beschäftigte, Führungskräfte und ExpertenInnen gleichermaßen beteiligt werden. Im Mittelpunkt sollte dabei stehen, was im Betrieb bereits getan wird und weitergehend unternommen werden muss, um das Auftreten kritischer Belastungsausprägungen (bspw. Arbeiten unter Zeit- und Leistungsdruck, emotionale Dissonanz) soweit als möglich zu vermeiden. Für die Wahl von Instrumenten und Verfahren der Gefährdungsbeurteilung ausschlaggebend sollte sein, ob und inwiefern sie einen solchen Verständigungs- und Gestaltungsprozess unterstützen.

Führungskräfte und Beschäftigte müssen als primäre Akteure der Beurteilung und Gestaltung der Arbeit adressiert und in die Gefährdungsbeurteilung eingebunden werden. Dafür gilt es, Spielräume und Anreize zu schaffen sowie Kompetenzen von Führungskräften und Beschäftigten zu stärken, Entscheidungen über die Organisation und Gestaltung der Arbeit im Interesse des Gesundheitsschutzes zu fällen. Dazu gehören entsprechende Qualifizierungsmaßnahmen, aber auch ausreichende

Entscheidungsspielräume, zeitliche Ressourcen sowie geeignete Tools und fachlich fundierte Unterstützung durch ExpertenInnen.

ArbeitsschutzexpertenInnen sind bei der Gefährdungsbeurteilung psychischer Belastung nicht nur als Organisatoren und Moderatoren betrieblicher Kompromissbildung gefragt, sondern vor allem auch als fachlich versierte InteressenvertreterInnen des Gesundheitsschutzes, die die spezifischen Problemsichten und Erwartungen des Arbeitsschutzes einbringen. Um die Handlungssicherheit von ArbeitsschutzexpertenInnen und Aufsichtspersonal zu stärken, gilt es einerseits, das Fachwissen über psychosoziale Risiken und Möglichkeiten ihrer Vermeidung (weiter) zu verbessern. Notwendig erscheint es aber auch, fachlich begründete Anforderungen des Arbeitsschutzes an eine gefährdungsvermeidende Gestaltung von Arbeit deutlich stärker zu konkretisieren, als dies gegenwärtig der Fall ist.

Um die gefährdungsvermeidende Arbeitsgestaltung stärker ins Zentrum des Gefährdungsbeurteilungsprozesses zu rücken, braucht es für die Reflexion der Angemessenheit methodischer Zugänge eine Verschiebung des Fokus von „psychischer Belastung als Mess- und Beurteilungsproblem" hin zur „Gestaltung psychischer Belastung". Es besteht ein erheblicher Entwicklungsbedarf für Verfahren, Instrumente und Handlungshilfen, die betriebliche Akteure dabei unterstützen, komplexe Zusammenhänge betrieblicher Gestaltungsprobleme besser zu verstehen und auf organisationaler Ebene kontextspezifische Gestaltungslösungen zu entwickeln und umzusetzen.

Literatur

Beck, David (2019): Psychische Belastung als Gegenstand des Arbeitsschutzes: Typische Herausforderungen in der betrieblichen Praxis. ARBEIT – Zeitschrift für Arbeitsforschung, Arbeitsgestaltung und Arbeitspolitik 28 (2): 125–147.

Beck, David & Lenhardt, Uwe (2019): Consideration of psychosocial factors in workplace risk assessments: findings from a company survey in Germany. International Archives of Occupational and Environmental Health 92 (3): 435–451.

Beck, David; Schuller, Katja & Schulz-Dadaczynski, Anika (2017): Aktive Gefährdungsvermeidung bei psychischer Belastung. Möglichkeiten und Grenzen betrieblichen Handelns. Prävention und Gesundheitsförderung 12 (4): 302–310.

Schuller Katja (2019): Interventions as the centrepiece of Psychosocial Risk Assessment – Why so difficult? International Journal of Workplace Health Management, 13(1), 61–80.

Schuller, Katja, Schulz-Dadaczynski, Anika & Beck, David (2018): Methodische Vorgehensweisen bei der Ermittlung und Beurteilung psychischer Belastung in der betrieblichen Praxis. Zeitschrift für Arbeits- und Organisationspsychologie 62 (3): 126–141.

Franziska Stiegler[1], Catherin Bosle[2], Raphael Herr[2] & Joachim Fischer[2]
[1]BKK Dachverband e.V.; [2]Mannheimer Institut für Public Health, Sozial- und Präventivmedizin, Universitätsmedizin Mannheim, Universität Heidelberg

Was hält eigentlich psychisch gesund? Erste Ergebnisse der psyGA-Monitorreihe

In der öffentlichen Debatte wird seit geraumer Zeit die Bedeutung von Arbeit für unsere Gesundheit diskutiert. Mittlerweile wissen wir, dass es Arbeitsbedingungen gibt, die in deutlichem Zusammenhang mit psychischen und körperlichen Erkrankungen (wie bspw. Herz-Kreislauf- oder Muskel-Skelett-Erkrankungen) stehen. Besondere Bedeutung kommt den arbeitsbedingten Belastungen zu. Neben Belastungen bietet der Arbeitsplatz aber auch vielfältige Ressourcen, welche sich positiv auf die Gesundheit auswirken können. Einerseits, indem sie direkt das Wohlbefinden steigern, und anderseits, weil sie helfen mit auftretenden Belastungen besser umzugehen.

Die Fragen „Was hält uns eigentlich psychisch gesund?“ und „Wie können wir dieses Wissen nutzen, um Handlungsempfehlungen daraus abzuleiten?“ steht seit 2009 im Mittelpunkt der Aktivitäten des von der Initiative Neue Qualität der Arbeit geförderten Projekt „psychische Gesundheit in der Arbeitswelt fördern“ (psyGA). Ziel des Projekts ist zum einen die Verbreitung eines umfassenden Verständnisses von betrieblicher Prävention, welches sich nicht ausschließlich als Wahrer eines Mindeststandards psychischer Gesundheit versteht, sondern Potenziale und Risiken der Arbeit gleichermaßen berücksichtigt und optimal zu gestalten sucht.

1. Der psyGA-Monitor

Seit 2017 liefert das Projekt mit dem psyGA-Monitor empirische Erkenntnisse, die zeigen, wie die Erwerbstätigen in Deutschland ihre gesundheitliche Situation bewerten. Dafür werden aktuelle Ergebnisse aus der laufenden Beschäftigtenbefragung – dem Linked Personnel Panel (LPP) aufbereitet und ausgewertet. Das LPP ist ein zweiseitiger Datensatz, der Betriebs- und Beschäftigtenperspektive miteinander verbindet. Es wurde vom Institut für Arbeitsmarkt- und Berufsforschung (IAB) in Zusammenarbeit mit dem Bundesministerium für Arbeit und Soziales (BMAS) erstellt. In drei Wellen, beginnend 2012/2013, wurden alle zwei Jahre repräsentativ Beschäftigte und Personalverantwortliche befragt.

Beginnend mit der Frage: „Wie geht es eigentlich den Beschäftigten in Deutschland?“, beantworten die psyGA Monitore die Frage, welche betrieblichen Faktoren die psychische Gesundheit fördern oder beeinträchtigen und welche Wirkung betrieblichen Maßnahmen auf wen haben.

2. Psychische Gesundheit in der Arbeitswelt

Insgesamt schätzen dreiviertel der Beschäftigten (76 %) ihre psychische Gesundheit als gut ein. Besonders die Themen Handlungs- und Entscheidungsspielraum, mitarbeiterorientierte Führung, Gemeinschaftsgefühl/Kollegialität und Möglichkeiten zur Weiterentwicklung zeigen einen positiven Zusammenhang mit der psychischen Gesundheit der Beschäftigten.

Die Bedeutung der Ressourcen

Während emotional anfordernde Arbeit und fehlende Vereinbarkeit zwischen Beruf und Familie in einer negativen Beziehung zur psychischen Gesundheit stehen, zeigen die empfundene Fairness der Entscheidungen, die innerhalb einer Organisation getroffen werden, der Vergütung und der Behandlung durch den Vorgesetzten einen ausgeprägten Zusammenhang. Mitarbeiterorientierte Führung und die soziale Unterstützung durch Kollegen sind weitere förderliche Faktoren, die durch innerbetriebliche Organisation durchaus gestaltbar sind und positiv mit der psychischen Gesundheit zusammenhängen.

Des Weiteren zeigt sich ein Zusammenhang zwischen der subjektiven Zufriedenheit mit der Arbeit und dem Arbeitsengagement (das Erleben von Begeisterung, Stolz und Energie) mit dem psychischen Wohlbefinden.

3. Arbeitsbezogenes Wohlbefinden

Ein Zusammenhang zwischen Engagement und psychischer Gesundheit wird vor allem vor dem Hintergrund potentieller Risiken für die psychische Gesundheit diskutiert: Das Brennen für die Arbeit steigere das Risiko zu erschöpfen („interessierte Selbstgefährdung"). Für den *Monitor „Arbeitsbezogenes Wohlbefinden"* wurden Ressourcen und Belastungen untersucht, die nicht nur die psychische Gesundheit beeinflussen, sondern auch das Arbeitsengagement. Mit diesen beiden Zuständen werden weiterhin auch Wettbewerbsfaktoren wie die Identifikation mit dem Betrieb, die Arbeitszufriedenheit und Wechselabsicht beeinflusst. Die Ergebnisse zeigen außerdem, welche Gruppe der Mitarbeitenden durch welche – positiven wie negativen – Einflüsse besonders angesprochen werden.

Zur Analyse wurde ein Konstrukt auf Grundlagen des WHO-Fragebogens zum psychischen Wohlbefinden und einem Fragebogen zum Arbeitsengagement gebildet, welches das gleichzeitige Auftreten von Begeisterung für die Arbeit und psychischem Wohlbefinden erfasst. Für den Monitor wurden fünf Gruppen von arbeitsbezogenem Wohlbefinden definiert (Abb. 1).

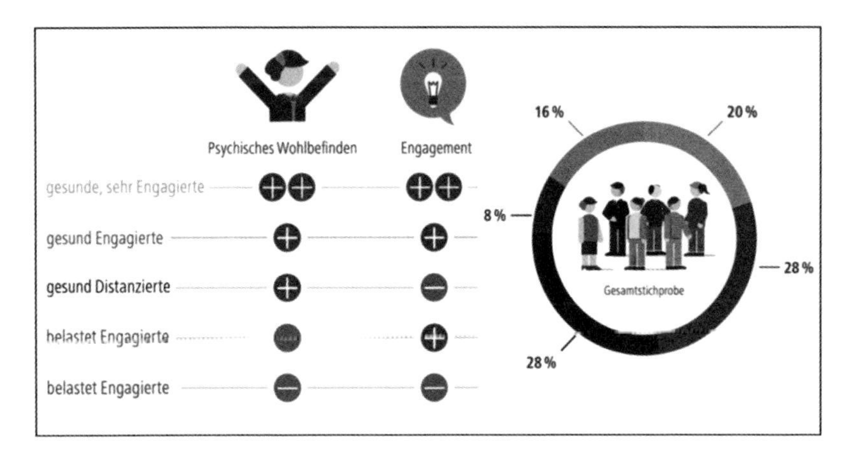

Abb. 1: Beschreibung und Verteilung des arbeitsbezogenen Wohlbefindens

Zentrale Ergebnisse
Insgesamt berichtet fast die Hälfte aller Beschäftigten von gutem oder sehr gutem arbeitsbezogenem Wohlbefinden (48 %). Unterschiede in der Verteilung nach soziodemografischen Merkmalen und unternehmensbezogene Faktoren sind meist gering.

Durch die Analyse der Längsschnittdaten kann gezeigt werden, welche Faktoren den Wechsel zwischen den Gruppen mitbeeinflussen. Der Monitor zeigt: Mit zunehmenden Ressourcen steigt die Chance, in die Gruppe mit gutem arbeitsbezogenem Wohlbefinden („gesund Engagierte") zu wechseln. Zu den Ressourcen gehören unter anderem eine gute Führung, eine mitarbeiterorientierte Unternehmenskultur, Weiterentwicklungsmöglichkeiten und Kollegialität. Eine Erhöhung der psychischen oder sozialen Belastungen senkt sie dagegen.

Einen besonders positiven Einfluss zeigt auch hier der Faktor empfundene Fairness. Steigt diese, erhöht sich die Chance von der Gruppe der „belastet Distanzierten" in die Gruppe der „gesund Engagierten" zu wechseln um 148 %. Eine Verbesserung in der Kollegialität steigert die Chance, von der Gruppe der „belastet Engagierten" in die Gruppe der „gesund Engagierten" zu wechseln um 41 %.

Eine Erhöhung der Ressourcen Fairness, Führungskraft und Unternehmenskultur, Weiterentwicklung sowie Kollegialität führt zu besseren Chancen, von der Gruppe der „gesund Distanzierten" in die Gruppe der „gesund Engagierten" zu wechseln. Veränderte Belastungen ergaben hier keinen signifikanten Einfluss.

Psychische Belastungen wie Termindruck oder eine schlechte Work-Life-Balance haben ebenfalls einen wichtigen Einfluss auf Mitarbeitende. Besonders auf die Gruppe der Engagierten, die über keine gute psychische Gesundheit berichten („belastet Engagierte“). Werden psychische Belastungen in dieser Gruppe reduziert, steigt die Chance, dass sie ein höheres arbeitsbezogenes Wohlbefinden entwickeln.

Nicht nur die Beschäftigten, auch die Unternehmen profitieren: Die Ergebnisse zeigen, dass Beschäftigte, die aus der Gruppe der „belastet Distanzierten“ zu den „gesunden, sehr Engagierten“ wechseln, eine im Schnitt um 27% reduzierte Wechselabsicht und eine um 16% höhere Arbeitszufriedenheit zeigen und sie identifizieren sich stärker mit dem Betrieb (12%).

4. Ausblick: Der „Faktor" Persönlichkeit

Beim Thema „psychische Gesundheit“ bzw. dem Zusammenhang zwischen Belastungsfaktoren und individueller Beanspruchung treten individuelle Unterschiede deutlicher zutage als beispielsweise bei Lärm oder Gefahrstoffen. In der betrieblichen Praxis wird hieraus mitunter abgeleitet, dass man wahlweise a) nun mutmaßlich für jede Einzelperson den individuellen Wunscharbeitsplatz zu gestalten habe, b) sich Beschäftigte ausschließlich im Sinne der Verhaltensprävention entsprechend ihrer jeweiligen Ausprägungen um psychische Sicherheit und Gesundheit zu kümmern hätten und allenfalls ein Blumenstrauß an Yoga-, Resilienz- oder Zeitplanungskursen als betriebliches Angebot zu stellen ist oder – in besonderem Fatalismus – c) Prävention vor diesem Hintergrund schlichtweg nicht möglich ist und daher auch nicht angegangen wird.

Ein weiterer psyGA-Monitor wird zeigen, dass eine genaue Betrachtung der Persönlichkeitsmerkmale, welche sich zu wenigen prototypischen Profilen zusammenfassen lassen, bei der Planung geeigneter Maßnahmen zum Schutz und zur Förderung der psychischen Gesundheit miteinbezogen werden sollten.

Literatur

Projekt „Psychische Gesundheit in der Arbeitswelt (psyGA)“ der Initiative Neue Qualität der Arbeit (2017). Monitor „Psychische Gesundheit in der Arbeitswelt“.

Projekt „Psychische Gesundheit in der Arbeitswelt (psyGA)“ der Initiative Neue Qualität der Arbeit. (2019) Monitor „Arbeitsbezogenes Wohlbefinden“.

Franziska Stiegler
BKK Dachverband e.V.

Arbeitsbezogenes Wohlbefinden – (wie) geht das?

Erst die Arbeit, dann das Vergnügen – diese Trennung zwischen Pflicht und Freude gilt häufig als Maßstab für die Betriebsorganisation. Wenn es um die Themen Sicherheit und Gesundheit geht, denken wir im Kern an die Gefahren, die es zu vermeiden gilt. Personalarbeit betrachtet Arbeit in der Mehrheit als reine „Pflichterfüllung". Diese Perspektiven verstellen zuweilen den Blick auf den großen Einfluss der strukturellen Ressourcen von Unternehmen auf die Sicherheit und Gesundheit bei der Arbeit.

Mit der Publikationsreihe psyGA-Monitor beleuchtet das Projekt „psychische Gesundheit in der Arbeitswelt" (psyGA) der Initiative Neue Qualität der Arbeit (INQA) den toten Winkel der Debatte und fragt konkret: „Was hält die Mitarbeitenden in Deutschland eigentlich gesund?"

Seit 2012 befragt das Institut für Arbeitsmarkt- und Berufsforschung (IAB) im Auftrag des Bundesministeriums für Arbeit (BMAS) in regelmäßigen Abständen (2012/2013, 2014/2015, 2016/2017) Beschäftigte und Personalverantwortliche in Betrieben, um Zusammenhänge zwischen Arbeitsqualität und wirtschaftlichem Erfolg zu ermitteln. Mittlerweile liegen Daten aus der dritten Welle des sogenannten Linked Personell Panel (LPP) vor. Für psyGA wertet das Mannheimer Institut für Public Health (MIPH) der Medizinischen Fakultät Mannheim an der Universität Heidelberg, die Daten aus der Langzeituntersuchung zu zentralen Fragestellungen aus Arbeits- und Gesundheitsschutz aus.

Die erste Ausgabe des psyGA-Monitors erschien 2017 und untersuchte, wie groß der Einfluss von Entscheidungsfreiheit, guter Führung, Entwicklungsmöglichkeiten und Fairness auf die psychische Gesundheit ist. Für den zweiten Monitor bildeten die Wissenschaftler aus den Angaben der Beschäftigten zur psychischen Gesundheit und zum Engagement das Konstrukt „Arbeitsbezogenes Wohlbefinden". Die Ergebnisse der Auswertung zeigen wieviel ungeschöpftes Sicherheits- und Gesundheitspotential in deutschen Unternehmen schlummert. Dass es bei der Auswahl der Maßnahmen keine One Size Fits all Lösung gibt, ist mittlerweile eine Binse. Im dritten psyGA-Monitor wurde untersucht, inwiefern sich der Einfluss arbeitsbezogener Ressourcen auf Arbeitstypen mit unterschiedlichen Persönlichkeitsmerkmalen auswirkt.

Der Input stellt die Ergebnisse und Fragestellungen der psyGA-Monitore 1,2 und 3 vor und fragt: Was folgt daraus für die Gestaltung einer nachhaltigen Sicherheits- und Gesundheitskultur als Basis für die Produktivität der Unternehmen.

Oliver Lauenstein
Bundesministerium für Arbeit und Soziales

„Gute Arbeitsgestaltung bei psychischen Belastungen" – Das Arbeitsprogramm Psyche in der GDA

Im Jahr 2019 hat die dritte Periode der Gemeinsamen Deutschen Arbeitsschutzstrategie ihre Arbeit begonnen. Sie legt einen Schwerpunkt auf gemeinsame und systematische Überwachung der Betriebe durch die Aufsichtsdienste und stellt die Gefährdungsbeurteilung als zentrales Instrument des Arbeitsschutzes ins Zentrum. Wie bereits in den vergangenen Perioden, gibt es auch in der 3. GDA-Periode Arbeitsprogramme, zu Muskel-Skelett-Belastungen, krebserzeugenden Gefahrstoffen und psychischen Belastungen (AP Psyche).

Immerhin führen nach wie vor nur etwa 20 % aller Betriebe eine Gefährdungsbeurteilung unter Berücksichtigung psychischer Belastungsfaktoren durch. Dabei stellen psychische Erkrankungen eine zentrale Ursache für Arbeitsunfähigkeitstage und Frühverrentungen und es ist bekannt, dass es Arbeitsbelastungsfaktoren gibt, die einen Einfluss auf psychische und physische Gesundheit haben (z.B. Arbeitsintensität, Handlungsspielraum, Führungsverhalten etc.).

Die Fortführung des AP Psyche ist Ergebnis der Erkenntnisse der 2. GDA-Periode. Obschon das AP Psyche in der 2. GDA-Periode zur Versachlichung der Diskussion zum Thema psychische Belastung beigetragen hat und im Rahmen der Betriebsbesichtigungen und weiterer Begleitprozesse dazu beitragen konnte, betriebliche Akteure und Aufsichtspersonal zu sensibilisieren, informieren und qualifizieren, gilt es nach wie vor, die Umsetzung der Gefährdungsbeurteilung unter Berücksichtigung psychischer Belastung weiter zu verbreiten. Als Ergebnis der 2. GDA-Periode wurden hierbei speziell KMU als relevante Zielgruppe identifiziert, als auch die Weiterentwicklung der Instrumente und Qualifizierungsangebote herausgestellt.

Mit dem AP Psyche werden die GDA-Träger in der 3. Periode 2019-2024 zum strategischen Ziel einer systematischen Erhöhung der Umsetzung von Gefährdungsbeurteilungen unter Berücksichtigung psychischer Belastung beitragen. Demnach gilt es, durch Aufsicht und Beratung darauf hinzuwirken, dass Betriebe ihrer gesetzlichen Verpflichtung nachkommen, indem sie Gefährdungen durch psychische Belastung bei der Arbeit mit Hilfe der Gefährdungsbeurteilung systematisch beseitigen oder reduzieren und Arbeit menschengerecht gestalten. Der strategischen Zielsetzung der 3. GDA-Periode entsprechend wird dabei auf die Überwachung, Beratung und Unterstützung, insbesondere durch die Entwicklung und Nutzung zielgruppenspezifischer Angebote, kleiner und mittlerer Unternehmen (KMU) fokussiert werden.

Neben den Aufsichtspersonen der Unfallversicherungen und Berufsgenossenschaften und den Aufsichtsbeamtinnen bzw. -beamten der Länder sind grundsätzlich alle betrieblichen und überbetrieblichen Akteure, die einen Beitrag zur Sicherheit und Gesundheit im Betrieb leisten, Zielgruppen des Arbeitsprogramms. Dazu zählen neben Arbeitgebern und Führungskräften unter anderem auch Beschäftigte und ihre Interessensvertretung, Fachkräfte für Arbeitssicherheit und Betriebsärzte bzw. -ärztinnen und weitere MultiplikatorInnen zur Zielgruppe des Arbeitsprogramms.

Jana May-Schmidt
Bundesministerium für Arbeit und Soziales (BMAS)

Aktivitäten der Bundesregierung zur psychischen Gesundheit

Die Anforderungen an unser Leben verändern sich, viele Menschen empfinden ihren aktuellen Lebensalltag als schnelllebiger und komplexer als früher: Digitalisierung und Arbeitsverdichtung, Parallelität von familiären Verpflichtungen und beruflichem Engagement, Mobilitäts- und Flexibilitätsanforderungen sowie veränderte Familienbindungen und -strukturen – das alles sind Schlagwörter, die das höhere Tempo beschreiben, welches viele Menschen in ihrem Lebensalltag umtreibt. Der individuelle Regulierungs- und Entscheidungsaufwand nimmt zu und damit wird unser Alltag anfälliger für Krisen und stellt die Fragen nach dem „guten Leben" individuell und immer wieder neu. Dies geht oft mit Stress und Belastungen einher, die nicht nur punktuell sind, sondern über einen längeren Zeitraum anhalten, Beanspruchungen auslösen und sich dann als Überlastung äußern und in Erkrankungen münden können. Hinzu kommt, dass viele Menschen nicht mehr im gleichen Maße wie früher in lokale und kommunale Strukturen (z.B. Nachbarschaft, Vereine, Verbände) eingebunden sind und durch diese Unterstützung erfahren. Im Ergebnis nimmt die „gefühlte Belastung" und subjektiv empfundener Stress bei vielen Menschen zu.

Über psychische Belastungen und über psychische Gesundheit wird gesellschaftlich im Allgemeinen zwar mittlerweile offener gesprochen, über psychische Erkrankungen hingegen und ihre Folgen für das Individuum (Gesundheit, Leistungsfähigkeit und Engagementbereitschaft) sowie für das (familiäre und berufliche) Umfeld wird weitestgehend geschwiegen. Was zudem zu wenig beachtet wird: Die Grenzen zwischen punktueller Belastung, chronischer Überlastung und schwerwiegender Krankheit sind fließend. Eine Strategie, die zu einer Verbesserung der Situation und zur Enttabuisierung von „Psyche" beitragen will, muss politikfeldübergreifend die relevanten Akteure und Stakeholder zusammenbringen.

Viele Unterstützungsangebote der Politik und zahlreicher institutioneller Akteure – im Feld „Prävention" genauso wie im Bereich „Rehabilitation" (z.B. durch Krankenkassen, Rentenversicherung, Unfallversicherung, Berufsgenossenschaften u.a.) – gibt es bereits auf einem hohen qualitativen und auch quantitativen Niveau, die die körperliche und auch die mentale Gesundheit stärken. Die gesamtgesellschaftliche Relevanz des Themas „Psyche" erfordert jedoch einen integrierten Ansatz, der betriebliche, überbetriebliche und außerbetriebliche Entscheider sowie wichtige Multiplikatoren gleichermaßen sensibilisiert sowie mobilisiert und hierdurch auch die generelle

Aufmerksamkeit auf das Thema erhöht. Ziel muss es sein, die Fülle und den Umfang der bestehenden Aktivitäten und (Sozial-)Leistungen gebündelt sichtbar und zugänglich zu machen, damit sie in der Bevölkerung in ihrer ganzen Breite wahrgenommen und mögliche Zugangshürden reduziert werden. Ansonsten laufen sie Gefahr, aufgrund der Zuständigkeits- und auch Ressortlogik lediglich als partikulare und damit unvollkommene Maßnahmen wahrgenommen zu werden. Die psychische Gesundheit kann nicht auf eine Lebenswelt und auch nicht auf ein Politikfeld reduziert werden, sondern bedarf einer umfassenden, setting-übergreifenden Betrachtung und ebensolcher Antworten. Die Menschen erwarten zu Recht Unterstützung in ihren jeweiligen Lebensbereichen und Lebensphasen, um mit den an sie gestellten Anforderungen z.B. in Familie, Schule, Kommune, im Alter und in der Arbeitswelt bestmöglich umgehen zu können.

Oliver Lauenstein, André Große-Jäger & Andreas Horst
Bundesministerium für Arbeit und Soziales

Das Arbeitsprogramm Psyche der Gemeinsamen Deutschen Arbeitsschutzstrategie: Rückblick und Ausblick

1. Rückblick: Das Erste Arbeitsprogramm Psyche in der 2. GDA-Periode

Seit 2013 ist die Berücksichtigung psychischer Belastung bei der Gefährdungsbeurteilung und den Maßnahmen des Arbeitsschutzes im Arbeitsschutzgesetz explizit vorgeschrieben. Im gleichen Jahr vereinbarten Bundesregierung und Sozialpartner eine „Gemeinsame Erklärung", in der sie sich zu dem Ziel bekannten, „gemeinsam dazu beizutragen, psychischen Erkrankungen vorzubeugen und die erfolgreiche Wiedereingliederung von psychisch erkrankten Beschäftigten zu verbessern". Die Unterstützung der Umsetzung der gesetzlichen Verpflichtung wie auch der politischen Vereinbarung durch konkrete Maßnahmen des Arbeitsschutzes sowohl auf betrieblicher als auch überbetrieblicher Ebene war erklärtes Ziel des Arbeitsprogramms Psyche der Gemeinsamen Deutschen Arbeitsschutzstrategie.

Zu Beginn der 2. GDA-Periode (2013-2018) gab es weder auf betrieblicher Seite noch bei den überbetrieblichen Arbeitsschutzinstitutionen ein klares Verständnis der Inhalte und Prozesse zum Umgang mit psychischer Belastung im Betrieb. Es mangelte an Erfahrung in der Beurteilung von Gefährdungen durch psychische Belastung, der Umsetzung gesundheitsförderlicher Maßnahmen oder der für die Überwachung und Beratung notwendigen Gestaltungsanforderungen. Auch waren sowohl das Aufsichtspersonal des überbetrieblichen Arbeitsschutzes als auch die betrieblichen Akteure zum Umgang mit dem Gefährdungsfaktor psychische Belastung nur unzureichend qualifiziert.

Vielfach wurde psychische Belastung gegenüber „klassischen" Arbeitsschutzthemen, wie etwa mechanischen oder chemischen Gefahren, als nachrangig betrachtet. Insbesondere die vermeintlich ‚persönliche' Natur psychischer Belastung erschwerte es, das Instrument der Gefährdungsbeurteilung auf psychische Belastung als ein Gefährdungsfaktor anzuwenden.

Das Arbeitsprogramm Psyche formulierte daher in seiner ersten Periode die folgenden Ziele für seine Arbeit: 1) Entwicklung praxisgerechter Unterstützungsangebote für Betriebe und Beschäftigte zur menschengerechten Arbeitsgestaltung, 2) Hilfestellungen zur Durchführung der Gefährdungsbeurteilung bei psychischer Belastung, 3) Verbreitung guter Praxisbeispiele, 4) Erstellung von Fachinformationen und Schulungsangeboten für Führungskräfte, Beschäftigte und Betriebsärzte sowie

Fachkräfte für Arbeitssicherheit, 5) Qualifizierung des Aufsichtspersonals von UVT und Arbeitsschutzbehörden der Länder, 6) Presse- und Öffentlichkeitsarbeit zur Prävention von Gesundheitsrisiken durch psychische Belastungsfaktoren im Betrieb, 7) Unterstützung/Förderung der Einbeziehung der psychischen Belastung in die betriebliche Gefährdungsbeurteilung und 8) spezifischen Angebote und Überwachungsmaßnahmen bei der gesundheitsförderlichen Gestaltung der Arbeitszeit und bei der Prävention an Arbeitsplätzen mit dem Risiko von traumatischen Ereignissen, Gewalt sowie Umgang mit schwieriger Klientel.

Nach Abschluss des ersten Arbeitsprogramms Psyche wurden fast 13.000 Betriebe durch die Aufsichtsdienste besichtigt und beraten. Auch wenn noch nicht alle Betriebe eine angemessene Gefährdungsbeurteilung vorweisen konnten, zeigte sich trotzdem: Das Thema psychische Belastung war in den Betrieben angekommen. Auch das Aufsichtspersonal konnte im Rahmen der Besichtigungen wichtige praktische Erfahrungen sammeln und hierdurch zur Verbesserung der betrieblichen Situation beitragen. Über ein umfangreiches Angebot an Veranstaltungen, Werbematerialien, Erklärfilmen und anderen Öffentlichkeitsmaßnahmen, auch und insbesondere der Sozialpartner, konnten Betriebe darüber hinaus informiert und motiviert werden.

In den Jahren 2014 bis 2018 fanden verschiedene arbeitsprogrammspezifische Aktivitäten und Maßnahmen (sog. Begleitprozesse) statt. Insgesamt haben die Unfallversicherungsträger, die Länder und die Sozialpartner mehr als 84.000 Maßnahmen durchgeführt. Im Rahmen der Qualifizierungsmaßnahmen konnten weite Teile des Aufsichtspersonals umfangreich zu psychischer Belastung geschult werden und auch für betriebliche Akteure wurden Qualifizierungsmaßnahmen entwickelt, so dass neben einem Basismodul auch ein Aufbaumodul für Sicherheitsfachkräfte und Qualifizierungsoutcomes für alle relevanten betrieblichen Akteure vorliegen. Diese sind auf der Internetseite des Programms (www.gda-psyche.de) frei abrufbar.

Um betriebliche Akteure weiterhin zu unterstützen, wurden Handlungshilfen, allen voran die „Empfehlungen zur Umsetzung der Gefährdungsbeurteilung psychischer Belastungen" (2018), entwickelt. Letztere haben mit einer Verbreitung von über 130.000 Druckexemplaren breiten Anklang. Auch wenn sich die Suche nach geeigneten Praxisbeispielen schwer gestaltete, konnten zahlreiche Beispiele guter Praxis gefunden und aufbereitet werden.

2. Ausblick: Das 2. Arbeitsprogramm Psyche in der 3. GDA-Periode

Nach wie vor führen nur etwa 20% aller Betriebe eine Gefährdungsbeurteilung unter Berücksichtigung psychischer Belastungsfaktoren durch. Über verschiedene Überblickarbeiten (Angerer et al., 2014; Rau, 2015; Rothe et al., 2017) ist der Einfluss von Arbeitsbelastungsfaktoren auf psychische und physische Gesundheit (z.B. Arbeitsintensität, Handlungsspielraum, Führungsverhalten etc.) deutlich belegt. Darüber hinaus stellen psychische Erkrankungen auch im letzten Bericht „Sicherheit und Gesundheit bei der Arbeit“ der BAuA (2017) weiterhin eine zentrale Ursache für Arbeitsunfähigkeitstage und Frühverrentungen dar. Das Thema ist daher weiterhin von großer Relevanz für den Arbeitsschutz. Die Fortführung des Arbeitsprogramms Psyche ist neben diesen Erkenntnissen auch das Ergebnis der Diskussionen zum Abschluss der 2. GDA-Periode inklusive der Arbeitsschutzforen 2017 und 2018. Nach wie vor gilt es, die Umsetzung der Gefährdungsbeurteilung unter Berücksichtigung psychischer Belastung weiter zu verbreiten. Als Ergebnis der 2. GDA Periode wurden hierbei speziell KMU als relevante Zielgruppe identifiziert, da diese besonders häufig bei der Umsetzung der Gefährdungsbeurteilung säumig sind. Auch die Weiterentwicklung der Instrumente und Qualifizierungsangebote werden wichtige Ziele darstellen. Konkret soll das Aufsichtspersonal bei der Beratung und Überwachung im Themenfeld psychische Belastung stärken durch Empfehlungen zu benötigten Aufsichtsressourcen und Qualifizierung und Erfahrungsaustausche des Aufsichtspersonals gestärkt werden sowie eine Stärkung der Kooperation sowohl unter den Trägern der Gemeinsamen Deutschen Arbeitsschutzstrategie als auch mit externen Partnern (Sozialpartner, Gesetzliche Krankenkassen, Nationale Präventionskonferenz, das Projekt psychische Gesundheit in der Arbeitswelt – psyGA, Fachverbände, etc.) erreicht werden. Zu einer Erhöhung der Sensibilität und Handlungssicherheit betrieblicher Akteure soll das Informations- und Qualifizierungsangebots für betriebliche Akteure ausgebaut und weiterentwickelt werden. Auch die Entwicklung eines Instruments für die Durchführung der Gefährdungsbeurteilung nach vereinbarten Qualitätsstandards ist angedacht.

Darüber hinaus werden in der 3. GDA-Periode durch das Aufsichtspersonal der Länder und Unfallversicherungsträger verstärkt Betriebsbesichtigungen nach den Leitlinien der GDA zur Gefährdungsbeurteilung und Arbeitsschutzorganisation durchgeführt, die die psychischen Belastungen einschließen.

Literatur

Angerer, Peter; Siegrist, Karin & Gündel, Harald (2014). Psychosoziale Arbeitsbelastungen und Erkrankungsrisiken: Wissenschaftliches Gutachten (Expertise) im Auftrag des Landesinstituts für Arbeitsgestaltung des Landes Nordrhein-Westfalen, Düsseldorf, in: Erkrankungsrisiken durch arbeitsbedingte psychische Belastung, Landesinstitut für Arbeitsgestaltung des Landes Nordrhein-Westfalen (Hrsg.), Dortmund.

Arbeitsprogrammgruppe Psyche (2018). Empfehlungen zur Umsetzung der Gefährdungsbeurteilung psychischer Belastungen. Gemeinsame Deutsche Arbeitsschutzstrategie.

Bundesanstalt für Arbeitsschutz und Arbeitsmedizin (2017). Sicherheit und Gesundheit bei der Arbeit.

Rau, Renate (2015). Psychische Arbeitsbelastungen – Risiko für Gesundheitsbeeinträchtigungen, Bericht zum iga-Projekt „Identifizierung von Risikobereichen für psychische Belastungen“, o. O.

Rothe, I.; Adolph, L.; Beermann, B.; Schütte, M.; Windel, A.; Grewer, A.; Lenhardt, U.; Michel, J.; Thomson, B. & Formazin;, M. (2017). Psychische Gesundheit in der Arbeitswelt – Wissenschaftliche Standortbestimmung., 1. Auflage. Dortmund: Bundesanstalt für Arbeitsschutz und Arbeitsmedizin.

Jana May-Schmidt, Oliver Lauenstein & André Große-Jäger
Bundesministerium für Arbeit und Soziales (BMAS)

Aktivitäten im Bereich Psychische Gesundheit

Aktuelle Zahlen im Rahmen des Berichts „Sicherheit und Gesundheit bei der Arbeit" (BAuA 2017) zeigen, dass im Jahr 2017 immerhin 107 Millionen Arbeitsunfähigkeitstage und über 71.000 Frühverrentungen auf das Konto psychischer Erkrankungen gehen. Die Psyche steht demnach bei Arbeitsunfähigkeitstagen als Ursache mit 16% an zweiter Stelle hinter Muskel-Skelett-Erkrankungen (über 150 Millionen AU-Tage) und bei Frühverrentungen mit 43 % an erster Stelle noch vor Muskel-Skelett- und Kreislauferkrankungen. Gerade die Arbeitsunfähigkeitstage haben verglichen mit 2012 (60 Mio.) und 2007 (48 Mio.) deutlich zugenommen. Diese Entwicklung ist nicht zwingend ein Beleg dafür, dass Arbeit vermehrt krankmacht. Epidemiologische Beiträge weisen vielmehr darauf hin (Eberhard 2014, BKK 2015), dass eine Annäherung an die reale Prävalenz psychischer Erkrankungen stattfände.

Zweifelsohne, nicht jede psychische Erkrankung hat ihre Ursache in der Arbeit und nicht jede Arbeit trägt unweigerlich zu psychischer Erkrankung bei. Das Ursachengefüge ist wesentlich komplexer. Menschen kommen mit den unterschiedlichsten psychischen Voraussetzungen zur Arbeit und werden dort mit unterschiedlichen, positiven wie negativen, Belastungen konfrontiert. Das bedeutet nicht, dass die Verantwortung der Arbeitgeber für eine gesundheitsgerechte Arbeitsgestaltung zu relativieren ist.

Aus eigenen Studien wissen wir (psyGA 2017), dass dreiviertel aller Beschäftigten ihre psychische Gesundheit als gut einschätzen. Aus diesen Studien wissen wir aber auch, dass 24 % der Beschäftigten leichte (16 %) oder konkrete Hinweise (8 %) auf depressive Symptome beschreiben.

1. Ressourcen stärken – Gefährdungen reduzieren

Die umfangreiche „Wissenschaftliche Standortbestimmung" zu psychischer Gesundheit in der Arbeitswelt der Bundesanstalt für Arbeitsschutz und Arbeitsmedizin (BAuA 2017) beschreibt den Tätigkeitsspielraum, die Arbeitsintensität, Arbeitszeitgestaltung, Emotionsarbeit, soziale Beziehungen (insb. Im Zusammenhang mit der Führungskraft) und die Gestaltung der Arbeitsumgebung (z.B. hinsichtlich extraauralen Lärms) als zentrale Schlüsselfaktoren, die einen Einfluss auf die psychische Gesundheit haben.

Eine Studie im Rahmen des Arbeitsprogramms „Psyche" der Gemeinsamen Deutschen Arbeitsschutzstrategie (GDA) kommt – ergänzt um Arbeitsplatzunsicherheit –, zu ähnlichen Ergebnissen (Rau 2015, GDA 2018). Auch die Ergebnisse des psyGA Monitors „Psychische Gesundheit in der Arbeitswelt“ zeigen, dass emotionale und quantitative, physische und kognitive Anforderungen als negativ im Zusammenhang mit Gesundheit und Wohlbefinden wirken.

Gern wird daher gefordert psychische Belastungen „zu reduzieren“. Diese Forderung ist aus zwei Gründen unzureichend. *Erstens* lassen sich viele Arbeitsbelastungsfaktoren nicht einfach reduzieren. Eine zu hohe Arbeitsintensität und Überforderung kann ebenso eine Gefährdung darstellen, wie eine zu geringe Arbeitsintensität und Unterforderung. Zuwenig Handlungsspielraum und Monotonie gefährden im Zweifelsfall ebenso wie ein völliger Mangel an Vorgaben. Selbst bei der Arbeitszeitgestaltung macht es einen Unterschied, ob ein bestimmtes Arbeitskonvolut von den Beschäftigten selbst gewählt oder durch Führungskräfte vorgegeben ist (BAuA 2016). Für soziale Beziehungen oder Führungsverhalten lassen sich schwerlich Grenzwerte definieren, auch wenn diese in bestimmten Fällen „toxisch“ sind.

Zweitens wird bei einem Fokus auf mögliche Gefährdungen übersehen, dass Arbeit auch Ressource ist. Der psyGA-Monitor zeigt deutlich den positiven Effekt von Unterstützung durch Vorgesetzte, Kollegialität und Gemeinschaftsgefühl, Fairness, klaren Zielen, Entscheidungsspielraum und Möglichkeiten sich weiterzuentwickeln auf die psychische Gesundheit. Auch ist, wer psychisch gesund arbeitet, zufriedener und engagierter bei der Sache und wechselt seltener den Arbeitsplatz.

Kurzum die Aufgabe ist es Gefährdungen zu reduzieren *und* Ressourcen zu stärken. Dies erfordert ein breiten betrieblichen Ansatz, der neben der Gestaltung von Arbeitsbedingungen, Gesundheit und Motivation umfasst.

2. Umfassendes Verständnis von betrieblicher Prävention

In der Prävention ist Arbeit ein Ort für die Umsetzung konkreter, betrieblicher Maßnahmen, aber auch eine Lebenswelt, die zur Unterstützung der Beschäftigten mehr leisten sollte als nur gesundheitsgerechte Arbeitsgestaltung als umfassendes BGM zu verstehen. Es bedarf eines ganzheitlichen Ansatzes, der sich nicht ausschließlich als Wahrer eines Mindeststandards versteht, sondern Potenziale und Risiken der Arbeit gleichermaßen berücksichtigt und optimal zu gestalten sucht.

Über das Arbeitsschutzgesetz und die Gemeinsame Deutsche Arbeitsschutzstrategie auf der einen und das Präventionsgesetz und die Präventionsstrategie auf der anderen Seite existieren Ansätze und Maßnahmen, die Betriebe darin unterstützen sowohl ihre jeweiligen Gefährdungen zu erkennen und zu vermeiden, als auch Angebote bereitzustellen, die Ressourcen zu nutzen und zu stärken. Diverse Handlungshilfen, Leitfäden und Programme des Bundes, der Länder, der Sozialversicherungsträger und Sozialpartner existieren bereits. Alleine das Arbeitsprogramm Psyche der GDA, die Initiative Neue Qualität der Arbeit (insb. psyGA), die DGUV und die Krankenkassen haben in den vergangenen Jahren zahlreiche Broschüren und Beratungsangebote auf den Markt gebracht. Dies alleine zeigt, das Angebot ist groß und das Umfeld der relevanten Akteure engagiert.

Nicht individualisiert, aber individuell handeln

Ein weiterer Faktor, das wissen wir aus unserer Längsschnittstudie „Arbeitsqualität und wirtschaftlicher Erfolg“ (psyGA in Vorbereitung) ist die Persönlichkeit einzelner Beschäftigter. Ausgehend von den „Big Five“ (Offenheit, Gewissenhaftigkeit, Extraversion, Verträglichkeit, Neurotizismus), die in der Befragung erfasst wurden, lassen sich fünf verschiedene Persönlichkeitscluster bzw. -typen identifizieren. In Regressionsanalysen zeigt sich, dass die unterschiedlichen Typen sowohl auf verschiedene Belastungsfaktoren als auch auf verschiedene Ressourcen unterschiedlich reagieren. Anders gesagt, wo für einen Typen speziell „Fairness“ einen positiven Zusammenhang zu Zufriedenheit und Engagement hat und „Weiterentwicklung“ weniger Relevanz hat, ist es für einen anderen Typen genau umgekehrt.

Beim Thema „psychische Gesundheit“ bzw. dem Zusammenhang zwischen neutralen Belastungsfaktoren und individueller Beanspruchung treten individuelle Unterschiede deutlicher zutage als beispielsweise bei Lärm oder Gefahrstoffen. In der betrieblichen Praxis wird hieraus mitunter abgeleitet, dass man wahlweise a) nun mutmaßlich für jede Einzelperson den individuellen Wunscharbeitsplatz zu gestalten habe, b) sich Beschäftigte ausschließlich im Sinne der Verhaltensprävention entsprechend ihrer jeweiligen Ausprägungen um psychische Sicherheit und Gesundheit zu kümmern hätten oder c) Prävention vor diesem Hintergrund schlichtweg nicht möglich ist und daher auch nicht angegangen wird.

Keine dieser Antworten trifft das Problem. Daraus, dass es im Bereich psychische Gesundheit keine One-Size-Fits-All-Lösungen gibt, folgt nicht, dass man das Thema Psychische Gesundheit individualisieren kann, sondern die Führungskraft die Aufgabe hat individuell auf die Mitarbeiter einzugehen und passende Maßnahmen zu vereinbaren.

Es gibt Belastungsfaktoren wie überlange Arbeitszeiten, Arbeitsdichte, mangelnde Vereinbarkeit von Beruf und Familie, mangelnde Gestaltungsspielräume, die mit geeigneten Maßnahmen der Verhältnisprävention begegnet werden muss. Anderseits bedürfen bestimmte Belastungen individuelle Angebote, z.B. der Sozialberatung. Es wird zunehmend darauf ankommen in den Unternehmen Person und Situation zusammenzudenken und geeignete Maßnahmen zu entwickeln, die die Individualität der Beschäftigten berücksichtigen.

3. Was ist zu tun?

Eine der größten Herausforderungen der kommenden Jahre wird es sein durch gemeinsame Maßnahmen aller Akteure die erforderliche Präventionskultur in den Unternehmen zu etablieren.

Trotz breiter medialer Präsenz und anhaltendem Interesse der Öffentlichkeit an dem Thema Psychische Gesundheit, sind psychische Themen in der Arbeitswelt weiterhin mit einem Stigma behaftet. Das führt dazu, dass die Berücksichtigung des Faktors psychische Gesundheit bei der Gestaltung der Arbeitsbedingungen von vielen Betrieben noch nicht erkannt oder nur mit „spitzen Fingern" behandelt wird. Um Überlastungen frühzeitig zu erkennen und die psychische Gesundheit der Beschäftigten zu fördern, ist ein offener Umgang mit dem Thema die Voraussetzung.

Viele Unterstützungsangebote der Politik und zahlreicher institutioneller Akteure – im Feld „Prävention" genauso wie im Bereich „Rehabilitation" (z.B. durch Krankenkassen, Rentenversicherung, Unfallversicherung, Berufsgenossenschaften u.a.) – gibt es bereits auf einem hohen qualitativen und auch quantitativen Niveau, die die körperliche und auch die mentale Gesundheit stärken. Die gesamtgesellschaftliche Relevanz des Themas „Psyche" erfordert jedoch einen integrierten Ansatz, der betriebliche, überbetriebliche und außerbetriebliche Entscheider sowie wichtige Multiplikatoren gleichermaßen sensibilisiert sowie mobilisiert und hierdurch auch die generelle Aufmerksamkeit auf das Thema erhöht. Ziel muss es sein, die Fülle und den Umfang der bestehenden Aktivitäten und (Sozial-)Leistungen gebündelt sichtbar und zugänglich zu machen. Die psychische Gesundheit kann nicht auf eine Lebenswelt und auch nicht auf ein Politikfeld reduziert werden, sondern bedarf einer umfassenden, settingübergreifenden Betrachtung und ebensolcher Antworten.

Das BMAS plant unter Einbindung weiterer Ressorts eine „Offensive Psychische Gesundheit". Mit ihr sollen zum einen die Destigmatisierung des Themas vorangetrieben und zum anderen in Dialogen mit SV-Trägern, Krankenkassen, Verbänden, der Wissenschaft und weiteren wichtigen Akteuren in diesem Feld eine Verbesserung der Präventionslandschaft erreicht und damit ein veränderter gesellschaftlicher Umgang des Themas Psyche angestoßen werden.

Literatur

Kann bei den Autoren angefordert werden.

Arbeitskreis
Aus- und Weiterbildung: Betriebliche Beispiele

Leitung: Nele Plitt

Evelyn Heinen & Jörg Schimmelfeder

Projekt Unternehmen verstehen, gestalten und verändern im Brühler Turnverein (BTV)

Nele Plitt

**Humor im Arbeitsschutz:
Wirksamkeit humoristisch gestalteter Medien in der Arbeits- und betrieblichen Verkehrssicherheit**

Alexander Tirpitz

Back to Routine! Teamresilienz als Leitplanke in der agilen Arbeitswelt

Evelyn Heinen[1] & Jörg Schimmelfeder[2]
[1]Heinen-ims Bonn, [2]Kaufmännischer Leiter des Brühler Turnvereins (BTV)

Projekt Unternehmen verstehen, gestalten und verändern im Brühler Turnverein (BTV)

Der BTV wurde 1879 gegründet und begann mit 16 Mitgliedern. Heute sind es mehr als 20.000. Es werden 24 Sportarten und Leistungen angeboten. Im Jahr 2019 arbeiten dort mehr als 80 Beschäftigte als Trainer und im Verwaltungsbereich.

1. Gefährdungsbeurteilung psychischer Belastungen mittels moderierten Verfahrens

Im Rahmen der Erstellung der Gefährdungsbeurteilung unter Einbezug möglicher psychischer Belastungen kam die moderierte Methode des „Ideen-Treffen" zum Einsatz. Bei den durch die externe Fachkraft für Arbeitssicherheit moderierten Gruppenarbeiten wurden Schwachstellen erkannt, im Team Lösungen erarbeitet und umgesetzt.

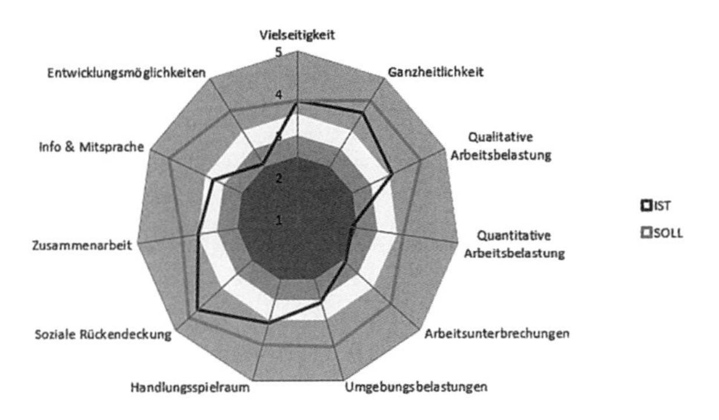

Abb. 1: Auswertung zu den durchgeführten Workshops im IST-SOLL-Vergleich

In der Analyse ergaben sich vier Ausprägungen, die näher betrachtet werden mussten. Es zeigte sich ein Handlungsbedarf in den Entscheidungsmöglichkeiten, in der quantitativen Arbeitsbelastung, der Arbeitsunterbrechung und der Umgebungsbelastung.

Aus der Analyse wurden Projekte zur Umsetzung der erarbeiteten Maßnahmen definiert, wie

- Planung und Gestaltung eines weiteren Büros
- Einführung eines Dokumentenmanagementsystems
- Aufbau und Angebot zum BGM.

2. Personalentwicklung nach DISG-Modell

Darauf aufbauend wurde im Rahmen der Personalentwicklung der Aspekt der Persönlichkeitsentwicklung der Beschäftigten weiterverfolgt. Hierzu wurden unter Nutzung des DISG-Modells (die Abkürzung steht für die vier Verhaltenstendenzen D-Dominanz, I-Initiativ, S-Stetig, G-Gewissenhaft und basiert auf einer Typologie von William Moulton Marston aus dem Jahr 1928) Projektgruppen gebildet, mit dem Ziel, Projektaufgaben zu bearbeiten und gleichzeitig eigene Stärken zu erkennen und die Kolleginnen und Kollegen besser verstehen und einschätzen zu können. Die Projektteams wurden auf der Basis der individuell durchgeführten modellgeleiteten Analysen zusammengestellt. Obwohl die Teilnahme an diesen Projektarbeiten freiwillig war, kam eine Vollbeteiligung zustande.

Alle Beteiligten füllten den Testbogen zur Eigeneinschätzung und zur Fremdeinschätzung aller Kollegen und Kolleginnen aus. Die Auswertung war sehr beeindruckend. Im Folgenden wurden die Testergebnisse mit allen Mitarbeitern jeweils im Einzelgespräch besprochen. Unter Freigabe zur Veröffentlichung der Testergebnisse traf sich das Team. In jeder Projektgruppe sollten alle Persönlichkeitsmerkmale aus dem DISG Modell vertreten sein.

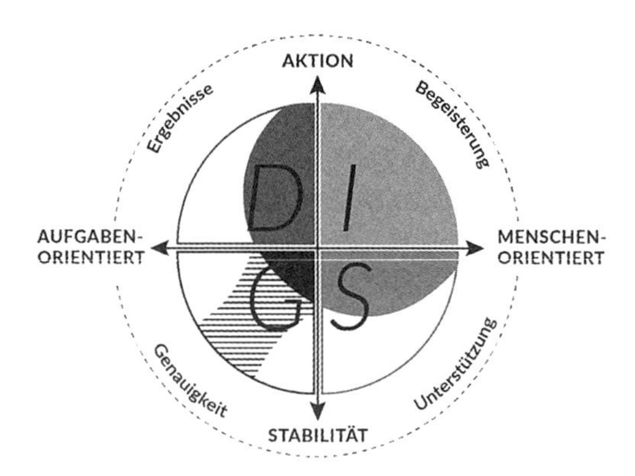

Abb. 2: DISG ist ein Persönlichkeitsmodell, basierend auf vier Dimension

Die Geschäftsleitung gab den ersten Anstoß, jedem Mitarbeiter ein persönliches Coaching zur persönlichen Weiterentwicklung anzubieten, was alle annahmen.

3. Graves-Value System

Das Graves-Value-System ist eine Theorie, die auf Basis der Forschungen Clare W. Graves (Graves 1970) entworfen und von Don Beck und Chris Cowan (Beck und Cowan, 1996) weiterentwickelt wurde. Im Zentrum seiner Forschungen stand die

Frage, wieso sich Menschen so unterschiedlich verhalten und weshalb sich manche Menschen verändern und andere nicht. Ausgangsbasis seiner Forschungen war die Maslowsche Bedürfnispyramide. In einer empirischen Untersuchung fand er heraus, dass die Reihenfolge der drei obersten Bedürfnisse (soziale Bedürfnisse, Geltungsbedürfnisse und Sicherheitsbedürfnisse) bei Menschen unterschiedlich ist, und zwar abhängig davon, welche Werte der Mensch hat und in welchem sozialen Umfeld er lebt. Der entscheidende Schritt von Graves ist die Verbindung des Individuums mit dem sozialen System, in dem es sich befindet.

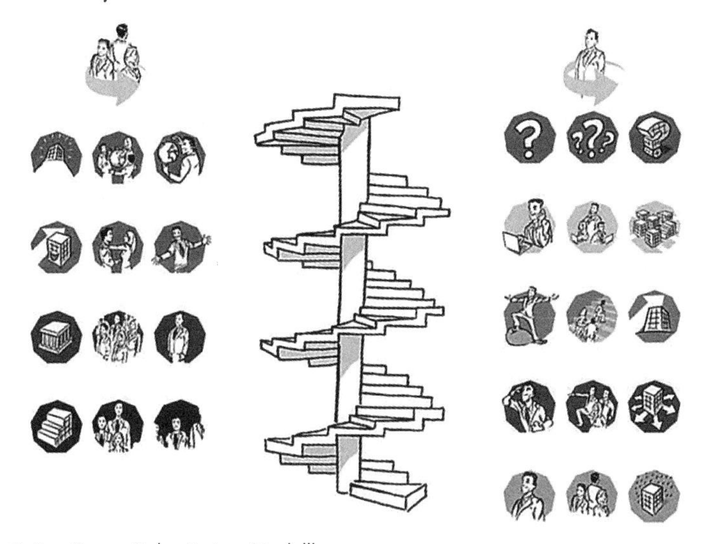

Abb. 3: Das Graves-Value-System Modellhaus

Um das Graves-Value-System nutzen zu können wurde im ersten Schritt aus den Ergebnissen des Persönlichkeitstests analysiert, auf welcher Ebene sich die Mitarbeiter im Unternehmen des Brühler Turnvereins befinden. In einem zweiten Schritt wurden die Mitarbeiter gebeten, die Unternehmenskultur im Ist und Soll zu beschreiben. Hierbei zeigte sich, dass es an klar definierten Aufgaben fehlt, die Ansprechpartner in den unterschiedlichen Bereichen nicht benannt sind, die Art und Weise der Kommunikation, eine Fehlerkultur nicht gegeben ist, Vertrauen fehlt, kein Teamgedanke, aber hoher Leistungsdruck besteht. Die Mitarbeiter wünschen sich Fairness, Vertrauen, Offenheit für Kritik, Leistungsfähigkeit, Loyalität, Respekt und Wertschätzung.

Aus dem Ist konnte herausgearbeitet werden, auf welcher Entwicklungsstufe des Graves-Value-Systems sich das Unternehmen zum jetzigen Zeitpunkt befindet und wohin es sich nach Einschätzung der Mitarbeiter bewegen sollte.

Das Unternehmen befindet sich derzeit auf der purpur und roten Entwicklungsstufe. Purpur: Es besteht eine einfache Hierarchie, ein Patriarch, viele Mitglieder mit fester Rangfolge. Rot: strenge Hierarchie, klassige Führungsspanne von 6 bis 15 Mitarbeitern pro Vorgesetzten. Auf Wunsch der Mitarbeiter und der Fähigkeit des Unternehmens ist die Entwicklung in die blaue Stufe möglich. Blau: funktional, streng hierarchisch.

Da sich die Werte der Mitarbeiter zu den Werten der Firmenkultur und Strategie auf unterschiedlichen Entwicklungsstufen befindet, werden die einzelnen Maßnahmen zur gemeinsamen Anpassung mit den Mitarbeitern erarbeitet.

Hierzu werden in einem ersten Workshop die Ergebnisse vorgestellt und ein Maßnahmenplan erstellt. Der Workshop ist für das erste Quartal 2020 geplant.

4. Ausblick

Gelingt die Weiterentwicklung des Unternehmens in die nächste Stufe (BLAU) können die Werte wie, Loyalität, Ordnung, Sicherheit und Klarheit, Gerechtigkeit erzielt werden. Das Unternehmen bekommt klare Strukturen z.B. in Prozessbeschreibungen und Definition der Zuständigkeiten.

Literatur

Beck, D. & Cowan, C. (1996) Spiral Dynamics: Mastering Values and Change, Blackwell Publishers.

Graves, C. W., (1966), „The Deterioration of Work Standards“ in: Harvard Business Review, Vol. 44, No. 5, S. 117–126.

Graves, C. W., (1970) et al., „The Congruent Management Strategy“ unveröffentlicht, s.Website unten.

Graves, C. W., (1974), „Human Nature Prepares for a Momentous Leap“, in: The Futurist Magazine, April, S. 72–87.

Graves, Clare W. (2002), Levels of Human Existence, ECLET Publishing, Santa Barbara.

Graves, Clare W. (2005), The Never Ending Quest, ECLET Publishing, Santa Barbara.

Marson, W.N. (1928). Emotions of Normal People, New York, Harcourt, Brace and Company.

Nele Plitt
Institut Input GmbH – Beratung, Qualifizierung, Mediengestaltung

Humor im Arbeitsschutz: Wirksamkeit humoristisch gestalteter Medien in der Arbeits- und betrieblichen Verkehrssicherheit

1. Hintergrund

Humor und Arbeitsschutz? Humor ist wahrscheinlich nicht die erste Assoziation, die im Kopf entsteht, wenn über Arbeitsschutz gesprochen wird. Arbeitsschutz lebt von Kommunikation zwischen Unternehmen und Mitarbeitenden und den Mitarbeitenden untereinander. In den meisten Fällen beinhalten die im Arbeitsschutz kommunizierten Inhalte persuasive Botschaften, denn Maßnahmen des Arbeitsschutzes, ob sie an Technik, Organisation oder Person ansetzen, bedürfen häufig bestimmte Verhaltensweisen von Mitarbeitern, um greifen zu können. Eine grundlegende Voraussetzung für sicherheitsgerechtes Arbeiten des Mitarbeiters ist somit eine umfassende Aufklärung über die Gefahren am Arbeitsplatz und die Motivation des Mitarbeiters, sich sicherheitsgerecht zu verhalten. Kernstück einer Unterweisung sollte es sein, den Mitarbeiter zu befähigen, Gefahren zu erkennen und angemessen zu handeln. Um nachhaltigen Arbeitsschutz zu betreiben, bei dem es dem Unternehmen nicht nur um die reine Erfüllung der gesetzlichen Vorgaben geht, ist ein zentraler Ansatzpunkt die Sicherheitseinstellung der Mitarbeiter. Genau in diesem Kommunikationsprozess bestehen Ansatzpunkte verschiedener Funktionen von Humor, die auf die Einstellung von Personen Einfluss nehmen können. Untersucht wurde, inwiefern humoristische Arbeitsschutzmedien, auch im Vergleich zu reinen Arbeitsschutzmedien, auf den unterschiedlichen Ebenen der Sicherheitseinstellung wirken können und welche grundlegenden Gestaltungselemente relevant sind.

1.1 Ansatzpunkt Einstellungs- und Verhaltensänderung

Menschliches Verhalten setzt sich aus vielen unterschiedlichen Aspekten zusammen. Dabei spielen unter anderem das Vorwissen, die individuellen Erfahrungen, Emotionen, Handlungstendenzen, der aktuelle Zustand und die Erwartungen eine Rolle. Auf der Basis der Modelle von Festinger (Kognitive-Dissonanztheorie, 1957), Heckhausen (Erweitertes kognitives Motivationsmodell, 1989) sowie Petty und Cacioppo (Elaboration-likelyhood Model, 1986) können grundlegende Prozesse der Einstellungs- und Verhaltensänderung erklärt werden. In der Humorforschung werden auf diesen Modellen aufbauend Theorien und Befunde dargestellt. Diese deuten darauf hin, dass auch weitere Prozesse an einer Einstellungs- und Verhaltensänderung beteiligt sind. Humor, der auf emotionaler Ebene ansetzt, kann Kognition beeinflussen und Auswirkungen auf soziale Prozesse haben (Martin, 2006).

1.2 Funktionsweisen von Humor

Nach Martin (2006) verfügt Humor über vier grundlegende Funktionen, die unterschiedliche Bereiche betreffen: kognitive Zugewinne, Nutzen des Humors für soziale Interaktion, Spannungsabbau bzw. Stressbewältigung und physiologische Boni. So ist beispielsweise eine grundlegende Voraussetzung zum Erreichen des Unterweisungsziels, eine kognitive Auseinandersetzung des Beschäftigten mit den Unterweisungsinhalten zu erreichen. Kognitive Zugewinne durch Humor, wie bessere Merkfähigkeit, erweiterter Fokus an Aufmerksamkeit und erhöhte Problemlösefertigkeit könnten die Auseinandersetzung mit den Unterweisungsinhalten steigern.

Wenn eine Unterweisung sich die Funktionen von Humor zu Nutze macht, kann diese auch einen gesundheitsförderlichen Aspekt innehaben, denn es konnte auch gezeigt werden, dass Humor positive Auswirkungen auf das physische und psychische Wohlbefinden haben kann (Martin, 2006).

1.3 Humor im Kommunikationsprozess

Um einen wirksamen Einsatz von Humor zu ermöglichen, benötigt es eine gezielte Integration in den Kommunikationsprozess. Um diesen genauer zu betrachten, wurden die drei grundlegenden Kommunikationsmodelle von Shannon und Weaver (1949), de Saussure (1916) und Schulz von Thun (1981) zugrunde gelegt. Diese Modelle decken die verschiedene Ebenen der Kommunikation ab: die informationstechnologisch-medialen Ebene („Dass“), die Inhaltsebene („Was“) und die Beziehungsebene („Wie“, „Wozu“) (Bolten, 2007).

Diese Ebenen lassen sich in dem Modell der Humorkommunikation nach Kassner (2002) wiederfinden. Kassner (2002) beschreibt darüber hinaus die Relevanz der individuellen Humorsensibilität, welche flexibel und abhängig von der jeweiligen kognitiven Struktur und dem aktuellen Kontext ist und deren Passung mit der gesendeten Humorqualität.

2. Forschungsfragen und Methodik

Grundlage für die Wirksamkeitsmessung bilden die Ansätze der Medienwirkungsmessung im Arbeitsschutz nach Zimolong und Trimpop (1991) und der 3 Witzdimensionen Humortest (3WD) von Ruch (1992).

Der 3WD Humortest geht davon aus, dass bei Humor vor allem die Witzstruktur entscheidend ist. Dabei werden die humoristischen Stimuli taxonomisch in drei Gruppen geteilt: die Inkongruenz-Lösungsstruktur, bei der die Inkongruenz des Witzes durch die Pointe oder eine Extrainformation komplett aufgelöst wird, der Nonsens-Struktur, bei der es nur zu einer teilweisen, beziehungsweise überhaupt keiner Aufhebung der Inkongruenz kommt und das Themengebiet „Sex". Dieses wurde miteinbezogen, da bei unterschiedlichen Kategorientests immer wieder die beiden Strukturen und das Thema Sex herausstachen (Ruch, 1984 nach Ruch, 1992).

Mittels einer Online-Erhebung mit 303 Teilnehmenden wurden humoristische Arbeitsschutzmedien, reine Arbeitsschutzmedien und nur humoristische Medien auf den Skalen Lustigkeit, Motivation und Verständlichkeit bewertet. Des Weiteren wurden Veränderungen der Sicherheitseinstellung auf emotionaler, kognitiver und konativer Ebene erhoben. Die Teilnehmergruppe wurden in zwei Gruppen eingeteilt: die Gruppe derjenigen, die keine Sicherheitsexperten (N = 202) sind, und die Gruppe der Experten (N = 101), bestehend aus Fachkräften für Arbeitssicherheit.

Das Design der Untersuchung war ein Within–subject–Design mit insgesamt 18 Varianten. Es wurden drei unabhängige Variablen vorgegeben und zwei abhängige Variablen erfasst. Die Auswertung erfolgte mittels mehrerer MANOVAs und ANOVAs in IMB SPSS 21.

3. Ergebnisse und Diskussion

Die Ergebnisse zeigen, dass die beiden Gruppen humoristische Arbeitsschutzmedien unterschiedlich bewerten und diese auf beide Gruppen unterschiedliche Effekte haben. Auf die Gruppe derjenigen, die keine Experten sind, wirken Arbeitsschutzmedien am deutlichsten auf emotionaler und kognitiver Ebene und bei Experten auf konativer Ebene. Im Vergleich zwischen den drei Humordimensionen werden die humoristischen Arbeitsschutzmedien mit Inkongruenz-Lösungsstruktur bei beiden Gruppen signifikant am besten bewertet und zeigen die größten Effekte auf die Einstellung der Teilnehmer. Des Weiteren zeigt sich, dass humoristische Arbeitsschutzmedien im Vergleich zu reinen Arbeitsschutzmedien signifikant größere Effekte bei Experten als bei der Teilnehmergruppe ohne Weiterbildung zur Fachkraft für Arbeitssicherheit erzielen.

Anhand der Ergebnisse wird deutlich, dass Humor auf die Sicherheitseinstellung wirken kann. Es zeigt sich aber auch, dass es weiterer Forschung bedarf und der Kommunikationsprozess besonders in Bezug auf die Gestaltung der Kommunikationssituation betrachtet werden muss.

4. Implikationen für die Praxis

Es lassen sich Handlungsempfehlungen für den Einsatz von Humor in der Praxis ableiten, die die Wahrscheinlichkeit einer erfolgreichen Rezeption erhöhen können.

Vor dem Einsatz ist die Auseinandersetzung des Kommunikators mit dem Ziel des Einsatzes und mit der Zielgruppe der Medien unabdingbar. Anhand der Vergleiche zwischen den Gruppen zeigt sich, dass Humor, für die Unterstützung von Kernaussagen geeignet ist. Für den Kommunikator bedeutet dies, dass auch explizit das Vorwissen der Zielgruppe berücksichtigt werden sollte, denn Humor scheint nicht dafür geeignet zu sein, neues Wissen zu vermitteln, sondern vorhandenes Wissen zu festigen.

Bei der Auswahl der Medien empfiehlt sich die Verwendung von humoristischen Arbeitsschutzmedien der Humordimension Inkongruenz-Lösungsstruktur. Dies zeigt sich zum einen an der höheren Bewertung durch die Teilnehmenden, als auch an den positiven Effekten auf die Sicherheitseinstellung.

Die verwendeten Medien sollten zum einen verständlich sein, im Optimalfall eine Handlungsalternative aufzeigen und als motivierend empfunden werden. In Bezug auf die wahrgenommene Lustigkeit sollte im Vorfeld bei der Planung beachtet werden, wann und wie die Medien eingesetzt werden, damit im Vorfeld die Erwartungen der Mitarbeitenden berücksichtigt werden und eine störungsarme Präsentation ermöglicht werden kann.

Literatur

Kassner, D. (2002). Humor im Unterricht-Bedeutung-Einfluss-Wirkungen. *Können schulische Leistungen und berufliche Qualifikationen durch Pädagogischen Humor verbessert werden?* Schneider-Verlag Hohengehren. 27.

Martin, R., a. (2006). *Psychology of Humor: An Integrative Approach,* 2–81.

Ruch, W. (1992). Assessment of Appreciation of Humor: Studies With the 3 WD Humor Test. Spielberger, C.D., Butcher, J.N. *Advances in Personality Assessment Volume 9.* Hove und London. Lawrence Erlbaum Associates.

Weitere Literatur kann bei der Autorin angefragt werden.

Alexander Tirpitz
EO Institut, Berlin

Back to Routine! Teamresilienz als Leitplanke in der agilen Arbeitswelt

1. Einleitung

Die agile Organisation liegt im Trend. Agile Arbeitsweisen gehen neben vielfältigen Chancen (z. B. Handlungsspielräume) auch mit Risiken (z.B. Überforderung) einher, so dass es geeigneter Präventionsmaßnahmen bedarf (z.B. DGUV, 2016; Hammermann & Stettes, 2017). Das ist insofern wichtig, als dass der Arbeitsplatz mittlerweile die Hauptursache negativen Stresses aufgrund von hohen Arbeitsmengen, Zeitdruck, ständigen Unterbrechungen, Informationsflut und unklaren Arbeitsaufträgen ist (Techniker Krankenkasse, 2016).

Flexible Arbeitsformen bringen mehr Flexibilität, aber auch mehr Unsicherheit mit sich. Insbesondere deutsche Beschäftigte tendieren zur Vermeidung von Unsicherheit (Brodbeck *et al.,* 2002; House *et al.,* 2004). Führungskräfte sind gefordert, Orientierung und Sicherheit in flexiblen, komplexen Arbeitsumgebungen zu geben. Der Aufbau von Teamresilienz kann hierbei unterstützend wirken. Teamresilienz entsteht durch Teamroutinen, die Führungskräfte gemeinsam mit ihrem Team etablieren (Tirpitz, 2019). Derartige Routinen zielen darauf ab, Belastungssituationen zu antizipieren, professionell zu managen und sie zur Weiterentwicklung der Arbeitsprozesse zu nutzen. Kommunikation, Aufgaben- und Rollenklarheit sind dabei entscheidend (Alliger et al., 2015). Airline Crews verfolgen diesen Ansatz als *Team Resource Management.* Rettungskräfte, OP-Teams oder Spezialeinheiten nutzen *Standard Operation Procedures.* Alliger et al. (2015) haben diese Ansätze systematisiert: Als Leitplanken helfen die 3 M Routinen – *Minimize, Manage* und *Mend.*

Basierend auf der existierenden Literatur sowie einer Fallstudie mit über 700 Beschäftigten wurde ein spezielles Teamresilienz-Training entwickelt und mit sieben Teams einer Pilotorganisation aus dem Verwaltungsbereich erprobt. Die Ergebnisse legen nahe, dass der Aufbau von Teamresilienz eine sinnvolle Präventionsstrategie sein kann.

2. Resiliente Teams – mehr als die Summe ihrer Teile

Teamresilienz ist nicht einfach als Summe vieler resilienter Individuen zu verstehen (Alliger *et al.*, 2015). Damit unterscheidet sich Teamresilienz vom ursprünglichen Resilienzbegriff auf der Individualebene (Sonnenmoser, 2018; Werner, 1984). Vielmehr basiert Teamresilienz auf smarten Teamroutinen: Derartige Routinen befähigen das Team dazu, Stressoren vor, während und nach einer akuten Belastungssituation effektiv zu managen (Alliger et al., 2015; Tirpitz, 2019). Dementsprechend ist Teamresilienz als *Dynamic Capability* auf der suborganisationalen Ebene zu verstehen (z. B. Teece & Pisano, 1994; Teece, Pisano, & Shuen, 1997), die die Organisation befähigt, sich ihrer Umgebung anzupassen, mit Herausforderungen umzugehen und wettbewerbsfähig zu bleiben (Teece, 2007). Teamresilienz baut auf ein Set interdependenter Teamroutinen auf, die es dem Team ermöglichen Hochbelastungssituation zu antizipieren, mit diesen adäquat umzugehen und daraus zu lernen (Alliger et al., 2015; Eisenhardt & Martin, 2000).

Insbesondere Berufsgruppen, die in sogenannten Hochrisikoumwelten agieren (z.B. Spezialkräfte, Feuerwehrleute, OP-Teams, Luft- und Raumfahrtteams), setzen auf bestimmte Teamroutinen, um mit den gegebenen Unsicherheiten und der geringen Planbarkeit in ihrer Tätigkeit zurecht zu kommen. Solche Teams müssen ihre Arbeit regelmäßig unter hohen körperlichen und psychischen Belastungen zuverlässig erledigen. Handlungsroutinen und klare Aufgabenverteilung im Team sind die Grundlage ihrer Teamresilienz.

Vor dem Hintergrund des sogenannten Schweizer-Käse-Modells (Reason *et al.,* 1990) sollten Teamroutinen idealweise in einer interdependenten und sich wechselseitig verstärkenden Weise angelegt sein. Zentral ist dabei, dass diese Routinen auf einer offenen Teamkommunikation und Rollenklarheit im Team basieren und diese auch weiter fördern.

Das entwickelte Teamresilienz-Training wurde mit insgesamt sieben Teams pilotweise durchgeführt. Zu Beginn des Trainings erhielten die Teilnehmenden eine kurze theoretische Einführung. Aufbauend auf das Konzept von Alliger et al. (2015) wurden die Teams dann angeleitet, auf den drei Ebenen *Minimize, Manage* und *Mend* simple Routinen zu entwickeln. Um die Effektivität dieser Routinen unter möglichst realistischen Bedingungen zu erproben, wurden die Teams sodann verschiedenen Stressoren im Rahmen einer komplexen Gruppenaufgabe unter Zeitdruck ausgesetzt. Damit unterscheidet sich das Training maßgeblich von den meisten Resilienz-Trainings, die dafür kritisiert werden, nicht mit realen Stressoren zu arbeiten (Forbes & Fikretoglu, 2018).

3. Simple Routinen als Präventionsansatz

Minimize: Durch die Antizipation von Belastungen helfen derartige Routinen dabei, Stärken der Teammitglieder besser zu nutzen und gleichzeitig Schwächen zu kompensieren.

In einer der Pilotgruppen wurde beispielsweise die Routine eines teamgeschriebenen Reiseführers entwickelt, da die eigenverantwortliche Organisation häufiger

Geschäftsreisen für viele Teammitglieder einen zusätzlichen Stressor darstellte. Die Teammitglieder dokumentierten Erfahrungen mit Hotels, Restaurant oder Freizeiteinrichtungen. Auf diese Weise konnte der Such- und Planungsaufwand sowie der damit erlebte Stress eines jeden effektiv reduziert werden.

Dennoch zeigte es sich, dass es vielen Teams schwerfällt, potentiell nützliche *Minimize*-Routinen zu entwickeln. Daher hat es sich bewährt, auf die abstrakte Diskussion potentieller Belastungssituationen zu verzichten. Zielführender erwies sich die gemeinsame Analyse tatsächlich erlebter Belastungen und die daraus resultierende Ableitung von Routinen, die im Vorfeld dieser konkreten Belastung geholfen hätten.

Manage: Dafür müssen alle Teammitglieder in der Lage sein, Belastungsfaktoren zu identifizieren, zu benennen und Gegenmaßnahmen abzuleiten. Gleichzeitig muss das Team aber auch in der Lage sein, Standardarbeitsprozesse aufrechtzuerhalten. Entsprechend erweist sich die routinemäßige (Weiter-) Entwicklung von Checklisten und Standardprozessen als geeignete Maßnahmen, um besser mit Belastungssituationen umgehen zu können.

In allen Pilotgruppen wurde als *Manage*-Routine die Abfrage einer individuellen „Auslastungsampel" in den Teambesprechungen etabliert. In der Folge fokussierten die Teambesprechungen weniger auf detaillierte Statusberichte und vielmehr auf die individuelle Arbeitsbelastung der einzelnen Personen. Jede Person berichtete entsprechend des Ampelprinzips die eigene aktuelle Auslastung. Dadurch wurde jeweils ein hoch kooperativer Umverteilungsprozess innerhalb des Teams angestoßen und Lasten neu aufgeteilt. Teammitglieder mit geringer Auslastung übernahmen Aufgaben von Mitgliedern mit übermäßiger Auslastung. So sichert die „Auslastungsampel"-Routine auf simple Weise die Leistungsfähigkeit des Teams als Ganzes.

Auch wenn die Auslastungsampel-Routine in allen Pilotgruppen adaptiert wurde, zeigte sich, dass besonders jüngere Teammitglieder oftmals weniger Vorbehalte hatten, ihre individuelle Auslastung transparent zu machen. Einige ältere Teammitglieder hingegen äußerten ihr Unbehagen in Bezug auf die von dieser Routine geschaffene Transparenz.

Mend: Zu diesem Zweck müssen Teams offen über Ängste, Fehler und Emotionen in vergangenen Belastungssituationen kommunizieren und notwendige Verbesserungen diskutieren können. Gleichzeitig müssen aber auch die Erfolgsfaktoren herausgearbeitet und die Gesamtleistung des Teams sowie die wechselseitige Unterstützung positiv und offen hervorgehoben werden.

Ursprünglich aus dem militärischen Bereich stammend, haben sich in allen Pilotgruppen sogenannte Debriefings, d. h. strukturierte Nachbesprechungen, bewährt. Die Teams diskutierten dabei systematisch entlang eines Leitfadens über die Teamleistung z. B. im Rahmen eines spezifischen Projekts oder einer anderen konkreten

Hochbelastungsphase und leiteten Erkenntnisse und Verbesserungsmaßnahmen für die zukünftige Arbeit ab.

Allerdings stellten sich zu den Debriefings in allen Teams folgende Fragen: Wann genau ist ein Debriefing anzusetzen? Welche Punkte gehören in einem Debriefing behandelt (Leitfaden) und welche nicht? Und wie kann sichergestellt werden, dass am Ende das Team oder sogar die ganze Organisation von dieser Routine profitieren und sich weiterentwickeln? Dementsprechend sollten Debriefings stets an den Arbeits- und Belastungskontext der jeweiligen Teams angepasst werden.

4. Agilität und Routine – kein Widerspruch

In zunehmend flexiblen und agilen Arbeitsstrukturen kann der Auf- und Ausbau von Teamresilienz eine sinnvolle Präventionsmaßnahme darstellen. Agile Methoden wie z. B. Scrum setzen in der Regel selbst auf recht strikte Routinen (Sutherland & Schwaber, 2013) Problematisch ist eher, dass in der Praxis ein zum Teil falsches Verständnis von Agilität herrscht, welches Agilität mit Laissez-faire gleichsetzt und so zu Unsicherheiten führt.

Neben den oben skizzierten Beispielroutinen sind viele ähnliche Belastungen reduzierende Teamroutinen vorstellbar. Dabei ist es jedoch entscheidend, dass diese Routinen jeweils von und im betreffenden Team selbst entwickelt werden. Wenn dies gegeben ist, sind Teams in der Lage, Resilienz auf Gruppenebene zu entwickeln. Solche Teams besitzen dann als Gruppe die Fähigkeit zur frühzeitigen Antizipation von Belastungsfaktoren und zur Entwicklung gruppenbasierter Bewältigungsmechanismen.

Die Pilotteams, die das Training durchlaufen haben, machten beispielsweise effektiv Gebrauch von der „Auslastungsampel"-Routine. Mit dieser simplen Routine als Kern der weiterentwickelten Teamzusammenarbeit konnte die wahrgenommene Arbeitsbelastung deutlich reduziert und die Projekte mit weniger Stress abgewickelt werden. In der Folge konnten sie sich schneller von den Projektspitzen erholen und mit Energie in neue Projekte starten. Die Teamresilienz-Routinen sind somit im Idealfall ein sich selbstverstärkender Mechanismus.

Literatur

Kann beim Autor angefordert werden.

Arbeitskreis
Präventions-, Sicherheits- und Gesundheitskultur: Kulturwerkstatt 2

Leitung: Reinhard R. Lenz

Reinhard R. Lenz

„Damit nicht wieder alles im Sand verläuft …" – Ein Praxisbericht im Abgleich mit den Kriterien von Changeprozessen

Thorsten Uhle

BGM als Daueraufgabe – Konsolidierungsstrategien im Gesundheitsmanagement

Reinhard R. Lenz
*Institut Input GmbH * Beratung, Qualifizierung, Mediengestaltung*

„Damit nicht wieder alles im Sand verläuft ...“ – Ein Praxisbericht im Abgleich mit den Kriterien von Changeprozessen

1. Ein systemischer Changeprozess

In mehreren Pilotprozessen mit dem Titel „Ambitionen 2.20“ wurden Prozesse zur Weiterentwicklung einer vorhandenen Sicherheits- und Gesundheitskultur in metallverarbeitenden Industriebetrieben beratend begleitet und mit Impulsen versehen. In der Rückschau bestätigen sich Kriterien eines Changeprozesses nach Prof. Dr. Kotter. In der Konsequenz bedeutet diese Erkenntnis, dass Unternehmen oder Institutionen, die eine Weiterentwicklung ihrer Sicherheits- und Gesundheitskultur anstreben, einen solchen Prozess als Changeprozess anlegen sollten.

Im systemischen Prozess Ambition 2.20 werden Fähigkeiten gesteigert, mögliche Risiken für Sicherheit und Gesundheit frühzeitig zu erkennen, realistisch zu bewerten und dann angemessen zu bewältigen (befähigen, fordern, fördern). Dazu braucht es gegenseitige Unterstützung auf allen Ebenen.

Mehrere Aktivitäten verbinden sich zu einem Ganzen. Es werden die Kommunikation von Sicherheit und Gesundheit buttom-up und top-down durchlässiger, das Teamdenken über Abteilungsgrenzen hinweg sowie die Risikoerkennung und –bewältigung. Zudem werden Akzeptanz und Vertrauen untereinander gesteigert (kommunizieren, einbinden).

Der von Kotter beschriebene Prozess des „Auftauens“ muss auf allen Hierarchieebenen gelingen. Im Prozess des „Veränderns“ nach Kotter sind die Basis-Führungskräfte entscheidend für die Umsetzung von praktischen Veränderungen. Damit ein indizierter Prozess Fahrt aufnimmt und nicht an Schwung verliert müssen Barrieren identifiziert und beseitigt werden.

Der Prozess Ambition 2.20 besteht im ersten Angang aus drei Modulen, die im halbjährigen Rhythmus mit Führungskräften aller Hierarchieebenen, den Sicherheitsbeauftragten und Funktionsträgern durchlaufen werden. Im zweiten Modul werden alle Mitarbeiter einbezogen.

2. Betriebliche Barrieren reduzieren

Bei der überwiegenden Anzahl von Teilnehmern wurden diverse negative Erfahrungen vorgefunden, die als Barrieren von Veränderungen wirken. Der ständige Optimierungsdruck bei den Führungskräften, sowie ein gestiegener Zwang zur Dokumentation haben in den beteiligten Pilotbetrieben dazu geführt, dass kaum noch Freiräume vorhanden sind. Gerade im Bereich von Sicherheit und Gesundheit besteht aber die Befürchtung, dass im Ergebnis zusätzliche Arbeit und Erschwernisse gefordert werden. Es förderte immer ein Commitment, wenn glaubhafte Perspektiven eröffnet wurden, dass nicht Mehrarbeit droht, sondern nach effektiveren Methoden geforscht wird. Im Prozess Ambition 2.20 konnten Reize gesetzt werden, Freiräume zu schaffen, indem z.B. vorhandene Verwaltungstätigkeiten entschlackt wurden.

Es hat immer die Wahrscheinlichkeit praxisnaher Veränderungen angehoben, wenn Optimierungsideen gemeinsam mit der Basis entwickelt wurden. Bremsend wirkte das Misstrauen, dass die investierte Ideenarbeit (wie so oft) im Sand verlaufen wird. Es benötigte eine starke Präsenz und wiederholt glaubhafte Zeichen des Managements. Signale dürfen nicht nur aus Reden bestehen, sondern es braucht mehrfache Beweise, warum sich diese Erfahrungen im Prozess Ambition 2.20 nicht wiederholen.

Ein neonfarbenes Plakat am Werkstor sieht jeder, verbreitet aber kaum Wirkung. Eine kleine Drehung an einer versteckten Stellschraube bemerkt niemand, kann aber mittelfristig große Wirkung hinterlassen. Mit dem Prozess einer Kulturentwicklung ist deshalb untrennbar verbunden, die Kommunikation über Sicherheit und Gesundheit zu intensivieren und die Zusammenarbeit der beteiligten Zielgruppen zu stärken. Immer wenn es gelungen ist, das Bedürfnis nach effektiverer Kommunikation an der Basis zu wecken, erhöhte sich die Wahrscheinlichkeit, dass dieses Unterfangen gelebt wird.

In den Pilotprojekten wurde Wert darauf gelegt, dass kausale Veränderungen mit dem Effekt kurzfristiger Erfolge und Erleichterungspotential sehr schnell kommuniziert wurden. Zudem wurden Leuchtturmprojekte herausgestellt, die kurzfristig realisiert werden konnten und für den Großteil der Belegschaft sofort sichtbar waren (Kotter: Schaffung kurzfristiger Erfolge). Bei komplexen Veränderungsprozessen wurden die Erwartungshaltungen nach kurzfristigen Erfolgen vorsorglich gedämpft, da sich positive Effekte häufig erst nach ein oder zwei Jahren offenbaren (Rückmeldungen geben).

Da sich kaum ursächliche Zusammenhänge zwischen einer Intervention und dem sofortigen Rückgang von Ausfalltagen nachweisen lassen, wurde die Zunahme an Präventionsleistungen als messbare Einheit einer Sensibilisierung herangezogen. Steigt der Anteil von Verbesserungsvorschlägen zur Sicherheit und Gesundheit oder erhöht sich die Meldung von Beinahunfällen, wurde dies als Indiz einer gestiegenen Sensibilität gewertet.

Prävention ganzheitlich betrachtet schließt strukturierte Fortbildung, termingerechte Wartungsarbeiten usw. ein. In der Wahrnehmung der Mehrheit aller Mitarbeiter ist Prävention oder Partizipation nicht teilbar. Es gelingt nur schwerlich, mal ganz viel Prävention, Eigenverantwortung und Teilhabe einzufordern, dort aber nur ein bisschen und hier bitteschön gar nicht.

3. Unternehmerische Interessen

Die Bereitschaft eines Unternehmens zur Bereitstellung von Ressourcen kann im Wesentlichen auf zwei Gründe abstrahiert werden: um Kosten zu reduzieren und/oder um die Qualität zu steigern (wenn der Markt dies fordert). Eine der Hauptaufgaben des Managements liegt darin, alle betrieblichen Prozesse ständig zu optimieren und die Produktivität zu steigern. Dabei werden verschiedene Ebenen betrachtet, indem verschiedene Perspektiven eingenommen werden (technische, juristische, monetäre, personale usw.). Im Prozess Ambition 2.20 steht die Sichtweise der Sicherheit und Gesundheit im Vordergrund. Dadurch treten Problembereiche hervor, die unter anderen Blickwinkeln verborgen bleiben.

Ein geeignetes Instrument ist die Gefährdungsbeurteilung (GB) und darin wiederum enthalten, die Bewertung von identifizierten Risiken. In den bisher beratenen Unternehmen überwog der Eindruck, dass eine GB nicht als kontinuierlicher Verbesserungsprozess verstanden wurde, sondern als ein vom Gesetzgeber erzwungener verwaltungstechnischer Mehraufwand. Methodisch scheint der Zwang zur Durchführung von GB bei der Mehrheit der Führungskräfte angekommen. Qualitativ scheint aber noch Luft nach oben. Auf der Ebene der Mitarbeiter ist das Verständnis für eine Risikobewertung durch Eintrittswahrscheinlichkeit und Schadensausmaß eher selten anzutreffen.

Im zweiten Modul des Prozesses Ambition 2.20 werden möglichst viele Mitarbeiter befähigt Risiken frühzeitig zu erkennen, realistisch zu bewerten und angemessen zu bewältigen. Es wird nicht gelingen, alle Risiken auf NULL zu bringen. Die Verbleibenden müssen bewältigt werden (technisch, organisatorisch, personell). Wenn Risiken kontrollierter beherrscht werden und dadurch Störungen gemindert werden, entstehen weniger Verluste. Damit lassen sich die Investitionen gegenrechnen.

Geplante Arbeiten können bezüglich etwaiger Risiken der Sicherheit und Gesundheit für die Beschäftigten sehr genau definiert werden. Ungeplante Arbeiten haben immer ein erhöhtes Risikopotenzial. Werden Risiken an Schnittstellen zwischen zwei Bearbeitungsschritten unter dem Blickwinkel von Sicherheit und Gesundheit betrachtet, werden Bedrohungen sichtbar, die unter anderen Perspektiven möglicherweise verborgen bleiben. Ein gegenseitiger Besuch zweier benachbarter Abteilungen führte zu einem größeren Verständnis des Gesamtsystems, einen Zugang zum Sinngehalt des eigenen Tuns und zu den Auswirkungen von Unzulänglichkeiten.

„Welche Gefahren durch die Arbeit der vorgelagerten Abteilung beherrsche ich?", „Welche Gefahren entstehen durch meine Arbeit in der Folgeabteilung?", „Welche Qualität erwartet die nachfolgende Abteilung?", „Welche Informationen müssen bei Abweichungen fließen?". Können ungeplante Arbeiten reduziert werden, freut sich das Management über gestiegene Produktivität und hat ein starkes Motiv, weitere Maßnahmen der Sicherheit und Gesundheit zu unterstützen.

Jedes „Anfassen" birgt Fehler- und Schadenspotenziale für Mensch und Material. Dementsprechend wird betrachtet, was unternommen werden kann, um das Produkt einmal weniger anzufassen. Durch weniger „Anfassen" wird das Risiko reduziert, die Unfallwahrscheinlichkeit wird gesenkt und der Materialfluss wird gleichmäßiger. Weniger Stau oder Abriss im Materialfluss liefert den oberen Führungskräften einen Zuwachs an Produktivität.

Mit dem Kulturbegriff verbindet sich bei einigen Managern und Experten die Vorstellung, dass Mitarbeiter bei einer positiven Weiterentwicklung stärker aufeinander achten und sich bei Abweichungen vom Sollverhalten gegenseitig korrigieren. Diese Vision ist nur in einem Dream-Team vorstellbar. In einer zusammengewürfelten Gruppe entstehen eher unkontrollierbare und hemmende Konflikte. Ist es das Ziel, die gegenseitige Fürsorge zu erhöhen, wird das angestrebte Verhaltensmuster durch positive Teamentwicklung begünstigt. Wird am Thema Sicherheit und Gesundheit Teamentwicklung betrieben, wirken die Ergebnisse weit über diese Handlungsebene hinaus und verbessern das Betriebsergebnis.

Durch die Minderung von Störungen jeglicher Art wird die Verfügbarkeit der Produktionsmittel und Anlagen erhöht. Wenn es gelingt, Investitionen in Sicherheit und Gesundheit mit einem Zuwachs an Produktivität zu verknüpfen, werden viele Bedürfnisse befriedigt. Der Prozess gewinnt an Dynamik. Prävention ist nicht teilbar. Präventionskultur in diesem Sinne ist Qualitätsoptimierung! Präventionskultur entwickelt sich eher, wenn eine Zunahme als systemischer Changeprozess begriffen und behandelt wird.

Literatur

Kotter, J.P. (2008): Das Unternehmen erfolgreich erneuern, In: Harvard Business Manager – Ausgabe April 2008.

Thorsten Uhle
Bayer AG

BGM als Daueraufgabe – Konsolidierungsstrategien im Gesundheitsmanagement

1. Einleitung und Einordnung

Der Erkenntnisstand über erfolgreiche Strategien zur Implementierung eines Betrieblichen Gesundheitsmanagements (BGM) ist inzwischen hinreichend breit und tief. So liegen zahlreiche Studien und fundierte Empfehlungen für die Praxis vor, wie man BGM einführen sollte. Doch wie lassen sich nach einem guten Start die Erfolge nachhaltig sichern?

Da es sich beim BGM um einen umfassenden, umfangreichen und tiefgreifenden Change-Prozess handelt, lohnt sich ein Blick in die Klassiker der Literatur zu Change- und Organisationsentwicklung. Wenn es um die Konsolidierung des BGM geht, sind nach Lewin (1947) sowie Armenakis und Harris (2009) vor allem Stabilisierungs- und Institutionalisierungsstrategien hilfreich und nach Kotter (1995) geht es um die Verstetigung der erreichten Fortschritte sowie die Umsetzung weiterer Veränderungsschritte. Gerade Kotter weist darauf hin, dass ein zu früh gefeierter Triumpf „allen Elan richtig erlöschen lässt – danach übernehmen die mächtigen Traditionalisten“ wieder das Feld (ebd., S. 68; eig. Übersetzung), und für das BGM wird die Uhr schnell wieder auf Null zurückgedreht. Bis sich die Veränderungen nachhaltig in der Unternehmenskultur niederschlagen, betont Kotter die Notwendigkeit eines langen Atems von „fünf bis zehn Jahren“ (ebd., S. 67). Und auch nach der erfolgreichen Implementierung müssen BGM-Systeme und -Strukturen immer wieder auf Passung zur BGM-Vision geprüft und ggf. adjustiert werden.

Die Bayer AG blickt in Deutschland auf eine inzwischen über zehnjährige BGM Geschichte zurück: von der Erprobung 2009 / 2010 in unterschiedlichen Pilotbereichen über die Implementierung des Konzepts in der Fläche bis hin zur Verstetigung des BGM in der aktuellen Konsolidierungsphase. Wichtige Meilensteine waren bisher:

- 2010: Gesamtbetriebsvereinbarung (GBV) „Lebensarbeitszeit & Demografie“ mit konkreten Maßnahmen zur Belastungsreduzierung und Finanzierung von Gesundheitsförderungsmaßnahmen
- 2012: Aufbau von zentralen und lokalen BGM-Strukturen (Steuergremien und Gesundheitsbefragung)
- 2013: GBV „Beauftragte im Arbeits-, Gesundheits- und Umweltschutz“ mit den neuen Funktionen Gesundheitsbeauftragte und -koordinatoren

- seit 2014: BGM-Jahresschwerpunkte („Den Schritt geh ich mit...", „Gewusst Genießen", „BEWUSSTerLEBEN", „ErholDichGUT", „Gesund bei Bayer", „machtfit")
- seit 2017: Seminar „Führung und Gesundheit" als Pflichtveranstaltung für alle Führungskräfte.

2. Vom Projekt zum Kulturbestandteil

Genauso wie die Einführung des BGM sollte auch der Übergang von der Implementierung zur Konsolidierung sowie der weitere Konsolidierungsprozess gut geplant, evaluiert und ggf. auch revidiert werden. Wenn das BGM erwachsen wird bzw. einen gewissen Reifegrad erreicht hat, verliert es seinen Projektcharakter und wird zum festen Bestandteil der organisationseigenen Prozesse, Strukturen und Ressourcen: BGM wird zum Kulturbestandteil.

Eine erfolgreiche Konsolidierung setzt auf Qualität und zielt auf Standardisierung ab. Aus BGM-Sicht sind v. a. die Verankerung der Gesundheitsförderung in die Primärstruktur, die Stärkung des Human- und Sozialkapitals, die Optimierung gesundheitsförderlicher Strukturen von der Arbeitsgestaltung bis zur Gesundheitskultur, gesundheitsfördernde Führung und die Steigerung der Produktivität und Wirtschaftlichkeit als Anforderungen für ein qualitätsorientiertes BGM zu definieren (vgl. Treier & Uhle, 2018, S. 39).

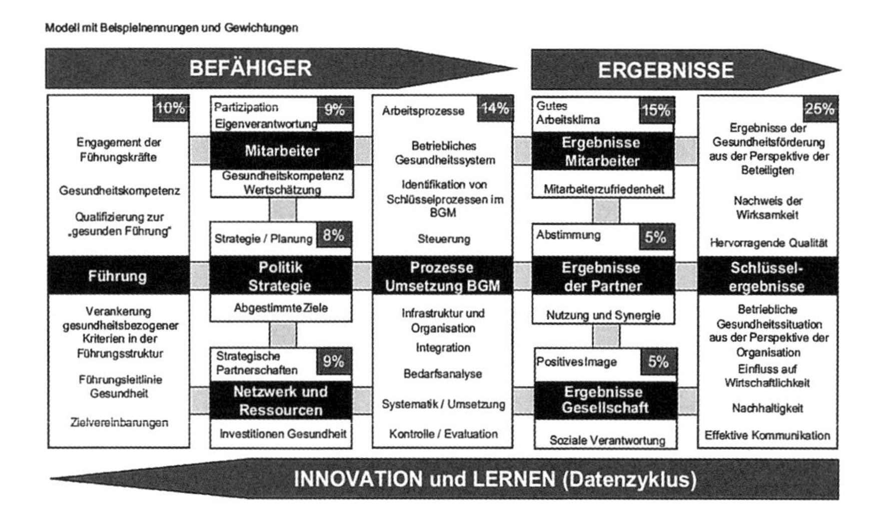

Abb. 1: EFQM-Modell in Bezug auf BGM (aus: Uhle & Treier, 2019, S. 272)

Um ein effektives BGM zu realisieren, benötigt man eine proaktive Steuerungs- und eine differenzierte Informationsebene. Die Steuerungsebene liefert die Stellgrößen und stellt den strategischen Rahmen dar. Als normativer Rahmen eignet sich hier das Modell der European Foundation for Quality Management (EFQM) aus dem Total Quality Management (vgl. Brüggemann & Bremer, 2015, S. 179 ff.). Das Modell ist ganzheitlich ausgerichtet, berücksichtigt Ergebnisse und die Voraussetzungen, die zum Ergebnis beitragen, also die Reflexion der Mittel und Wege zum erfolgreichen BGM. Das Kriteriensystem stellt den Korridor der Steuerungsebene dar und hilft, die Erfolgsgrößen und Prüfpunkte eines qualitätsorientierten BGM zu bestimmen (Abb. 1). Die Stellgrößen sind für gesundheitliche Fragestellungen im Unternehmen adaptierbar und befassen sich mit der Organisation von Führung, Zielen und Strategien, mit der Befähigung der Beschäftigten, der Organisation von Partnerschaften, mit den Ressourcen sowie mit der Gestaltung der Prozesse im Hinblick auf die Leistungsplanung und -erbringung. Das Modell betont hinsichtlich der Stellgrößen Ausgewogenheit. Exzellenz kann nur durch die Übernahme von Verantwortung für eine nachhaltige Zukunft und unter Berücksichtigung der Anforderungen aller Anspruchsgruppen und Ebenen einer Organisation erzielt werden. Nachhaltige Verantwortung bedeutet, eine gesunde und gesundheitsförderliche Organisation zu schaffen.

In der Bayer AG wurden die Kernelemente des EFQM-Modells in ein KPI-System übertragen, das aus den Daten einer regelmäßig durchgeführten Mitarbeiterbefragung gespeist wird – die Indikatoren erlauben eine strategische Steuerung über die Zeit sowie die Ableitung konkreter Gesundheitsförderungsmaßnahmen (vgl. Beitrag von Uhle & Köppel in diesem Band).

3. Empfehlungen aus der Arbeitswelt

Die Erkenntnisse aus der Forschung sind hilfreich und lassen sich zum Teil mit nur geringem Adaptionsaufwand für die Konsolidierung des BGM nutzen (s. o.). Neben der Forschung liefert die Praxis selbst inzwischen konkrete Empfehlungen für eine erfolgreiche Konsolidierung. Es folgen die Erkenntnisse aus zehn Jahren BGM in den deutschen Standorten der Bayer AG.

BGM muss mit der Zeit gehen! Die heutige Arbeitswelt ist hoch komplex und dynamisch. Dementsprechend muss BGM auf der operativen Ebene immer wieder neu „erfunden" werden: Neue Herausforderungen durch Fluktuation, Restrukturierung, aber auch Themen wie Digitalisierung und Industrie 4.0 finden im BGM ihren Niederschlag. Das gilt sowohl für die Anpassung des einzelnen Mitarbeiters an arbeitsorganisatorische Neuerungen als auch für das Konzept des BGM, das die Erwartungen und Gewohnheiten des Einzelnen zeitgemäß berücksichtigen muss. Vor zehn

Jahren wurden noch fast alle Informationen gedruckt, heute werden Informationen immer mehr auf elektronischem Wege und über Apps verteilt – das ist sowohl umwelt- und zeitgerecht. Das klassische Bewegungstraining im Sportraum hat weiterhin seine Berechtigung, ebenso aber auch die Stresspräventions-App oder das Web-Based-Training zur bewegten Pause am Arbeitsplatz.

BGM muss erwachsen werden! Was sich von der Implementierung hin zu Konsolidierung verändert hat, ist sicherlich, dass immer mehr Beratungselemente, die in der Startphase noch extern eingekauft wurden, inzwischen mit eigenen Kräften selbst übernommen werden. In der Bayer AG gibt es in den deutschen Standorten zahlreiche gut ausgebildete BGM-Funktionsträger, die ihren Verantwortungsbereich zunehmend selbstständiger ausfüllen und gestalten. Das BGM ist gewissermaßen erwachsener geworden und wird von innen heraus gesteuert und bewegt. BGM relevante Ressourcen, Prozesse und Strukturen müssen kodifiziert (Betriebsvereinbarungen) und verzahnt (Effizienzerfordernis) werden.

BGM muss im dauerhaften Dialog gelebt werden! Wichtig ist mit unterschiedlichen Zielgruppen dauerhaft im Dialog zu bleiben. Ansonsten besteht die Gefahr, dass sich Ideen und Erwartungen weg von der betrieblichen Realität entwickeln. Der Gesundheitsdialog muss immer wieder von oben angestoßen, unterstützt und vorgelebt werden. Exemplarisch seien hier die Unternehmensleitung und die Gesundheits-Community erwähnt. Bei diesen beiden Zielgruppen ist es wichtig, ein Erwartungsmanagement hinsichtlich erzielbarer Erfolge und deren Bewertung aufrechtzuerhalten und so über die Zeit die gesetzten Ziele entsprechend ihrer Realisierbarkeit anzupassen. Ein weiterer Erfolgsgarant ist ein professionelles Gesundheitsmarketing: BGM braucht Sichtbarkeit durch regelmäßige und aufmerksamkeitsbindende Aktionen wie Jahresschwerpunkte, Key Speaker oder Gesundheitstage.

Literatur

Armenakis, A. A. & Harris, S. G. (2009). Reflections: Our journey in organizational change research and practice. Journal of Change Management, 9(2), 127–142.

Brüggemann, A. & Bremer, P. (2015). (2. Aufl.). Grundlagen Qualitätsmanagement – Von den Werkzeugen über Methoden zum TQM. Wiesbaden: Springer Vieweg.

Kotter, J. P. (1995). Leading Change: Why transformation efforts fail. Harvard Business Review, 73, 59–67.

Lewin, K. (1947). Changing as three steps: Unfreezing, Moving, and Freezing of Group Standards. In: K. Lewin. Human Relations. 1(1), 5–41.

Treier, M. & Uhle, T. (2018). (2. Aufl.). Einmaleins des betrieblichen Gesundheitsmanagements. Eine Kurzreise in acht Etappen zur gesunden Organisation. Heidelberg: Springer.

Uhle, T. & Treier, M. (2019). (4. Aufl.). Betriebliches Gesundheitsmanagement. Gesundheitsförderung in der Arbeitswelt – Mitarbeiter einbinden, Prozesse gestalten, Erfolge messen. Heidelberg: Springer.

Arbeitskreis
Arbeitssystemgestaltung: Selbstführung

Leitung: Moritz Bald

Moritz Bald, Philip Ashton & Rüdiger Trimpop

**Selbstfürsorge? Selbstverständlich!
Sicherheit und Gesundheit für Unternehmensleitungen
und Führungskräfte in KMU**

Marcel Baumgartner, Monika Förtschbeck, Monika Keller,
Martina Bracher, Elisa Bradtke, Andreas Krause, Jonas Mumenthaler,
Susanne Roscher & Sebastian Roth

Gesund und erfolgreich agil arbeiten

Thomas Dyllick & Julia Weber

**„Auf die innere Haltung kommt es an!"
Die Motto-Ziele des Zürcher Ressourcen Modells**

Annika Krick & Jörg Felfe

**Wirksamkeitsprüfung eines achtsamkeitsbasierten
Ressourcentrainings bezüglich psychologischer und
physiologischer Kriterien bei PolizeibeamtInnen**

Maida Mustafić, Michaela Knecht, Cosima Dorsemagen,
Marcel Baumgartner & Andreas Krause

**Indirekte Leistungssteuerung und Selbstgefährdung:
Neue Erkenntnisse zur Gestaltbarkeit
indirekter Leistungssteuerung im Betrieb**

Laura Klara Schoofs, Jürgen Glaser & Severin Hornung

**Soziale Ressourcen, Grundbedürfnisbefriedigung
und Selbstverwirklichung in der Arbeit**

Moritz Bald[1], Philip Ashton[2] & Rüdiger Trimpop[1]
[1]Lehrstuhl für Arbeits-, Betriebs- und Organisationspsychologie, Friedrich-Schiller-Universität Jena;
[2]systemkonzept Gesellschaft für Systemforschung und Konzeptentwicklung mbH

Selbstfürsorge? Selbstverständlich! Sicherheit und Gesundheit für Unternehmensleitungen und Führungskräfte in KMU

Führungskräfte haben eine zentrale Rolle für den Erfolg von Sicherheit und Gesundheit bei der Arbeit. Unternehmensleitungen entscheiden darüber, ob und wie viele Ressourcen für diese Themen zur Verfügung gestellt werden und darüber, wie umfassend Prävention in der Unternehmensstrategie verankert wird, während die mittlere Führungsebene für die Durchführung und Nachhaltigkeit von Interventionen wichtig ist (Elke et al., 2015). Beide Gruppen haben zudem eine Vorbild- und Modellwirkung und beeinflussen die Sicherheits- und Gesundheitskultur in Unternehmen (Cooper, 2016).

Unternehmensleitungen und Führungskräfte werden dementsprechend primär als ‚Promotoren' und Verantwortliche für Sicherheit und Gesundheit angesehen. In kleinen und mittelständischen Unternehmen (KMU) mit flacheren Hierarchien, direkteren Entscheidungswegen und einer häufig eher familiären Kultur ist deren Rolle noch zentraler (Beck, 2011). Bei dieser Betrachtung wird jedoch oftmals ausgeklammert, dass Unternehmensleitung und Führungskräfte auch selbst (Mit-)Betroffene von schädlichen oder förderlichen Arbeitsbedingungen sind. Sie sind nicht nur Mittler, sondern haben als direkte Zielgruppe für Interventionen in Sicherheit und Gesundheit eine große Bedeutung.

1. Arbeitsbedingungen von Führungskräften

Der Arbeitsalltag von Führungskräften unterschiedlicher Hierarchieebenen ist von besonderen Anforderungen wie Unterbrechungen, starkem Termin-, Leistungs- und Zeitdruck, einer hohen Arbeitsintensität und Multitasking geprägt (Bundesanstalt für Arbeitsschutz und Arbeitsmedizin, 2017). Ressourcen stellen insbesondere ausgeprägte Handlungsspielräume und Autonomie sowie soziale Unterstützung durch Kollegen und (falls vorhanden) Vorgesetzte dar. Aufgrund der Vielzahl und Ausprägung der Anforderungen sowie der verschiedenen Rollen von Führungskräften sollten die Sicherheit und Gesundheit der Führungskräfte nicht (nur) deren Privatsache sein oder als ‚zusätzliche Aufgabe' erscheinen, sondern fest in die betrieblichen Prozesse integriert werden.

2. Führung und Selbstführung

Führung bedeutet nach dem Action Centred Leadership-Modell von Adair (1973), dass betriebliche Ziele und Aufgaben, Teamprozesse und ein individuelles Eingehen auf einzelne Beschäftigte in Einklang gebracht werden. Das gezielte Gestalten des eigenen Verhaltens der Führungskräfte durch Handlungsregulation, Selbstmotivation und Selbstmanagement wird dabei ebenso wenig berücksichtigt, wie gesundheitsförderliche Selbstführung oder Selbstfürsorge. Eine Erweiterung des Modells um solche Aspekte erscheint sinnvoll, da das Verhalten von Führungskräften umfassende Auswirkungen auf die Gesundheit und Leistungsfähigkeit der Person selbst, ihre Beschäftigten und Kollegen sowie auf die Kultur und den wirtschaftlichen Erfolg des Unternehmens haben kann (Franke, Ducki, & Felfe, 2015; Cooper, 2016; Hassard et al., 2014).

Aus diesen Gründen sollte sowohl Selbstführung im Allgemeinen, als auch der Umgang von Führungskräften mit ihrer eigenen Sicherheit und Gesundheit in das Modell des Führungshandelns integriert werden, wie Abb. 1 verdeutlicht.

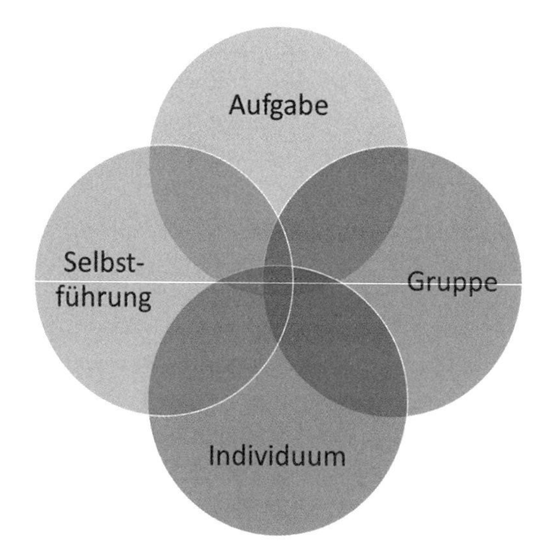

Abb. 1: Erweitertes Action Centred Leadership-Modell

3. Die Umsetzung in der Praxis

Das erweiterte Führungs-Modell wurde in einem Forschungs- und Entwicklungsprojekt der Deutschen Gesetzlichen Unfallversicherung im Rahmen einer Führungskräfte-Qualifizierung umgesetzt (vgl. Ashton, Hamacher & Bald, in diesem

Band). Um das Modell tatsächlich in das Führungshandeln zu integrieren, wurden Aspekte der Selbstführung und Selbstfürsorge in alle Bestandteile des Blended-Learning-Konzepts der Qualifizierung eingebettet.

Im Rahmen der Qualifizierung lernen Führungskräfte und Unternehmensleitungen mehrerer Unternehmen gemeinsam in Präsenz- und Online-Phasen, beschäftigen sich mit den Grundlagen von Sicherheit und Gesundheit bei der Arbeit und gelangen in einen Austausch miteinander. Die vier Kernbereiche der Führung nach dem erweiterten Action Centred Leadership-Modell sind dabei in drei Präsenzseminare und zwei je vierwöchigen Praxisphasen, die zugleich dem Selbstorganisierten Lernen auf einer digitalen Lernplattform dienen, umgesetzt.

3.1 Lernimpulse: Web-based-training

Als Teil des Selbstorganisierten Lernens wurden sechs unterschiedliche Lernmodule entwickelt, die den Teilnehmenden wichtige Themen rund um Führung, Sicherheit und Gesundheit näherbringen. In Form von multimedialen Angeboten, Überblicksinformationen und Praxistipps können sich die Lernenden neben den Grundlagen von Sicherheit und Gesundheit, Führung (allgemein), Kommunikation, Motivation, Konfliktbewältigung auch mit Selbstführung und Selbstfürsorge beschäftigen. Neben einem Überblick über Anforderungen und Ressourcen erhalten sie dabei auch konkrete Handlungs- und Umsetzungshinweise auf Verhaltens- und Verhältnisebene, beispielsweise Impulse zum Stellenwert der eigenen Gesundheit, zur Achtsamkeit und Aufmerksamkeit für die eigene Belastungs- und Beanspruchungssituation (Matyssek, 2020; Pundt & Felfe, 2017) und zur Gestaltung der eigenen Arbeit (vgl. Dettmers & Clauß, 2018; Eickholt, Hamacher & Lenartz, 2015).

3.2 Persönliches Führungsprofil

Um den Führungskräften eine Möglichkeit zur Selbsteinschätzung Ihres Entwicklungsstands in den vier Bereichen des erweiterten Führungsmodells zu geben, wurde ein Befragungsinstrument entwickelt, das zentrale Aspekte erfolgreichen Führungshandelns abbildet. Beispielsweise sollen die Führungskräfte im Bereich Selbstführung einschätzen, wie gut es Ihnen im Arbeitsalltag gelingt, sich bei Bedarf soziale Unterstützung zu holen.

Im Verlauf der Qualifizierung wird dieses Führungsprofil von den Teilnehmenden zu mehreren Zeitpunkten ausgefüllt, in einem Netzdiagramm dargestellt und in die Seminargestaltung in der Form einer persönlichen Analyse von Stärken, Schwächen und Weiterentwicklungsmöglichkeiten eingebunden.

3.3 Betriebliche Situationen

In simulierten Handlungssituationen aus dem Führungsalltag (beispielsweise die Kommunikation von Veränderungen oder der Umgang mit hoher Arbeitsbelastung im Team), haben die Teilnehmenden die Möglichkeit, Problemlösestrategien systematisch zu üben und schließlich in selbst gewählten Praxisprojekten im eigenen Betrieb umzusetzen. In der Bearbeitung dieser Situationen können die Führungskräfte nicht nur erkennen, welche Auswirkungen der Arbeitsalltag auf ihre eigene Sicherheit und Gesundheit hat („Was bedeutet das für mich?"), sondern sind zugleich im Austausch mit anderen Führungskräften und erfahrenen Trainern, um Lösungsmöglichkeiten zu erarbeiten, umsetzen und deren Wirksamkeit zu überprüfen.

4. Fazit

Um die Sicherheit und Gesundheit von Unternehmensleitungen und Führungskräften zu fördern, erscheint es vielversprechend, diese Prozesse nicht ausschließlich den Personen selbst zu überlassen, sondern sie gezielt in ein systematisches Vorgehen einzubinden. Die Kultur in Unternehmen ändert sich natürlich nicht von heute auf morgen. Indem allerdings Unternehmensleitungen und Führungskräfte „mit an Bord" geholt werden, könnten zahlreiche positive Wirkungen erzielt werden, für die Personen selbst, ihre Beschäftigten und Sicherheit und Gesundheit insgesamt.

Literatur

Adair, J. (1973). *Action-Centred Leadership.* New York: McGraw-Hill.

Beck, D. (2011). Zeitgemäße Gesundheitspolitik in Kleinst- und Kleinbetrieben: Hemmende und fördernde Bedingungen. Berlin: Edition Sigma.

Bundesanstalt für Arbeitsschutz und Arbeitsmedizin (2017). *Höhere Anforderungen, mehr Ressourcen – Arbeitsbedingungen von Führungskräften.* https://doi.org/10.21934/baua:fakten 20171114

Dettmers, J., & Clauß, E. (2018). Arbeitsgestaltungskompetenzen für flexible und selbstgestaltete Arbeitsbedingungen. In M. Janneck & A. Hoppe (Hrsg.), *Gestaltungskompetenzen für gesundes Arbeiten* (S. 13–25). Heidelberg: Springer.

Eickholt C, Hamacher W, Lenartz N (2015) *Gesundheitskompetenz im Betrieb fördern – aber wie?* Bundesgesundheitsblatt 58:976–982.

Franke, F., Ducki, A., & Felfe, J. (2015). Gesundheitsförderliche Führung. In J. Felfe (Hrsg.), *Trends der psychologischen Führungsforschung* (S. 253–264). Göttingen, Bern, Wien: Hogrefe.

Hassard, J., Teoh, K., Cox, T., Dewe, P., Cosmar, M., van den Broek, K., Flemming, D. (2014). *Calculating the costs of work-related stress and psychosocial risks: Literature review.* Luxembourg: Publications Office.

Matyssek, A. K. (2020). *Gesund führen – sich und andere! Trainingsmanual zur psychosozialen Gesundheitsförderung im Betrieb.* Norderstedt: BooksonDemand.

Marcel Baumgartner[1], Monika Förtschbeck[2], Monika Keller[3],
Martina Bracher[1], Elisa Bradtke[3], Andreas Krause[1], Jonas Mumenthaler[1],
Susanne Roscher[3] & Sebastian Roth[2]
[1]Fachhochschule Nordwestschweiz, [2]Verwaltungs- und Berufsgenossenschaft (VBG),
[3]GITTA mbh

Gesund und erfolgreich agil arbeiten

1. Ausgangslage

Die Zusammenhänge von agiler Arbeit mit psychischer Gesundheit wurden bisher wenig erforscht und es gibt vor allem keine Übersichten, die den aktuellen Stand der Forschung aufzeigen. Um dem zu begegnen, führen die Verwaltungsberufsgenossenschaft (VBG), die Fachhochschule Nordwestschweiz (FHNW) und die GITTA mbH (Gesellschaft für interdisziplinäre Technikforschung Technologieberatung Arbeitsgestaltung mbH) ein gemeinsames Forschungsprojekt durch. Mit einer systematischen Literaturrecherche englisch- und deutschsprachiger empirischer Studien (Phase 1) sind wir zunächst folgender Frage nachgegangen:

Welche Arbeitsanforderungen und -ressourcen sind bei der gesundheits- und motivationsförderlichen Gestaltung agiler Arbeit relevant?

Darauf aufbauend werden gesundheitskritische Faktoren in mehreren Workshops mit ExpertInnen aus Wissenschaft und Beratung sowie betrieblichen ErfahrungsträgerInnen validiert, kontrastiert und exploriert (Phase 2). Diese Ergebnisse werden im weiteren Verlauf des Projektes in die Konzeption eines praxistauglichen Präventionsangebotes integriert (Phase 3) und gemeinsam mit Unternehmen evaluiert werden (Phase 4) (Projektlaufzeit Juli 2019-bis Ende 2021; Info unter: www.vbg.de/agiles-arbeiten).

2. Methode

Für die Literaturrecherche gingen wir von folgenden Zusammenhängen aus: Erhöhte Anforderungen bei der Arbeit *(demands)* führen zu gesundheitlicher Beanspruchung *(strain)* und dies wiederum zu negativen Auswirkungen auf die Organisation *(organizational outcomes)*. Auf der anderen Seite führen höhere Ressourcen bei der Arbeit *(resources)* zu mehr Motivation, was wiederum positive Auswirkungen auf die Organisation hat (Job Demands-Resources Modell, Bakker & Demerouti, 2007, 2017).

Mit Suchbegriffen wurden die angenommenen Zusammenhänge abgebildet und mit Suchbegriffen für den agilen Kontext ergänzt. Die Suche in drei Datenbanken (Web of Science; IEEE; PsycInfo/PsycyIndex/PsycArticles) ergab 921 Studien. Nach

Ausschluss von Duplikate inhaltlich unpassende Untersuchungen und Fallstudien blieben 18 Studien zur Analyse übrig. Drei zusätzliche Studien wurden in den Literaturverzeichnissen dieser 18 Studien gefunden, so dass am Schluss 21 Studien analysiert wurden.

3. Ergebnisse

Die Ergebnisse werden in zwei Unterkapiteln dargestellt, die zum einen den agilen Kontext und zum anderen agile Praktiken näher beleuchten.

3.1 Arbeitsressourcen und -anforderungen im agilen Kontext

Autonomie ist ein wichtiger Faktor für Arbeitszufriedenheit und Motivation (Hackman & Oldham, 1975). Agile Teams, die eine hohe Autonomie aufweisen und selbstorganisiert arbeiten können, berichten über eine höhere Arbeitszufriedenheit (Acuña et al., 2009), eine höhere Motivation und einen besseren Teamzusammenhalt (Montgomery, 2017).

Eine hohe *Kundenzentrierung* und die damit einhergehenden häufigen Kundeninteraktionen haben einen positiven Zusammenhang mit Arbeitszufriedenheit (Tarasov, 2019).

Wahrgenommene *Subgruppen* in agilen Teams (z.B. gleiche Stellenbezeichnung, gleiches Geschlecht o.a.) weisen einen negativen Zusammenhang mit Arbeitszufriedenheit auf (Przybilla et al., 2018).

Nach der Umstellung auf die agile Methode Scrum werden weniger *Überstunden* berichtet (Mann & Maurer, 2005).

Konflikte in agilen Teams werden mit einer niedrigeren Arbeitszufriedenheit in Verbindung gebracht (Acuña et al., 2009).

3.2 Direkte Zusammenhänge mit agilen Praktiken

Die Anwendung agiler Praktiken (z.B. Iterative Entwicklung, Retrospektiven) wird mit weniger erlebter *Rollenambiguität* in Verbindung gebracht (Huck-Fries et al., 2019; Sun & Schmidt, 2018).

Die sogenannten *Job-Charakteristiken* (Anforderungsvielfalt, Ganzheitlichkeit der Aufgabe, die Bedeutsamkeit der Aufgabe, Autonomie und Feedback (Hackman & Oldham, 1975)), werden von agilen Softwareentwicklern signifikant höher eingeschätzt als von ihren nicht agilen Kollegen (Kakar, 2017). Je ausgeprägter agile Praktiken, desto positiver werden die Job-Charakteristiken erlebt (Tripp & Riemenschneider, 2014). Positive Zusammenhänge agiler Praktiken werden auch mit *Autonomie* (Huck-Fries et al., 2019) und *Selbstwirksamkeit* (Sun & Schmidt, 2018) berichtet.

Teams, die konsequent agile Praktiken einsetzen, haben eine *gleichmäßigere Verteilung ihrer Arbeit und somit ihres Stresslevels* (Tuomivaara et al., 2017). Zudem berichteten sie weniger *Erschöpfung* (Kakar, 2017) als traditionell arbeitende Teams.

Bzgl. *Motivation* wurde auffallend oft die *Arbeitszufriedenheit* mit agilen Praktiken in Verbindung gebracht. Je ausgeprägter agile Praktiken eingesetzt werden, desto höher fällt die Arbeitszufriedenheit der Mitarbeitenden aus (Tripp & Riemenschneider, 2014). Auch geben agile Teams eine höherer Arbeitszufriedenheit an als nicht agile Teams (Kakar, 2017).

3.3 Phase 2 – Workshops mit ExpertInnen und ErfahrungsträgerInnen

Zu Beginn der Phase 2 wurden strukturierte Gespräche mit ForscherInnen und BeraterInnen zur Vorbereitung des Expertenworkshops durchgeführt. Diese bekräftigen eine notwendige Achtsamkeit in der Einführung agiler Methoden. Für die erfolgreiche und gesundheitspräventive Einführung und Gestaltung agilen Arbeitens sind folgende Wirkbereiche und Schnittstellen zu integrieren (s. Abbildung 1).

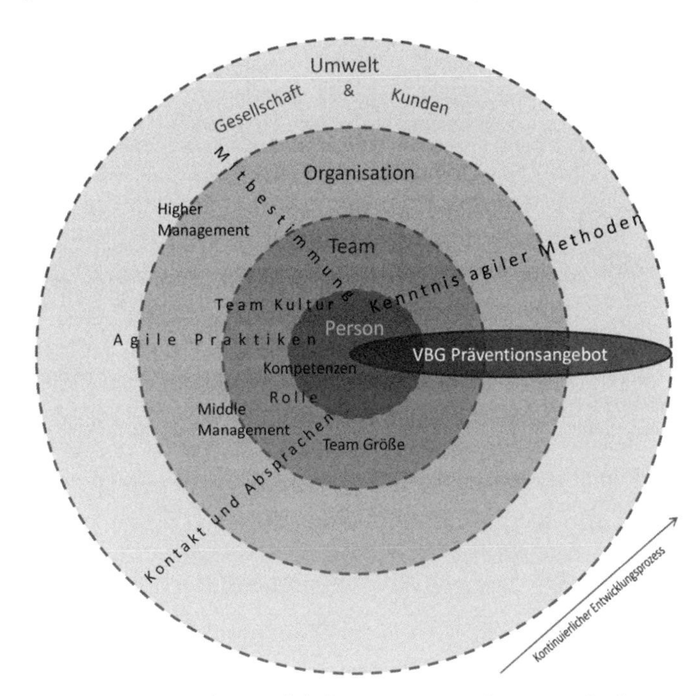

Abbildung 1: Das sich im Projekt entwickelnde Präventionsangebot in Berücksichtigung der verschiedenen Bedarfsebenen der Organisation als Teil eines Entwicklungsprozesses, das Individuum, das Team, die Organisation und die Umwelt, insbesondere mit ihren Schnittstellen. Exemplarische Handlungsfelder sind in schwarzer Farbe dargestellt.

4. Diskussion

Die Literaturanalyse legt offen, dass agiles Arbeiten als Chance für gesundheitsförderliche Arbeit gesehen werden kann. Demgegenüber ist ein weiterer Schluss der Analyse und erster Expertengespräche, dass es auf das „Wie“ ankommt. Die Organisation als komplexes soziales System sollte im Sinne der (gesundheitlichen) Nachhaltigkeit agiles Arbeiten als Mittel zur Erreichung eines gemeinsamen Zieles harmonisch und beteiligungsorientiert integrieren. Wichtige Handlungsfelder werden im weiteren Verlauf des Forschungsprojektes eruiert und gemeinsam mit Unternehmen evaluiert.

Literatur

Acuña, S. T., Gómez, M., & Juristo, N. (2009). How do personality, team processes and task characteristics relate to job satisfaction and software quality? *Information and Software Technology, 51*(3), 627–639.

Bakker, A. B., & Demerouti, E. (2007). The Job Demands-Resources model: state of the art. *Journal of Managerial Psychology, 22*(3), 309–328.

Bakker, A. B., & Demerouti, E. (2017). Job demands–resources theory: Taking stock and looking forward. *Journal of Occupational Health Psychology, 22*(3), 273–285.

Hackman, J. R., & Oldham, G. R. (1975). Development of the job diagnostic survey. *Journal of Applied psychology, 60*(2), 159.

Huck-Fries, V., Prommegger, B., Wiesche, M., & Krcmar, H. (2019). The Role of Work Engagement in Agile Software Development: Investigating Job Demands and Job Resources. *Proceedings of the 52nd Hawaii International Conference on System Sciences,* 7048–7056.

Kakar, A. K. (2017). Investigating the Motivating Potential of Software Development Methods: Insights from a Work Design Perspective. *Pacific Asia Journal of the Association for Information Systems, 9*(4), 65–96.

Mann, C., & Maurer, F. (2005). A case study on the impact of scrum on overtime and customer satisfaction. *Agile Development Conference (ADC'05),* 70–79.

Montgomery, A. W. (2017). Scrum Framework effects on Software Team cohesion, collaboration, and motivation: A social identity approach perspective. Dissertation

Przybilla, L., Wiesche, M., & Krcmar, H. (2018). The Influence of Agile Practices on Performance in Software Engineering Teams: A Subgroup Perspective. *Proceedings of the 2018 ACM SIGMIS Conference on Computers and People Research – SIGMIS-CPR'18,* 33–40.

Sun, W., & Schmidt, C. (2018). Practitioners' Agile-Methodology Use and Job Perceptions. *IEEE Software, 35*(2), 52–61.

Tarasov, A. (2019). Impact of lifestyle and working process organization on the job satisfaction level of software engineers. *Proceedings – 2019 IEEE/ACM 41st International Conference on Software Engineering: Companion, ICSE-Companion 2019,* 177–179.

Tripp, J. F., & Riemenschneider, C. K. (2014). Toward an understanding of job satisfaction on agile teams: Agile development as work redesign. *Proceedings of the Annual Hawaii International Conference on System Sciences,* 3993–4002.

Tuomivaara, S., Lindholm, H., & Känsälä, M. (2017). Short-Term Physiological Strain and Recovery among Employees Working with Agile and Lean Methods in Software and Embedded ICT Systems. *International Journal of Human-Computer Interaction, 33*(11), 857–867.

Thomas Dyllick[1] & Julia Weber[2]
[1]*Universität Mannheim,* [2]*Institut für Selbstmanagement und Motivation Zürich*

„Auf die innere Haltung kommt es an!" Die Motto-Ziele des Zürcher Ressourcen Modells

Attitude is a little thing that makes a big difference.
(Winston Churchill)
Zuerst die innere Haltung, dann die äußere Form!
(Konfuzius)

1. Einführung

Wissenschaftlich wird eine innere Haltung definiert als ein Fokus oder eine Geisteshaltung, die ein Individuum auf bestimmte Assoziationen und Erwartungen ausrichtet (Crum & Zuckerman, 2017). Die Forschung zeigt die Wichtigkeit der inneren Haltung für Motivation und Leistung (Dweck, 2016; Paunesku et al., 2015), aber auch für die Gesundheit von Individuen (Crum & Zuckerman, 2017; Jamieson, Crum, Goyer, Marotta, & Akinola, 2018). Beispielsweise wurde gezeigt, dass die gleiche körperliche Tätigkeit abhängig von der inneren Haltung unterschiedlich gut für die Gesundheit ist (Crum & Langer, 2007), es braucht also eine passende innere Haltung, um von einer körperlichen Tätigkeit auch profitieren zu können. Des Weiteren konnte gezeigt werden, dass erlebter Stress sowohl Nachteile als auch Vorteile mit sich bringen kann – abhängig von der inneren Haltung der Person (Crum, Salovey, & Achor, 2013; Jamieson et al., 2018). Die innere Haltung scheint also enorme Auswirkungen zu haben. Aber wie kann man die innere Haltung einer Person verändern? Eine Möglichkeit ist die Arbeit mit Zielen. Ein Zieltyp, der speziell entwickelt wurde, um die innere Haltung von Personen zu adressieren sind Motto-Ziele (Storch & Krause, 2017).

2. Motto-Ziele

Motto-Ziele sind persönlich gebildete Metaphern, die eine gewünschte innere Haltung beschreiben (z.B. „Mit Bärenruhe gehe ich meinen Weg"). Sie stellen das Verhalten von Personen unter ein Motto, welches sich auf die Art und Weise der Zielverfolgung bezieht (Storch & Krause, 2017). Durch die metaphorische Sprache und die spezifischen Charakteristika des Bildungsprozesses sind Motto-Ziele besonders effektiv darin, Emotionen auszulösen und zu regulieren (Dyllick, 2018; Storch & Krause, 2017; Weber 2013). Dies hat zur Folge, dass die formulierte innere Haltung von Individuen sogleich „gefühlt" und erlebt werden kann (Storch & Krause 2017).

Motto-Ziele wurden im Rahmen der theoretischen Überlegungen und praktischen Erfahrungen des Zürcher Ressourcen Modells (ZRM, Storch & Krause, 2017) entwickelt. Das ZRM ist ein ressourcenaktivierendes Selbstmanagementtraining zur gezielten Entwicklung von Handlungspotentialen und beruht auf neurobiologischen Erkenntnissen menschlichen Lernens und empirisch abgesicherten motivationspsychologischen Theorien, die belegen, dass für Motivation und eine adaptive innere Haltung auch unbewusste Bedürfnisse berücksichtigt werden müssen (siehe Storch & Krause, 2017).

Beim Bildungsprozess eines Motto-Ziels wird dies durch die Nutzung von Bildern und dem Achten auf die emotionale Wirkung der Bilder und Wörter sichergestellt (Krause & Storch, 2017). Ein motivierendes Motto-Ziel wird gebaut, indem zu einem bewussten Ziel ein Bild gesucht wird. Zu diesem Bild werden die passenden Worte erarbeitet. Aus den passenden Worten wird ein individuelles Motto-Ziel gebaut, welches eng mit der mentalen Bilderwelt des Individuums verbunden ist und mit den daran gekoppelten Gefühlen individuell auf Maß geschneidert wird. Das sorgfältige Nachspüren der emotionalen Wirkung von Worten ist ein wesentlicher Bestandteil von Motto-Zielen, denn „an jedem Wort hängt ein Bild, und an jedem Bild hängen somatische Marker" (Storch & Kuhl, 2012, S. 220). Das konkrete praktische Vorgehen beim Bau eines Motto-Ziels ist bei Storch und Krause (2017) sowie bei Weber (2017) ausführlich erläutert.

3. Forschung zu Motto-Zielen

Die Arbeit mit Motto-Zielen im Rahmen des Zürcher Ressourcen Modell (ZRM) wird in den verschiedensten Bereichen eingesetzt und zur Wirksamkeit der ZRM-Trainingsmethode und der Motto-Ziele gibt es zahlreiche Studien (www.zrm.ch/universitaere-arbeiten). Beispielsweise konnte Weber (2013) in einer randomisiert-kontrollierten Studie zeigen, dass Motto-Ziele durch die Synchronisation von Verstand und Unbewusstem intrinsische Motivation, Selbstbestimmung und Optimismus erzeugen. Dyllick (2018) untersuchte die Wirkung einer kurzen Motto-Ziele Online Intervention. Er konnte in mehreren Studien zeigen, dass Motto-Ziele die emotionale Selbstführung bei unangenehmen Tätigkeiten und bei Zielkonflikten am Arbeitsplatz erhöhen. Motto-Ziele führten zu höherem Autonomieempfinden, positivem Affekt, Vitalität und Arbeitsengagement. Weitere Befunde zeigen, dass Motto-Ziele die selbstgesteuerte Affektregulation verbessern (Weber, 2013; Storch et al., 2011), Stress (Speichelcortisolwert; Storch et al., 2007) und die wahrgenommene Belastung verringern (Weber, 2013).

Zusammengefasst zeigen die Studien, dass Motto-Ziele eine wirksame Methode sowohl zur Senkung von Stress und Belastung als auch zur Steigerung von Resilienzfaktoren wie positivem Affekt, Optimismus und Selbstbestimmung sind.

Literatur

Crum, A. J., Langer, E. J. (2007). Mind-Set Matters. Exercise and the Placebo Effect. *Psychological Science, 18*(2), 165-171. doi:10.1111/j.1467-9280.2007.01867.x

Crum, A. J., Salovey, P., Achor, S. (2013). Rethinking stress: The role of mindsets in determining the stress response. *Journal of Personality and Social Psychology, 104*(4), 716-733. doi: 10.1037/a0031201

Crum, A. J., Zuckerman, B. (2017). Changing mindsets to enhance treatment effectiveness. *Jama, 317*(20), 2063-2064. doi:10.1001/jama.2017.4545

Dweck, C. (2016). What having a „growth mindset" actually means. *Harvard Business Review, 13,* 213-226.

Dyllick, T. H. (2018). *Motto-Goals: Emotional and Motivation Effects in the Context of Unpleasant Obligations.* Dissertation, Universität Mannheim.

Jamieson, J. P., Crum, A. J., Goyer, J. P., Marotta, M. E., Akinola, M. (2018). Optimizing stress responses with reappraisal and mindset interventions: an integrated model. *Anxiety, Stress & Coping, 31*(3), 245-261, doi:10.1080/10615806.2018.1442615

Krause, F., & Storch, M. (2017). *Ressourcen aktivieren mit dem Unbewussten: Manual und ZRM-Bildkartei.* Bern: Huber.

Paunesku, D., Walton, G. M., Romero, C., Smith, E. N., Yeager, D. S., Dweck, C. S. (2015). Mind-Set Interventions Are a Scalable Treatment for Academic Underachievement. *Psychological Science, 26*(6), 784–793. doi: 10.1177/0956797615571017

Storch, M., Gaab, J., Küttel, Y., Stüssi, A. & Fend, H. (2007). Psychoneuroen docrine effects of resource-activating stress management training. *Health Psychology, 26,* 456–463.

Storch, M., Keller, F., Weber, J., Spindler, A. & Milos, G. (2011). Psychoedu-
cation in Affect Regulation for Patients with Eating Disorders: A Randomized Controlled Feasibility Study. *American Journal of Psychotherapy, 65* (1), 81-93.

Storch, M. & Krause, F. (2017). *Selbstmanagement – ressourcenorientiert. Grundlagen und Trainingsmanual für die Arbeit mit dem Zürcher Ressourcen Modell (ZRM).* 6., vollständig überarbeitete und erweiterte Auflage. Bern: Huber.

Storch, M. & Kuhl, J. (2012). *Die Kraft aus dem Selbst. Sieben PsychoGyms für das Unbewusste.* Bern: Huber Verlag.

Weber, J. (2013). *Turning Duty into Joy! Optimierung der Selbstregulation durch Motto-Ziele.* Dissertation, Lehrstuhl für Differentielle Psychologie und Persönlichkeitsforschung, Universität Osnabrück.

Weber, J. (2017). *Ich fühle, was ich will. Wie Sie Ihre Gefühle besser wahr nehmen und selbstbestimmt steuern.* Hogrefe: Bern.

Annika Krick & Jörg Felfe
Helmut-Schmidt Universität/Universität der Bundeswehr Hamburg/
Arbeits-, Organisations- und Wirtschaftspsychologie

Wirksamkeitsprüfung eines achtsamkeitsbasierten Ressourcentrainings bezüglich psychologischer und physiologischer Kriterien bei PolizeibeamtInnen

1. Relevanz

Die sich wandelnde Arbeitswelt geht mit Veränderungen wie Digitalisierung, Arbeitsintensivierung und zunehmender Flexibilisierung einher und sorgt für eine Veränderung der Arbeitsanforderungen (Eichhorst, Tobsch & Wehner, 2016). Studien zeigen, dass die psychischen Arbeitsanforderungen, das Belastungsrisiko und arbeitsbedingter Stress steigen (European Agency for Safety and Health at Work – EU-OSHA, 2012). Ständige Arbeitsunterbrechungen und zu große Arbeitsmengen über lange Zeiträume führen zu Stress und in der Folge zu psychischen Beeinträchtigungen (Cox, Griffiths & Leka, 2005; Netterstrøm et al., 2008). Tatsächlich werden psychische Beeinträchtigungen immer bedeutsamer (DAK, 2019). Diese Entwicklungen zeigen, wie bedeutsam die Gesundheitsprävention am Arbeitsplatz und der adäquate Umgang mit arbeitsbezogenem Stress sind. Wichtige Ansatzpunkte sind die Verhältnis- und die Verhaltensprävention. Ein Ansatzpunkt der Verhältnisprävention ist die Reduzierung der Arbeitsbelastung, indem gesundheitsschädigende Arbeitsbedingungen und Arbeitsstrukturen minimiert werden. Auch das Verhalten der Beschäftigten kann eine wichtige Stellschraube sein (Verhaltensprävention). Dabei sollte vor allem die Förderung von Ressourcen und Gesundheitskompetenzen der Beschäftigten im Vordergrund stehen, da diese eine wichtige Rolle für die Entstehung bzw. Vermeidung von Stress spielen (World Health Organization, 2003). Eine wichtige arbeitsrelevante Ressource ist die gesundheitsförderliche Selbstführungskompetenz, die im Konzept der „gesundheitsförderlichen Führung" (Health-oriented Leadership; Pundt & Felfe, 2017) als SelfCare bezeichnet wird und den Umgang mit der eigenen Gesundheit beschreibt (Felfe, Pundt & Krick, 2017). SelfCare ist neben der gesundheitsförderlichen Mitarbeiterführung (StaffCare) wesentlicher Bestandteil von gesunder Führung und sollte im Sinne der Hilfe zur Selbsthilfe systematisch unterstützt und gefördert werden. Die Entwicklung von Achtsamkeit spielt hierbei eine wichtige Rolle. Achtsamkeit bedeutet, den aktuellen Augenblick bewusst wahrzunehmen, ohne mit vergangenen Erlebnissen oder Gedanken an zukünftige Ereignisse beschäftigt zu sein oder Gedanken sofort zu bewerten oder direkt darauf zu reagieren (Kabat-Zinn, 2013). Der zunehmende Druck in der Arbeit führt dazu, dass Beschäftigte zunehmend automatisch reagieren und im sogenannten „Autopilot-Modus" funktionieren, um effizienter zu werden und um den Anforderungen noch gerecht zu werden. Befinden sich Beschäftigte jedoch dauerhaft im „Autopilot-Modus", gelingt es ihnen kaum, die aktuelle Situation bewusst wahrzunehmen. Steht das effektive Funktionieren im Fokus, nehmen sie kaum noch Warnsignale und gesundheitliche Bedürfnisse wahr und sind nicht in der Lage, sich um die eigene Gesundheit zu kümmern. Achtsamkeit als Fähigkeit und Haltung kann dabei eine wichtige Ressource sein und helfen, diesen „Autopilot-Modus" zu erkennen, um bewusst Gesundheitssignale wahrzunehmen und um Stressoren gegenzusteuern. Achtsamkeit als Fähigkeit ist eine wichtige Voraussetzung für eine gesundheitsförderliche Selbstführung und kann dabei unterstützen, Beschäftigte besser in die Lage zu versetzen, während der Dienstzeit auf die eigene Gesundheit zu achten und besser für sich zu sorgen.

Zur Verbesserung von Achtsamkeit und der gesundheitsförderlichen Selbstführungskompetenz wurde daher ein achtsamkeitsbasiertes Stärken- und Ressourcentraining (SRT) als Maßnahme zur Stressprävention im Rahmen von betrieblichem Gesundheitsmanagement (BGM) entwickelt und evaluiert.

2. Stärken- und Ressourcentraining (SRT)

2.1 Konzept und Aufbau

Im multimodal-aufgebauten SRT (Krick, Felfe & Renner, 2018) steht die Ressourcenaktivierung im Vordergrund. Diese findet auf drei Ebenen statt: (1) Achtsamkeitsebene, (2) körperorientierte Ebene und (3) kognitiv-emotionale Ebene. Das Training integriert unterschiedliche Konzepte und Techniken, die bereits empirisch überprüft wurden und sich in der Praxis als effektiv erwiesen haben. Das Training besteht zum Einstieg aus sechs 90-minütigen Terminen und adressiert in jedem Termin alle unterschiedlichen Ebenen.

2.2 Wirksamkeit anhand subjektiver und objektiver Maße

Da die bisherigen Studien und Belege für die positiven Effekte von achtsamkeitsbasierten Interventionen (AbIs) aus Stichproben mit Freiwilligen aus dem Sozial-, Bildungs- und Gesundheitsbereich stammen und Selbstselektion sowie Stichprobenmerkmale zu verzerrten Befunden geführt haben könnten, ist bisher wenig bekannt, ob AbIs auch in anderen Kontexten wirksam sind und für welche Personen sie besonders effektiv sind. Theoretisch und praktisch ist es wichtig zu erfahren, ob AbIs auch für nicht-selektive Stichproben außerhalb des Sozial- und Gesundheitssektors, insbesondere in maskulin geprägten Berufskulturen wie Polizei oder Bundeswehr, wirksam sind. Vielfach werden Zweifel geäußert, ob AbIs von Personen angenommen werden, in deren Berufskontext ein Selbstkonzept psychischer Robustheit vorherrscht. Daher untersuchte die Studie von Krick und Felfe (2019) die Auswirkungen des SRTs auf physiologische und psychologische Erfolgskriterien in einer nicht-selektiven Stichprobe von PolizistenInnen. Darüber hinaus wurde untersucht, ob die Wirksamkeit von der Persönlichkeit der Teilnehmenden (Neurotizismus, Offenheit und Gewissenhaftigkeit) und von den wahrgenommenen sozialen Normen (Einstellungen) gegenüber AbIs abhängt.

Mithilfe eines Prä-Post-Kontrollgruppendesigns wurden N = 267 PolizeibeamtInnen randomisiert einer Interventionsgruppe, die das sechswöchige SRT erhielt, und einer Kontrollgruppe zugewiesen. ANOVAs mit Messwiederholung zeigten signifikante Interaktionseffekte zwischen Gruppe (Interventionsgruppe vs. Kontrollgruppe) x Zeit (prä-post). Die Interventionsgruppe wies eine Zunahme der Herzratenvariabilität (HRV) und eine stärkere Reduktion von Stresserleben, von körperlichen Beschwerden und von negativem Affekt, sowie eine stärkere Verbesserung der Achtsamkeit und gesundheitsförderlichen Selbstführung (SelfCare) auf. Bei der Kontrollgruppe zeigten sich keine signifikanten Veränderungen. Die Effektgrößen deuten dabei auf mittlere bis große Effekte. Darüber hinaus profitierten die Teilnehmenden mit höheren Werten in Neurotizismus und Offenheit mehr. Der Interventionseffekt fiel ebenfalls höher aus, wenn das soziale Umfeld günstiger war, d. h. wenn das Umfeld positiver gegenüber AbIs eingestellt war.

Diese Ergebnisse zeigen, dass auch Teilnehmende aus eher maskulin geprägten Berufen von einer Achtsamkeitsintervention profitieren können. Für die Effektivität scheint neben individuellen Faktoren auch der soziale Kontext wichtig zu sein.

3. Zusammenfassung

Vor dem Hintergrund der sich wandelnden Arbeitswelt und steigender psychischer Risiken am Arbeitsplatz bietet das hier vorgestellte SRT eine effektive Möglichkeit, die gesundheitsförderliche Selbstführungskompetenz und Achtsamkeit zu intensivieren. Der besondere Vorteil des Trainings ist die Kombination aus unterschiedlichen Modulen, Techniken und Methoden, die einen spannenden und vielfältigen Mix an Angeboten für die Teilnehmenden garantiert. Die Ergebnisse der wissenschaftlichen Evaluation machen deutlich, dass die Effektivität nicht nur anhand selbstberichteter psychologischer Kriterien nachgewiesen werden konnte, sondern auch hinsichtlich objektiver physiologischer Kriterien (HRV) nachweisbar ist. Da bisherige AbIs vorwiegend mit eher selektiven Stichproben untersucht wurden und Ergebnisse durch positive Einstellungen der Teilnehmenden verzerrt sein könnten, ist besonders hervorzuheben, dass die Wirksamkeit an einer nicht-selektiven Stichprobe untersucht und nachgewiesen werden konnte. Die Ergebnisse zeigen, dass vor allem auch Teilnehmende aus eher maskulin geprägten Berufsgruppen wie Polizei und Bundeswehr von diesem Training profitieren können. Das Training bietet eine gute Möglichkeit, die eigene SelfCare, Achtsamkeit und Widerstandsressourcen zu fördern. Das gilt gleichermaßen für Führungskräfte und Beschäftigte.

Literatur

Cox, T., Griffiths, A. & Leka, S. (2005). Work Organization and Work-Related Stress. In J. M. Harrington & K. Gardiner (Eds.), *Occupational hygiene* (3rd ed., pp. 421–432). Malden, Mass: Blackwell Publishing Ltd. https://doi.org/10.1002/9780470755075.ch28

DAK. (2019). *DAK-Gsundheitsreport 2019.* Zugriff am 20.07.2019. Verfügbar unter https://www.dak.de/dak/download/dak-gesundheitsreport-2019-sucht-pdf-2073718.pdf

Eichhorst, W., Tobsch, V. & Wehner, C. (2016). Neue Qualität der Arbeit? Zur Entwicklung von Arbeitskulturen und Fehlzeiten. In B. Badura, A. Ducki, H. Schröder, J. Klose & M. Meyer (Hrsg.), *Fehlzeiten-Report 2016: Unternehmenskultur und Gesundheit – Herausforderungen und Chancen* (S. 9–20). Berlin, Heidelberg: Springer-Verlag.

European Agency for Safety and Health at Work – EU-OSHA. (2012). *Motivation for employees to participate in workplace health promotion: Literature review.* Luxembourg: Publ. Off. of the Europ. Union. https://doi.org/10.2802/4973

Felfe, J., Pundt, F. & Krick, A. (2017). Gesundheitsförderliche Führung = Ressource für Beschäftigte – Belastung für Führungskräfte? In C. Busch, A. Ducki, J. Dettmers & H. Witt (Hrsg.), *Der Wert der Arbeit. Festschrift zur Verabschiedung von Eva Bamberg* (1. Auflage, S. 241–255). Augsburg: Rainer Hampp Verlag.

Krick, A. & Felfe, J. (2019). Who benefits from mindfulness? The moderating role of personality and social norms for the effectiveness on psychological and physiological outcomes among police officers. *Journal of Occupational Health Psychology.* https://doi.org/10.1037/ocp0000159

Krick, A., Felfe, J. & Renner, K.-H. (2018). *Stärken- und Ressourcentraining. Ein Gruppentraining zur Gesundheitsprävention am Arbeitsplatz.* Göttingen: Hogrefe Verlag. https://doi.org/10.1026/02920-000

Netterstrøm, B., Conrad, N., Bech, P., Fink, P., Olsen, O., Rugulies, R. et al. (2008). The relation between work-related psychosocial factors and the development of depression. *Epidemiologic Reviews, 30,* 118–132. https://doi.org/10.1093/epirev/mxn004

Pundt, F. & Felfe, J. (2017). *HOL. Health oriented Leadership. Instrument zur Erfassung gesundheitsförderlicher Führung.* Göttingen: Hogrefe Verlag.

World Health Organization. (2003). Work, Organisazion & Stress. Zugriff am 13.08.2019. Verfügbar unter https://www.who.int/occupational_health/publications/en/oehstress.pdf

Maida Mustafić, Michaela Knecht, Cosima Dorsemagen,
Marcel Baumgartner & Andreas Krause
Fachhochschule Nordwestschweiz

Indirekte Leistungssteuerung und Selbstgefährdung: Neue Erkenntnisse zur Gestaltbarkeit indirekter Leistungssteuerung im Betrieb

1. Indirekte Leistungssteuerung im Betrieb

Mit Bezug auf Anforderungen einer digitalisierten Arbeitswelt findet aktuell in der Wissenschaft und noch stärker in der betrieblichen Praxis eine intensive Diskussion statt über Möglichkeiten, flexiblere Arbeitsformen einzusetzen (z.B. Badura, Ducki, Schröder, Klose, & Meyer, 2019). Antworten sollen Konzepte wie New Work, agile Arbeitsformen, Holacracy, das kollegial geführte Unternehmen, results-only-work-environment u.ä. liefern, welche jeweils einen höheren Grad an Selbstorganisation einfordern und traditionelle Hierarchien infrage stellen. Vielfach wird in der betrieblichen Praxis wenig reflektiert, dass diese neuen Konzepte im Kontext einer bereits lange andauernden, grundsätzlichen Veränderung der betrieblichen Steuerung von individuellem Leistungsverhalten zu sehen sind, wonach Mitarbeitende zunehmend wie Selbstständige agieren. Insbesondere in der Soziologie wurden diese Veränderungen kritisch kommentiert (z.B. Arbeitskraftunternehmer nach Voss & Pongratz, 1998, unternehmerisches Selbst nach Bröckling, 2007). Ein vielversprechender Ansatz fokussiert die Veränderung in Richtung ergebnisorientierter Führung bzw. indirekter Leitungssteuerung (und weg von Command-and-Control): Höhere Selbstorganisation und Verantwortungsübernahme werden Mitarbeitenden ermöglicht, wobei diese ihr Handeln konsequent an ökonomischen Zielen auszurichten haben.

Angelehnt an die Theorie der indirekten Steuerung von Klaus Peters (2011) und die Arbeiten des Instituts für sozialwissenschaftliche Forschung (ISF) in München, wie zum Beispiel von Sauer (2005) oder Menz und Nies (2015), definieren wir indirekte Leistungssteuerung *als eine Form der Steuerung, die Rahmenbedingungen setzt, die eine Marktlogik für Beschäftigte spürbar machen und den Beschäftigten die Verantwortung überlässt, mit dieser Marktlogik erfolgreich umzugehen.* Die indirekte Steuerung als Leistungssteuerungsprinzip in Betrieben bringt spezifische Herausforderungen im Arbeitsalltag mit sich. An der Stelle, an der früher Führungskräfte die Verantwortung, Autorität und Kontrolle für einen Großteil der Management- und Planungsaufgaben übernommen haben, wird diese Verantwortung heute in zunehmendem Maße an Beschäftigte ohne klassische Führungsverantwortung übertragen.

Zudem machen sich Unternehmen mit der Nutzung der Prinzipien indirekter Leistungssteuerung die potenziell motivierenden Effekte sozialer Vergleichsprozesse zunutze.

Wir nehmen an, dass sich aus der Theorie der indirekten Steuerung (Peters, 2011) auch spezifische Anforderungen an die Handlungsregulation der Beschäftigten sowie Regulationsmöglichkeiten und -behinderungen ergeben. Zu den Anforderungen zählen das *Ausrichten der Arbeitsziele an Organisationszielen, das Integrieren von fachlichen und ökonomischen Ansprüchen sowie die Integration von Rückmeldungen zur Zielerreichung in das Arbeitshandeln.*

Ausrichten der Arbeitsziele an den Organisationszielen: Unter den Bedingungen der indirekten Leistungssteuerung werden Beschäftigte über vorgegebene, auszuhandelnde oder selbst zu setzende Arbeitsziele gesteuert. Management by Objectives ist ein schon lange bekanntes Beispiel für eine indirekte Steuerung über Zielvorgaben. Die Arbeitsleistung wird anhand des Vereinbarten beurteilt, Ziele können im Betrieb dabei auch als „Service-Level Agreements", „Key Performance Indicators" o.ä. bezeichnet sein. Die Anforderung an die Beschäftigten besteht darin, in einem kontinuierlichen Prozess die Arbeitsziele an übergeordneten Arbeitszielen auszurichten sowie selbstorganisiert und erfolgreich zu verfolgen.

Integrieren von fachlichen und ökonomischen Ansprüchen: Die zweite Anforderung beschreibt a) die Einschränkung der Ziele auf ökonomisch rentable, messbare Einheiten, auf denen Beschäftigte eingeschätzt und verglichen werden können und b) die Tatsache, dass Beschäftigte, während sie fachlich angemessene Leistung zeigen sollen, auch den ökonomischen Erfolg des Unternehmens im Blick haben müssen.

Integrieren von Rückmeldungen zur Zielerreichung in das Arbeitshandeln: Die dritte Anforderung beinhaltet die systematische Überprüfung des Standes der Zielerreichung, z.B. über Controllingaktivitäten zur Erfassung von Kennzahlen zur Zielerreichung sowie die Rückmeldung der Zielerreichung an die Beschäftigten. Diese Rückmeldung soll von Beschäftigten zieldienlich integriert werden. Die Integration erfordert eine angemessene Interpretation der Rückmeldung, das Ziehen adäquater Schlussfolgerungen und das Ausrichten des Arbeitshandelns.

Neben den Regulationsanforderungen indirekter Leistungssteuerung nehmen wir an, dass sich spezifische Stressoren (Regulationsbehinderungen) und Ressourcen (Regulationsmöglichkeiten) ergeben. Regulationsbehinderungen und Regulationsmöglichkeiten erklären die gesundheitlichen Auswirkungen indirekter Leistungssteuerung. Im Einzelnen geht es um folgende Regulationsmöglichkeiten: *aushandelbare Ziele, Selbständigkeit, zeitliche Puffer durch Zielerreichung, Anerkennung fachlicher Leistung sowie Positive Teamorientierung. Die Regulationsbehinderungen sind hingegen: Konkurrenz innerhalb der Organisation, Konkurrenzorientierung der*

Organisation, permanente Reorganisation, Widersprüche zwischen fachlichen und ökonomischen Zielen, hausgemachte Regulationsprobleme, Arbeitsplatzunsicherheit bei fehlender Zielerreichung, Zielspiralen.

Die betriebliche Entwicklung in Richtung indirekter Leistungssteuerung eröffnet vielen Beschäftigten (potenziell gesundheitsförderliche) Möglichkeiten wie neue Handlungsspielräume und eine höhere Autonomie, gleichzeitig aber auch neue (potenziell gesundheitskritische) Herausforderungen, etwa wenn angesichts zunehmender Ergebnisverantwortung von allen Beschäftigten stärker ausgehandelt werden muss, was erreichbar ist und was nicht. Je nach Ausgestaltung indirekter Leistungssteuerung – eher in Form von Regulationsmöglichkeiten oder in Form von Regulationsbehinderungen – wirkt sich indirekte Leistungssteuerung potenziell eher gesundheitsförderlich oder gesundheitsgefährdend aus. Im Zuge der Entwicklung eines neuen Instruments, das bei der PASIG-Tagung und in weiteren Publikationen ausführlich vorgestellt werden wird, wurden die angenommenen Zusammenhänge empirisch bestätigt: Wir sind in der Lage, über den neu entwickelten Fragebogen positiv und negativ gestaltete Formen indirekter Leistungssteuerung zu unterscheiden und somit konkrete Ansatzpunkte für Gestaltungsbedarf zu ermitteln.

2. Effekte auf Selbstgefährdung und Gesundheit

In früheren Studien waren wir vor allem den gesundheitskritischen Auswirkungen indirekter Steuerung nachgegangen. Bei fehlenden Regulationsmöglichkeiten und überwiegenden Regulationsbehinderungen tendieren Beschäftigte dazu, Ergebniseinbußen durch das Unterlaufen von Vorgaben zum Schutze ihrer eigenen Gesundheit (z.B. Arbeitszeitbeschränkungen) zu vermeiden. Vielen gelingt es nicht, den Zielkonflikt zwischen der Sicherstellung des ökonomischen Erfolges des Unternehmens einerseits und der Aufrechterhaltung ihrer persönlichen Gesundheit andererseits zu regulieren. Peters (2011) nennt ein solches Verhalten, das *aus einem Interesse am ökonomischen Erfolg* heraus zur kurzfristigen Leistungsaufrechterhaltung und -steigerung, langfristig aber zu Gesundheitsgefährdung führt, interessierte Selbstgefährdung. Interessierte Selbstgefährdung manifestiert sich in Verhaltensphänomenen wie *Ausdehnen der Arbeitszeit, Intensivieren der Arbeitszeit, Einnahme von Substanzen zum Erholen, Einnahme stimulierender Substanzen, Präsentismus, Vortäuschen* (Krause, Berset, & Peters, 2015). Unter den Bedingungen indirekter Leistungssteuerung sind Beschäftigte daher besonders auf eine ressourcenreiche und humane Ausgestaltung von Arbeitsbedingungen angewiesen. Dies kann im Zuge einer Gefährdungsbeurteilung psychischer Belastungen unterstützt werden.

3. Indirekte Leistungsteuerung in der Gefährdungsbeurteilung psychischer Belastungen berücksichtigen

Instrumente zur Messung der Qualität indirekter Leistungssteuerung, können im Zuge einer Gefährdungsbeurteilung psychischer Belastungen (gemäß § 5 Nr. 6 ArbSchG) eingesetzt werden, um zu prüfen, inwieweit Handlungsbedarf speziell in stark ergebnisorientierten Betrieben besteht. Starke Ausprägungen der oben beschriebenen Stressoren der indirekten Steuerung sprechen für Gefährdungspotenzial, während von den Ressourcen motivierende Effekte ausgehen. Wir nehmen an, dass die Gesundheitsrelevanz indirekter Leistungssteuerung durch zunehmende Digitalisierung eher zunehmen wird: Mitarbeitende arbeiten sich nicht allein aus Spaß an der Arbeit krank, am Abend zu ungewöhnlichen Zeiten oder im Urlaub, sondern vielfach aufgrund der gegebenen Arbeitsorganisation. Wir empfehlen deswegen, Instrumente zur Erfassung der Qualität der praktizierten Leistungssteuerung in Betrieben in Gefährdungsbeurteilungsverfahren ergänzend zu berücksichtigen.

Literatur

Badura, B., Ducki, A., Schröder, H., Klose, J, Meyer, M. (2019). *Fehlzeiten-Report 2019. Digitalisierung-gesundes Arbeiten ermöglichen.* Heidelberg: Springer

Bröckling, U. (2007). *Das unternehmerische Selbst. Soziologie einer Subjektivierungsform.* Suhrkamp: Frankfurt am Main.

Diebig, M., Jungmann, F., Müller, A. & Wulf, I. C. (2018). Inhalts- und prozessbezogene Anforderungen an die Gefährdungsbeurteilung psychischer Belastung im Kontext Industrie 4.0. Eine qualitative Interviewstudie. *Zeitschrift für Arbeits- und Organisationspsychologie, 62*(2), 53–67.doi: 10.1026/09324089/a000265

Krause, A., Berset. M. & Peters, K. (2015) Interessierte Selbstgefährdung – von der direkten zur indirekten Steuerung. *Arbeitsmedizin Sozialmedizin Umweltmedizin*, 50(3), 164–170.

Menz, W. & Nies, S. (2015) Wenn allein der Erfolg zählt. In N. Kratzer, W. Menz & B. Pangert (Hrsg.), *Work-Life-Balance – eine Frage der Leistungspolitik* (S. 233–273). Wiesbaden: Springer VS Verlag.

Peters K. (2011) Indirekte Steuerung und interessierte Selbstgefährdung: eine 180-Grad-Wende bei der betrieblichen Gesundheitsförderung. In N. Kratzer W. Dunkel, K. Becker & S. Hinrichs (Hrsg.), *Arbeit und Gesundheit im Konflikt: Analysen und Ansätze für ein partizipatives Gesundheitsmanagement* (S.105–122). Berlin: Edition Sigma.

Sauer, D. (2005) *Arbeit im Übergang: Zeitdiagnosen.* Hamburg: VSA Verlag.

Voss, G. & Pongratz, H. J. (1998). Der Arbeitskraftunternehmer. Eine neue Grundform der Ware Arbeitskraft? *Kölner Zeitschrift für Soziologie und Sozialpsychologie,* 50, 131–158.

Laura Klara Schoofs, Jürgen Glaser & Severin Hornung
Leopold-Franzens-Universität, Innsbruck

Soziale Ressourcen, Grundbedürfnisbefriedigung und Selbstverwirklichung in der Arbeit

1. Theoretischer Hintergrund und Ziel der Studie

1.1 Soziale Ressourcen in der Arbeit

In der heutigen Arbeitswelt, geprägt durch immer mehr Komplexität und damit einhergehenden neuen Herausforderungen, gelten Arbeitsressourcen wie Führungsstil und soziale Unterstützung durch KollegInnen und Vorgesetzte als Prädiktoren für die Gesundheit der Arbeitskräfte (Edmondson & Boyer, 2013; Dunst et al., 2018). Einen zentralen Ansatz in der Führungsforschung stellt die transformationale Führung dar, welche sowohl angesprochene Veränderungsprozesse berücksichtigt als auch persönliche Ziele und Interessen aller im Unternehmenskontext handelnder Personen miteinbezieht (Dunst et al., 2018). Beide Ressourcen fördern außerdem das psychologische Wohlbefinden sowie persönliches Wachstum im Sinne einer eudaimonischen Selbstverwirklichung (Deci et al., 2001; Hetland et al., 2011).

1.2 Selbstverwirklichung in der Arbeit

Bereits Philosophen der Antike beschäftigten sich mit Selbstverwirklichung. So beschrieb Aristoteles eine ethisch bedeutsame Lebensführung im Sinne der Eudaimonie, die durch Verwirklichung des eigenen höchsten Potenzials erreicht wird (Ryff & Singer, 2008).

Humanistische Ansätze, insbesondere der soziotechnische Systemansatz, haben das Konzept der Selbstverwirklichung im Sinne einer Kompetenz- und Persönlichkeitsentwicklung in den Kontext der Erwerbsarbeit gebracht. Ein frühes Ziel bestand darin, monotone und sinnentleerte Arbeitsumgebungen zu überwinden und menschengerechte Arbeitsbedingungen zu schaffen, die der persönlichen Entwicklung dienen (Ulich, 2011).

1.3 Psychologische Grundbedürfnisse

Laut der Selbstbestimmungstheorie sind Menschen wachstumsorientiert. Sie streben nach Autonomie, Kompetenz und sozialer Verbundenheit. Die Annahme der Befriedigung dieser drei psychologischen Grundbedürfnisse bietet einen Rahmen für psychologisches Wachstum und Wohlbefinden sowie für die Selbstverwirklichung im Sinne der persönlichen Entwicklung (Deci et al., 2001). Untersuchungen bestätigen außerdem positive Zusammenhänge zwischen sozialer Unterstützung bzw.

transformationaler Führung und der Befriedigung der Bedürfnisse nach Autonomie, Kompetenz und Verbundenheit (Deci et al., 2001; Hetland et al., 2011). Die bisherige Forschung liefert unzureichende Antworten darauf, durch welche Prozesse transformationale Führung und soziale Unterstützung auf Selbstverwirklichung in der Arbeit wirken. Effekte sozialer Ressourcen auf Konstrukte wie Zufriedenheit oder Leistung sind hingegen vielfach, auch im Hinblick auf Mediatoren, erforscht (Day & Leitner, 2014).

Die Selbstbestimmungstheorie bietet eine Erklärung. Ziel dieser empirischen Längsschnittstudie ist es, die Zusammenhänge von transformationaler Führung sowie sozialer Unterstützung mit Indikatoren der Selbstverwirklichung in der Arbeit genauer zu untersuchen. Besonders berücksichtigt wird dabei eine mögliche vermittelnde Funktion der Befriedigung psychologischer Grundbedürfnisse nach Autonomie, Kompetenz und Verbundenheit. Unsere theoretische Vorannahme ist, dass beide Formen sozialer Ressourcen zur Selbstverwirklichung in der Arbeit durch die Befriedigung psychologischer Grundbedürfnisse in der Arbeit beitragen.

2. Methode

Die Studie wurde als Online-Befragung einer Gelegenheitsstichprobe von Erwerbstätigen aus einem breiten Spektrum an Berufen und Branchen zu zwei Messzeitpunkten (T1-T2: $M = 61$ Tage) durchgeführt. Die personenbezogene Längsschnitt-Stichprobe umfasste $N = 179$ überwiegend hoch qualifizierte Beschäftigte. 58.7% waren weiblich, das Durchschnittsalter lag bei 33.8 Jahren, 34.8% waren in leitender Position tätig.

Die *psychologischen Grundbedürfnisse* wurden mit 3 Skalen (BNS-W Scale; Deci et al., 2001) und jeweils 3 Items auf einer 7-stufigen Antwortskala erhoben. *Soziale Unterstützung* wurde mit 4 Skalen und jeweils 2 Items (Quellen: KollegInnen und Vorgesetzte; Formen: emotional und instrumentell) auf einer 4-stufigen Antwortskala erfasst (Frese, 1989). Mit 2 Skalen (Intellektuelle Stimulation und Individuelle Betrachtung) des MLQ (Felfe & Goihl, 2014) und jeweils 4 Items wurde *transformationale Führung* auf einem 5-stufigen Antwortformat erfasst. *Selbstverwirklichung in der Arbeit* wurde mit 3 Komponenten und je 3 Items operationalisiert: eine motivationale (intrinsische Arbeitsmotivation), eine kognitive (Sinnerfüllung in der Arbeit) und eine handlungsbezogene Komponente (berufliche Selbstwirksamkeit) (Glaser et al., 2019). Das Antwortformat dieser Skalen war 5-stufig. Interne Konsistenzen aller Fragebogenskalen belegten zu beiden Messzeitpunkten die Genauigkeit der Messungen (Cronbachs Alpha Werte .82-.92).

3. Resultate

Zu beiden Messzeitpunkten (T1/T2) zeigten multiple lineare Regressionen im Querschnitt die angenommenen Mediationseffekte. Direkte Zusammenhänge zwischen sozialer Unterstützung ($\beta = .39/.49$, $p < .01$) respektive transformationaler Führung ($\beta = .41/.51$, $p < .01$) und Indikatoren der Selbstverwirklichung in der Arbeit verloren statistische Signifikanz ($\beta = -.07/-.01$ und $\beta = .11/.09$, alle n.s.), sobald die Befriedigung psychologischer Grundbedürfnisse als Prädiktor von Selbstverwirklichung aufgenommen wurde ($\beta = .68/.76$; $\beta = .58/.69$; $p < .01$). Alle weiteren Voraussetzungen statistischer Mediation waren erfüllt und die Ergebnismuster konsistent zu beiden Messzeitpunkten. Längsschnittliche Zusammenhänge wurden in Kreuzkorrelationsmodellen untersucht, wobei (unter Kontrolle der Autokorrelationen) ein zeitlich verzögerter Effekt von Bedürfnisbefriedigung auf Selbstverwirklichung bestätigt wurde ($\beta = .34$, $p < .01$). Unklar hingegen waren die längsschnittlichen Zusammenhänge zwischen sozialer Unterstützung, transformationaler Führung und der Grundbedürfnisbefriedigung, sodass keine Verkettung zeitlich gerichteter Effekte im Sinne der Mediationshypothesen etabliert werden konnte.

4. Diskussion

Diese Studie erklärt kurzfristig verzögerte Wirkungen von sozialen Ressourcen auf Indikatoren der Persönlichkeitsentwicklung sowie die vermittelnden Prozesse und erweitert somit den Rahmen der Forschung. Basierend auf Annahmen der Selbstbestimmungstheorie wird die Befriedigung psychologischer Grundbedürfnisse (nach Autonomie, Kompetenz und Verbundenheit) als Mediator zwischen sozialer Unterstützung respektive transformationaler Führung (als arbeitsrelevante Ressourcen) und Indikatoren der Selbstverwirklichung in der Arbeit zu zwei Messzeitpunkten belegt.

Die Methode der Online-Befragung und dadurch bedingte Verzerrungen (z.B. Selbstauskunft) stellen Einschränkungen dar, wobei eine objektive Erfassung von Phänomenen wie der Befriedigung psychologischer Grundbedürfnisse schwierig ist (Podsakoff & Organ, 1986). Eine Kombination mit anderen Datenquellen (z.B. Fremdauskünfte durch KollegInnen) ist erstrebenswert.

Die Ergebnisse der Studie sind auch in ihrer Generalisierbarkeit eingeschränkt (nicht repräsentativ) und müssen mit Vorsicht interpretiert werden. Weitere Untersuchungen mit einem längeren zeitlichen Intervall zwischen Messzeitpunkten könnten die Vermittlungsprozesse noch genauer aufklären. Vorläufige längsschnittliche Befunde deuten bereits auf abweichende Ergebnisse hin. So zeigten Kreuzkorrelationsanalysen zwar einen zeitlich verzögerten hypothesenkonformen Effekt der Befriedigung psychologischer Grundbedürfnisse auf Selbstverwirklichung in der Arbeit, entgegen der

Erwartung wurde jedoch auch ein zeitlich verzögerter „reverser“ Effekt von der Bedürfnisbefriedigung auf die sozialen Ressourcen in der Arbeit gefunden.

Zukünftige Studien sollten repräsentative Stichproben in unterschiedlichen Zeitintervallen testen, um die Zeitverzögerung der Effekte von sozialer Unterstützung und transformationaler Führung auf Selbstverwirklichung in der Arbeit genauer aufzuklären (Dormann & Griffin, 2015). Um die inhaltliche Generalisierbarkeit zu erhöhen, könnten weitere Arbeitsressourcen (z.B. Tätigkeitsspielraum) und andere Indikatoren für Selbstverwirklichung (z.B. psychologisches Wohlbefinden) einbezogen werden. Die Konstrukte sollten zukünftig noch genauer analysiert werden, z.B. im Hinblick auf spezifische Zusammenhänge zwischen den einzelnen Bedürfnissen und den jeweiligen Indikatoren für Selbstverwirklichung in der Arbeit. Im Hinblick auf soziale Untersützung sollten Formen (sozial, emotional und instrumentelle) und Quellen (KollegenInnen oder Vorgesetzten) unterschieden werden.

Literatur

Day, A., & Leiter, M. P. (2014). The good and bad of working relationships. In: Leiter, M. P., Bakker, A. A., & Maslach, C. (eds.), Burnout at Work: A Psychological Perspective, 56–79. New York, NY: Psychology Press.

Deci, E. L., Ryan, R. M., Gagné, M., Leone, D. R., Usunov, J., & Kornazheva, B. P. (2001). Need satisfaction, motivation, and well-being in the work organizations of a former eastern bloc country. Pers and Social Psychology Bulletin, 27, 930–94.

Dormann, C., & Griffin, M.A. (2015). Optimal Time Lags in Panel Studies. Psychological Methods, 20, 489-505.

Dunst, C. J., Bruder, M. B., Hamby, D. W., Howse, R., & Wilkie, H. (2018). Meta-analysis of the relationships between different leadership practices and organizational, leader, and employee outcomes. J of Int Education and Leadership, 8(2).

Edmondson, D. R., & Boyer, S. L. (2013). The moderating effect of the boundary spanning role on perceived supervisory support: A meta-analytic review. Journal of Business Research, 66, 2186–2192.

Felfe, J., & Goihl, K. (2014). Deutsche MLQ. In D. Danner & A. Glöckner-Rist, Zusammenstellung sozialwissenschaftlicher Skalen und Items.

Frese, M. (1989). Gütekriterien der Operationalisierung von sozialer Unterstützung am. Zeitschrift für Arbeitswissenschaft, 43, 112–122.

Glaser, J., Hornung, S., Höge, T. & Seubert, C., Schoofs, L. K. (2019). Zusammenhänge zwischen Arbeitsanforderungen und -ressourcen für Lernen, Selbstregulation und Flexibilität mit Indikatoren der Selbstverwirklichung bei qualifizierter Arbeit. Zeitschrift für Arbeitswissenschaft, 73, 274–284.

Hetland H., Andreassen, C., Pallesen, S. & Notelaers, G. (2011). Leadership and fulfillment of the three basic psychological needs at work. Career Dev Int, 16, 507–523.

Podsakoff, P. M., & Organ, D. W. (1986). Self-reports in organizational research: Problems and prospects. Journal of Management, 12(4).

Ryff, C. D. & Singer, B. H. (2008). Know Thyself and become what you are: A Eudaimonic Approach to Psychological Well-being. J of Happiness Studies, 9, 13–39.

Ulich, E. (2011). Arbeitspsychologie (7th ed.). Stuttgart: Schäffer-Poeschel.

Arbeitskreis

Psychische Belastung und Beanspruchung: Evaluierte Ergebnisse

Leitung: Rainer Wieland

Mike Hammes

Kontrollerleben als affektiver Indikator für Selbstbestimmung in der Arbeit

Alice Nöh & Rainer Wieland

Gefährdungsbeurteilung psychischer Belastung zu 100 % – wie die Integration von Theorie und Praxis gelingt

Rainer Wieland, Mika Lahme & Gabriela Sewz

HR-Diagnostik – ein Tool für die Arbeit der Zukunft

Mike Hammes
International School of Management

Kontrollerleben als affektiver Indikator für Selbstbestimmung in der Arbeit

1. Theorie

Kontrollerleben wird von Wieland und Hammes (2014) als spezifische Form der psychischen Beanspruchung aufgefasst und definiert als das Gefühl, alles im Griff zu haben oder als Überzeugung, eine Situation durch eigene Aktivitäten bewältigen zu können. Sich selbst in der Arbeit als *einflussreich* zu erleben, ist die operationale Definition von Kontrollerleben. Dieses Maß weist positive Zusammenhänge mit personalen (gesundheitsbezogene Selbstwirksamkeit) und organisationalen (Regulationsanforderungen, ganzheitliche Führung) Ressourcen und negative Zusammenhänge mit körperlichen Beschwerden und Regulationsbehinderungen auf.

Als Beanspruchungsart ist Kontrollerleben ein Zustand, der sich in Abhängigkeit der Verhältnisse am Arbeitsplatz verändern kann. Kontrollerleben ist daher zu unterscheiden von Kontrolle im Sinne von Handlungsspielraum als Merkmal des Arbeitsplatzes oder von Selbstwirksamkeit oder Kontrollüberzeugung als relativ zeitstabile Persönlichkeitsmerkmale. Kontrollerleben (potency-control) kann vielmehr neben Valenz, Arousal und Unvorhersehbarkeit als Dimension zur Beschreibung affektiver Zustände und damit einhergehender Reaktionen und Verhaltenstendenzen aufgefasst werden (Fontaine, Scherer, Roesch & Ellsworth, 2007).

Kontrolle zu erleben bzw. sich potent zu fühlen, geht mit der subjektiven Wahrnehmung einher, (a) in der aktuellen (sozialen) Situation kompetent handeln und diesbezüglich (b) autonome Entscheidungen treffen zu können und dabei (c) soziale Akzeptanz zu erfahren. Entsprechend stehen sich bei Fontaine et al. (2007) die Emotionen Scham/Schuld und Stolz auf der Dimension Potenz gegenüber. Kompetenz, Autonomie und soziale Zugehörigkeit werden von Deci und Ryan (2012) im Rahmen der Selbstbestimmungstheorie als menschliche Grundbedürfnisse konzipiert. Eine Reihe von Forschungsbefunden belegt, dass deren Befriedigung positiv mit Leistung und Gesundheit zusammenhängt (z.B. Van den Broeck, Vansteenkiste, De Witte & Lens, 2008). Zugleich ist belegt, dass ein autonomieförderliches Umfeld entscheidend zu diesen positiven Effekten beiträgt (Gagné & Deci, 2005).

Kontrollerleben wird vor diesem Hintergrund im Folgenden aufgefasst als subjektive, affektive Bewertung der persönlichen Interaktion mit der aktuellen (sozialen) Situation bezüglich Autonomie, Kompetenz sowie sozialer Akzeptanz. Im vorliegenden Beitrag werden zu dieser Konzeptionierung erstmals empirische Befunde präsentiert. Darüber hinaus wird folgendes nomologisches Netzwerk geprüft (vgl. Van den Broeck et al., 2008): Es gibt positive Zusammenhänge zwischen (a) Autonomie und Handlungsspielraum, (b) Kompetenz und Arbeitsanforderungen sowie (c) sozialer Akzeptanz und sozialer Unterstützung. Die Facetten des Kontrollerlebens hängen positiv mit Gesundheit zusammen. Die genannten Zusammenhänge erweisen sich auch bei statistischer Kontrolle von zentraler Selbstbewertung (Stumpp, Muck, Hülsheger, Judge & Maier, 2010) bzw. gesundheitsbezogener Selbstwirksamkeit (Wieland & Hammes, 2009) als bedeutsam.

2. Empirie

Es werden zwei korrelative, querschnittliche Untersuchungen berichtet, in denen die dimensionale Struktur des Konstrukts Kontrollerleben sowie das dargelegte nomologische Netzwerk geprüft wurden. In den Studien wurden sämtliche Variablen mittels standardisierter Online-Fragebögen erhoben. Die Datenauswertung erfolgte mittels IBM SPSS/AMOS 25.

2.1 Studie 1

Methode: Im Rahmen eines studentischen Forschungsprojektes wurde eine Gelegenheitsstichprobe von 117 Erwerbstätigen akquiriert. Als Messinstrumente dienten der Kurz-Fragebogen zur Arbeitsanalyse (KFZA; Prümper, Hartmannsgruber & Frese, 1995), die zentrale Selbstbewertung (Stumpp et al., 2010) sowie eine Adjektivliste zur Erfassung von Kontrollerleben (s. u.). Aus dem KFZA ließen sich mittels konfirmatorischer Faktorenanalyse vier latente Variablen trennen: Handlungsspielraum, soziale Unterstützung, Arbeitsanforderungen (qualitativ und quantitativ) sowie Regulationsbehinderungen ($\chi^2(29) = 54{,}84$, CFI = 0,880, RMSEA = 0,088). Zentrale Selbstbewertung erwies sich als intern konsistent ($\alpha = 0{,}884$). Kontrollerleben zerfiel konfirmatorisch in die Faktoren Autonomie (unabhängig, selbstbestimmt), Kompetenz (bestimmend, einflussreich, mächtig) sowie soziale Akzeptanz (respektiert, wertgeschätzt) ($\chi^2(11) = 16{,}07$, CFI = 0,982, RMSEA = 0,063).

Ergebnisse: In einem konfirmatorischen Strukturgleichungsmodell wurden die drei Facetten Autonomie, Kompetenz und soziale Akzeptanz des Kontrollerlebens als untereinander korrelierende Kriterien, die Merkmale Handlungsspielraum, Arbeitsanforderungen und soziale Unterstützung des Arbeitsplatzes als untereinander korrelierende Prädiktoren und zentrale Selbstbewertung als statistisch kontrolliertes stabiles Persönlichkeitsmerkmal eingesetzt. Das Modell weist einen akzeptablen Fit auf ($\chi^2(84) = 150{,}70$, CFI = 0,893, RMSEA = 0,083, 90 %-CI = [0,061, 0,104]). In Tabelle 1 sind die standardisierten Regressionsgewichte zwischen den Prädiktoren und den Kriterien unter statistischer Kontrolle der zentralen Selbstbewertung gelistet.

Tab. 1: Standardisierte Regressionsgewichte zwischen Merkmalen des Arbeitsplatzes und Facetten des Kontrollerlebens unter statistischer Kontrolle der zentralen Selbstbewertung (p einseitig in Klammern).

	Autonomie	Kompetenz	Soz. Akzeptanz
Handlungsspielraum	0,406 (0,027)	0,146 (0,201)	-0,188 (0,108)
Anforderungen	-0,180 (0,177)	0,334 (0,033)	0,246 (0,053)
Soz. Unterstützung	-0,060 (0,350)	0,169 (0,113)	0,559 (0,001)

2. Studie 2

Methode: Diese Studie basiert auf einer Stichprobe von 386 befragten Beschäftigten eines Verwaltungsunternehmens. Soziale Unterstützung wurde als latente Variable mit den Manifestationen ganzheitliche Führung, partizipative Unternehmenskultur und Zusammenarbeit (Fragebogen zu Führung und Zusammenarbeit, vgl. Wieland & Hammes, 2014) definiert, Handlungsspielraum als latente Variable mit den Manifestationen Tätigkeitsspielraum und Arbeitsanforderungen (Synthetische Beanspruchungs- und Arbeitsanalyse, vgl. Wieland & Hammes, 2014). Als Persönlichkeitsmerkmal wurde gesundheitsbezogene Selbstwirksamkeit (Wieland & Hammes, 2009) erfasst und erwies sich als intern konsistent ($\alpha = 0{,}892$). Kontrollerleben zerfiel konfirmatorisch in die beiden Faktoren Autonomie (selbstbestimmt, unabhängig) und soziale Akzeptanz (wertgeschätzt, respektiert) ($\chi^2(1) = 2{,}455$, CFI = 0,998, RMSEA = 0,061). Kompetenz wurde nicht erhoben. Die latente Variable Gesundheit wurde durch die Manifestationen unspezifische Beschwerden, Beanspruchungsbilanz (vgl. Wieland & Hammes, 2014), Absentismus und Präsentismus operationalisiert.

Ergebnisse: In einem konfirmatorischen Strukturgleichungsmodell wurde Gesundheit auf die Facetten Autonomie und soziale Akzeptanz (untereinander korrelierend) und diese wiederum auf Handlungsspielraum und soziale Unterstützung (untereinander korrelierend) zurückgeführt. Sowohl die Vorhersage von Kontrollerleben als auch die von Gesundheit wurde unter Kontrolle gesundheitsbezogener Selbstwirksamkeit vorgenommen. Das Modell weist einen guten Fit auf ($\chi^2(65) = 113{,}01$, CFI = 0,979, RMSEA = 0,044, 90 %-CI = [0,030, 0,057]). Im Folgenden werden alle standardisierten Regressionsgewichte mit $|\beta| \geq 0{,}1$ und $p \leq 0{,}012$ (einseitig) berichtet. Handlungsspielraum sagt zwar linear Autonomie ($\beta = 0{,}204$) nicht aber soziale Akzeptanz hervor. Soziale Unterstützung hängt umgekehrt stärker linear mit sozialer Akzeptanz ($\beta = 0{,}768$) als mit Autonomie ($\beta = 0{,}480$) zusammen. Gesundheit wird sowohl durch Autonomie ($\beta = 0{,}175$) als auch durch soziale Akzeptanz (β = 0,445) linear vorhergesagt. Gesundheitsbezogene Selbstwirksamkeit, welche dabei statistisch kontrolliert wurde, wird von sozialer Unterstützung (β = 0,271) linear vorhergesagt und sagt ihrerseits Autonomie (β = 0,133), soziale Akzeptanz (β = 0,206) und Gesundheit (β = 0,392) linear vorher.

3. Diskussion

Die Befunde weisen darauf hin, dass Kontrollerleben als affektiver Indikator von Selbstbestimmung im Sinne autonomer, kompetenter und sozial akzeptierter Interaktion mit der sozialen Situation am Arbeitsplatz aufgefasst werden kann. Die Facetten des Kontrollerlebens hängen in spezifischer Weise mit Gestaltungsmerkmalen der Arbeit zusammen. Kontrollerleben scheint daher auch als Indikator für Merkmale menschengerechter Arbeit geeignet zu sein, insbesondere, da es mit Gesundheitsindikatoren positiv korreliert (vgl. Wieland & Hammes, 2014). Die hier vorgenommene Operationalisierung als Adjektivliste knüpft an die Arbeiten von Wieland und Hammes (2014) an, wobei sowohl eine theoretische als auch eine operationale Elaboration des Konstrukts vorgenommen wurde, um ein aussagekräftigeres Screening psychischer Belastung und Beanspruchung vornehmen zu können. Zukünftige Forschungsprojekte zu diesem Konstrukt sollten sich auf weitere Validierungen sowie weitere mögliche Anwendungsfelder konzentrieren.

Literatur

Deci, E. L., & Ryan, R. M. (2012). Self-Determination Theory. In A. M. Van Lange, A. W. Kruglanski & E. T. Higgins (eds.), Handbook of Theories of Social Psychology (Volume 1, pp. 416–437). London: SAGE.

Fontaine, J. R. J., Scherer, K. R., Roesch, E. B., & Ellsworth, P. C. (2007). The world of emotions is not two-dimensional. Psychological Science, 18, 1050–1057.

Gagné, M., & Deci, E. L. (2005). Self-determination theory and work motivation. Journal of Organizational Behavior, 26, 331–362.

Prümper, J., Hartmannsgruber, K. & Frese, M. (1995). KFZA. Kurz-Fragebogen zur Arbeitsanalyse. Zeitschrift für Arbeits- und Organisationspsychologie, 39, 125–132.

Stumpp, T., Muck, P. M., Hülsheger, U. R., Judge, T. A., & Maier, G. W. (2010). Core-Self-Evaluations in Germany: Validation of a German measure and its relationship with career success. Applied Psychology: An International Review, 59, 674–700.

Van den Broeck, A., Vansteenkiste, M., De Witte, H., Lens, W. (2008). Explaining the relationships between job characteristics, burnout, and engagement: The role of basic psychological need satisfaction. Work & Stress, 22, 277–294.

Wieland, R. & Hammes, M. (2009). Gesundheitskompetenz als personale Ressource. In K. Mozygemba et al. (Hrsg.), Nutzenorientierung – ein Fremdwort in der Gesundheitssicherung? (S. 177–190). Bern: Huber.

Wieland, R. & Hammes, S. (2014). Wuppertaler Screening Instrument Psychische Beanspruchung (WSIB) – Beanspruchungsbilanz und Kontrollerleben als Indikatoren für gesunde Arbeit. Journal Psychologie des Alltagshandelns, 7, 30–50.

Alice Nöh & Rainer Wieland
Wuppertaler Institut für Unternehmensforschung und Organisationspsychologie (WIFOP) der Bergischen Universität Wuppertal

Gefährdungsbeurteilung psychischer Belastung zu 100% – wie die Integration von Theorie und Praxis gelingt

1. Einleitung

Obwohl die Gefährdungsbeurteilung psychischer Belastungen bereits seit 2013 Pflicht ist, herrscht in vielen Unternehmen oft Unklarheit darüber, wie die Beurteilung auf Grundlage der GDA-Richtlinien konkret in der betrieblichen Praxis umgesetzt werden soll. Das Fünf x Fünf Wirkungsmodell zur Gefährdungsbeurteilung psychischer Belastung (FFW-Modell; Wieland & Hammes, 2014) bietet hier ein Analyse-, Bewertungs-, Gestaltungs- und Evaluationstool, aus dem sich entsprechend dem GDA-Vorgehensmodell für ein Unternehmen wissenschaftlich fundierte und für die Praxis wirksame Maßnahmen ableiten lassen. In dem vorliegenden Beitrag wird die praktische Anwendung des ganzheitlichen Modells in einem Unternehmen vorgestellt, von der Analyse bis zur Dokumentation. Es soll einen Einblick in die Übersetzung der theoriegeleiteten Auswertungsgrundlage in einen partizipativen Bewertungsprozess (Beschäftigte, Führungskräfte) des Unternehmens geben.

2. Methode

Die Gefährdungsbeurteilung psychischer Belastung wurde in einem mittelständigen, deutschen Produktionsbetrieb in Kooperation mit der Personalentwicklung im Zeitraum eines Dreivierteljahres durchgeführt. Von 153 Beschäftigten in den 11 Vertriebsabteilungen des Unternehmens haben 143 an der Befragung teilgenommen (nach Bereinigung N=134), was einer Beteiligungsquote von 94,08 % entspricht. Mithilfe des GBU-Psyche-Moduls der Wuppertaler Instrumente wurden ihre Arbeitsplätze bezüglich des psychischen Belastungspotentials, der resultierenden Beanspruchungen sowie der ökonomischen (Fehlzeiten, Präsentismus) und gesundheitlichen Beanspruchungsfolgen untersucht. In zwei für Führungskräfte und Beschäftigte getrennten Terminen erfolgte die Vorstellung der jeweiligen Abteilungsergebnisse. Circa zwei Wochen später fand ein zweistündiger Mitarbeiterworkshop in Abwesenheit der Führungskraft statt, worin die Beschäftigten die für sie wichtigsten Arbeitsgestaltungsmerkmale mit mittlerem bis hohem Belastungspotential durch je zwei Klebepunkte markierten, in Kleingruppen konkrete Problemsituationen dazu beschrieben sowie adäquate Schritte zur Intervention erarbeiteten. Darunter fielen auch Verbesserungsvorschläge zu Führung sowie Maßnahmen zur Gesundheitsförderung. Die beschlossenen Maßnahmen wurden den Führungskräften in einem weiteren Termin präsentiert und gemeinsam wurde eine Auswahl für die Umsetzung festgelegt. Die Führungskräfte wurden verpflichtet, sowohl die vereinbarten Maßnahmen als auch die dafür verantwortliche Person in einem Maßnahmenplan zu dokumentieren, die Umsetzung der Interventionen anzuleiten, sowie den Umsetzungsfortschritt regelmäßig zu aktualisieren. Jede Führungskraft hatte in einem von drei „Reporting"-Terminen die Möglichkeit, der Geschäftsführung die umzusetzenden Maßnahmen ihrer Abteilung vorzustellen. In diesem Beitrag werden ausgewählte Ergebnisse der Befragung und der Mitarbeitenden-Workshops zur Maßnahmenableitung einer Abteilung ($N = 20$) des Unternehmens dargestellt.

3. Ergebnisse

3.1 Befragungsergebnisse

Als Fehlbelastungen wurden in der untersuchten Abteilung insbesondere Regulationsbehinderungen und eine autoritäre Führungskraft identifiziert, dazu weisen die Beschäftigten eine hohe dysfunktionale Beanspruchung während der Arbeit, sowie körperliche Beschwerden und vermehrte Fehlzeiten auf (Beanspruchungsfolgen). Neben den Regulationsbehinderungen (mangelnde Rückmeldung, Arbeitsablaufstörungen, mangelnde Transparenz, störende Umweltbedingungen) waren vor allem der Handlungsspielraum[1] und auch kurzzyklische Tätigkeiten kritisch (Tab. 1).

3.2 Workshop-Ergebnisse

Von den insgesamt 20 Maßnahmen zur Arbeitsgestaltung, die aus den Mitarbeitenden-Workshops systematisch abgeleitet wurden, sind in Absprache mit der Führungskraft elf für die Umsetzung ausgewählt und davon sieben bereits umgesetzt worden. Die zwei akzeptierten der vier Interventionsvorschläge zu Führung und Zusammenarbeit wurden bereits umgesetzt, während von acht Vorschlägen für Gesundheitsförderung nur drei angenommen und davon eine umgesetzt wurde (Stand Dezember 2018). Da die Interventionen zum Führungsverhalten keine nachhaltige Verhaltensänderung bei der Führungskraft hervorrufen konnte, erfolgte eine Kündigung als Konsequenz (Stand April 2019).

In Bezug auf die Arbeitsgestaltung wurde auch von den Mitarbeitenden der Schwerpunkt „Regulationsbehinderungen" als kritisch erkannt, da zwölf der 20 Maßnahmen zu Einzelmerkmalen dieses Bereichs entwickelt wurden. Die restlichen Vorschläge beziehen sich auf den Schwerpunkt „Handlungsspielraum". Die Deckung der Workshop-Ergebnisse mit dem Fragebogenergebnis beträgt 87,5 % (14 von 16 Ein-

[1] „Handlungsspielraum" bedeutet, seine Aufgaben flexibel bewältigen zu können, z.B. in Bezug auf zeitliche Planung oder die Arbeitsmittelauswahl.

zelmerkmalen stimmen überein) bzw. 66% bei den Merkmalen mit hohem Belastungspotential (vier von sechs). Es wurden keine neuen Bereiche erwähnt, die der Fragebogen nicht abdeckt und es wurde kein Bereich als „gering belastend" eingestuft, obwohl real eine Gefährdung vorlag. Die einzige Diskrepanz besteht darin, dass die Mitarbeitenden zu zwei Bereichen („kurzzyklische Tätigkeiten" und „mangelnde Transparenz") keine Maßnahmen entwickelten, obwohl diese im Fragebogenergebnis als „hoch belastend" eingestuft wurden.

Tab. 1: Prozentualer Anteil der Befragten, deren Antworten in einen geringen, mittleren oder hohen Bereich der Belastung bzw. des Gestaltungsbedarfs fallen. Hervorgehoben ist die Potentialgröße mit den meisten Personen.

Belastungsbereich	Psychisch wirksame Einzelmerkmale	Risikopotential Gering	Mittel	Hoch
Aufgabenanforderungen	Gedächtnisanforderungen	40%	**45%**	15%
	Verarbeitungsoperationen	15%	**55%**	30%
	Routinierte Handlungen/Abläufe	10%	**50%**	40%
	Kurzzyklische Tätigkeiten	30%	25%	**45%**
Tätigkeitsspielraum	Entscheidungsspielraum	10%	**55%**	35%
	Gestaltungsspielraum	42%	**58%**	0%
	Handlungsspielraum	5%	25%	**70%**
Regulationsbehinderungen	Unfreiwillige Wartezeiten	25%	**45%**	30%
	Mangelnde Rückmeldung	5%	25%	**70%**
	Arbeitsablaufstörungen	5%	25%	**70%**
	Mangelnde Transparenz	10%	**45%**	**45%**
	Störende Umweltbedingungen	5%	30%	**65%**
Leistungskontrolle	Leistungsvorgaben	25%	**40%**	35%
	Zeitvorgaben	**40%**	30%	30%
Kooperation/ Kommunikation	Einzelarbeit	30%	**40%**	30%
	Kooperative Arbeit	**35%**	**35%**	30%

4. Diskussion

Welche Implikationen haben die Ergebnisse für Theorie und Praxis? Die Befragungsergebnisse und erarbeiteten Maßnahmen weisen mit 87,5% in der untersuchten Abteilung eine große Übereinstimmung auf. Dies spricht für die Wirksamkeit der zur Belastungsermittlung eingesetzten Instrumente als auch für das Gesamtkonzept des FFW-Modells zur Umsetzung der Gefährdungsbeurteilung psychischer Belastung, da es recht gut die reale Arbeitssituation der Mitarbeitenden widerspiegelt. Dass circa die Hälfte aller Maßnahmenvorschläge übernommen und davon jeweils mindestens die Hälfte bereits umgesetzt wurden, spricht für das Instrument, aber auch für das Management des Unternehmens.

Die beiden als hoch eingestuften Bereiche („kurzzyklische Tätigkeiten" und „mangelnde Transparenz") wurden von den Beschäftigten nicht bearbeitet. Zwei mögliche Erklärungen sind, dass sie real für die Beschäftigten nicht problematisch waren, obwohl sie objektiv als defizitär eingestuft wurden, oder die Beschäftigten in dem begrenzten Bearbeitungszeitraum keine adäquaten Maßnahmen entwickeln konnten. Die hohe Übereinstimmung könnte dadurch konfundiert sein, dass die Beschäftigten *angewiesen* wurden, primär die Bereiche mit hohem Belastungspotential zu bearbeiten. Dies könnte sie auch demotiviert haben, andere Bereiche auszuwählen, die für sie persönlich relevanter wären. In diesem Fall wäre eine freie und von den Ergebnissen *unabhängige* Auswahl sinnvoller gewesen.

Unabhängig von den Gründen für Diskrepanzen ist es sinnvoll, Fragebogenergebnisse und Workshops für eine Maßnahmenableitung zu nutzen. Aus der theoriegeleiteten Bewertungsgrundlage (FFW-Modell) wird nur ersichtlich, in welchen Bereichen (z.B. Regulationsbehinderungen) Maßnahmen zur Arbeitsgestaltung erforderlich sind. Das FFW-Modell dient dabei zugleich als Konzept, um eine gemeinsame Ziel- und Aufgabenorientierung der Beteiligten herzustellen: Die empirische Bewertung externer Experten wird so mit dem verbunden, was die Ergebnisse für die Mitarbeiter bedeuten (partizipative Bewertung). Partizipation kann nur dann gelingen, wenn auch geteilte Vorstellungen dazu entwickelt werden, welche Ziele mit welchen Mitteln erreicht werden sollen (vgl. dazu auch Antoni, 2007).

Um die Wirksamkeit bzw. Nachhaltigkeit der Maßnahmen zu beurteilen, ist eine Nacherhebung notwendig, die zwei Jahre später durch einen identischen Fragebogen erfolgt. Aufgrund wirtschaftlicher Umstrukturierungen wird sich diese im untersuchten Unternehmen um ein Jahr verschieben. Gerade dann ist es wichtig, die Gefährdungsbeurteilung in das Gesundheitsmanagement zu integrieren (zum Beispiel in Form einer Task Force für psychische Gesundheit), damit auch langfristig von den Maßnahmen profitiert werden kann.

Literatur

Antoni, C. (2007). Partizipation. In H. Schuler & K. Sonntag (Hrsg.). *Handbuch der Arbeits-und Organisationspsychologie, 6,* 773–780. Göttingen.

Wieland, R. & Hammes, M. (2014). Wuppertaler Screening Instrument Psychische Beanspruchung (WSIB) – Beanspruchungsbilanz und Kontrollerleben als Indikatoren für gesunde Arbeit. *Journal Psychologie des Alltagshandelns, 7,* 30–50.

Rainer Wieland, Mika Lahme & Gabriela Sewz
Wuppertaler Institut für Unternehmensforschung und Organisationspsychologie (WIFOP) der Bergischen Universität Wuppertal

HR-Diagnostik – ein Tool für die Arbeit der Zukunft

1. Einleitung

Die digitale Transformation konfrontiert die Unternehmen mit radikalen technologischen, organisationalen und sozialen Umbrüchen. Die Beschäftigten werden durch den Einsatz neuer Technologien und digital gesteuerter Prozesse ständig mit neuen Arbeitsanforderungen konfrontiert. Dabei ist – aufgrund der hohen Geschwindigkeit technologischer Entwicklungen – nicht absehbar, wie die digitalen, psychosozialen und körperlichen Anforderungen der Arbeit von morgen konkret aussehen werden. Von den Ursachen, den Arbeitsanforderungen, zuverlässig auf die Wirkungen, die psychophysischen Beanspruchungen, zu schließen, wird deshalb in Zukunft schwieriger werden. Auch wird es in der (VUCA-)Arbeitswelt von morgen nur noch begrenzt möglich sein, zu entscheiden welche Qualifikationen und Kompetenzen geeignet sind, die zukünftigen Anforderungen erfolgreich zu bewältigen. Kompetenzentwicklung und Qualifizierung des Menschen *im Arbeitsprozess* werden deshalb Schlüsselthemen der Zukunft sein. Damit Menschen ihre strukturellen Ressourcen (Fachwissen) nutzen und neue Kompetenzen im Arbeitsprozess entwickeln können, müssen bestimmte innere Voraussetzungen erfüllt sein. Analog zum Auto, dessen Funktionen ohne seine energetische Quelle Benzin nicht abrufbar sind, setzt die Nutzung unserer *strukturellen Ressourcen* (Qualifikation, arbeitsbezogenes Fach- und Handlungswissens) die Verfügbarkeit entsprechender bioenergetischer Aktivierungszustände, d. h. *konsumptiver Ressourcen* voraus.

2. Das Job Strain Resources Control-Modell (JSRC-Modell)

Die Verfügbarkeit psychischer Ressourcen im Arbeitsprozess lässt sich mittels des JSRC-Modells ermitteln (vgl. dazu Wieland & Hammes, 2014). Zentrale Dimensionen des Modells sind die Ressourcenbilanz und das Kontrollerleben. Die Ressourcenbilanz wird – analog einer monetären Kosten/Nutzenbilanzierung – bestimmt als Differenz der Ausprägung funktionaler, positiv-erlebter Zustände (psychische Ressourcen) und dysfunktionaler, negativ-erlebter Zustände (psychophysische Kosten) während der Arbeit. *Kontrollerleben* als zweite Dimension des JSRC-Modells ist nicht weniger bedeutsam dafür, wie wir unsere Arbeitssituation erleben, und in welchem Maße wir bereit und in der Lage sind, unser Wissen und unsere Kraft während der Arbeit einzusetzen. Kontrolle darüber zu haben, wie wir unser

Leben gestalten, wie wir mit Arbeitsanforderungen und -belastungen umgehen, ist eine zentrale Bedingung, die darüber entscheidet, ob Menschen gesund und leistungsfähig sind, Stress erfolgreich bewältigen oder krank, demotiviert oder (längerfristig) arbeitsunfähig werden. Kontrollverlust stellt für den Menschen einen der größten Stressfaktoren dar. Erfasst werden die funktionalen bzw. dysfunktionalen Zustände und das Kontrollerleben mittels der neun Items des Wuppertaler Srceening Instrument psychischer Beanspruchung (WSIB, Wieland & Hammes, 2014).

Bestimmung der Ressourcenverfügbarkeit. Im JSRC-Modell (vgl. dazu Wieland & Hammes, 2014) wird die Ressourcenverfügbarkeit anhand eines Vierfelderschemas ermittelt. Darin bilden das Kontrollerleben und die Ressourcenbilanz die Dimensionen, anhand derer sich vier Ausprägungen der Ressourcenverfügbarkeit unterscheiden lassen (vgl. Abbildung 1). Optimal ist die Verfügbarkeit dann, wenn das Kontrollerleben bei positiver Ressourcenbilanz hoch ausgeprägt ist. Eine defizitäre bzw. dysfunktionale Verfügbarkeit ist das Resultat negativer Ressourcenbilanz und zugleich geringem Kontrollerleben, eine „suboptimale Verfügbarkeit (R)“ liegt vor, wenn zwar das Kontrollerleben hoch, jedoch die Ressourcenbilanz negativ ist; im umgekehrten Fall, Ressourcenbilanz positiv, jedoch Kontrollerleben niedrig, liegt eine „suboptimale Ressourcenverfügbarkeit (K)“ vor.

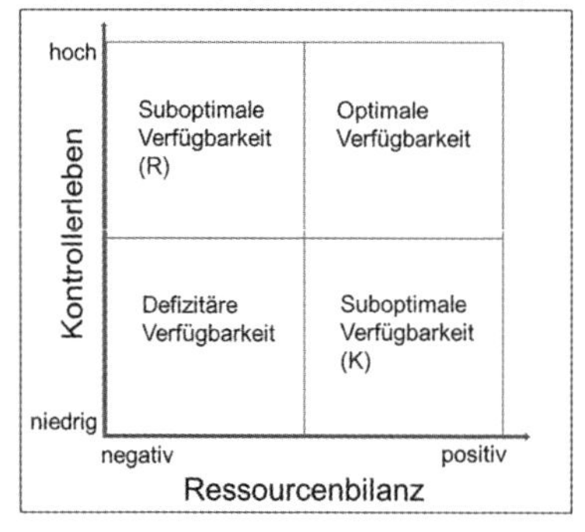

Abbildung 1: Verfügbarkeit von Humanressourcen. Kriterien: Kontrollerleben (Gefühl einflussreich zu sein) und Ressourcenbilanz. (Bilanz von psychischen Ressourcen und psychophysischen Kosten).

3. Empirische Überprüfung

Die empirische Überprüfung des JSRC-Modells erfolgt an einer Stichprobe von Unternehmen verschiedener Branchen (Verwaltung, Produktion, Dienstleistung etc.) mit insgesamt N = 5384 Beschäftigten. An allen Arbeitsplätzen dieser Unternehmen wurden alle fünf Merkmalsbereiche des Fünf x Fünf Wirkungsmodells von Wieland (vgl. Wieland & Hammes, 2014) mit theoretisch fundierten und validen Verfahren erfasst: Arbeits- und Aufgabengestaltung, Führung und Zusammenarbeit und Gesundheitskompetenz als Einflussgrößen, Kontrollerleben und psychophysische

Aktivierungszustände während der Arbeit als unmittelbare Reaktionen im Arbeitsprozess, sowie ökonomisch-wirksame Outcomevariablen (Fehlzeiten) und mitarbeiterbezogene Outcomevariablen (psychische Gesundheit).

Zusammenhang zwischen Arbeitsgestaltung und JSRC-Modell. Das mit dem SynBA-Verfahren (s. Wieland & Hammes, 2014) bestimmte Risikopotenzial der Arbeits- und Aufgabengestaltung korrespondiert fast linear mit der Verfügbarkeit der Ressourcen (vgl. Abb.2). Je ungünstiger das Ressourcenpotenzial während der Arbeit ausgeprägt ist, desto wahrscheinlich ist, dass sich dies auf eine Arbeitsgestaltung mit hohem Risikopotenzial zurückführen lässt. Ein hohes Risikopotenzial bedeutet: unvollständige Tätigkeiten mit geringem Tätigkeitsspielraum, geringes bzw. kein Risikopotenzial liegt bei vollständigen Tätigkeiten mit hohem Tätigkeitsspielraum vor.

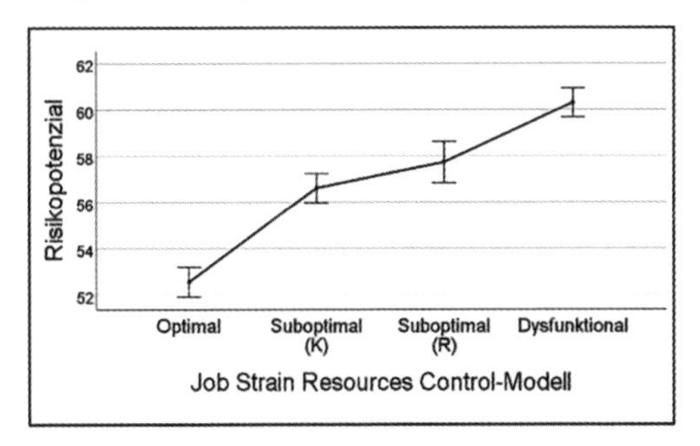

Abbildung 2: Verfügbarkeit von Humanressourcen in Abhängigkeit von der Arbeitsgestaltung. Alle Unterschiede zwischen den vier Gruppen sind jeweils bei einem F-Wert von $F(3{,}5509) = 96{,}69$; $p < .000$ signifikant (Scheffé Test).

Einfluss des Ressourcenpotenzials während der Arbeit auf relevante Outcomegrößen. Wie aus Abbildung 3 ersichtlich, variieren die *Fehlzeiten* bzw. *AU-Tage* systematisch mit der Ressourcenverfügbarkeit. Bei optimaler Verfügbarkeit liegen die Fehlzeiten mit 5 Tagen im Jahresdurchschnitt deutlich unter den AU-Tagen der Beschäftigten mit dysfunktionaler bzw. defizitärer Ressourcenverfügbarkeit (7,42 Tage). Ein ähnliches Bild (s. Abb. 4) zeigt sich für die *psychische Gesundheit,* die mittels des HkB (Häufigkeit körperlicher und psychischer Beschwerden; s. Wieland & Hammes, 2014) erfasst wurde.

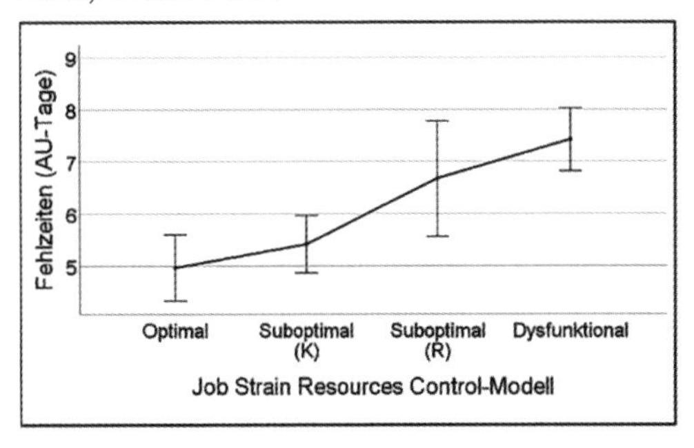

Abbildung 3: Verfügbarkeit von Humanressourcen und Fehlzeiten. Die Unterschiede zwischen suboptimal (K) und suboptimal (R) sind bei einem $F(3{,}2104) = 12{,}28$ hoch signifikant (Scheffé Test).

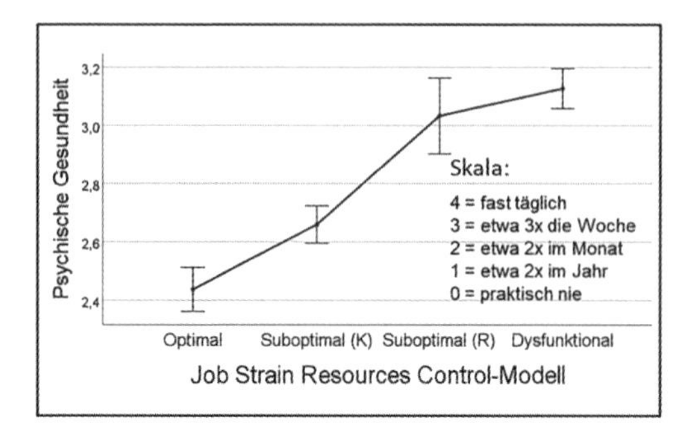

Abbildung 4: Verfügbarkeit von Humanressourcen und psychische Gesundheit. Bei einem F (3,2843) = 69,09 sind die Unterschiede zwischen optimal und suboptimal (K) einerseits und zwischen optimal (K) und suboptimal (R) andererseits signifikant (Scheffé Test).

4. Fazit

Die Theorie und die empirische Evidenz zeigen, dass die Verfügbarkeit der Humanressourcen im Arbeitsprozess ein starkes Indiz dafür ist, a) wie die Arbeitsbedingungen gestaltet, und b) mit welchen ökonomischen und mitarbeiterbezogenen Konsequenzen bei nicht-optimaler Ressourcenverfügbarkeit zu rechnen ist. Damit wird die hier vorgeschlagene und durch empirische Evidenz begründete Humanressourcen-Diagnostik zu einem Tool für die Arbeit der Zukunft, dass geeignet ist, das Ressourcenpotenzial eines Arbeitsplatzes zuverlässig zu bestimmen. Für die Anwendung der HR-Diagnostik in der Arbeitswelt von morgen, bedeutet dies, dass wir über die Wirkungen im Arbeitsprozess – Ressourcenbilanz und Kontrollerleben – auf die möglichen Ursachen – Arbeits- und Aufgabengestaltung – schließen können. Auch können zuverlässige Prognosen abgeleitet werden, mit welchem Outcome – ökonomisch und mitarbeiterbezogen – bei entsprechender Ressourcenverfügbarkeit zu rechnen ist.

Literatur

Wieland, R. & Hammes, S. (2014). Wuppertaler Screening Instrument Psychische Beanspruchung (WSIB) – Beanspruchungsbilanz und Kontrollerleben als Indikatoren für gesunde Arbeit. *Journal Psychologie des Alltagshandelns, 7,* 30–50.

Arbeitskreis
Digitalisierung: Gefahren

Leitung: Thorsten Uhle

Anna Borg, Ulrich Birner, Matthias Weigl & Bianca Wittenborn

Digitales Screening-Tool zur Gefährdungsbeurteilung psychischer Belastung

Martina Schaper, Christina Debbing, Caroline Ruiner & Vera Hagemann

Entwicklung eines Risk Assessment: Beurteilung des Gefährdungspotentials von digitalisierten Arbeitsplätzen

Meike Schult & Verena Schürmann

Beeinflusst die digitale Transformation das Beanspruchungserleben von Beschäftigten?

Anna Borg[1], Ulrich Birner[2], Matthias Weigl[3] & Bianca Wittenborn[2]
[1]CBM GmbH, [2]Siemens AG, [3]Institut für Arbeits-, Sozial- und Umweltmedizin, Medizinische Fakultät, LMU München

Digitales Screening-Tool zur Gefährdungsbeurteilung psychischer Belastung

Die Gefährdungsbeurteilung psychischer Belastung (GbpB) stellt Unternehmen – trotz klarer Umsetzungsleitlinien und vielfältiger Unterstützungsangebote der Fachorganisationen – unverändert vor Herausforderungen. Es fehlen schlanke, effiziente Methoden, die in Zeiten erhöhter Sensibilisierung für psychische Beanspruchung und der Digitalisierung der Arbeitswelt alle relevanten Belastungsfaktoren erfassen und die verantwortlichen Führungskräfte im Gesamtprozess bis hin zur Wirksamkeitskontrolle unterstützen.

1. Der GbpB-Prozess in einem globalen Konzern

Die Siemens AG hat das hohe Präventionspotential der GbpB früh erkannt und seit 2015 konzernweit in einem zweistufigen Prozess umgesetzt. Dabei werden alle arbeitsplatzbezogenen Belastungsfaktoren zunächst mit einem Fragebogen erfasst (Stufe 1). Deuten Ergebnisse auf mögliche Fehlbelastungen hin, erfolgt eine genauere Untersuchung der entsprechenden Arbeitsplatzfaktoren (Fokussierung) und bei Bedarf die Ableitung von Verbesserungsmaßnahmen (Stufe 2). Da es in vielen Ländern mehr oder weniger detaillierte gesetzliche Arbeitsschutzanforderungen zu Psychosocial Risk Management gibt und Siemens das Geschäftsrisiko durch psychische Probleme von Mitarbeitenden aktiv minimieren will, wurde ein internationaler methodischer Ansatz gewählt. D.h., das Screening psychischer Belastung wurde in den regulären Prozess der konzernweiten Mitarbeiterbefragung für rund 350.000 Mitarbeitende integriert. 2015 und 2017 fanden so globale Screenings psychischer Belastung statt. Da auch die weiteren Prozessschritte der GbpB in den etablierten Follow Up Prozess der Mitarbeiterbefragung integriert werden konnten, fand dieser Ansatz hohe Akzeptanz bei den Nutzern.

Aufgrund der Anforderungen durch die Digitalisierung der Arbeitswelt und neuer arbeitswissenschaftlicher Erkenntnisse, wie z.B. des BAuA-Projekts (Rothe et al., 2017), war 2019 eine Aktualisierung der Belastungsfaktoren und damit eine Überarbeitung des Screening-Fragebogens geboten. Außerdem sollte dem Nutzerwunsch nach einer effizienten Toolunterstützung für anlassbezogene Gefährdungsbeurteilungen – ergänzend zur zentral gesteuerten Mitarbeiterbefragung – nachgekommen werden.

2. Die Weiterentwicklung

Die Ziele waren: (1) Entwicklung eines Screening-Fragebogens, der den 'state of the art' der Belastungsfaktoren abdeckt und auch neuere Arbeitsformen berücksichtigt. (2) Umsetzung in einem digitalen Tool, das Führungskräften zu jeder Zeit die individuelle Konfiguration der GbpB erlaubt (v.a. hinsichtlich Arbeitsplatztypen und Standorten) und sie im gesamten Prozess zeitgemäß und effektiv unterstützt.

2.1 Screening-Fragbogen und Validierung

Eine Recherche ergab, dass aktuell kein validiertes Instrument vorliegt, das im Sinne eines Screenings alle relevanten Belastungsfaktoren erfasst. Daher wurde ein Screening-Fragebogen entwickelt und statistisch-arbeitspsychologisch getestet. Im ersten Schritt wurde durch das Matching der Belastungsfaktoren der GDA-Empfehlung (2017) und denen des BAuA-Projekts eine Aktualisierung und Differenzierung der zu erhebenden Belastungsfaktoren vorgenommen. Diese bilden auch die Merkmale digital transformierter Arbeit ab, wie „Atypische Arbeitszeit", „Mobiles Arbeiten" und „Erreichbarkeit".

Wesentliche Kriterien bei der Itemkonstruktion waren: Ressourcenorientierung (positive Itemformulierung), Nutzerakzeptanz (durch nur 1-2 Items pro Belastungsfaktor) und soweit möglich Nutzung bereits etablierter Fragen (Vergleichbarkeit). Der endgültige Screening-Fragebogen umfasst 30 Items, die die 24 Belastungsfaktoren abbilden (Beispiele siehe Tab. 1). Die Beta-Version wurde anhand der Methode des lauten Denkens (vgl. Fowler, 1995) auf Verständlichkeit geprüft.

Tab. 1: Item-Beispiele Screening-Fragebogen

Belastungsfaktor	**Item**
Erreichbarkeit	Ich muss nicht außerhalb meiner regulären Arbeitszeiten erreichbar sein.
Atypische Arbeitszeiten	Ich muss nicht am Wochenende oder nachts arbeiten.
Mobilität	Ich arbeite selten an verschiedenen Arbeitsorten.
Organisationale Gerechtigkeit	Ich werde angemessen für meine Arbeit bezahlt.
	In der Arbeit fühle ich mich ausreichend anerkannt.
Arbeitsplatzunsicherheit	Das Fortbestehen meines Arbeitsplatzes ist sicher.

Um die Inhalts- und Konstruktvalidität der Screening-Items zu den Belastungsfaktoren zu prüfen, wurden zusätzlich Teile zweier etablierter Verfahren eingesetzt

(KFZA, Prümper et al., 1995; BASA II, Richter & Schatte, 2009). Die Erhebung erfolgte bei einem Siemens-Unternehmen (Validierungsstichprobe, N=398) in Tätigkeitsbereichen der Produktion, Konstruktion und Verwaltung. Die empirische Prüfung umfasste u.a. deskriptive, uni- und multivariate Analysen. Zentrale Ergebnisse waren, dass die Items

- sehr gut sprachlich verständlich sind
- gute psychometrische Eigenschaften aufweisen
- plausible und statistisch-signifikante Zusammenhänge zu inhaltlich identischen bzw. konzeptuell-naheliegenden Belastungsmerkmalen der etablierten Validierungsverfahren (KFZA, BASA II) aufweisen
- hinsichtlich spezifischer Tätigkeitsmerkmale und Positionen gut diskriminieren
- eine gute Konsistenz bzw. hinreichenden Bedingungsbezug auf Basis der betriebsspezifischen Teilbereiche aufweisen (Intra-Klassen-Korrelationen ICC = .88).

Auf Basis der psychometrischen als auch der Zusammenhangsanalysen kann insgesamt eine gute Eignung des Verfahrens resümiert werden.

2. Digitales Screening-Tool

Das Tool zielt auf eine intuitive und einfache Anwendbarkeit ab, die es den Führungskräften erleichtert, ohne vertiefende Kenntnis den GbpB-Prozess umzusetzen.

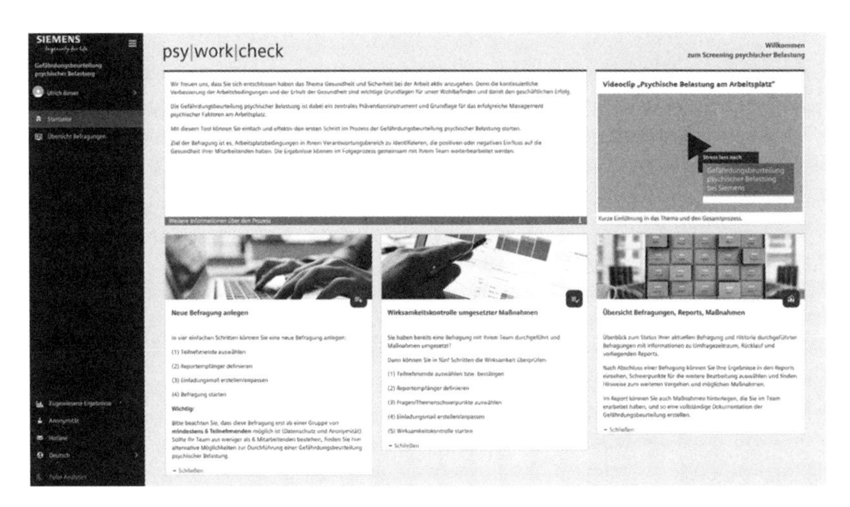

Abb. 1: Startbildschirm Tool psy | work | check

Das Tool psy|work|check ist weltweit für alle Siemens Führungskräfte verfügbar und leitet diese durch die einzelnen Prozessschritte: Es ermöglicht die Konfiguration und automatisierte Durchführung der Befragung, liefert einen ausführlichen Ergebnisbericht, unterstützt bei der tätigkeitsbezogenen Interpretation der Ergebnisse, erlaubt die Ableitung von Maßnahmen sowie die Durchführung von Wirksamkeitskontrollen. Im Sinne des partizipativen Charakters der GbpB erhalten alle Teilnehmenden nach Abschluss der Befragung Zugang zu den Ergebnissen.

3. Ausblick

Nach der erfolgreichen Etablierung eines Verfahrens zur GbpB ist der nächste Wertschöpfungsschritt die Integration in eine „ganzheitliche" Gefährdungsbeurteilung. D.h., erst durch die systematische Berücksichtigung der Wechselwirkungen verschiedener Risiken und Ressourcen eines Arbeitsplatzes erschließt sich das ganze präventive Potential des Arbeits- und Gesundheitsschutzes. Vielleicht kann die 'junge' GbpB hier als treibende Kraft längst fällige Fortschritte beschleunigen!

Durch den disruptiv, rasch fortlaufenden Charakter der digitalen Transformation von Arbeit entsteht für Organisationen ein permanenter Auftrag zur Sicherstellung humaner Arbeitswelten. Durch die Abdeckung aller relevanten psychischen Belastungsfaktoren, deren gute Verständlichkeit für alle Akteure in Unternehmen und ihren intuitiven schlanken Prozess kann die GbpB einen wertvollen Beitrag auch zur Gestaltung zukünftiger Arbeitswelten leisten. Umso wichtiger ist die zeitgemäße methodische Unterstützung dieses zentralen betrieblichen Präventionsinstruments.

Literatur

Birner, U. & Mields, J. (in press). Kultur der Prävention und digitaler Wandel – fünf Thesen zur Gestaltung des Arbeitssystems. In: Bollmann U., Boustras, G. (Hrsg.). 'Safety and Health Competences: A Guide for a Culture of Prevention', CRC PRESS, Taylor & Francis

Folwer, F.J. (1995). Improving survey questions: Design and evaluation. Thousand Oaks, CA.: Sage Publications, Inc.

GDA-Arbeitsprogramm Psyche (2017). Empfehlungen zur Umsetzung der Gefährdungsbeurteilung psychischer Belastung. 3. Aufl., Berlin

Geschäftsstelle der Nationalen Arbeitsschutzkonferenz (2018). Leitlinie Beratung und Überwachung bei psychischer Belastung am Arbeitsplatz. Berlin.

Prümper, J., Hartmannsgruber, K., & Frese, M. (1995). KFZA – Kurzfragebogen zur Arbeitsanalyse. Zeitschrift für Arbeits- und Organisationspsychologie, (39), 125–132

Richter, G., & Schatte, M. (2009). Psychologische Bewertung von Arbeitsbedingungen Screening für Arbeitsplatzinhaber II–BASA II (Projektnummer: F1645/F2166). Weiterentwicklung, Validierung und Software. Dresden: BAUA.

Rothe, et al (2017). Psychische Gesundheit in der Arbeitswelt – Wissenschaftliche Standortbestimmung. Dortmund: Bundesanstalt für Arbeitsschutz und Arbeitsmedizin 2017. doi: 10.21934/baua:bericht 20170421

Martina Schaper[1], Christina Debbing[2], Caroline Ruiner[2] & Vera Hagemann[1]
[1]Universität Bremen, [2]Universität Hohenheim

Entwicklung eines Risk Assessment: Beurteilung des Gefährdungspotentials von digitalisierten Arbeitsplätzen

1. Veränderung der Belastung und Beanspruchung durch Digitalisierung

Aufgrund der Digitalisierung verändern sich Arbeitsaufgaben und Anforderungen an Mitarbeitende stetig. Doch welche Auswirkung haben die Veränderungen der Digitalisierung auf die psychische Belastung und Beanspruchung der Mitarbeitenden und Führungskräfte und anhand welcher Aspekte kann das Gefährdungspotential unternehmensübergreifend gemessen werden?

Vor wenigen Jahren gab es kaum empirische Ergebnisse dazu, ob bekannte Arbeitsbelastungen der Mitarbeitenden durch die wachsende Digitalisierung beeinflusst werden, oder ob neue Arbeitsbelastungen entstehen. Besonders im Bereich der Produktion und Logistik wurden starke Veränderungen durch den digitalen Wandel angenommen (Hirsch-Kreinsen et al., 2015). Der Gesundheitsbericht 2018 der Techniker Krankenkasse (TK, 2019) zeigt zudem einen Anstieg der Krankentage: Seit 2000 haben insbesondere die psychischen Erkrankungen um über 190% zugenommen (Techniker Krankenkasse, 2019). Um den Schutz der Gesundheit von Mitarbeitenden gewährleisten zu können, ist es wichtig, die psychologischen Risiken digitalisierter Arbeitsplätze mittels Diagnostik aufzudecken und zu minimieren.

Es stehen eine Vielzahl von Instrumenten zur Messung psychischer Belastung und Verfahren zur psychischen Gefährdungsbeurteilung zur Verfügung, welche aus Verfahrenslisten, z.B. beim Erich Schmidt Verlag (GDA-Psyche, 2017) oder aus Kauffeld (2019) entnommen werden können. Ein Beispiel ist das Kompaktverfahren Psychische Belastung (KPB) von Sandrock (2017). Dies ist ein geeignetes Instrument zur Messung psychischer Belastungen in kleinen und mittelständischen Unternehmen, jedoch werden psychische Beanspruchungen nicht berücksichtigt. Der KPB kann eingesetzt werden, um eine kritische Arbeitsumgebung umzustrukturieren, jedoch stößt er bei Ableitung für Maßnahmen zur Personalentwicklung an seine Grenzen, da keine Informationen über die Mitarbeitenden erhoben werden. Weiter werden aktuelle Aspekte, wie die Automatisierung von Arbeitsprozessen und die Partizipation von Mitarbeitenden nicht berücksichtigt.

Seit 2013 gilt das ArbSchG (§§4 & 5), sodass die psychische Gefährdungsbeurteilung für Unternehmen gesetzlich vorgeschrieben ist. Das hier entwickelte Risk Assessment, das im Rahmen des BMAS geförderten Projektes Diamant (diamant.digital) aus der DIN EN ISO 10075 weiterentwickelt und validiert wurde, unterstützt Unternehmen dabei, als ein Screening Instrument die Belastung und Beanspruchung von digitalisierten Arbeitsplätzen zu bewerten und den Prozess der Gefährdungsbeurteilung einzuleiten.

2. Methodisches Vorgehen

Zur Konstruktion des Fragebogens wurde eine Analyse bestehender Literatur und Instrumente mit qualitativen, halbstandardisierten Interviews kombiniert. Insgesamt wurden 29 wissenschaftliche Veröffentlichungen aus den Jahren 2010 bis 2018 und 16 bestehende Testverfahren, aus den Jahren 2013 bis 2017 analysiert. Anhand dieser Ergebnisse wurde ein Leitfaden für die folgenden Interviews erstellt und erste Items für das Risk Assessment generiert. Es wurden 34 Interviews mit Mitarbeitenden und Führungskräften aus drei mittelständischen Unternehmen, in Produktion, Logistik und Handel geführt. Die Auswertung der Interviews erfolgte mittels Inhaltsanalyse nach Mayring (2010). Die Ergebnisse wurden zur weiteren Itemgenerierung verwendet. Im Fokus standen Items die psychische Belastung und Beanspruchung im Zusammenhang mit Digitalisierung erfassen. Die erste Fassung bestand aus 231 Items. Die Zusammenstellung der Items zu Itemgruppen erfolgte zum einen anhand des Job Demands-Resources Modells von Bakker und Demerouti (2007) in Stressoren und Ressourcen sowie Beanspruchung und Motivation sowie zum anderen basierend auf den vier Dimensionen der Leitlinien der gemeinsamen deutschen Arbeitsschutzstrategie (Gemeinsame Deutsche Arbeitsschutzstrategie, 2012). Die Dimensionen sind 1. Arbeitsaufgabe und Tätigkeit, 2. Arbeitsablauf und Organisation, 3. Arbeitsumgebung und 4. Organisationsklima. Als fehlend identifiziert wurde eine fünfte Dimension, die persönliche Einstellung.

Der erste Einsatz des Instrumentes erfolge von April bis August 2019 und war online über UniPark und mit einer Paper-Pencil Version frei verfügbar. Voraussetzung war eine Berufstätigkeit der Teilnehmenden. Die Stichprobe umfasste N=245, wobei 128 Personen den Fragebogen vollständig abgeschlossen und 117 vorzeitig beendet haben. Von den 245 Teilnehmenden waren 117 weiblich und 84 männlich, 44 Personen machten keine Angaben zu ihrem Geschlecht. 56 Personen waren Führungskräfte und 127 Mitarbeitende, 62 Personen machten hierzu keine Angaben. 2020 folgt eine zweite Studie, um durch weitere Kürzung und Validierung ein effizientes Screening-Instrument zu erhalten. Im entwickelten Fragebogen stehen Items im Fokus, welche die psychische Belastung und Beanspruchung, besonders im Zusammenhang mit der Digitalisierung von Arbeitsplätzen, erfassen.

3. Ergebnisse der Fragebogenentwicklung

Anhand der Daten wurde eine erste Revision durchgeführt, so dass mittels Itemanalyse, Reliabilitätsanalyse und inhaltlicher Passung 74 Items eliminiert wurden. Weiter wurde das theoretische Modell und die Operationalisierung anhand einer konfirmatorischen Faktorenanalyse mit SPSS AMOS 26 überprüft. Nachfolgende Tabelle bietet einen Überblick über die aktuelle Zusammenstellung des Risk Assessments mit 157 Items.

Tab. 1: Aufbau Risk Assessment

Dimension	Skala	Beispielitem
Arbeitsaufgabe/ Tätigkeit (22 Items)	1. Vollständigkeit der Aufgabe durch Technik	Skala 1: Die Technik hat meine Arbeit vielfältiger gemacht.
	2. Emotionale Inanspruchnahme	
	3. Verantwortung/4. Empfindung Verantwortung FK	
	5. Führungsspielraum FK	
Organisationsklima (28 Items)	Feedbackkultur 1. MA/ 2. FK	Skala 6: Die Technik erleichtert mir die Zusammenarbeit mit meinen Vorgesetzten.
	Ideenmanagement 3. MA/ 4. FK	
	5. Belohnung	
	6. Zusammenarbeit Technik	
	7. Fehlerkultur	
	8. Gerechtigkeit	
	9. Schuldzuweisung	
Arbeitsumgebung (6 Items)	1. Arbeit mit Maschinen	Einzelitem: Ich habe körperliche Abwechslung bei meiner Arbeit.
Arbeitsablauf/ Organisation (47 Items)	1. Zeitdruck	Skala 2: Durch die Technik kann ich meine Arbeitsziele erreichen.
	2. Unterstützung durch Technik	
	3. Bedeutung von Technik im Unternehmen	

	4. „Stress“ durch technische Probleme/5. Empfindungen „Stress“	
	6. Handlungsspielraum/7. Empfindungen Handlungsspielraum	
	8. Veränderung des Handlungsspielraumes durch Technik	
	Partizipation 9. MA/10. FK	
	11. Teamarbeit und Technik	
Persönliche Einstellung (27 Items)	1. Motivation	Skala 3: Meine Arbeit bereitet mir Freude.
	2. Affektives Commitment	
	3. Positives Erleben der Arbeit	
	4. Gedanken an Berufsaufgabe/ -wechsel	
	5. Persönliche Entwicklung	
	6. Technikkompetenz/ 7. -kontrollüberzeugung/ 8. -akzeptanz	

Literatur

Bakker, A. B. & Demerouti, E. (2007). The job demands-resources model: state of the art. *Journal of Managerial Psychology, 22,* 309–328.

DIN EN ISO 10075 *Ergonomische Grundlagen bezüglich psychischer Arbeitsbelastung.* Teil 3: Grundsätze und Anforderungen an Verfahren zur Messung und Erfassung psychischer Arbeitsbelastung (DIN EN ISO 10075-3:2004).

GDA-Psyche (2017). Instrumente und Verfahren zur Gefährdungsbeurteilung psychischer Belastung. *Sicher ist sicher, 68*(4). Online: https://www.gda-psyche.de/SharedDocs/Publikationen/DE/instrumente-und-verfahren-zur-gefaehrdungsbeurteilung-psychischer-belastung. pdf?__blob=publicationFile&v=2

Gemeinsame Deutsche Arbeitsschutzstrategie (GDA) (2012). *Leitlinie „Beratung und Überwachung bei psychischer Belastung am Arbeitsplatz“.* Online: http://www.gda-portal.de/de/Betreuung/Leitlinie-PsychBelastung.html

Hirsch-Kreinsen, H., Weyer, J. & Wilkesmann, M. (2015). Digitalisierung von Arbeit: Folgen, Grenzen und Perspektiven. *Soziologisches Arbeitspapier Nr. 43/2015.* TU Dortmund.

Kauffeld, S. (2019). *Arbeits-, Organisations- und Personalpsychologie für Bachelor.* Berlin, Heidelberg: Springer-Verlag.

Mayring, P. (2000). Qualitative content analysis. *Forum Qualitative Sozialforschung / Forum: Qualitative Social Research, 1*(2).

Sandrock, S. (2017). Weiterentwicklung des KPB zur Gefährdungsbeurteilung psychischer Belastung. Gesellschaft für Arbeitswissenschaft e.V., Dortmund (Hrsg.), Frühjahrskongress 2017 in Brugg: *Soziotechnische Gestaltung des digitalen Wandels – kreativ, innovativ, sinnhaft* – Beitrag A.1.8.

Techniker Krankenkasse (TK, Ed.) (2019). *Gesundheitsreport 2019 – Pflegefall Pflegebranche? So geht's Deutschlands Pflegekräften.* Online: https://www.tk.de/resource/blob/2066542/2690efe8e801ae831e65 fd251cc77223/gesundheitsreport-2019-data.pdf

Meike Schult & Verena Schürmann
Hochschule Rhein-Waal, Kamp-Lintfort

Beeinflusst die digitale Transformation das Beanspruchungserleben von Beschäftigten?

1. Ausgangssituation

Der digitale Wandel ist in vollem Gange und hat längst Einzug in die Arbeitswelt genommen. Inzwischen sind beinahe alle Berufe der Dienstleistungsbranche von der Digitalisierung betroffen. Diese Entwicklungen gehen mit vielfältigen Veränderungen bei der Erwerbstätigkeit einher. Verdichtung und Intensivierung der Arbeit, Vernetzungen und virtuelles Zusammenarbeiten sowie Flexibilisierungsmöglichkeiten sind nur einzelne Beispiele (Schneider, 2018). Doch wie wirken sich diese vielfältigen Veränderungen auf Erwerbstätige aus? Die Auswirkungen der digitalisierungsbedingten Neuerungen werden aktuell kontrovers diskutiert und werden mit positiven sowie belastenden Konsequenzen für die psychische Gesundheit von Beschäftigten in Verbindung gebracht.

Gesundheitsbeeinträchtigungen sind wiederum mit negativen Auswirkungen verbunden, wie z.B. einer verringerten Leistungs- und Konzentrationsfähigkeit der Beschäftigten (Boyd, 1997, zitiert nach Danna & Griffin, 1999). Sie entstehen, wenn eine wahrgenommene Belastung (z.B. Arbeitsaufgabe) die eigenen Fähigkeiten und Ressourcen übersteigt, dann kann als Folge eine emotionale oder kognitive Beanspruchung entstehen.

2. Fragestellung und Ziele der Studie

Aufgrund der organisationalen und individuellen Konsequenzen ist es bedeutsam, Belastungen und Beanspruchungen frühzeitig zu identifizieren, um die negativen Folgen zu minimieren. Die vorliegende Studie untersucht folglich, ob und inwiefern sich die digitale Transformation der Arbeit auf das Beanspruchungserleben von Beschäftigten auswirkt. Ziel ist es, frühzeitig mögliche Belastungen durch die digitale Transformation zu identifizieren, um daraus resultierenden Beanspruchungen und negativen Konsequenzen für Beschäftigte und Unternehmen vorzubeugen. Dies soll dazu beitragen das Phänomen der Digitalisierung besser zu verstehen und zu lernen, mit diesem umzugehen.

3. Methode

Zur Beantwortung der Fragestellung wurden die subjektiv wahrgenommenen Auswirkungen von digitalisierungsbedingten Veränderungen auf die psychische Gesundheit von 122 Erwerbstätigen (71 Frauen, 51 Männer) unterschiedlicher Berufsgruppen der Dienstleistungsbranche untersucht. Die Erhebung erfolgte mithilfe eines Online-Fragebogens, der im Herbst 2019 über soziale Netzwerke verbreitet wurde. Das Alter der Teilnehmenden wurde in Kategorien abgefragt, wobei der Median bei einem Alter von 41 bis 50 Jahren lag.

Als Indikator für die psychische Gesundheit diente das Konstrukt der Irritation, welches mithilfe der sieben-stufigen Irritationsskala von Mohr, Müller und Rigotti (2005) erfasst wurde. Das Konstrukt charakterisiert eine psychische Befindensbeeinträchtigung im Zuge eines erlebten Ungleichgewichts zwischen Arbeitsanforderungen und Ressourcen und lässt sich in kognitive und emotionale Irritation untergliedern. Die kognitive Irritation beschreibt ein fehlendes Abschalten von der Arbeit, während die emotionale Irritation Gereiztheit und Aggressivität umfasst (Mohr et al., 2005).

Die digitale Transformation wurde durch fünf Subskalen (Digitalisierungsgrad, Flexibilität, Entgrenzung, Informationsverarbeitung und technologische Überlastung) operationalisiert. Diese stammen aus verschiedenen, wissenschaftlich fundierten Fragebögen (Poethke et al., 2019; Ragu-Nathan et al., 2008; Stegmann et al., 2010), erfüllen notwendige Gütekriterien (α = .75 - .88) und umfassen ein fünf-stufiges Antwortformat.

4. Erkenntnisse

Die Einschätzungen der Erwerbstätigen bestätigen eine relativ hohe Ausprägung der digitalen Transformation bei der Arbeit (M = 3.36, SD = 0.56), welches den zunehmenden Einfluss der Digitalisierung auf Berufe der Dienstleistungsbranche bestätigt und verdeutlicht. Insbesondere der Digitalisierungsgrad und eine erhöhte zu verarbeitende Informationsmenge treffen, wie in Tabelle 1 zu sehen, auf Zustimmung. Im Gegensatz dazu sind die Flexibilisierungsmöglichkeiten bezüglich der Wahl des Arbeitsortes und die damit verbundene Entgrenzung geringer ausgeprägt. Dies lässt vermuten, dass diese Veränderungen im Zuge der Digitalisierung sich folglich noch in der Entwicklung befinden.

Tab. 1: Deskriptive Statistiken der digitalen Transformation

Digitalisierungsgrad	**Flexibilität**	**Entgrenzung**	**Informationsverarbeitung**	**Technologische Überlastung**
M = 4.09 SD = 0.91	M = 2.76 SD = 1.09	M = 2.84 SD = 0.96	M = 4.37 SD = 0.63	M = 2.92 SD = 1.08

Anmerkung: fünf-stufige Skala

Neben der ausgeprägten Digitalisierung deuten die Ergebnisse der Studie auf eine geringe bis mittlere wahrgenommene Irritation hin (M = 3.42, SD = 1.26), wobei insbesondere von kognitiver Beanspruchung berichtet wurde (M = 4.04, SD = 1.74). Die individuellen Einschätzungen der Irritation liegen über den Normwerten der Skala aus dem Jahr 2005 und aktuellere Studien belegen ebenfalls erhöhte Irritationswerte (Hüning et al., 2018). Aufgrund dieser Befunde kann ein Anstieg des Beanspruchungserlebens von Erwerbstätigen in den letzten Jahren vermutet werden. Dieser Anstieg stimmt mit der Zunahme von psychischen Erkrankungen überein und ist möglicherweise den vielfältigen Veränderungen der Arbeitswelt, wie z.B. der digitalen Transformation, geschuldet.

Eine einfache lineare Regressionsanalyse ergab einen hohen und positiven Zusammenhang zwischen digitaler Transformation im Allgemeinen und dem Konstrukt der Irritation (R^2 = .15, F(1,20) = 22,51, p < .001, ß = .39), sodass die Digitalisierung tendenziell zu einer Verstärkung des Beanspruchungserlebens von Beschäftigten beitragen kann. Des Weiteren konnte durch eine multiple Regressionsanalyse (R^2 = .28, F(5,115) = 10,56, p < .001) gezeigt werden, dass die Subskalen Technologische Überlastung (ß = .54, p < .001) und Flexibilität (ß = .20, p = .029) eine Vorhersage der allgemeinen subjektiven Irritation ermöglichen. Die anderen drei Subskalen Digitalisierungsgrad, Entgrenzung und Informationsverarbeitung konnten hingegen nicht signifikant zur Varianzaufklärung der Irritation beitragen (p > .050).

Die Erkenntnisse dieser Studie stehen z.B. im Einklang mit den Befunden von Ragu-Nathan et al. (2008) sowie Tarafdar et al. (2011), die ebenfalls eine belastende Wirkung von technologischer Überlastung auf die psychische Gesundheit herausstellten. Der fehlende Zusammenhang zwischen Irritation und der Informationsverarbeitung wiederum, steht anderen Befunden entgegen, welche erhöhte Mengen an Informationen als Belastung beschreiben (z.B. Tarafdar et al., 2011). In der vorliegenden Studie geben die Erwerbstätigen zwar an, viele Informationen bearbeiten zu müssen, diese werden jedoch nicht als Belastung empfunden. Möglicherweise verfügen sie über ausreichend Ressourcen und können die positiven Auswirkungen dieser Veränderung wahrnehmen. Multitasking, als ein Item der Skala, korreliert jedoch positiv mit der Irritation.

Mögliche Erklärungen für die hier gefundenen belastenden Auswirkungen der Flexibilisierung können die zunehmenden Anforderungen zur Selbstbestimmung und Selbstorganisation, die Verschmelzung zwischen Beruf und Familie sowie ein reduzierter physischer sozialer Kontakt zu Arbeitskollegen darstellen.

5. Fazit

Die digitale Transformation wirkt sich folglich tendenziell verstärkend auf das psychische Beanspruchungserleben von Erwerbstätigen aus. Insbesondere ein fehlendes Abschalten von der Arbeit wird durch die technologischen Entwicklungen intensiviert, wodurch die Regenerationsfähigkeit und Erholung der Beschäftigten misslingen und dadurch ein Erschöpfungszustand und als langfristige Konsequenz chronische oder psychische Gesundheitsbeeinträchtigungen entstehen können. Diese Erkenntnisse verdeutlichen die Notwendigkeit einer betrieblichen Belastungsidentifikation und Gesundheitsförderung. Ferner sollte die Digitalisierung, aufgrund ihrer tendenziell belastenden Wirkung, nicht ohne Bedenken Einzug in die Arbeitswelt nehmen, sondern mit bewussten Strategien unter Einbezug der Beschäftigten implementiert werden. Nur dann können die positiven und erleichternden Konsequenzen der Digitalisierung spürbar werden und ihr Belastungspotenzial sowie daraus resultierende Gesundheitsbeeinträchtigungen abgeschwächt werden.

Literatur

Danna, K., & Griffin, R.W. (1999). Health and Well-Being in the Workplace: A Review and Synthesis of the Literature. *Journal of Management, 25*(3), 357–384.

Hüning, L., Böhm, S., & Fugli, U. (2018). Die Auswirkungen von Autonomie, Kompetenz und sozialer Eingebundenheit auf die Gesundheit und Arbeitsfähigkeit von Mitarbeitern. In B. Badura, A. Ducki, H. Schröder, J. Klose, & M. Meyer (Hrsg.). Fehlzeitenreport 2018. *Sinn erleben – Arbeit und Gesundheit* (S.269–282). Berlin: Springer Verlag GmbH.

Mohr, G., Müller, A., & Rigotti, T. (2005). Normwerte der Skala Irritation: Zwei Dimensionen psychischer Beanspruchung. *Diagnostica, 51*(1), 12–20.

Poethke, U., Klasmeier, K-N., Diebig, M., Hartmann, N. & Rowold, J. (2019). Entwicklung eines Fragebogens zur Erfassung zentraler Merkmale der Arbeit 4.0. *Zeitschrift für Arbeits- und Organisationspsychologie, 63*(3), 129–151.

Ragu-Nathan, T.S., Tarafdar, M., Ragu-Nathan, B.S., & Tu, Q. (2008). The Consequences of Technostress for End Users in Organizations: Conceptual Development and Empirical Validation. *Information Systems Research, 19*(4), 417–433.

Schneider, W. (2018). Psychosoziale Folgen der Digitalisierung. *Psychotherapeut, 63*(4), 291-300.

Stegmann, S., van Dick, R., Ullrich, J., Charalambous, J., Menzel, B., Egold, N., & Tai-Chi Wu, T. (2010). Der Work Design Questionnaire. Vorstellung und erste Validierung einer deutschen Version. *Zeitschrift für Arbeits- und Organisationspsychologie, 54*(1), 1–28.

Tarafdar, M., Tu, Q., Ragu-Nathan, T.S., & Ragu-Nathan, B.S. (2011). Crossing to the Dark Side: Examining Creators, Outcomes, and Inhibitors of Technostress. *Communications of the ACM, 54*(9), 113–120.

Arbeitskreis
Führung und Organisation: Verfahren und Schulungen
Leitung: Werner Hamacher

Philip Ashton, Werner Hamacher & Moritz Bald
Gesunde Führung – Stellenwert und Entwicklung von Führungskompetenzen

Annika Diener & Arne Lehmann
Gesundheitsförderliche Führung im Handel

Anne Katrin Matyssek & Ilona Bonin
Gesundheitsgerechter Umgang mit Emotionen im Polizeiberuf – Praktische Tipps und Empfehlungen für Führungskräfte

Wim Nettelnstroth
Das Kooperative Führungssystem (KFS) in der Berliner Polizei: Der Zusammenhang des KFS mit anderen modernen Führungskonzepten und sein Einfluss auf Zufriedenheit, Gesundheit und Leistungsbereitschaft

Tanja Nagel, Moritz Bald, Rüdiger Trimpop & Werner Hamacher
Evaluation des Modells „Alternative Betreuung plus" für sichere und gesunde Arbeit in KMU

Sebastian Riebe, Christof Barth & Werner Hamacher
Nachhaltiger Unternehmenserfolg durch bedarfsgerechte Unterstützung der Führung zu Gesundheit und Sicherheit bei der Arbeit – das Modell „Alternative Betreuung plus"

Philip Ashton[1], Werner Hamacher[1] & Moritz Bald[2]
[1]*systemkonzept Gesellschaft für Systemforschung und Konzeptentwicklung mbH*
[2]*Lehrstuhl für Arbeits-, Betriebs- und Organisationspsychologie, Friedrich-Schiller-Universität Jena*

Gesunde Führung – Stellenwert und Entwicklung von Führungskompetenzen

1. Situation in deutschen KMU

Die deutsche Wirtschaft ist von kleinen und mittleren Unternehmen (KMU) geprägt. 99,6 Prozent aller Unternehmen in Deutschland haben weniger als 250 Beschäftigte und zählen damit zu den KMU (Lichtblau, 2018). Der Wandel der Arbeit durch z.B. die digitale Transformation stellt KMU vor Herausforderungen, besonders, weil KMU im Vergleich zu Konzernen weniger Ressourcen (Zeit, Personal, Mittel) zur Verfügung haben.

Die digitale Transformation wird auch die Anforderungen an die Kompetenzen der Führungskräfte in KMU verschieben. Zukünftig werden Kompetenzbereiche wie Planungs- und Organisationsfähigkeit, Selbstständigkeit, Kommunikations- und Kooperationsfähigkeit stark an Bedeutung gewinnen. Die Soft Skills treten weiter in den Vordergrund des Führungshandelns.

Digitales Lernen rückt in den betrieblichen Fokus, um diese Kompetenzen zu fördern. Die Gründe hierfür sind die gute Integrierbarkeit in den Arbeitsalltag (Ellaway & Masters, 2008) sowie die hohe Flexibilität und Passgenauigkeit hinsichtlich der betrieblichen Bedarfe (Seyda, 2018). Zudem lassen sich digitale Lernangebote in tägliche Arbeitsabläufe von Führungskräften integrieren und ermöglichen die Nähe zum eigentlichen Kontext der eigenen Praxis („dealing with a real problem in a specific context“). Es zeigt sich weiter, dass e-Learning Angebote für Führungskräfte besonders hilfreich sind, wenn sie einfach zu nutzen und relevant für die eigene Situation sind, Bezug zum Anwenden des Gelernten bieten und klare Ziel- und Aufgabenstellungen haben. Gleichzeitig wird ein Blended-Learning-Angebot (Mix-methods-Ansatz aus Präsenz- und Selbstlernphasen) einem reinen e-Learning vorgezogen (Daly & Overton, 2017). Weiter zeigt sich, dass Arbeitsschutz oft passiv, reaktiv gedacht und betrieben wird. Häufig fehlt hier die Motivation aus eigenem Antrieb heraus Arbeitsschutz im Unternehmen zu betreiben und nur das zu tun, was vom Unfallversicherungsträger (UVT) oder anderen Institutionen gefordert wird (Hamacher & Trimpop, 2017). Den meisten KMU fehlen hier langfristig ausgerichtete Weiterbildungsstrategien – im und außerhalb des Arbeitsschutzes. Das liegt unter anderem an fehlenden finanziellen Mitteln. Und die Vielzahl der bisherigen Qualifizierungsangebote der UVT greifen den weiter oben genannten Bedarf unzureichend auf.

2. Zeitgemäße Führungskompetenzen für Sicherheit und Gesundheit bei der Arbeit und darüber hinaus

Vor diesem Hintergrund stellt sich die Frage, welche Rolle Führungskräfte im Hinblick auf ein zeitgemäßes Verständnis von Sicherheit und Gesundheit bei der Arbeit einnehmen und welche Kompetenzen hierfür erforderlich sind. Führungskräfte haben sowohl aufgabenbezogene und personenbezogene Führungsaufgaben (Malik, 2006; Mintzberg, 1975; Sprenger, 2012). Sie sind verantwortlich für die betriebliche Steuerung in Bezug auf die betrieblichen Ziele und haben eine Fürsorgepflicht gegenüber ihren Beschäftigten. Zur Erfüllung ihrer Aufgaben benötigen sie fachlich-methodische, soziale und personale Kompetenzen.

Die steuernde und fürsorgliche Rolle von Führung ist auch für die Sicherheit und Gesundheit bei der Arbeit wichtig (im Sinne des ArbSchG relevant): die Arbeitsbedingungen beurteilen, diese Arbeitsbedingungen entsprechend sicher, gesund und menschengerecht gestalten, die Beschäftigten angemessen beteiligen, und eine Verbesserung von Sicherheit und Gesundheit anstreben.

Führung ist für das Erreichen betrieblicher Ziele bzw. Ergebnisse wichtig und nimmt Einfluss auf das Verhalten von Beschäftigten. In Anlehnung an das Modell zum „Action Centred Leadership" (Adair, 1973) nimmt gutes Führungshandeln einen positiven Einfluss auf das Betriebsergebnis, indem Ziele und Aufgaben berücksichtigt werden, die Arbeitsbedingungen für bzw. die Zusammenarbeit der Beschäftigten im Team aufgebaut und gepflegt wird sowie die Beschäftigten individuell weiterentwickelt werden. Ein zusätzlicher Aspekt, der in Adairs Modell fehlt, ist die regelmäßige Reflexion und Weiterentwicklung der Selbstführung und die damit einhergehende Selbstfürsorge (vgl. Abb. 1). Gerade im Arbeitsschutz wird bislang zu wenig Aufmerksamkeit auf die Arbeitsbedingungen bzw. die Sicherheit und Gesundheit bei der Arbeit von Führungskräften gelegt. Das nachfolgende Qualifizierungskonzept setzt hier an.

3. Qualifizierungsansatz zur Kompetenzentwicklung

Bisherige Qualifizierungsangebote in diesem Bereich beschränken sich oft auf reine Präsenzveranstaltungen in Seminarform. Eine Entwicklung und Förderung der o.g. Führungskompetenzen erfordert aber den Einbezug des eigenen Führungsalltags, wie weiter oben schon angeführt. Hier bieten sich Praxisphasen und das selbstorganisierte Lernen (SOL) an. Im Rahmen des Forschungsprojekts „Alternative Betreuung plus", das durch die Deutsche Gesetzliche Unfallversicherung (DGUV) gefördert wird, wurde ein Qualifizierungskonzept entwickelt, das drei Präsenzphasen mit zwei Phasen für selbstorganisiertes Lernen und Praxisbezug über einen Zeitraum von zwölf Wochen kombiniert.

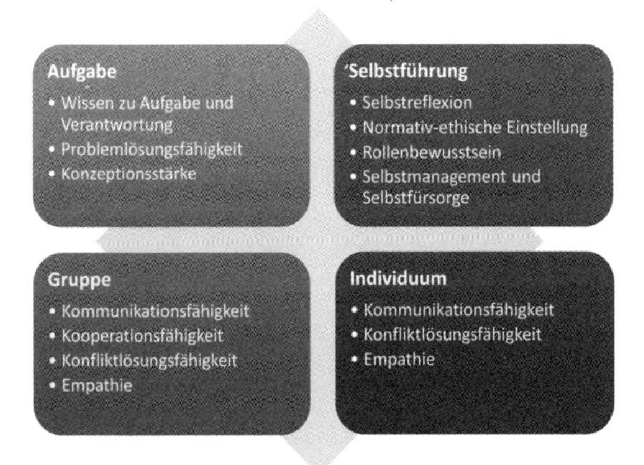

Abb. 1: Führungsdimensionen und -kompetenzen für Sicherheit und Gesundheit bei der Arbeit (in Anlehnung an J. Adair, 1973)

Das Ziel ist, Führungskräfte zu unterstützen und dazu zu befähigen, Führung in den Mittelpunkt des betrieblichen Handelns zu stellen und eine kontinuierliche Verbesserung im Betrieb zu erreichen, auch im Sinne des Arbeitsschutzes. Denn Führung im und außerhalb des Arbeitsschutzes darf nicht getrennt werden. Der Ansatz ist dabei kompetenzorientiert, erfahrungs- und situationsbezogen, aktiv-selbstgesteuert und Blended-Learning basiert. Während der gesamten Qualifizierung, speziell aber in den Online-Phasen, werden die Führungskräfte tutoriell begleitet.

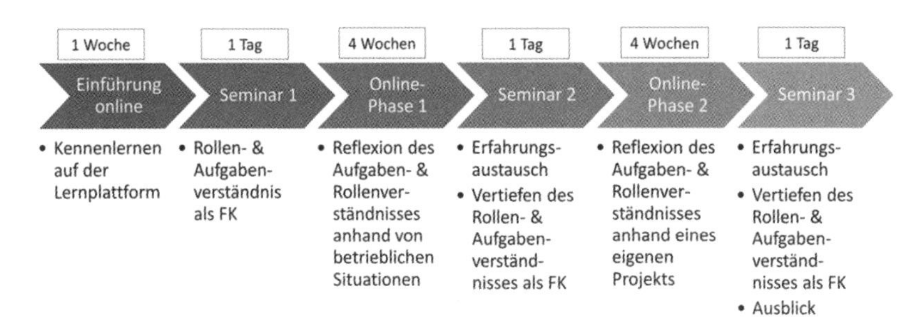

Abb. 2: Blended-learning-Konzept zur Förderung gesunder Führung

In den Präsenzphasen findet eine kontinuierliche Kompetenzerfassung mithilfe eines Bogens statt. Das Ergebnis dient der eigenen Reflexion und Entwicklung. Zur Unterstützung des Lernprozesses der Führungskräfte kommen zusätzliche E-Medien wie eine Online-Lernplattform und Web-based-Trainings zum Einsatz.

4. Erste Erfahrungen und Ausblick

Die Evaluation und Erkenntnisse aus der Umsetzung sowie die Rückmeldungen der Teilnehmenden zeigen, dass dieser Ansatz, Führungskräfte im Arbeitsschutz und darüber hinaus zu qualifizieren, auf hohe Akzeptanz stößt. Indem die Qualifizierung nicht isoliert von der Praxis stattfindet, und sich zusätzlich über einen längeren Zeitraum erstreckt, wird eine schrittweise Auseinandersetzung mit der eigenen Führungsrolle und auch mit den relevanten Inhalten ermöglicht. Die Evaluation unterstreicht, dass das Ziel der Qualifizierung, vor allem Führung im Sinne des Arbeitsschutzes in den Mittelpunkt des betrieblichen Handelns zu stellen, erreicht wird.

Die Rolle des Führungshandelns wird immer wichtiger, nicht nur im Kontext betrieblichen Erfolgs, sondern auch bezüglich Sicherheit und Gesundheit bei der Arbeit. Das digitale Lernen muss hier zusätzlich zu etablierten und bewährten Präsenzformaten in den betrieblichen Fokus rücken, um die nötigen Kompetenzen und den Lernerfolg insgesamt zu fördern. Hierfür gibt es drei wichtige Gründe: (1) Eröffnung neuer Zugänge und Möglichkeiten für Führungskräfte, erforderliche Fähigkeiten, Fertigkeiten und die Bereitschaft zu fördern, (2) flexible und passgenaue Anpassung an die betrieblichen Bedarfe und (3) Integration in die täglichen Arbeitsabläufe von Führungskräften, um die Nähe zur eigenen Praxis zu ermöglichen.

Literatur

Adair, J. (1973). Action-Centred Leadership. New York: McGraw-Hill.

Daly, Jane & Overton, Laura (2017). Unlocking the Potential of Leaders and Managers. In-Focus Report, [online] https://towardsmaturity.org/2017/11/20/focus-unlocking-potential-managers-leaders/ [24.10.2019]

Ellaway, R., & Masters, K. (2008). AMEE Guide 32: e-Learning in medical education Part 1: Learning, teaching and assessment. Medical teacher, 30(5), 455-473.

Hamacher, W., Trimpop, R. (2017). Machbarkeitsstudie „Erweiterung der alternativen bedarfsgerechten Betreuung nach DGUV Vorschrift 2 für Unternehmensgrößen zwischen 50 und 100 Mitarbeitern". Berufsgenossenschaft Rohstoffe und Chemische Industrie (BG RCI).

Lichtblau, K. (2018). Digitalisierung der KMU in Deutschland, [online] https://www.iwconsult.de/fileadmin/user_upload/projekte/2018/Digital_Atlas/Digitalisierung_von_KMU.pdf [28.01.2020].

Malik, Fredmund (2006): Führen, Leisten, Leben: Wirksames Management für eine neue Zeit. Frankfurt/New York: Campus Verlag.

Mintzberg, Henry (1975). The managers's job: folklore and fact. Harvard Business Review.

Seyda, S. (2018). Weiterbildung 4.0-IW Trends, [online] https://www.iwkoeln.de/fileadmin/user_upload/Studien/IW-Trends/PDF/2018/IW-Trends_2018_1_Weiterbildung.pdf [28.01.2020]

Sprenger, Reinhard K. (2012). Radikal führen. Frankfurt am Main: Campus Verlag.

Annika Diener & Arne Lehmann
Prospektiv Gesellschaft für betriebliche Zukunftsgestaltung mbH

Gesundheitsförderliche Führung im Handel

1. Abgeleitete Maßnahmen Psychischer Gefährdungsbeurteilung

Die Gesunderhaltung Beschäftigter durch den Arbeitgeber ist gesetzlich vorgeschrieben (ArbSchG, Abs. 2, §3 §4), ebenso wie die Ermittlung von Gefährdungen am Arbeitsplatz und die Ableitung daraus resultierender Maßnahmen (ArbSchG, Abs. 1, § 5). Als zentrales Ergebnis der bundesweiten psychischen Gefährdungsbeurteilung bei Primark Mode Ltd. & Co. KG im Jahre 2017 wurde ein Defizit im Bereich operativer Führung identifiziert. Hoher Einstellungsdruck bei Neueröffnungen im Einzelhandel ist verbunden mit der Rekrutierung vieler un- und angelernter VerkäuferInnen (bei Primark Mode Ltd. & Co. KG in Deutschland ca. 50 % aus Arbeitslosigkeit /Wiedereinstieg). Viele Beschäftigte übernehmen nach vergleichsweise kurzer Zeit mit geringer Berufserfahrung Führungsaufgaben. Aufbauend auf den Erkenntnissen der Gefährdungsbeurteilung wurde als nachhaltige Handlungsmaßnahme ein fortlaufendes, kontinuierlich evaluiertes Führungskräfteentwicklungsprogramm abgeleitet, um eine gesundheitsförderliche Führungskultur bei Primark Mode Ltd. & Co. KG zu etablieren. Auf dieser Grundlage wurde der bisher deutschlandweit erste Gesundheitstarifvertrag zwischen ver.di und einem Unternehmen im deutschen Einzel-, Versand- und Onlinehandel abgeschlossen.

Die Ausarbeitung, Durchführung und Auswertung der Gefährdungsbeurteilung sowie die anschließende Ausarbeitung des Tarifvertrages wurden durch die Prospektiv GmbH begleitet. Die Konzeptionierung und pilothafte Umsetzung der hier erläuterten Maßnahmen erfolgte ebenfalls durch die Prospektiv GmbH im Projekt „Führen mit IQ“, das im Rahmen der Initiative „Fachkräfte sichern: weiter bilden und Gleichstellung fördern“ durch das Bundesministerium für Arbeit und Soziales (BMAS) und den Europäischen Sozialfonds für Deutschland (ESF) gefördert wurde.

2. Ziele und Inhalte des Tarifvertrages zur gesundheitsförderlichen Führung

Eine wirksame gesundheitliche Führung muss aus ganzheitlicher Sicht an den gegebenen Bedingungen orientiert sowie umfassend gestaltet sein. Hierbei müssen alle Aspekte einer gesunden Organisation betrachtet werden und die verschiedenen Instrumente, Methoden sowie Interventionen verbunden und miteinander in Beziehung gebracht werden (Winterfeld/Godehardt/Reschner, 2011). Zentraler Bestandteil des Tarifvertrages zur gesundheitsförderlichen Führung zwischen ver.di und

Primark Mode Ltd. & Co. KG bildet das betriebsübergreifende Qualifizierungsprogramm, welches Führungskräften von Primark Mode Ltd. & Co. KG dabei hilft, ihre Rolle auszufüllen und den Beschäftigten Hilfestellung und Feedback zu geben, um auf diese Weise Fehlbelastungen bei den Beschäftigten zu reduzieren und zu vermeiden. Hierfür benötigen Führungskräfte sowohl Handlungs-, Methoden-, soziale und kommunikative sowie personenbezogene Kompetenzen (Lenartz, 2012).

Zur Unterstützung des Schulungserfolges des Qualifizierungsprogramms und zum Transfer des Erlernten in die Praxis werden zudem bei Primark Mode Ltd. & Co. KG organisatorische Rahmenbedingungen geschaffen, die den Transfer der Schulungsinhalte und die ggf. erforderlichen Nacharbeiten im betrieblichen Alltag sicherstellen. Darüber hinaus sollen durch Informationsmaßnahmen alle Beschäftigten von Primark Mode Ltd. & Co. KG für das Thema Gesundheitsförderung sensibilisiert und aufgeklärt werden, um die Gesunderhaltung der Belegschaft ganzheitlich zu fördern.

2.1 Führungskräftequalifizierungsprogramm

Das entwickelte Führungskräfteprogramm zielt darauf ab, die in der Gefährdungsbeurteilung bei Primark Mode Ltd. & Co. KG identifizierten Defizite in Bezug auf Führung und Führungskompetenten mittelfristig auszugleichen und ist daher auch essentieller Bestandteil des Tarifvertrages.

Das Programm besteht aus vier einzelnen aufeinander aufbauenden Themenmodulen, in denen Führungskräfte im Rahmen eines jeweils ein- bis zweitägigen Seminars schrittweise auf spezifischen Kompetenzfeldern der gesundheitsförderlichen Führung geschult werden. Das Programm baut auf den bestehenden internen Qualifizierungsmaßnahmen der Primark Akademie auf. Die Inhalte der vier Module werden von allen Führungskräften bundesweit und hierarchieübergreifend bis zum Top-Management durchlaufen.

Im Modul Nachhaltige Verankerung von Instrumenten der Führungskommunikation werden bereits bekannte Führungsinstrumente in Zusammenhang zu Gesundheitsförderung gesetzt. So werden theoretische Grundlagen zu Feedback, Planung und Organisation auf den Arbeitsalltag der Führungskräfte transferiert und ihre Bedeutung für die Vermeidung sowie Bewältigung von psychischem Stress für Beschäftigte sowie Führungskräfte verdeutlicht.

Auch im zweiten Modul Motivation sind die stressbedingten Themen des Burn- sowie Boreouts im Fokus und die Führungskräfte werden sich ihrer Vorbildfunktion und ihrer Verantwortung in Bezug auf die Förderung sowie Be- und Entlastung ihrer Beschäftigten bewusst.

Für das dritte Modul Konfliktmanagement stehen die Auswirkungen von psychischen Belastungen durch ein konfliktreiches Arbeitsumfeld im Mittelpunkt.

Negative Gefühle wie Ängste, Wut und Hilflosigkeit können zu innerer Resignation, Leistungsabfall und einer Reihe psychosomatisch bedingter Erkrankungen führen. Umso wichtiger ist der offene und bewusste Umgang mit Konflikten.

Führen unter Berücksichtigung kultureller Belange und Geschlechterrolle als letztes Themenmodul beschäftigt sich mit der Führungsverantwortung für die sechs Vielfaltsdimensionen der Charta der Vielfalt (Alter, Geschlecht, sexuelle Orientierung, Behinderung, Herkunft und Religion bzw. Weltanschauung), welche im Zuge einer inklusiven gesundheitsförderlichen Führung maßgebliche Erfolgsfaktoren darstellen (Dettling/Gerometta, 2007).

2.2 Nachhaltige Instrumente und Methoden

Um den Lerntransfer in die Praxis zu gewährleisten und eine gesundheitsförderliche Führungskultur nachhaltig bei Primark Mode Ltd. & Co. KG zu etablieren, wurden hierzu durch unterschiedlichste Instrumente und Methoden die organisatorischen Rahmenbedingungen geschaffen. So werden beispielsweise auch nach den Trainingsmodulen in regelmäßigen Abständen Impulse und Aufgaben an die Führungskräfte herangetragen, welche sie gemeinsam im Rahmen des initiierten „Buddy-Systems" bearbeiten. Innerhalb des „Buddy-Systems", welches als eine Lernpartnerschaft zwischen zwei oder drei Führungskräften zu verstehen ist, tauschen sich die Führungskräfte in regelmäßigen Abständen über die Trainingsinhalte aus, beraten sich gegenseitig in schwierigen Situationen und geben sich Feedback in Bezug auf ihr Führungsverhalten. Das Matching der Lernpartner und Lernpartnerinnen sowie deren Austausch wird durch die Nachhaltigkeitspartner und -partnerinnen der Stores koordiniert und dokumentiert. Um die Nachhaltigkeit auch in der Organisation und vor allem nach Projektende zu sichern, wurde in jedem Primark Mode Ltd. & Co. KG Store eine neue Rolle geschaffen. Die sogenannten Nachhaltigkeitspartnerinnen und -partner sind dafür verantwortlich, die Teilnehmenden auf die Trainings vorzubereiten und das „Buddy-System" mit Leben zu füllen. Sie unterstützen die Führungskräfte auch dabei, sich im anspruchsvollen Tagesgeschäft, Zeit und Raum zur Weiterentwicklung innerhalb des „Buddy-Systems" zu schaffen.

3. Erfolgskontrolle und Ausblick

Im Rahmen des Monitorings wurde ein Arbeitskreis initiiert, der aus Vertretern von ver.di, der Arbeitgeberin, der Beschäftigten sowie der Prospektiv GmbH zusammengesetzt ist und regelmäßig sowie im konkreten Bedarfsfall über etwaig auftretende Schwierigkeiten und Lösungsmöglichkeiten berät. Dies geschieht unter Einbeziehung von Feedback seitens der geschulten Führungskräfte sowie deren Mitarbeitende, sodass etwaiger Verbesserungsbedarf innerhalb des Qualifizierungsprogramms sowie in Bezug auf die initiierten Instrumente und Methoden identifiziert und Anpassungen ermöglicht werden können.

Die Auswirkungen der Maßnahmen auf das Führungsverhalten werden während des Projektes durch regelmäßige Instrumente wie Teilnehmerfeedbackbögen, Beteiligungsworkshops mit Beschäftigten oder Selbstreflexionsbögen für die Führungskräfte gemessen. Zudem wird durch eine weitere bundesweite Gefährdungsbeurteilung bei Primark Mode Ltd. & Co. KG nach Projektende die Wirksamkeit der abgeleiteten Maßnahmen auf die psychische Gefährdung der Beschäftigten evaluiert. Eine qualitative Auswertung erfolgt abschließend durch Gruppen- und Einzelinterviews mit Vertretern aus den Interessensgruppen Beschäftigte, operative Führungskräfte, Geschäftsführung sowie Betriebsrat. Ein solch umfassender Ansatz zur Ableitung von Maßnahmen aus einer psychischen Gefährdungsbeurteilung ist im deutschen Einzelhandel einzigartig.

Literatur

Dettling, D.; Gerometta, J. (2007): Vorteil Viefalt. Herausforderungen und Perspektiven einer offenen Gesellschaft. Wiesbaden: VS Verlag für Sozialwissenschaften

Lenartz, N. (2012) :Gesundheitskompetenz und Selbstregulation. Göttingen: Bonn University Press

Winterfeld, U.; Godehardt, B.; Reschner, C. (2011). Die Zukunft der Arbeit. Expertenwissen aus zehn Jahren Fachkonferenz des Instituts für Arbeit und Gesundheit. Berlin

Anne Katrin Matyssek & Ilona Bonin
do care! & Polizei Oldenburg

Gesundheitsgerechter Umgang mit Emotionen im Polizeiberuf – Praktische Tipps und Empfehlungen für Führungskräfte

1. Ausgangssituation und Fragestellung

Der Polizeiberuf erfordert es oft, Emotionen wie Wut, Angst oder Ärger während der Arbeit zu unterdrücken. Konfliktsituationen sind im Berufsalltag viermal häufiger als beim Durchschnitt der Beschäftigten (DGB, 2017). Ressourcen wie Anerkennung und Wertschätzung hingegen, die als Ausgleich zu diesen Stressoren wirken könnten, sind Mangelware.

Umso wichtiger ist es, diesen unterdrückten Gefühlen nach der Schicht/dem Einsatz Raum zu geben – für eine gelingende Verarbeitung und letztlich auch zur Vermeidung von Fehlzeiten. Eine Aufwertung der in der Regel unsichtbaren Gefühlsarbeit im Polizeidienst ist erforderlich (Szymenderski, 2012).

Wie können Führungskräfte ihre Mitarbeitenden beim Umgang mit ihren alltäglichen Erlebnissen so unterstützen, dass die Beamten ihren Dienst „lockerer wegstecken"? Dieser Frage gehen eine Polizeioberkommissarin und eine Diplom-Psychologin in ihrem praxisorientierten Vortrag nach.

2. Fall-Beispiele

„Ich sag' doch nicht, was ich denke!", meinte empört ein Polizist auf einer Fortbildung der damaligen Unfallkasse des Bundes. Zu zeigen, was er fühlt, wäre ihm erst recht nicht in den Sinn gekommen. Die emotionale Verkürzung, die seine Berufstätigkeit erforderte, war ihm zur zweiten Haut geworden. Sie fiel auch im ansonsten eher zwanglosen Kontext in der Bildungsstätte auf.

Welche wichtige Rolle Führungskräfte bei der Verarbeitung von Emotionen im normalen Polizeialltag spielen, zeigt eine zweite Fall-Vignette. Ein Mitarbeiter bricht gegenüber seinem Vorgesetzten nach einem Außeneinsatz in Tränen aus. Der Vorgesetzte herrscht ihn an: „Beruhigen Sie sich erst mal, und dann kommen Sie wieder."

Fall-Beispiele wie diese beleuchten die Bedeutung von sechs Aspekten gesundheitsgerechter Führung beim Umgang mit den Emotionen, die in der normalen Polizeiarbeit auftauchen. Die Fürsorgepflicht der Führungskräfte ist nach belastenden Ereignissen besonders gefragt (Henze, 2017), aber auch nach ganz „normalen" Einsätzen gefragt.

3. Gesund Führen nach belastenden Außeneinsätzen

Dienstschichtleiter, Fachbereichsleiter und Leitungskräfte, die im Polizeidienst für Kollegen mit Außenwirkungseinsätzen Verantwortung tragen, sind gefordert, so mit den ihnen anvertrauten Kolleginnen und Kollegen umzugehen, dass eine zeitnahe Verarbeitung nach dem Einsatz ermöglicht wird.

Wie das konkret aussehen kann, beleuchtet das Baum-Modell gesundheitsgerechter Führung (Matyssek, 2020). Anerkennung für den Arbeitseinsatz gehört ebenso dazu wie das einfühlsame „Wie geht's-Gespräch", das echtes Interesse zum Ausdruck bringt und Kommunikation auf Augenhöhe ermöglicht. Dazu gehört aber auch, sich selbst nicht als emotionslosen Eisklotz darzustellen, der Gefühle höchstens im Privatleben äußert. Auch möglicherweise überschießende Emotionen wie Wut oder Tränen aushalten zu können, sollte als Ausdruck von Führungsstärke verstanden werden. Wenn Mitarbeitende vertrauensvoll im geschützten Rahmen auf der Dienststelle nach einem Einsatz auch negative Gefühle zeigen dürfen, trägt dies zu einem offenen Klima bei.

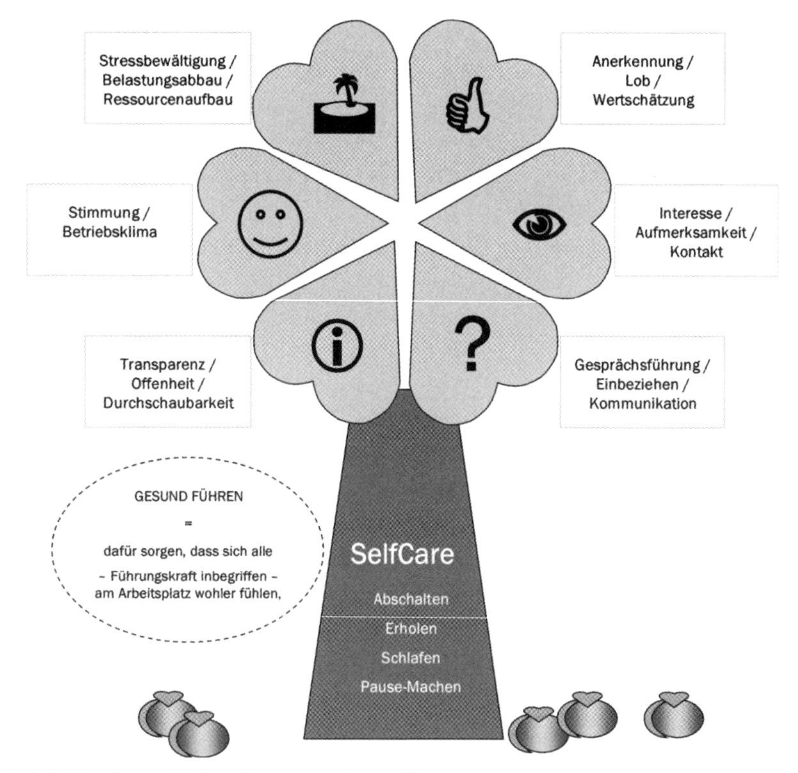

Abb. 1: Der Gesund-Führen-Baum von „do care!"

4. Praxistipps für Führungskräfte

Basiskompetenz gesundheitsgerechter Führung von Mitarbeitenden ist stets der gesunde Umgang mit sich selbst („SelfCare"). Um diesen auch nach einem Einsatz stärker in den Blick zu nehmen, wurde als Erinnerungshilfe zur Emotionsabfrage die hier abgebildete Grafik entwickelt, die sich als Plakat oder Mousepad in den Schreibräumen oder als Aufkleber verwenden lässt.

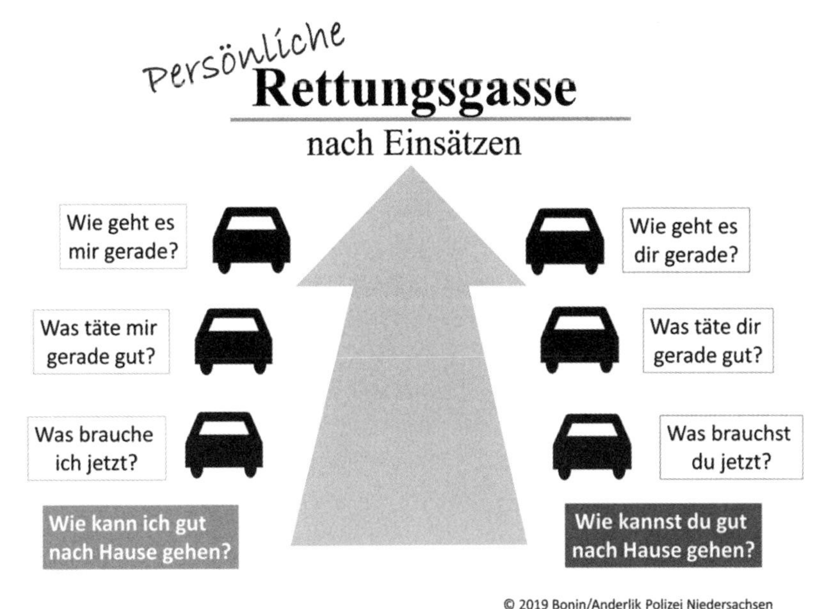

Abb. 2: Die „Rettungsgasse" für wirksame SelfCare im Polizeialltag

Das Bild der Rettungsgasse lenkt die Aufmerksamkeit auf das aktuelle Befinden. Fragen, die dabei verhandelt werden, lauten: „Wie gehe ich nach Hause? Muss ich noch was hier lassen? Kann ich den nächsten Dienst wieder unbefangen anfangen?" Idealerweise entsteht aus der Beschäftigung mit diesen Fragen ein Austausch zwischen Führungskraft und Einsatzkraft. Das Ziel besteht darin, im Sinne der Gesundheit kurz innezuhalten und mit dem soeben beendeten Einsatz oder Dienst innerlich abzuschließen.

Mit Hilfe eines Fragebogens (Schulte, 2019) zur Überprüfung ihres Führungsverhaltens können Leitungskräfte darüber hinaus selbst einschätzen, ob es bei ihnen hinsichtlich der 6 abgebildeten Dimensionen gesundheitsgerechter Führung noch „Luft nach oben" gibt: Anerkennung geben, Interesse zeigen, in Gesprächen Mitarbeitende einbeziehen, für Transparenz und Klarheit sorgen, die Stimmung positiv beeinflussen, Überlastung verhindern.

Als ergänzendes Feedback für die Führungskraft kann ein ähnlicher Fragebogen für Mitarbeiter verwendet werden. Er trägt die Überschrift: „Praktiziert meine Führungskraft einen gesundheitsförderlichen Führungsstil?“ Beide Fragebögen sind in der ursprünglichen Fassung online erhältlich unter: https://www.do-care.de/gesund-fuehren/selbst-check

Diese Empfehlungen können Führungskräfte für sich selbst nutzen, aber auch an ihre Teams weitergeben. Damit zeigen sie sich zugleich als fürsorgliche Vorgesetzte.

Literatur

DGB-Index Gute Arbeit (2017). Emotionale Belastung im Polizeiberuf. Am 04.01.2020 abgerufen unter https://index-gute-arbeit.dgb.de/++co++449c4fd0-07dc-11e7-895d-525400e5a74a

Henze, Tobias (2017). Wie gehen Polizisten mit Gefühlen um? 1. Auflage, digitale Originalausgabe. München: Grin-VErlag

Matyssek, A.K. (2020). Gesund führen – sich und andere. Trainingsmanual zur psychosozialen Gesundheitsförderung im Betrieb. 2. Auflage. Norderstedt: bod.

Schulte, E.-M. (2019). Evaluation: Ergebnisse der Interventionsstudie zum Seminarkonzept. Keynote bei der “do care!”-Gesund-Führen-Qualitätswerkstatt, Köln, 20. September 2019.

Szymenderski, P. (2012): Gefühlsarbeit im Polizeidienst. Wie Polizeibedienstete die emotionalen Anforderungen ihres Berufs bewältigen. Bielefeld: transcript.

Wim Nettelnstroth
Hochschule für Wirtschaft und Recht Berlin

Das Kooperative Führungssystem (KFS) in der Berliner Polizei: Der Zusammenhang des KFS mit anderen modernen Führungskonzepten und sein Einfluss auf Zufriedenheit, Gesundheit und Leistungsbereitschaft

1. Einleitung

In Bezug auf die Mitarbeitendenführung in der deutschen Polizei gibt es eine Führungsverhaltensvorschrift, innerhalb derer die Führungskräfte zu agieren haben. Dieses *Kooperative Führungssystem (KFS)* verwirklicht seit 1976 eine Abkehr von autoritären (Vera, 2015) hin zu demokratischen Führungsstilen sowie partizipativer und kooperativer Führung (Thielmann & Weibler, 2014). Trotz des innerhalb des KFS befindlichen Handlungsspielraums für die Führungskräfte beinhaltet es verbindlich anzuwendende Führungsmaßnahmen, die Mitarbeitende einbinden sollen (Strietzel, 2010). Die Umsetzung des KFS durch die polizeiliche Führung bzw. das Zusammenspiel der Elemente (Delegation, Beteiligung, Transparenz, Repräsentation, Kontrolle, Leistungsbewertung) wird mit der Absicht formuliert, positive Resultate bei den Zielgrößen Leistung, Arbeitszufriedenheit und Motivation zu erreichen (Altmann & Berndt, 1982; Barthel & Heidemann, 2013; PDV 100, 2014; Thielmann & Weibler, 2014; Rauch, 2015). Aktuell betonen Fischbach, Lichtenthaler und Vollmar (2017) die drei Zielbereiche des KFS:

1. Effiziente und gesundheitsförderliche Aufgabenerledigung
2. Eigenverantwortung, Motivation und Engagement der Geführten
3. Ethisch legitimiertes Führungsverhalten

In der Literatur wird das KFS aus unterschiedlichen Richtungen kritisiert, die sich in eine Detail- und in eine Fundamentalkritik (Barthel, 2006, 2010; Barthel & Heidemann, 2014; Barthel & Schiele, 2017) unterteilen lassen. Dieser Beitrag verortet sich in der Detailkritik am KFS, wonach es nicht grundsätzlich in Frage gestellt, sondern mangelnde empirische Evidenz thematisiert wird (Vollmar, Fischbach & Lichtenthaler, 2017).

2. Die Studie zur Konstrukt- und Kriteriumsvalidität des KFS

2.1 Fragestellungen, Annahmen, Stichprobe und Methode

Aus der theoretischen Erkenntnislage ergeben sich für die vorliegende Studie folgende Fragestellungen und Annahmen:

1. Mit welchen der Dimensionen etablierter psychologischer Führungstheorien weisen die Elemente des KFS Zusammenhänge auf und welcher Transfer von Erkenntnissen ist demzufolge möglich?
   - Es wird von einem positiven (statistischen) Zusammenhang mit transformationaler Führung und Mitarbeiterorientierung ausgegangen mit einer vergleichbaren Wirkungsweise wie bei diesen Modellen
   - Inwieweit wirken sich die Elemente des KFS auf die abhängigen Variablen (Leistung, Zufriedenheit, Gesundheit) von Polizeibeamtinnen und Polizeibeamten aus?
   - Es wird angenommen, dass eine hohe Ausprägung einzelner Elemente des KFS mit einer hohen Ausprägung abhängiger Variablen (Leistung, Zufriedenheit, Gesundheit) einhergeht (positive Korrelation).
   - Es wird angenommen, dass die sechs Systemelemente gemeinsam einen signifikanten Beitrag zur Beeinflussung der Zielgrößen beitragen (Regressionsanalyse).

Insgesamt wurden 90 Berliner PolizeibeamtInnen aus neun verschiedenen Dienststellen (Kommissariate aus örtlichen Direktionen, des LKAs und eine Einsatzhundertschaft) (Ludwig, 2018) befragt. Die Teilnehmer waren im Durschnitt 42 Jahre alt (23 bis 63). Die Dienstjahre liegen bei einem Mittelwert von 19 Jahren zwischen 1 und 42. Es haben 55 % SchutzpolizistInnen und 45 % KriminalpolizistInnen teilgenommen Mit einem Anteil von 42 % tragen überdurchschnittlich viele Befragte Führungsverantwortung. Als Skalen wurden benutzt: Fragebogen zur Erfassung Kooperativer Führung in der Polizei (F-KFS; Fischbach, Lichtenthaler & Vollmar, 2017), Arbeits- und Berufszufriedenheit (Weyer, Hodapp & Neuhäuser, 2014), Arbeits- und Berufsbelastung (Weyer, Hodapp & Neuhäuser, 1980), Allgemeine Arbeitsmotivation (Liepmann & Kilian, 1998, 2001), Mitarbeiterorientierte und Aufgabenorientierte Führung (LBDQ, Hemphill & Coons, 1957, zit.nach Liepmann & Felfe, 2008), Transaktionale und Transformationale Führung (MLQ; Felfe, 2006), Stresserleben (Liepmann & Kilian, 1998, 2001), Soziale Stressoren am Arbeitsplatz (Frese, Greif & Zapf, 2014), Psychische Erschöpfung (Ducki, 2000), Burnout (Büssing & Perrar, 1992), Engagement (Schaufeli & Bakker, 2003), Organizational Citizenship Behavior (Felfe, Schmook, Six & Wieland, 2005).

2.2 Beschreibung der Ergebnisse

In der im Rahmen dieser Studie erhobenen Stichprobe haben die Elemente des KFS leicht positive Ausprägungen (0,5 über 3,0 auf 5-poliger Skala). Etablierter Führungskonzepte zeigt eine höhere Mitarbeiter- als Aufgabenorientierung und eine höhere

Transformationale als Transaktionale Führung. Mit Ausnahme der Transaktionalen Führung liegen die Mittelwerte über M = 3,0 bei der Mitarbeiterorientierung über M = 4,0. Die Belastungsfaktoren sind im Durchschnitt niedrig, die Zufriedenheits- und Motivationsaspekte hoch ausgeprägt und die leistungsrelevanten Variablen (OCB, Engagement) liegen leicht über M = 3. Die Elemente des KFS weisen hohe Interkorrelationen auf, die sich zwischen r = .52 (Delegation - Beteiligung) und r = .79 (Repräsentation - Transparenz) bewegen. Die theoretisch angenommene Struktur des F-KFS mit drei Faktoren konnte nicht repliziert werden. Somit spricht alles für die einfaktorielle Lösung, die 72 % der Varianz aufklärt.

Der Zusammenhang des KFS mit anderen modernen Führungskonzepten

In Bezug auf Zusammenhänge zu anderen Führungstheorienzeigt zeigt sich, dass

- sämtliche KFS-Elemente hochsignifikante Zusammenhänge zur Mitarbeiterorientierung aus dem LBDQ aufweisen, die sich zwischen r = .58 (Zielorientierte Kontrolle) und r = .82 (Repräsentation) bewegen.
- sämtliche KFS-Elemente keine Zusammenhänge zur Aufgabenorientierung aus dem LBDQ aufweisen.
- mit Ausnahme der Transparenz mittlere signifikante Zusammenhänge zur Transaktionalen Führung (MLQ) bestehen.
- hochsignifikante Zusammenhänge zur Transformationalen Führung (MLQ) bestehen, die sich zwischen r = .61 (Zielorientierte Kontrolle) und r = .76 (Repräsentation) bewegen.

Der Zusammenhang des KFS mit Zufriedenheit, Gesundheit, Leistungsbereitschaft

In Bezug auf die Zusammenhänge des KFS mit Zufriedenheit, Gesundheit und Leistung von Polizeibeamtinnen und Polizeibeamten zeigen sich

- hohe signifikante Zusammenhänge mit Zufriedenheit (bis $r = .47^{***}$ für Delegation) und Stressoren am Arbeitsplatz (bis $r = -68^{***}$ für Transparenz).
- mittlere bis geringe und nur teilweise signifikante Korrelationen mit tieferliegenden bzw. komplexen Dimensionen wie Burnout ($r = -.31^{**}$ Leistungsbewertung, Transparenz) oder Psychischer Erschöpfung (negativ).
- erhebliche differenzierte Zusammenhänge zur leistungsnahen Variable Engagement (bis $r = .39^{***}$ für Kontrolle) und keine zu den Allgemeine Arbeitsmotivation und Organisational Citizenship Behavior (OCB).

Der Einfluss des KFS auf Zufriedenheit, Gesundheit und Leistungsbereitschaft

Eine regressionsanalytische Betrachtung (Einschlussmethode) zeigt, dass die sechs Systemelemente gemeinsam zwischen 16 % (Burnout) und 54 % (Stressoren am Arbeitsplatz) der Unterschiede bei den Zielgrößen bewirken. Gleichzeitig lässt sich feststellen, dass bestimmte Dimensionen des KFS spezifische abhängige Variablen beeinflussen. So bewirken beispielsweise hohe Ausprägungen von Delegation und Zielorientierter Kontrolle eine hohe Arbeitszufriedenheit, während ein hohes Ausmaß an Transparenz Stressoren am Arbeitsplatz und Burnout entgegenwirkt.

3. Diskussion der Ergebnisse und Fazit

In der hier vorliegenden Stichprobe zeigt sich, dass die Belastungsfaktoren im Durchschnitt niedrig, die Zufriedenheits- und Motivationsaspekte hoch ausgeprägt sind. Dies entspricht hinsichtlich der Arbeitsbelastung nicht den Ergebnissen aus der großangelegten Studie von Kleiber und Renneberg in der Berliner Polizei (2017, S. 13), in Bezug auf die Zufriedenheits- und Motivationsaspekte durchaus. Beim Vergleich der Einschätzung zur Führung in der Polizei weisen die Resultate beider Studien leicht positive Ausprägungen auf (vgl. Kleiber & Renneberg, 2017, S. 48).

Die hohen Interkorrelationen zwischen den KFS-Elementen belegen eine übergeordnete gemeinsame Dimension, die als kooperative Führung bezeichnet werden kann. Damit erfahren die sechs Systemelemente des KFS eine statistische Bestätigung, gemeinsam die Kooperative Führung in der Polizei zu repräsentieren. Eine Überprüfung der von Fischbach et al. (2017) formulierten dreifaktoriellen Struktur bestätigte sich nicht. Die einfaktorielle Lösung spricht für die eine übergeordnete gemeinsame Dimension der Kooperativen Führung.

Zusammenfassend lässt sich feststellen, dass das KFS die in zahlreichen Studien ermittelten positiven Wirkungen von Mitarbeiterorientierter und Transformationaler Führung wegen der Nähe des Konzepts zu den Konstrukten auch für sich beanspruchen kann und damit die getroffenen Annahmen bestätigt werden.

Die hierzu durchgeführten Korrelations- und Regressionsanalysen weisen die erwarteten positiven Zusammenhänge mit Zufriedenheit und negativen Zusammenhängezu gesundheitsgefährdenden Dimensionen auf, womit die grundlegenden Annahmen bestätigt werden. Allerdings zeigen die hohen Zusammenhänge mit Zufriedenheit und die teilweise niedrigen Werte zu tieferliegenden bzw. komplexen Dimensionen wie Burnout oder Psychischer Erschöpfung auch die Grenzen der Beeinflussbarkeit durch die Mitarbeitendenführung. Zusätzlich lässt sich zeigen, dass hohe Ausprägungen bei einzelnen Elementen des KFS mit einem hohen Arbeitsengagement einhergehen (Korrelation) bzw. es bewirken (Regression). Diese statistischen Maße bedeuten konkret, dass Führungskräfte, die eine kooperative zielorientierte Kontrolle ausüben und in der Lage sind, zu delegieren und zu beteiligen, eine höhere berufliche Erfüllung und Identifikation mit der Arbeit bewirken.

Literatur

Die Literatur kann beim Autor angefordert werden

Tanja Nagel[1], Moritz Bald[1], Rüdiger Trimpop[1] & Werner Hamacher[2]
[1]Friedrich-Schiller-Universität Jena (FSU Jena), [2]systemkonzept GmbH

Evaluation des Modells „Alternative Betreuung plus" für sichere und gesunde Arbeit in KMU

1. Modellvorhaben und -ziele

In dem Modellvorhaben „Alternative Betreuung plus" werden im Rahmen der Forschungsförderung der Deutschen Gesetzlichen Unfallversicherung (DGUV) Innovationen zur Verbesserung von Sicherheit und Gesundheit in kleinen und mittelständischen Unternehmen erprobt und evaluiert. Ziele des Projekts sind die Verbesserung der bedarfsbezogenen Präsenz von Sicherheitsfachkräften, Betriebsärzten und anderen Professionen in den Betrieben, Führungskräfte der oberen Hierarchieebenen stärker einzubeziehen, das Führungshandeln zu verbessern sowie die Beteiligung zu stärken. Weiterhin soll die Kooperation der Betriebe mit den Unfallversicherungsträgern verbessert und neue Impulse für die Steuerung der Tätigkeit der Aufsichtsperson gegeben werden. Darüber hinaus sollen Erfahrungen mit einer wirksamen Einbindung weiterer Professionen in Sicherheit und Gesundheit bei der Arbeit gesammelt und evaluiert werden (näheres zum Modell im Beitrag von Riebe, Barth & Hamacher in diesem Band). Die Evaluationsstudie umfasst die Implementierungs- und Erprobungsphase des Modellprojekts.

2. Evaluationskonzept

Die Evaluation erfolgt formativ und summativ nach dem CIPP-Modell (Stufflebeam, 2007). Im Modell werden vier grundlegende Fragestellungen der Evaluation in aufeinander folgende Phasen gestellt (Hamacher et al., 2017):

1. Phase: Kontextevaluation (Klärung der Zusammenhänge, Bedarfslage) – *Was muss getan werden?*
2. Phase: Inputevaluation (Art der vorgesehenen Interventionen: hier Ausdehnung des alternativen Betreuungsmodells) – *Wie soll es getan werden?*
3. Phase: Prozessevaluation (Ablauf erfolgter Maßnahmen) – *Ist es getan worden?*
4. Phase: Produktevaluation (produzierte Wirkung) – *Führt es zum Erfolg?*

Die beiden ersten Phasen, Kontext- und Inputevaluation wurden bereits im Rahmen einer Machbarkeitsstudie bearbeitet. Dabei wurden die Fragen „Was muss getan werden" (Kontext) und „Wie muss es getan werden" (Input) systematisch analysiert und wissenschaftlich aufbereitet. Daran anknüpfend widmet sich der vorliegende Beitrag den weiteren beiden Phasen: der Prozess- und Produktevaluation. In Abbildung 1 werden die beiden Evaluationsphasen vereinfacht für das Modellprojekt dargestellt.

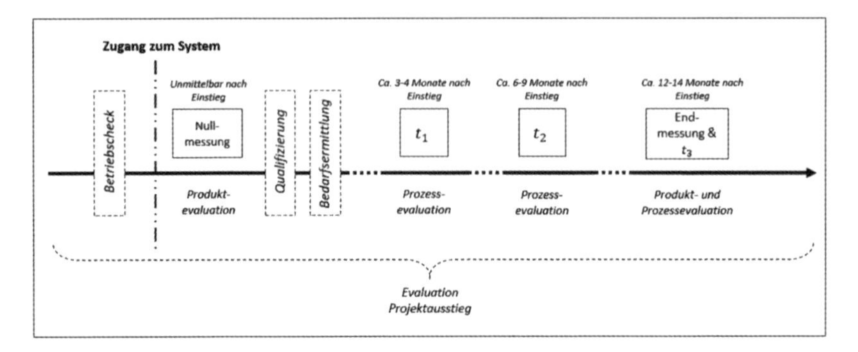

Abbildung 1: Darstellung der Prozess- und Produktevaluation

2.1 Prozessevaluation

Um den Verlauf des Modellprojekts mitverfolgen und beeinflussen zu können, wird eine *formative* Evaluation durchgeführt (Bortz und Döring, 2016). Im Rahmen der Prozessevaluation liegt der Schwerpunkt daher hauptsächlich auf der Identifikation der förderlichen und hemmenden Faktoren bei der Implementierung und Umsetzung des Modellprojekts. Durch die Überwachung und Dokumentierung der laufenden Prozesse kann ein unmittelbarer Vergleich der jeweiligen Programmaktivität mit den Zielen des Projekts durchgeführt werden. Auf diese Weise können Pläne und Verfahren unmittelbar während des Projekts verbessert und Ursachen für Erfolg oder Misserfolg der einzelnen Modellbausteine identifiziert werden und Prozesse bei Bedarf frühzeitig angepasst werden kann.

Das Evaluationsdesign für die Prozessevaluation sieht drei Messzeitpunkte vor (Abb. 1), wobei die Datenerhebung über qualitative Interviews und schriftliche Befragungen stattfindet. Die Prozessevaluation umfasst offene Fragen zu den jeweiligen Modellbausteinen, beispielsweise zum Zugang zum Modell, der Akquise, der Ermittlung des betrieblichen Bedarfs, der Führungskräfte-Qualifizierung, dem Betreuungsmanagement und Experten-Netzwerk, sowie der digitale Lernplattform und dem Fortschrittsmonitoring. Diese inhaltlichen Schwerpunkte wurden drei Befragungszeitpunkten zugeordnet, um die Befragung für alle Beteiligten ökonomisch zu gestalten. Im Rahmen der Prozessevaluation werden VertreterInnen der Betriebe, der Unfallversicherungsträger allgemein sowie des Betreuungsmanagements befragt, wodurch eine Verknüpfung der Rückmeldungen möglich wird.

2.2 Produktevaluation

Ziel der *summativen* oder Produktevaluation ist die Ergebnisverbesserung und Klärung der Frage: *Führt das Modell ‚Alternative Betreuung plus" zum Erfolg?* Die Produktevaluation beinhaltet vier Teilaspekte:

1. Die *Einflussevaluation* überprüft, welche Zielgruppen in welcher Zahl und welcher Art und Weise erreicht wurden.
2. Die *Effektivitätsevaluation* überprüft anhand von Online- und Interviewbefragungen wie umfassend die angestrebten Effekte erreicht wurden.
3. Die *Nachhaltigkeitsevaluation* überprüft die Effekte über einen längeren Zeitraum und stellt die Grundlage für eine mögliche Fortschreibung des Modells über das Projektende hinaus dar. Die Ergebnisse können zudem für das Qualitätsmanagement nach dem EFQM-Modell unmittelbar genutzt werden.
4. Die T*ransferevaluation* erfasst Umstände, Verhaltensweisen oder Faktoren z.B. Erfolgs- und Misserfolgserwartungen, die den Transfer z.B. auf andere Unfallversicherungsträger begünstigen oder erschweren könnten.

Um Aussagen über die mit dem Modellprojekt intendierten Effekte treffen zu können, werden Unternehmensleitungen und Führungskräfte mit einer Vorher-Nachher-Messung mittels eines dafür konzipierten Instruments online befragt. In der Online-Befragung werden unter Einbezug der aktuellsten Erkenntnisse der Präventionsforschung und in Orientierung an bestehende Instrumente der Unfallversicherungsträger sowie der Gemeinsamen Deutschen Arbeitsschutzstrategie (GDA) die folgenden Schwerpunkte abgefragt:

a) Organisation von Sicherheit und Gesundheit
b) verfügbare Ressourcen
c) bedarfsgerechte Betreuung
d) Beteiligung an der Gefährdungsbeurteilung
e) Führung und Beteiligung
f) Selbstführung
g) Einstellung
h) Präventionskultur
i) Führungshandeln im Alltag

3. Fazit

Die Evaluationsstudie ist integrativer Bestandteil des Modellprojekts „Alternative Betreuung plus". Zu evaluieren ist der gesamte Einfluss erreichter Veränderungen durch das Modellprojekt in den Betrieben und beim Modellbetreiber. Dies betrifft nicht nur den Nachweis der unmittelbar erzielten Effekte, sondern auch Fragen der

Nachhaltigkeit der Wirkungen des Modellprojekts, der Übertragbarkeit auf andere Unfallversicherungsträger, sowie des Gelingens der Umsetzungsprozesse selbst.

Ziel der Evaluationsstudie ist es, herauszufinden, welche positiven Effekte eine Betreuung nach dem Modellprojekt „Alternative Betreuung plus" für Sicherheit und Gesundheit im Unternehmen mit sich bringt und unter welchen Bedingungen diese positiven Effekte sichtbar werden. Da es sich um ein Forschungs- und Entwicklungsprojekt handelt, ist es zentral, bereits während der Implementierung und Erprobung Rückmeldung über die Umsetzungsgüte mit Hilfe der Prozessevaluation zu den verschiedenen Messzeitpunkten zu erhalten und mögliche Verbesserungsvorschläge unmittelbar abzuleiten und umzusetzen. Auf Basis der ermittelten Erkenntnisse können auch Umsetzungshinweise für weitere Unfallversicherungsträger und damit verschiedenste Branchen und Unternehmensgrößen erarbeitet werden.

Durch die praxisnahe Evaluation können Erkenntnisse erschaffen werden, die nicht nur die Anwendungsforschung rund um Sicherheit und Gesundheit bei der Arbeit voranbringen, sondern auch einen Beitrag zur Verbesserung der Präventionsarbeit und der Situation in den Betrieben leisten.

Literatur

Barth, Ch., Hamacher, W., & Eickholt C. (2014). *Arbeitsmedizinischer Betreuungsbedarf in Deutschland.* Dortmund/Berlin/Dresden: Bundesanstalt für Arbeitsschutz und Arbeitsmedizin (BAuA).

Döring, N., Bortz, J., & Pöschl-Günther, S. (2016). *Forschungsmethoden und Evaluation in den Sozial- und Humanwissenschaften*/Nicola Döring, Jürgen Bortz; unter Mitarbeit von Sandra Pöschl (5. vollständig überarbeitete, aktualisierte und erweiterte Auflage.). Berlin; Heidelberg: Springer.

Hamacher, W., Watzl, F., Eigenstetter, M., Schwärzel, L., Keil, U. & Löcher, T. (2017). Evaluation oder „Tun wir die richtigen Dinge? – Tun wir die Dinge richtig?". Fachverband Psychologie für Arbeitssicherheit und Gesundheit: Köln.

Stufflebeam, D. L. & Shinkfield, A. J. (2007). Evaluation theory, models and applications. San Francisco: Jossey-Bass.

Trimpop, R., Hamacher, W., Lenartz, N., Ruttke, T., Riebe, S., Höhn, K., Kahnwald, N., Kalveram, A., Schmauder, M., & Köhler, T. (2013). *Sifa-Langzeitstudie: Tätigkeiten und Wirksamkeit der Fachkräfte für Arbeitssicherheit,* Endbericht, 2013.

Sebastian Riebe, Christof Barth & Werner Hamacher
systemkonzept – Gesellschaft für Systemforschung und Konzeptentwicklung mbH

Nachhaltiger Unternehmenserfolg durch bedarfsgerechte Unterstützung der Führung zu Gesundheit und Sicherheit bei der Arbeit – das Modell „Alternative Betreuung plus"

1. Qualität der sicherheitstechnischen und betriebsärztlichen Betreuung – Forschungsüberblick

Die Gewährleistung und Qualität der Betreuung durch Experten nach dem Arbeitssicherheitsgesetz (ASiG) haben erheblichen Einfluss auf den Stand von Gesundheit und Sicherheit bei der Arbeit. Forschung und Praxis zeigen größere Defizite und ungenutzte Potenziale in der Betreuung auf:

- empirisch gut belegter Ressourcenmangel aufseiten der Betriebsärzte (selbst Grundbetreuung nach DGUV Vorschrift 2 nur schwer realisierbar) und erhebliche Defizite und ungenutzte Potenziale bei der Regelbetreuung von KMU (gemäß Anlage 1 und 2 DGUV Vorschrift 2) (z.B. wird ein Drittel der Fachkräfte für Arbeitssicherheit gar nicht oder nur wenig intensiv tätig und bewirkt auch wenig (Sifa-Langzeitstudie, Trimpop et al., 2013). In den mittleren und großen Betrieben ist eine deutlich bessere Betreuungsqualität realisiert,
- positive Effekte in der alternativen Betreuung (DGUV Vorschrift 2, Anlage 3 und 4) in den kleinen Betrieben (s. BAuA-Bericht F2342, Hamacher et al.; 2015); Qualität der Betreuung insbesondere zur inhaltlichen Erfüllung von Betreuungsbedarfen der Unternehmen ist abhängig von der Bereitstellung und Steuerung der Kompetenzen und fachlich-inhaltlichen Ressourcen entsprechend der jeweiligen spezifischen Problem(Bedarfsorientierung),
- Wandel der Arbeit führt zu neuen, veränderten Bedarfen für Unterstützungsleistungen im Kontext des ASiG. Inhaltlich neue oder andere Betreuungsbedarfe lassen den Einsatz anderer Professionen als zielführend erscheinen (aktuell keine wissenschaftlich gesicherten Erkenntnisse).

Hier setzt das DGUV-Forschungsprojekt „Alternative Betreuung plus" an (Projekt-Homepage: www.alternative-betreuung-plus.de). Das weiterentwickelte Modell der alternativen Betreuung wird erstmalig bei der BG RCI, BGHW und bei der Unfallkasse Hessen erprobt und evaluiert. Die Beteiligung weiterer Unfallversicherungsträger (UVT) ist vorgesehen.

2. Ziele der „Alternative Betreuung plus"

Das Modell soll

- neben dem Unternehmer stärker die Führungskräfte (wo vorhanden) adressieren, um unter Berücksichtigung von Gesundheit und Sicherheit der Beschäftigten die Führungsqualität und das Führungshandeln im Betrieb zu verbessern,
- die bedarfsbezogene Ableitung erforderlicher Aufgaben und Unterstützungsleistungen zu Gesundheit und Sicherheit verbessern,
- die Unterstützung der Betriebe durch den Unfallversicherungsträgern verbessern und neue Impulse für Beratung der Betriebe geben, in dem ein von der Aufsicht unabhängiges Betreuungsmanagement zentrale Aufgaben übernimmt, z.B. die Bedarfsermittlung zur Ableitung von Schwerpunkten, die Koordination des Experten-Netzwerks (neue Aufgaben für die Prävention) sowie eines Fortschrittsmonitorings,
- Erfahrungen mit einer wirksamen Einbindung weiterer Professionen (z.B. Arbeitspsychologen, Arbeitshygieniker, Arbeitswissenschaftler, Physiotherapeuten) in ein Experten-Netzwerk sammeln und evaluieren.

3. Zentrale Elemente des Modells

Über ein Zugangssystem (Betriebscheck, Teilnahmevereinbarung mit Unternehmer) wird gesteuert, dass nur geeignete Betriebe am Modell teilnehmen.

Ein Betreuungsmanagement beim Unfallversicherungsträger (bestehend z.B. aus Aufsichtspersonen, KMU-Betreuer der BG RCI) kümmert sich um die Bedarfsermittlung, Steuerung und Koordination der Beratung. In einem leitfadengestützten Gespräch mit dem Unternehmer werden die Entwicklungen im Unternehmen ermittelt sowie der Stand zu Gesundheit und Sicherheit erhoben. Es werden Schwerpunkt-Bedarfe in ausgewählten Handlungsfeldern ermittelt, z.B. zum Umgang mit Risiken und Chancen für das Unternehmen, Gestaltung der Arbeitsbedingungen, Compliance und Führung. Mit diesen Kenntnissen werden Ziele vereinbart, anfallende Arbeitsschutzaufgaben im Betrieb ermittelt und die Unterstützungsleistungen aus der bereits bestehenden Betreuung oder dem Experten-Netzwerk abgeleitet, mit dem Ziel, messbare Erfolge zu erzielen (Fortschrittsmonitoring).

Eine Führungskräftequalifizierung, die insbesondere die Handlungsbereitschaft (z.B. Motivation, Einstellungen, Werte/Haltungen) der Führungskräfte adressiert, setzt an den konkreten Bedingungen für Führungshandeln in den teilnehmenden Betrieben an. Die Führungskräfte werden in ihrer täglichen Arbeit durch ein blendedlearning-gestütztes Qualifizierungskonzept on the job unterstützt (siehe hierzu den Beitrag von Ashton/Hamacher in diesem Band). Das Modell ist in Abbildung 1 überblicksartig dargestellt.

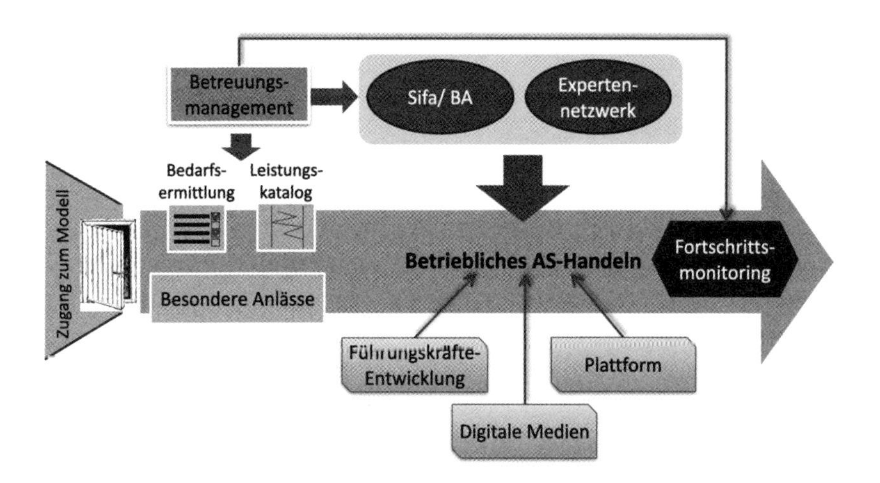

Abbildung 1: Modell der alternativen Betreuung plus

4. Methodisches Vorgehen und Evaluation

Das Forschungsprojekt hat eine Laufzeit von drei Jahren (2018-2021). Es besteht aus der Implementierungs- und Entwicklungsphase, der betrieblichen Erprobung und einer Evaluationsstudie. Die Evaluation erfolgt formativ und summativ mit dem CIPP-Modell (nach Stufflebeam, 2007) durch die Professur für Arbeits-, Betriebs- und Organisationspsychologie (Prof. Dr. R. Trimpop, Uni Jena) (Näheres im Beitrag von Moritz Bald, in diesem Band).

5. Erste Ergebnisse

Die Aufsichtspersonen oder KMU-Betreuer nehmen als Betreuungsmanager eine neue Rolle ein, aus der Rollen- und Interessenskonflikte durch die Aufgaben in der Aufsicht und Überwachung der Betriebe entstehen können.

Bei der Akquise der Betriebe besteht die Herausforderung darin, dem Unternehmer den Nutzen und Mehrwert deutlich zu machen. Bisher haben sich 18 Betriebe zwischen 30 und 70 Beschäftigten dazu bereiterklärt, am Modell teilzunehmen. Weitere Betriebe sollen in das Modell integriert werden.

Literatur

Barth, C. et al. (2017): Bedarf an Fachkräften für Arbeitssicherheit in Deutschland. Dortmund: Bundesanstalt für Arbeitsschutz und Arbeitsmedizin (F 2388).

Barth, C. & Hamacher, W. & Eickholt, C. (2014): Arbeitsmedizinischer Betreuungsbedarf in Deutschland. Dortmund: Bundesanstalt für Arbeitsschutz und Arbeitsmedizin (F 2326).

Hamacher, W. & Eickholt, C. & Riebe, S. (2015): Betriebliche und überbetriebliche Einflussgrößen auf die Tätigkeit und Wirksamkeit von Fachkräften für Arbeitssicherheit Ergebnisse der Sifa-Langzeitstudie und der GDA-Betriebsbefragung 2011. Dortmund: Bundesanstalt für Arbeitsschutz und Arbeitsmedizin (F 2342).

Hamacher, W. & Trimpop, R. (2017): Machbarkeitsstudie – „Erweiterung der alternativen bedarfsgerechten Betreuung nach DGUV Vorschrift 2 für Unternehmensgrößen zwischen 50 und 100 Mitarbeitern". Köln/Jena (unveröffentlicht).

Riebe, S. et. al (2018): Aufbruch in eine neue Arbeitswelt – Wirksame Arbeitsschutzbetreuung heute und in der Zukunft. In: Trends und Innovationen im Arbeitsschutz 2018/19. Sonderausgabe der Zeitschriften Betriebliche Prävention und sicher ist sicher. S. 22–28. Berlin: Erich-Schmidt-Verlag GmbH & Co. KG.

Arbeitskreis
Polizei: Gewalterfahrung in Polizei, Zoll und Rettungsdienst
Leitung: Torsten Porsch

Clemens Lorei[1], Julia Hartmann[1], Jennifer Müller[1] & Karoline Ellrich[2]
[1]*Hessische Hochschule für Polizei & Verwaltung*
[2]*Hochschule für Polizei Baden-Württemberg*

Gewalterfahrungen im Rettungsdienst – Häufigkeit, situative Umstände und Folgen

1. Hintergrund

Studien zu Gewalt gegen die Polizei existieren bereits seit einigen Jahren (Ohlemacher et al., 2003; Ellrich et al., 2012). Bezüglich anderer Einsatzkräfte wie Rettungsdienst und Feuerwehr wurden sie erst jüngst durchgeführt (Feltes & Weigert, 2018; Dressler, 2017; Schmidt, 2012). Dabei stellen Rau und Leuschner (2018) fest, dass der Forschungsstand für diesen Phänomenbereich noch sehr rudimentär ist. Orthogonal zu dieser empirischen Wissenslage ist der Bedarf und auch bereits die Praxis an Präventions- und Interventionsmaßnahmen. Dabei können diese mitunter auf Grund des Wissensdefizites häufig nur als heuristische oder pauschale Ansätze verstanden werden. Wesentliche Ergebnisse bisheriger Untersuchungen sind erste Erkenntnisse zu Häufigkeiten verschiedener Gewaltarten (Angriffe mit Waffen, körperliche Angriffe, Beleidigungen und Bedrohungen), Täteraspekten (u.a. psychischer Zustand, Migrationshintergrund), Situationsmerkmalen (u.a. Örtlichkeit, Einsatzart) und Anzeigeverhalten (Feltes & Weigert, 2018; Dressler, 2017; Schmidt, 2012). Dabei sind diese Befunde weder repräsentativ noch erschöpfend. So beziehen sie sich vor allem auf Nordrhein-Westfalen (Feltes & Weigert, 2018; Schmidt, 2012) oder explizit nur auf ausgewählte Großstädte (Dressler, 2017); auch fehlen Merkmale von Betroffenen. Zudem ist kritisch zu hinterfragen, ob mit diesen Erkenntnissen geforderte Maßnahmen wie Deeskalationsschulungen, Bewaffnung o. ä. (Feltes & Weigert, 2018; Schmidt, 2012) fachlich abgeleitet und ausreichend diskutiert werden können.

2. Methode

In einer explorativ ausgelegten Pilotstudie sollten deshalb einerseits bereits betrachtete Aspekte repliziert und andererseits Aspekte vor allem für die Prävention erhoben werden. Dabei waren Schwerpunkte der Befragung die Häufigkeit von verschiedenen Arten von Angriffen auf Rettungskräfte, die Ausprägung des Sicherheitsempfindens sowie Einflüsse darauf, persönliche Grenzen und Risikobereitschaft sowie kriminologische, situative Aspekte von Angriffen. Dabei kamen sowohl Items zum Einsatz, welche bereits in durchgeführten Studien formuliert wurden (Dressler, 2017; Ellrich et al., 2012; Feltes & Weigert, 2018; Schmidt, 2012) als auch neu entwickelte.

Im Herbst 2018 wurden zufällig zahlreiche Organisationen und Personen des Rettungsdienstes und der Feuerwehr per E-Mail angesprochen. In diesem Anschreiben wurden sie gebeten, an der Befragung teilzunehmen und den Link zum Onlinefragebogen an entsprechend weitere potenziell Betroffene weiterzuleiten. 1552 Personen folgten diesem Aufruf und besuchten die Befragung. 168 davon füllten den Fragebogen dann auch bis zum Ende aus, wobei die mittlere Bearbeitungszeit 22,5 Minuten erforderte.

3. Ergebnisse

Gewalterfahrung von Rettungskräften

Die Rettungskräfte wurden gefragt, wie häufig sie in den letzten 12 Monaten Opfer von Gewalt geworden sind. Dabei zeigt sich, dass die Prävalenz mit der Schwere der Übergriffe abnimmt (siehe Abbildung 1). Verbale Gewalt erlebten fast alle. Dabei variiert die Regelmäßigkeit. Separat betrachtet zeigt sich zudem, dass Beschimpfungen/Beleidigungen mit statistisch signifikant häufiger vorkommen als Drohungen ($U = -6.144$, $p = .00$). Etwa die Hälfte aller Befragten berichtete zudem von körperlicher Gewalt, wobei sie meist weniger als einmal im Monat davon betroffen waren. Angriffe mit Waffen und gefährlichen Gegenständen sind zwar seltener, werden aber dennoch von 3 von 10 Befragten mindestens einmal im letzten Jahr berichtet.

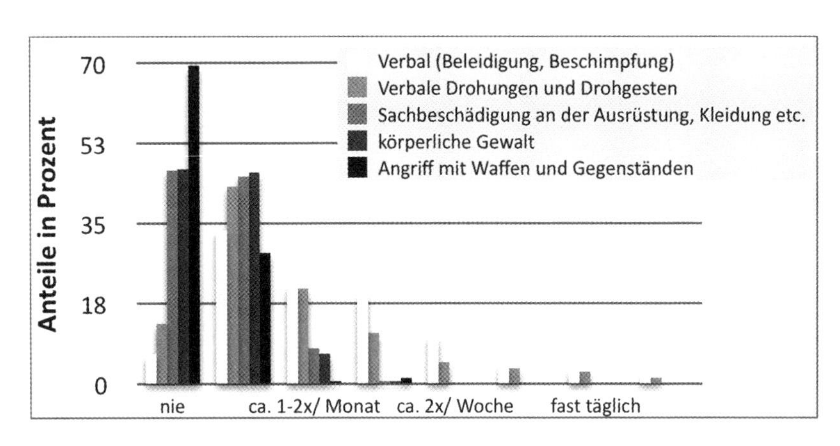

Abbildung 1: Häufigkeit von Gewalterfahrung in den letzten 12 Monaten

Subjektives Sicherheitsempfinden

In einem Regressionsmodell zur Vorhersage der Furcht Opfer zu werden (affektive Komponente) bzw. der subjektiven Wahrscheinlichkeit einer Dienstunfähigkeit (kognitive Komponente) infolge eines Angriffes (siehe Abbildung 2) ist der wesentliche

Faktor die eigene Gewalterfahrung. Sie erklärt jedoch nur 21,9 % bzw. 41 % der Varianz. Entsprechend muss davon ausgegangen werden, dass sich das Sicherheitsgefühl nicht allein auf Grund der Erfahrung manifestiert, sondern die mediale Diskussion, Berichte von Kollegen und das subjektives Kompetenzgefühl, dieser Gefahr begegnen zu können ebenso eine Rolle spielen (Hirtenlehner & Hummelsheim-Doss, 2016).

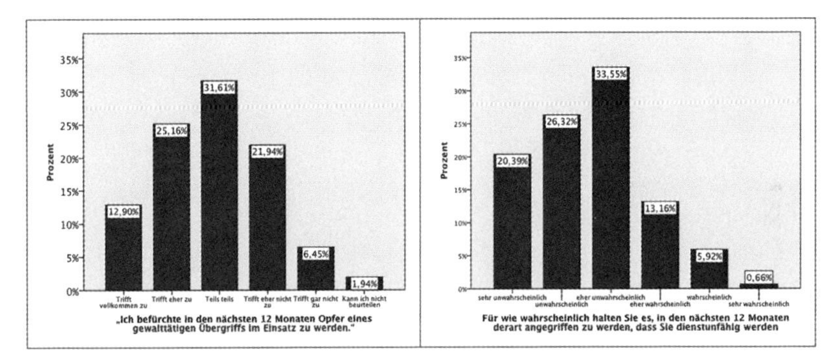

Abbildung 2: Verteilung des Sicherheitsempfindens (links: affektiv; rechts: kognitiv)

Risiko bestimmter Einsatzanlässe

Die Anlässe, die zu dem Einsatz führten, bei denen die Befragten den subjektiv schwersten Übergriff erlebten, streuten über die gesamte Bandbreite von Einsätzen im Rettungsdienst. Jedoch häuften sich die Angriffe in zwei Situationen: 59,2 % der Angriffe fanden im Zusammenhang mit Menschen in einer psychischen Ausnahmesituation (Einweisung, psychische Krise, hilflose Person) statt; 25,9 % der Angriffe ereigneten sich in Einsätzen, in denen bereits Gewalt im Vorfeld stattgefunden hat bzw. dies der Auslöser für den Einsatz war (Streitigkeiten, häusliche Gewalt). Damit erscheint das Risiko hier ähnlich den Angriffen auf Polizeibeamte (Ellrich et al., 2012).

Persönliche Grenzen und Risikobereitschaft

Auf die Frage „Zu welchem persönlichen Risiko sind Sie bereit anderen Menschen zu helfen?" gab mehr als drei Viertel an bei leichten Verletzungen, kein oder nur ein geringes persönliches Risiko in Kauf zu nehmen. Ist eine Person schwer verletzt, geht ein Fünftel ein hohes Eigenrisiko ein. Der Anteil erhöht sich auf 31,6 % im Falle einer lebensbedrohlichen Verletzung. Darüber hinaus würde fast jeder Zehnte sogar sein eigenes Leben riskieren, um das des Patienten zu retten.

4. Fazit

Bei Schlussfolgerungen ist der Pilotcharakter der Studie sowie die kleine und selektive Stichprobe zu berücksichtigen. Als wesentliche Konsequenz bleibt deshalb festzuhalten, dass weitere, umfassende Forschung notwendig ist, um valide Erkenntnisse zu diesem Phänomenbereich zu generieren. Was aus den Erkenntnissen der vorliegenden Studie sowie den bereits an anderer Stelle durchgeführten Untersuchungen aber schon sicher geschlussfolgert werden kann, ist, dass sich Rettungskräfte und Polizei viel häufiger und intensiver austauschen und zusammen trainieren sollten, wie dies Friedrich (2006) schon lange vorschlägt und fordert. Dies sollte nicht auf extreme Lagen wie Amok, Geiselnahme und Ähnliches beschränkt bleiben. Eine Ausweitung auf Routineeinsätze wäre bedeutsam, da sie viel häufiger vorkommen und ein enormes Gewaltpotenzial bergen. Hier können Rettungskräfte von der Taktik und Gefahrenkognition der Polizei lernen, gemeinsames Handeln üben und sich auf die Zusammenarbeit vorbereiten. Die durch solche Trainings geförderte Einsatzkompetenz insbesondere in Bezug auf den Umgang mit Gewalt dürfte sich dann auch positiv auf das Sicherheitsempfinden der Rettungskräfte auswirken. Zugleich erreicht man dadurch wahrscheinlich auch eine höhere objektive Sicherheit und reduziert mögliche Folgen.

Literatur

Dressler, J. L. (2017). Gewalt gegen Rettungskräfte. Eine kriminologische Großstadtanalyse. Berlin: LIT Verlag.

Ellrich, K., Baier, D. & Pfeiffer, C. (2012). Polizeibeamte als Opfer von Gewalt. Ergebnisse einer Befragung von Polizeibeamten in zehn Bundesländern. Baden-Baden: Nomos.

Feltes, T. & Weigert, M. (2018). Gewalt gegen Einsatzkräfte der Feuerwehren und Rettungsdienste in Nordrhein-Westfalen. Abschlussbericht. Verfügbar unter: https://www.sicherer-rettungsdienst.de/media/docs/Abschlussbericht_Gewalt%20gegen%20Einsatzkräfte.pdf. [8.11.2018].

Friedrich, H. (Hrsg.) (2006). Eigensicherung im Rettungsdienst. Situationsgerechtes Verhalten im Konflikt- und Gefahrenlagen. Edewecht: Stumpf & Kossendey.

Hirtenlehner, H. & Hummelsheim-Doss, D. (2016). Kriminalitätsfurcht und Sicherheitsempfinden: Die Angst der Bürger vor dem Verbrechen (und dem, was sie dafür halten). In: N. Guzy, C. Birkel & R. Mischkowitz (Hrsg.): Viktimisierungsbefragungen in Deutschland, Bd. 1 (S. 458–487). Wiesbaden: BKA.

Ohlemacher, T., Rüger, A., Schacht, G. & Feldkötter, U. (2003). Gewalt gegen Polizeibeamtinnen und -beamte 1985-2000. Baden-Baden: Nomos.

Rau, M. & Leuschner, F. (2018). Gewalterfahrungen von Rettungskräften im Einsatz – Eine Bestandsaufnahme der empirischen Erkenntnisse in Deutschland. Neue Kriminalpolitik, 30 (3), S. 316 – 335.

Schmidt, J. (2012). Gewalt gegen Rettungskräfte. Bestandsaufnahme zur Gewalt gegen Rettungskräfte in Nordrhein-Westfalen. Abschlussbericht. Verfügbar unter: https://www.unfallkasse-nrw.de/fileadmin/server/download/PDF_2012/Gewalt_gegen_Rettungskraefte.pdf [8.11.2018].

Torsten Porsch
Hochschule des Bundes/Fachbereich Finanzen

Gewalt gegen den Zoll! Ausgangslage und Maßnahmen in der Zollverwaltung

1. Gewaltpotential

Grundlegende Aufgabe der bundesweit ca. 40.000 Zöllerinnen und Zöllner ist die Sicherung der Leistungsfähigkeit unseres Gemeinwesens. Neben dem Schutz von Bürgerinnen und Bürgern, Wirtschaft sowie der Umwelt nimmt der Zoll aktuell in etwa die Hälfte der dem Bund zufließenden Steuern ein. Daraus ergibt sich eine praktische Erfüllung dieser zahlreichen Aufgaben auch im direkten Kontakt mit Bürgerinnen und Bürgern u. a. in den Dienststellen, in Firmen und an Baustellen, Flughäfen und anderen Reiseverkehrswegen. Der Zoll unterbindet die Ein- und Ausfuhr bestimmter Güter, beschlagnahmt, erhebt Zölle, Steuern und Abgaben bis hin zur Pfändung von Sachen, die durch Vollziehungsbeamte im Außendienst veranlasst wird. Bei der Betrachtung von potentiell gewalttätigen Situationen muss der Blick deutlich über den Vollzugsbereich der Zollverwaltung mit Kontrollen im Rahmen von Einsatzgeschehen, wie es aus polizeilichen Kontexten und Abläufen bekannt ist, hinaus geweitet werden. Nur knapp 12.000 Beschäftigte in der Zollverwaltung sind Waffenträgerinnen und Waffenträger. In der Mehrzahl der Tätigkeitsbereiche werden Beamtinnen und Beamte eingesetzt, die in einem reinen Verwaltungskontext, fern eines praktischen Einsatzgeschehens, handeln und entsprechend ausgebildet und ausgestattet sind. Im Dienstalltag ergeben sich aber auch in diesen Umfeldern Situationen, die für die Bürgerinnen und Bürger folgenreich und emotional sein können und in aggressivem Verhalten münden können. Das Verhalten und im Speziellen die Kommunikation aller Beteiligten in solchen Situationen, vorangegangene und aktuelle Wahrnehmungen, wie auch die Begleitumstände können zu einer Eskalation im Sinne von aggressivem Verhalten und Gewalt führen (Hermanutz, 2015). Das Entstehen von aggressivem Verhalten kann als Prozess beschrieben werden, auf dem Merkmale der beteiligten Personen (Dispositionen, wie vorübergehende physische und psychische Zustände) Merkmale der Situation (situativer, Mikro-, Meso- und Makrokontext) in Wechselwirkungen zueinander stehen (Sticher, 2019). Dieses wechselwirkende Zusammenspiel der Merkmale kann zu einer dynamischen Entwicklung der Situation bis hin zu physisch-gewalttätigen Auseinandersetzungen führen. Grundsätzlich kann aggressives Verhalten nach Absicht, Schaden und Normabweichung klassifiziert werden und feindseligen (Schädigung des Gegenübers) wie auch instrumentellen Zwecken (Zielerreichung) dienen (Sticher, 2019). Aus den Aufgaben der Zollverwaltung ergeben sich zahlreiche Anlässe mit Gewaltpotential, wie zum Beispiel die Verweigerung der Einfuhr und Beschlagnahme eines unter Artenschutz stehendenden Urlaubsmitbringsels, die bevorstehende Strafzahlung, zusammen auftretend mit situativen Merkmalen, wie die Erschöpfung durch die mehrstündige Flugreise, sowie der Neigung des Reisenden in frustrierenden Kontexten aggressives Verhalten zu zeigen. Eine Näherung an die Beschreibung der Ausgangslage ist durch den Blick auf die Vorkommnisse in der Zollpraxis möglich. Es ist dabei allerdings einschränkend zu beachten, dass eine solche Betrachtung niemals ohne Einbeziehung von gesellschaftlichen und politischen Aspekten sinnvoll scheint (Gibbs, 2019). Die Zollverwaltung klassifiziert „Angriffe“, sowie „Gefährdungslagen“ ohne eine Einbeziehung soziologischer oder politischer Randbedingungen. Angriffe (im Sinne des Verdachts einer Straftat gegen Zollbedienstete) werden dabei als durch menschliche Handlung, drohende oder tatsächliche Verletzung rechtlich geschützter individueller Güter oder Interessen definiert und u. a. in Beleidigungen, körperlicher Gewalt, Angriffe mittels Waffe oder anderer Hilfsmittel statistisch gegliedert. Eine Gefährdungslage ist als eine Sachlage definiert, in der bei ungehindertem Ablauf des zu erwartenden Geschehens in absehbarer Zeit mit hinreichender Wahrscheinlichkeit ein Schaden für eines der Schutzgüter der öffentlichen Sicherheit oder Ordnung eintreten wird. Statistisch klassifiziert werden u. a. direkte und indirekte Bedrohungen und aggressives Verhalten. Auf Angriffe und Gefährdungslagen soll im Folgenden eingegangen werden.

2. Gewaltsituation

Ereignismeldungen über Angriffe gegen Zollbedienstete und Gefährdungslagen im Zolldienst werden durch die Generalzolldirektion gesammelt und ausgewertet. Die absolute Mehrzahl von Kontaktsituationen mit Bürgerinnen und Bürgern verläuft gewaltfrei. Dennoch kommt es immer wieder zu besonderen Vorkommnissen, die in Verbindung mit Gewalt stehen. In 2018 wurden bundesweit im Bereich des Vollzugs Angriffe im unteren dreistelligen Bereich statistisch erfasst. Auf jeden Angriff kommen mehr als zwei erfasste Gefährdungslagen. Betroffen waren vor allem Kontrollsituationen. Angriffe erfolgten am häufigsten durch körperliche, Gefährdungslagen entstanden vor allem durch körperliche und verbale Bedrohungen.

Gelöst wurden die Situationen in der Mehrzahl bei Angriffen durch physisches Einschreiten und in Gefährdungssituationen durch deeskalierende Kommunikation. In den Tätigkeitsbereichen außerhalb des Vollzugs wurden Angriffe im unteren zweistelligen Bereich erfasst, von denen die Mehrzahl in den Zollämtern stattfand und bei denen es sich hauptsächlich um Beleidigungen und Bedrohungen handelte. Körperliche Gewalt trat in diesem Bereich gar nicht auf. Die häufigste Maßnahme im

Umgang mit Angriffen außerhalb des Vollzugsbereich war die deeskalierende Kommunikation.

Kontrollsituationen bringen hier das höchste Gewaltpotential mit sich. Es gilt dabei zu Bedenken, dass es sich bei Kontrollen nicht um passives Reagieren, sondern um eine aktive Selektion durch die Zöllnerinnen und Zöllner handelt. Neben der zufälligen Kontrolle wird aufgrund einer bestimmten Anscheins- und Verhaltenskonstellation eine Kontrollsituation herbeigeführt. Hierbei bleibt zu vermuten, dass Personen, mit entsprechenden Merkmalen (wie z.B. nach Einnahme von Drogen), wie auch unter bestimmten Situationsfaktoren (wie z.B. Tageszeit, Ort, Fortbewegungsmittel, Fahrstil) nicht nur eher aggressives Verhalten zeigen, sondern auch mit einer höheren Wahrscheinlichkeit kontrolliert werden. Ebenso ist anzunehmen, dass Personen in einem ungünstigen Makrokontext (z.B. wirtschaftliche Gesamtlage) und Mesokontext (z.B. problematisches soziales Umfeld) auch häufiger in Bereichen auffällig werden, die für das Aufgabenfeld der Zollverwaltung relevant sind (z.B. durch Schmuggel). Auf Aspekte der Selektion und Grundquote haben die handelnden Beamtinnen und Beamten keinen bis geringen Einfluss. Situativ lassen sich allerdings eine Vielzahl von Komponenten der Kommunikation, Haltung, Sicherungsverhalten, Wahl von Einsatztechniken und -mitteln aktiv beeinflussen und sind daher Gegenstand von Aus- und Fortbildung. Sollte es dennoch zu aggressivem Verhalten und daraus resultierenden Belastungen für die Beamtinnen und Beamten kommen, finden sich in der Zollverwaltung angepasste Interventionsangebote. Auf Maßnahmen der Prävention in Aus- und Fortbildung, sowie der Intervention zum Umgang mit dem Erleben von Gewalt soll im Folgenden eingegangen werden.

3. Maßnahmen der Prävention und Intervention

Grundlagen des professionellen Handelns in der Zollverwaltung sind die theoretische, sowie berufspraktische Ausbildung. Praktische Ausbildungs- bzw. Studienabschnitte wechseln sich mit Praktika in den Zolldienststellen ab. Schwerpunkt der Laufbahnausbildung ist neben der Vermittlung von rechtlichen, sowie finanz- und betriebswirtschaftlichen Inhalten das Handeln in verwaltungspsychologischen Kontexten (Porsch & Werdes, 2019). Der Umgang mit aggressivem Verhalten wird dabei in verschiedenen Abschnitten adressiert. Neben den Grundlagen von Kommunikation, Motivation und Handeln in Verwaltungskontexten wird in Form von verhaltensorientierten Trainings deeskalative Kommunikation eingeübt. Ziel ist es dabei ausgewählte kommunikative Techniken in Passung zum individuellen kommunikativen Ansatz, den Situationsbedingungen und den Erfordernissen des dienstlichen Handelns im Rahmen der Regelungs- und Eingriffskompetenz für die angehenden Zöllnerinnen und Zöllner nutzbar zu machen. Zukünftige Vollzugskräfte durchlaufen zusätzlich eine intensive Schulung, zum Erreichen einer angemessenen Situationseinschätzung, Gesprächsführung und Eigensicherung. Im Rahmen von Fortbildungsmaßnahmen wird der Umgang mit aggressiven Verhalten, die persönliche Emotions- und Verhaltenssteuerung, sowie das angemessene Verhalten fortlaufend aufgegriffen. Kommt es zu belastenden Situationen für die Zöllnerinnen und Zöllner steht im Rahmen der Intervention seit 2012 das sogenannte Nachsorge-Einsatzteams-Zoll (NETZ) als flächendeckendes, bundeseinheitliches Netzwerk zur Betreuung und Beratung zur Verfügung. Das NETZ besteht aus geschulten Helferinnen und Helfern aus dem kollegialen Umfeld, die teamweise von psychosozialen Fachkräften unterstützt, beraten und betreut werden. Das Unterstützungsangebot besteht auch für die Angehörigen der unmittelbar Betroffenen. Es erfolgt ein Austausch mit den Einsatznachsorgeteams anderer Behörden mit dem Ziel die Betreuung weiterzuentwickeln.

4. Ausblick

Die Angehörigen der Zollverwaltung werden im Rahmen von Aus- und Fortbildungen auf den Umgang mit aggressiven Verhalten des Gegenübers vorbereitet. Vorkommnisse in der Praxis werden gesammelt und ausgewertet. Über das NETZ steht ein niederschwelliges Interventionsinstrument zur Verfügung. Allerdings sind gerade in den Schnittstellen der Maßnahmen weitere Verzahnungsmöglichkeiten erkennbar. Dazu zählt die systematischere gegenseitige Ergänzung von Ereignismeldungen mit der Aus- und Fortbildung, die stärkere Einbindung des NETZ in die Prävention und Einsatznachbereitung, sowie der stärkeren methodischen Verzahnung von Einsatzkommunikation und -taktik. Inhaltlich scheint hier ein holistischer Einsatz-Kommunikationsansatz wünschenswert, der professionelle Haltung und Werte mit kommunikativen Handeln vor, in und nach Einsätzen verbindet. Ansätze zur Verbindung von soziologischen und politischen Ansätzen (Gibbs, 2019), sowie gesamtorganisatorischen Gesundheitsmanagement (Precious & Lindsay, 2019) mit dem Einsatzhandeln könnten dabei zielführende Ansatzpunkte liefern.

Literatur

Gibbs, J. C. (2019). Rhetoric vs. reality of decreasing danger for police overtime. Criminology & Public Policy, 18, 7–10.

Hermanutz, M. (2015). Gewalt gegen Polizisten: Sinkender Respekt und steigende Aggression? Eine Beleuchtung der Gesamtumstände. Frankfurt am Main: Polizei & Wissenschaft.

Porsch, T. & Werdes, B. (2019). Verwaltungspsychologie. Göttingen: Hogrefe.

Precious, D. & Lindsay, A. (2019). Mental resilience training. BMJ Military Health, 165, 106-108.

Sticher, B. (2016). Aggressives und prosoziales Verhalten. In: T. Porsch & B. Werdes, (Hrsg.). Polizeipsychologie. Ein Lehrbuch für das Bachelorstudium Polizei (S. 237–264). Göttingen: Hogrefe.

Erik Weber, Olav Gießler, Nadine Will & Stefan Singer
Polizeiakademie Hessen, Zentraler Polizeipsychologischer Dienst

Prozess der Implementierung der Psychischen Gefährdungsbeurteilung in der Polizei Hessen

1. Hintergrund

1.1 Herausforderungen

Vor dem Hintergrund der steigenden Belastungen (z.B. durch Einsparverpflichtungen, Arbeitsverdichtung, Digitalisierung) haben sich die Arbeitsanforderungen und die Herausforderungen für die Organisation Polizei Hessen maßgeblich geändert. Der Arbeitsalltag wird durch organisatorische und gesellschaftliche Entwicklungen, sich verändernde Kriminalitätsphänomene, Arbeits- und Terminverdichtungen nachhaltig geprägt. Zudem steht die Polizei Hessen vor strukturellen Herausforderungen. Sie setzt sich aus sieben Flächenpräsidien und vier Zentralbehörden zusammen. In der Gesamtorganisation sind ca. 19.000 MitarbeiterInnen beschäftigt, die sich aus ca. 14.000 PolizeivollzugsbeamtInnen, ca. 300 VerwaltungsbeamtInnen und ca. 3.000 Tarifbeschäftigten zusammensetzen.

1.2 Historie

Um diesen veränderten Bedingungen und steigenden Anforderungen als Organisation zu begegnen, hat die Polizei Hessen mit Erlass vom 01. November 2011 einen Prozess zur Implementierung eines Gesundheitsmanagements begonnen. Beginnend mit strategischen Schwerpunktsetzungen im Bereich der Gesundheitsförderung mit den Themenfeldern Bewegung, Ernährung und Entspannung hat sich die Organisation mit dem Gesamtrahmenkonzept zum Gesundheitsmanagement in 2016 mehr und mehr zu einem systematischen, diagnostikgeleiteten Gesundheitsmanagement weiterentwickelt. Das Gesundheitsmanagement soll die originären Kernprozesse und Organisationsziele der hessischen Polizei durch die Gesunderhaltung der Beschäftigten und die Weiterentwicklung der Organisation unterstützen.

1.3 Ziele

Übergeordnetes Ziel der Polizei Hessen ist es, unter anderem mit der psychischen Gefährdungsbeurteilung, einen Standardprozess zu entwickeln, um auf Grundlage des Belastungs-Beanspruchungs-Ressourcen-Modells (Rudow, 2004) die Belastungen effizient, rechtzeitig und gezielt zu identifizieren und durch gut gestaltete Arbeit und Prozesse sowie die Stärkung der individuellen Ressourcen Fehlbelastungen zu vermeiden bzw. zu minimieren. Auf dem Weg dorthin soll das hier beschriebene Pilotprojekt diese Entwicklung vorantreiben, um eine Vergleichbarkeit der Ergebnisse zu ermöglichen und behördenübergreifend vergleichbare Themen zu identifizieren, um diesen strukturell bereichsübergreifend begegnen zu können.

2. Methoden

2.1 Auswahl der Erhebungsinstrumente

Zur Entwicklung einer landesweit einheitlichen und vergleichbaren Methodik wurde in 2015 eine Arbeitsgruppe bestehend aus Fachakteuren (PsychologInnen, Fachkräfte für Arbeitssicherheit, GesundheitsmanagerInnen), PersonalvertreterInnen und Einsatzkräften gebildet, um ein passendes Verfahren zur psychischen Gefährdungsbeurteilung für die Organisation Polizei Hessen zu entwickeln. Über die Betrachtung von verschiedensten Modellen aus der freien Wirtschaft, aus anderen Länderpolizeien und der Befassung mit den über 100 Instrumenten aus der „BAuA-Tool-Box" hat die AG zu einer Methodik für ein mehrstufiges Verfahren geraten, beginnend mit einer Mitarbeiterbefragung und aufbauenden Feinanalysen.

Da keines der bereits existierenden Befragungsinstrumente den Anforderungen der Polizei Hessen entsprach, wurde unter Zugriff auf bewährte Skalen aus dem Copenhagen Psychosocial Questionnaire (Nübling, Stößel, Hasselhorn, Michaelis & Hofmann, 2005) gemeinsam mit einem externen Servicedienstleister im Arbeits- und Gesundheitsschutz das Instrument „Analyse und Beurteilung der Arbeitsbedingungen", auf die Bedürfnisse der Polizei angepasst, entwickelt und in einem Pilotprojekt mit N = 87 Mitarbeitenden getestet.

2.2 Stichprobe

Bei der Stichprobe handelte es sich um Polizeivollzugsbeamtinnen und -beamte eines Innenstadtreviers in einer Großstadt in Hessen. Der überwiegende Teil der Stichprobe versieht seinen Dienst im Wach- und Wechseldienst.

2.3 Untersuchungsdurchführung

Nach der Durchführung mehrerer zielgruppenspezifischer Informationsveranstaltungen erfolgte die elektronische Mitarbeiterbefragung. Der anschließenden Auswertung dieser folgt eine erste Ergebnisanalyse, um weitere differenzierte und tiefergehende Feinanalysen anlassbezogen umzusetzen. Der gesamte Prozess wird durch ein Informations- und Kommunikationskonzept sowie Führungskräfteberatungen begleitet, um die Rollen und Verantwortungen in dem Gesamtprozess zu schärfen und den Prozess zum Gelingen zu führen. Unter anderem wurde ein „Wegweiser zur psychischen Gefährdungsbeurteilung" und ein Flyer zur Begleitung des sich entwickelnden Standardprozesses erarbeitet.

3. Ergebnisse

Bemerkenswert an diesem Pilotprojekt ist, dass 81 Beschäftigte an der Befragung teilgenommen haben (93 % Rücklaufquote). Auch die Folgeprozesse laufen sehr vielversprechend, so dass basierend auf den Erfahrungen aus diesem Pilotprojekt der abgebildete Standardprozess entwickelt wurde.

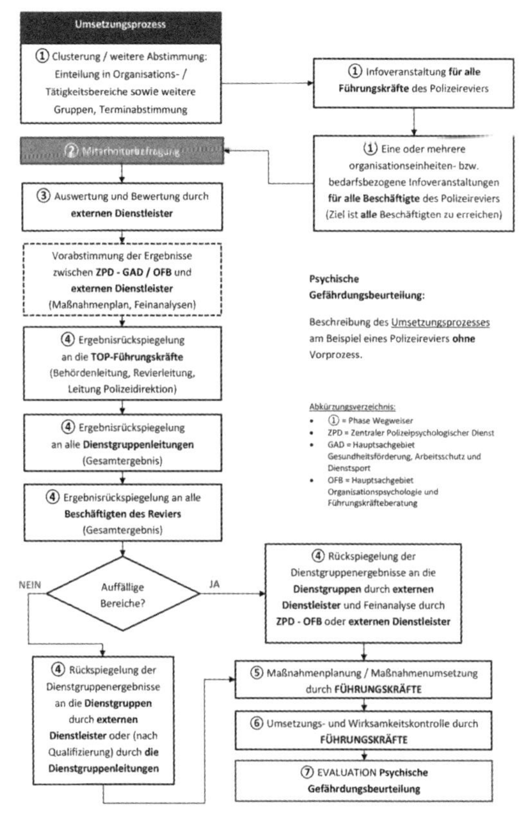

Abb. 1: Standardprozess zur Umsetzung der psychischen Gefährdungsbeurteilung (Stand Januar 2020)

Dieser sieht nach einem umfangreichen Umsetzungsprozess mit zielgruppenspezifischen Informationsveranstaltungen die Mitarbeiterbefragung mit anschließender Auswertung und Bewertung der Ergebnisse durch den externen Servicedienstleiter (vgl. Punkte 1–3 in Abb. 1) vor. Der vierte Schritt umfasst die Rückspiegelung der Befragungsergebnisse an alle Beteiligten und zwar bei den TOP-Führungskräften beginnend, über die operativen Führungsverantwortlichen, hin zu den Beschäftigten mit dem Ziel der Kopplung der Ergebnisse mit der jeweiligen Führungsverantwortung.

Organisationseinheitenbezogene Feinanalysen zur qualitativen Analyse des quantitativen Befragungsverfahrens wurden ohne Führungskräfte durchgeführt. Die Ergebnisrückspiegelung an die Führungskräfte erfolgte unmittelbar im Anschluss. Ein abschließender Führungskräfteworkshop führte die Ergebnisse der Feinanalysen zusammen und ermöglichte eine Clusterung von organisationseinheiten-, dienststellen-, behördenbezogenen und behördenübergreifenden Lösungsansätzen zur Reduzierung von Fehlbelastungen. Die aus dem Beteiligungsprozess erarbeiteten Maßnahmen entsprechen Maßnahmen der Verhältnis- und Verhaltensprävention (vgl. Punkt 5 in Abb. 1). Die Umsetzungs- und Wirksamkeitskontrollen stehen genauso wie die Gesamtevaluation der psychischen Gefährdungsbeurteilung noch aus (vgl. Punkte 6–7 in Abb. 1).

4. Diskussion

Verantwortlich für die gute Annahme des gewählten Verfahrens zur psychischen Gefährdungsbeurteilung scheint der Gesamtprozess mit seinen vielseitigen Facetten von Informationsveranstaltungen und -beratungen zu sein. Die Rollenklarheit und Verantwortungsübernahme von Führung, die hohe Transparenz sowie Mitnahme und Beteiligung aller Beschäftigten z. B. durch zahlreiche Informationsveranstaltungen ließen erkennen, dass die Organisation Gesundheitsmanagement im Sinne eines Personal- und Organisationsentwicklungsprozesses in der Verantwortung der Führungskette betreibt. Die Behördenleitung und die gesamte Führungskette haben sich diesen Prozess zu eigen gemacht. Die Unterstützungsleistungen der Gesundheitsakteure beliefen sich in erster Linie auf die Prozessberatung und diagnostische Unterstützung. Die Umsetzung des Gesamtrahmenkonzeptes zum Gesundheitsmanagement in der Polizei Hessen ist sehr komplex. Zudem stellt die Umsetzung des Prozesses der psychischen Gefährdungsbeurteilung zur Generierung von ressourcenfördernden Maßnahmen mit einem erkennbar positiven Output für die Beschäftigten und die Organisation im gelebten Arbeitsalltag vor eine große Herausforderung. Inwiefern dieses ressourcenintensive Vorgehen im Pilotprojekt flächendeckend in der Polizei Hessen ausgeweitet werden kann, ist noch nicht abschließend geklärt. Der aktuelle Prozess sieht weitere Pilotprojekte in den Behörden vor, mit dem Ziel der Entwicklung von Prozesskoordinatorinnen und Prozesskoordinatoren in den Behörden und einer parallelen Entwicklung von Strukturen, Prozessen und Ressourcen zur Umsetzung der Maßnahmen resultierend aus den Organisationsentwicklungsprozessen der psychischen Gefährdungsbeurteilung. Die Frage, inwiefern die Maßnahmen aus dem Pilotprozess der psychischen Gefährdungsbeurteilung zielführend sind, wird sich erst in der abschließenden Evaluation zeigen.

Literatur

Die Literatur kann bei den AutorInnen angefordert werden

Arbeitskreis
Nachhaltigkeit, Evaluation und Wirksamkeit: Wirksamkeit

Leitung: Maria Klotz

Maria Klotz, Yufei Liu, Johanna Maas & Graham Minton

Evaluation der IVSS-Akademie – mithilfe eines multimethodalen Ansatzes

Juliane Manteuffel & Susan Kutschbach

Integration von Persönlichkeitseigenschaften in ein neues Anforderungsprofil für das Sicherungspersonal auf Gleisbaustellen

Sandy Neumann & Steffen Neumann

„Und bist du nicht willig, so brauch' ich Gewalt" – wie Präventionskultur im Gesundheitswesen gelingen und nachhaltig wirksam sein kann

Maria Klotz[1], Yufei Liu[1], Johanna Maas[2] & Graham Minton[2]
[1]*Institut für Arbeit und Gesundheit (IAG) der Deutschen Gesetzlichen Unfallversicherung (DGUV),* [2]*Internationale Vereinigung für soziale Sicherheit (IVSS)*

Evaluation der IVSS-Akademie – mithilfe eines multimethodalen Ansatzes

1. Ausgangslage

Die Internationale Vereinigung für Soziale Sicherheit (IVSS) ist ein weltweites Forum der Träger der Sozialversicherung. Eines ihrer Angebote ist die Akademie, die in das Exzellenzzentrum der IVSS eingegliedert ist. Das Exzellenzzentrum besteht aus vier Bereichen: Leitlinien, Akademie, technische Beratung und Zertifizierung. Die inhaltliche Grundlage des Exzellenzzentrums bilden die IVSS-Leitlinien. Dies sind international anerkannte Standards, die zu einer verbesserten Leistungsfähigkeit der Mitgliedsorganisationen beitragen sollen und somit zu einer Verbesserung der sozialen Sicherheit weltweit. Themen sind beispielsweise arbeitsplatzbezogene Prävention, Förderung der Gesundheit am Arbeitsplatz und nachhaltige Beschäftigung.

Um das bestehende Wissen zu den Leitlinien weiter vertiefen zu können und einen Austausch zu ermöglichen, wurde 2014 die IVSS-Akademie gegründet. Sie bietet ihren circa 340 Mitgliedern in 160 Ländern Zugang zu Problemlösungs-, Lern- und Austauschplattformen sowie Gelegenheit zu Wissenserwerb und Personalentwicklung. Die IVSS-Akademie organisiert Workshops, Diplom-Lehrgänge und Inhouse-Schulungen in verschiedenen Sprachen und bietet diese praktisch überall auf der Welt an. Hierfür gibt es verschiedene Kooperationen mit international anerkannten Trainingszentren sowie Sachverständigen und IVSS-Kontaktpersonen vor Ort. Um den Ist-Stand der Akademie zu ermitteln und gegebenenfalls Optimierungsmöglichkeiten zu identifizieren, hat die IVSS das IAG mit einer Evaluation beauftragt.

2. Aktivitäten

Schon 2016 erfolgte eine sogenannte SWOT-Analyse, bei der Stärken und Schwächen sowie Potenziale der Workshops ermittelt wurden. Nun sollte die Akademie im Ganzen betrachtet werden. Folgende Aspekte waren dabei von Interesse:

- Wie ist der Ist-Stand der IVSS-Akademie?
- Welche Bedürfnisse haben die Mitglieder und werden diese erfüllt?
- Welches Optimierungspotenzial gibt es?

Um diese Aspekte einschätzen und bewerten zu können, wurde ein Mix aus verschiedenen quantitativen und qualitativen Methoden genutzt, welche in Abbildung 1 dargestellt sind.

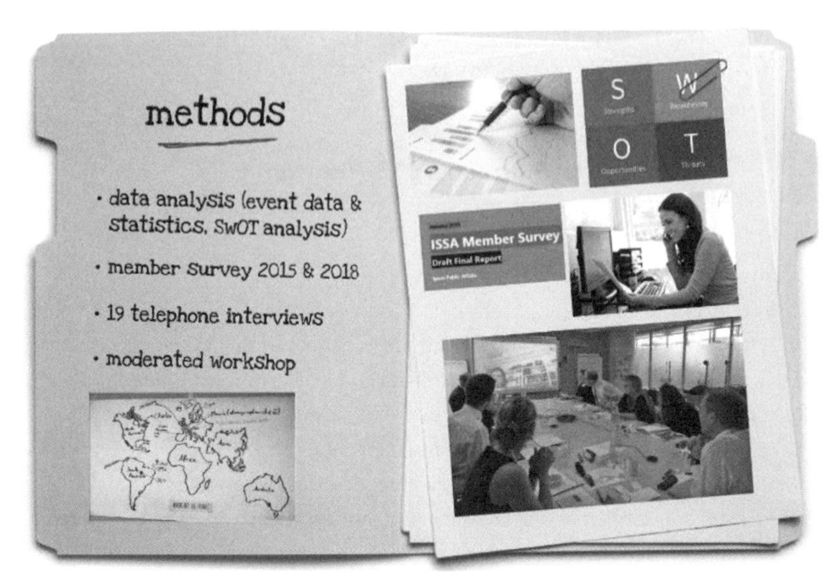

Abb. 1: Methodenmix: Dokumentenanalyse, Mitgliederbefragungen, Telefoninterviews und ein moderierter Maßnahmen-Workshop

In die Dokumentenanalyse flossen verschiedene Informationsquellen und Statistiken der Jahre 2014 bis 2018 ein. So gab es beispielsweise für die Workshops Aufzeichnungen aller bis dahin durchgeführten Events, deren Teilnahmezahlen, Standorte, Themen sowie Kursbewertungen von Teilnehmenden und Referierenden. Auch Ergebnisse von Mitgliederbefragungen vergangener Jahre wurden bei der Analyse berücksichtigt. Da die IVSS regelmäßig alle drei Jahre eine Mitgliederbefragung durchführen lässt, konnten im Jahr 2018 einige zusätzliche Fragen zur IVSS-Akademie hinzugefügt werden. Außerdem fanden 19 Telefoninterviews mit Führungskräften der kooperierenden Trainingszentren (consortium), international tätigen Sachverständigen (external experts), regionalen Kontaktpersonen (liaison officers) und dem IVSS-Team statt.

3. Ergebnisse und deren Verwendung

Ein erstes Ergebnis war die Erstellung von logischen Modellen für jeden Bereich des Exzellenzzentrums sowie für die Leistungen der Akademie, um zu ermitteln, welche kurz-, mittel- und langfristigen Ziele die jeweiligen Angebote haben und wie diese ineinandergreifen. Anhand von logischen Modellen können Wirkungsweisen von Maßnahmen beschrieben und bewertet werden. In Abbildung 2 ist exemplarisch das logische Modell für die Workshops der IVSS-Akademie dargestellt.

Abb. 2: Darstellung des logischen Modells für die IVSS-Workshops

INPUTS

Time input
- Workshop manager & external expert prepare and guide workshop
- Events & web team deal with online publication, logistics, registration, issuing certificates etc.
- Academy manager plans and coordinates workshops internally and externally with training partners

Money input
- Travel costs, accommodation & food for workshop manager
- Travel costs, accommodation, food & fees for external experts
- Costs of promotion, workshop materials, ISSA staff involved

OUTPUTS

Output what
- On average 12 workshops every year, at least 30 every triennium

Output who
- On average 15 participants

OUTCOMES

Outcomes short
- Strengthening the network of the members
- Improving knowledge, skills, awareness & motivation of the participants
- Participant will pass on the learning to the whole organization
- Capacity building for participants, member satisfaction
- Positive exposure for ISSA, ISSA learns about member needs
- Positive exposure for hosting institution

Outcomes medium
- Improved knowledge, skills, awareness & motivation of institution's staff
- Implementation of ISSA Guidelines improving the institutions
- Increasing importance/weight of ISSA Guidelines
- Member engagement

Outcomes long
- Improving performance of social security institutions
- Improving social protection world wide
- Long term relationship with members

Kaplan und Garrett (2005) beschreiben logische Modelle als grafische Darstellungen, welche es ermöglichen Beziehungen zwischen den Ressourcen, Aktivitäten und intendierten Zielen zu verdeutlichen. Ein logisches Modell sollte die Frage beantworten, wie zuvor definierte Ziele erreicht werden können und auch was getan werden muss, um dies zu erreichen (Millar et al., 2001). Bevor eine Maßnahme bzw. Intervention konzipiert wird, sollte eine detaillierte Kontext- und Bedarfsanalyse stattfinden, wie sie beispielsweise auch im CIPP Evaluationsmodell von Stufflebeam (1972) vorkommt (context, input, process, product). Diese war Bestandteil der Initiative, sie wird in Abbildung 2 aber nicht dargestellt.

Auf Basis aller Analysen wurde ein Auswertungsbericht erstellt. Ergebnisse wurden in einem moderierten Workshop am Hauptstandort der IVSS in Genf vorgestellt und diskutiert (siehe Abb. 1). Gemeinsam mit dem IVSS-Team und seinen Mitwirkenden wurden Themen für die Optimierung identifiziert und ein Aktionsplan für die kommenden zwei Jahre erstellt. In diesem Aktionsplan sind die genauen Vorhaben, Zeitpläne, die Verantwortlichen sowie Mitwirkenden aufgeführt. Dabei wurden beispielsweise Maßnahmen zur besseren Abstimmung und Kommunikation abgeleitet, die Organisation eines Alumni-Netzwerkes vorgeschlagen sowie Ideen entwickelt, um den Transfer des Gelernten in die Mitgliedsinstitutionen noch weiter zu befördern.

Insgesamt konnte festgestellt werden, dass, die IVSS-Akademie ihre Ziele erfüllt und sehr nah an den Bedürfnissen ihrer Mitgliedsinstitutionen arbeitet. Durch den regelmäßigen Austausch in den Präsenzveranstaltungen sind langanhaltende Beziehungen und fruchtbare Kooperationen möglich. Die Evaluation der IVSS-Akademie ist auch ein gutes Beispiel dafür, wie Ergebnisse direkt in einen kontinuierlichen Verbesserungsprozess einfließen können. Die Akzeptanz der Ergebnisse kann dadurch gesteigert werden, dass alle Beteiligten sowohl bei der Datenerhebung, bei der Besprechung der Ergebnisse als auch beim Ableiten von Maßnahmen miteinbezogen werden.

Literatur

Kaplan, S. A., & Garret, K. E. (2005). The use of logic models by community-based initiatives. *Evaluation and Program Planning, 28*(2), 167–172.

Millar, A., Simeone, R. S., & Carnevale, J. T. (2001). Logic models: A systems tool for performance management. *Evaluation and Program Planning, 24*(1), 73–81.

Stufflebeam, D. L. (1972). The relevance of the CIPP evaluation model for educational accountability. SRIS Quarterly, 5(1).

Juliane Manteuffel[1] & Susan Kutschbach[2]
[1]Forschungsgesellschaft für angewandte Systemsicherheit (FSA),
[2]Berufsgenossenschaft Nahrungsmittel und Gastgewerbe (BGN)

Integration von Persönlichkeitseigenschaften in ein neues Anforderungsprofil für das Sicherungspersonal auf Gleisbaustellen

1. Ausgangssituation

Die Tätigkeiten des Sicherungspersonals auf Gleisbaustellen sind mit einer hohen Verantwortung gegenüber den im Gleisbereich arbeitenden Beschäftigten verbunden. Das Leben und die Gesundheit der Beschäftigten auf den Gleisbaustellen hängen von der exakten und zuverlässigen Aufgabenerfüllung des Sicherungspersonals ab. Daher muss der Nachweis einer körperlichen und geistigen Eignung des Sicherungspersonals mithilfe medizinischer und psychologischer sowohl Eignungs- als auch Wiederholungsuntersuchungen erbracht werden.

Inhalte dieser Untersuchungen sind neben der Messung der vorhandenen physischen auch die psychischen Fähigkeiten wie z.B. Aufmerksamkeit, Konzentration, Merkfähigkeit und logisch-schlussfolgerndes Denken, die für eine erfolgreiche Bewältigung der sicherheitsrelevanten Tätigkeit des Sicherungspersonals als notwendig erachtet werden. Dabei festgestellte Mängel können ggf. dazu führen, dass die Betroffenen nicht weiter in ihrer angestammten Tätigkeit eingesetzt werden können.

Ein weiteres Kriterium, das eine erfolgreiche Aufgabenbewältigung gewährleisten soll, ist das auf 21 Jahre festgesetzte Einstiegsalter für Sicherungspersonal. Das Einstiegsalter soll eine gewisse Reife der Bewerber sicherstellen und verantwortungsvolles, zuverlässiges Verhalten garantieren.

In den vergangenen Jahren zeichnete sich, bedingt durch den demografischen Wandel, auch in der Sicherungsbranche ein zunehmender Fachkräftemangel ab. Diese Tatsache sowie die steigenden Durchfallquoten bei den psychologischen Eignungs- und Wiederholungsuntersuchungen führten seitens der Sicherungsbranche dazu, vermehrt die Inhalte und Fristen der psychologischen Eignungsuntersuchungen für das Sicherungspersonal zu hinterfragen. Die damit einhergehende branchenweite Diskussion über die Attraktivität des Berufsbildes des Sicherungspersonals begründete zudem den Bedarf, die Relevanz der derzeitigen Anforderungen an das Sicherungspersonal und das, im Vergleich zu anderen Branchen, höhere Einstiegsalter zu hinterfragen.

2. Das Forschungsprojekt

2.1 Projektziele und Fragestellungen

Die FSA wurde um wissenschaftliche Stellungnahme gebeten. So wurde 2017 das Forschungsprojekt „Überprüfung der Kriterien zur psychischen Leistungsfähigkeit des Sicherungspersonals im Gleisbereich“ gestartet.

Ziel des Projektes ist die Erstellung eines fundierten Anforderungsprofils für das Sicherungspersonal, auf dessen Grundlage die psychologischen Eignungsanforderungen ggf. angepasst und aktualisiert sowie Hinweise zum Einstiegsalter in diese Tätigkeiten gegeben werden sollen. Dabei leiten unter anderem folgende Fragestellungen das Projekt:

- Welche Anforderungen an die psychische Leistungsfähigkeit bringen die Tätigkeiten des Sicherungspersonals mit sich?
- Spielen risikoassoziierte Persönlichkeitseigenschaften eine Rolle?
- Ist das Eintrittsalter (18 oder 21) eine geeignete Kenngröße für die Eignung?

2.2 Aufgaben- und Anforderungsanalyse

Grundlage für die Identifikation von relevanten Anforderungen war eine vollständige Aufgaben- und Anforderungsanalyse der Tätigkeiten des Sicherungspersonals.

Dazu wurden Vorgesetzte aus der Sicherungsbranche im Zeitraum April bis Juni 2018 als Experten mit Hilfe eines standardisierten Interviewleitfadens befragt. Dieser Leitfaden enthielt Fragen, die eine Beschreibung und Zerlegung der Tätigkeiten in einzelne Aufgaben ermöglichte (Aufgabenanalyse). Ebenso enthielt er Fragen, die sich auf erforderliches Verhalten bei der Arbeitsausführung und dabei besonders auf sicherheitskritische Verhaltensweisen sowie Eigenschaften der Person bezogen (Anforderungsanalyse).

Bemerkenswert war das Ergebnis, dass neben den „klassischen“ Anforderungen der psychischen Eignung wie z.B. Aufmerksamkeit, Konzentration, Merkfähigkeit und logisch-schlussfolgerndes Denken insbesondere die Persönlichkeitseigenschaften Gewissenhaftigkeit und Emotionale Belastbarkeit im Zusammenhang mit der sicheren und zuverlässigen Ausführung der Tätigkeiten des Sicherungspersonals genannt wurden.

2.3 Zukünftiges Anforderungsprofil – Persönlichkeit im Fokus

Bis dato spielten Persönlichkeitseigenschaften im Rahmen der psychologischen Eignungs- und Wiederholungsuntersuchungen des Sicherungspersonals keine Rolle. Allerdings zeigten die Expertenbefragungen deutlich, dass einzelne Persönlichkeitsdimensionen als wichtig für die erfolgreiche Aufgabenbewältigung angesehen werden (Manteuffel, 2019).

Damit stehen die Expertenurteile im Einklang mit der arbeitswissenschaftlichen Forschung, die zeigt, dass Persönlichkeitseigenschaften mit berufsbezogenem Verhalten zusammenhängen (Borkenau et al., 2005). Besonders die Persönlichkeitsdimension Gewissenhaftigkeit korreliert positiv mit Arbeitsleistung (Barrick & Mount, 1991). Darüber hinaus belegen unterschiedliche Studien den Einfluss von Persönlichkeitsmerkmalen auf Verhaltensweisen, die mittel- oder unmittelbar im Zusammenhang mit sicherem Verhalten wie z.B. Regelverletzungen stehen (Schaper, 2011). Darum sollte das zukünftige Anforderungsprofil für Sicherungspersonal zumindest Teilaspekte von Persönlichkeit enthalten.

Neben der Anpassung des Anforderungsprofils sollte auch die Frage geklärt werden, wie relevant das Einstiegsalter von 21 Jahren für die erfolgreiche Ausübung der Tätigkeit des Sicherungspersonals ist. Bisher war man von der Annahme ausgegangen, dass 21-Jährige zuverlässiger und verantwortungsvoller handeln als etwas jüngere Erwachsene.

Zwar findet man im Verlauf des jungen Erwachsenenalters typische Persönlichkeitsveränderungen wie bspw. die Zunahme von Gewissenhaftigkeit. Innerhalb der Gruppe der jungen Erwachsenen können die Ausprägungen von Gewissenhaftigkeit aber stark variieren, so dass ein 18-Jähriger durchaus gewissenhafter sein kann als ein 21-Jähriger. Diese individuellen Unterschiede werden beispielsweise mithilfe des sozialen Investitionsprinzips erklärt (Roberts et al., 2006). Danach bestehen insbesondere in diesem Lebensabschnitt normative Anforderungen, die mit der Übernahme sozialer Rollen wie z.B. einem Berufseintritt einhergehen. Durch die Investition in diese Rollen werden Persönlichkeitsveränderungen in Gang gesetzt, die in einer Zunahme von Gewissenhaftigkeit resultieren können. Junge Erwachsene können sich demnach stark darin unterscheiden, wann und wie erfolgreich sie diese neuen Rollen in ihrem Lebensverlauf übernehmen.

Ein Beleg dafür, dass der Altersunterschied von drei Jahren auch in Unterschieden bei der Gewissenhaftigkeit resultiert, ließ sich in der Literatur nicht finden.

Demnach erscheint das Alter (18 oder 21) als Eignungskriterium für die erfolgreiche Tätigkeit des Sicherungspersonals fachlich nicht begründbar. Vielmehr erscheint es für die Vorhersage von Aufgabenleistung sinnvoller zu sein, eine festgesetzte Altersgrenze durch die direkte Messung von erwünschten Persönlichkeitseigenschaften, wie z.B. Gewissenhaftigkeit, zu ersetzen.

3. Validierung des neuen Anforderungsprofils

Derzeit wird das in der Aufgaben- und Anforderungsanalyse ermittelte neue Anforderungsprofil im Hinblick auf die hinzugenommenen Persönlichkeitseigenschaften validiert. Dabei wird überprüft, ob die Persönlichkeitseigenschaften des Big-Five Modells auch für diese Branche ein adäquates Eignungskriterium zur Vorhersage einer erfolgreichen Tätigkeitsausübung darstellen. Dazu werden in einer Paper-Pencil-Befragung die Dyaden aus Vorgesetzten und Angestellten befragt.

Die Vorgesetzten erhalten dabei einen Fragebogen mit Aussagen zur Aufgabenleistung, die mit Hilfe der Task Perfomance Skala von Goodman und Svyantek (1999) erhoben wird. Die Beschäftigten erhalten Fragebögen mit Aussagen, die sich auf verschiedene Persönlichkeitseigenschaften auf Grundlage des Big-Five Modells beziehen. Dabei wird die Skala des Big Five Inventory 2 (BFI-2) von Danner et al. (2016) verwendet. Um zusätzliche Varianz – über Gewissenhaftigkeit hinaus – zu erklären, enthält der Fragebogen zusätzlich die Skala Selbstkotrollkapazität von Bertrams und Dickhäuser (2009). Weiterhin enthalten ist die Skala Boredom Proneness von Struk et al. (2015), da im Rahmen der Expertenbefragungen auch Langeweile und Ablenkung als sicherheitskritische Faktoren genannt wurden.

Die Analysen der erwarteten Zusammenhänge zwischen Aspekten der Persönlichkeit und der Aufgabenleistung werden voraussichtlich im April 2020 vorliegen.

Literatur

Barrick, M. R. & Mount, M. K. (1991). The big five personality dimensions and job performance: A Meta-Analysis. Personnel Psychology, 44, 1–26.

Bertrams, A. & Dickhäuser, O. (2009). Messung dispositioneller Selbstkontroll-Kapazität. Eine deutsche Adaptation der Self-Control Scale (SCS-K-D). Diagnostica, 55, 2–10.

Borkenau, P., Egloff, B., Henning, J., Kersting, M., Neubauer, A. C. & Spinath, F. M. (2005). Persönlichkeitspsychologie: Stand und Perspektiven. Psychologische Rundschau, 56, 271–290. Doi: 10.1026/0033-3042.56.4.271

Danner, D., Rammstedt, B., Bluemke, M., Treiber, L., Berres, S., Soto, C. & John, O. (2016). Die deutsche Version des Big Five Inventory 2 (BFI-2). Zusammenstellung sozialwissenschaftlicher Items und Skalen. Doi: 10.6102/zis247

Goodman, S.A. & Svyantek (1999). Person-Organization fit and contextual performance: Do shared values matter. Journal of Vocational Behavior, 55, 254–275

Manteuffel, J. (2019). Überprüfung der Kriterien zur psychischen Leistungsfähigkeit des Sicherungspersonals im Gleisbereich. Potsdam: FSA Zwischenbericht.

Roberts, B. W., Walton, K. E. & Viechtbauer, W. (2006). Patterns of mean-level change in personality traits across the life-course: A meta-analysis of longitudinal studies. Psychological Bulletin, 132, 1–25.

Schaper, N. (2011). Psychologie der Arbeitssicherheit. In F. Nerdinger, G. Blickle, N. Schaper (Hrsg.), Arbeits- und Organisationspsychologie (S.458). Berlin: Springer.

Struk, A.A., Carriere, J.S.A., Cheyene, J.A. & Danckert, J. (2015). A short boredom proneness scale: Development and psychometric properties. Assessment, 1–14. Doi: 10.1177/10731911156 09996

Sandy Neumann & Steffen Neumann
Berufsgenossenschaft für Gesundheitsdienst und Wohlfahrtspflege (BGW)[1]

„Und bist du nicht willig, so brauch' ich Gewalt?!" – wie Präventionskultur im Gesundheitswesen gelingen und nachhaltig wirksam sein kann

1. Gewalt und Aggression gegen Beschäftigte im Gesundheitswesen

Im Vergleich zu anderen Berufsgruppen haben Beschäftigte im Gesundheitswesen und der Wohlfahrtspflege ein höheres Risiko, mit verbaler, non-verbaler und körperlicher Gewalt und Aggression am Arbeitsplatz konfrontiert zu werden. Meldepflichtige Arbeitsunfälle nehmen zu, ein Drittel der Übergriffe betrifft Beschäftigte in Krankenhäusern und Pflegeheimen. Ähnlich betroffen sind psychiatrische Einrichtungen und Notaufnahmen. Dieses sensible Thema wird zunehmend enttabuisiert, gleichwohl sieht die Praxis oftmals noch anders aus.

Betroffene sind der Meinung, Gewalt gehöre zum Berufsrisiko, die man aushalten müsse. Vielfach werden diese Überzeugungen durch inadäquates Führungshandeln befördert. Eine offene, wertungsfreie Auseinandersetzung im Berufsalltag wird verhindert, was in der Folge dazu führen kann, dass Meldungen nicht oder zu wenig stattfinden. Neben verbaler, non-verbaler und körperlicher Gewalt wird vermehrt sexualisierte Gewalt offenkundig. Schuldgefühle und Scham bei den Betroffenen, zumeist Frauen, erschweren die Inanspruchnahme von Hilfe und den proaktiven Umgang innerhalb des Betriebs.

Folgen aggressiver und gewalttätiger Ereignisse zeigen sich in drei Kategorien: körperliche Schäden und Verletzungen, psychische Folgen wie Schlaf-und Konzentrationsstörungen, Angstsymptome, nicht selten posttraumatische Belastungsstörungen, die zu Langzeiterkrankungen führen. Diese Ereignisse können ungünstige Auswirkungen auf die Arbeitsbeziehung haben. Eine geringere Bereitschaft, sich auf den Kontakt mit schwieriger Klientel einzulassen, eine unterschwellig aggressive Grundstimmung, Misstrauen und verringerte Empathie können zu schnelleren Eskalationen in Konfliktsituationen führen.

Für eine Branche, die ohnehin mit dauerhaft hohen Krankheits-und Fluktuationszahlen, frühzeitiger Berufsaufgabe und mangelnder Attraktivität zu kämpfen hat, sind das alarmierende Begleiterscheinungen.

Wie können Unternehmen vor diesem Hintergrund ihren Pflichten im Rahmen der Arbeitsschutzorganisation nachkommen, handlungsfähig werden und sinnvolle Strukturen der Präventionskultur schaffen, die nachhaltig wirksam sein können?

[1] Die AutorInnen arbeiten als freie OrganisationsberaterInnen für die BGW.

2. Gesetzliche Anforderungen und deren Umsetzung in der betrieblichen Praxis

Zeitgemäßer Arbeitsschutz und seine Organisation versteht Sicherheit und Gesundheit bei der Arbeit ganzheitlich, betont die Eigenverantwortung von Betrieb und MitarbeiterInnen, bindet Führungskräfte besonders ein, setzt auf regelmäßige Bewertung zur kontinuierlichen Verbesserung, ist in alle betrieblichen Prozesse integriert und ist systematisch-prozesshaft (vgl. DGUV).

Die Gefährdungsbeurteilung gilt als das vielleicht wichtigste Instrument im Arbeitsschutz (§5 des ArbSchG). Sie erfordert eine systematische Vorgehensweise (Abb. 1). Die Aufnahme von psychischen Belastungen ergänzt seit 2013 die Gefährdungsbeurteilung (§3ff ArbSchG). Psychische Belastungen durch Gewalt und Aggression müssen hier verortet sein und durchlaufen die Systematik des Regelkreises.

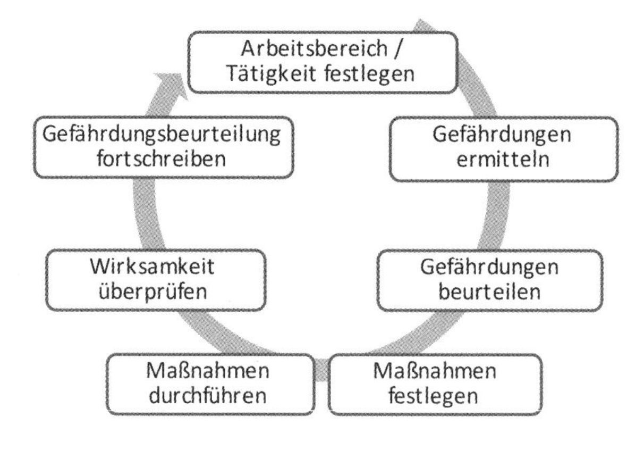

Abb. 1: Systematik der Gefährdungsbeurteilung

Noch immer zeigt sich in der betrieblichen Praxis oft eine Überforderung im Umgang mit der Gefährdungsbeurteilung psychischer Belastungen und in der Folge einem hohen Bedarf an Unterstützung. Unwissenheit über die gesetzlichen Anforderungen, Unsicherheit in der Auswahl geeigneter Messinstrumente und Verfahren, deren Interpretation und abzuleitender Maßnahmen, gering ausgeprägtes Wissen um Zusammenhänge zwischen Führung und Gesundheit, strategisches Denken in Bezug auf demografiesensibles Recruiting und Personalentwicklung und nicht selten nur basale Kompetenzen im Projektmanagement. Erfreulich ist, dass viele Betriebe die Gefährdungsbeurteilung psychischer Belastungen als Chance für positive Veränderung begreifen und nicht nur als lästige Pflichterfüllung.

3. Der Prozess – ein Praxisbeispiel

3.1 Vorgehen

Der Betrieb ist eine Einrichtung der Sozialpsychiatrie und betreut mit 45 Beschäftigten ambulant und stationär volljährige Menschen mit psychischen Erkrankungen und seelischen Beeinträchtigungen. Die Beratungsunterstützung wurde durch die Einrichtungsleitung initiiert.

Im moderierten *Steuerungsgremium* erarbeiteten die betrieblichen AkteurInnen (Einrichtungsleitung, Leitungskräfte der mittleren Führungsebene, betriebliche Interessenvertretung, Fachkraft für Arbeitssicherheit, Sicherheitsbeauftragte) Arbeitsstrukturen und Ziele. Eine interne Projektleitung wurde benannt und der Zeitplan terminiert. In der *Analysephase* wurden Interviews mit den Führungskräften, moderierte Gruppenworkshops mit MitarbeiterInnen und teilnehmender Beobachtung durch die BeraterIn durchgeführt. Anschließend erfolgte die Ableitung von Maßnahmen in den Handlungsfeldern Arbeitsumgebung, Arbeitsorganisation, Tätigkeit, soziale Beziehungen und Führung nach STOP Modell (Abb.2) In der *Umsetzungsphase* moderierte die BeraterIn die Steuerkreissitzungen, sowie Mitarbeitendenversammlungen und Teamsitzungen. Das Projekt endete mit einem *Auswertungsworkshop* im Steuerkreis.

Substituieren von Gefahrenquellen	• >> Gefahrenquellen beseitigen und / oder „entschärfen" • Beispiel: unnötige Arbeitsmittel entfernt (als Waffen eingesetzt)
Technische Maßnahmen	• >> Gefährdungen vermindern durch den Einsatz von Schutzeinrichtungen • Beispiel: Lärmschutzdecke, Dauerlicht auf den Fluren
Organisatorische Maßnahmen	• >> räumliche / zeitliche Trennung der Gefahrenquelle vom Menschen • Beispiel: Dienstzimmer mit „Öffnungszeiten", „Hintergrund-Dienst"
Personenbezogene Maßnahmen	• >> individueller Schutz durch richtiges Verhalten und Einsatz von PSA • Beispiel: verpflichtende Teilnahme an Trainings, Notfallplan

Abb. 2: STOP-Modell (eigene Darstellung)

3.2 Projekterfolg, förderliche und hemmende Faktoren

Ein zentraler Erfolgsfaktor war die Unterstützung und Beteiligung durch das Management, besonders der Einrichtungsleitung. Förderlich und vertrauensbildend war bereits zu Beginn die aktive Arbeit der betrieblichen Interessenvertretung im Steuerkreis, die für regelmäßiges Feedback und aktive Partizipation der MitarbeiterInnen gesorgt hat. Maßnahmen technisch-baulicher und organisatorischer Art führten schnell zu spürbarer Entlastung. Das strukturierte, geplante Vorgehen trotz anfänglicher Befürchtung, in Autonomie beschnitten zu werden, bewertete der Steuerkreis als unterstützend. Anfänglicher Widerstand von KollegInnen, sich zu beteiligen, wurde zunächst als hinderlich eingeschätzt. Hier war es sinnvoll, diesen als wichtiges Momentum im Prozess zu verstehen und Raum und Zeit zum Austausch zu ermöglichen. In Phasen, in denen konzeptionelle Ideen in die Praxis transferiert wurden, zeigte sich noch Ungeübtheit in der Methodenvielfalt, die zu Projektende bereits zunahm.

In der Bewertung erwies sich das Erleben von Selbstwirksamkeit auf Steuerkreisebene und als persönliche Entwicklung als besonders bedeutsam. Die Arbeit in einer heterogenen Gruppe, in der die Sichtweisen aller als wertvoll angesehen werden und die gerade deshalb sowohl in Menge als auch Qualität mehr erreicht hat, als ursprünglich gedacht, hat die Beteiligten überrascht und berührt.

3.3 Nachhaltigkeit und Verankerung in betriebliche Abläufe

Die Veränderung zu einer offenen, dialogischen, reflektierenden Unternehmenskultur, die Gesundheit und Prävention als wesentliche Aufgabe versteht, ist für den Betrieb die Basis für Nachhaltigkeit. Die strukturierte, systematische und geplante Arbeit des Steuerkreises wird fortgesetzt. Maßnahmen wie Gewaltschutzkonzept, Notfallplan und die verpflichtende Teilnahme an Deeskalationstrainings bilden sich in betrieblichen Abläufen und Strukturen wie Unterweisungen, Qualitätsmanagement und Personalentwicklung ab.

Literatur

DGUV (2013). DGUV Vorschrift 1: Grundsätze der Prävention Unfallverhütungsvorschrift. Download: publikationen.dguv.de/dguv/ pdf/10002/1.pdf

DGUV (2014). DGUV Regel 100-001: Grundsätze der Prävention. Download: publikationen.dguv.de/dguv/ pdf/10002/100-001.pdf

DGUV (2017). DGUV Vorschrift 2: Betriebsärzte und Fachkräfte für Arbeitssicherheit Unfallverhütungsvorschrift. Download: publikationen.dguv.de/ dguv/pdf/10002/v2-bghw.pdf

Gemeinsame Deutsche Arbeitsschutzstrategie (2017). Arbeitsschutz gemeinsam anpacken. Leitlinie Organisation des betrieblichen Arbeitsschutzes. Download: www.gda-portal.de

Schablon et. al (2018). Prevalence and Consequences of Aggression and Violence towards Nursing and Care Staff in Germany – A Survey. In: International *Journal of Environmental Research and Public Health 2018,* 15, 1247

Arbeitskreis

Präventions-, Sicherheits- und Gesundheitskultur: Interkulturalität und Diversity

Leitung: Dietmar Elsler

Ratri Atmoko Benedictus
Faculty of Social and Behavioural Science, Friedrich-Schiller-Universität Jena
Faculty of Psychology, Atma Jaya Catholic University of Indonesia

Factors of Religion on Safety Behaviour in the Context of Indonesia

1. Occupational Injury and Disease in Indonesia

Commitment as a religious country had been proclaimed in conjunction with the establishment of Indonesia as a state in 1945. Indonesia then follow monotheism as a belief system and officially declare on *Pancasila* as the state ideology. Gallup survey in 2009 place Indonesia in the fourth position as the most religious country in the world (Crabtree, 2010). In practical, as a Moslem world's largest country, every company commonly has its own mosque to support the obligation of Moslem workers for daily five times praying. Adjusting working hours during Ramadan provides opportunity for Muslim workers to go home early and break their fasting together with the family.

Unfortunately, as of 2013 no more than 15.5 % of the total Indonesian workforce enrolled with the National Social Security for Labour (BPJS, 2016). The number of occupational injuries in the past five years increase sharply with 9,891 cases in 2011 to 25,910 cases in mid-2014 (Infodatin, 2015). Thus, approximately seven workers die each day as a result of workplace accidents in Indonesia in 2015. Research by Keser, Gökmen, and Türen (2015) further confirmed by placing Indonesia as the third largest country with a Fatal Occupational Injury (FOI) per 100,000 workers reaching 58.44. The Ministry of Health of the Republic of Indonesia (Infodatin, 2015) reported that 14.3 % of the number of workers suffer from common diseases caused by occupational disease with 57.929 cases in 2011 and increased rapidly to 97.144 cases in 2013.

The high number of work accidents and illnesses that cause high rates of death at work is a form of low appreciation for life. On the other hand, Indonesia is a country that upholds religion. Meanwhile, religion itself teaches about value to respect life. Therefore, religious variables will be explored its role in occupational safety and health issues in the Indonesian context, both at the individual, organizational or national level.

2. Relevance of Religious Teachings to Safety

One of the interview's finding is the perspective of religious leaders that obtained from two religions as the two largest religions in Indonesia, namely Islam and Protestant. Islam considers working as a noble activity as explicitly written on Surah At Taubah 105. It means that Moslem should not work carelessly due to *Allah*, the

Prophet of Muhammad, those who lived, and the dead oversee the act of work of Moslem workers. Islam strongly affirmed that the intention and impact of work activities must be for human prosperity. Islam also affirmed that work for prospering the earth can be taken as an *amanah* or mandate. *Amanah* in the work defined as the fulfilment of high standards of professionalism and ethics which is required. *Amanah* is absolute and no tolerance, as witnessed by God, *Rossul,* and His believers.

Meanwhile, Protestantism's teaching defined working as an action for further magnifying glory of God, as written in 1 Corinthians 10:31. Protestantism admitted that working activity should lead to two other objectives, namely as blessing for others and recognition of Christianity. Protestantism suggested that work should be done not only to satisfy the employer, but foremost is delighting the God. How a Protestant carry out a work is also necessary to consider that his working behaviour is a manifestation of the teachings of Christianity and as far as possible to be witnessed by others, mainly when faced with difficulties or problems at work. In those circumstances, a Christian should pray for God's intervention.

3. Influencing Indonesian Culture

Analysing shadow puppet story as a folklore resulted a model of safety as on Figure 1. The core of the story of *Semar Mbangun Kahyangan* is in the fragment when Sang Hyang Pada Wenang or God the Almighty who authorized the human life possess into the body of *Semar* and explains the meaning of the heaven, which he wants to be built to safe the soul of *Pandawa* as the protagonist characters in the Javanese puppetry.

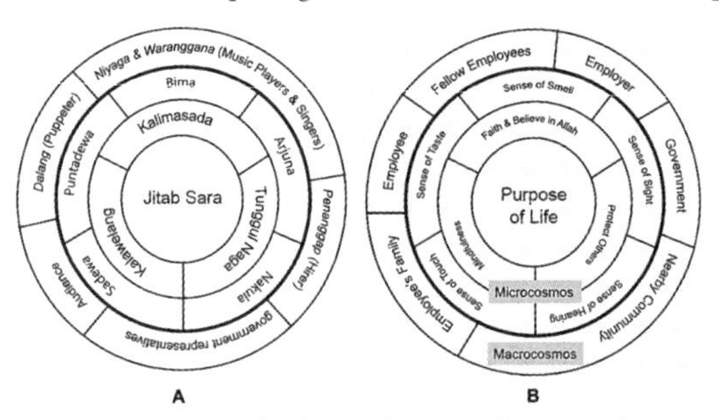

Figure 1. Symbols (A) and meaning (B) of safety in the story of *Semar Mbangun Kahyangan*

The core element is *Jitab Sara,* which became a symbol of the reason and purpose of human existence. At least three Javanese's concepts of life emerged in *Jitab Sara.* The first is the concept of *sangkan paraning urip* and wahyu ningrat, which means that the purpose of human life is to make the world perfect. Second, *chakra manggilingan* and the destiny of human life which God has written the destiny of human, especially death. The third concept is *pangruwate diya,* which is the human effort in making the perfect world, can be mainly achieved by destroying his anger. *Jitab Sara* then strengthened by the second layer of elements which consisted of three royal heritages of Amarta kingdom, namely *Jamus Kalimasada, Kala Welang* Spear, and *Tunggul Naga* Royal Umbrella. This three are symbols of the guidance of life, the sharpness of mind or intelligence, and responsibility to protect others. The next layer is five warriors of *Pandawa* which describes the five human senses, namely *Puntadewa* as the sense of taste, *Bima* as the sense of smell, *Arjuna* as the sense of sight, *Nakula* as the sense of touch, and Sadewa as the sense of hearing. And the outermost layer is social elements that safety should be noticed by the society, such as the family of the employee, government, and nearby community.

4. Religion as the Antecende of Risk Behaviour

Seven respondents with leader position participated in the application of the *Struktur Lege Teknik* approach during their interview.The results of *Struktur Lege Teknik* show that risk behaviour defined as the single antecedence of many cases of accident at the workplace, as described in Figure 1. Though its impact to be considered at National and organizational level, but behaviour among the workers considered as the dimension that trigger occupational injury, such as unsafe action, reckless the rules, miscalculation on decision, etc.

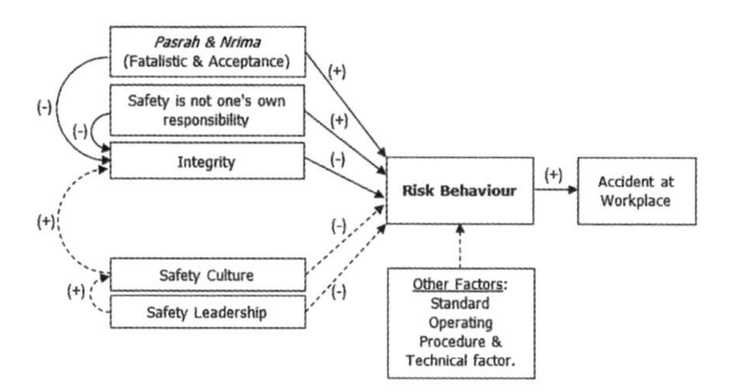

Figure 2. Antecedent Model of Accident from the micro perspective

The antecedent of risk behaviour itself then derived in two different points of viewed: macro and micro. Macro perspective assumes that organizational factors have a higher impact on risk behaviour rather than individual religious factors. Meanwhile, the micro perspective views the opposite that the causes of risk behaviour are very concerned about factors from individual dimensions. *Pasrah* and *Nrimo* is the values that are identical with Javanese society as the largest ethnic group in Indonesia. These two values also have a strong influence on Indonesia as a nation. *Pasrah* means total surrender to the will of God, while *Nrima* is the attitude to accept and not rebel over the destiny of life.

5. Religion Mediated by Perceive Moral Intensity

Findings in the first study initiated the need to evaluate with statistical method to attain the structured mental model of risk behaviour among Indonesian workers. Variables of two dimension then statistically tested to find its correlation with intention of safety and risky behaviour. At least 188 respondents contributed on this measurement who mostly coal mine operators and Muslim.

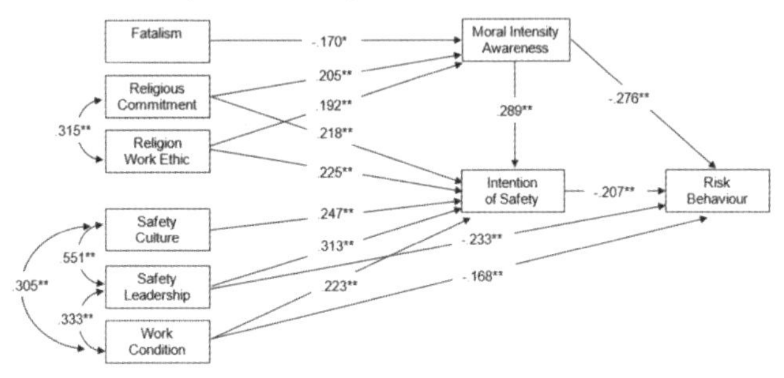

Figure 3. Perceived Moral Intensity as mediator for factors of religion

In sum, only three antecedent variables that significantly correlated with risk behaviour as well as intention of safety are Moral Intensity Awareness (ß=*-.276, p<.01)*, Safety Leadership (ß=*-.233, p<.01)*, and Working Condition (ß=*-.168, p<.05)*. Even, fatalism which defined as feeling powerless, helpless, and totally surrender to God have no correlation, either to Intention of safety or Risk Behaviour. Fatalism itself only significantly correlated with Moral Intensity Awareness (ß=*-.170, p<.05)*. Religious commitment (ß=*.218, p<.01)* and religion work ethic (ß=*.225, p<.01)* have a significant positive correlation with the intention of safety, but not correlated with risk behaviour. This indicates the more a person is committed to his religion, the higher is his intensity to safety.

6. Conclusion

The findings in this study indicate that religion contributes to the formation of risk behaviors in several ways. This also shows that in the context of a religious state like Indonesia, how religion influences the formation of risky behavior is not as simple as the view that the more religious a person is, the more fatalistic he is. Religious factors themselves have a direct correlation with behavioral intentions but need to be mediated by Moral Intensity to direct influence the formation of risk behavior. Therefore, optimizing the role of religion appropriately and correctly is considered to be able to increase the intention to behave safely and at the same time increase its morality before making a decision to behave risky at work.

Literatur

Die Literatur kann beim Autor angefordert werden.

Larissa Dräger
BASF SE, Ludwigshafen

Training zur Schulung und Entwicklung der kollektiven Achtsamkeit

1. Das Programm Konsequent Sicher!

Um kollektive Achtsamkeit im Unternehmen zu stärken, startete die BASF das Projekt „Konsequent Sicher!" (KS!), in das auch Elemente aus der Arbeit von Annette Gebauer (2017) und dem Hearts and Minds Programm (2006) eingeflossen sind. Über die letzten Jahre hat das Projektteam die Idee maßgeblich vorangetrieben und weiterentwickelt. Kernelemente sind dabei die Nutzung der Stufen der Sicherheit, Handlungsfelder zur Abbildung der Arbeitssicherheitskultur und das Treffen gemeinsamer Vereinbarungen mittels des KS!-Dialoges. Strategisch nutzt KS! ein Schneeballsystem, bei dem ein KS!-Prozessbegleiter in der Einheit erste Workshops zum Kennenlernen und Verständnis für das Ziel abhalten und dazu berät, wie diese KS! individuell einführen können und wer geeignet sein kann den Entwicklungsprozess eigenständig weiter zu führen (Multiplikatoren). Die Entwicklung der Einheiten wird über einen Fragebogen verfolgt, welcher zudem relevante Handlungsfelder für die KS!-Dialoge aufdeckt.

2. Was braucht es zur Etablierung einer kollektiven Achtsamkeit?

Zur Definition der kollektiven Achtsamkeit nutzt KS! folgende Metapher: Sehen wir Achtsamkeit als Sicherheitsnetz, ist jeder achtsame Mitarbeiter einer der Knotenpunkte des Netzes. Gemeinsam, also kollektiv, schaffen wir es so, ein feinmaschiges Netz zu errichten, durch das keine Gefährdungen „hindurchrutschen". Wird nun ein Mitarbeiter unachtsam, kann das restliche Netz dieses „Loch" kompensieren. Jedoch gilt: Desto mehr achtsame Mitarbeiter, desto feinmaschiger das Netz, desto sicherer die Arbeit für Jeden. Wenn zu viele Mitarbeiter unachtsam werden wird das Netz immer löcheriger und es können immer mehr Gefahren zu aktiven Gefährdungen für das Leben werden.

Zentrale Empfehlungen bei KS! sind dabei: Verantwortung für sich und seine Kollegen übernehmen. Gefahren erkennen und melden. Verhaltensweisen über eine KS! Dialog aufarbeiten. Geeignete Maßnahmen und deren Umsetzung vereinbaren.

Um diese Empfehlungen umsetzen zu können braucht es aus Sicht des KS!-Teams folgende Kompetenzen: Wissen und Anwendung der Methoden des KS!-Dialogs, Verständnis für die Vision der kollektiven Achtsamkeit, Begleitung eines Change-Prozesses, Feedback geben und einholen.

3. Inhalte des Schulungskonzeptes

Ziel des Train-the-Trainer ist die Ausbildung von Multiplikatoren, die in ihren Einheiten den KS!-Prozess vorantreiben und aktiv KS! Dialoge in der eigenen Einheit führen können. Unterstützt durch Gruppendiskussionen und konkrete Übungen sollen die Inhalte des Trainings direkt auf deren eigene Einheiten übertragen werden. Begleitend zu den Workshops werden Fotoprotokolle, ein „Moderationskit", mit allen relevanten Folien und Vorlagen, sowie ein begleitendes Skript ausgehändigt.

3.1 Workshop 1: KS! Methoden und Ziel der Verhaltensänderung

Kernelemente KS!: Zunächst werden die grundsätzlichen Methoden von KS! erklärt und durch Gruppenübungen ausgetestet. Dabei liegt der Fokus in diesem Workshop auf der selbstkritischen Überprüfung, also der Nutzung der Stufen der Sicherheit und der Handlungsfelder. Wichtig ist die Diskussion darüber, welches Kernelement am wichtigsten ist und welche Herausforderungen jedes Kernelement für sich selbst, sowie für die KollegInnen bei Implementierung bergen.

Sicherheitskultur und Narrative: Bei KS! ist es wichtig nicht beim reinen Verhalten stehen zu bleiben, es sollen die konkreten Gründe für das Verhalten aufgedeckt und entwickelt werden. Die Diskussion soll weg vom gezeigten Verhalten, hin zu den Begründungen gelenkt werden. Zunächst sollen die Teilnehmenden sensibel für solche Narrative (bspw. „Dafür haben wir keine Zeit") werden, um diese mit Hilfe konkreter Gegenfragen aufzubrechen („Wofür haben wir keine Zeit? Wieviel Zeit brauchen wir? Wer ist konkret gemeint?").

Kollektive Achtsamkeit: Aufbauend auf der BASF-Sicherheitsphilosophie wird die Metapher des Sicherheitsnetzes und dessen Auswirkungen auf das Arbeitsteam vorgestellt. Die Vision wird gemeinsam in konkrete Verhaltensweisen und relevante Kontextfaktoren übertragen.

3.2 Workshop 2: KS! als kollektive Aufgabe begreifen

Stakeholder-Analyse: Um das Kollektiv zu nutzen, erstellt jeder Teilnehmende eine Stakeholder-Analyse mit zwei wichtigen Erkenntnissen: (1) Es ist wichtig zu wissen mit welchem Machtgefüge und welchen sozialen Beziehungen zu rechnen ist. (2) Wer im Team kann welche Aufgaben übernehmen und zu welchem Zeitpunkt müssen relevante Personen aktiv in KS! eingebunden werden.

Aufgabenmatrix: Die Aufgabenmatrix soll einerseits alle Herausforderungen und Wechselwirkungen einer so komplexen Aufgabe, wie der Integration von KS! in der Einheit, und die wichtigen Helfer aufzeigen.

KS! in täglichen Gelegenheiten: Aufbauend auf der Aufgabenmatrix werden anschließend statt Teilaufgaben diverse Situationen aus dem Arbeitsalltag bearbeitet.

Die Aufgabe ist es nun, geeignete Verhaltensweisen zu klären, wie man selbst im Alltag kollektive Achtsamkeit leben kann.

KS! Vereinbarungen: Nachdem konkretes Verhalten und dessen Gründe anhand der Stufen der Sicherheit diskutiert wurden folgt im KS! Dialog eine Vereinbarung. Die KS! Vereinbarungen bestehen aus zwei Teilschritten: Benennung des Verhaltens welches unterlassen, verbessert oder gefördert werden soll und konkreten Umsetzungsmöglichkeiten, um das entsprechende Verhalten zu sanktionieren, unterstützen und zu loben.

3.3 Workshop 3: Den Veränderungsprozess begleiten

Change-Management: Es werden zunächst die strategischen Phasen nach Lewin (1947) und grundsätzliche Empfehlungen vorgestellt. In Ergänzung wird die emotionale Sicht mit Hilfe des Modells nach Kübler-Ross (1969) und die Verschiebung der Phasen durch unser Schneeballsystem diskutiert. Hier ist die Erkenntnis wichtig, dass auch wenn die KollegInnen anfangs von KS! nicht überzeugt sind, diese erst selbst zu einer persönlichen Einsicht kommen müssen. Dafür ist es vor allem wichtig, diesen Emotionen Raum zu geben, Narrative aufzubrechen (siehe Workshop 1) und geeignete Argumente zu finden. Anschließend sollen die Teilnehmenden überlegen wodurch bei ihnen Projekte besonders gut liefen und diese Erkenntnisse den Lewin Phasen zuordnen.

Der KS! Dialog und die „Guten KS!-Fragen“: Der KS!-Dialog als zentrales Werkzeug von KS! wird in seinem konkreten Ablauf vorgestellt. Zunächst müssen relevante Stakeholder aktiviert und der Sinn bzw. die Notwendigkeit für die Verhaltensänderung geklärt werden. Dann kommt es zu der selbstkritischen Überprüfung des Verhaltens und deren Gründe und einer Vereinbarung. Da ein KS!-Dialog nicht ad hoc genutzt werden kann wird zudem die Notwendigkeit Guter KS! Fragen dargestellt und geübt. Die Guten KS!-Fragen zielen darauf ab, Aufmerksamkeit auf kritisches Verhalten und die Reflexion darüber zu fördern. Dabei sollen offene Fragen und W-Fragen bei KollegInnen eine Selbstreflexion starten und neue Erkenntnisse hervorbringen.

Herausforderungen des KS! Prozess: Dieser Themenblock bündelt den konkreten Transfer des Train-the-Trainers in die Praxis. Dafür erhalten die Teilnehmenden vorab eine Art Blaupause mit Fragen, Empfehlungen und Checklisten zum KS! Prozess. Offene Fragen und Herausforderungen werden im Plenum diskutiert und Lösungen generiert.

Die Lernkollektion: Zur Stärkung der Nachhaltigkeit von KS! entwickelt das Projektteam Impulse und Methoden für den Alltag. Es handelt sich dabei um kurzweilige, kreative Übungen, die den Werkzeugkoffer der Multiplikatoren erweitern sollen.

Es wird eines der Impulsvideos zum Thema Feedback geschaut und gemeinsam mit Hilfe des dazugehörigen Arbeitsblattes bearbeitet.

4. Erste Rückmeldungen und Weiterentwicklung

Zum Zeitpunkt der Erstellung dieses Artikels wurden bereits sechs volle Durchgänge des Train-the-Trainers durchgeführt und anhand eines Online-Fragebogens auf Akzeptanz und Durchführung evaluiert. Aufgrund der hohen Nachfrage wird das bisherige Train-the-Trainer zukünftig als Blended Learning aufgesetzt, um das Training standortübergreifend anbieten zu können und weitere positive Effekte des selbstständigen Lernens zu nutzen. Zudem sollen die Inhalte um einen Kommunikationsblock für den Umgang mit besonders emotionalen Kolleginnen erweitert werden.

Literatur

Gebauer, A. (2017). Kollektive Achtsamkeit organisieren: Strategien und Werkzeuge für eine proaktive Risikokultur (Systemisches Management). Schäffer-Poeschel Verlag Stuttgart

Rob Holstvoogd, Gerad van der Graaf, Robin Bryden, Volkert Ziklker, Patrik Hudson (2006), Hearts and Minds Programmes The Road Map to Improved HSE Culture, Shell Global Solutions International B.V., Symposium Series No. 151

Kübler-Ross, E. (1969). On Death and Dying. London: Routledge, https://doi.org/10.4324/9780203010495

Lewin, K. (1947). Frontiers in Group Dynamics: Concept, Method and Reality in Social Science; Social Equilibria and Social Change. Human Relations, 1(1), 5–41. https://doi.org/10.1177/001872674700100103

Dietmar Elsler
Europäische Agentur für Sicherheit und Gesundheit am Arbeitsplatz (EU-OSHA), Bilbao, Spanien

The Value of Occupational Safety and Health: Estimation of the Costs of Work-related Injuries and Diseases in Five Countries

1. Introduction

The European Agency for Safety and Health at Work (EU-OSHA) seeks to inform decision-makers in the areas of policy-making, business and science so that they can better understand the economic effects of occupational safety and health. To that end, EU-OSHA provides research results from a variety of methodologies, which examine the economic effects of work-related accidents and illnesses on society and business (e.g. Elsler, Takala, Remes, 2017).

A bottom-up model builds up from components of costs to total costs. In a top-down model, the total costs are estimated via the total burden of injury and disease, and the estimated fraction that was caused by occupational factors. This article focusses on the bottom-up model as it allows a more detailed analysis for the purpose of evidence-based OSH policy making. The findings are based on a European research project funded by the European Agency for Safety and Health at Work (Tompa et al., 2019).

2. Methodology

The first step of the bottom-up approach is the estimation of the numbers of occupational injury cases and occupational disease cases, which is quite a challenge due to the high rates of underreporting associated with most data sources. Several sources served as input for the estimation. The estimation of the count of occupational injuries was based on European Statistics on Accidents at Work (Eurostat, 2018). In some countries (in this study, Italy and Poland), a very high rate of underreporting was assumed, in particular for cases of non-fatal injuries. For those countries, we estimated the number of non-fatal cases based on the fatal to non-fatal ratio from countries where we expected data that are more reliable on non-fatal cases. For the estimation of numbers of non-fatal occupational disease cases, mostly the database of the Global Burden of Disease Study was used (IHME, 2016).

The cost estimations began with incidence counts (cases) of work-related injuries and diseases to estimate the total costs in a particular cost category, which were then multiplied by the costs of the resources associated with the work-related injury or disease or a price weight, if the resources are measured in non-monetary units (for example months lost from paid employment due to work disability). Incidence counts have been stratified by sex, age bracket, type of injury (high-level ESAW categories) and severity (based on days absent from work). A representation of the formula is as follows:

Total (sub) category costs for a stratum = number of cases in the stratum × per case cost for the stratum

3. Results

Results in the bottom-up model show the total costs as a percentage of GDP of five European countries (Fig. 1): Finland 2.3 %, Germany 2.7 %, The Netherlands 2.7 %, Italy 4.0 % and Poland 5.0 %.

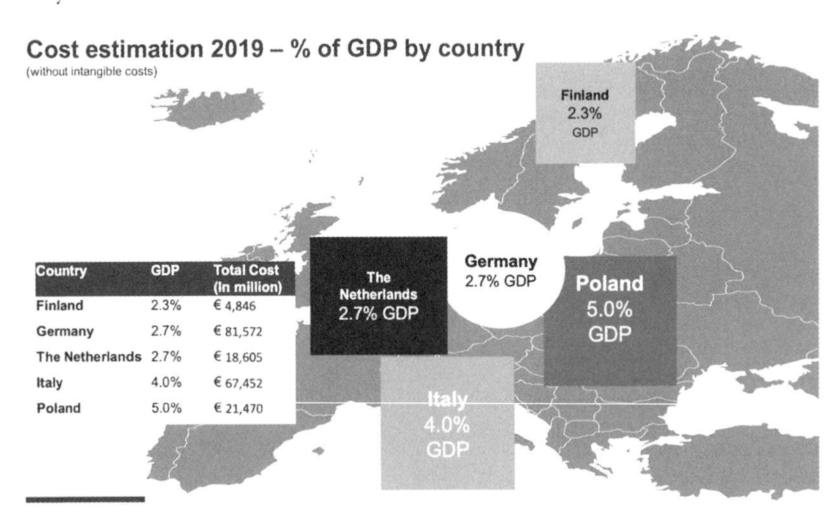

Country	GDP	Total Cost (In million)
Finland	2.3%	€ 4,846
Germany	2.7%	€ 81,572
The Netherlands	2.7%	€ 18,605
Italy	4.0%	€ 67,452
Poland	5.0%	€ 21,470

Fig. 1: Cost of work-related injury and diseases in five countries

The three key stakeholders, namely the employer, worker and system/society (Fig. 2), can stratify the total costs for each country. Across all five countries, workers bear the highest costs. The percentage ranges from a high of 79 % for Poland, to a low of 61 % for Germany. Employers are the second highest category for all countries. These range from a high of 22 % for Finland, to a low of 1 % for Poland. System/Societal costs bear the lowest proportion of the costs across the five countries, with a range of 19 % at the high end for Germany and Poland, to a low of 10 % for Poland.

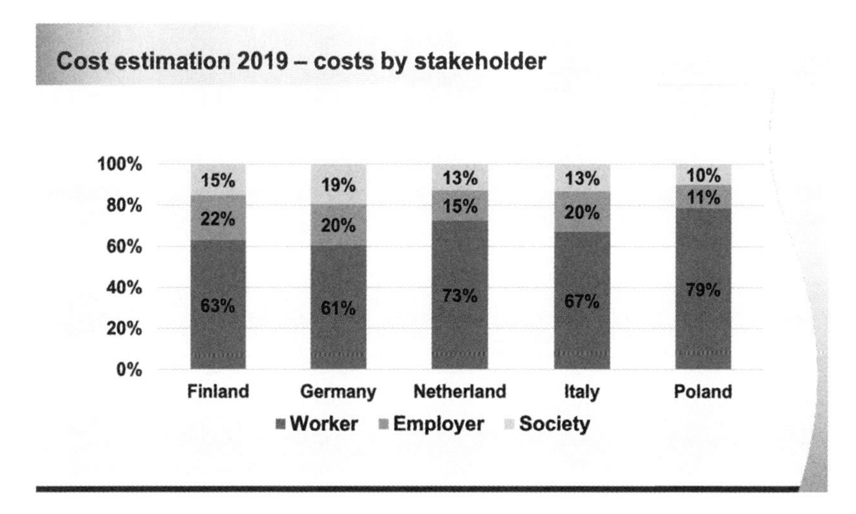

Fig. 2: Cost of work-related injury and diseases by stakeholder

Average per-case-costing (Fig 3) is highest for The Netherlands at €73,410, followed by Italy at €54,964, then German at €47,360, then Finland at €45,816, and finally Poland at €37,860. However, regarding the cost per employed person we have a different picture, with Italy having the highest cost with € 4,667 per worker and the other country at a similar level quite below Italy.

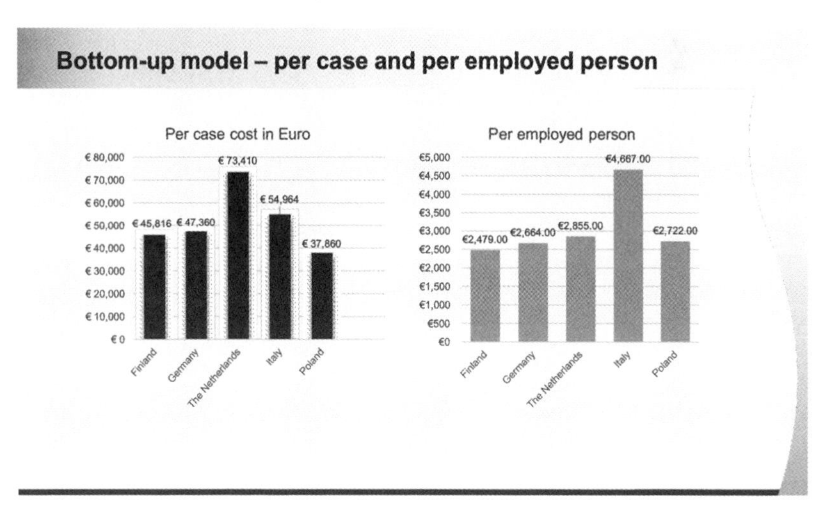

Fig. 3: Per case and per employed person cost of work-related injury and diseases in five countries

4. Discussion

In comparing the countries, we see that the economic burden of occupational injury and disease is relatively high in Poland and Italy, compared with Germany, Finland and the Netherlands. In Poland, at least part of this may be explained by the sector structure. The workforce in Poland consists of a relatively high number of people working in agriculture or industry. Although the percentage of people working in industry in Italy is above average, the explanation for the relatively high burden is less clear than in Poland. The relatively high burden is partly attributable to the number of DALYs lost to occupational lung cancer. The rich information of the project could be used for further analysis in order to find out, where the country differences really come from, e.g. higher per case costs in some countries could be a hint for longer return to work times after accidents or diseases. Therefore, more detailed secondary analyses of the data would be needed, including the countries who did estimations following this model, such as Austria.

There is a need for better and more comparable data at European level, especially regarding work-related diseases. Probably better European labour force surveys could help to improve, because they could deliver at least comparable survey data in Europe. In this regard, the upcoming EU-OSHA exposure survey on carcinogens could deliver better data. From EU-level, standardised reporting guidelines or even directives for occupational disease reporting would be helpful.

References

Elsler, D, Takala, J, Remes, J (2017). Kosten von arbeitsbedingten Unfällen und Erkrankungen im internationalen Vergleich. ASU – Arbeitsmedizin, Sozialmedizin, Umweltmedizin. ASU 10/2017, 760-765. Available at: https://www.asu-arbeitsmedizin.com/kosten-von-arbeitsbedingten-unfaellen-im-internationalen-vergleich/originalia-kosten-von

Eurostat (2018). Accidents at work statistics (ESAW). Fatal and non-fatal accidents at work, by sex, age groups, injury groups and NACE Rev. 2 economic sectors [hsw_mi07] (2015). Available at: http://appsso.eurostat.ec.europa.eu/nui/show.do?dataset=hsw_mi07&lang=en

IHME (Institute for Health Metrics and Evaluation) (2016). Rethinking development and health: Findings from the Global Burden of Disease Study. Seattle, WA: IHME. IHME Database. Available at: http://ghdx.healthdata.org/gbd-results-tool?params=gbd-api-2016-permalink/7193a516026f9a7df17cf73ea9ce3a5d

Tompa E., Mofidi A., van den Heuvel S., van Bree T., Michaelsen F., Jung Y., Porsch L., van Emmerik M. (2019). Estimating the costs of work-related accidents and ill-health: An analysis of European data sources. EU-OSHA (European Agency for Safety and Health at Work). Publications Office of the European Union, Luxembourg. https://osha.europa.eu/en/publications/value-occupational-safety-and-health-and-societal-costs-work-related-injuries-and/view

Petia Genkova
Hochschule Osnabrück

Diversity Stress im Unternehmen

Globalisierungsprozesse sowie die europäische Integration steigern den Handlungsbedarf von Gesellschaften und Organisationen, ihre Strukturen und Prozesse der multikulturellen Vielfältigkeit und der somit heterogenen Bevölkerungsstruktur anzupassen. Ein erfolgreiches Diversity Management wird für Organisationen langfristig gesehen immer wichtiger, da interkulturelle Kontakte zum Alltag im Berufs- und Privatleben geworden sind (Fantini, 2009). Mitarbeiter und Führungskräfte müssen, zur Vorbereitung auf die Herausforderungen interkultureller Kontakte, hinsichtlich Diversity-Kompetenzen wie interkultureller und sozialer Kompetenzen gefördert werden. Zudem müssen die unternehmerische Personalrekrutierung und –entwicklung angepasst werden, damit die Potentiale von Personen mit Migrationshintergrund ausgeschöpft werden können (Fuchs & Dörfler, 2005).

1. Theoretischer Hintergrund und Fragestellung

Diversity bezeichnet die Vielfalt in Organisationen (Becker, 2006) und beschäftigt sich unter anderem mit der Förderung von Personen mit Migrationshintergrund. In diesem Zusammenhang sind in den letzten Jahren interkulturelle Kompetenzen immer mehr zu Schlüsselqualifikationen geworden (Hossiep & Weiß, 2016). Die Forschung weist drauf hin, dass es zwei starke Prädiktoren für eine erfolgreiche Umsetzung von Diversity gibt: Top-Down Prozess im Sinne einer diversity-orientierten Führung und die so genannten Diversity Beliefs (positive Diversity-Einstellungen) (Genkova & Ringeisen, 2017).

Die vorliegende Untersuchung versucht explorativ zu differenzieren, inwieweit Führungskräfte den Aspekt Diversity und die Chancengleichheit von Mitarbeitern mit Migrationshintergrund in Organisationen fördern. Des Weiteren soll anhand der qualitativen Interviews explorativ beleuchtet werden, welche Kompetenzen Mitarbeiter besitzen sollten, um als diversity-kompetent gelten zu können. Eventuelle Unterschiede in der Ausprägung von interkulturellen Kompetenzen sowie sozialen Kompetenzen von Mitarbeitern mit und ohne Migrationshintergrund sollen aufgedeckt werden Dies soll mit Hilfe von standardisierten Interviews beantwortet werden: Welchen Stellenwert hat Diversity aus der Sicht von Mitarbeitern? Unterscheiden sich Mitarbeiter mit und ohne Migrationshintergrund hinsichtlich sozialer Kompetenzen und dem Umgang mit Kollegen mit anderem Migrationshintergrund? Welche Kompetenzen benötigen Mitarbeiter, um diversity-sensibler zu werden?

Anhand der Fragestellungen wurden drei explorative Hypothesen abgeleitet, die den weiteren Forschungs- und Entwicklungsbedarf ermitteln sollen:Explorative Hypothese 1: Führungskräfte und Mitarbeiter schätzen den Bedarf an Diversity Maßnahmen als gleich wichtig ein; Explorative Hypothese 2: Mitarbeiter ohne Migrationshintergrund sehen mehr Vorteile als Nachteile in der multikulturellen Teamarbeit als Mitarbeiter mit Migrationshintergrund; Explorative Hypothese 3: Mitarbeiter mit Migrationshintergrund sehen soziale Kompetenzen als die wichtigsten Diversity-Kompetenzen im Vergleich zu Mitarbeitern ohne Migrationshintergrund an.

2. Methode und Stichprobenbeschreibung

Als Erhebungsmethode wurden explorative standardisierte Interviews gewählt. Diese basieren auf einem Interviewleitfaden, der theoriegeleitet, konzipiert wurde. Die qualitative Untersuchung dient dazu, die relevanten Themenfelder zu identifizieren, die später quantitativ überprüft werden können, um die Prädiktoren für positive Diversity-Einstellungen zu ermitteln. Es kommen zudem quantitative Skalen auf Basis einer 5-stufigen Likert-Skala zum Einsatz, um erste quantitative Ergebnisse über Einstellungsmessungen zu gewinnen. In dem Interviewleitfaden werden verschiedene Kompetenzbereiche einbezogen. Es sollen sowohl die expliziten als auch die impliziten Fragestellungen ermittelt werden. Der Leitfaden beinhaltet 47 Fragen mit folgenden Kategorien: biografische Fragen (10 Fragen), Diversity (5 Fragen), soziale Kompetenz (7 Fragen), Führung (21 Fragen), Stress (5 Fragen) und allgemeine Kompetenzen (6 Fragen). Die transkribierte Form wurde schließlich mittels quantitativer Inhaltsanalyse ausgewertet (Mayring, 2015).

Insgesamt wurden 69 Interviews mit Personalverantwortlichen, Führungskräften und Diversity-Beauftragten (N= 36), Mitarbeitern mit und ohne Migrationshintergrund (N = 15 Mitarbeiter ohne Migrationshintergrund; N = 18 Mitarbeiter mit Migrationshintergrund) durchgeführt. Im Durchschnitt sind die Führungskräfte und Personalreferenten M = 40.83 Jahre alt (N = 29; SD = 9.30). Die Mitarbeiter sind im Durchschnitt M = 35.48 Jahre alt (N = 33; SD = 9.99). Die Altersspanne reichte von 26 Jahren bis hin zu 52 Jahren (*MW* = 40.83, *SD* = 9.31). Die Teilstichprobe aus den Mitarbeitern mit und ohne Migrationshintergrund stammt aus Großkonzernen, mittelständischen und kleinen Unternehmen sowie Migrationsorganisationen aus verschiedensten Unternehmensbranchen. Rund 87.5 % der Mitarbeiter haben Kontakt mit Personen mit Migrationshintergrund an ihrem Arbeitsplatz.

3. Ergebnisse und Diskussion

Die Ergebnisse der ersten explorativen Hypothese zeigen, dass sowohl Führungskräfte als auch Mitarbeiter die Relevanz von Diversity-Maßnahmen hoch einschätzen. In

Bezug auf die relevanten Kompetenzen und die Umsetzung von Diversity-Maßnahmen sind sich beide Gruppen einig, dass Offenheit und kulturelles Interesse sehr wichtig sind. Hinzukommen soziale Kompetenzen wie Toleranz und Selbstreflexion. Die interkulturelle Kompetenzen und das kulturelle Wissen runden diese ab. Die Mitarbeiter mit und ohne Migrationshintergrund zählten mehr Kompetenzen auf und sahen größeren Bedarf bei der Förderung von interkulturellen Kompetenzen. Interessant ist, dass die Führungskräfte Risikobereitschaft für Diversity als eine relevante Kompetenz nennen. Die Mitarbeiter nannten stattdessen Empathie.

Die Überprüfung der zweiten Hypothese zeigte, dass beide befragten Gruppen die Herausforderung von multikulturellen Teams erkennen. Jedoch wird die multikulturelle Teamarbeit von Mitarbeitern ohne Migrationshintergrund viel häufiger und stärker als Nachteil, anstatt als Vorteil, angesehen. Es zeigt sich, dass die Probleme bei der multikulturellen Teamarbeit überwiegend internal attribuiert werden.

Ein weiterer interessanter Aspekt, der in den Interviews genannt wurde, war das Thema Neid gegenüber Personen mit Migrationshintergrund. Mitarbeiter empfinden teilweise Neid gegenüber Mitarbeitern mit Migrationshintergrund, da sie ihrer Meinung nach bevorteilt werden und mehr Unterstützung erhalten als andere Mitarbeiter. Dieses Ergebnis wurde kaum in der deutschen Forschung einbezogen, jedoch stellt es einen relevanten Aspekt der amerikanischen Forschung dar und es kann durch die Deprivationstheorie und den realistischen Gruppenkonflikt erklärt werden.

In der Studie wurde untersucht, welche Kompetenzen Mitarbeiter zur Chancengleichheit von Personen mit Migrationshintergrund in der Personalauswahl als wichtig erachten. Die Ergebnisse der Hypothese zeigen, dass soziale Kompetenzen von allen Mitarbeitern als am Wichtigsten eingeschätzt werden, jedoch Mitarbeiter ohne Migrationshintergrund die Relevanz noch höher einschätzen als die Mitarbeiter mit Migrationshintergrund. Des Weiteren hat laut allen Mitarbeitern die Interkulturelle Kompetenz einen Einfluss auf die Chancengleichheit in der Personalauswahl, ebenso wie die Verhandlungs- und Konfliktlösungskompetenz.

Die Ergebnisse zeigen, dass Mitarbeiter die Dringlichkeit von Diversity und der Förderung der Diversity-Kompetenzen erkannt und als wichtig erachtet haben. Die Ergebnisse zeigen, dass alle Gruppen Vor- und Nachteile in der multikulturellen Teamarbeit sehen.

Aus den Interviews wurde deutlich, dass ein Diversity-Konzept generations- und ortsabhängig ist. Die Interviews zeigen außerdem, dass Diversity-Prinzipen noch stärker in die Unternehmens- und Führungsleitlinien integriert werden müssen, da gerade interkulturelle Kompetenzen sowie soziale Kompetenzen nach Ansichten der Mitarbeiter elementare Schlüsselqualifikationen in der heutigen Arbeitswelt sind. Es besteht ein Bedarf an Kompetenzförderung, da die Ergebnisse insgesamt auf einen Mangel von Diversity-Sensibilität hindeuten. Die Ergebnisse der Interviews zeigten, dass eine aktive betriebliche Unterstützung unumgänglich bei der Förderung von Diversity und Diversity-Kompetenzen ist, um Stereotypen und Vorurteile sowie Diskriminierung abzubauen und die interkulturelle Teamarbeit zu fördern.

Kritisch ist in Bezug auf die Zusammensetzung der Stichprobe anzumerken, dass die Ergebnisse der Interviews nur Ansätze in Bezug auf die Unterschiede von Cultural Diversity in Unternehmen geben. Da es sich um eine Interviewmethode handelte ist auch zu beachten, dass womöglich bei den Antworten soziale Erwünschtheit oder vorsätzliche Falschangaben vorhanden waren.

Für die zukünftige Forschung könnte es interessant sein, die aus dem Interview erhaltenen Ergebnisse mit einem Fragebogen zu überprüfen. Es müsste zudem in weiteren Forschungen untersucht werden, inwieweit soziale und interkulturelle Kompetenzen in Organisationen gefördert werden und in welcher Form Cultural Diversity in den Unternehmensstrukturen und der Unternehmenskultur umgesetzt wird.

Literatur

Becker, M. (2006). Wissenschaftstheoretische Grundlagen des Diversity Management. In M. Becker & A. Seidel (Hrsg.), *Diversity Management – Unternehmens- und Personalpolitik der Vielfalt* (S. 3–48). Stuttgart: Poeschel.

Fantini, A. E. (2009). Assessing intercultural competence: Issues and tools. In D. K. Deardorff (ed.), *The SAGE handbook of intercultural competence* (pp. 456–476). Thousand Oaks, CA: Sage.

Fuchs, J., & Dörfler, K. (2005). Projektion des Arbeitsangebots bis 2050. Demografische Effekte sind nicht mehr zu bremsen. Den Betrieben stehen langfristig immer weniger und immer ältere Arbeitskräfte zur Verfügung. Die Zahl der Jungen sinkt dramatisch. *IAB Kurzbericht,* 11,1–5.

Genkova, P. & Ringeisen, T. (Hrsg.) (2017). *Handbuch Diversity Kompetenz. Band 1: Perspektiven und Anwendungsfelder.* Wiesbaden: Springer Fachmedien

Hossiep, R., & Weiß, S. (2016). Förderung von Diversity auf Basis persönlichkeitsorientierter Kompetenzdiagnostik. In P. Genkova & T. Ringeisen (Hrsg.), Handbuch Diversity Kompetenz Band 1: Perspektiven und Anwendungsfelder (S. 395–410). Wiesbaden: Springer.

Mayring, P. (2015). *Qualitative Inhaltsanalyse. Grundlagen und Techniken* (12., überarb. Aufl.). Weinheim: Beltz.

Petia Genkova & Henrik Schreiber
Hochschule Osnabrück

Interkulturelle Kompetenz und Auslandserfahrung

1. Einleitung und theoretischer Hintergrund

Den persönlichen Horizont zu erweitern und eine Zeit außerhalb des eigenen Heimatlandes zu verbringen ist ein stetig wachsendes Bedürfnis in der Welt. Allein 137.000 deutsche Staatsangehörige verließen ihre Heimat im Jahr 2015, um im Ausland zu studieren (Statista 2018). Aber was passiert, wenn Personen aus verschiedenen in Kontakt kommen? Sam und Berry (2010) sprechen von soziokultureller und psychologischer Anpassung als Folge von interkulturellem Kontakt. Diese Anpassung erfolgt in Form von Verhaltensweisen, Moralvorstellungen, Sprache, Wohlbefinden, Identifizierung und vielen weiteren Aspekten. Es wird deutlich, dass die Anpassung an eine fremde Kultur ein komplexer Prozess ist, der sowohl gewisse Kompetenzen fordert, als auch fördert (Berry 2011).

Kulturen, die zueinander in Kontakt stehen, beeinflussen sich notwendigerweise allein durch ihre Präsenz, aber vor allem durch Werte, Normen, Traditionen und Wahrnehmungs- bzw. Verhaltensmuster (Sam & Berry 2010). Interkulturelle Kommunikation kann nicht nur zu kommunikativen Problemen führen, sondern auch zu einer Anpassung der Individuen an die andere Kultur (Berry, 2011). Diesen Prozess der gegenseitigen Anpassung von einer oder beiden aufeinandertreffenden Gruppen bezeichnet man als Akkulturation (Redfield, Linton, & Herskovits 1936, nach Sam & Berry 2010). Masgoret und Ward (2006, nach Sam & Berry 2010) nennen mangelnde Kompetenzen als einen potentiellen Grund für das Scheitern der erfolgreichen Akkulturation.

Van Dyne, Ang und Koh (2008) entwarfen ein differenziertes Modell interkultureller Kompetenz, welches sie in metakognitive, motivationale, kognitive und verhaltensbezogene Aspekte unterteilt. Racicot und Ferry (2016) betrachteten diese vier Ebenen der interkulturellen Kompetenz als separate Konstrukte, die zwar miteinander interagieren, aber unterschiedliche Prädiktoren haben und sich unterschiedlich auswirken. Lee und Sukoco (2010) fanden über alle Aspekte hinweg einen Moderationseffekt von interkultureller Kompetenz auf den Zusammenhang zwischen interkultureller Erfahrung, Anpassung und Effektivität.

Steixner (2011) betont, dass interkulturelle Erfahrung noch kein hinreichendes Kriterium für interkulturelle Kompetenz sei. Stattdessen kann die Art des Auslandsaufenthaltes, zusammen mit einigen Persönlichkeitsmerkmalen als Prädiktoren, für die Entwicklung der unterschiedlichen Aspekte interkultureller Kompetenz betrachtet werden. Hierbei müssen Persönlichkeitsdisposition und soziale Kompetenz interagieren.

2. Fragestellung, Methode und Stichprobenbeschreibung

Die zentrale Fragestellung beschäftigt sich damit, inwiefern Studierende durch einen Aufenthalt im Ausland interkulturelle Kompetenz dazugewinnen und welche Faktoren dabei eine Rolle spielen. Ein besonderer Fokus wird hierbei auf dem Umgang mit interkulturellem Stress gelegt. Die Wechselwirkungen der untersuchten Faktoren wurden durch einem Strukturgleichungsmodell (SGM) überprüft. Folgende Hypothesen wurden formuliert:

- Hypothese 1: Personen, die längere Zeit im Ausland waren, sind interkulturell kompetenter.
- Hypothese 2: Persönlichkeitsmuster sagen Interkulturelle Kompetenz voraus, moderiert durch die Art des Auslandsaufenthalts und Soziale Kompetenz.

Das Arbeitsbezogene Verhaltens- und Erlebensmuster (AVEM-44), die Cultural Intelligence Scale (CQS) und das Bochumer Inventar zur berufsbezogenen Persönlichkeitsbeschreibung (BIP-6F) wurden für die Untersuchung eingesetzt. Außerdem wurden Fragen zu den Bedingungen des Aufenthaltes, die an der *Socio-Cultural Adaption Scale (SCAS)* orientiert waren, erhoben. Das AVEM-44 misst verschiedene Muster, die insbesondere im Arbeitskontext wichtig sind: Muster G (Gesundheit), Muster S (Schonung), Muster A (Anstrengung) und Muster B (Burn-Out).

Von den insgesamt 202 Studierenden waren insgesamt 106 weiblich, 57 männlich und 39 gaben keine Antwort an. 83 % der Probanden hatten ein Abitur oder ein abgeschlossenes Studium. Von den 202 Datensätzen konnten 152 auf die Muster des AVEM-44 Tests untersucht werden. Davon hatten 40 % das dominante Muster G, 27 % S, 20 % das Risikomuster A und 12 % das Risikomuster B. Insgesamt 58 % der untersuchten Teilnehmer gaben an, einen Auslandsaufenthalt gehabt zu haben.

Probanden, die ein Auslandssemester absolviert hatten, gaben zu 64 % an, über gute oder sehr gute Kenntnisse der Landessprache verfügt zu haben. Lediglich 25 % gaben an, geringe oder keine Kenntnisse gehabt zu haben. Der größte Teil (80 %) der Teilnehmer, die im Ausland waren, haben nach eigenen Angaben täglich mit Einheimischen Kontakt gepflegt. Die Qualität der Kontakte war deutlich weiter verteilt. 11 % gaben an, einen großen Kreis einheimischer Freunde gehabt zu haben. Im Vergleich hatten 25 % einige tiefergehende Kontakte und einige sehr gute Bekannte. 31 % hatten mehrere oberflächliche Kontakte.

3. Ergebnisse

Zur Überprüfung der ersten Hypothese wurde der Unterschied der interkulturellen Kompetenzen zwischen Probanden, die im Ausland waren und denen, die nicht im Ausland waren, untersucht. Der T-Test für unabhängige Stichproben ergab, dass sich die Probanden, die im Ausland waren und die, die nicht im Ausland waren signifikant auf den Ebenen kognitive ($T = -2.257$, $df = 147$, $p = .025$) und verhaltensbezogene ($T = -2.001$, $df = 123$, $p = .048$) interkulturelle Kompetenz unterschieden. Bei einem Trennwert der Dauer des Auslandsaufenthaltes von 5 Monaten gab es signifikante Gruppenunterschiede für die kognitive CQ ($T = 2.147$, $df = 34$, $p = .035$) und die motivationale CQ ($T = 2.608$, $df = 35$, $p = .013$). Die Hypothese eines positiven Unterschieds zwischen der Dauer und der interkulturellen Kompetenz wurde für die Variablen kognitive, verhaltensbezogene und motivationale interkulturelle Kompetenz bestätigt.

Für den Zusammenhang der interkulturellen Kompetenz mit Persönlichkeitsmustern sowie dem Auslandsaufenthalt und der sozialen Kompetenz (Hypothese 2) wurde ein SGM aufgestellt (Abbildung 1). Dieses Modell konnte bestätigt werden (Chi-Quadrat = 1.237; df 1; $p = .266$; CFI= .978; RMSEA = .053 (HO90 = .000; HI90 = .303).

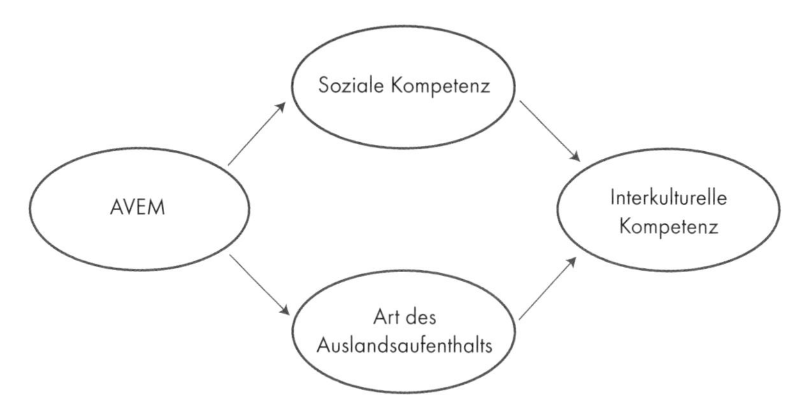

Abb. 1: SGM zu interkultureller Kompetenz

4. Diskussion

Die kognitive CQ nimmt über die drei untersuchten Gruppen mit der Dauer des Auslandsaufenthaltes durchgängig zu, allerdings für die meisten Teilkomponenten nach 5 Monaten stärker als zuvor. Die verhaltensbezogene CQ nimmt unter 5 Monaten zu und motivationale CQ ist erst ab 5 Monaten signifikant höher. Dieses Ergebnis könnte bedeuten, dass die Aspekte der interkulturellen Kompetenz keiner strikten Reihenfolge folgen, sondern es mehr eine teils parallele, teil aufeinander aufbauende Entwicklung ist, bei der sich die einzelnen Faktoren gegenseitig beeinflussen.

Die Überprüfung von Hypothese 2 hat gezeigt, dass der Effekt der AVEM-Muster durch die Art des Auslandsaufenthaltes und die soziale Kompetenz moderiert wird. Dies weist darauf hin, dass bestimmte Voraussetzungen für einen erfolgreichen Kompetenzgewinn durch ein Auslandssemester erfüllt sein müssen. Es bedarf jedoch weiterer Forschung inwieweit Persönlichkeitsdispositionen wie die AVEM, die stärker auf Stressbewältigung ausgerichtet sind, bessere Prädiktoren für interkulturelle Kompetenz darstellen als die üblichen, allgemeinen Persönlichkeitsmerkmale, bei denen insgesamt kaum replizierbare Ergebnisse existieren.

Aus dieser Arbeit geht hervor, dass interkulturelle Kompetenz so komplex ist, dass die etablierten Modelle sie nur teilweise mit den entsprechenden Prädiktoren und Folgen erfassen. Der Zusammenhang von interkultureller Erfahrung, arbeitsbezogenen Persönlichkeitsfaktoren und interkultureller Kompetenz, und wie dieses Kriterium verbessert werden kann, stellt eine vielversprechende Perspektive für zukünftige Forschungen dar. Im Rahmen der vorliegenden Arbeit muss allerdings angemerkt werden, dass die CQS als Selbstbeurteilungsfragebogen keine so hohe Validität wie bspw. ein Test in Bezug auf eine Kompetenz erreichen kann.

Literatur

Berry, J. W. (2011). *Cross-Cultural Psychology Research And Application*. Cambridge: Cambridge University Press.

Lee, L. Y. & Sukoco, B. M. (2010) The effects of cultural intelligence on expatriate performance: the moderating effects of international experience, *The International Journal of Human Resource Management, 21* (7), 963-981.

Racicot, B. M. & Ferry, D. L. (2016). The Impact of Motivational and Metacognitive Cultural Intelligence on the Study Abroad Experience. *Journal of Educational Issues,* 2, 1.

Sam, D. L. & Berry, J. W. (2010). Acculturation: When individuals and groups of different cultural backgrounds meet. *Perspectives on psychological science,* 5, 4.

Spitzberg, B. H. & Changnon, G. (2009). Conceptualizing Intercultural Competence. In Deardorff, D. K. (Hrsg.). The SAGE Handbook of intercultural competence. Los Angeles. SAGE.

Statista. (2018). Plattform für empirische Studien. Retrieved from: https://de.statista.com/statistik/daten/studie/167053/umfrage/deutsche-studierende-im-ausland/, Zugriff 8.01.2020

Steixner, M. (2011). Interkulturelle Kompetenz Beleuchtung eines Entwicklungsprozesses Methoden und Prozesse der interkulturellen Kompetenzentwicklung im Training und Coaching. *Gruppendynamik und Organisationsberatung, 42,* 237–251.

Van Dyne, L., Ang, S. & Koh, C. (2008). Development and validation of the CQS. In Ang, S. & Van Dyne, L. (Hrsg.). *Handbook of cultural intelligence: Theory, measurement, and applications.* New York: Sharpe.

Arbeitskreis **Arbeitssystemgestaltung: KMU-Management**

Leitung: Henrik Habenicht

Henrik Habenicht, Jana Kampe, Edgar Kastenholz, Andrea Teutenberg, Carolin Kreil, Karl Klöber, Monika Niemeyer & Rüdiger Trimpop

Arbeitsschutz und Gesundheitsförderung in KKU: Evaluation eines partizipativen Beratungs- und Interventionsansatzes in der Forstwirtschaft

Stella Mende, Arno Weber & Michael Fritzer

Evaluation der qualitativen Ausführung von Arbeitsschutzausschuss-Sitzungen von Unternehmen im Schwarzwald-Baar-Kreis

Gabriele Walter, Sigrun Mantei & Götz Richter

Wirkung von INQA-KMU-Tools auf dem Prüfstand

Henrik Habenicht[1], Jana Kampe[1], Edgar Kastenholz[2], Andrea Teutenberg[2], Carolin Kreil[3], Karl Klöber[3], Monika Niemeyer[4], Rüdiger Trimpop[1]
[1]Friedrich-Schiller-Universität Jena, Lehrstuhl für Arbeits-, Betriebs- und Organisationspsychologie, [2]Kuratorium für Waldarbeit und Forsttechnik e.V., [3]Technische Universität Dresden, Professur für Arbeitswissenschaft [4]RAL-Gütegemeinschaft Wald- und Landschaftspflege

Arbeitsschutz und Gesundheitsförderung in KKU: Evaluation eines partizipativen Beratungs- und Interventionsansatzes in der Forstwirtschaft

1. Arbeitsschutz und Gesundheitsförderung in KKU

Über 40 Prozent aller Beschäftigten in Deutschland arbeiten in Kleinst- und Kleinunternehmen (KKU) mit weniger als 50 Mitarbeitern (Statistisches Bundesamt, 2020). Arbeitsschutz und Gesundheitsförderung (ASG) stehen in diesen Betrieben vor besonderen Herausforderungen (Beck, 2011). Dies spiegelt sich in den Unfallzahlen wider. Beispielsweise liegt die Zahl jährlicher neuer Unfallrenten im Mittel umso höher, je kleiner der Betrieb ist. So fielen in deutschen KKU im Jahr 2018 im Durchschnitt rund 5 neue Unfallrenten je 10.000 Vollarbeiter an. In Großbetrieben ist diese Zahl mit 2,2 um mehr als die Häfte geringer. Auch die 1000-Mann-Quote der meldepflichtigen Arbeitsunfälle ist in Kleinunternehmen (mit 10 bis 49 Mitarbeitern) mit 29 deutlich erhöht. Sie übertrifft die Quote von Großunternehmen um rund 40 Prozent (DGUV, 2019).

Die Gründe für die besonders hohen Unfallzahlen und Gesundheitsgefährdungen in KKU sind vielfältig, lassen sich aber primär in organisationalen, personellen und wirtschaftlichen Faktoren finden. So stehen in KKU häufig unmittelbare wirtschaftliche Aufgaben und das betriebliche Tagesgeschehen derart im Fokus, dass wenig Zeit in Aufgaben des ASG investiert wird. Eine knappe Personaldecke trägt hierzu bei, ebenso wie die Tatsache, dass das vorhandene Personal häufig über ein geringes Fachwissen für ASG verfügt.

Eine Branche, die besonders von kleinst- und kleinbetrieblichen Strukturen geprägt ist, und in welcher außerordentlich hohe Unfallzahlen verzeichnet werden, stellt die privatwirtschaftliche Forstwirtschaft dar. In der Mehrzahl der öffentlichen Forstbetriebe der deutschen Bundesländer liegen die Unfallzahlen pro 1000 Waldarbeiter deutlich über 100 (KWF, 2018). Im privatwirtschaftlichen Bereich dürften diese Zahlen noch höher ausfallen, da hier noch kleinere Organisationsstrukturen, verminderte Möglichkeiten der Überwachung, sowie ein erhöhter wirtschaftlicher Druck vorliegen.

Diese Situation ist nicht nur aus unmittelbarer Perspektive des Arbeitsschutzes problematisch, sondern zu Zeiten des demografischen Wandels auch hinsichtlich des Arbeitsmarktes besonders relevant, da gerade KKU Gefahr laufen, im Wettbewerb um qualifizierte Arbeitskräfte ins Hintertreffen zu geraten. Auch wissenschaftlich bleibt in diesem Bereich viel Raum für detaillierte Erkenntnisse (Beck, 2011).

2. Der proSILWA-Beratungsansatz

Im Rahmen des dreijährigen BMBF-Projekts *proSILWA – Prävention für sichere Waldarbeit* wurde ein Beratungskonzept entwickelt und erprobt, das speziell auf die Bedürfnisse von forstlichen KKU angepasst ist. Durch das Beratungskonzept sollen Forstunternehmen darin unterstützt werden, eigenverantwortlich Verbesserungen hinsichtlich relevanter Aspekte von Sicherheit und Gesundheit umzusetzen.

In einer Stichprobe von 11 Partnerbetrieben aus dem Bundesgebiet wurden zunächst Betriebsanalysen durchgeführt. Diese dienten dazu, jeweils besondere Gefährdungsschwerpunkte sowie bereits getroffene Maßnahmen im Bereich Sicherheit und Gesundheit zu identifizieren und zu bewerten. Genutzt wurden hierfür teilstrukturierte Leitfadeninterviews mit Führungskräften und Mitarbeitern der Betriebe. Darin wurden unter anderem Aspekte von Arbeitsmotivation (Hackman & Oldham, 1974), Arbeitsgestaltung (Hacker & Sachse, 2014), salutogenetischen Faktoren (Franke & Antonovsky, 1997) sowie aus Gefährdungsbeurteilungen (SVLFG, 2017) erfragt. Darüber hinaus wurden Begehungen sowie Dokumentenanalysen durchgeführt.

Die so gewonnenen Daten wurden mittels SWOT-Analysen (Künzli, 2012) ausgewertet. Anschließend wurden die Ergebnisse mit Hilfe eines durch das Projektteam entwickelten Spinnennetzmodells betriebsindividuell zusammengefasst. Das Modell ist in insgesamt 13 Dimensionen aus den Bereichen Technik, Organisation, Person und Situation gegliedert und fünfstufig skaliert. Es diente als Kommunikationswerkzeug mit den Unternehmern und wurde als zentrales Instrument für die Erstellung von mehrseitigen, schriftlichen Unternehmensprofilen für jeden Betrieb genutzt. In diesen Unternehmensprofilen wurden die Erkenntnisse des Projektteams an den jeweiligen Unternehmer gespiegelt und sie wurden dazu genutzt, mit dem Unternehmer vor Ort in einen mündlichen *Beratungsdialog* zu treten. Dabei wurden die erarbeiteten Aspekte des AGS reflektiert, betriebsindividuell sinnvolle Ziele definiert, sowie die Wege dorthin beschrieben. Die Haltung der Berater aus dem Projektteam basierte dabei auf den Werten *Eigenverantwortung, Partizipation, Kommunikation, Ganzheitlichkeit, Ressourcenorientierung, kontinuierliche Verbesserung, sowie kulturelle Verankerung.* Ziel des Beratungsdialogs war es, einen kontinuierlichen Verbesserungsprozess zu etablieren (siehe Abb. 1.)

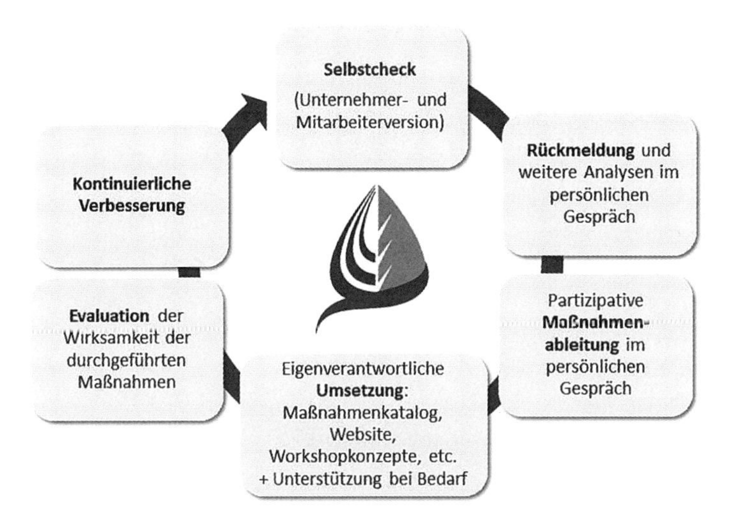

Abb. 1: Der proSILWA-Prozess (Schema)

3. Ergebnisse und Ausblick

Nach Durchführung der Interventionen wurden erneut Leitfadeninterviews eingesetzt. Bisher liegen Daten aus 10 der 11 Betriebe vor. Vorläufige summative Analysen zeigen, dass zahlreiche unterschiedliche Maßnahmen erfolgreich durchgeführt und durch das Projektteam begleitet werden konnten. Hierzu zählen beispielsweise speziell entworfene „Sicherheits-Gesundheits-Gespräche“, partizipative Maßnahmenzirkel mit Führungskräften, ein Kommunikationsworkshop mit Führungskräften, Unternehmer-Coaching, die Einführung von Helmfunk, die Erarbeitung eines Arbeitsschutzmanagementsystems, die Erarbeitung eines Logistik- und Mobilitätssicherheitskonzepts, sowie die Gründung einer „Betriebssportgruppe“.

Es wurde außerdem seitens der Unternehmer und Mitarbeiter von zahlreichen innerbetrieblichen Verbesserungen berichtet. Bezüglich *personaler Faktoren* wurde beispielsweise eine erhöhte Arbeitsmotivation und Zufriedenheit, eine größere Aufgabenvielfalt, eine Verbesserung des Betriebsklimas sowie die Einstellung, Sicherheit nun „ernster zu nehmen“, angegeben. Hinsichtlich *organisationaler Faktoren* wird u.a. berichtet, dass Aufträge nun besser planbar gestaltet würden, die Arbeitsorganisation digitalisiert wurde und Gefährdungsbeurteilungen nun (gründlicher) durchgeführt würden.

In Bezug auf formative Aspekte bewerteten 9 von 10 bisher befragten Unternehmern das proSILWA-Vorgehen als *eher positiv* oder *sehr positiv* bezüglich der Dimensionen *Sinnhaftigkeit, Verständlichkeit* sowie *praktischer Umsetzbarkeit.* Hier wurden Aspekte wie ein „hoher Praxisbezug" sowie eine „Erweiterung des Blickwinkels" genannt. Lediglich ein Unternehmer bewertete das Vorgehen als eher praxisfern und weniger sinnvoll. Zwar sind die Datenanalysen noch nicht abgeschlossen, weshalb Bedacht bei der Interpretation der Ergebnisse ratsam ist, allerdings sind die bisherigen Resultate vielversprechend in Bezug auf eine deutliche Verbesserung von Sicherheit und Gesundheit in den Betrieben.

Insgesamt zeigt sich, dass betriebsindividuell angepasste Maßnahmen, die im Dialog zwischen betrieblichen Akteuren und externen Experten erarbeitet werden und mit Fokus auf realistische Schutzziele umgesetzt werden, in Forstbetrieben die Chance haben, einen positiven Beitrag für Sicherheit und Gesundheit zu leisten. Da die in proSILWA angewandten Methoden jedoch zu einem großen Teil branchenunabhängig eingesetzt werden können, bieten die Ergebnisse auch vielversprechende Ansätze für Forschung und Praxis hinsichtlich KKU anderer Wirtschaftszweige.

Literatur

Beck, D. (2011). *Zeitgemäße Gesundheitspolitik in Kleinst-und Kleinbetrieben: hemmende und fördernde Bedingungen.* Berlin: edition sigma

DGUV. (2019). *Statistik Arbeitsunfallgeschehen 2018.* Zugriff am 31.01.2020 unter https://publikationen.dguv.de/widgets/pdf/download/article/3680

Franke, A. & Antonovsky, A. (1997). *Salutogenese. Zur Entmystifizierung der Gesundheit.* Tübingen: dgvt-Verlag.

Hacker, W. & Sachse, P. (2014). *Allgemeine Arbeitspsychologie. 3., vollständig überarbeitete Auflage.* Göttingen: Hogrefe.

Hackman, J. R. & Oldham, G. R. (1974). The Job Diagnostic Survey: An instrument for the diagnosis of jobs and the evaluation of job redesign projects.

Künzli, B. (2012). SWOT-Analyse. *Zeitschrift Führung+Organisation, 81*(02), 126-129.

KWF. (2018). *Aktuelle Unfallstatistiken im Ländervergleich.* Zugriff am 31.01.2020 unter https://www.kwf-online.de/index.php/wissenstransfer/unfallstatistik/521-aktuelle-unfallstatistiken-im-laendervergleich-2016

Statistisches Bundesamt. (2020). *61 % in kleinen und mittleren Unternehmen tätig.* Zugriff am 31.01.2020 unter https://www.destatis.de/DE/Themen/Branchen-Unternehmen/Unternehmen/Kleine-Unternehmen-Mittlere-Unternehmen/aktuell-beschaeftigte.html

SVLFG. (2017). *Unfallverhütungsvorschrift Forsten (VSG 4.3).* Zugriff am 31.01.2020 unter https://cdn.svlfg.de/fiona8-blobs/public/svlfgonpremise production/5eef1437acda7060/525169471571/vsg4_3-forsten.pdf

Stella Mende[1], Arno Weber[1] & Michael Fritzer[2]
[1]*Hochschule Furtwangen, Fakultät Gesundheit, Sicherheit, Gesellschaft*
[2]*BASIZ, Betriebsarzt und Sicherheitstechnik im Zentrum, Villingen*

Evaluation der qualitativen Ausführung von Arbeitsschutzausschuss-Sitzungen von Unternehmen im Schwarzwald-Baar-Kreis

1. Hintergrund und Ziele

Gemäß § 11 ASiG sind Arbeitgeber mit mehr als 20 Beschäftigten dazu verpflichtet, einen Arbeitsschutzausschuss (ASA) zu bilden. Dieser dient dem Zweck, die im Arbeits- und Gesundheitsschutz agierenden Akteure einmal im Quartal in Form von Sitzungen zusammenzubringen um entsprechende Themen zu diskutieren und Maßnahmen festzulegen. Für den Ablauf oder Inhalt einer ASA-Sitzung gibt es keine Vorgaben, lediglich die Anzahl von einer Sitzung je Quartal ist für den Arbeitgeber verpflichtend. Zudem wurde gesetzlich festgehalten, dass der Unternehmer oder ein von ihm Beauftragter, zwei Betriebsratsmitglieder, der Betriebsarzt, die Fachkraft für Arbeitssicherheit (Sifa) sowie Sicherheitsbeauftragte als Mitglieder vorgesehen sind. Durch die fehlenden Vorgaben und Unwissen existieren erhebliche Unterschiede bezüglich der Qualität und der Effizienz von ASA-Sitzungen. Hinzu kommt, dass das Instrument Arbeitsschutzausschuss bisher kaum untersucht wurde. Lediglich eine Studie hat sich mit der Thematik befasst und verschiedene Akteure des Arbeitsschutzes sowie Aufsichtspersonen der Berufsgenossenschaften befragt, um den Arbeitsschutzausschuss zu analysieren (Arens et al., 2007). Eine gut strukturierte Sitzung ist jedoch maßgeblich für eine optimale Kommunikation zwischen den Akteuren und sorgt für eine bessere Umsetzung sowie Koordination der Maßnahmen zwischen den einzelnen Verantwortlichen. Ziel der Arbeit war, mittels qualitativer Methoden Unterschiede in der Struktur und Effizienz von ASA-Sitzungen zu identifizieren und anhand der Daten konkrete Handlungsempfehlungen abzuleiten.

2. Methodisches Vorgehen

Im Folgenden wird die methodische Vorgehensweise erläutert. Zur Beantwortung der Forschungsfragen wurde ein qualitativer Ansatz gewählt. Die Methode der teilnehmenden Beobachtung der ASA-Sitzungen wurde gewählt, um die neutrale Perspektive des Beobachters einzunehmen. Dem gegenüber stehen sechs Experteninterviews, welche die Erfahrungen bezüglich ASA-Sitzungen aufzeigen. Nach einer umfangreichen Literaturrecherche folgten die Erstellung des Beobachtungsprotokolls und des Interviewleitfaden. Für die teilnehmende Beobachtung wurden

Kriterien festgelegt, auf welche in den ASA-Sitzungen geachtet werden sollte. Es handelte sich um Kriterien, welche durch die reine Teilnahme und Beobachtung der Sitzung erfasst werden konnten und um Kriterien, welche im Anschluss erfragt werden mussten. Datum, Art des Unternehmens, die zuständige Berufsgenossenschaft sowie die Anzahl der Beschäftigten wurden als allgemeine Daten erfasst. Zudem wurden spezifische Daten zur ASA-Sitzung wie die Dauer, die Teilnehmer, die Moderation, die Protokollführung, die Tagesordnung und die Art der Durchführung notiert. Weitere Beobachtungen betrafen die Kommunikation während der Sitzung. Die Rekrutierung der Unternehmen erfolgte in Zusammenarbeit mit der Betriebsarztpraxis BASIZ in Villingen-Schwenningen und die Erhebung der Daten fand von September bis Dezember 2019 statt. Insgesamt wurde an ASA-Sitzungen von 34 Unternehmen teilgenommen, dabei handelte es sich um vier kleine Unternehmen, 26 mittlere und vier große Unternehmen. Die Zahl der Industriebetriebe betrug 23, sechs ASA-Sitzungen fanden in Einrichtungen des Öffentlichen Dienstes oder der Verwaltung statt und fünf im Gesundheitswesen. Zeitgleich fanden im Oktober und November die Experteninterviews statt. Die Rekrutierung der Interviewpartner erfolgte über eine in Freiburg stattfindende Tagung des VDSI – Verband für Sicherheit, Gesundheit und Umweltschutz bei der Arbeit e.V., bei welcher drei Fachkräfte für Arbeitssicherheit befragt wurden. Über private Kontakte wurden für den zweiten Interviewtermin zwei Betriebsärzte sowie ein Mitglied eines Betriebsrates rekrutiert und befragt. Die Interviewfragen bezogen sich auf die Relevanz und die Vorteile von Arbeitsschutzausschuss-Sitzungen, auf die Teilnehmer und die Tagesordnung sowie auf konkrete Handlungsempfehlungen, welche eine ASA-Sitzung in Zukunft optimieren könnten. Die Interviews dauerten zwischen vier und 30 Minuten und wurden im Anschluss mit MAX QDA ausgewertet. Es wurde dabei nach der qualitativen Inhaltsanalyse nach Mayring vorgegangen. Die Beobachtungen der ASA-Sitzungen wurden in eine Tabelle übertragen, das Vorkommen bestimmter Kriterien wurde händisch abgezählt. Die Zahlen wurden zur Visualisierung mit Microsoft Excel in Graphiken und Tabellen umgewandelt.

3. Ausgewählte Ergebnisse

3.1 Ergebnisse der Beobachtungen

Die durchschnittliche Dauer der 34 ASA-Sitzungen betrug 1,25 Stunden, wobei die kürzeste Dauer bei etwa 30 Minuten lag und die längste bei zweieinhalb Stunden. In den meisten Fällen wurde die Sitzung von der anwesenden Fachkraft für Arbeitssicherheit moderiert (73 %), seltener vom Arbeitgeber (12 %), von anderen Abteilungen (9 %) oder vom Betriebsarzt (6 %). Auch die Führung des Protokolls übernahm in 88 % der Sitzungen die Fachkraft für Arbeitssicherheit. Bezüglich der Art der

Durchführung handelte es sich bei über einem Drittel der Sitzungen um reine Besprechungen ohne Visualisierung der Inhalte, bei einem Drittel um Power Point Präsentationen und in den restlichen Sitzungen wurden andere Methoden, wie beispielsweise ausgedruckte, einsehbare Dokumente, verwendet. In der nachfolgenden Tabelle 1 ist die prozentuale Anwesenheit verschiedener Mitglieder des ASA bei den Sitzungen zu sehen.

Tab. 1: Teilnehmer der Sitzungen

Arbeitgeber	Sifa	Betriebs arzt	Sicherheits beauftragte	Versch. Abteilungen	Sonstige
62%	100%	100%	79%	68%	32%

Die Fachkraft für Arbeitssicherheit und der Betriebsarzt waren bei allen Sitzungen vertreten, ebenfalls sehr oft waren Sicherheitsbeauftragte und andere Abteilungsvertreter anwesend. „Sonstige" definiert beispielsweise anwesende Brand- oder Laserschutzbeauftragte. Der Arbeitgeber oder eine explizit von ihm beauftragte Person waren in nur 21 der insgesamt 34 ASA-Sitzungen vertreten. In 17 der Unternehmen, in denen die Datenerhebung erfolgte, gab es einen Betriebsrat. In vier dieser Unternehmen waren (wie gesetzlich vorgeschrieben) zwei Mitglieder des Betriebsrates bei der Sitzung dabei und in acht Unternehmen nahm wenigstens ein Mitglied teil. In fünf ASA-Sitzungen war keine Person vom Betriebsrat anwesend, obwohl dieser im Unternehmen vorhanden war. Einen Überblick zu den relevantesten besprochenen Tagesordnungspunkten gibt folgende Tabelle 2:

Tab. 2: Tagesordnungspunkte

Protokoll	Unfallgeschehen 2019	Planung 2020	Stand Gefährdungsbeurt.	Begehung	Bericht Sifa	Bericht Sicherheitsbeauf.
70,6%	67,6%	50%	47%	41,2%	35,3%	20,5%

3.2 Ergebnisse der Befragungen

Auf die Frage, wie relevant die ASA-Sitzung als Instrument des Arbeitsschutzes eingestuft wird, beantworteten die meisten der Befragten mit Zahlen zwischen acht und zehn (sehr relevant). Die zweite Interviewfrage bezog sich auf die Vorteile, die die regelmäßige Durchführung einer ASA-Sitzung bringt. Eine Antwort war zum Beispiel

„Die Entscheider sind dabei, die Experten sind dabei und diejenigen die es ausführen sollen beziehungsweise mit überwachen sollen, die Sicherheitsbeauftragten, der Betriebsrat [...] ist auch mit dabei." (E4). Alle Befragten sind der Meinung, dass der Arbeitsgeber oder ein von ihm Beauftragter bei jeder ASA-Sitzung anwesend sein sollte („Ein Entscheider. Ein Vertreter von der Geschäftsführung oder idealerweise die Geschäftsführung, weil nur so können die Punkte in ihrer Wichtigkeit betont werden [...]" (E4)). Ebenso muss der Betriebsrat (falls vorhanden) vertreten sein: „[...] Personalrat, Betriebsrat, wenn vorhanden [...]" (E5). In der Tagesordnung sollte laut allen sechs Experten bei jeder Sitzung der Punkt „Unfallgeschehen" angesprochen werden („Unfälle gehören auf jeden Fall mit rein als ein Hauptschwerpunkt [...] (E4)). Weitere genannte Punkte waren „Besprechung des letzten Protokolls", „Begehung" „Bericht der Sicherheitsbeauftragten" und „Planung".

4. Schlussfolgerung

Zwischen den Beobachtungen und den Aussagen der Interviewpartner herrscht eine sehr hohe Diskrepanz. Bei vielen Sitzungen war trotz gesetzlicher Vorschrift weder der Arbeitgeber/ein von ihm Beauftragter noch der Betriebsrat anwesend. Es wird deutlich, dass das Instrument ASA von der Unternehmerseite oft als nicht relevant genug eingeschätzt wird. Bei den Beobachtungen ist aufgefallen, dass in jenen Sitzungen, bei denen der Arbeitgeber anwesend war, häufiger direkte Maßnahmen festgelegt wurden, diese Sitzungen waren somit deutlich effizienter. Inhaltlich waren die meisten der ASA-Sitzungen von einer hohen Qualität und gut strukturiert, lediglich ein paar wenige Sitzungen entsprachen eher einer Art kurzen Gesprächsrunde anstatt einer richtigen Sitzung. Die Sitzungen in welchen ein Medium wie eine Präsentation zur Visualisierung des Gesagten genutzt wurde, waren deutlich strukturierter und es herrschte eine höhere Aufmerksamkeit bei den Teilnehmern als in jenen Sitzungen, bei denen die Inhalte nur besprochen wurden. Obwohl bei fast 80 % der Sitzungen Sicherheitsbeauftragte anwesend waren, hatten diese bei nur etwa 20 % einen eigenen Tagesordnungspunkt, um Bericht zu erstatten. Die wichtigste Handlungsempfehlung, die sich aus den erhobenen Daten ableiten lässt, ist die Relevanz der Anwesenheit des Arbeitsgebers. Sowohl die Aussagen der Interviewpartner als auch die Beobachtungen zeigten, dass ein Entscheider dabei sein sollte, der direkte Maßnahmen festlegen kann. Alle Teilnehmer der Sitzungen sollten miteinbezogen werden und die Möglichkeit haben, einen Bericht abzugeben, um den Arbeitsschutz so effizient wie möglich zu gestalten und alle Perspektiven zu beachten.

Literatur

Arens, U.; Brehmer, A.; Dörsam, K.; Hameister, W.; Kuntzemann, G.; Nold, G. et al. (2007): Analyse der Arbeit im Arbeitsschutzausschuss. Mainz: HVBG.

Gabriele Walter, Sigrun Mantei & Götz Richter
Bundesanstalt für Arbeitsschutz und Arbeitsmedizin

Wirkung von INQA-KMU-Tools auf dem Prüfstand

1. Ausganssituation

Die Initiative Neue Qualität der Arbeit (INQA) bietet für die Zielgruppe KMU verschiedene Methoden der Bestandsaufnahme, mit denen möglicher Handlungsbedarf in einem Unternehmen oder einer Institution erkannt und konkretisiert werden kann. Mit den so genannten INQA-Checks können Unternehmer anhand einfacher Fragen feststellen, wie der eigene Betrieb aufgestellt ist.

Die Checks zielen auf verschiedene betriebliche Handlungsfelder, wie Personalführung, Gesundheit, Wissen & Kompetenz (siehe Abb. 1). Die INQA-Checks sollen den Unternehmer eines KMU zum Nachdenken über die Organisation (Struktur, Prozesse) anregen.

Die Checks werden in Modellprojekten von zahlreichen Kooperationspartnern aus Wissenschaft und Praxis unter der fachlichen Begleitung der BAuA entwickelt. An den Modellprojekten sind betriebliche Partner beteiligt. In der Regel unterstützt ein Beirat aus Vertreterinnen und Vertretern von Verbänden und Gewerkschaften sowie ausgewiesenen Expertinnen und Experten die Entwicklung der Tools. Die Offensive Mittelstand (OM, INQA-Netzwerk: www.offensive-mittelstand.de) begleitet die Entwicklung und die Veröffentlichung der Checks.

Alle Checks haben den gleichen Aufbau. Die INQA-Checks gibt es sowohl in Printform als auch als Online-Tool.

In den Checks werden wichtige Handlungsfelder niedrigschwellig für eine Selbstbewertung (Ist-Analyse) aufbereitet. Zusätzlich zur Selbstbearbeitung hat die Initiative Neue Qualität der Arbeit mit der Offensive Mittelstand ca. 5.000 Berater in der Anwendung des Checks geschult. Damit existieren zwei Anwendungsmuster: a) Einsatz ohne Begleitung und b) Einsatz mit Begleitung.

2. Projekt Evaluation der betrieblichen Anwendung des INQA-Unternehmenschecks

In einem Projekt der Bundesanstalt für Arbeitsschutz und Arbeitsmedizin, das voraussichtlich im Oktober 2020 starten wird, sollen die zwei betrieblichen Anwendungsmuster am Beispiel des INQA-Unternehmenschecks „Guter Mittelstand“ evaluiert werden. Deshalb soll folgenden Fragen systematisch und auf der Basis wissenschaftlicher Regeln nachgegangen werden:

- Welche Wirkungen erzeugt der INQA-Check in den Betrieben?
- Inwieweit unterscheiden sich die beiden etablierten betrieblichen Anwendungsmuster in ihrer Wirkungsweise?

Abb. 1: Übersicht INQA-Checks (www.inqa.de)

Das Projekt baut auf mehreren Vorarbeiten auf:

1. Zu nennen ist u.a. eine Untersuchung der Hochschule Neubrandenburg. Im Rahmen einer Masterarbeit zur betrieblichen Nutzung des INQA Checks „Gesundheit" wurden 12 KMU eines Unternehmensnetzwerkes zu den Wirkungen der Auseinandersetzung mit dem Leitfaden befragt. „Zusammenfassend zeigt sich, dass Unternehmer, die die betriebliche Gesundheit als wichtig erachten, durch den INQA-Check „Gesundheit" für eine gesundheitsgerechte Gestaltung der Arbeit stärker sensibilisiert werden, als Unternehmer, denen die betriebliche Gesundheit wenig wichtig erscheint" (Brückner u.a., 2018).
2. Zum Check „Personalführung" liegen die Ergebnisse einer ersten Evaluation vor (OM, 2014). Sowohl die befragten Unternehmen als auch die Berater schätzen den Check positiv ein. Stärken und Schwächen der Personalführung vor allem in kleinen Unternehmen werden schnell offensichtlich und Handlungsfelder können identifiziert werden. Die Praxishilfen im Check vermitteln erste Anregungen für Maßnahmenideen.

3. Zum INQA-Unternehmenscheck „Guter Mittelstand"

Der Unternehmenscheck ist eine Handlungshilfe, die elf Themen bearbeitet: Strategie, Liquidität, Risikobewertung, Führung, Markt und Kunde, Organisation, Unternehmenskultur, Personal, Produktions- und Leistungs-Prozess, Beschaffung, Innovation (www.inqa-unternehmenscheck.de). Wirtschaftliche Themen (Hauptinteresse der Betriebe) werden mit den Themen der Arbeitsgestaltung und Gesundheitsförderung sinnvoll verknüpft. Zu den Themen werden Fragen gestellt und Antwortvorgaben gegeben. Die Antwortvorgaben sind entsprechend der Ampellogik in den Farben grün, gelb und rot unterlegt. Dadurch werden die Unternehmensvertreter bei der Prioritätensetzung unterstützt: Rot bedeutet dringender Handlungsbedarf.

Der Check kann wie ein Werkzeugkasten genutzt werden, es können einzelne Themen ausgewählt oder alle Themen bearbeitet werden. Die Bearbeitung dauert ca. 30 bis 60 Minuten. Die Bearbeitung liefert einen Benchmark in den einzelnen Themenbereichen und zeigt Verbesserungsmöglichkeiten auf. Das online-Tool des INQA-Unternehmenschecks wurde im Jahr 2018 ca. 285.000 mal abgerufen.

4. Methodisches Vorgehen

Im Projekt sind zwei Teilstudien geplant:

1. Im Rahmen der Teilstudie 1 sollen sowohl Unternehmer als auch Berater online zum INQA-Unternehmenscheck befragt werden.
2. In der Teilstudie 2 sollen Fallstudien in den Unternehmen durchgeführt werden: In einem ersten Schritt sollen die Unternehmer und Führungskräfte, die sich mit dem Check beschäftigt haben, zum Nutzen des Checks aus ihrer Sicht interviewt werden. Im zweiten Schritt sollen auch die Beschäftigten einbezogen werden. In Gruppeninterviews sollen sie den Nutzen der Veränderungen einschätzen.

Um die Akquise der Unternehmen abzusichern, soll u.a. in den online-Unternehmenscheck während des Befragungszeitraums ein Hinweis auf die Befragung und die Interviews aufgenommen werden.

Durch die beiden Teilstudien, die der Beantwortung der wissenschaftlichen Fragestellungen dienen, ist im Projekt die Bearbeitung verschiedener Arbeitspakete erforderlich (s. Abb. 2). Wichtig ist, dass die Transferphase über die gesamte Projektlaufzeit (voraussichtlich bis Ende März 2023) geplant ist.

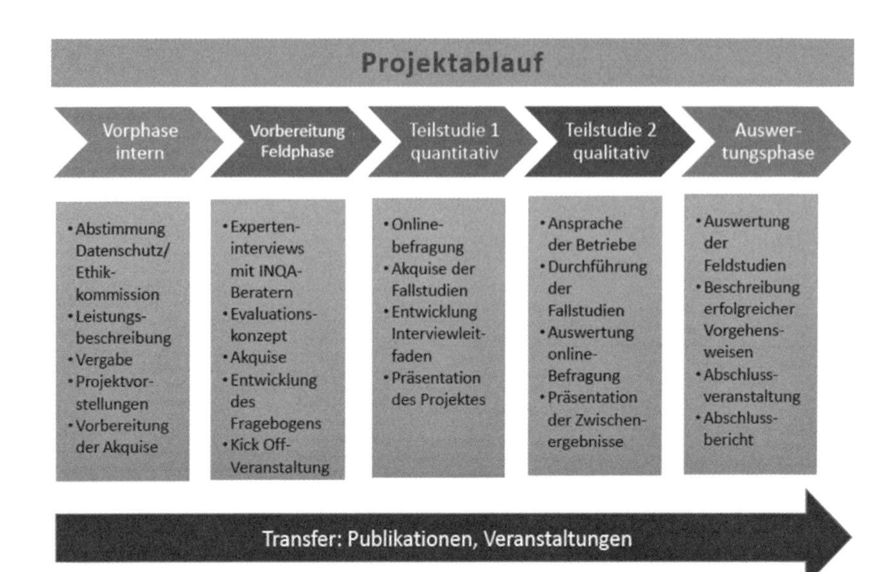

Abb. 2: Projektablaufplan

5. Ausblick

Im Projektvorhaben sollen am Beispiel des INQA-Unternehmenschecks Erkenntnisse über betriebliche Rahmenbedingungen, die eine Anwendung des Checks begünstigen, mit der Checkanwendung tatsächlich erreichte betrieblichen Wirkungen sowie durch die Checkanwendung angestoßene betriebliche Veränderungsprozesse gewonnen werden. Die Ergebnisse des Projektes sollen auch bei einer Weiterentwicklung des INQA-Unternehmenschecks sowie der Transferstrategie berücksichtigt werden.

Literatur

Brückner, Sandra; Schröer, Alfons; Richter, Götz; Mantei, Sigrun (2019): Der INQA-Check „Gesundheit" – Ein Selbstcheck für Führungskräfte, für ein gesundes Unternehmen. In: sicher ist sicher, Heft 1

Offensive Mittelstand (2014): INQA-Check „Personalführung" im Praxistest. Wie nutzen Unternehmen und Berater den INQA-Check und welchen Nutzen bringt er ihnen? Langenhagen: Offensive Mittelstand – Gut für Deutschland

Offensive Mittelstand (2017): INQA-Unternehmenscheck „Guter Mittelstand" – Erfolg ist kein Zufall. INQA: Berlin (4. Auflage, März 2016, Nachdruck 2017)

Richter, Gabriele (2016): Sicherheit und Gesundheit in KMU: Wie erreicht INQA kleine Betriebe? Kröning: Asanger Verlag GmbH

Arbeitskreis

Psychische Belastung und Beanspruchung: Verfahren und Methoden

Leitung: Lutz Packebusch

Barbara Huber & Thomas Strobach
Allgemeine Unfallversicherungsanstalt (AUVA), Österreich

Erfahrungen aus der Praxis über die Anwendung des EVALOG-Verfahrens zur Evaluierung psychischer Belastung in Österreich

1. Der Weg zum Verfahren

Das Verfahren EVALOG (Evaluierung im Dialog) wurde im Auftrag der Allgemeinen Unfallversicherungsanstalt (AUVA) von Prof. Dr. Jochen Prümper und Dr. Julia Vowinkel entwickelt und ist seit Februar 2019 für die nicht-kommerzielle Nutzung im Rahmen der Evaluierung psychischer Belastung in Österreich kostenfrei einsetzbar. Ziel des Projekts war es, vor allem Kleinstbetrieben, in denen aus methodischen Gründen kein klassischer Fragebogen eingesetzt oder Gruppeninterview durchgeführt werden kann, ein gebrauchstaugliches Verfahren zur Verfügung zu stellen.

In der Entwicklungsphase sind in Kooperation mit österreichischen Kleinstbetrieben in drei Iterationsschritten praktische Erfahrungen und Rückmeldungen der Partnerbetriebe in die finale, nun vorliegende Version eingeflossen. Durch diese Anpassung an die Bedürfnisse der primären Zielgruppe ist die Anwenderfreundlichkeit besonders berücksichtigt – wichtige Hinweise und praktische Beispiele aus dieser Entstehungsphase sind im Handbuch festgehalten.

Im Rahmen des 20. Workshops des Fachverbandes PASIG in Salzburg wurde die Entstehungsgeschichte von EVALOG von einem der Autoren des Verfahrens Prof. Dr. Jochen Prümper im Beitrag „Motivation von KleinunternehmerInnen zur Teilnahme an der Entwicklung eines Verfahrens zur Evaluierung psychischer Belastung“ vorgestellt.

2. Aufbau des Verfahrens

Basis für EVALOG ist der Kurz-Fragebogen zur Arbeitsanalyse (KFZA von J. Prümper, K. Hartmannsgruber und M. Frese), der die inhaltliche Grundlage für den Dialog bzw. das Gespräch im Rahmen der Evaluierung psychischer Belastung bildet. 26 Items mit je 5 Antwortmöglichkeiten sind mit einem erweiterten Ampelsystem hinterlegt, das zu einem gut nachvollziehbaren Ergebnis führt. EVALOG eignet sich für einen Dialog bzw. ein Gespräch zwischen einem/r EvaluiererIn und einem/r einzelnen MitarbeiterIn (Einzelinterview) bzw. bis zu drei MitarbeiterInnen (Gruppeninterview) aus einer Tätigkeitsgruppe (mit max. 5 ArbeitnehmerInnen).

Der Dialog bzw. das Gespräch kann von dem/der ArbeitgeberIn oder auch einer anderen geeigneten Person im Betrieb geleitet werden. Im Mittelpunkt soll die Belastung, die im Arbeitsalltag zu Problemen führt, sowie die gemeinsame Suche nach Lösungen stehen.

Das Evaluierungsheft begleitet durch den gesamten Prozess der Evaluierung – von der Vorbereitung, über die eigentliche Ermittlung, Beurteilung, Maßnahmenableitung und -umsetzung bis hin zur Dokumentation und Wirksamkeitskontrolle der umgesetzten Maßnahmen.

Aufbau des Heftes:

- Teil 1 – „Schritt für Schritt“ Begleitung durch die Evaluierung
- Teil 2 – weiterführende Informationen wie beispielsweise Tipps zur Gesprächsführung oder zu dem arbeitspsychologischen und arbeitsrechtlichen Hintergrund
- Teil 3 – Kontaktstellen zur Unterstützung rund um die Evaluierung und verwandter Themen
- Teil 4 – Sammlung von Informationsblättern zur Vorbereitung bzw. Unterstützung durch die Evaluierung
- Teil 5 – Arbeitsblätter, die für die eigentliche Durchführung der Evaluierung bzw. auch für die gesetzeskonforme Dokumentation verwendet werden

3. Anwendung in der Praxis

Im Rahmen des 21. Workshops wird nun vorgestellt, wie das Verfahren innerhalb des vorliegenden Gesamtkonzepts effektiv und effizient angewendet werden kann.

In der Entwicklung des Verfahrens wurde großer Wert auf die Gebrauchstauglichkeit gelegt. So unterstützt zum Beispiel das Farbleitsystem eine rasche Orientierung – Interessierte können sich anhand einer Kurzeinführung in das Instrument über die korrekte Anwendung informieren und auch vertiefende Inhalte über die Evaluierung und arbeitswissenschaftliche Inhalten nachlesen. Zusätzlich wurden Beispiele aus den Partnerbetrieben zur Illustration von komplexen Arbeitsschritten in der Evaluierung herangezogen, um die Thematik für Laien zu verdeutlichen.

Von ersten Erfahrungen mit diesem Konzept im Allgemeinen und Erkenntnissen unterschiedlicher EVALOG-MultiplikatorInnen im Besonderen zur optimalen Vorbereitung der Anwendung des Verfahrens bzw. der „Gesprächshaltung“ im Dialog wird berichtet, um diese im Workshop zu diskutieren.

Literatur

Prümper, J., Hartmannsgruber, K. & Frese, M. (1995). KFZA – Kurzfragebogen zur Arbeitsanalyse. *Zeitschrift für Arbeits- und Organisationspsychologie, 39*(3), 125–132.

Prümper, J. & Vowinkel, J. (2019). *EVALOG – Evaluierung psychischer Belastung im Dialog nach dem österreichischen Arbeitnehmerschutzgesetz (ASchG) für Kleinstbetriebe.* Wien: AUVA.

Attiya Khan & Birgit Smettan-Rehnolt
Sächsisches Staatsministerium für Wirtschaft, Arbeit und Verkehr &
Landesdirektion Sachsen, Abteilung Arbeitsschutz

Handlungsleitfaden zur Gefährdungsbeurteilung psychischer Arbeitsbelastungen in der öffentlichen Verwaltung

1. Anliegen des Handlungsleitfadens

1.1 Hintergrund zur Entwicklung

Nach dem Arbeitsschutzgesetz sind Arbeitgeber verpflichtet, eine funktionierende Arbeitsschutzorganisation zu realisieren, alle arbeitsbedingten Belastungen zu beurteilen und Gefährdungen entgegenzuwirken. Das trifft auch auf die psychischen Belastungen zu. Da vielfach die falsche Vorstellung besteht, dass diese Gefährdungen gesondert erfasst und beurteilt werden müssen, zeigt sich gerade in diesem Bereich viel Unsicherheit und damit die Hemmnis den Prozess der Gefährdungsbeurteilung zu beginnen.

Gerade die öffentliche Verwaltung ist vor die Herausforderung gestellt, die Vielfalt der verschiedenen Tätigkeiten und Belastungen mit einer Vorgehensweise zu erfassen. In den letzten Jahren hat zudem die Gefahr durch Übergriffe und der notwendige Umgang damit als Thema des Arbeitsschutzes an Präsenz gewonnen. Um den vielfach geäußerten Unterstützungsbedarf aufzugreifen, wurde in Kooperation[1] des Sächsischen Staatsministeriums für Wirtschaft, Arbeit und Verkehr, der Landesdirektion Sachsen, Abteilung Arbeitsschutz, der Unfallkasse Sachsen und der Stabsstelle für Arbeitssicherheit der Stadtverwaltung Dresden als Praxispartner ein Handlungsleitfaden zur Durchführung der Gefährdungsbeurteilung mit dem Schwerpunkt psychischer Arbeitsbelastungen in der öffentlichen Verwaltung aktualisiert und weiterentwickelt. Neben psychischen Aspekten geht es auch um die Arbeitsschutzorganisation der Behörde, die Gestaltung der Arbeitsstätte und die Prävention von Übergriffen.

Der im Dezember 2019 veröffentlichte Handlungsleitfaden besteht aus einer Einführung in das Thema, einer Anleitung zur Durchführung der Gefährdungsbeurteilung, Checklisten mit Fragen zum Vorhandensein typischer Gefährdungen in der öffentlichen Verwaltung, der Übersicht rechtlicher Grundlagen und Literaturangaben. Zur besseren Handhabbarkeit können die Checklisten auch elektronisch bearbeitet

[1] Zum Redaktionsteam gehören ebenso: Angelika Heinig, Landesdirektion Sachsen, Abteilung Arbeitsschutz; Heike Merboth, Unfallkasse Sachsen, Abteilung Prävention und Doris Träger, Landeshauptstadt Dresden/Stabsstelle Arbeitssicherheit

werden. Die dafür entwickelte Exceldatei steht zum Download zur Verfügung. Anhand der Fragen können die Anwenderinnen und Anwender erkennen, wo die Arbeitsbedingungen vor Ort, inkl. der Gefährdungen durch Übergriffe, von den gesetzlichen Vorgaben (soweit vorhanden) abweichen und wo Handlungsbedarf besteht.

1.2 Einsatz des Verfahrens

Einsatzbereiche für den Handlungsleitfaden sind z.B. Bürgerämter, Ordnungsämter, Sozialämter, Jugendämter, Brand- und Katastrophenschutzämter, Gesundheitsämter, Standesämter, Bauaufsichtsämter, Veterinär- und Lebensmittelüberwachungsämter, Jobcenter, Finanzämter, weitere Vollzugsbehörden, Auszahlstellen/Kassen oder Ausländerbehörden.

Gerade bei größeren Behörden bietet es sich an, den Einsatz des Handlungsleitfadens von zentraler Stelle, zum Beispiel dem Ausschuss für Arbeitsschutz oder einer Steuerungsgruppe, zu planen. Die zentralen Einrichtungen können auch die Fragen der Arbeitsschutzorganisation beantworten. Die arbeitsbedingten Belastungen sollten in der Regel durch die Führungskräfte, bei Bedarf unter Hinzuziehung betrieblicher Expertinnen und Experten sowie externen Fachleuten des Arbeits- und Gesundheitsschutzes.

1.3 Grundlagen des Verfahrens

Der Handlungsleitfaden ist kein psychologisches Messinstrument. Vielmehr basieren die in den Checklisten erhobenen Fragen auf dem Gesetzes- und Regelwerk des Arbeits- und Gesundheitsschutzes, einschließlich gesicherter arbeitswissenschaftlicher Erkenntnisse und praktischer Erfahrungen von Aufsichtspersonal und betrieblichen Arbeitsschutzakteuren. Der Handlungsleitfaden stellt eine von mehreren möglichen methodischen Verfahrensweisen zur Gefährdungsbeurteilung dar. Die Checklisten wurden in ausgewählten Bereichen der öffentlichen Verwaltung auf Handhabbarkeit und Eignung für die Gefährdungsbeurteilung erprobt.

2. Inhalte und Nutzung des Handlungsleitfadens

2.1 Module des Verfahrens

Die Fragen der Checklisten erfassen ausgewählte Gefährdungen in der öffentlichen Verwaltung. Aufgrund der Vielfalt der Tätigkeiten konnten nicht alle möglichen Gefährdungen (z.B. nach Gefahrstoffverordnung oder Biostoffverordnung) erfragt. Diese müssten zusätzlich erfasst werden. Die Checklisten können bei Bedarf von den Anwendern fortgeschrieben und um betriebsspezifische Fragestellungen ergänzt werden. Sie sind so gestaltet, dass alle ermittelten Gefährdungen und Maßnahmen dokumentiert werden können. Bei jeder Frage sind die relevanten Rechtsgrundlagen kursiv unterlegt, so dass die Grundlage für die Frage leicht recherchierbar ist. Die Checklisten für die Analyse und Bewertung der Arbeitsbedingungen sind in folgende Module gegliedert, die Detailfragen enthalten:

Modul A: Arbeitsschutzorganisation
Modul A1: Arbeitsschutzorganisation der Institution/Einrichtung
Modul A2: Arbeitsschutzorganisation am Standort
Modul B: Psychische Arbeitsbelastungen
Modul B1: Arbeitsumgebung: Gebäude und Außengelände – Beschaffenheit/Ausstattung/Sicherheitsvorkehrungen
Modul B2: Arbeitsumgebung: Arbeitsräume/Arbeitsplätze (Innen- und Außendienst) – Beschaffenheit/Ausstattung/Sicherheitsvorkehrungen
Modul B3: Gewaltpräventive Sicherheitsvorkehrungen – technisch, organisatorisch und personell
Modul B4: Arbeitsaufgaben/Arbeitsorganisation
Modul B5: Soziale Beziehungen/Führung

2.2 Nutzung des Verfahrens
Die Checklisten enthalten folgende Antwortmöglichkeiten:

- „ja",
- „nein",
- „trifft nicht zu".

Der Sollzustand ist in den Fragen bereits formuliert. Wenn der Sollzustand nicht vorhanden ist, bedeutet dies, dass eine mögliche Gefährdung und damit Handlungsbedarf besteht. Der Sollzustand basiert auf arbeitsschutzrechtlichen Vorgaben, arbeitswissenschaftlichen Erkenntnissen sowie praktischen Erfahrungen. In der Excelversion wird farblich herausgehoben, ob der Sollzustand oder eine Diskrepanz (also Handlungsbedarf) vorliegt.

Bei einem Handlungsbedarf müssen entsprechende Maßnahmen, Verantwortlichkeiten und Termine festlegt werden. Diese können in weiteren Spalten notiert werden. Am Ende jeden Moduls werden die Ergebnisse in Form eines Diagramms grafisch dargestellt. Zudem wird sichtbar, welche Fragen noch nicht beantwortet sind. Da die Checklisten als Exceldatei herunterladbar sind, können die Module je nach Bedarf ergänzt, gefiltert und erweitert werden.

Literatur

Sächsisches Staatsministerium für Wirtschaft, Arbeit und Verkehr; Landesdirektion Sachsen; Unfallkasse Sachsen; Landeshauptstadt Dresden (Hrsgg.): *Handlungsleitfaden zur Gefährdungsbeurteilung psychischer Arbeitsbelastungen in der öffentlichen Verwaltung,* Dresden 2019. Verfügbar unter: https://publikationen.sachsen.de/bdb/artikel/34762

Lutz Packebusch[1] & Mechtild Janßen[2]
[1]*Human Factors Engineering Mönchengladbach*, [2]*IKK classic Kleve*

Diagnose von Belastung und Beanspruchung in der Pflege

1. Problemlage

Der Pflegesektor in Deutschland hat einen stetig wachsenden Bedarf an Fachkräften (3,7 Millionen Leistungsempfänger in der Pflegeversicherung 2018) und ist gekennzeichnet durch einen Mangel an entsprechend ausgebildetem Personal für dieses Arbeitsmarktsegment. Die Situation lässt sich kurzfristig nicht grundlegend ändern. Daher rückt die Verbesserung der Arbeitssituation von Pflegekräften in den Fokus der Verantwortlichen. Ausgangspunkt für das Projekt „GesuWerk" der IKK (Gesundheitswerkstatt in der Pflege) sind Ergebnisse von Befragungen und Auswertungen von Daten zur Arbeits- und Gesundeitssituation von Beschäftigten in der ambulanten Pflege. Nachfolgend einige exemplarische Resultate:

- *Arbeitgeber* berichten von Problemen bei der Gewinnung und Bindung von geeignetem Personal und zum Teil hohen Krankenständen und/oder hoher Fluktuation.
- Über 40 % des Leitungspersonals in der ambulanten Pflege gibt an, dass sie Pflegepersonal aus gesundheitlichen Gründen verloren haben (GEPA 2014).
- 71% der Beschäftigten glauben nicht, dass sie ihre Arbeit auf Dauer ausüben können (Institut DGB Index Gute Arbeit, 2018, S. 22). Dies ist mit wahrgenommenen hohen Belastungen im emotionalen und körperlichen Bereich verbunden.
- Insgesamt wird die *Arbeitssituation* in der Pflege von den *Beschäftigten* deutlich schlechter beurteilt als die Arbeitssituation im Durchschnitt aller Branchen (s. Tabelle 1).

Tab. 1: Abweichungen in der Pflege (Alten- u. Krankenpflege) im Vergleich zum DGB Index Gute Arbeit gegenüber den Beschäftigten aller Berufe (eigene Darstellung nach Institut DGB Index Gute Arbeit 2018, S.20)

Starke Abweichungen gegenüber Durchschnitt aller Beschäftigten	
Positiv	Sinn der Arbeit
Negativ	Gestaltungsmöglichkeiten, Lage der Arbeitszeit, emotionale Anforderung, körperliche Anforderung, Arbeitsintensität, Einkommen, betriebliche Sozialleistungen

Am stärksten werden Belastungen aus dem arbeitsorganisatorischen Bereich angesehen. Hier setzt das Projekt „GesuWerk" der IKK an.

2. Das Projekt

In diesem Projekt zur freiwilligen betrieblichen Gesundheitsförderung (BGF)

- zum Abbau von psychischer Fehlbeanspruchung der Versicherten unter Beachtung von Humankriterien in der Pflege durch Arbeitsgestaltung und gesundheitsgerechte Führung und damit Erhöhung der Attraktivität der Pflegearbeit
- zur Verbesserung von Effektivität und Effizienz der Betriebsprozesse durch die Reduktion von Fehlbeanspruchung aus Arbeitstätigkeit und -bedingungen

werden unter anderem psychische Gefährdungen beurteilt. Dies erfolgt auf der Grundlage von Fragebögen oder Gruppendiskussionen. Gerade in Kleinunternehmen (KU) der ambulanten Pflege kann eine Gesundheitswerkstatt im Rahmen der BGF zur Ermittlung von Belastungen und Gesundheitsgefahren aus der Arbeitstätigkeit möglicherweise eine höhere externe Validität aufweisen als Fragebogen-Verfahren.

Ein weiterer Aspekt, der berücksichtigt werden muss, sind die strukturellen Besonderheiten in der ambulanten Pflege. Betriebe des ambulanten Pflegesektors weisen (ähnlich wie viele Handwerksbetriebe) von Unternehmen zu Unternehmen und von Auftrag zu Auftrag unterschiedliche Strukturmerkmale auf:

- direkte Kundenkontakte,
- instationäre Arbeitsplätze,
- mobile Arbeit,
- Komplexität der Aufgaben,
- geringe Arbeitsteilung der Dienstleistungsprozesse,
- große Flexibilität,
- flache Hierarchien,
- fehlende Strukturen im Arbeits- und Gesundheitsschutz,
- kürzere Kommunikations- und Entscheidungswege,
- fehlende Belegschaftsvertretung,
- geringe soziale Distanz zwischen Führung und Beschäftigten (zum Beispiel den eigentümergeführten Unternehmen),
- hohe Fluktuation durch Einsatz von Leiharbeitern, die sich bewusst gegen eine Festanstellung und Teamintegration entscheiden.

Ergebnisse aus einer Pilotuntersuchung in ausgewählten Betrieben legen nahe, dass gerade in der ambulanten Pflege Befragungsinstrumente zur Gefährdungsbeurteilung in Form standardisierter Fragebögen, die sich meist an den GDA Dimensionen orientieren (BMAS, 2017), nur bedingt zum Ableiten von konkreten Verbesserungsmaßnahmen beitragen können.

3. Fazit

Vor diesem Hintergrund erscheint ein auf den jeweiligen Betrieb abgestimmter Methodenmix als besser geeignet, um die Gefährdungsbeurteilung psychischer Belastungen situationsspezifischer zu erheben.

Einige Beispiele zur Verdeutlichung für situationsspezifische Belastungsfaktoren aus Interviews in einem Betrieb:

- *auf der technischen Seite:*
  fehlende Tankschlüssel, mangelnde Navigationsgeräte, platte Akkus (Smartphone), nicht einsatzfähige Fahrzeuge, fehlende Materialien,
- *auf der organisatorischen Seite:*
  Unklarheit über Dokumentationsanforderungen, Zuständigkeit für Fahrzeugpflege, Wartung und Betankung, unscharfe Vertretungsabsprachen, schlechter Tourenplan, unzureichende Mitsprache bei Arbeitszeitplanung,
- *auf der persönlichen Seite:*
  Umgang mit unangemessenen Erwartungen der Klienten und deren Angehörigen, Umgang mit Wartezeiten in Arztpraxen für Rezepte, Warten auf Rettungswagen – Versterben des Betreuten, Lösung von Konflikten zur Einsatzplanung mit Kollegen/Führung,

An diesen Beispielen wird deutlich, dass eine an den konkreten Belastungssituationen angelehnte Strategie zur Beanspruchungsreduktion erfolgreicher sein kann. Man muss ohnehin zur konkreten Maßnahmenplanung unter Beteiligung Beschäftigter auf Gruppenverfahren (z.B. in Form von Workshops) oder (mehr oder weniger standardisierten) Interviews zurückgreifen. Dies kann auch schon in der Analysephase zielführender sein. Ein entsprechendes Angebot wird erarbeitet.

Literatur

Institut DGB Index Gute Arbeit. (2018). *Arbeitsbedingungen in der Alten- und Krankenpflege. So beurteilen die Beschäftigten die Lage. Ergebnisse einer Sonderauswertung der Repräsentativumfragen zum DGB Index Gute Arbeit.* Berlin: DGB und VERDI Eigendruck.

Bundesministerium für Arbeit und Soziales. Hrsg. (2017). *Empfehlungen zur Umsetzung der Gefährdungsbeurteilung psychischer Belastung.* Berlin: BMAS Eigendruck..

MGEPA – Ministerium für Gesundheit, Emanzipation, Pflege und Alter des Landes NRW. (2014). *Landesberichterstattung Gesundheitsberufe Nordrhein-Westfalen 2013. Situation der Ausbildung und Beschäftigung in Nordrhein-Westfalen.* (2014). Düsseldorf: Eigendruck.

Gabriele Walter, Katharina Roitzsch & Matthias Schmidt
Dresden, novaworx Dresden, Hochschule Zittau/Görlitz

Psychologische Bewertung von Arbeitsbedingungen mit dem BASA-III-Verfahren

1. BASA kombiniert arbeitswissenschaftliche und Beschäftigtenperspektive

BASA-III ist ein Screeningverfahren, das der Ermittlung psychischer Belastung in der Gefährdungsbeurteilung und in Projekten zur betrieblichen Gesundheitsförderung dient. Es wurde aus BASA II (Richter & Schatte, 2011) weiterentwickelt und wird vorwiegend als Fragebogenverfahren eingesetzt. Auch ein Einsatz als Beobachtungsinterview oder Workshop ist jedoch möglich.

Die technische Umsetzung des Verfahrens basiert auf einem Excel-Tool, das eingegebene Daten automatisiert auswertet. Eine Arbeit mit BASA ist so auch ohne statistische Kenntnisse möglich.

Grundlagen des Verfahrens sind ein handlungsregulatorischer Ansatz, das Konzept der Regulationsbehinderungen sowie Ressourcen der Arbeit. Die Humankriterien der Arbeit (DIN EN ISO 10075-2, 1998) werden im Verfahren berücksichtigt.

2016 wurde BASA vollständig überarbeitet. In die neue Verfahrensversion wurden die Erfahrungen verschiedener BASA-AnwenderInnen sowie Hinweise arbeitspsychologischer ExpertInnen einbezogen, Inhalte und Aufbau von BASA III entsprechen jetzt den Anforderungen der Gemeinsamen Deutschen Arbeitsschutzstrategie für die Gefährdungsbeurteilung psychischer Belastung (GDA, 2016).

Das BASA-System ist modular aufgebaut und damit an unterschiedlichste Tätigkeiten anpassbar. Im Unterschied zu vielen anderen arbeitspsychologischen Verfahren ermöglicht es auch eine differenzierte Betrachtung der Arbeitsumgebungsbedingungen sowie der technischen, sicherheits- und softwarebezogenen Arbeitsbedingungen sowie neuer Arbeitsformen von orts- und zeitflexiblen Tätigkeiten. Weiterhin können eigene, unternehmensspezifische Fragenbereiche aufgenommen werden.

Neben der rein arbeitswissenschaftlichen Beurteilung von Arbeitsmerkmalen erfolgt auch eine Betrachtung der Beschäftigtenperspektive. Diese hat sich bei der Weiterarbeit mit den mit BASA ermittelten Ergebnissen als außerordentlich hilfreich erwiesen. Auf Grundlage der Beantwortung des Erhebungsbogens sowie im Verfahren hinterlegter Grenzwerte werden Gestaltungserfordernisse und Ressourcen der untersuchten Arbeitstätigkeit identifiziert. Dabei hat stets die arbeitswissenschaftliche Beurteilung aus Spalte A (vgl. Abb. 1) Vorrang. Die Beschäftigtenperspektive, die in

Spalte B des Erhebungsbogens erfasst wird, kann beispielsweise zur Priorisierung innerhalb der als gestaltungsbedürftig klassifizierten Arbeitsmerkmale dienen.

		A. Das trifft		B. Das finde ich		
		eher zu	eher nicht zu	schlecht	weder schlecht noch gut	gut
Teil A:	**Arbeitsaufgabe - Arbeitsinhalt**					
A1:	**Abwechslung/Variabilität: Bei der Arbeit**					
A1. 1	- müssen die Arbeitsplatzinhaber viele Dinge gleichzeitig erledigen.	o	o	o	o	o
A1. 2	- wiederholen sich gleichartige Handlungen in kurzen Abständen	o	o	o	o	o
A2:	**Einflussmöglichkeiten/Handlungsspielraum: Bei der Arbeit**					
A2. 1	- ist genau vorgeschrieben, wie die Arbeitsplatzinhaber die Arbeit machen müssen.	o	o	o	o	o
A2. 2	- können die Arbeitsplatzinhaber bei wichtigen Dingen mitreden und mitentscheiden.	o	o	o	o	o

Abb. 1: Ausschnitt aus dem BASA III Erhebungsbogen

2. Erste Rückmeldungen aus der Praxis

Im Einsatz des Verfahrens in der Praxis zeigt sich, dass BASA-III gut in der Lage ist, tätigkeitsspezifische, psychische Belastung sowie deren Konstellationen zu identifizieren. Gleiches gilt für die arbeitsbezogenen Ressourcen (siehe Tabellen 1 und 2). Der Einbezug der Beschäftigtenperspektive unterstützt die erforderliche Akzeptanz der Beschäftigten und die Priorisierung bei der anschließenden Maßnahmenableitung und -umsetzung zu erreichen, da die unterschiedlichen Sichtweisen in Auswertungsworkshops diskutiert werden.

Im Beispiel (vgl. Tab. 1) ist der Informationsaustausch zwischen den verschiedenen Unternehmensbereichen aus arbeitswissenschaftlicher Sicht kritisch zu bewerten und wird auch von den Beschäftigten als Problem wahrgenommen. Das Thema Zeit-/Termindruck, das aus arbeitswissenschaftlicher Sicht sogar problematischer ausgeprägt ist, hat bei den Beschäftigten eine geringere Priorität. Dies sollte bei der Entwicklung von Maßnahmen berücksichtigt werden.

Rückmeldungen von Anwendern legen nahe, einzelne Formulierungen noch einmal zu überarbeiten, um Missverständnisse auszuschließen. Insgesamt wird das Verfahren schon heute als praktikabel und ökonomisch eingeschätzt.

Tab. 1: Identifizierte Gestaltungserfordernisse in einem Verwaltungsbereich (Ausschnitt)

Nr.	Gestaltungserfordernis	Arbeitswiss. Bewertung	Relevanz für MA
B8.1	Informationsaustausch zwischen Bereichen	75%	75%
D1.1	Lärm	70%	60%
B1.2	Personalengpässe	65%	60%
B8.2	Klare Regelung der Verantwortlichkeiten zwischen Bereichen	55%	55%
B1.1	Zeit-/Termindruck	90%	50%
...			

Tab. 2: Identifizierte Ressourcen in einem Verwaltungsbereich (Ausschnitt)

Nr.	Gestaltungserfordernis	Arbeitswiss. Bewertung	Relevanz für MA
B2.2	Vorhersehbarkeit der Arbeitszeit	100%	85%
C2.1	Fachliche und soziale Unterstützung durch Kollegen	100%	85%
C1.7	Sachliche Kritik	90%	85%
B6.1	Lernen in der Arbeit	90%	85%
C1.3	Fachliche und soziale Unterstützung durch Vorgesetzte	90%	75%
...			

3. Zugang zum Verfahren

BASA-III wurde durch die Hochschule Zittau/Görlitz 2020 neu veröffentlicht (Roitzsch, Walter & Schmidt, 2019).

Das Verfahren ist nach wie vor nach einer Schulung frei nutzbar. Es wird jedoch zur Qualitätssicherung und Weiterentwicklung darum gebeten, die mit dem Verfahren erhobenen Daten in anonymisierter Form den Autoren zur Verfügung zu stellen. Alle Informationen dazu finden sich unter www.basanetzwerk.de

4. Entwicklungsziele mit BASA

Momentan erfolgt eine umfassende Validierung des vollständig überarbeiteten Verfahrens. In den kommenden Jahren soll BASA weiteren Entwicklungsschritten unterzogen werden. Insbesondere soll die technische Umsetzung den heutigen Ansprüchen angepasst werden. Außerdem ist eine Internationalisierung des Verfahrens insbesondere in den osteuropäischen Sprachraum hinein vorgesehen, zu der erste Schritte bereits unternommen wurden. Dadurch wird ein einheitliches Vorgehen zur Erfassung psychischer Belastung am Arbeitsplatz, wie es an verschiedenen Stellen gefordert wird (vgl. z.B. EN ISO 45001), auch länderübergreifend möglich. Weiterhin sollen vertiefende Inhalte entwickelt werden, die eine noch bessere Passung des Verfahrens an die jeweilige Arbeitstätigkeit sowie Analyseziele ermöglichen, etwa zu Themenbereichen wie Führung, Digitalisierung oder – auch vor dem Hintergrund des „Nationalen Aktionsplans Wirtschaft und Menschenrechte (NAP)" – zu Themen, die die spezifische Tätigkeitsmerkmale betreffen, die typisch für die Arbeit in internationalen Lieferketten sind. Um diese Inhalte zu entwickeln und zu validieren, wird weitere Forschungs- und Entwicklungsarbeit, insbesondere auch mit internationalen Partnern, erforderlich sein.

Literatur

Deutsches Institut für Normung (2000). *DIN EN ISO 10075-2. Ergonomische Grundlagen bezüglich psychischer Arbeitsbelastung. Teil 2: Gestaltungsgrundsätze.* Berlin: Beuth.

DIN-Normenausschuss Organisationsprozesse (NAOrg) (2018). *Managementsysteme für Sicherheit und Gesundheit bei der Arbeit – Anforderungen mit Anleitung zur Anwendung (ISO 45001:2018).* Berlin: Beuth.

Richter, G. & Schatte, M. (2011). *Psychologische Bewertung von Arbeitsbedingungen. Screening für Arbeitsplatzinhaber. BASA II.* Dortmund/Berlin/Dresden: Bundesanstalt fur Arbeitsschutzund Arbeitsmedizin.

Roitzsch, K., Walter, G. & Schmidt, M. (2019). *Psychologische Bewertung von Arbeitsbedingungen. Screening für Arbeitsplatzinhaber. BASA III. Praxishandbuch.* Görlitz: Hochschule Zittau/ Görlitz.

Arbeitskreis

Mobilität, Transport und Verkehr

Leitung: Tanja Nagel & Jochen Lau

Ufuk Altun, Catharina Stahn & Nora Johanna Schüth

Ganzheitliche Gestaltung mobiler Arbeit

Tanja Nagel, Henrik Habenicht, Julia Hoppe, Rüdiger Trimpop, Jochen Lau & Kay Schulte

Organisationale Mobilität von Lkw-Fahrenden: Empirische Befunde zu Gefährdungen und Kompetenzen (GUROM)

Martin Templer

Evaluation mit dem CIPP-Modell: Ergebnisse im DGUV-Forschungsprojekt BestMobil

Ufuk Altun, Catharina Stahn & Nora Johanna Schüth
ifaa – Institut für angewandte Arbeitswissenschaft e. V., Düsseldorf

Ganzheitliche Gestaltung mobiler Arbeit

1. Hintergrund

Orts- und zeitflexibles Arbeiten (mobile Arbeit) bietet sowohl Unternehmen als auch Beschäftigten verschiedene Vorteile. Während Beschäftigten durch mobile Arbeit die bessere Vereinbarkeit von Beruf und Privatleben ermöglicht wird, stellt das Angebot mobilen Arbeitens für Arbeitgeber im „War for talents" eine Möglichkeit dar, ihre Attraktivität zu erhöhen.

Allerdings wird die Komplexität mobiler Arbeit häufig unterschätzt bzw. werden einzelne Aspekte des Themas mit unterschiedlicher Gewichtung angegangen. Darüber hinaus wird das Thema auf unterschiedliche Art und Weise in den Betrieben behandelt (z.B. Anspruch, Grad der Formalisierung, Gleichbehandlung). Die erfolgreiche Einführung und Umsetzung mobiler Arbeit erfordert eine ganzheitliche und abgestimmte Gestaltung. Da die zukünftigen Nutzer unterschiedliche Anforderungen an und Beweggründe für mobile Arbeit haben und zudem Unternehmen verschiedene Charakteristika aufweisen, liegt eine Pauschallösung wenig nahe, was auch die Erfahrungen aus der betrieblichen Praxis bestätigen.

Fokussieren bereits existierende Unterstützungstools primär ein relevantes Thema im Zusammenhang mit mobiler Arbeit (z.B. Bundesministerium für Familie, Senioren, Frauen und Jugend, 2019), hat das ifaa – Institut für angewandte Arbeitswissenschaft e. V. (ifaa) einen Gestaltungsrahmen zur ganzheitlichen Gestaltung und Einführung mobiler Arbeit entwickelt. Um der Komplexität des Themas gerecht zu werden, sind dort auch Themen zu finden, die möglicherweise bei einem unstrukturierten Vorgehen nicht beachtet werden. Dazu gehören zum Beispiel:

- Arbeitszeit
- Arbeits- und Gesundheitsschutz
- Ergonomie
- Führung
- Datenschutz und Datensicherheit

2. Vorgehen

In vier Schritten können die Nutzer anhand praxiserprobter ifaa-Tools mobile Arbeit zielgerichtet, präventiv und gesundheitsgerecht planen und gestalten (siehe Abb. 1).

Schritt 1: Ableitung relevanter Leitfragen
Die erarbeiteten Leitfragen sollten zu Beginn des Prozesses von den betrieblichen Akteuren betrachtet werden, die sich mit dem Thema auseinandersetzen, sodass idealerweise ein gemeinsames Verständnis für die weitere Zusammenarbeit geschaffen wird.

Schritt 2: Handlungsfelder definieren und konkretisieren
Essenziell ist die Konkretisierung bzw. Eingrenzung von Handlungsfeldern. Die Akteure sollen sich damit vertraut machen und die Handlungsfelder für die weitere inhaltliche Arbeit nutzen. Das sind zum Beispiel:

- Anforderungen an die Organisation & betriebliche Infrastruktur, z.B.: Eignet sich mobiles Arbeiten für die jeweilige Tätigkeit und für die Beschäftigten? Gewährleisten die innerbetrieblichen Strukturen einen reibungslosen Ablauf?
- Anforderungen an die Technik, z.B.: Existieren technologische Mindeststandards im Unternehmen zur Einführung bzw. Umsetzung der mobilen Arbeit?
- Anforderungen an die Beschäftigten, z.B. Fähigkeit zur Selbstorganisation, Kommunikations- und Medienkompetenzen sowie Verantwortungs- und Leistungsbereitschaft.

Schritt 3: Handlungsfelder bearbeiten und Maßnahmen formulieren
Zur Ausgestaltung der in Schritt zwei dargestellten Handlungsfelder werden die folgenden Checklisten verwendet (siehe Punkt 3). Idealerweise sollte die Bearbeitung in einer vom Unternehmen erarbeiteten Reihenfolge erfolgen: Die Themen, die für das jeweilige Unternehmen eine hohe Priorität aufweisen, werden zuerst bearbeitet. Anschließend werden die niedriger priorisierten Themen angegangen. Die vom ifaa erstellten Checklisten bilden die inhaltliche Grundlage für die Weiterarbeit.

Als nächstes werden die Themen und Handlungsfelder nach dem jeweiligen Grad der Priorität ausgewählt und die dafür notwendigen Abschnitte in den Checklisten herausgesucht. Thematische Überschneidungen aus den einzelnen Checklisteninhalten sind dabei möglich. Ist dies der Fall, sollte das am besten zur betrieblichen Fragestellung passende Anwendungsfeld aus der Checkliste benannt werden.

Schritt 4: Maßnahmen umsetzen und evaluieren
Ausgehend von dem erstellten Plan werden anhand der Checklisten die Handlungsfelder in chronologischer Reihenfolge (vgl. Abb. 1) bearbeitet und in entsprechende Maßnahmenpläne überführt (Vorlagen dazu finden sich ebenfalls in den Checklisten). Der jeweilige Status Quo kann nun von den Verantwortlichen eingesehen und ggf. korrigiert werden.

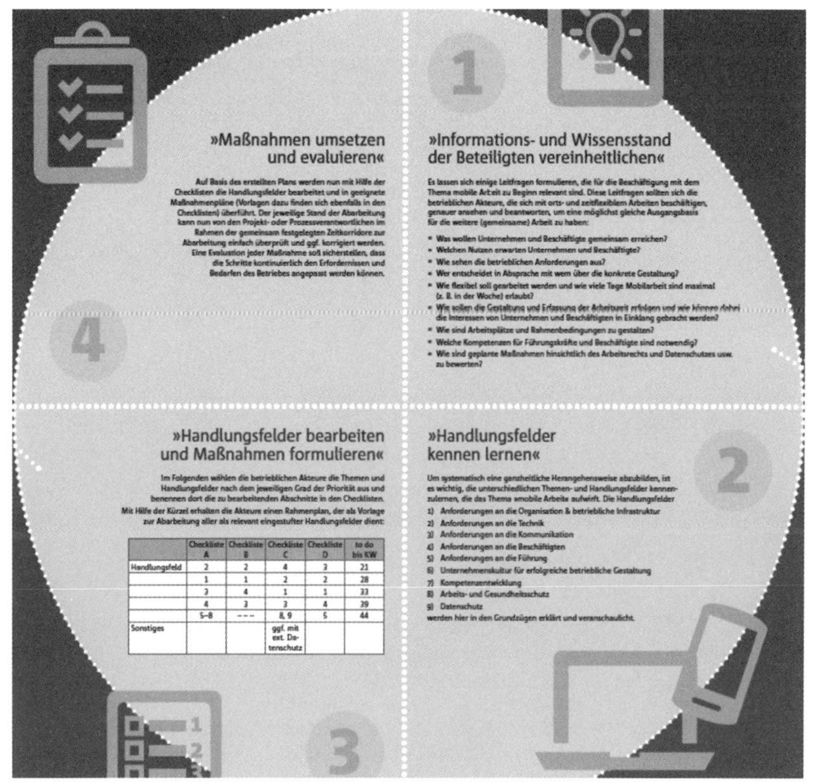

Abb. 1: Die vier Schritte der ganzheitlichen Gestaltung (https://www.arbeitswissenschaft.net/fileadmin/Downloads/Angebote_und_Produkte/Praesentationen/Ganzheitliche_Gestaltung_mobiler_Arbeit_A0_WEB.pdf)

3. Checklisten für ganzheitliche Gestaltung

Für die oben beschriebene ganzheitliche Gestaltung mobiler Arbeit werden die vom ifaa entwickelten und frei verfügbaren Checklisten eingesetzt und verwendet. Die folgende Auflistung gibt einen stichpunktartigen Überblick über die Inhalte der Checklisten. *Checkliste Ergonomie zur orientierenden Bewertung von Tätigkeiten, Arbeitsmitteln und Arbeitsumgebung* mit den Handlungsfeldern: Allgemeine Angaben zu Arbeitsmitteln und Arbeitsumgebung, Beleuchtung, Anordnung der Arbeitsmittel, Stuhl, Schreibtisch, Tastatur, Monitor, Software (https://www.arbeitswissenschaft.net/fileadmin/Downloads/Angebote_und_Produkte/Checklisten_Handlungshilfen/Checkliste_Ergonomie_Formular_2016.pdf).

Checkliste zur Gestaltung digitaler arbeitsbezogener Erreichbarkeit mit den Handlungsfeldern: Organisation, Kommunikation, Führung, Beschäftigte (https://www.

arbeitswissenschaft.net/fileadmin/Downloads/Angebote_und_Produkte/Checklisten_Handlungshilfen/Checkliste_Erreichbarkeit_Formular_zum_Ausfuellen.pdf).

Checkliste Eigenverantwortung für Leistung und Gesundheit bei der Arbeit mit den Handlungsfeldern: Eigenverantwortliches Handeln der Beschäftigten, Eigenverantwortliches Handeln der Führungskräfte, Eigenverantwortliches Handeln für die Gesundheit, Betriebliche Rahmenbedingungen zur Stärkung von eigenverantwortlichem Handeln (https://www.arbeitswissenschaft.net/fileadmin/Bilder/Angebote_und_Produkte/Checklisten_Handlungshilfen/Checkliste_Eigenverantwortung.pdf).

Checkliste zur Gestaltung mobiler Arbeit mit den Handlungsfeldern: Organisation und betriebliche Abläufe, Arbeitszeit, Arbeitsplatz, -ort und Ergonomie,, Arbeits- und Datenschutz, Anforderungen an Führungskräfte und Beschäftigte (https://www.arbeitswissenschaft.net/fileadmin/Downloads/Angebote_und_Produkte/Checklisten_Handlungshilfen/Checkliste_Mobile_Arbeit_Formular_2019_AR.pdf).

Literatur

Altun U (2017) *Checkliste zur Gestaltung digitaler arbeitsbezogener Erreichbarkeit.* Düsseldorf: ifaa.

Altun, U. (2018). *Checkliste zur Gestaltung mobiler Arbeit.* Düsseldorf: ifaa.

Bundesministerium für Familie, Senioren, Frauen und Jugend. (2019). *Nur das Ergebnis zählt. Leitfaden für mobiles Arbeiten in Betrieben.* Berlin. Verfügbar unter: https://www.bmfsfj.de/blob/112022/c97e3125b57faf5b2f6317afec5eacd0/nur-das-ergebnis-zaehlt--leitfaden-fuer-mobiles-arbeiten-inbetrieben-data.pdf. Abgerufen am 11.12.2019.

Hartmann, V., Schüth, N. J., Stahn, C., Altun, U. (2019). Ganzheitliche Gestaltung mobiler Arbeit. In: GfA (Hrsg.), *Arbeit interdisziplinär analysieren – bewerten – gestalten.* Bericht zum 65. Kongress der Gesellschaft für Arbeitswissenschaft vom 27. Februar – 1. März 2019 (Beitrag A.11.1). Dortmund: GfA-Press.

Ottersböck, N., Frost, M. C., Stahn, C. (2019). *Checkliste Eigenverantwortung für Leistung und Gesundheit bei der Arbeit.* Düsseldorf: ifaa. Verfügbar unter: https://www.arbeitswissenschaft.net/Checkliste_Eigenverantwortung. Abgerufen am 27.01.2020.

Sandrock, S. (Hrsg.). (2016). *Ifaa-Checkliste Ergonomie zur orientierenden Bewertung von Tätigkeiten, Arbeitsmitteln, Arbeitsumgebung.* Düsseldorf: ifaa.

Tanja Nagel[1], Henrik Habenicht[2], Julia Hoppe[2], Rüdiger Trimpop[2],
Jochen Lau[1] & Kay Schulte[1]
[1]Deutscher Verkehrssicherheitsrat (DVR),
[2]Friedrich-Schiller-Universität Jena (FSU Jena)

Organisationale Mobilität von Lkw-Fahrenden: Empirische Befunde zu Gefährdungen und Kompetenzen (GUROM)

Die Teilnahme am Straßenverkehr stellt einen erheblichen beruflichen Unfallschwerpunkt dar (vgl. DGUV, 2019; Gericke, 2017). Durch ihre hohe berufsbedingte Verkehrsteilnahme sind daher vor allem Lkw-Fahrende einer Vielzahl von Gefährdungsfaktoren ausgesetzt. Das zeigt sich auch an den Zahlen zu Arbeits- und Wegeunfällen im Straßenverkehr, welche in den vergangenen Jahren für Unfälle mit Lkw-Beteiligung stetig zugenommen haben (DGUV, 2019). Dabei sind es, neben Rad Fahrenden und zu Fuß Gehenden, vorwiegend die Kraftfahrerinnen und -fahrer selbst, die zu Schaden kommen. Es bedarf demnach entsprechender technischer und organisationaler Voraussetzungen sowie persönlicher Kompetenzen, um diese anspruchsvolle Arbeitsaufgabe sicher zu bewältigen.

Auf Basis einer deutschlandweiten Analyse werden mit Hilfe von GUROM mobilitätsbedingte Gefährdungen sowie individuelle und organisationale Kompetenz-Ressourcen identifiziert. GUROM ist ein adaptives Online-Instrument zur Gefährdungsanalyse und Risikobewertung organisationaler Mobilität und ermöglicht eine ganzheitliche Erfassung mobilitätsrelevanter Gefährdungsfaktoren sowie der Ableitung von Maßnahmen (Gericke, 2017). Initiiert und finanziert wird das Projekt durch den Deutschen Verkehrssicherheitsrat, umgesetzt von der Friedrich-Schiller-Universität Jena. Durch die Kooperation mit der AUVA kommt GUROM auch in Österreich zum Einsatz. Im Folgenden soll der Fokus auf den beruflichen Wegen und Fahrten liegen, welche mit dem Lkw zurückgelegt werden.

1. Erhebung beruflichen LKW-Fahrten in GUROM

GUROM ist ein adaptives Befragungsinstrument. Nachdem alle Inhaltsbereiche mit jeweils einer Frage pro Themenbereich abgefragt wurden (Screening), erhalten die Teilnehmenden nach einer kurzen Zwischenrückmeldung die Möglichkeit, detailliertere Angaben zu den jeweiligen Gefährdungsfaktoren zu machen (Detailbereich). Ziel der Erhebung zu beruflichen Fahrten und Wegen mit dem Lkw ist es, neben potenziellen Gefährdungen und deren Einflüsse auf die Verkehrsteilnahme auch individuelle und organisationale Kompetenzressourcen zu erfassen. Abbildung 1 stellt die Inhaltsbereiche für berufliche Fahrten und Wege mit den verfügbaren Verkehrsmitteln dar, die somit auch mit dem Lkw abgefragt werden.

Abb. 1: Inhaltsbereiche zu den Dienstwegen mit dem Lkw

2. Ergebnisse

2.1 Stichprobe

Es wurden Daten aus dem Erhebungszeitraum von 2017 bis 2018 ausgewertet. Die Stichprobe umfasst 80 Lkw-Fahrende (Lkw > 3,5 t). 89,6 % waren männlich und das Durchschnittalter lag bei 47 Jahren (*SD* = 10 J.). Die Lkw-Fahrenden arbeiteten 43,2 Stunden/Woche (*SD* = 4,3 Std.) und kamen auf eine durchschnittliche Fahrleistung von 32.000 km/Jahr (*SD* = 27.000 km). Die Branchen, die angegeben wurden, waren Bergbau (*n* = 22), Energie & Wasser, Abfall (*n* = 20), Verkehr (*n* = 18), Lagerei-, Kurier- und Güterverkehr. Es waren sowohl Kraftfahrerinnen und -fahrer aus Deutschland und Österreich in der Stichprobe vertreten. Die Vergleichsgruppe umfasste 1.120 Personen, die ihre beruflichen Fahrten und Wege mit dem Pkw zurücklegen. 76,5 % waren männlich und das Durchschnittsalter lag bei 50 Jahren. Die Pkw-Dienstfahrenden arbeiteten im Durchschnitt 40,8 Stunden/Woche und kamen auf eine durchschnittliche Fahrleistung von 11.000 km/Jahr.

2.2 Ergebnisse

Im Folgenden werden die auffälligsten *signifikanten* Ergebnisse dargestellt.

Screening-Ergebnisse

Im Vergleich zu Personen, die ihre beruflichen Fahrten und Wege mit dem Pkw zurücklegen (*M* = 1,72; *SD* = 1,1), arbeiten Lkw-Fahrende häufiger in Wechsel- und Nachtschichten (*M* = 3,47; *SD* = 1,4). 13 % der Lkw-Fahrenden gaben an, selten bis teilweise in Sekundenschlaf zu fallen und 22 % berichteten häufig bis sehr häufig von Problemen bei der Einhaltung von Lenk- und Ruhezeiten. Außerdem arbeiten sie häufiger unter körperlich belastenden Bedingungen, z.B. Lärm, Zwangshaltung, körperliche Anstrengungen (*M*= 3,17; *SD*=1,1), im Vergleich zu Pkw-Fahrenden (*M* = 1,82; *SD* = 0,93). Zusätzlich ist das soziale Klima bei der Arbeit (z.B. Vorgesetztenverhalten, Konflikte mit KollegInnen oder KundInnen) häufiger bei Lkw-Fahrenden gestört (*M* = 2,4; *SD* = 0,9) als bei Pkw-Fahrenden auf Dienstwegen (*M* = 2,2; *SD* = 0,9). Unter Zeitdruck oder bei Ablenkung fahren Lkw-Fahrende vorsichtiger (*M* = 2,06; *SD* = 0,9) als Pkw-Fahrende auf Dienstwegen (*M* = 2,56; *SD* = 1).

Detail-Ergebnisse „Organisation beruflicher Fahrten"

Mit dem Lkw werden auf beruflichen Fahrten und Wegen häufiger Ziele vergeblich angefahren (*M* = 2,33; *SD* =1,1) als mit dem Pkw (*M* = 1,92; *SD* = 0,9). Außerdem müssen Lkw-Fahrende öfters spontan zu einem anderen Ziel fahren (*M* = 3,06; *SD* =1,2) als Pkw-Fahrende (*M* = 2,08; *SD* = 0,9). Pkw-Fahrende sind eher mit der Organisation der Wartung ihres Dienstfahrzeuges (*M* = 4,16; *SD* = 0,9) und mit dem Dienstfahrzeug allgemein (*M*=4,2; *SD* =0,9) zufrieden als Lkw-Fahrende (M_{Orga} = 3,39; SD_{Orga} = 1,1; M_{Zufr} = 3,82; SD_{Zufr} = 0,8). Lkw-Fahrende sehen sich auf ihren beruflichen Fahrten und Wegen eher mit einer ungeeigneten Fahrzeugausstattung konfrontiert (*M* = 2,5; *SD* = 1,2) als Pkw-Fahrende (*M* = 1,71; *SD* = 0,9). Lkw-Fahrende sind häufiger besonderen Verkehrssituationen (u.a. Nachtfahrten, Unfallschwerpunkte, Gefahren durch andere Verkehrsteilnehmer) ausgesetzt (*M* = 3,87; *SD* = 1) als Pkw-Fahrende (*M* = 3,14; *SD* = 1). Außerdem passieren sie häufiger gefährliche Streckenabschnitte (*M* = 3,92; *SD* = 1) als Pkw-Fahrende (*M* = 3,24; *SD* = 0,9).

Detail-Ergebnisse „Stresserleben"

Lkw-Fahrende haben ein geringeres Stress- und Beanspruchungserleben als Pkw-Fahrende auf ihren beruflichen Fahrten und Wegen. Sie haben weniger Probleme bei der Bewältigung von Arbeitsaufgaben (*M* = 2,58; *SD* = 0,8) als Pkw-Fahrende (*M* = 3,02; *SD* = 0,9) und fühlen sich seltener angespannt (*M* = 1,92; *SD* = 0,9) als Pkw-Fahrende (*M* = 2,92; *SD* = 0,9). Lkw-Fahrende nehmen seltener Probleme von der Arbeit mit nach Hause (*M* = 2,12; *SD* = 1,2) als Pkw-Fahrende (*M* = 2,74; *SD* = 1,1). Dienstfahrten mit dem Lkw werden als weniger nervend (*M* = 2,03; *SD* = 0,6) und störend empfunden (*M* = 1,88; *SD* = 0,6) als bei Pkw-Fahrenden (M_{nerv} = 2,51; SD_{nerv} = 0,9; $M_{stör}$ = 2,27; $SD_{stör}$ =0,9). Lkw-Fahrende fühlen sich unter Zeitdruck weniger stark beeinträchtigt (*M* = 2,09; *SD* = 0,8) als Pkw-Fahrende (*M* = 2,39; *SD* = 0,9). Bei der Betrachtung der Ergebnisse sollte beachtet werden, dass es Unterschiede in der Bewertung der Dienstfahrten der beiden Gruppen gibt. Die Fahrten mit dem Lkw, z.B. Warentransporte, stellen die Arbeitsaufgabe selbst dar. Für Pkw-Fahrende sind Dienstfahrten meistens nur notwendig, um ihre Arbeitsaufgabe überhaupt erst ausführen zu können (z.B. Termin beim Kunden).

3. Fazit

Wie beim Unfallgesehen im Allgemeinen, sind auch die Ursachen für Verkehrsunfälle im Rahmen der Berufstätigkeit komplex. Um jedoch gezielt Präventionsansätze in der Praxis etablieren zu können, bedarf es der wissenschaftlichen Untersuchung potentieller Gefährdungsfaktoren sowie möglicher Ressourcen. Der vorliegende Beitrag zeigt, dass sich für Lkw-Fahrende vor allem Gefährdungen aus der Situation (besonders anspruchsvolle Verkehrssituationen wie Müdigkeit, insbesondere Sekundenschlaf, Ablenkung) sowie der Organisation (Nicht-Einhaltung von Ruhe- und Lenkzeiten, Schwierigkeiten mit Pausenzeiten, häufige spontane Routenänderungen, körperlich belastende Arbeitsbedingungen) ergeben. Die Ergebnisse verdeutlichen jedoch auch, dass das moderate Stresserleben als Ressource gestärkt werden sollte. Da nicht die Fahrten mit dem Lkw per se als beanspruchend empfunden werden, sondern vielmehr die Rahmenbedingungen bzw. Organisation dieser, kann an dieser Stelle sehr systematisch Präventionsarbeit angesetzt werden. Für die Praxis sollten u.a. mehr Fahrsicherheitstrainings und -ausbildungen angeboten werden, um beispielsweise den sicheren Umgang mit häufig auftretenden, besonderen Verkehrssituationen oder gefährlichen Streckenabschnitten zu üben. Weiterhin können Fuhrparkmanager, Fachkräfte für Arbeitssicherheit und Führungskräfte verstärkt darauf achten, dass Fahrzeuge in einem verkehrssicheren Zustand sind, die Wartungen regelmäßig durchgeführt werden und Arbeitshilfen eingesetzt werden. Ein weiterer Ansatzpunkt ist, die Organisationsstrukturen zu optimieren, indem das Zeit- und Pausenmanagement sowie die Tourenplanung überarbeitet werden.

Literatur

Deutsche Gesetzliche Unfallversicherung e. V. (DGUV) (2019). *Arbeitsunfallgeschehen 2018.* Statistik. Berlin.

Gericke, G. (2017). *Mobilität sicher gestalten: GUROM – die Entwicklung eines adaptiven Instrumentes zur Gefährdungsbeurteilung für die beruflich bedingte Mobilität.* Jena.

Martin Templer
systemkonzept – Gesellschaft für Systemforschung und Konzeptentwicklung mbH
Köln

Evaluation mit dem CIPP-Modell: Ergebnisse im DGUV-Forschungsprojekt BestMobil

1. Projekt BestMobil

Ziel des DGUV-Forschungsprojekts BestMobil war es, die Belastungen und Gefährdungen von mobil Beschäftigten systematisch zu erfassen und wissenschaftlich fundierte Präventionsmaßnahmen im Rahmen der berufsbedingten Mobilität zu empfehlen.

Als Zielgruppe wurden mobil Beschäftigte der Berufsgruppen ambulanter Pflegedienst, Rettungsdienst, Service/Montage und Vertrieb/Beratung ausgewählt, die sich zu externen Einsatzorten begeben, um ihre Arbeitsaufgabe auszuführen („mobility for work").

In der Interventionsstudie erfolgte zur Ermittlung von differenzierten Belastungsprofilen der ausgewählten Zielgruppe eine GUROM-Onlinebefragung und eine tätigkeitsbezogene Arbeitssystemanalyse in ausgewählten Unternehmen. Gleichermaßen wurde über einen Zeitraum von einer Arbeitswoche mittels einer Tagebuchstudie der tagesaktuelle Zustand von ausgewählten mobil Beschäftigten hinsichtlich physiologischer und psychologischer Merkmale erfasst und eine umfassende Fahrbegleitung zur Erfassung physiologischer und psychologischer Stressparameter während der Fahrtätigkeit durchgeführt. Ausgehend von den Ergebnissen der angewendeten Verfahren wurden unternehmensspezifische Interventionsmaßnahmen durchgeführt. Den Abschluss der Interventionsstudie des Projekts bildete die Postmessung, d. h. die Wiederholung des oben beschriebenen Vorgehens, um mögliche Effekte der durchgeführten Maßnahmen abbilden zu können. Hierbei erfolgte die Evaluation des Forschungsprojekts auf Grundlage des CIPP-Modells von Stufflebeam (2003).

2. Das CIPP-Modell und Anwendung im Projekt

Das CIPP-Modell von Stufflebeam (2003) ist ein umfassendes Evaluationsmodell für größere Programme und Vorhaben, die nachhaltige Verbesserungen im jeweiligen Anwendungsgebiet erzielen wollen. CIPP steht dabei als Akronym für die Begriffe Kontext (engl. context), Input, Prozess und Produkt, die gleichzeitig die Modellphasen beschreiben.

Im Forschungsprojekt BestMobil wurden im Rahmen der *Kontextevaluation* die Bedarfe der Stakeholder, die Ziele des Projekts sowie der Nutzen für die Stakeholder untersucht. Ziel der *Inputevaluation* war es, die vorgesehene Strategie des Programms in Bezug auf ihre Responsivität bezüglich eingeschätzter Bedarfe sowie bezüglich der Umsetzbarkeit einzuschätzen und die Projektstrategie gemäß wichtiger Forschungsliteratur zu bewerten. Die *Prozessevaluation* diente der Prozessoptimierung, indem alle Aktivitäten im Rahmen des Projekts erfasst, dokumentiert und bewertet wurden. Bei der *Produktevaluation* wurden die vier Bereiche Impact, Effektivität, Nachhaltigkeit und Übertragbarkeit betrachtet, um eine umfassende Aus- und Bewertung der Projektergebnisse und deren Auswirkungen zu erhalten.

Im Nachfolgenden werden ausgewählte Ergebnisse der Prozess- und Produktevaluation dargestellt, die den Schwerpunkt im Forschungsprojekt bildeten.

2.1 Ergebnisse der Prozessevaluation

Zur Dokumentation und Auswertung der Prozesse wurde im Projekt eine Vorlage erstellt und allen Projektpartnern, die an der Unternehmensbetreuung beteiligt waren, zur Verfügung gestellt.

Zur Strukturierung und Organisation im Projektverbund wurde für jedes teilnehmende Unternehmen ein Unternehmensprofil mit Eckdaten und individuellem Zeitplan erstellt. Sämtliche *Aktivitäten* in den einzelnen Unternehmen wurden einheitlich in der Vorlage erfasst und dokumentiert. Jedes betriebliche Einzelprojekt gliederte sich in vordefinierte Projektschritte: Einen Kick-Off im Betrieb zur Erfassung der betrieblichen Ausgangslage, Analysen (GUROM, Arbeitssystemanalyse, Tagebuchstudie und Fahrbegleitung) zur Messung konkreter mobilitätsbezogener Parameter vor und nach Durchführung der Interventionsmaßnahmen, die Vorstellung der Ergebnisse und Maßnahmenvorschläge im Betrieb, die Durchführung einzelner Maßnahmen sowie ein Abschlussgespräch im Betrieb. Insgesamt haben 15 von 38 Unternehmen an den Aktivitäten im Projekt teilgenommen. Allerdings haben aus betrieblichen Gründen, wie z.B. Umstrukturierungen, Wechsel der Unternehmensleitung und somit eine höhere Priorisierung anderer betrieblicher Aktivitäten wie der Einführung von Managementsystemen oder von Zertifizierungsprozessen, 6 von 15 Unternehmen an den Interventionsmaßnahmen und Postmessungen nicht teilgenommen.

Bezogen auf die eingesetzten Analyseverfahren zeigt sich bei der *GUROM-Onlinebefragung,* dass bei den ausgewählten Unternehmen die Teilnehmerquote zum Zeitpunkt der Zweiterhebung im Vergleich zur Ersterhebung deutlich gesunken ist. Als mögliche Ursachen können der lange zeitliche Abstand zwischen der Erst- und Zweiterhebung aufgrund der Verzögerung bei der Maßnahmendurchführung, Wechsel der beteiligten Personen, wenig Interesse an einer Wirkungsmessung und der zeitliche Aufwand (30 min.) zur Beantwortung der Fragen aufgeführt werden, die im Rahmen der Prozessevaluation ermittelt wurden.

Die *Arbeitssystemanalyse* erfolgte persönlich vor Ort oder mittels Telefoninterviews mit sowohl Führungskräften als auch betrieblichen Arbeitsschutzakteuren. Insbesondere bei Betrieben, die aufgrund großer räumlicher Distanzen schwer zu erreichen waren, haben sich die Telefoninterviews als sehr effektives Kommunikationsmittel erwiesen. Im Laufe des Projekts zeigte sich in den Gesprächen mit den Führungskräften, dass der Leitfaden zur Arbeitssystemanalyse zu umfangreich war und den Führungskräften teilweise fachlich-methodische Kenntnisse im Arbeitsschutz fehlten, sodass eine Anpassung des Leitfadens erfolgte.

Im Rahmen des Projekts sollten eine Erfassung kardiovaskulärer Parameter (Blutdruck und Herzfrequenz) mittels eines Langzeitblutmessgerätes und eine Cortisolmessung während der Fahrt erfolgen, die sich im Projekt als nicht praktikabel erwiesen. Als Alternative wurde eine *Fahrbegleitung* zur Messung der Herzratenvariabilität (Pulsuhr, Brustgurt) bei gleichzeitiger Erfassung der Verkehrssituation (über GPS, Kamera und schriftlichen Erfassungsbogen) durchgeführt. Ziel der Fahrbegleitung war es, die Beanspruchungssituation von ausgewählten mobil Beschäftigten während der Fahrtätigkeit an einem Arbeitstag zu erfassen, die sich als praxistauglich erwies und im Laufe des Projekts optimiert wurde.

2.2 Ergebnisse der Produktevaluation

Im Rahmen der Produktevaluation wurden die vier Bereiche Impact, Effektivität, Nachhaltigkeit und Übertragbarkeit betrachtet, um eine umfassende Aus- und Bewertung der Projektergebnisse und deren Auswirkung zu erhalten.

Das Ziel der *Impactevaluation* war die Einschätzung des Ausmaßes, inwieweit die tatsächlich erreichte Zielgruppe mit der im Projektantrag vorgesehenen Zielgruppe übereinstimmt. Anhand eines morphologischen Kastens konnte gezeigt werden, dass die Merkmale und Ausprägungen der vorgesehenen Zielgruppe mit denen der erreichten Zielgruppe übereinstimmen.

Im Rahmen der *Effektivität* wurden die Outcomes anhand einer Befragung der Beschäftigten nach Durchführung der Maßnahmen ermittelt und überprüft, inwieweit sich die Belastungssituation der mobil Beschäftigten verändert hat. Die befragten mobil Beschäftigten ($N = 30$) gaben an, hinsichtlich der durchgeführten Maßnahmen etwas Neues dazugelernt zu haben. Hierzu zählen exemplarisch auf das Fahrsicherheitstraining bezogen, das Kennenlernen der Grenzbereiche des eigenen Fahrzeugs und die Verbesserung des eigenen Fahrverhaltens. Über alle Maßnahmen hinweg zeigt sich, dass die mobil Beschäftigten ($N = 30$) die erarbeiteten Ergebnisse bzw. das neu Gelernte aus der Maßnahme bei ihrer täglichen Arbeit nutzen und umsetzen.

Die *Nachhaltigkeit* wurde mithilfe von Bewertungsbögen nach jeder Maßnahme erfasst, um zu überprüfen, inwieweit das Thema Mobilität, die Projekterfolge, die Maßnahmen sowie die angewendeten Analyseverfahren nach Projektende fortgeführt werden. Die befragten mobil Beschäftigten ($N = 30$) gaben an, dass die Maßnahme, an der Sie teilgenommen haben, langfristig ihre Sicherheit und Gesundheit bei der Arbeit erhöht. Ein ähnliches Bild zeichnet sich auch bei den befragten Führungskräften und Arbeitsschutzakteuren ($N = 6$) ab. Diese gaben an, dass es Projekterfolge gibt, die auf Dauer bestehen werden. Hierzu zählen z.B. die Umsetzung der Tipps aus dem Eco Safety Training und die Fortführung von Fahrsicherheitstrainings.

Die *Übertragbarkeit* wurde als Telefoninterview orientiert an einem im Projekt entwickelten Leitfaden am Beispiel von zwei Unternehmen erfasst. An der ersten Befragung hat ein Geschäftsführer eines Speditionsunternehmens teilgenommen. Den Großteil der Angestellten bildeten die Berufskraftfahrer, die der Mobilitätsform „mobility as work“ zuzuordnen sind und deren Hauptaufgabe das Fahren selbst ist. Als zweites Unternehmen wurde ein Geschäftsführer eines Beratungs- und Dienstleistungsunternehmens im Gesundheitsmanagement befragt, deren Beschäftigte häufig unterwegs arbeiten, vornehmlich im Zug, und somit der Mobilitätsform „mobility while working“ zuzuordnen sind. Die beiden Zielgruppen wurden hinsichtlich der Relevanz des Projekts, der Qualität der Bedeutsamkeit, Wiederholbarkeit und Wahrscheinlichkeit der eigenen Durchführung befragt, um Erkenntnisse zur Übertragbarkeit des Projekts auf andere Zielgruppen zu erhalten.

3. Fazit

Wie die ausgewählten Ergebnisse der Evaluation im Forschungsprojekt BestMobil zeigen, liegt der Fokus des CIPP-Modells nicht beim Prüfen der Wirksamkeit von Maßnahmen, sondern beim Verbessern. Stufflebeam (2003) formulierte treffend: „Not to prove, but to improve“. Somit geht die Evaluation mit dem CIPP-Modell weit über die reine Evaluation von Effekten, Wirksamkeiten und Wirkungen hinaus und ermöglicht eine summative Evaluation unter Berücksichtigung der vier Bereiche Kontext, Input, Prozess und Produkt.

Literatur

Stufflebeam, D. L. (2003). The CIPP Model for Evaluation. In T. Kellaghan, D. L. Stufflebeam (Hrsg.), *International Handbook of Educational Evaluation. Kluwer International Handbooks of Education, vol. 9.* Dordrecht: Springer.

Arbeitskreis

Gesundheitsförderung und Gesundheitsschutz: „Good Practice Studien“

Leitung: Sabine Gregersen

Sebastian Beitz, Sascha Lücke & Rainer Wieland

Qualitätskriterien und strukturiertes Vorgehen im BGM. Die Einführung des 5x5 Wirkungsmodells im BGM der Firma AUMA Riester GmbH

Sarah Bittner, Kim-Kristin Gerbing, Lotte Schwärzel & Eva Lotta Vobis

Wertschätzung und Gesundheit in Krankenhäusern und Pflegeeinrichtungen – zentrale Herausforderungen und Handlungsfelder

Christian Damke, Jella Heptner & Christian Schwennen

Synergien für Gesundheitsmanagement und Gefährdungsbeurteilung psychischer Belastung. Das „5x1+1 für Sicherheit und Gesundheit“

Sabine Gregersen, Sylvie Vincent-Höper, Maie Stein, Friederike Teetzen & Albert Nienhaus

Evaluation einer Intervention zur gesundheitsförderlichen Führung in der KiTa

Sebastian Beitz[1], Sascha Lücke[2] & Rainer Wieland[1]
[1]IOP.BUW – Institut für Organisationspsychologie (Bergische Universität Wuppertal), [2]AUMA Riester GmbH

Qualitätskriterien und strukturiertes Vorgehen im BGM – Die Einführung des 5x5 Wirkungsmodells im BGM der Firma AUMA Riester GmbH

1. Einleitung und Ausgangslage

Die AUMA Riester GmbH & Co. KG ist ein familiengeführtes Unternehmen mit Hauptsitz in Müllheim (Baden-Würtemberg). Das Unternehmen beschäftigt an 30 Standorten weltweit 2300 Mitarbeiter und gehört zu den führenden Armaturen- und Maschinen-Antriebe-Hersteller. Zu den Hauptgeschäftsfeldern zählen die Energiewirtschaft, Wasserwirtschaft und die Petrochemie.

Das Unternehmen hat bereits früh den Stellenwert der Mitarbeitergesundheit für ein langfristig erfolgreiches Handeln erkannt. So lassen sich für den Zeitraum von 2016 bis 2019 eine Vielzahl von verhältnis- und verhaltensbezogenen Maßnahmen dokumentieren. Dazu gehören Maßnahmen in den Handlungsfeldern Bewegung, Ernährung, Stress, Sucht, Betriebsmedizin, Analysen, gesunde Führung und sonstige Maßnahmen wie Ergonomieberatung. Nichtsdestotrotz ist das Unternehmen bestrebt seine BGM-Aktivitäten weiterhin zu verbessern und zu professionalisieren.

2. Voranalyse und Bewertung der Qualität des BGM – Erstellung des AUMA-Riester BGM-Qualitäts-Index

In der Literatur finden sich mittlerweile viele Hilfestellungen, um die Qualität von BGM als ganzheitliches Managementsystem zu verbessern. Neben exemplarischen Best-Practice-Beispielen (z. B. EfH, INQA) stellen verschiedene Institutionen Selbstberichtsverfahren zur Verfügung (z. B. ENWHP). Darüber hinaus wurde anhand der DIN SPEC 91020 ein entsprechender Qualitätsstandard definiert (Kaminski, 2013). Auch bei gesetzlichen Institutionen wie der DGUV finden sich Empfehlungen für einen qualitativ hochwertigen BGM-Prozess.

Um den Ist-Zustand des BGM der Firma AUMA Riester GmbH zu ermitteln, wurde aus den genannten Qualitätskriterien ein integrativer Kriterienkatalog erarbeitet, der die folgenden Kategorien enthält: „Rahmenbedingungen", „Führung", „Steuerung, Prozess und Planung", „Maßnahmen" und „Qualitätssicherung".

Auf Basis der zuvor erarbeiteten Qualitätskriterien wurde vom Unternehmen der sogenannte AUMA-BGM-Qualitätsindex entwickelt und seit 2016 kontinuierlich weiterentwickelt. 2019 entstand die für diesen Beitrag maßgebliche Version. Zur Bewertung der einzelnen Kategorien werden Unterkategorien herangezogen und auf einer vierstufigen Skala bewertet. Beispielsweise wird die Kategorie „Steuerung, Prozess und Planung" in die Subkategorien „Kennzahlen", „Wirkungen", „GBU Psyche" und „Analyse" aufgeteilt. Die einzelnen Bereiche werden im Selbstbericht eingeschätzt. Für jede Kategorie wird anhand der Subkategorien ein prozentualer Wert, der den Grad der Zielerreichung beschreibt, gebildet. Der Gesamtwert ergibt sich aus dem arithmetischen Mittel aller fünf Kategorien. Das Ergebnis für die AUMA Riester GmbH ist in Abbildung 1 dargestellt.

Kategorie	Qualitätsindex
Rahmenbedingungen	75%
Führung	39%
Steuerung, Prozess und Planung	43%
Maßnahmen	77%
Qualitätssicherung	55%
AUMA-BGM-Qualitätsindex (aktuell)	57,8%

Bewertung:
0 bis 33% hohes Verbesserungspotenzial
34 bis 66% mittleres Verbesserungspotenzial
67 bis 100% geringes Verbesserungspotenzial

Abb. 1: Ergebnisse des AUMA-BGM-Qualitätsindex

Die Ergebnisse der Analyse zeigen, dass hinsichtlich der „Rahmenbedingungen" (z. B. Vorhandensein von Ressourcen, BGM-Kommunikation) und der Implementierung von „Maßnahmen" bereits ein gutes Niveau erreicht ist. In Bezug auf „Führung" (z. B. Führungskonzept/Leitbild, Führungskompetenzen), „Steuerung, Prozess und Planung (z. B. Klarheit über Ursache-Wirkungsbeziehungen bei Arbeit und Gesundheit) und „Qualitätssicherung" zeigen sich noch Verbesserungspotenziale.

Eine Detailbetrachtung der Subkategorien offenbart, dass u. a. hinsichtlich eines gesundheitsbezogenen Führungskonzeptes/Leitbildes, einer diesbezüglich systematischen Entwicklung von Führungskompetenzen, der Klarheit über Ursache-Wirkungsbeziehungen in Bezug auf Arbeit und Gesundheit sowie einer regelmäßigen Qualitätssicherung am meisten Entwicklungsbedarf besteht.

3. Implikationen aus der Voranalyse – Die Einführung des FFW-Modells

Die zuvor beschriebene Analyse aufgreifend, versprach das FFW-Modell (Wieland & Hammes, 2014; Wieland, 2018) für einen erheblichen Teil der benannten Problemfelder einen deutlichen Mehrwert bieten zu können. Eine wesentliche Funktion des Modells ist die systematische und ganzheitliche Darstellung zentraler Zusammenhänge von Arbeit und Gesundheit (siehe Abb. 2).

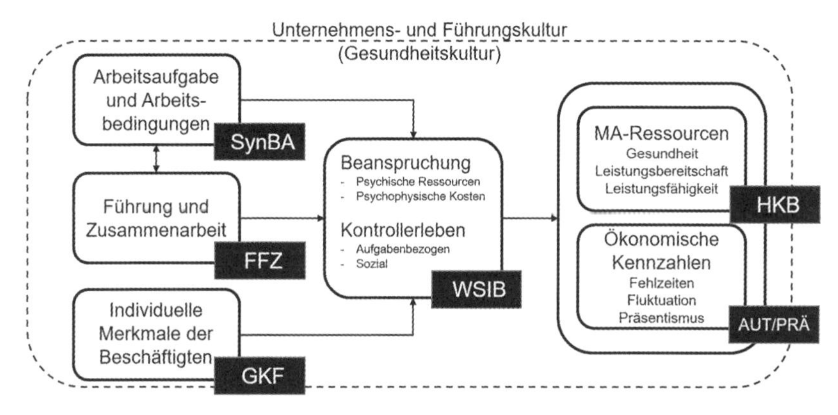

Abb. 2: Zusammenhänge von Arbeit und Gesundheit im FFW-Modell

Dadurch eignet es sich nicht nur als didaktisches Werkzeug zur Wissensvermittlung, sondern auch als Ansatzstelle für eine ganzheitliche Analyse, Gestaltung und kontinuierlicher Evaluation. Ferner lässt sich so leichter eine gemeinsame Ziel- und Aufgabenorientierung unter den betrieblichen Akteuren erreichen. Das FFW-Modell diente bereits in vielen Praxisprojekten als handlungsleitendes Rahmenmodell und konnte die propagierten Funktionen unter Beweis stellen.

4. Durchführung einer Gesundheitsbefragung (inkl. GBU Psyche)

Auf Basis des FFW-Modells und der darin implementierten Erhebungsverfahren wurde eine Gesundheitsbefragung in Form einer Gefährdungsbeurteilung psychischer Belastung am Hauptstandort durchgeführt. Der Prozess orientierte sich dabei an den Empfehlungen der GDA (2017).

Nach erfolgter Datenerhebung wurden die Ergebnisse den Befragten zurückgemeldet und Maßnahmen in entsprechenden Analyseworkshops partizipativ abgeleitet. Dabei lieferten v.a. die im SynBA-Verfahren implementierte Ampeldiagnostik und das durch den WSIB abgebildete Job-Strain-Control-Modell (Wieland & Hammes, 2014) aus praxisbezogener Perspektive wertvolle Ergebnisse.

5. Bewertung des Gesamtprojektes und Fazit

Nach Ablauf des Projektes konnte insgesamt ein positives Fazit gezogen werden. Zum einen hat sich die vorgeschaltete Analyse des bestehenden BGM-Systems anhand des erarbeiteten Kriterienkataloges als überaus nützlich erwiesen. Anhand der Analyseergebnisse wurde ein empiriegeleiteter Reflexionsprozess angestoßen, der trotz engagierter BGM-Aktivitäten im Vorfeld einige Verbesserungspotenziale hat aufzeigen können.

Die daraus resultierende Einführung des FFW-Modells als handlungsleitendes Rahmenmodell konnte ebenfalls einen spürbaren positiven Beitrag zur Weiterentwicklung der BGM-Aktivitäten der AUMA Riester GmbH leisten. Führungskräfte und Entscheidungsträger (z. B. Lenkungskreis, Betriebsrat) konnten durch ein gemeinsames Verständnis der Zusammenhänge von Arbeit und Gesundheit „an Bord" geholt werden. Die im Modell dargestellten Zusammenhänge halfen über das Thema Gesundheit und dessen Einflussfaktoren ins Gespräch zu kommen und ein Bewusstsein für gesundheitsförderliche Arbeitsbedingungen zu schaffen. Abschließend besteht nun mit dem FFW-Modell ein systematischer Rahmen zur Einbettung zukünftiger Befragungsergebnisse im Sinne eines Gesundheitscontrollings.

Der Gesamtprozess, das eingeführte FFW-Modell und die daran anschließenden Gespräche und Workshops wurden insgesamt von allen beteiligten Akteuren positiv bewertet.

Literatur

Wieland, R. & Hammes, M. (2014). Wuppertaler Screening Instrument Psychische Beanspruchung (WSIB) – Beanspruchungsbilanz und Kontrollerleben als Indikatoren für gesunde Arbeit. *Journal Psychologie des Alltagshandelns, 7*(1), 30–50.

GDA. (2017). *Arbeitsschutz in der Praxis. Empfehlungen zur Umsetzung der Gefährdungsbeurteilung psychischer Belastung* (3., überarbeitete Aufl.). Berlin.

Kaminski, M. (2013). *Betriebliches Gesundheitsmanagement für die Praxis. Ein Leitfaden zur systematischen Umsetzung der DIN SPEC 91020.* Wiesbaden: Springer

Weitere verwendete Literatur und genauere Angaben zum Vorgehen können von den Autoren bezogen werden.

Sarah Bittner, Kim-Kristin Gerbing, Lotte Schwärzel & Eva Lotta Vobis
Team Gesundheit Gesellschaft für Gesundheitsmanagement mbH

Wertschätzung und Gesundheit in Krankenhäusern und Pflegeeinrichtungen – Herausforderungen und Handlungsfelder

1. Einleitung

Wertschätzung stellt ein höheres Bedürfnis des Menschen dar (Maslow, 1968). Wertschätzung bzw. fehlende Wertschätzung kann sich auf unterschiedliche Weise sowohl positiv als auch negativ auf die Gesundheit von Mitarbeitenden auswirken (Hinding, Akca & Kastner, 2012; Matyssek, 2011). Durch das Empfinden von Wertschätzung werden Hormone freigesetzt: Dopamin, für eine verbesserte Konzentrations- und Leistungsfähigkeit, Endorphine, die ein gesteigertes Wohlbefinden hervorrufen, sowie das Vertrauens- und Bindungshormon Oxytoxin. Wertschätzung bzw. fehlende Wertschätzung wirkt sich dementsprechend positiv bzw. negativ auf das Depressionsrisiko, Ängste, Gratifikationskrisen und Herz-Kreislauf-Erkrankungen aus. Insgesamt wird Wertschätzung als soziale Unterstützung, Stresspuffer und als Motivationsfaktor empfunden. Fehlende Wertschätzung hingegen gilt als Belastungsfaktor, der sich negativer auf die Psyche auswirken kann, wie etwa eine generell hohe Arbeitsbelastung. Infolgedessen kann es zu geringerer Arbeits- und Leistungsfähigkeit, höheren Fehlzeiten und innerer Kündigung kommen (Matyssek, 2011; Semmer, Jacobshagen & Meier, 2006). Ein wertschätzender Umgang miteinander sowie eine wertschätzende Führungs- und Unternehmenskultur bildet den Grundstein für eine nachhaltig wirkende Gesundheitsförderung, Prävention und somit für ein erfolgreiches Betriebliches Gesundheitsmanagement (BGM). Im Kontext von Pflegenotstand, Ärztemangel und demographischem Wandel sehen sich Krankenhäuser und Pflegeeinrichtungen besonderen Herausforderungen gegenüber. Darüber hinaus zeigt sich insbesondere bei Pflegekräften eine hohe Belastung und Unzufriedenheit auf Grund mangelnder bzw. fehlender Wertschätzung und Anerkennung allgemein (Buxler, 2011; Hellweg & Müller, 2012).

Vor diesem Hintergrund legt die Initiative WERTGESCHÄTZT den Fokus auf Wertschätzung und Gesundheit in Krankenhäusern und Pflegeeinrichtungen.

2. Initiative WERTGESCHÄTZT

In der Initiative WERTGESCHÄTZT haben sich über 30 Betriebskrankenkassen mit dem Ziel zusammengeschlossen Krankenhäuser und Pflegeeinrichtungen dabei zu unterstützen ein nachhaltiges BGM weiterzuentwickeln bzw. aufzubauen. Umsetzungspartner der Initiative ist die Team Gesundheit GmbH. Aktuell nehmen bundesweit knapp 50 Krankhäuser und 20 Pflegeeinrichtungen an der Initiative WERTGESCHÄTZT kostenfrei teil.

Im Rahmen der Initiative WERTGESCHÄTZT werden diese beim Aufbau und der Weiterentwicklung ihres BGM sowie einer gesundheitsfördernden, wertschätzenden Unternehmenskultur begleitet. Dabei steht die Beratung zum Aufbau von betrieblichen Strukturen, eine Bedarfsanalyse, die Entwicklung von Gesundheitszielen sowie die Ableitung, Umsetzung und Evaluation von verhaltens- und verhältnispräventiven Maßnahmen im Fokus.

Zur Erfassung der Ist-Situation werden in den Einrichtungen teilstrukturierte Interviews und Begehungen durchgeführt sowie Checklisten zur Analyse des BGM eingesetzt. Zusätzlich werden einrichtungsbezogene Controllingdaten hinsichtlich Fehlzeiten und Altersstruktur erhoben. Die Ergebnisse von Mitarbeiterbefragungen, der Gefährdungsbeurteilung psychischer Belastungen oder Hinweise aus Gesundheitsberichten der Krankenkassen fließen ebenfalls in die Gesamtanalyse mit ein. Anhand dieser Datenbasis konnten zentrale Herausforderungen und Handlungsfelder identifiziert werden.

3. Herausforderungen und Handlungsfelder

Hinsichtlich der Ist-Situation bestehender Strukturen und Rahmenbedingungen für ein BGM ergab sich ein heterogenes Bild in den Einrichtungen. Einige Einrichtungen haben bereits etablierte BGM-Strukturen, wie einen Steuerkreis oder verantwortliche Betriebliche GesundheitsmanagerInnen, wohingegen andere Einrichtungen erst anfangen, sich mit der Thematik zu befassen. Zudem gibt es sehr unterschiedliche Auffassungen vom Grundverständnis eines BGM und davon, was es leisten kann und soll. Neben der Gesunderhaltung der Mitarbeitenden soll es zunehmend für die Personalmarketingstrategie genutzt werden. In den meisten Einrichtungen werden bereits gesundheitsfördernde Maßnahmen angeboten, die häufig von den Krankenkassen unterstützt werden. Diese sind jedoch selten in ein strategisches Gesamtkonzept eingebettet.

Bezüglich der Umsetzung der Gefährdungsbeurteilung psychischer Belastungen ergibt sich ein ähnlich heterogenes Bild. Angesichts der kritischen Ausprägungen von Belastungsfaktoren sind jedoch kaum Unterschiede erkennbar. Aufgrund der strukturellen und personellen Rahmenbedingungen in Krankenhäusern und Pflegeinrichtungen zeigt sich in vielen Bereichen ein akuter Personalmangel, der mit hohem Zeitdruck sowie Arbeitsaufkommen einhergeht. Hinzu kommen viele Überstunden und das kurzfristige Einspringen für nicht besetzte Dienste sowie die daraus resultierenden ungünstig gestalteten Schichtwechsel. Das Wissen um die Folgen von zu geringer Kapazität und Versorgungszeit für Patienten und Pflegebedürftige wird als eine weitere hohe Belastung wahrgenommen. Darüber hinaus zeigt sich eine schwierige Kommunikation und Kooperation innerhalb und zwischen den Berufsgruppen in den Einrichtungen. Hierbei spielen, insbesondere in Krankenhäusern, starke Hierarchiegefälle eine besondere Rolle. Eine weitere Herausforderung stellen diverse Teams dar. In vielen Teams kommt es aufgrund von Qualifikationsunterschieden, Generationsunterschieden sowie kulturellen Unterschieden zu Spannungen und Konflikten. Um dem Personalmangel zu begegnen, rekrutieren Krankenhäuser und Pflegeeinrichtungen nicht selten Fachkräfte aus dem Ausland und Personalengpässe werden durch Leiharbeitnehmende kompensiert. Es zeigen sich insgesamt unterschiedliche Auffassungen der eigenen Rolle und Einstellung gegenüber der Arbeit insgesamt. Angesichts des demographischen Wandels und zunehmend alternden Belegschaften stellen zum Teil körperlich schwere Tätigkeiten ein weiteres Problem im Kontext Diversität dar.

Insbesondere im Bereich Pflege empfinden Mitarbeitende zu wenig bis kaum Anerkennung durch KollegInnen, Vorgesetzte und PatientenInnen. Zunehmende physische und verbale Gewalt gegenüber Mitarbeitenden wirkt weiterhin belastend. Führungskräfte sind somit besonderen Herausforderungen ausgesetzt. Erschwerend wirkt, dass Führungskräften häufig aufgrund des hohen Arbeitsaufkommens und breiten Aufgabenspektrums die zeitlichen Ressourcen fehlen, um ihren Führungsaufgaben gerecht zu werden. Nicht selten wird der Führungsaufgabe sowohl von Seiten der Organisation als auch von der Führungskraft selbst vom Selbst- und Rollenverständnis her eine zu geringe Wertigkeit beigemessen. Mangelnde Fort- und Weiterbildungen im Bereich der Führungskräfteentwicklung verschärfen dies.

Die Unternehmenskultur bzw. das Fehlen einer gesunden und wertschätzenden Kultur konnte schließlich als ein grundlegendes Problem im Kontext der Implementierung eines nachhaltigen Betrieblichen Gesundheitsmanagements identifiziert werden. Stress, Verspannungen, geringere Arbeits- und Leistungsfähigkeit bis hin zu Frustration und innerer Kündigung sowie Gratifikationskrisen lassen sich als Auswirkungen fehlender Wertschätzung beobachten. Viele Krankenhäuser und Pflegeeinrichtungen sind demzufolge mit hohen Fehlzeiten, vielen Langzeiterkrankten sowie einer hohen Fluktuation konfrontiert.

4. Diskussion

Es besteht dringender Handlungsbedarf in Krankenhäusern und Pflegeeinrichtungen die Arbeitsbedingungen zu verbessern und gesundheitsgerecht zu gestalten. Jedoch stellt sich die Frage, inwiefern ein BGM angesichts der beschriebenen Herausforderungen, akuten Personalmangels und somit knapper zeitlicher und personeller

Ressourcen überhaupt authentisch und realisierbar ist. Nur ein systematisches BGM, welches auch an der Entwicklung einer wertschätzenden Unternehmenskultur ansetzt, bietet langfristig die Chance die Gesundheit der Mitarbeitenden zu erhalten und zu fördern.

Das Konzept der Initiative WERTGESCHÄTZT setzt an dieser Stelle an und basiert auf vier WerteWelten: SelbstWert stärken, FührungsWerte verankern, GemeinschaftsWerte pflegen und ErfahrungsWerte verbinden. Die teilnehmenden Einrichtungen werden beim Auf- und Ausbau eines nachhaltigen BGM begleitet, beraten und entsprechend ihrer Bedarfe und Bedürfnisse im Kontext der WerteWelten durch ein individuell gestaltetes Maßnahmenpaket unterstützt. Um alle Mitarbeitenden trotz der schwierigen Rahmenbedingungen zu erreichen und aktiv in die Initiative einzubinden, setzt die Initiative WERTGESCHÄTZT neben den klassischen verhaltens- und verhältnispräventiven Maßnahmen, die dabei die schwierigen zeitlichen Ressourcen und Besonderheit im Pflege- und Klinikalltag berücksichtigen und adressieren, auch auf niedrigschwellige Angebote, E-Learning Module, Podcasts zu Gesundheitsthemen sowie den Einsatz von sozialen Medien. Alle Maßnahmen zielen gleichzeitig auch darauf ab, mehr Wertschätzung in den Arbeitsalltag zu bringen und somit eine wertschätzende Unternehmenskultur zu etablieren. Kulturwandel braucht jedoch Zeit, Geduld und muss gewollt und aktiv von innen heraus geschehen. Er kann nur dadurch realisiert werden, dass gesunde und wertschätzende Werte verinnerlicht, dauerhaft aktiv gelebt sowie wiederholt reflektiert werden.

Literatur

Bundesministerium für Gesundheit (2018). *Bundestag beschließt Pflegepersonal-Stärkungsgesetz.* Verfügbar unter: https://www.bundesgesundheitsministerium.de/presse/pressemitteilungen/2018/4-quartal/ppsg-pflegepersonal-staerkungsgesetz.html

Buxel, H. (2001). Krankenhäuser: Was Pflegekräfte unzufrieden macht. *Deutsches Ärzteblatt, 108*(17), A 946–948.

Hellweg, S. & Müller, K. (2012). Wer schätzt denn hier den Wert? – Wertschätzung für professionelle Pflege braucht gemeinsame Qualitätskriterien. *Plexus. Supplement, 20,* 15–28.

Hinding, B., Akca, S. & Kastner, M. (2012). Wertschätzung als Prädiktor für die Leistungsfähigkeit und Gesundheit des Pflegepersonals im Krankenhaus. *Plexus. Supplement, 20,* 64–75.

Maslow, A. H. (1968). *Toward a Psychology of Being.* D. New York: D. Van Nostrand Company.

Matyssek, A. K. (2011). *Wertschätzung im Betrieb. Impulse für eine gesündere Unternehmenskultur.* Norderstedt: Books on Demand GmbH.

Semmer, N. K., Jacobshagen, N., & Meier, L. L. (2006). Arbeit und (mangelnde) Wertschätzung. *Wirtschaftspsychologie, 8*(3), 87–95.

Christian Damke, Jella Heptner & Christian Schwennen
Currenta GmbH & Co. OHG

Synergien für Gesundheitsmanagement und Gefährdungsbeurteilung psychischer Belastung – Das „5x1+1 für Sicherheit und Gesundheit"

1. Strukturen von Sicherheit und Gesundheit in den Betrieben

Ein ganzheitliches Betriebliches Gesundheitsmanagement (BGM) umfasst alle gesundheitsbezogenen Maßnahmen und Aktivitäten im Unternehmen. Es beinhaltet den Arbeitsschutz, das Betriebliche Eingliederungsmanagement sowie die Betriebliche Gesundheitsförderung (BGF) (BAuA, o. J.). Die Erfahrungen in Unternehmen der chemischen Industrie zeigen jedoch, dass aufgrund gewachsener Strukturen häufig zwischen *Sicherheit* (und damit Arbeitsschutz) auf der einen und *Gesundheit* (und damit BGF/BGM) auf der anderen Seite unterschieden wird. Die psychische Gefährdungsbeurteilung (GB Psych) ist traditionell beim Arbeitsschutz angesiedelt und wird somit in vielen Fällen separat von den Prozessen des BGMs betrachtet. Insbesondere bei diesem Querschnittsthema ist jedoch ein gemeinsames Vorgehen durch die verschiedenen betrieblichen Strukturen unerlässlich, um Wissen und Kompetenzen zu bündeln und Maßnahmen aufeinander abzustimmen.

Dieser Beitrag zeigt auf, wie die betrieblichen Strukturen und Prozesse so verknüpft werden können, dass die GB Psych konform der GDA-Empfehlungen (GDA, 2017) umgesetzt und gleichermaßen darüberhinausgehende Themen des Betrieblichen Gesundheitsmanagements effizient bearbeitet werden. Das Vorgehen wird an einem Praxisbeispiel aus einem Unternehmen der chemischen Industrie mit etwa 2000 Mitarbeitern verdeutlicht.

2. Von der Analyse bis zur Wirksamkeitskontrolle – Systematische Verknüpfung von GB Psych und BGM

Ausgangslage für den Prozess der gesundheitsförderlichen Organisationsentwicklung ist die von der Gesunden Arbeitswelt (CURRENTA) durchgeführte Gesundheitsbefragung in den jeweiligen Unternehmen. Der BGM-Ergebnisbericht gibt eine Rückmeldung zu allen in der Befragung berücksichtigten gesundheitlichen Aspekten: Belastungen, personalen und externen Ressourcen sowie Beanspruchungsfolgen. Mit Kenntnis dieser Faktoren, die sich aus dem Job-Demands-Resources-Model (Bakker & Demerouti, 2017) ableiten, gelingt die datengeleitete, gestaltungsorientierte BGM-Arbeit in den Betreuungsbereichen auf verhältnis- und verhaltenspräventiver Ebene

– unter enger Beteiligung der BGM-Multiplikatoren des Unternehmens (Leitung, Gesundheitskoordinatoren, Gesundheitsbeauftragte, BGM-Gremien).

Zusätzlich wird ein Report zur Gefährdungsanalyse (GFA-Report) erstellt, der spezifisch auf die Anforderungen der GB Psych zugeschnitten ist. Dieser beinhaltet für den jeweiligen Bereich und die jeweilige Tätigkeit ausschließlich die für die Gefährdungsbeurteilung relevanten Faktoren, geordnet nach den vier Merkmalsbereichen Arbeitsaufgabe, Arbeitsorganisation, Arbeitsumgebung und soziale Beziehungen.

Da die GB Psych durch § 5 Arbeitsschutzgesetz vorgeschrieben ist, empfiehlt sich, zuerst die psychischen Belastungen in Hinblick auf Handlungsbedarf zu bewerten. Dies entspricht der Grobanalyse der GB Psych. In Abhängigkeit der betrieblichen Regelungen knüpft das für die Beurteilung zuständige Gremium entweder an das BGM (z.B. die Betriebliche Gesundheitsbesprechung [BGB]) oder das Arbeitssicherheitsgremium (z.B. der Arbeitsschutzausschuss) an, erweitert um Akteure aus der jeweils anderen Struktur. Während im ersten Fall sichergestellt werden muss, dass die verantwortliche Führungskraft, Betriebsarzt, Sicherheitsfachkraft und Betriebsrat teilnehmen (§3, §6 ASiG; §87 Abs. BetrVG), ist im zweiten Fall die Erweiterung des Gremiums um Gesundheitskoordinator und Gesundheitsbeauftragte ratsam. Gesundheitskoordinatoren vertreten die Interessen der Betreuungsbereiche in Gremien, u. a. Lenkungskreisen, Gesundheitsschutzausschüssen und sind erste Ansprechpartner in BGM-Fragen für die Gesundheitsbeauftragten. Gesundheitsbeauftragte sind Vertreter aus der Belegschaft, die die Belange ihrer Kollegen aufnehmen, in Arbeitsgruppen und lokalen Betriebsgremien wie der BGB einbringen, mit Führungskräften und Gesundheitskoordinatoren diskutieren und weiterbearbeiten.

Nach der Grobanalyse zur GB Psych können nun bspw. in der BGB weitere Handlungsfelder identifiziert werden, welche über die psychischen Belastungen hinausgehen, z.B. die Stärkung persönlicher Ressourcen oder die Förderung des betrieblichen Gesundheitsklimas. Im Sinne einer effizienten Bearbeitung der aus dem GFA- und BGM-Report identifizierten Schwerpunkte wird nun eine gemeinsame Arbeitsgruppe gebildet, in der Beschäftigte als Experten ihrer eigenen Arbeitssituation unter Anleitung eines erfahrenen Moderators Maßnahmen ableiten. Ziel ist eine Verzahnung von verhältnis- und verhaltenspräventiven Maßnahmen im Sinne des TOP-Prinzips (gemäß § 4 ArbSchG), welche zum einen eine ganzheitliche Betrachtungsweise der Belastungs- und Ressourcensituation im Bereich und zum anderen die Erfüllung der Anforderungen aus dem Arbeitsschutzgesetz sicherstellt. Als Workshopformat hat sich u.a. die Arbeitsgruppe „5x1 Sitzung für Sicherheit und Gesundheit" bewährt: Innerhalb von fünf Sitzungen entwickeln die Teilnehmer der Arbeitsgruppe bedarfsgerechte und umsetzbare Maßnahmen, deren Umsetzungsschritte in einem Aktionsplan festgehalten werden. Weiterhin werden Erfolgsindikatoren definiert, mit denen die Wirksamkeit der einzelnen Maßnahmen im Nachgang überprüft werden kann. In der ersten und letzten Sitzung wird die Gruppe durch die verantwortliche Führungskraft ergänzt. Sie sichert den Beschäftigten ihre Unterstützung im Prozess zu und stärkt die Motivation der Teilnehmenden. In der letzten Sitzung werden die erarbeiteten Maßnahmenvorschläge diskutiert, über deren Umsetzung die Führungskraft schließlich entscheidet. Der Maßnahmenplan dient nun dem Controlling im zuständigen Gremium und ergänzt als mitgeltendes Dokument die Dokumentation der GB Psych.

Ca. 1,5 Jahre nach Maßnahmenentwicklung schließt eine Evaluationssitzung der Arbeitsgruppe an. In dieser „11-Sitzung" werden die Maßnahmen auf den Prozess (Inwiefern wurde die Maßnahme umgesetzt? Wurden alle notwendigen Beteiligten einbezogen?) und die Wirksamkeit überprüft (Hat die Maßnahme zur Belastungsreduzierung bzw. Ressourcenstärkung geführt?). Bei Bedarf werden Maßnahmen angepasst bzw. ergänzt und wiederum konkrete Umsetzungsschritte festgehalten. Insgesamt 3 Jahre nach der vorherigen Befragung wird eine neue Gesundheitsbefragung im jeweiligen Bereich durchgeführt, die eine weitere Wirksamkeitskontrolle auf Basis der t1- und t2-Werte ermöglicht und einen neuen Zyklus der Gefährdungsbeurteilung und der BGM-Arbeit anstößt.

Mit dem vorgestellten Vorgehen wird ein systematischer Prozess durchgeführt, der zum einen die gesetzlichen Anforderungen nach ArbSchG erfüllt und wichtige Erfolgsfaktoren für die Umsetzung und Wirksamkeit der Maßnahmen beinhaltet (vgl. Barthelmes, Bödeker, Sörensen, Kleinlercher & Odoy, 2019): Die Partizipation der Beschäftigten, das Commitment der Führungskraft sowie die Integration in betriebliche Prozesse und Strukturen. Durch die Verknüpfung von Sicherheits- und Gesundheitsstrukturen wird ein effizientes Vorgehen und die Einbindung verschiedener Kompetenzen und Fachlichkeiten sichergestellt.

3. Erfahrungen in der Praxis

Die zuvor genannte Verknüpfung von GB Psych und BGM wurde zwischen 2017-2019 in einem Unternehmen der chemischen Industrie mit 2000 Beschäftigten erprobt. Im Gesundheitsschutzausschuss (GSA) wurde das Vorhaben den GSA-Teilnehmern (Management, Betriebsleiter, Betriebsarzt, Arbeitssicherheit, Betriebsrat, Health Manager, Gesundheitskoordinatoren) vorgestellt und über die Umsetzung positiv entschieden. Zwischen 2017 und 2019 wurden die insgesamt neun Betriebe des Bereiches in der Durchführung des GB Psych- und BGM-Prozesses durch die CURRENTA begleitet.

In allen neun Betrieben wurden beteiligungsorientierte Arbeitsgruppen – „5x1 Sitzung für Sicherheit und Gesundheit" – installiert. In den jeweiligen 5x1-Gruppen waren größtenteils alle Hauptfunktionen (z.B. Beschäftigte aus dem chemisch-technischen Bereich, Ingenieure, Logistiker) durch mindestens einen Vertreter besetzt. Die Schwerpunktthemen wurden aus den beiden Reportings abgeleitet und in der ersten Sitzung partizipativ durch die Teilnehmer in Hinblick auf Wichtigkeit und Beeinflussbarkeit priorisiert. Die 5x1-Gruppen durchliefen die Sitzungen durchschnittlich in einem Zeitraum von acht Wochen bis zur fünften Sitzung, in der die Ergebnisse der Betriebsleitung präsentiert und über deren Umsetzung beschlossen wurde.

Aufgrund der Ergebnislage aus den Reportings wurden in drei Betrieben spezielle Workshops mit Führungskräften umgesetzt, um spezifische Belastungen für Führungskräfte einer Feinanalyse und Maßnahmenableitung zu unterziehen, da die Reports hier zielgruppenspezifische Belastungsschwerpunkte aufzeigten.

Ca. 1,5 Jahre nach Abschluss wurde systematisch der Erfolg der Maßnahmen unter den Teilnehmenden erfragt und dokumentiert, sodass hiermit a) die geforderte Erfolgskontrolle gem. GDA erfolgte und b) das Commitment und die Zuversicht der Beschäftigten zu BGM und GB Psych gefestigt wurde. Zwischenzeitlich wurde die Maßnahmenumsetzung durch die internen Akteure – v.a. Health Manager, HSE und Gesundheitsbeauftragte – begleitet und regelmäßig kontrolliert bzw. vorangetrieben.

Die Akzeptanz des Vorgehens kann als hoch eingeschätzt werden. Dies zeigt sich u.a. darin, dass im GSA ein positives Gesamtresümee gezogen und das gleiche Vorgehen für den nächsten Drei-Jahres-Zyklus ab 2020 vereinbart wurde. Zudem waren die 5x1-Teilnehmenden in den Evaluationssitzungen zufrieden mit dem Stand der umgesetzten Maßnahmen und gaben vielfach an, dass sich empfundene Belastungen durch die umgesetzten Maßnahmen verbessert haben.

Literatur

Bakker, A. B. & Demerouti, E. (2017). Job demands-resources theory: taking stock and looking forward. *Journal of occupational health psychology, 22*(3), 273.

Barthelmes, I., Bödeker, W., Sörensen, J., Kleinlercher, K.-M. & Odoy, J. (2019). *Iga.Report 40. Wirksamkeit und Nutzen arbeitsweltbezogener Gesundheitsförderung und Prävention.* Dresden: Institut für Arbeit und Gesundheit der Deutschen Gesetzlichen Unfallversicherung (IAG).

BAuA (o. J.). Betriebliches Gesundheitsmanagement. Verfügbar unter https://www.baua.de/DE/Themen/Arbeit-und-Gesundheit/Betriebliches-Gesundheitsmanagement/Betriebliches-Gesundheitsmanagement.html [15.01.2020].

GDA (2017). *Empfehlungen zur Umsetzung der Gefährdungsbeurteilung psychischer Belastung* (3., erweiterte Aufl.). Berlin: Bundesministerium für Arbeit und Soziales.

Sabine Gregersen[1], Sylvie Vincent-Höper[2], Maie Stein[2],
Friederike Teetzen[2] & Albert Nienhaus[1,3]
[1]Berufsgenossenschaft für Gesundheitsdienst und Wohlfahrtspflege,
[2]Universität Hamburg, [3]Universitätsklinikum Hamburg-Eppendorf

Evaluation einer Intervention zur gesundheitsfördernden Führung in der KiTa

1. Hintergrund

In der Forschungsliteratur besteht ein breiter Konsens darüber, dass das Führungsverhalten einen Effekt auf die Gesundheit der Mitarbeitenden ausübt. Allerdings wird kritisiert, dass unklar sei, wie die Führungskräfte die Gesundheit der Mitarbeitenden beeinflusst. Experten sind sich einig, dass eine verstärkte Evaluation von Interventionsmaßnahmen in der Praxis anhand von wissenschaftlichen Kriterien durchgeführt werden sollte. Mit der Evaluationsstudie FÜHR'GESUND sollte überprüft werden, ob mit einer Intervention auf Führungsebene eine Verbesserung der Arbeits- und Gesundheitssituation auf Führungs- und Mitarbeitenden Ebene erreicht werden kann.

Die Überprüfung der Wirksamkeit erfolgt exemplarisch an einer Branche. Die Evaluationsstudie FÜHR'GESUND wurde von der BGW und der Universität Hamburg initiiert in Kooperation mit dem Deutschen Caritasverband e. V. und dem KiTa Zweckverband im Bistum Essen.

2. Inhalte der Intervention – Qualifizierung

Die Teilnehmenden der Qualifizierung waren ausschließlich Leitungskräfte. Die Qualifizierung beinhaltet drei Workshop-Module einer festen Gruppe, die sich über fünf Monate erstreckten. Ein zeitlicher Abstand von vier bis sechs Wochen zwischen den Workshop-Modulen sollte den Leitungskräften die Möglichkeit bieten, die Workshop-Inhalte im Arbeitsalltag umzusetzen.

In dem ersten Workshop-Modul „Gesunde Selbstführung" standen unter anderem eigene Werte und Stellenwert von Gesundheit und Stressoren und Ressourcen im Arbeitsalltag der Leitungskraft im Vordergrund. Für das zweite Workshop-Modul „Gesunde Arbeitsbedingungen" wurde die Arbeitssituation der Mitarbeitenden und die Rolle der Leitungskräfte bei der (Mit-)Gestaltung dieser Arbeitsbedingungen in den Mittelpunkt gestellt. In dem dritten Workshop-Modul „Gesundheitsfördernder Austausch zwischen Leitungskraft und Mitarbeitenden – die Beziehungsqualität" geht es unter anderem um die Gestaltung von Rollenklarheit und Transparenz (Bereitstellung von Informationen) und Kommunikation.

3. Evaluationsmethode – Ergebnisevaluation

Vor Beginn der Studie wurden 80 Einrichtungen zufällig je zur Hälfte in eine Qualifizierungs- und eine Kontrollgruppe aufgeteilt. Für die Kontrollgruppe wurde die Qualifizierung ein Jahr später angeboten.

Das methodische Vorgehen war ein Prä-Post-Follow-up Randomized Controlled Trial-Design (RCT), d.h. eine Vergleichsbefragung von Qualifizierungs- und Kontrollgruppe zu drei Messzeitpunkten, vor Beginn der Qualifizierung, direkt nach Beendigung der Qualifizierung und 6 Monate nach der Qualifizierung. Es wurden sowohl die Leitungskräfte als auch ihre Mitarbeitenden zu Führung, Arbeitsbedingungen, personenbezogenen Ressourcen und Risikofaktoren und Gesundheitsempfinden befragt.

4. Ergebnisse der Evaluation

Insgesamt zeigten die Ergebnisse der ersten Befragung positive Ausgangswerte der teilnehmenden KiTas, was die Anforderung, Effekte durch die Intervention zu erzielen, erhöhte. In der Studie erhielten insgesamt 80 Leitungskräfte und 713 Mitarbeitende einen Fragebogen.

4.1 Kurzfristige Wirksamkeit auf Ebene der Mitarbeitenden

Die Qualifizierung war zwei Wochen nach Abschluss für zahlreiche Merkmale wirksam. U.a. Beziehungsqualität zwischen Leitungskraft und Mitarbeitenden, das gesundheitsorientierte Führungsverhalten, die Organisation der Arbeitsabläufe, die Vertretung im Krankheitsfall, Möglichkeiten zur Partizipation sowie aktives Einholen von Rückmeldung bei der Leitungskraft.

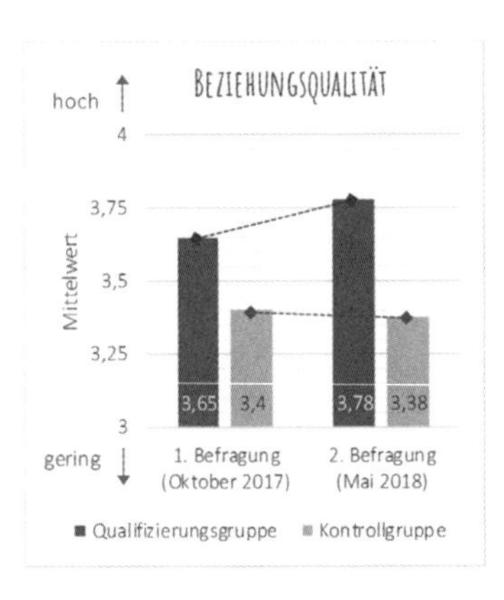

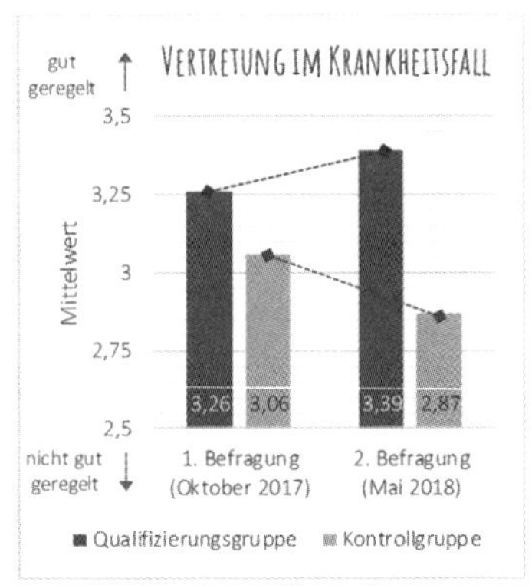

Abb. 1: Vertretung im Krankheitsfall/Beziehungsqualität

4.2 Langfristige Wirksamkeit auf Ebene der Mitarbeitenden

Sechs Monate nach der Qualifizierung zeigten sich andere Veränderungen. In den Arbeitsbedingungen nahmen beispielsweise die Anforderungen Emotionen zu verbergen zu und die Arbeitszufriedenheit ab. Diese langfristige negative Entwicklung war in der Qualifizierungsgruppe nicht zu beobachten.

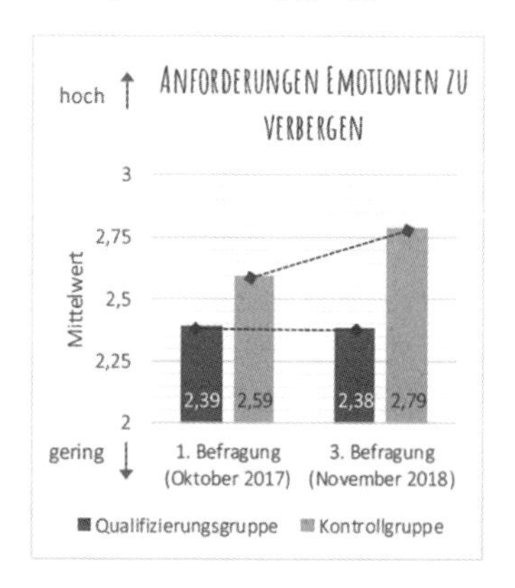

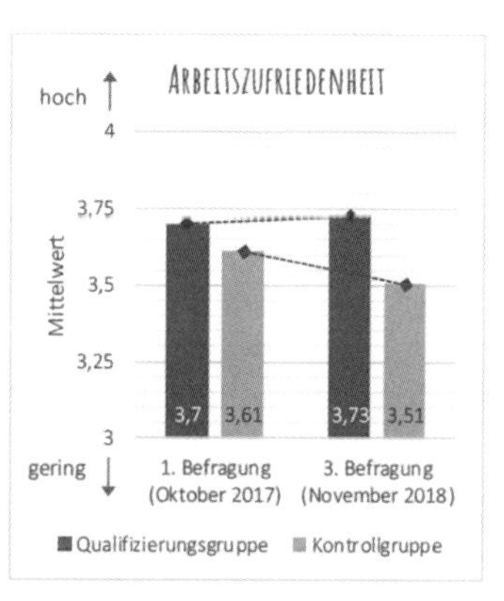

Abb. 2: Anforderungen Emotionen zu verbergen/Arbeitszufriedenheit

4.3 Kurzfristige Wirksamkeit auf Ebene der Leitungskräfte

Zwei Wochen nach der Qualifizierung zeigt sich in der Qualifizierungsgruppe u.a. eine Verbesserung der Organisation der Arbeitsabläufe. Besonders positiv hervorzuheben ist, dass sich das positive Wohlbefinden der Leitungskräfte durch die Qualifizierung bereits nach kurzer Zeit verbessert hat.

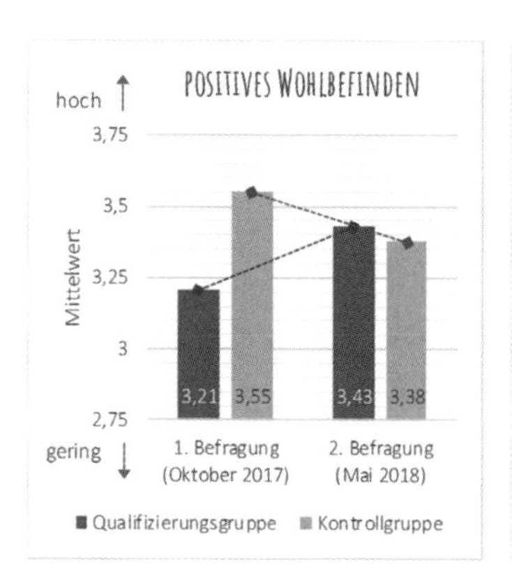

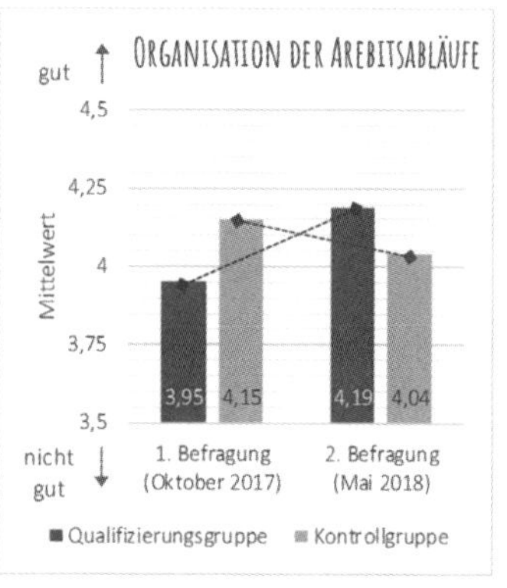

Abb. 3: Positives Wohlbefinden/Organisation der Arbeitsabläufe

4.4 Langfristige Wirksamkeit auf Ebene der Leitungskräfte

Erfreulicherweise zeigten sich auch langfristig positive Auswirkungen der Qualifizierung auf das Gesundheitsempfinden der Leitungskräfte. Im Gegensatz zur Kontrollgruppe zeigte sich in der Qualifizierungsgruppe eine Verbesserung des positiven Wohlbefindens, eine Zunahme der Arbeitszufriedenheit und eine Abnahme der emotionalen Erschöpfung.

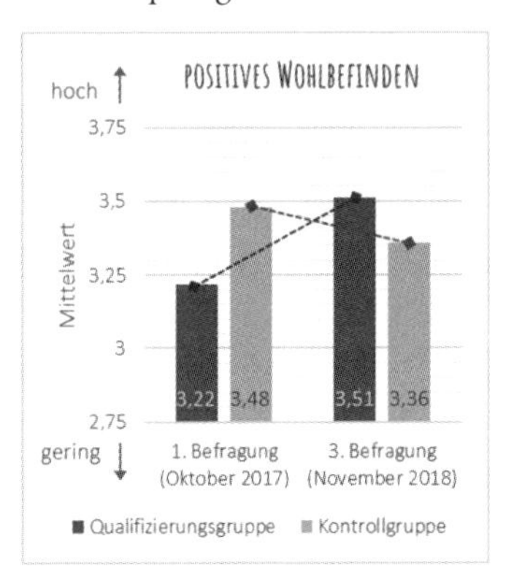

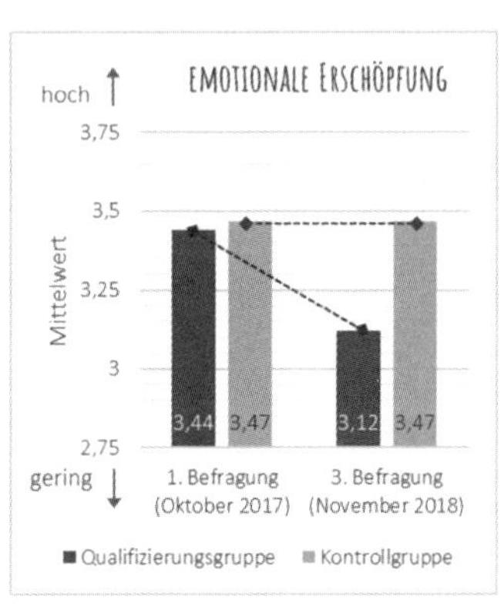

Abb. 4: Positives Wohlbefinden/Emotionale Erschöpfung

5. Fazit

Insgesamt sind die Ergebnisse der Evaluation positiv zu bewerten. Es gab positive Auswirkungen der Qualifizierung auf das Gesundheitsempfinden durch tatsächliche Veränderungen im Verhalten der Leitungskräfte und in den Arbeitsbedingungen. Insbesondere die vielfältigen Effekte auf Ebene der Mitarbeitenden sind sehr positiv zu beurteilen, vor allem da diese nicht unmittelbar an der Qualifizierung beteiligt waren. In der Tendenz zeigten sich kurzfristig eher Verbesserungen in den Arbeitsbedingungen und langfristig Verbesserungen in den Gesundheitsindikatoren. Insbesondere vor dem Hintergrund, dass die teilnehmenden Einrichtungen bereits von einem sehr guten Ausgangsniveau gestartet sind, ist es sehr erfreulich, dass die Intervention kurz- und langfristig für zahlreiche Merkmale wirksam war.

Literatur

Gregersen, S., Johansson, K., Krampitz, H. & Vincent-Höper, S. (2019). *FÜHR'GESUND – Evaluation einer Intervention zur gesundheitsförderlichen Führung in der KiTa – Abschlussbericht.* Hamburg: BGW.

Arbeitskreis
Nachhaltigkeit, Evaluation und Wirksamkeit: Forum 1

Leitung: Michael Niehaus

Linda Banko & Julia Hapkemeyer

Nachhalten oder doch nur stillhalten? Herausforderungen bei der Umsetzung von Maßnahmen nach Mitarbeiterbefragungen

Linda Banko & Julia Hapkemeyer
EO Institut GmbH

Nachhalten oder doch nur stillhalten? Herausforderungen bei der Umsetzung von Maßnahmen nach Mitarbeiterbefragungen

1. Mitarbeiterbefragung als Veränderungsinstrument?

Mitarbeiterbefragungen werden in Organisationen zu vielfältigen Zwecken eingesetzt, u.a. zur Analyse des Betriebsklimas, für Führungskräftefeedbacks oder als Gesundheitsbefragung. Etwa 80 % der Großunternehmen in Deutschland setzen laut Hossiep und Frieg (2008) Mitarbeiterbefragungen ein. Gesundheit ist dabei meist nur ein untergeordnetes Thema, rückt aber durch die gesetzlichen Vorgaben zur Gefährdungsbeurteilung psychischer Belastungen und den Empfehlungen der Gemeinsamen Deutschen Arbeitsschutzstrategie (2017), auch Mitarbeiterbefragungen als Erhebungsinstrument einzusetzen, zunehmend in den Fokus.

Gerade vor dem Hintergrund der Erhöhung des Stellenwerts der Gesunderhaltung der Beschäftigten kann die Gefährdungsbeurteilung – über die Erfüllung der gesetzlichen Pflicht hinaus – als Grundlage für die Umsetzung gesundheitsverbessernder Maßnahmen in Organisationen dienen (Klapprott & Buchinger, 2019). Häufig bleibt es in der Praxis allerdings nur bei einer Befragung ohne eine eindeutige Regelung zum Folgeprozess (Towers Watson, 2019).

Was bedeutet das für die Beschäftigten? Durch eine Befragung wird generell die Erwartung geweckt, dass auch Handlungen folgen werden (Bundgard, 2007). Oft wird dies auch vor der Befragung so kommuniziert. Umso größer ist die Enttäuschung, wenn die erwarteten Handlungen dann ausbleiben. In diesem Artikel werden die Herausforderungen erläutert, die mit der Implementierung eines Folgeprozesses nach einer Mitarbeiterbefragung, einhergehen.

2. Ablauf des Folgeprozesses nach Mitarbeiterbefragungen

Der Ablauf des idealtypischen Folgeprozesses im Anschluss an eine Mitarbeiterbefragung lässt sich in vier Schritte unterteilen (siehe Abb. 1; in Anlehnung an Hodapp & Bundgard, 2018).

Realistisch betrachtet erfolgt in Organisationen häufig eine Mitarbeiterbefragung ohne die systematische Implementierung eines Folgeprozesses. So wird beispielsweise in vielen Organisationen die Durchführung einer Gefährdungsbeurteilung psychischer Belastungen mittels Mitarbeiterbefragung nach dem Prozessschritt Auswertung und Ergebnisdokumentation als abgeschlossen angesehen. Und das, obwohl die Maßnahmenableitung und -umsetzung notwendiger Bestandteil zum Erfüllen der gesetzlichen Vorgaben ist. Die gesetzlichen Vorgaben allein überzeugen Führungskräfte und insbesondere die Geschäftsführung in der Regel nicht vom Nutzen eines aufwendigen, ressourcenbindenden und somit kostenintensiven Folgeprozesses.

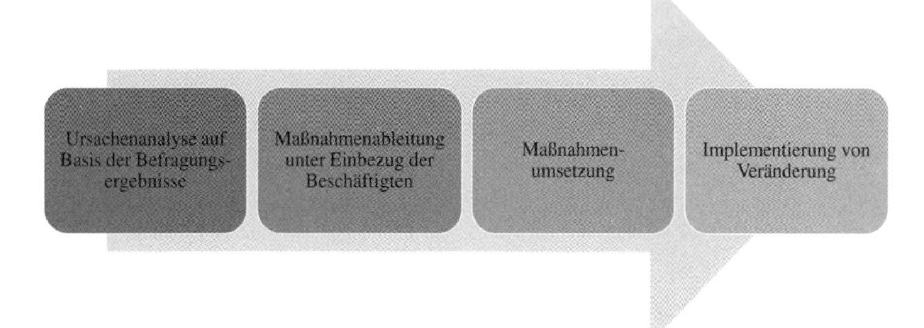

Abb. 1: Folgeprozess nach einer Mitarbeiterbefragung zur Implementierung von Veränderungsmaßnahmen

3. Bedeutung des Folgeprozesses der Mitarbeiterbefragung

Besonders für Befragungen, die sich mit Gesundheitsthemen befassen, ist ein verantwortungsvoller und gut geplanter Folgeprozess unerlässlich. Für viele Beschäftigte stellt schon die Teilnahme an einer Befragung, die das Wort „Psyche" enthält, eine Hürde dar. Bleiben dann nach der Befragung auch noch Informationen zu Ergebnissen und zu (geplanten) Maßnahmen aus, ist zunehmende Frustration durch enttäuschte Erwartungen vorprogrammiert (Scheibner, Hapkemeyer & Banko, 2016).

Unsere Erfahrungen aus der Praxis mit Mitarbeiterbefragungen in Organisationen zeigen, dass es oftmals schon an der Kommunikation der Ergebnisse scheitert. Häufig werden Ergebnisse intransparent und schwer verständlich kommuniziert oder so zeitverzögert, dass die Ergebnisse nicht mehr mit der eigentlichen Befragung in Zusammenhang gebracht werden.

Gerade wenn es um Veränderungen am Arbeitsplatz geht, ist der Einbezug der Beschäftigten in die Ableitung und Gestaltung von Maßnahmen zentral für den Erfolg eines Veränderungsprozesses sowie für das Wohlbefinden der Beschäftigten (vgl. Tafvelin et al., 2018).

Wurden die Ergebnisse zeitnah und verständlich kommuniziert und auch Maßnahmen zur Verbesserung abgeleitet, scheitert der Prozess dennoch häufig an der Umsetzung oder dem Nachhalten der Maßnahmen. Auch die Forschung zeigt, dass das alleinige Zurückmelden von Befragungsergebnissen ohne weitere Schritte zur Umsetzung von Veränderungsmaßnahmen wirkungslos ist im Hinblick auf Verbesserung der Arbeitsumgebung und Mitarbeitergesundheit (Björklund et al., 2007).

Die systematische Wirkungsprüfung von Maßnahmen und entsprechende Anpassung bzw. Ergänzung von Maßnahmen erfolgt in den seltensten Fällen in der Unternehmenspraxis. Im Regelfall ist nicht festgelegt, wie organisationsintern das Nachhalten von Maßnahmen gestaltet werden soll und was passiert, wenn Maßnahmen nicht umgesetzt werden (können).

4. Geschäftsführung und Führungskräfte einbeziehen

Im vorherigen Abschnitt wurde deutlich: Damit nach einer Befragung ein Veränderungsprozess in Organisationen angestoßen wird, ist zum einen die Rückmeldung zu den Ergebnissen aber insbesondere die Rückmeldung zum Maßnahmenplan und das systematische Nachhalten der angestoßenen Veränderungen unerlässlich.

Aber auch wenn der Folgeprozess und begleitende Kommunikation gut geplant ist, kommt häufig erschwerend hinzu, dass die Verantwortlichen für eine Befragung, zum Beispiel im Rahmen der Gefährdungsbeurteilung, unzureichende Entscheidungskompetenz und Ressourcen haben, um die Maßnahmenumsetzung nachhaltig zu verfolgen. Dies ergibt sich aus der Schwierigkeit, dass die Verantwortung für eine Befragungsdurchführung und Gestaltung des Folgeprozesses häufig bei einzelnen Beschäftigten bzw. einer Projektgruppe (z.B. aus der Personalabteilung oder Arbeitssicherheit) liegt, aber nicht auf der obersten Managementebene angesiedelt ist. Der frühzeitige und kontinuierliche Einbezug der Geschäftsführung ist daher unerlässlich für die erfolgreiche und nachhaltige Gestaltung einer Mitarbeiterbefragung.

Neben dem obersten Management sind auch die direkten Führungskräfte entscheidend für den Erfolg der Maßnahmenumsetzung (vgl. Tafvelin et al., 2018). Daher sind die Führungskräfte frühzeitig über eine geplante Befragung und den Folgeprozess zu informieren. Auf Vorbehalte und Befürchtungen der Führungskräfte sollte proaktiv eingegangen werden, um die Akzeptanz des Befragungsprojektes seitens der Führungskräfte zu erhöhen. Denn die direkten Führungskräfte stellen letztendlich sicher, dass ein Veränderungsprozess in einer Organisation gelebt wird.

Zusammenfassend sind folgende Faktoren maßgeblich entscheidend für die erfolgreiche Umsetzung von Maßnahmen nach Mitarbeiterbefragungen: frühzeitiger Einbezug der Geschäftsführung und der Führungskräfte, ein vor der Befragung gut geplanter Folgeprozess und klar festgelegte Zuständigkeiten für die Umsetzung und Kontrolle von Maßnahmenplänen.

Literatur

Björklund, C., Grahn, A., Jensen, I. & Bergstrom, G. (2007). Does survey feedback enhance the psychosocial work environment and decrease sick leave? *European Journal of Work and Organizational Psychology, 16*(1), 76.

Bungard, W. (2007). Mitarbeiterbefragungen – und was passiert dann? In W. Bungard, K. Müller & C. Niethammer (Hrsg.), *Mitarbeiterbefragung – was dann... ? MAB und Folgeprozesse erfolgreich gestalten* (S. 70–78). Berlin: Springer.

Gemeinsame Deutsche Arbeitsschutzstrategie GDA (2017). *Empfehlungen zur Umsetzung der Gefährdungsbeurteilung psychischer Belastung. 3., überarbeitete Auflage.* Berlin: Leitung des GDA-Arbeitsprogramms Psyche.

Hodapp, M. & Bungard, W. (2018). Die Wirksamkeit von Mitarbeiterbefragungen. In I. Jöns & W. Bungard (Hrsg.), *Feedbackinstrumente im Unternehmen* (S. 257–269). Wiesbaden: Springer Gabler.

Hossiep, R. & Frieg, P. (2008). Der Einsatz von Mitarbeiterbefragungen in Deutschland, Österreich und der Schweiz. *Planung und Analyse, 35*(6), 55–59.

Klapprott, F. & Buchinger, L. (2018). Die Gefährdungsbeurteilung psychischer Belastung als Fundament eines strategischen Betrieblichen Gesundheitsmanagements. In M. Pfannstiel, I. Birk-Braun & H. Mehlich (2018), *BGM – Ein Erfolgsfaktor für Unternehmen* (S. 715–738). Berlin & Heidelberg: Springer.

Scheibner, N., Hapkemeyer, J. & Banko, L. (2016). *iga.Report 33. Engagement erhalten – innere Kündigung vermeiden. Wie steht es um das Thema innere Kündigung in der betrieblichen Praxis?* Dresden: iga.

Tafvelin, S., Schwarz, U. v. T., Nielsen, K. & Hasson, H. (2019). Employees' and line managers' active involvement in participatory organizational interventions: examining direct, reversed, and reciprocal effects on well-being. *Stress and Health, 35*(1), 69–80.

Willis Towers Watson (2019). Wohin bewegt sich der Mitarbeiterbefragungsmarkt? Verfügbar unter: https://www.willistowerswatson.com/de-DE/Insights/2020/01/wohin-bewegt-sich-der-mitarbeiterbefragungsmarkt [Abgerufen am: 29.01.2020]

Zimathies, L. (2019). Gefährdung erkannt, Gefährdung gebannt? Weshalb die Gefährdungsbeurteilung letztendlich ein Change Prozess ist. Hinterfragt und neu gedacht. Verfügbar unter: https:// www.eo-institut.de/category/hinterfragt-und-neu-gedacht/ [Abgerufen am: 29.01.2020]

Arbeitskreis
Netzwerkbildung: Professionen
Leitung: Clarissa Eickholt

Clarissa Eickholt
Professionen – Kompetenzen für die Kooperations- und Netzwerkarbeit

Werner Hamacher & Clarissa Eickholt
Bedarfsgerechte Kooperation von Fachkräften für Arbeitssicherheit, Betriebsärzten, Arbeitspsychologen und anderen Professionen – Ein Blended-Learning-Konzept

Mika Lahme, Rainer Wieland & Bruno Zwingmann
Kommunikation und Kooperation im Arbeitsschutz: Basi-Umfrage

Christian Schumacher & Heidi Wegner
Professionen für die betriebliche Betreuung

Rüdiger Trimpop
Integration weiterer Professionen in den Arbeitsschutz: Ist das nützlich?

Clarissa Eickholt
systemkonzept GmbH

Professionen – Kompetenzen für die Kooperations- und Netzwerkarbeit

1. Betrieblicher Beratungsbedarf als Ausgangspunkt für Beratungsaktivitäten

Der betriebliche Beratungsbedarf zu Sicherheit und Gesundheit bedingt bereits länger schon den Einsatz diverser Professionen.

Unabhängig von dem Zustandekommen des Beratungsauftrags (ASiG, DGUV Vorschrift 2 Grundbetreuung oder betriebsspezifische Betreuung oder freie Beratung) entsteht ein nebeneinander an Beratungsaktivitäten, welches weder unter Ressourcengesichtspunkten noch hinsichtlich des betrieblichen Nutzens effizient ist.

Das Dialogforum gibt über drei Beiträge Impulse zur Auseinandersetzung mit dieser Problematik. Jeder dieser Beträge ist im vorliegenden Workshopband eigenständig ausgearbeitet. Im Folgenden werden die Verzahnung sowie Aufbau und Ziel des Dialogforums dargestellt.

Erkenntnisse zu Kommunikation und Kooperation im Arbeitsschutz

Lahme, Wieland und Zwingmann stellen komprimiert die Basi-Umfrage zu Kommunikation und Kooperation Arbeitsschutz vor.

Orientiert an konkreten Beratungsanlässen (Betrieblicher Arbeitsschutz, Gefährdungsbeurteilung, Gefährdungsbeurteilung psychischer Belastung, Betriebliches Gesundheitsmanagement/Betriebliche Gesundheitsförderung und Betriebliches Eingliederungsmanagement) wurde erhoben, wo es seitens der Befragten zu zielführender Zusammenarbeit mit verschiedenen Professionen gekommen ist.

Neben der Benennung der diversen Kooperationspartner und der Einschätzung, wie zielführend die Beratung ist, wurden dazu förderliche Faktoren für eine zielführende Zusammenarbeit erhoben.

Professionen für die betriebliche Betreuung

Der Beitrag von Schumacher und Wegner geht zum einen auf die wesentlichen Anknüpfungspunkte des Beratungshandelns ein, den betrieblichen Bedarfen und Bedürfnissen. Am Beispiel aktueller Herausforderungen wird einerseits deutlich, welchen Mehrwert die Verknüpfung verschiedener Professionsexpertisen bringt und andererseits wie antiquiert ein singulärer Beratungsansatz der betrieblichen Realität und den Anforderungen eines zeitgemäßen Präventionsverständnisses gegenübersteht.

Neben der betrieblichen Bedarfslage und den damit verbundenen Handlungsfeldern werden verschiedene Professionen vorgestellt um deren jeweiliges Potential kooperativ zu beraten.

Blended-Learning-Konzept zur bedarfsgerechten Kooperation
Im dritten Beitrag stellen Hamacher und Eickholt ein Blended-Learning-Konzept vor, welches flankierend zum DGUV Projekt „Alternative Betreuung plus" entstanden ist.

Das Konzept zielt auf die Kompetenzentwicklung diverser betrieblicher Berater in einem „Expertenpool" im Hinblick auf eine kooperative Betreuungsleistung.

Kurz vorgestellt werden, welche Module herausgearbeitet und wie die Akteure auf ihre Leistungserbringung vorbereitet werden. Sowohl ein gemeinsames Verständnis, eine entsprechende Haltung zu (gelingender) Kooperation, Rollenklärung und Perspektivverschränkung, aber auch die Erhebung von und Ausrichtung auf betriebliche Bedarfe und nicht zuletzt die Reflexion des gemeinsamen Handelns werden im Blended-Learning-Konzept adressiert.

2. Ansatzpunkte zur Stärkung des kooperativen Beratungshandelns

Das Dialogforum mündet in eine Arbeitsphase, in der die Teilnehmenden aktiviert werden, ihr eigenes Beratungshandeln zu reflektieren. Gearbeitet wird entlang der Leitfrage: „Ich gehe morgen mit dem Vorhaben „kooperative Beratung" in den Betrieb – was brauche ich dafür?

Das Diskussions- und Arbeitsergebnis soll zum einen herausstellen, welche Kompetenzfacetten über Aus- und Weiterbildung gestärkt werden müssen, um eine kooperative Beratung zu leisten. Zum anderen soll gemeinsam abgeleitet werden, welche Bedingungen für eine erfolgreiche professionsübergreifende und -verbindende Beratung erforderlich sind und wie diese Arbeit über ein Netzwerk etabliert werden kann.

Werner Hamacher & Clarissa Eickholt
systemkonzept Köln

Bedarfsgerechte Kooperation von Fachkräften für Arbeitssicherheit, Betriebsärzten, Arbeitspsychologen und anderen Professionen – Ein Blended-Learning-Konzept

1. Das Erfordernis von Kooperation

Obwohl das Arbeitssicherheitsgesetz (ASiG) die aktive Kooperation der im Gesetz vorgesehenen Arbeitsschutzexperten fordert, zeigen die empirischen Befunde (z.B. Sifa-Langzeitstudie, Trimpop et al.) noch großen Nachholbedarf auf. Im Rahmen des DGUV-Projektes „alternative Betreuung plus“ wird ein neues Konzept zur Betreuung entwickelt und erprobt. Vorgesehen ist ein Expertenpool, der die Betreuung nach und DGUV Vorschrift 2 umsetzen soll. Aufgabe der Experten ist die Betreuung der Unternehmen hinsichtlich Sicherheit und Gesundheit mit Fachexpertisen aus verschiedenen Professionen.

Gegenüber der geltenden Rechtslage wird in der „alternativen Betreuung plus“ die Betreuung vor allem in folgenden Punkten umgesetzt:

- Erweiterung um andere Professionen über Fachkräfte für Arbeitssicherheit und Arbeitsmediziner hinaus, z. B. um Arbeitspsychologen, Arbeitshygieniker, Brandschutz- und Gefahrstoffexperten, Ergonomen, Gesundheitswissenschaftler u. a. mehr
- Entwicklung von bedarfsgerechten, zwischen den Professionen abgestimmten Betreuungsprofilen in Kooperation mit dem Betreuungsmanager und den Unternehmen
- Welche Professionen im jeweiligen Betrieb beraten und unterstützen sollen, wird anhand eines von professionsunabhängigen Betreuungsmanagern durchgeführten Bedarfschecks festgelegt
- Zusammenarbeit aller Professionen mit einem Betreuungsmanager der Unfallversicherungsträger
- Etablierung einer neuen Qualität von Kooperation als bedarfsorientierte Gefügeleistung

2. Kriterien für eine gelingende Kooperation

Ein Nebeneinander der Betreuungsleistung ist sowohl qualitativ als auch unter Ressourcengesichtspunkten nicht sinnvoll. Die Erfüllung einer bedarfsgerechten Kooperation erfordert ein entsprechendes Kooperationsmanagement der Akteure. Hierzu gehören insbesondere:

- die Kernkompetenzen der jeweiligen Akteure zu bestimmen. Sie sind sowohl aus dem eigenen Fachgebiet heraus als auch in Relation zu Fachgebieten und Kompetenzfeldern potenzieller Kooperationspartner zu definieren. Dies ist Ausgangspunkt für eine wirkungsvolle Kooperation von Fachkräften für Arbeitssicherheit und Betriebsärzten untereinander und mit anderen Präventionsakteuren.
- die Erfolgstreiber und -bedingungen für die hier relevante Betriebsgröße und die anderen Bedingungsfaktoren herauszuarbeiten, unter Beachtung von Kriterien wie Bedarfsbestimmung, Betreuungsqualität, optimierter Ressourceneinsatz, Wirtschaftlichkeit.
- Die Konzepte der Gefügeleistung und der Vernetzung von Kern- und Komplementärkompetenzen hinsichtlich ihrer Performanz und Good-Practice-Modellbildung zu analysieren und Leitlinien für ein wirksames Kooperationsmanagement abzuleiten.

Somit bedarf es konkreter Vorgehensweisen zur kooperativen Leistungserbringung, welche die in der Bedarfsermittlung als prioritäre betriebliche Probleme ermittelt wurden. Alle Leistungen sind an den konkreten Verbesserungen der Arbeitsbedingungen bzw. den organisatorischen Voraussetzungen (Management für Sicherheit und Gesundheit bei der Arbeit) zu bewerten.

3. Kooperationskompetenzen

Die Kompetenzprofile der jeweiligen Professionen sind um Kooperationskompetenzen zu ergänzen. Tab. 1 beschreibt die Anforderungen.

4. Professionsübergreifende Blended-Learning-Maßnahme

Zum Erwerb und der Weiterentwicklung der Kooperationskompetenzen wurde ein Blended-Learning-Konzept entwickelt. Das Lernangebot soll die Kommunikation, das Miteinander und den Austausch über einen längeren Zeitraum fördern, unterstützen und zu bestimmten Zeitpunkten auch einfordern. Damit soll einerseits die Entwicklung einer angemessenen Haltung zur Kooperation gefördert werden und andererseits die Nachhaltigkeit verbessert werden. Die unmittelbare Verbindung von Impulsen zur Kooperation mit eigenen Erfahrungen aus der Kooperation und der regelmäßige Austausch darüber kann am besten mit kleineren synchronen und asynchronen Einheiten realisiert werden. Gegenseitige Fremdbilder und Selbstbilder über das Kooperationshandeln auszutauschen und miteinander zu verschränken benötigt mehrere reflexive Schleifen. Deshalb muss die Entwicklung eines angemessenen Rollen- und Kooperationsverständnisses und die Vernetzung der Lernenden auch nach Ende des Projekts und des Lernangebotes weitergeführt werden Die Ausgangssitua-

Tab. 1: Weiterentwicklung der Kooperationskompetenzen

Teilkompetenzen	Ausprägungen
Teamfähigkeit (Fähigkeit in und mit Teams erfolgreich zu arbeiten)	Experten agieren als gemeinsam handelndes Unterstützungsteam, das seine Tätigkeit am ermittelten betrieblichen Bedarf ausrichtet. Eigenen Kernkompetenzen werden mit denen der anderen Experten in der Leistungserbringung vernetzt. Sie bieten sich Unterstützung an, um gemeinsame Ziele zu erreichen, teilen ihr Wissen und Erfahrungen.
Beziehungsmanagement (Fähigkeit, persönliche und arbeitsbezogene Beziehungen zu gestalten)	Experten entwickeln im Rahmen der alternativen Betreuung kooperative Arbeitsbeziehungen. Sie erkennen und respektieren die Rollen anderer Akteure. Sie sind in der Lage die Betreuung in Form von heterarchischer Vernetzung der Kooperation zu betreiben.
Beratungsfähigkeit (Fähigkeit Menschen und Organisationen zu beraten)	Die Experten sind in der Lage, gemeinsam mit ihren Kooperationspartnern die betrieblichen Akteure zur selbstständigen Lösung von Fragestellungen im Arbeitsschutz zu befähigen und ihr Problembewusstsein zu schärfen. Die Experten betreiben gemeinsam mit den Betrieben einen KVP. Die Experten beraten Unternehmer und Führungskräfte auf Augenhöhe. Ihre Beratungsleistungen werden sowohl als Expertenberatung eingebracht als auch systemisch auf den Betrieb als soziales System gerichtet.

tion der Lernenden wird hinsichtlich der Rahmenbedingungen und Inhalte der Betreuung heterogen sein. Eine Binnendifferenzierung ist deshalb zu ermöglichen. Das Blended-Learning-Konzept ist in 5 Phasen strukturiert. Der Schwerpunkt liegt auf dem E-Learning Anteil, wobei die austauschorientierten Teile (virtueller Klassenraum im Plenum oder in Arbeitsgruppen) auch für das E-Learning prägend sind.

Tab. 2: Blended-Learning-Konzept zum Kooperationshandeln

Phase	Format	Ziele/Inhalte
Phase 1: Einstieg und Kickoff	Online Virtueller Klassenraum (Synchron); Kompetenzeinschätzungstool	Einführung in den Kurs; Kennenlernen, Einführung in Plattform Kompetenzeinschätzung, Ziele klären; Einführung ins Thema/in die Ausgangssitutation; Kompetenzeinschätzung
Phase 2: Aneignen – Grundlagen für die Kooperation	online, asynchrone WBT-Bearbeitung,	Entwicklung eines Grundverständnisses zur kooperativen Leistungserbringung; Reflexion der eigenen Rolle und Haltung zu anderen Professionen
Phase 3: Austausch	Präsenzphase	Andere Rollenperspektiven einnehmen und mit der eigenen verschränken
Phase 4: Arbeits- und Austauschphase	Online, asynchron; virtueller Klassenraum (synchron)	Weiterentwicklung Rollenverständnis; komplementäre Selbst- und Fremdbilder; Vorgehensweise entwickeln und erproben
Phase 5: Verstetigungsphase-Arbeiten, Lernen, Austausch	Online, synchron in Arbeitsgruppen	Verstetigung des Kooperationshandelns; Erfahrungsblog; Kollegiale Fallberatung

Die Evaluation soll sowohl formativ als auch summativ erfolgen. Für die formative Evaluation der Blended-learning-Maßnahme werden die Teilnehmenden regelmäßig befragt, z.B. über Online-Kurzfragebögen oder Live-Voting in den einzelnen Phasen. Summativ sollen alle Befragungsergebnisse am Ende gesamt ausgewertet werden und in die Überarbeitung der Blended-learning-Maßnahme einbezogen.

Literatur

Die Literatur kann beim Autor angefordert werden.

Mika Lahme[1], Rainer Wieland[1] & Bruno Zwingmann[2]
[1]*Wuppertaler Institut für Unternehmensforschung und Organisationspsychologie (WIFOP) der Bergischen Universität Wuppertal*, [2]*BASI-Vorstand*

Kommunikation und Kooperation im Arbeitsschutz: Basi-Umfrage[1]

1. Einleitung

Sicherheit und Gesundheit bei der Arbeit sind nicht nur ein grundlegendes Bedürfnis der Beschäftigten. Ihre Bedeutung hat auch für die Unternehmen stark zugenommen. Dazu haben verschiedene Faktoren beigetragen: gesellschaftliche Anforderungen wie der gesetzliche Arbeitsschutz, die betriebliche Gesundheitsförderung wie auch Integration und Inklusion, die Veränderung der Arbeit durch den technologischen Wandel (Arbeit 4.0) und die Notwendigkeit, vor dem Hintergrund des Fachkräftemangels und des demographischen Wandels, Personal zu gewinnen, zu halten und seinen Einsatz zu optimieren. Damit einhergehend ist auch der Bedarf an fachlicher Unterstützung der Unternehmen gewachsen. In Form einer Internetbefragung wurde die Fragestellung: „Wie sieht die Kommunikation und Kooperation zwischen Professionen sowie betrieblichen Akteuren in Bezug auf die Sicherheit und Gesundheit im Unternehmen aus?" beantwortet. Die Wichtigkeit dieser Frage manifestiert sich darin, dass über die konkreten Tätigkeiten, Ziele, Methoden und besonderen Stärken der einzelnen Professionen noch recht wenig bekannt ist. Dies gilt noch mehr für die Kommunikation und Kooperation der Professionen untereinander wie auch mit den betrieblichen Funktionsträgern im Unternehmen. Das Ziel dieser Umfrage war es, genauer zu erkunden, welche Erfahrungen verschiedene Professionen mit dem Thema Kommunikation und Kooperation der (Fach-)Professionen und betrieblichen Akteure, die für die Sicherheit und Gesundheit bei der Arbeit verantwortlich sind, in Ihrem Unternehmen bisher gemacht haben. Die TeilnehmerInnen wurden gebeten für die fünf Anlässe: Betrieblicher Arbeitsschutz, Gefährdungsbeurteilung, Gefährdungsbeurteilung psychischer Belastungen, Betriebliches Gesundheitsmanagement/Betriebliche Gesundheitsförderung und Betriebliches Eingliederungsmanagement jeweils drei Maßnahmen zu benennen, bei denen sie von einer zielführenden Zusammenarbeit der Professionen ausgehen.

2. Methode

Die Stichprobe umfasste 148 vollständig ausgefüllte Fragebögen. Die Auswertung der Internetbefragung untergliederte sich in eine quantitative und qualitative Aus-

[1] Im Auftrag der Bundesarbeitsgemeinschaft für Sicherheit und Gesundheit bei der Arbeit

wertung. Quantitativ wurde das durchschnittliche Alter, das Geschlecht und die betriebliche Position der Teilnehmer ausgewertet. Weiterhin wurden die Fragen, mit welchen Professionen, betrieblichen Funktionsträger und betrieblichen Abteilungen die Befragten zusammenarbeiten untersucht. Die Frage, welchen Beitrag die Professionen, betrieblichen Abteilungen und betrieblichen Funktionsträger zur Sicherheit und Gesundheit leisten, wurde auch quantitativ ausgewertet. Die Ergebnisse wurden in die Kategorien „sehr häufig bis häufig", „manchmal", „selten bis nie" bzw. „hoch bis sehr hoch", „mittelmäßig", „sehr gering bis gering" eingeordnet. Die Auswertung der Erfahrungen der TeilnehmerInnen mit den verschiedenen Professionen in Bezug auf Probleme bei der Kommunikation, Vorteile durch die Zusammenarbeit verschiedener Professionen und Vorschläge der TeilnehmerInnen zur Förderung einer zielführenden Zusammenarbeit in der Ausbildung erfolgte qualitativ. Freitext-Antworten der TeilnehmerInnen wurden kategorisiert. Die Kategorisierung erfolgte anhand gleicher/sich ähnelnden Aussagen und diente der Ermittlung von Häufigkeiten (z.B. wie viele der Befragten ein mangelndes Interesse der Arbeitgeber an Arbeitsschutz als Problem zur Kommunikation im Arbeitsschutz sehen). Auch von den TeilnehmerInnen genannte Anlässe und Maßnahmen zur Umsetzung von Gefährdungsbeurteilungen psychischer Belastungen sowie von betrieblichen Gesundheitsmanagement wurden kategorisiert. Dies erfolgte ebenfalls anhand gleicher/sich ähnelnden Aussagen und diente der Ermittlung von Häufigkeiten (z.B. wie viele der Befragten Arbeitsplatzbegehungen als Maßnahme für eine Gefährdungsbeurteilung in Betracht ziehen).

3. Ergebnisse

Die Professionen der TeilnehmerInnen umfassten Fachkräfte für Arbeitssicherheit (54%), Arbeits-, Organisations- und Personalpsychologen (9%), Betriebsärzte (6%), Gesundheitswissenschaftler (3%), Arbeitshygieniker (2%), Spezialisten für Sicherheit, Gesundheit und Ergonomie (1%), Arbeitswissenschaftler (1%) und Sonstige (24%). Das Alter der TeilnehmerInnen betrug im Durchschnitt 48,5 Jahre. Von den Teilnehmern waren 74% männlich und 26% weiblich. Die häufigsten genannten Maßnahmen zum betrieblichen Arbeitsschutz lauten: Gefährdungsbeurteilungen und Arbeitsplatzbegehungen (31%), Arbeitsplatzgestaltungen (20%) und Schulungen /Unterweisungen (12%). Die Auswertung der Internetbefragung zeigte, dass die TeilnehmerInnen am häufigsten mit einer Fachkraft für Arbeitssicherheit (77%) und mit einem Betriebsarzt (60%) zusammenarbeiten. Dagegen gaben 71% und 65% an, dass sie nur selten mit einem Arbeitshygieniker oder einem Arbeitspsychologen zusammenarbeiten. Mit Arbeits- und Gesundheitswissenschaftlern wird ebenfalls seltener zusammengearbeitet (18% und 15%). Die Mehrheit der TeilnehmerInnen gab auch an, dass sie mit den betrieblichen Funktionsträgern: Führungskräfte (89%),

Unternehmensleitung (78 %), Sicherheitsbeauftragte (67 %) und Betriebsrat/Personalrat (57 %) zusammenarbeiten. Die häufigsten genannten Maßnahmen zum betrieblichen Arbeitsschutz lauten: Gefährdungsbeurteilungen und Arbeitsplatzbegehungen (31 %), Arbeitsplatzgestaltungen (20 %) und Schulungen/Unterweisungen (12 %). Es zeigte sich, dass 33 % der Befragten am häufigsten mit einer Fachkraft für Arbeitssicherheit arbeiten. Weitere 26 % gaben an, dass sie für diese Maßnahmen mit einem Betriebsarzt zusammenarbeiten. Die genannten Maßnahmen zur Gefährdungsbeurteilung umfassen vor allem Arbeitsplatzbegehungen sowie Risikobeurteilungen (43 %), Schulungen/Unterweisungen (19 %) und Arbeitsplatzgestaltungen (20 %). Auch hier wurden die meisten der Befragten mit einer Fachkraft für Arbeitssicherheit (35 %) und/oder mit einem Betriebsarzt (26 %) zusammenarbeiten. Im Rahmen einer Gefährdungsbeurteilung psychischer Belastungen führen die Befragten insbesondere Mitarbeiterbefragungen (23 %), Schulungen der Mitarbeiter (18 %) oder Analysen von psychischen Belastungsfaktoren (13 %) durch. Eine zielführende Zusammenarbeit erfolgt auch hier in 28 % der Fälle mit Fachkräften für Arbeitssicherheit und in 25 % der Fälle mit Betriebsärzten. Insgesamt wurde bei allen Anlässen am häufigsten die Zusammenarbeit mit Fachkräften für Arbeitssicherheit und Betriebsärzten als zielführend sowie ihren Beitrag zur Sicherheit und Gesundheit mit „hoch" bis „sehr hoch" bewertet (siehe Abb.1).

Beitrag der Professionen	hoch - sehr hoch	mittelmäßig	sehr gering - gering
Fachkraft für Arbeitssicherheit	88	5	7
Betriebsarzt/-ärztin	60	21	18
Spezialisten für Sicherheit, Gesundheit und Ergonomie	49	25	26
Arbeitspsychologie	29	29	42
Gesundheitswissenschaftler	24	24	52
Arbeitswissenschaftler	19	24	57
Arbeitshygieniker	18	19	64

Abb. 1: Beitrag der Professionen zur Sicherheit und Gesundheit (Angaben in Prozent)

Aus den Freitext-Antworten der TeilnehmerInnen über Probleme, die bei der Zusammenarbeit verschiedener Professionen entstehen, ging hervor, dass 39 % der Befragten eine mangelnde zeitliche Verfügbarkeit als Problem ansehen. Weitere Probleme wurden genannt als mangelndes Interesse der Arbeitgeber (27 %), hoher organisatorischer Aufwand (20 %), die Zusammenarbeit mit Betriebsärzten (11 %) und die Unternehmensgröße (3 %). Vorteile in der Zusammenarbeit verschiedener Professionen sehen 82 % der Befragten insbesondere in der gegenseitigen Ergänzung in der Zusammenarbeit. Durch diese entstehen den Befragten zufolge Synergieeffekte. Auf die Frage, auf welche Weise man schon in der Ausbildung eine zielführende Zusammenarbeit verschiedener Professionen fördern könnte, nannten 37 % die Idee, den Auszubildenden schon frühzeitig einen Einblick in andere Professionen zu geben. Auch die frühe Sensibilisierung für das Thema Arbeits- und Gesundheitsschutz wurde von 35 % genannt. Den Erfahrungen der Befragten zufolge, arbeiten 89 % häufig mit Führungskräften zusammen und weitere 62 % der Befragten schätzten den Beitrag der Führungskräfte zur Sicherheit und Gesundheit im Unternehmen sehr hoch ein. Es arbeiten auch 78 % häufig mit der Unternehmensleitung zusammen und 71 % stuften den Beitrag dieser zur Sicherheit und Gesundheit im Unternehmen mit „hoch" ein (siehe Abb. 2). Seltener wird dagegen von 59 % mit einem BEM-Beauftragten zusammengearbeitet. Am wenigsten TeilnehmerInnen arbeiten mit der Sozialstelle (10 %), auch ihr Beitrag zur Sicherheit und Gesundheit wurde von 62 % mit gering eingestuft.

4. Diskussion

Die Einschätzung der TeilnehmerInnen, dass Fachkräfte für Arbeitssicherheit einen vergleichsweise hohen Beitrag zur Sicherheit und Gesundheit im Unternehmen beitragen, lässt sich unter anderem daraufhin zurückführen, dass die Mehrheit der Befragten aus dieser Profession stammt. Es kann vermutet werden, dass insbesondere Fachkräfte für Arbeitssicherheit sich für die Gewährleistung von Sicherheit und Gesundheit am Arbeitsplatz berufen fühlen. Lediglich 6 % der Befragten waren Betriebsärzte, dennoch behauptet die Mehrheit der Befragten, dass diese einen „hohen bis sehr hohen" Beitrag zur Sicherheit und Gesundheit leisten. Das Arbeitspsychologen, Arbeitshygieniker sowie Arbeitswissenschaftler vergleichsweise einen eher geringeren Beitrag zur Sicherheit und Gesundheit im Unternehmen leisten, kann unter anderem daraufhin zurückgeführt werden, dass diese Professionen geringer in Unternehmen vorkommen. Dies spiegelt sich auch in den Bewertungen der TeilnehmerInnen über den Beitrag der beiden betrieblichen Abteilungen BEM-Beauftragte und Inklusions-Beaftragte wieder. Denn 48 % und 67 % der Befragten beurteilen den Beitrag dieser betrieblichen Abteilungen mit „sehr gering bis gering" (s. Abb. 2). BEM-Beauftragte sowie Inklusionsbeauftragte kommen jedoch ebenfalls geringer in Unternehmen vor, als andere betriebliche Funktionsträger.

Beitrag der betrieblichen Funktionsträger	hoch - sehr hoch	mittelmäßig	sehr gering - gering
Unternehmensleitung	71	29	0
Betriebsleitung	67	14	18
Führungskraft	62	23	16
Speziaifunktionen (z.B. Brandschutz, Strahlenschutz)	58	26	17
Sicherheitsbeauftragte/r	52	33	15
Betriebsrat / Personalrat	46	30	24
Gesundheitsbeauftragte/r	27	26	47
Schwerbehindertenvertretung	26	37	37
BEM-Beauftragte	25	27	48
Inklusions-Beauftragte	14	19	67

Abb. 2: Beitrag betrieblicher Funktionsträger zu Sicherheit und Gesundheit (in Prozent)

Christian Schumacher[1] & Heidi Wegner[2]
[1]systemkonzept GmbH, [2]Hochschule Bonn-Rhein-Sieg

Professionen für die betriebliche Betreuung

Ein zeitgemäßes Verständnis von Prävention zeichnet sich durch eine ganzheitliche Betreuung aus, die alle Herausforderungen der modernen Arbeitswelt abdeckt. Natürlich wissen die Verantwortlichen in den Unternehmen um den Stellenwert von Arbeitsschutz, doch fehlt es ihnen nicht selten an Arbeitsschutzwissen. So ist eine Beratung durch fachkundige Personen in Deutschland seit den 1970igern im ASiG verankert. Neben den Betriebsärztinnen und -ärzten sowie den Fachkräften für Arbeitssicherheit können auch andere Professionen für die Beratung der Betriebe herangezogen werden. Dabei sollte es nicht Aufgabe der Betriebe sein, sich weitere fachkundige Unterstützung für die Beratung zu suchen. Vielmehr sollte es zum Selbstverständnis jeder fachkundigen Profession gehören, die anderen Disziplinen zu kennen, die den Arbeitsschutz in dem betreuten Betrieb optimalisieren können. Wie aber kann ein professionelles Netzwerk aussehen?

Der Faktor „Mensch" ist bei der Gestaltung von Arbeit im Sinne von Arbeitsformen (Akkord), Arbeitsplätzen und Arbeitszeiten gezielt zu betrachten. Hierbei helfen vor allem arbeitsmedizinische, arbeitspsychologische, ergonomische und gesundheitswissenschaftliche Grundsätze. Studien aus den letzten 3 Dekaden zeigen, dass insbesondere die Beratungen zu psychischen Belastungen und zu einer menschengerechten Gestaltung der Arbeit in ihrer Intensität und Wirksamkeit verbessert und die interdisziplinäre Zusammenarbeit gefördert werden sollten, unbenommen Kernkompetenzen der Arbeitspsychologie und Ergonomie. Leider bestätigen die krankheitsbedingten Ausfälle, insbesondere der Anstieg an psychischen Erkrankungen, den Eindruck, dass beide Professionen noch zu selten oder in zu geringem Ausmaß eingesetzt werden.

Nicht nur die Verknüpfung, sondern auch das Potential zur Ergänzung dieser beiden Professionen bietet die Gesundheitswissenschaft, wenn sie in den Betrieben den Fokus auf die Vermehrung von Gesundheitsressourcen und die Senkung von Belastungen aus der betriebskulturellen und sozialen Umgebung der Beschäftigten legen kann.

Die Arbeitshygiene ist eine weitere Profession, die neben der Arbeitsorganisation oftmals die Arbeitsumgebung in den Mittelpunkt ihrer Betrachtung setzt. Die Erfassung und Bewertung von Umwelteinflüssen, insbesondere auf die Reinheit der Luft, bringt folglich auch das Thema Umweltschutz in die Beratung der Betriebe mit ein. Auch für eine effiziente und risikobasierte Beratung der Betriebe hat sich hier die Arbeitshygiene bewährt, die vor allem im Bereich der Risikobewertung und Minimierung sowie in der Überprüfung der Wirksamkeit von Schutzmaßnahmen gegenüber biologischen, chemischen und physikalischen Risiken eingesetzt wird. Auch wenn die Arbeitshygiene aus dem Gebiet der Arbeitsmedizin entstammt, so ist so doch in Puncto Arbeitssystemerfassung (insbesondere Arbeitsmittel und Arbeitsplatz) verstärkt auf die Kooperation mit der Fachkraft für Sicherheit ausgerichtet.

Das neue Arbeitsprogramm der Gemeinsamen Deutschen Arbeitsschutzstrategie (GDA) bringt es mit der aktuellen Schwerpunktsetzung auf den Punkt:
Gute Arbeitsgestaltung

- bei Muskel-Skelett-Belastungen
- bei psychischen Belastungen

Sicherer Umgang mit krebserzeugenden Gefahrstoffen

Gerade bei diesen Themen erscheint es sinnvoll die Beratung der Betriebe in der Grundbetreuung durch fundiertes arbeitshygienisches, arbeitswissenschaftliches sowie arbeits- und organisationspsychologisches Wissen zu vertiefen und folglich die weltweit etablierten Professionen „Arbeitshygiene“, „Arbeits- und Organisationspsychologie“ sowie „Ergonomie“ in Kooperation mit der Fachkraft für Arbeitssicherheit und der Betriebsärztin oder -arztes einzusetzen. Viele Länder außerhalb, aber auch größere Betriebe innerhalb Deutschlands, setzen seit langem auf ein interdisziplinäres Netzwerk aus Fachkundigen der Arbeitshygiene, Arbeitsmedizin, Arbeitspsychologie, Ergonomie und Gesundheitswissenschaft. Durch einen entsprechend angepassten Aufgabenkatalog können die technischen, organisatorischen wie auch die persönlichen Anforderungen und Kapazitäten innerhalb eines Betriebes klar definiert und die Verknüpfung der verschiedenen Professionen dargestellt werden.

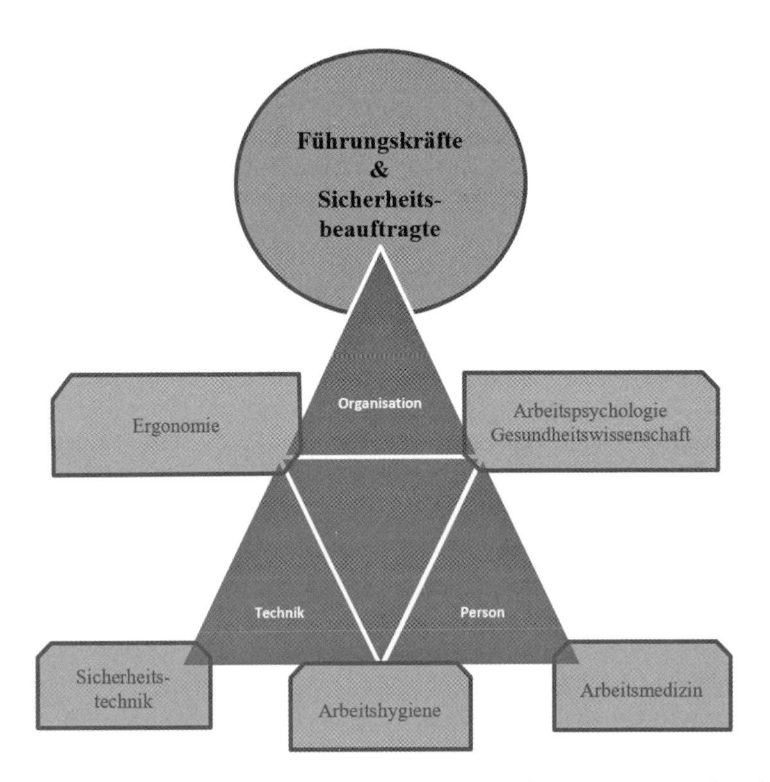

Abb. 1: Grafische Darstellung der Verbindungen spezifische Professionen in den Handlungsfeldern Organisation, Person, Technik

Literatur

Barth, C., Eickholt, C., Hamacher, W. & Schmauder, M. (2017). *Bedarf an Fachkräften fur Arbeitssicherheit in Deutschland* (1. Aufl.). Dortmund: Bundesanstalt für Arbeitsschutz und Arbeitsmedizin. doi: 10.21934/baua:bericht20170921

Barth, C., Hamacher, W. & Eickholt, C. (2014). *Arbeitsmedizinischer Betreuungsbedarf in Deutschland.* (1. Aufl.). Dortmund: Bundesanstalt für Arbeitsschutz und Arbeitsmedizin.

Barth, C., Glomm, D. & Wienhold, L. (2000). Betriebsärztliche Kleinbetriebsbetreuung – Bedarfsabschätzung, Strategien, zeitgemäße Betreuungsmodelle. Schriftenreihe der Bundesanstalt für Arbeitsschutz und Arbeitsmedizin: Forschung, Fb 904. Bremerhaven: Wirtschaftsverlag Hamacher, W. Schmauder, M., Höhn, K., Ruttke, T., Trimpop, R., Kalveram, A. B., Winterfeld, U. & Strothotte, G. (2010). Die Wirksamkeit von Fachkräften fur Arbeitssicherheit. Welche Wirksamkeitskriterien legen die Fachkräfte ihrer eigenen Tätigkeit zugrunde und welche vermuten sie bei weiteren innerbetrieblichen Partnern? In R. Trimpop, G. Gericke & J. Lau (Hrsg.), *Psychologie der Arbeitssicherheit und Gesundheit. 16.* Workshop 2010. Kröning: Asanger.

Gesetz über Betriebsärzte, Sicherheitsingenieure und andere Fachkräfte für Arbeitssicherheit vom 12. Dezember 1973 (BGBl. I S. 1885), das zuletzt durch Artikel 3 Absatz 5 des Gesetzes vom 20. April 2013 (BGBl. I S. 868) geändert worden ist.

Hamacher, W., Kalveram, A. B., Ruttke, T., Höhn, K. & Trimpop, R. (2009). *Wirksamkeit und Tätigkeit von Fachkräften für Arbeitssicherheit. Die Ergebnisse der 1. Basisstudie der Sifa-Langzeitstudie. DGUV-Report 05/2009.* Berlin: Deutsche Gesetzliche Unfallversicherung DGUV e.V.

Heeg, F. J., Sperga, M., Veismann, M. (2002). *Kooperation von Betriebsärzten und Sicherheitsfachkräften in Kleinbetrieben. Schriftenreihe der Bundesanstalt für Arbeitsschutz und Arbeitsmedizin: Forschung, Fb 945.* Bremerhaven: Wirtschaftsverlag

Kliemt, G. et al. (2003). *Effektivität und Effizienz der betriebsärztlichen Betreuung in Kleinund Mittelbetrieben. Schriftenreihe der Bundesanstalt für Arbeitsschutz und Arbeitsmedizin: Forschung, Fb 998.* Bremerhaven: Wirtschaftsverlag

Kliemt, G., Wienhold, L., Barth, C., Dörr, R., Glomm, D., Khan, A., Korus, H. C., Scheuch, K., Voullaire, E. (2003). *Effektivität und Effizienz der betriebsärztlichen Betreuung in Klein- und Mittelbetrieben. Schriftenreihe der Bundesanstalt für Arbeitsschutz und Arbeitsmedizin: Forschung, Fb 998.* Bremerhaven: Wirtschaftsverlag.

Kliemt, G.; Voullaire, E. (2003). *Tätigkeitsspektrum und Rollenverständnis von Betriebsärzten in Deutschland.* Schriftenreihe der Bundesanstalt für Arbeitsschutz und Arbeitsmedizin: Forschung, Fb 1000. Bremerhaven: Wirtschaftsverlag

Trimpop, R., Schmauder, M., Wienhold, L., Hamacher, W., Köhler, T., Kalveram, A. B. Höhn, K.,

Simon, A. & Kahnwald, N. (2005). Sifa-Langzeitstudie: Repräsentative Evaluation der Wirksamkeit der Tätigkeit von Fachkräften fur Arbeitssicherheit im Rahmen einer achtjährigen Längsschnitterhebung. In L. Packebusch & B. Weber (Hrsg.), *Psychologie der Arbeitssicherheit und Gesundheit. 13. Workshop 2005* (S. 265–268). Heidelberg, Kröning: Asanger Verlag.

Wienhold, L. (1998). Welches Rollenverständnis hat der Betriebsarzt, welches Rollenverständnis braucht er in Zukunft? *Sicher ist sicher, 9,* 430ff.

Rüdiger Trimpop
PASIG und Friedrich-Schiller Universität Jena

Integration weiterer Professionen in den Arbeitsschutz: Ist das nützlich?

1. Bedarfsänderung als Anlass[1]

Das Arbeitssicherheitsgesetz (ASiG) wurde 1973 für eine fachliche Unterstützung der Unternehmen im Arbeitsschutz geschaffen. Die gemäß ASiG zu bestellenden Fachdisziplinen haben zusammengefasst die Aufgabe, den Arbeitgeber bei der Sicherstellung von Sicherheit und Gesundheit bei der Arbeit einschließlich deren menschengerechter Gestaltung zu unterstützen. Die konkreten Inhalte und die Erforderlichkeit der Unterstützung ergeben sich aus dem Bedarf und den Bedürfnissen des Betriebes und der zu beratenden Person, dem Arbeitgeber. Die DGUV Vorschrift 2 führt diesen bedarfsorientierten Ansatz aus und legt die Gefährdungsbeurteilung – inkl. psychischer Fehlbelastungen und Beanspruchungen – zugrunde. Historisch betrachtet wurden BetriebsärzteInnen einerseits und Fachkräfte für Arbeitssicherheit mit technikorientierten Eingangsvoraussetzungen (Ingenieur, Techniker, Meister oder äquivalente Qualifikationen) andererseits als besonders geeignet benannt. Viele technisch bedingte Unfälle und technische Lösungen sowie das oftmals erst anhand von Krankheiten, Unfallfolgen und Symptomatiken erkannte Gefährdungsgeschehen, z.B. bei Gefahrstoffen wie Silikose, zeigen auf, warum dies eine sinnvolle Entscheidung war. Beide Berufsgruppen blickten aus verschiedenen Disziplinen auf dieselben Gefährdungen. Die MedizinerInnen ergänzten die Gefährdungsbeurteilungen durch Vorsorgeuntersuchungen. Weitere Professionen wurden durch die Gesetzesformulierung jedoch weitgehend ausgeschlossen.

Nachdem über viele Jahre die Unfallzahlen und Krankheiten auch durch die erfolgreiche Beratung dieser und anderer Akteure im innerbetrieblichen Tätigkeitsbereich sanken, entwickelten sich jedoch Verschiebungen in den Gefährdungsprofilen. Heute sind Mobilitätsunfälle für mehr als die Hälfte der tödlichen Unfälle verantwortlich. In Form von Fußmobilität im Betrieb sind es fast 50 % der meldepflichtigen Unfälle. Technische Ursachen sind nur für ca. 2 % verantwortlich und eine nachträgliche Feststellung in Vorsorge- oder Behandlungsuntersuchungen stellt keinen ausreichenden Präventionsnutzen dar. Gleiches gilt für den Anstieg der Fehlzeiten durch psychische Fehlbelastungen. Stress (psychomentale Fehlbeanspruchung), Ablenkung und die Interaktionen aus Arbeit-Freizeit-Familie-Person gekoppelt mit or-

[1] z.T. basierend auf Pasig-Positionspapier, Veröffentlichungen in Pasig 20 und in Ergomed

ganisationalen Variablen decken die meisten Ursachen ab. Diese Themen sind Kernkompetenzen von ArbeitspsychogenInnen und nicht der anderen Professionen. Das Gesundheitsgeschehen hängt stark von Arbeitszeitgestaltung und -verdichtung ab, was die Arbeitswissenschaften intensiv bearbeiten. Schließlich sind Allergien, Reaktionen auf Schadstoffe, Mikrostoffe, Umweltverschmutzung usw. sehr viel weiter in den Vordergrund gerückt als in den 70er Jahren. Hier sind die Kernkompetenzen der ArbeitshygienikerInnen unabdingbar. Im modernen Arbeitsschutz sind in erster Linie kommunikative und motivationale Kompetenzen von Führungskräften und Mitarbeitenden wirksam. Dies sind gleichzeitig Kernkompetenzen von Pädagogen und ArbeitspsychologenInnen. Selbstredend ist jedoch eine 8-stündige Weiterbildung eines Betriebsmediziners nicht einem 5–7jährigen Studium eines Fachpsychologen für Sicherheit und Gesundheit annähernd qualitativ gleichwertig, ebenso wenig wie umgekehrt. Jedoch fördert eine interdisziplinäre Weiterbildung das notwendige wechselseitige Verständnis im Arbeitsschutz. Derzeit ist ein bedarfsgerechter Arbeitsschutz nicht so wirksam, wie er sein könnte, wenn weitere Professionen ihre Expertise einbringen könnten.

Daten aus einer Längsschnittstudie, an der über ca. 10 Jahre mehr als 2000 Sicherheitsfachkräfte und mehr als 500 Betriebsärzte, Betriebsräte und Führungskräfte teilnahmen, zeigen auf, dass insbesondere das Thema psychische Belastung nicht mit der erforderlichen Intensität und Wirksamkeit von den im ASiG benannten Professionen bearbeitet wird (Trimpop et al., 2012). Die menschengerechte Gestaltung der Arbeit als wichtiges Einsatzfeld weist die geringste Berücksichtigung auf. Die Wirksamkeit wird besonders gering hinsichtlich älterer Beschäftigter und der Vereinbarkeit von Familie und Beruf eingeschätzt. Der bisherige Weg, solcherart umfassende neue Themen- und Wissensgebiete einfach den beiden bisher im ASiG benannten Professionen „dazuzuschreiben", obgleich es dafür fachlich spezialisierte Professionen gibt, ist gescheitert. Die Akteure selbst schätzen ihre Kompetenzen deutlich unterdurchschnittlich ein und es zeigt sich über die fast 10 Jahre Laufzeit der Studie, dass der Erfahrungsgewinn im Betrieb gegen Null tendiert. Die zu erwartenden weiteren Veränderungen mit einer sich stetig weiterentwickelnden Digitalisierung sind dabei noch nicht einmal berücksichtigt.

Hinzu kommt eine kritische demographische Entwicklung bei den Betriebsärzten: Gemäß einer Studie der BAuA (BAuA, 2014), die auf Zahlen der Bundesärztekammer basiert, waren 2011 bereits 56% der Betriebsärzte über 60 Jahre alt. Die Altersgruppe der Betriebsärzte unter 40 Jahre war mit 2% hingegen sehr gering vertreten. Zur flächendeckenden Versorgung insbesondere der Beschäftigten in Klein- und Mittelbetrieben fehlten bereits 2011 mehr als 4,7 Mio. betriebsärztliche Einsatzstunden zur vollständigen Erfüllung der Anforderungen der DGUV Vorschrift 2.

Eine flächendeckende arbeitsmedizinische Betreuung der Betriebe sowie die damit verbundene mögliche Beratung zu psychischen Belastungen am Arbeitsplatz, die oftmals als Aufgabe neu dazukommt, sind somit aktuell nicht gegeben. Weiterbildungsbestrebungen und Verkürzungen der Ausbildungszeit sowie verstärkte Werbung für die Arbeitsmedizin der betriebsmedizinischen Verbände sind lobens- und unterstützenswert, werden aber weder die fehlende Kompetenz in den anderen Professionen ausgleichen, noch innerhalb der nächsten 10 Jahre wirksam werden können. Im Gegensatz dazu erweitert die Gruppe der Sicherheitsfachkräfte bereits heute ihr berufliches Spektrum enorm. Hier ist Interdisziplinarität deutlich besser gegeben, wird aber ebenfalls noch von einer nicht zeitgemäßen Gesetzgebung behindert. So vertreten einige Akteure in den Ländern immer noch die Auffassung, dass z.B. ein promovierter Chemiker nicht automatisch zur Sifa-Ausbildung zugelassen werden kann, ein technischer Facharbeiter jedoch schon. Gleiches gilt für Physiker, Arbeitswissenschaftler, ArbeitspsychologenInnen, die alle ein 5–7jähriges Studium aufweisen, was ihnen mindestens dieselbe Beratungskompetenz ermöglicht, wie einem Ingenieur, Techniker oder Meister. Es gibt keinerlei nachvollziehbaren sachlichen Grund, diese Gesetzeslage nicht schnellstens zu ändern und alle geeigneten Akteure zur Sifa-Ausbildung und Tätigkeit zuzulassen.

2. Betrieblicher Unterstützungsbedarf, Beratungskompetenzen

Der betriebliche Unterstützungsbedarf hat sich mit der ihm zugrundeliegenden Arbeitswelt maßgeblich gewandelt und tut dies fortwährend, z. B in der Digitalisierung. Diese verändert das Belastungsprofil mit einem wachsenden Anteil unspezifischer, psychischer Belastungen und Fehlbeanspruchungen. Die Zusammensetzung und Struktur der Erwerbstätigen verändern sich im Zuge des demographischen Wandels durch Alterung, Feminisierung, Migration und insgesamt durch eine zunehmenden Diversität – mit tiefgreifenden Folgen für die Belastungssituation, Arbeitsplanung und Prävention. Damit werden u. a. Forderungen nach Vereinbarkeit von Beruf und Familie wie auch nach Inklusion an die Betriebe herangetragen. In vielen Berufen gehören emotionale Belastungen durch Gewalt und Belästigung, ständiges Konfliktmanagement oder Rollenkonflikte im Kundenkontakt sowie wachsende Ansprüche und Aufgaben aus der Gesellschaft zum grundständigen Arbeitsalltag. Der Faktor „Mensch" tritt, in Wechselwirkung mit Technik und Organisation, immer mehr in den Vordergrund des Arbeits- und Gesundheitsschutzes mit Themen wie Stress, Gesundheitsmotivation und -prävention, Eigenverantwortung, gesunde Führung, Sicherheits- und Gesundheitsmanagementsysteme, Präventionskultur. Immer mehr Unternehmen verzeichnen auch negative wirtschaftliche Folgen durch Fehlbeanspruchungen, schlechte Kommunikation, fehlendes Gesundheitsbewusstsein und fehlende Motivation zu sicherheits- und gesundheitsbewusstem Verhalten. Im Zuge der genannten Entwicklungen hat zudem eine auch heute noch fortschreitende räumliche, zeitliche und soziale Entgrenzung der Erwerbsarbeit stattgefunden verbunden mit dem Entstehen neuer Formen abhängig-selbstständiger Arbeit wie „Crowdwork" und anderen sog. „Plattformarbeiten". Die Arbeitsschutzgesetzgebung wie auch das ASiG müssen sich umfassend auf alle Beschäftigtengruppen erstrecken, aber z.B. auch auf ehrenamtliche Kräfte sowie Schülerinnen und Schüler. Daher sollten dort von vornherein die Professionen eingesetzt werden, die sich auf diese Themen spezialisiert haben. Nach einer lediglich kurzen Weiterbildung werden die wesentlichen Elemente solcher komplexen Gefährdungen oftmals nicht erkannt. Zusammengefasst ist heute mehr denn je ein umfassendes und differenziertes Kompetenzprofil zur Unterstützung und Beratung der Betriebe erforderlich, das nicht von Sifas und Betriebsmedizinern allein abzudecken ist. Überbetriebliche Dienste im vielen Großbetrieben sind bereits interdisziplinär besetzt und beraten bedarfsgerecht mit den geeigneten Professionen. Neben Sicherheitstechnik und Arbeitsmedizin sind vor allem Kompetenzen in der Arbeitspsychologie, Arbeitswissenschaft/Ergonomie, Arbeitshygiene und Gesundheitswissenschaft erforderlich. Damit kämen als Ergänzung mehrere Tausend potentieller KandidatenInnen hinzu, die Bedarfslücken mit spezifischen Kompetenzen schließen könnten, ohne die bestehenden Strukturen und Berufsfelder zu gefährden.

3. Fazit: Anpassung von ASiG und DGUV Vorschrift 2

Alle Beschäftigten müssen umfassend vor den Gesundheitsgefahren und Fehlbelastungen bei der Arbeit geschützt werden. Daher müssen das ASiG und die DGUV Vorschrift 2 so angepasst werden, dass mehr Professionen Zugang haben und nicht für eine Besitzstandwahrung die verbesserte Betreuung geopfert wird. Dazu gehört natürlich auch eine (berufs- und) lebenslange Weiterqualifizierung aller Akteure, was derzeit im ASiG ebenfalls nicht zwingend gefordert ist. Wohingegen die Fachverbände dies für ihre Zertifizierungen bereits seit langem verlangen. Mit unseren gemeinsamen interdisziplinären Bestrebungen können wir die Arbeitswelt besser und bedarfsgerechter schützen und die Gesundheit beruflich und im Privatleben fördern.

Literatur

Barth, Ch., Hamacher, W. & Eickholt, C. (2014). *Arbeitsmedizinischer Betreuungsbedarf in Deutschland. Projekt F2326 der Bundesanstalt für Arbeitsschutz und Arbeitsmedizin.* Dortmund, Berlin, Dresden: BAUA.

Trimpop, R., Hamacher, W., Lenartz, N., Ruttke, T., Riebe, S., Höhn, K., Kahnwald, N., Kalveram A., Schmauder, M., Köhler, T. (2012). *Sifa-Langzeitstudie: Tätigkeiten und Wirksamkeit von Fachkräften für Arbeitssicherheit (Abschlussbericht).* Dresden.

Arbeitskreis

Gewalt am Arbeitsplatz: Gewaltprävention in Schulen, auf dem Bau und in der öffentlichen Verwaltung

Leitung: Julia Weichel

Hannah Huxholl, Christian Pangert, Kathrin Schwarzmann,
Eva-Maria Straub, Alexandra Theiler & Claudia Vaupel

Entwicklung eines branchenübergreifenden Fragebogens zur Erfassung des Gewaltgeschehens am Arbeitsplatz

Birgit Pavlovsky, Katia-Julia Rostek,
Angela Brandenburg & Marion Winkelmüller

Projekt: Gewaltprävention bei der BG BAU

Lisa Ritzenhöfer & Eva Maria Straub

Lehrkräfte stärken, Gewalt schwächen! Evaluation eines Gewaltpräventionsprogramms an Schulen

Julia Weichel & Jochen Hartmannshenn

Umgang mit Gewalt in der öffentlichen Verwaltung – ein interdisziplinäres Trainingskonzept zur Steigerung der Handlungsfähigkeit von Bediensteten

Hannah Huxholl, Christian Pangert, Kathrin Schwarzmann,
Eva-Maria Straub, Alexandra Theiler & Claudia Vaupel
Deutsche Gesetzliche Unfallversicherung e.V. (DGUV), Verwaltungs-Berufsgenossenschaft (VBG), Berufsgenossenschaft Handel und Warenlogistik (BGHW), Unfallkasse Hessen (UKH), Unfallkasse Baden-Württemberg (UKBW) & Berufsgenossenschaft für Gesundheitsdienst und Wohlfahrtspflege (BGW)

Entwicklung eines branchenübergreifenden Fragebogens zur Erfassung des Gewaltgeschehens am Arbeitsplatz

1. Projektziele

Gewalt hat viele Facetten. Auch in Zusammenhang mit der Arbeit müssen Menschen dieser großen Bandbreite von Gewalt immer wieder begegnen: Ein Sanitäter wird von einem alkoholisierten Patienten getreten und angespuckt. Ein kleiner Blumenladen wird kurz vor Ladenschluss überfallen. Eine Kellnerin wird im Vorbeigehen von einem Stammgast im Schritt angefasst. Wegen der Verweigerung von Leistungen wird der Mitarbeiter einer Behörde von einem Kunden bedroht.

Das Thema Gewalt in Zusammenhang mit Arbeit bzw. Arbeitsunfällen ist für die gesetzliche Unfallversicherung von hoher Relevanz. Daher wurde eine Projektgruppe im Sachgebiet „Psyche und Gesundheit in der Arbeitswelt" eingerichtet, deren Ziel die Entwicklung eines gemeinsamen Verständnisses und Vorgehens der Unfallversicherungsträger im Bereich der Gewaltprävention darstellt. In diesem Zusammenhang soll u. a. ein Fragebogen entwickelt werden, der branchenübergreifend das Gewaltgeschehen am Arbeitsplatz erfasst.

2. Definition und Hintergründe

Im Jahr 2017 wurden in Deutschland 10.699 Arbeitsunfälle mit Gewalteinwirkung gemeldet (Deutsche Gesetzliche Unfallversicherung e. V., 2018). Aber das ist nur die Spitze des Eisbergs, denn ein solcher Arbeitsunfall ist erst dann meldepflichtig, wenn er eine Arbeitsunfähigkeit von mehr als drei Kalendertagen zur Folge hat. Es ist davon auszugehen, dass viele Gewaltereignisse eine kürzere oder sogar vorerst gar keine Arbeitsunfähigkeit zur Folge haben. Daher muss mit weitaus mehr Beschäftigten gerechnet werden, die in Zusammenhang mit ihrer Arbeit Gewalt erleben – die Dunkelziffer ist hoch. So gaben 8 Prozent der Beschäftigten in der EU an, innerhalb der letzten 12 Monate Opfer von physischer Gewalt, sexueller Belästigung oder Bullying geworden zu sein (Eurofound, 2017).

Es gibt nicht nur viele Erscheinungsformen von Gewalt, sondern auch viele Definitionen. Für Gewalt bei der Arbeit bietet sich die Definition der International

Labour Organization (ILO) an. Gewalt und Belästigung im Sinne des ILO-Übereinkommens Nummer 190 wird definiert „als eine Bandbreite von inakzeptablen Verhaltensweisen und Praktiken oder deren Androhung (...), die darauf abzielen, zur Folge haben oder wahrscheinlich zur Folge haben, physischen, psychischen, sexuellen oder wirtschaftlichen Schaden zu verursachen und umfasst auch geschlechtsspezifische Gewalt und Belästigung" (Internationale Arbeitskonferenz: Vorläufiger Verhandlungsbericht 7A, 108. Tagung, Genf, Juni 2019). Inakzeptable Verhaltensweisen und Praktiken sind also nicht nur körperliche Angriffe, sondern beispielsweise auch sexuelle Belästigung, Drohungen, Nötigung und Diskriminierung. Dazu gehören auch verbale sowie nonverbale Aggressionen durch Gestik und Mimik. Die Gewalt kann von Organisationsangehörigen ausgehen, zum Beispiel von Schülerinnen und Schülern, Führungskräften, Kolleginnen und Kollegen. Ebenso können Personen außerhalb der Organisation, zum Beispiel Kundinnen und Kunden, Klientinnen und Klienten, Patientinnen und Patienten oder deren Angehörige, die Gewalt ausüben. Vorfälle von Gewalt kann es an nahezu jedem Arbeitsplatz geben, an dem ein direkter Kontakt mit anderen Menschen besteht. Ein besonders hohes Gefahrenpotenzial besteht bei Alleinarbeit, bei der Ausübung von Kontrollaufgaben, im Umgang mit Bargeld und Wertgegenständen oder im Umgang mit schwierigen Personengruppen.

3. Gewaltprävention

Gewalt im Arbeitsalltag gehört zur Realität, dennoch darf man diese nicht einfach hinnehmen. Das Risiko von Gewalt am Arbeitsplatz kann reduziert werden und es ist Aufgabe von Unternehmen ihre Beschäftigten zu schützen! Arbeitgeber sind verpflichtet, eine Gefährdungsbeurteilung durchzuführen. Diese bildet die Grundlage des betrieblichen Arbeitsschutzes. Aus ihr leitet der Arbeitgeber die erforderlichen Maßnahmen ab, um die Sicherheit und Gesundheit seiner Beschäftigten zu erhalten und zu verbessern. In der Gefährdungsbeurteilung müssen alle für die Tätigkeit relevanten Gefährdungen betrachtet werden, auch die durch potentielle Gewalteinwirkung.

Ein wichtiger Bestandteil der Gewaltprävention ist, wie bei jeder Beurteilung der Arbeitsbedingungen, die Analyse und Bewertung des Geschehens. Das „Aachener Modell zur Reduzierung von Bedrohungen und Übergriffen am Arbeitsplatz mit Publikumsverkehr" bietet die Möglichkeit Gewaltereignisse verschiedenen Gefährdungslagen zuzuordnen, um anschließend geeignete Präventionsmaßnahmen abzuleiten und Zuständigkeiten festzulegen (Unfallkasse Nordrhein-Westfalen, 2010). Im Aachener Modell werden vier verschiedene Gefährdungslagen unterschieden. Stufe 0 umfasst normale bis kontroverse Gesprächssituationen. Diese können durch die Beschäftigten eigenverantwortlich gelöst werden. Eine solche Gesprächssituation könnte beispielsweise die Reklamation eines fehlerhaften Produktes sein. In Stufe 1 verhält sich ein Mensch verbal aggressiv, indem er beispielsweise einen Kollegen beleidigt oder ein unangepasstes Sozialverhalten zeigt. Dies könnte sich u.a. in unangemessenem Duzen zeigen. Auch die willkürliche Sachbeschädigung fällt in Stufe 1. Eine Intervention oder eine Konfliktlösung ist hier noch durch die Beschäftigten möglich, gegebenenfalls sollte an dieser Stelle die Führungskraft unterstützen. Handgreiflichkeiten, körperliche Gewalt, Bedrohung und Nötigung sowie das Durchsetzen eines Platzverweises sind der Gefährdungslage 2 zugeordnet. Die Verantwortung liegt in solchen Situationen nicht mehr beim Beschäftigten. Einschreiten müssen hier Sicherheitsdienst oder Polizei bzw. dahingehend geschulte Personen. Kommt es zum Einsatz von Waffen oder Werkzeugen, gibt es eine Bombendrohung, einen Amoklauf, eine Geiselnahme oder einen Überfall, ist Stufe 3 erreicht. In einem solchen Fall muss die Polizei eingeschaltet werden (Unfallkasse Nordrhein-Westfalen, 2010).

4. Entwicklung eines branchenübergreifenden Fragebogens

Ausgehend vom Aachener Modell entwickeln die Träger der gesetzlichen Unfallversicherung einen branchenübergreifenden Fragebogen. Dieser soll dabei helfen, als Teil der Gefährdungsbeurteilung, das Gewaltgeschehen in Betrieben und Bildungseinrichtungen zu analysieren und zu beurteilen und soll als Grundlage für die Ableitung von Maßnahmen dienen. Dazu werden potentielle Gewaltereignisse der jeweiligen Arbeitssituation erfasst. Sämtliche Items sind so formuliert, dass sie branchenübergreifend angewendet werden können. Bisher bestehende Fragebögen zur Erfassung des Gewaltgeschehens sind oftmals branchenspezifisch und können nicht ohne weiteres auf andere Branchen angewendet werden. Der theoretische Bezug des neu entwickelten Fragebogens zum Aachener Modell liefert darüber hinaus in der Auswertung die Möglichkeit entsprechend dem Modell Zuständigkeiten festzulegen und Präventionsmaßnahmen abzuleiten. Eine einheitliche Grundlage für die Einschätzung von Handlungs- beziehungsweise Präventionspotenzialen wird ermöglicht. Auch der Vergleich verschiedener Branchen nach der Systematik des Aachener Modells kann realisiert werden. Im Rahmen eines Dialogforums sollen Inhalt, Anwendbarkeit und Branchenpassung eines ersten Entwurfs vorgestellt und diskutiert werden.

Literatur

Deutsche Gesetzliche Unfallversicherung e. V. (Hrsg.) (2018). Arbeitsunfallgeschehen 2017.Berlin.

Eurofound (2018). *Sixth European Working Conditions Survey – Overview report (2018 update).* Luxembourg: Publications Office of the European Union.

Internationale Arbeitskonferenz (2019). Vorläufiger Verhandlungsbericht 7a, 108. Genf: Tagung.

Unfallkasse Nordrhein-Westfalen (2010). *Prävention in NRW 37. Gewaltprävention – ein Thema für öffentliche Verwaltungen?! „Das Aachener Modell“ Reduzierung von Bedrohungen und Übergriffen an Arbeitsplätzen mit Publikumsverkehr.* Düsseldorf.

Birgit Pavlovsky, Katia-Julia Rostek,
Angela Brandenburg & Marion Winkelmüller
Berufsgenossenschaft der Bauwirtschaft (BG BAU)

Projekt: Gewaltprävention bei der BG BAU

1. Hintergrund

Die BG BAU ist die gesetzliche Unfallversicherung für die Bauwirtschaft und baunaher Dienstleistungen und betreut ca. 2,8 Mio. gesetzlich und freiwillig Versicherte in rund 500.000 Betrieben und ca. 40.000 private Bauvorhaben. In der Vergangenheit wurden besonders aus dem Bereich der Aufsichtspersonen, die den Arbeitsschutz auf den Baustellen überwachen, Fälle von Gewalt(-androhung) angezeigt. Um diese zu erfassen, wurde 2017 eine Online-Befragung zunächst unter Mitarbeitenden der Prävention der BG BAU durchgeführt. Dazu gehörten neben Aufsichtspersonen, BK-ErmittlerInnen und Beschäftigte in der Hauptverwaltung. Ein Rücklauf von 43 Prozent ergab, dass über die Hälfte der Teilnehmenden (51 Prozent) innerhalb der letzten zwei Jahre verbaler und nonverbaler Gewalt ausgesetzt war und 17 Prozent körperliche Übergriffe erfahren haben.

Schlussfolgernd aus diesen Ergebnissen wurden 2019 Maßnahmen (DGUV, 2017a; DGUV, 2017b; DGUV, 2015) entwickelt, die alle Beschäftigten der BG BAU im Innen- und Außendienst vor solchen Ereignissen schützen bzw. nach solchen Vorkommnissen unterstützen sollen.

2. Methoden

Abteilungsübergreifend wurden in drei Teilprojekten Konzepte für Maßnahmen entwickelt. Zwischen den Leiterinnen der Teilprojekte fanden ein regelmäßiger Austausch und Abstimmungen statt, um Arbeiten und Ergebnisse zu synchronisieren. Vorläufige Ergebnisse wurden im Rahmen von Zwischenberichten der Hauptgeschäftsführung, den zuständigen Abteilungen und Personalvertretungen vorgelegt und Rückmeldungen eingefordert. Änderungen und Ergänzungen wurden anschließend in die Maßnahmen eingearbeitet.

3. Ergebnisse

3.1 Teilprojekt 1: Prävention von Gewaltereignissen

Um Gewaltprävention als Ziel der BG BAU sichtbar zu machen, wurde eine Grundsatzerklärung gegen Gewalt verfasst, in der sich die BG BAU verpflichtet, gegen jede Art von interner und externer Gewalt vorzugehen.

Für Beschäftigte mit Kundenkontakt im Innen- und Außendienst, die sich in der Ausbildung befinden, die neu eingestellt werden, und für Führungskräfte wurden Seminarmodule zu unterschiedlichen Schwerpunkten, z.B. Deeskalationstraining, konfliktvermeidende Kommunikation, Umgang mit Erkrankten, Verletzten und deren Angehörigen, Umgang mit kulturellen und religiösen Unterschieden, Selbstverteidigung im Ernstfall erarbeitet. Weiterhin wird Supervision als Unterstützung angeboten.

Es wurden zwei Sicherheitsleitfäden einen für Beschäftigte mit Tätigkeiten im Außendienst und einen für Beschäftigte mit Tätigkeiten im Innendienst erstellt, die Regeln zum sicherheitsgerechten Verhalten und in Konfliktsituationen beinhalten.

Weiterhin wurden Besprechungsräume, deren Umgebung sowie die Zugänge in die Häuser der BG BAU auf Gefahren untersucht und entsprechende präventive baulich-technische Maßnahmen umgesetzt (Päßler & Trommer 2010).

Zum Schutz vor Nachstellungen wurde eine Dienstanweisung zur Beantragung einer Auskunftssperre für Beschäftigte mit dienstlicher Nutzung von Privatfahrzeugen bei der zuständigen Kfz-Zulassungsstelle und beim Einwohnermeldeamt verfasst.

3.2 Teilprojekt 2: Prozedere nach Gewaltereignissen

Gewaltereignisse werden in der BG BAU nicht nach einem Ampelsystem oder dem Aachener Modell differenziert. Entscheidend für die Einleitung von Maßnahmen ist, ob mit dem Ereignis aus Sicht von Betroffenen eine Grenze überschritten wurde bzw. ob aus deren Sicht eine Gefährdungssituation vorlag. Auf dieser Grundlage wurde ein Konzept für das Prozedere nach Gewaltereignissen erarbeitet. Dieses umfasst:

1. Ein Ablaufschema, in dem die Verantwortlichkeiten und Ansprechpartner klar geregelt sind.
2. Einen Katalog von Maßnahmen, die Betroffene nach einem Gewaltereignis schützen, befähigen, stärken und insbesondere unterstützen sollen.

Ergänzt wird das Prozedere um Arbeitshilfen, welche die Umsetzung für Betroffene und Beteiligte erleichtern. Des Weiteren wurde eine Tabelle zur statistischen Erfassung und ein Informationsblatt zur Verwendung der erhobenen Daten erarbeitet. Dabei wurden die Anforderungen des Datenschutzes streng beachtet.

Ferner wurde eine Vorlage für ein „Null-Toleranz-Schreiben“ an Betriebe erstellt. Damit soll verdeutlicht werden, dass jegliche Androhungen und Ausübungen von Gewalt gegenüber Beschäftigten der BG BAU nicht toleriert und entsprechend des Strafbestandes strafrechtlich verfolgt werden.

3.3 Teilprojekt 3: Versorgung Betroffener

Im Rahmen eines Nachsorgekonzepts wurde die psychologische Erstbetreuung Betroffener nach belastenden (Gewalt-)Ereignissen in der BG BAU harmonisiert und organisiert. Der Schwerpunkt lag auf der zügigen Einleitung einer psychologischen (Erst-)Versorgung infolge eines angezeigten Arbeits- oder Dienstunfalls. Dabei waren die unterschiedlichen Beschäftigungsgruppen (Tarif nach SGB VII und DO nach BeamtVG) zu berücksichtigen.

DO-Angestellte sind anders als Tarifangestellte keine Versicherten der BG BAU. Versicherte Tarifangestellten sind „Arbeitsunfall-Verletzte" der BG BAU und können bei psychischer Symptomatik eine unbürokratische psychotherapeutische (Erst-)Versorgung gemäß der Handlungsanleitung der gesetzlichen Unfallversicherungsträger zum Psychotherapeutenverfahren unabhängig von der Kausalitätsfrage erhalten. Bei DO-Angestellten werden solche Ereignisse als Dienstunfälle eingeordnet. Für diese gilt dagegen aufgrund ihres Status als Privatpatienten das Kostenerstattungsprinzip.

Ziel war es, den DO-Angestellten der BG BAU auch im Rahmen der Dienstunfallfürsorge in wirkungsgleicher Anwendung der BG BAU Handlungsanleitung 2019/04 entsprechende Unterstützung einschließlich Erteilung einer Kostenzusage zu ermöglichen.

Als weitere Maßnahme soll ein Notfall-Telefon als Soforthilfe, ohne Anzeige eines Arbeits- oder Dienstunfalls, eingerichtet werden. Dabei handelt es sich um ein niederschwelliges Angebot bzw. eine Anlaufstelle, welche unbürokratisch, rasch und kompetent in Krisensituationen optimalerweise über 24 Stunden erreichbar sein soll. Dieses soll durch einen externen Anbieter angeboten und mit der externen sozialen Beratung im Rahmen des Gesundheitsmanagements verknüpft werden.

4. Fazit

Im Zusammenhang mit Kontakten zu Versicherten, UnternehmernInnen und Dritten sind Übergriffe keine Einzelereignisse. Neben verbalen Anfeindungen, die Beschäftigte der BG BAU im Innen- und Außendienst gleichermaßen treffen können, sind Beschäftigte im Außendienst zusätzlich der Gefahr tätlicher Übergriffe ausgesetzt.

Während des gesamten Projektes standen die Betroffenen im Vordergrund. Einerseits sollten Maßnahmen entwickelt werden, die alle Beschäftigten der BG BAU im Innen- und Außendienst vor solchen Ereignissen schützen bzw. nach solchen Vorkommnissen helfen sollen. Andererseits sollte ein deutliches Signal gesetzt werden, dass solche Ereignisse in keiner Weise von der BG BAU toleriert werden. Insbesondere sollte klar werden, dass es Konsequenzen hat, wenn ein Beschäftigter der BG

BAU durch die Androhung oder Ausübung von Gewalt zur Unterbrechung seiner Tätigkeit veranlasst wird bzw. dadurch psychisch, körperlich und/oder sozial beeinträchtigt ist.

Durch die Erarbeitung und anschließende Umsetzung von Maßnahmen unter Einbezug aller Abteilungen und Personalvertretungen hat die BG BAU geeignete Instrumente erstellt, um Beschäftigte vor solchen Geschehnissen zu schützen bzw. darauf vorzubereiten und danach zu unterstützen. Eine kontinuierliche anonyme Erfassung von Gewaltereignissen, die Auswertung der genutzten angebotenen Maßnahmen und die entsprechende Anpassung dieser an die Bedürfnisse der Beschäftigten, trägt zur Gewaltprävention bei.

Literatur

Deutsche Gesetzliche Unfallversicherung e. V. (2015). *Gut vorbereitet für den Ernstfall! Mit Traumatischen Ereignissen im Betrieb umgehen.* (DGUV Information 206-017). Berlin: DGUV.

Deutsche Gesetzliche Unfallversicherung e. V. (2017a). *Traumatische Ereignisse – Prävention und Rehabilitation* (DGUV Grundsatz 306-001). Berlin: DGUV.

Deutsche Gesetzliche Unfallversicherung e.V. (2017b). *Prävention von und Umgang mit Übergriffen auf Einsatzkräfte der Rettungsdienste und der Feuerwehr* (DGUV Information 205–027). Berlin: DGUV.

Gehrke A. (2017). Gewalt am Arbeitsplatz und Möglichkeiten der Prävention. In B. Badura, A. Ducki, H. Schröder, J. Klose J. & M. Meyer (Hrsg.), *Fehlzeiten-Report 2017* (S. 93-99). Berlin: Springer.

Päßler, K. & Trommer, U. (2010). *Gewaltprävention – ein Thema für öffentliche Verwaltung?!* Düsseldorf: Unfallkasse Nordrhein-Westfalen.

Lisa Ritzenhöfer & Eva Maria Straub
Unfallkasse Hessen

Lehrkräfte stärken, Gewalt schwächen! Evaluation eines Gewaltpräventionsprogramms

1. Hintergrund

Bereits in den 1990er Jahren ist das Thema „Gewalt an Schulen" in den deutschen Medien angekommen (Schubarth, 1996). In Folge eines Berichts der Gewaltkommission der Bundesregierung (1990) fand das Thema neben großer Resonanz in der Öffentlichkeit auch zunehmend Beachtung in der empirischen Forschung (Fuchs, Lamnek, Luedtke, & Baur, 2009). Trotz umfassender wissenschaftlicher Bemühungen, aus diesen empirischen Arbeiten Lektionen für die Prävention zu ziehen (Forschungsgruppe Schulevaluation, 1998), bleibt das Thema aktuell. So ergab eine Analyse der gemeldeten Unfälle in Bildungseinrichtungen in Hessen, dass im Jahr 2015/2016 im Durchschnitt 6% der Unfallereignisse in Zusammenhang mit Gewalt unter SchülernInnen standen, in einzelnen Regionen lag der Anteil bei bis zu 9%.

2. Lehrkräfte stärken, Gewalt schwächen!

Lehrkräfte stärken, Gewalt schwächen! ist ein zweistufiges Ausbildungsprogramm für LehrerInnen mit dem Ziel, diese als MultiplikatorInnen zur Gewaltprävention (Sekundarstufe I) auszubilden. Das Programm wurde von der Unfallkasse Hessen in Kooperation mit externen Trainern des Instituts HARA DO erstellt. Zur grundsätzlichen Anpassung von Gewaltpräventionsprogrammen an den speziellen Wirkungsbereich Schule wurden vorab Interviews an Schulen mit erhöhtem gewaltbezogenem Unfallgeschehen geführt.

Die Schwerpunkte des daraus resultierenden Ansatzes liegen in der Körperwahrnehmung, affektiven Betroffenheit und aktiven Deeskalation zur Gewaltprävention. Die Lerninhalte vermitteln Techniken zur Antiaggression, gewaltfreien Kommunikation, Selbstbehauptung und Zivilcourage sowie Achtsamkeitsansätze. Die erste Stufe des Programms besteht aus einem ganztägigen Impulsworkshop, der umfangreiches Basiswissen vermittelt. In der zweiten Stufe wird das Wissen in sechs weiteren halbtägigen Terminen vertieft. Zum Abschluss der zweiten Stufe nehmen die Lehrkräfte an einer Abschlussprüfung teil, in der die vermittelten Inhalte nochmals reflektiert und geübt werden. Das Programm umfasst insgesamt 29 Unterrichtseinheiten.

3. Evaluation

Die Evaluation des Gewaltpräventionsprogramms basiert auf dem Evaluationsverständnis der DGUV (2014) sowie auf dem Vier-Ebenen-Modell zur Evaluation von Trainingsprogrammen (Kirkpatrick & Kirkpatrick, 2006).

3.1 Design

Teilnehmende Lehrkräfte aus den Schulen mit erhöhtem gewaltbezogenem Unfallgeschehen wurden an 4 Messzeitpunkten befragt. Fragebogen T1 wurde zu Beginn des Impulsworkshops verteilt, Fragebogen T2 am Ende. Fragebogen T3 wurde zu Beginn des ersten Vertiefungsworkshops verteilt, T4 am Ende des letzten Termins.

3.2 Instrumente

Die inhaltlich auf die Lehrinhalte bezogenen Konstrukte wurden zu Beginn des Impulsworkshops und des ersten Vertiefungsworkshops und nach Ende des letzten Termins abgefragt (T1, T3, T4). Die Fragebögen enthielten Fragen zu Achtsamkeit, Emotionserkennung bei anderen, sowie zu Wissen zu Störungsintervention und Konflikten unter SchülerInnen. Der Fragebogen T1 enthielt zudem Fragen zu demographischen Daten wie Alter und Geschlecht.

Achtsamkeit wurde mit dem Freiburger Fragebogen zur Achtsamkeit (FFA) von Walach, Buchheld, Buttenmüller, Kleinknecht, Grossmann, und Schmidt (2004) mit sieben Items erfasst (z.B. „Ich erlebe Momente innerer Ruhe und Gelassenheit, selbst wenn äußerlich Unruhe da ist", $\alpha T1 = .73$; $\alpha T3 = .65$; $\alpha T4 = .84$). Die Einschätzung der Emotionserkennung erfolgte über vier Items des Emotionale-Kompetenz-Fragebogens (EKF) von Rindermann (2009), z.B. „Ich kann sehr schnell erkennen, wenn meine Schüler sich bedroht fühlen" ($\alpha T1 = .78$; $\alpha T3 = .82$; $\alpha T4 = .75$). Zur Einschätzung des Wissens zu Konflikten unter SchülerInnen und Störungsintervention wurden zwei Items des Fragebogens „Selbsteingeschätztes Wissen im Klassenmanagement" (SEWIK) (Thiel, Ophardt, & Piwowar, 2013) verwendet (z.B. „Ich kenne verschiedene Möglichkeiten, mit Konflikten unter meinen Schülern umzugehen", $\alpha T1 = .79$; $\alpha T3 = .75$; $\alpha T4 = .78$). Für alle bisher genannten Konstrukte wurde das Antwortformat des EKF verwendet, eine fünf-stufige Likert-Skala von „stimmt überhaupt nicht" (1), über „stimmt eher nicht" (2), „mittel" (3), und „stimmt eher" (4) bis zu „stimmt vollständig" (5).

Zur Erfassung des Vier-Ebenen-Modells wurde das Maßnahmen-Erfolgs-Inventar (MEI) von Kauffeld, Brennecke und Strack (2009) verwendet. Die Messungen der Ebenen 1 (Zufriedenheit) und 2 (Lernen) des Vier-Ebenen-Modells erfolgten zu den Zeitpunkten T2 und T4 (nach dem Impulsworkshop und nach Abschluss der Vertiefungsworkshops).

Die erste Ebene (Zufriedenheit) wurde mit insgesamt acht Items erfasst (z.B. „Der Impulsworkshop/die MultiplikatorInnenausbildung hat mir sehr gut gefallen", αT2 = .97; αT4 = .94). Die zweite Ebene (Lernen) wurde von den Teilnehmenden auf vier Items eingeschätzt (z.B. „Ich verfüge über wesentlich mehr Wissen als vor dem Impulsworkshop/der MultiplikatorInnenausbildung", αT2 = αT4 = .91). Zudem wurde die wahrgenommene Nützlichkeit des Programms für die Umsetzung dieses Wissens in der praktischen Arbeit mit vier Items erfragt (z.B. „Die Teilnahme am Impulsworkshop/der MultiplikatorInnenausbildung ist äußerst nützlich für meine Arbeit", αT2 = αT4 = .95). Das 11-stufige Antwortformat erfragte die Zustimmung der Teilnehmenden zu den jeweiligen Aussagen in Stufen von 0 % bis 100 %.

3.3 Ergebnisse

Am Impulsworkshop nahmen 66 Lehrerinnen und Lehrer teil, davon 16 Männer (24 %) und 50 Frauen (76 %) mit einem Altersdurchschnitt von rund 44 Jahren (M = 43.65, SD = 11.52). Für die Vertiefungsworkshops waren zu Anfang 27 Lehrkräfte angemeldet, von diesen nahmen 8 Personen an allen Terminen teil und füllten die Evaluationsbögen aus.

Tab. 1: Mittelwerte der Konstrukte über alle Messzeitpunkte

Konstrukt	*M (SD)* T1	*M (SD)* T2	*M (SD)* T3	*M (SD)* T4
Achtsamkeit	3.22 (0.59)	---	3.14 (0.47)	3.63 (0.58)
Emotions-erkennung	3.84 (0.54)	---	3.80 (0.58)	4.22 (0.49)
Störungs-intervention	3.42 (0.78)	---	3.13 (0.81)	4.17 (0.35)
Zufriedenheit	---	8.18 (2.42)	---	8.85 (1.11)
Lernerfolg	---	6.72 (2.24)	---	8.39 (1.13)
Nützlichkeit	---	7.48 (2.35)	---	8.67 (1.42)

Die Ergebnisse zeigen einen signifikanten Anstieg der Achtsamkeit ($F(1.49, 10.45) = 5.01, p = .04, \eta^2 = .42$) und der Kompetenz zu Konflikten und Störungsintervention ($F(1.86, 13.00) = 16.38, p < .001, \eta^2 = .70$) über die drei Messzeitpunkte auf. Die Fähigkeiten zur Emotionserkennung stiegen deskriptiv gesehen ebenfalls an. Dieser Unterschied war jedoch nicht signifikant ($F(1.08, 7.54) = 3.95, p = .08, \eta^2 = .36$). In der Auswertung des MEI zeigen sich durchgehend hohe Werte in Zufriedenheit (t(7)

$= 0.43, p = .68, d = -.14$) und Nützlichkeit ($t(7) = -0.96, p = .37, d = .37$), jedoch ohne signifikante Unterschiede zwischen den Messzeitpunkten. Für den Lernerfolg lässt sich zu den hohen Mittelwerten zudem ein Anstieg zwischen den Messzeitpunkten verzeichnen, da dieser nach den Vertiefungsworkshops nochmals signifikant höher bewertet wurde als nach dem Impulsworkshop ($t(7) = -2.55, p = .04, d = .76$).

4. Diskussion

Teilnehmende Lehrkräfte berichten über die vier Messzeitpunkte steigende Kompetenz bezüglich ihrer Achtsamkeit, bei der Störungsintervention sowie beim Umgang mit Konflikten unter SchülerInnen. Zudem berichten sie eine hohe Zufriedenheit und eine hohe wahrgenommene Nützlichkeit der Impuls- und Vertiefungsworkshops. Beim Lernerfolg sind ebenfalls durchgehend hohe Werte zu verzeichnen, die zudem für die Vertiefungsworkshops nochmals signifikant höher liegen als für den Impulsworkshop.

Die Auswertung der offenen Fragen ergab, dass die Lehrkräfte vor allem die praktischen Übungen der MultiplikatorInnenausbildung schätzten. Vermehrt tauchte auch der Wunsch auf, SchülerInnen und Eltern direkt mit einzubeziehen. Dies lässt vermuten, dass die Lehrkräfte mit der anvisierten Rolle als Multiplikatoren, die neu erlernte Kompetenzen selbstständig an die SchülerInnen weitergeben, noch nicht vertraut waren oder sich möglicherweise dafür noch nicht ausreichend gerüstet fühlten.

Als komplex erwies sich zudem die Integration des Programms in den Schulalltag. Obwohl die Teilnehmenden hohes Interesse an und Zufriedenheit mit dem Programm bekundeten, zeigte sich in den offenen Fragen, dass der nicht unerhebliche Zeitaufwand als hinderlich für die Teilnahme empfunden wurde. Daher wird aktuell an einem Format gearbeitet, das sich mit geringerem zeitlichen Aufwand in den Schulalltag einbinden lässt, ohne die praktischen Übungen zu vernachlässigen (z.B. durch kollegiale Fallberatung).

Zur langfristigen Evaluation des Programms ergeben sich zwei weitere Variablen aus dem Vier-Ebenen-Modell (Kirkpatrick & Kirkpatrick, 2006), nämlich die Verhaltensänderung im Schulalltag und der Rückgang gewaltbezogener Unfallereignisse (zu erheben z.B. durch eine Nachbefragung und eine Dokumentenanalyse zu Unfallzahlen). Um hier nachweisbare Effekte in der Fläche zu erreichen sollte zunächst in einer aktualisierten Version des Programms die Anzahl der AbsolventInnen erhöht werden, damit diese effektiv als MultiplikatorInnen in ihren Schulen tätig werden können.

Literatur

Die zugrunde gelegte Literatur kann bei den Autorinnen angefordert werden.

Julia Weichel & Jochen Hartmannshenn
Hessische Hochschule für Polizei und Verwaltung

Umgang mit Gewalt in der öffentlichen Verwaltung – ein interdisziplinäres Trainingskonzept zur Steigerung der Handlungsfähigkeit von Bediensteten

1. Ausgangsituation

Berichte über verbale als auch physische Gewalt gegenüber Beschäftigten der öffentlichen Verwaltung werden immer häufiger. Dies betrifft vorrangig Bereiche mit häufigem Kundenkontakt (Jobcenter, Jugendämter, Ausländerbehörden). In diesen Bereichen werden daher vom Arbeitgeber Sicherheitsmaßnahmen zur Gewaltprävention (Seminare zur deeskalierenden Gesprächsführung, gewaltpräventive Büroeinrichtung, Türknaufe, Sicherheitsdienst, etc.) verstärkt umgesetzt (z.B. Päßler & Trommer 2010).

In mehreren Studien konnte gezeigt werden, dass der Zusammenhang zwischen Sicherheitsgefühl und Sicherheitsmaßnahmen nicht so eindeutig ist, wie angenommen (Vogel 2013, Hartmann 2018, Schmalbrock 2019). Auch in Bereichen, in denen bereits viele Sicherheitsmaßnahmen im technischen, organisatorischen und personalen Bereich umgesetzt wurden, fühlen sich Beschäftigte unsicher, bzw. Beschäftigte, die angeben sich sicher zu fühlen, fordern weitere Sicherheitsmaßnahmen und Fortbildungen. Somit scheinen die bisher umgesetzten Maßnahmen nicht auszureichen, um die Handlungsfähigkeit von Beschäftigten in Gefahrensituationen umfassend zu entwickeln.

2. Konzeption eines Wahlpflichtmoduls – Erweiterung des Curriculums

Im Rahmen des Studiengangs Public Administration (B.A.) des Fachbereichs Verwaltung an der Hessischen Hochschule für Polizei und Verwaltung (HfPV) standen bisher ebenfalls präventive Strategien (gezielte deeskalierende Gesprächsführung, Umgang mit verschiedenen Kundentypen, präventive Arbeitsplatzorganisation) im Fokus sozialwissenschaftlicher Module. Der Umgang mit Situationen, in denen trotz deeskalierender Maßnahmen Gewalt auftritt, war nur am Rande Gegenstand der Modulinhalte. Auch fehlte eine interdisziplinäre Verzahnung, um Gefahrensituationen aus verschiedenen Perspektiven betrachten zu können.

Demzufolge wurde im Rahmen des Wahlpflichtangebots ein neues Modul zum Thema „Umgang mit Gewalt“ konzipiert mit dem Ziel, die Handlungsfähigkeit in potentiellen Gefahrensituationen zu verbessern. Um der Komplexität von Gefahrensituationen im Kundenkontakt Rechnung zu tragen, wurden die Inhalte des Moduls interdisziplinär ausgerichtet; jede Fachdisziplin einzeln agierend würde an ihre Grenzen stoßen.

Optimale Handlungsfähigkeit in Gefahrensituationen lässt sich jedoch nicht nur theoretisch aufbauen, sondern bedarf einer Untermauerung mit praktischen Elementen. Hierzu wurden Elemente des Einsatztrainings des Fachbereichs Polizei in das Modul eingebaut, die durch zwei Einsatztrainer dieses Fachbereichs abgedeckt werden konnten.

Die Kombination von psychologischen (Gefahrenradar, Gefahrenwahrnehmung und Eigensicherung), juristischen (rechtliche Pflichten und Grenzen in Gefahrensituationen) als auch praktischen Elementen bilden den Inhalt des neuen Wahlpflichtmoduls. Die Auswahl der Inhalte orientierte sich am zeitlichen Ablauf einer Gefahrensituation im Kundenkontakt, d.h. ausgehend von einer möglichen Bedrohung bis hin zu einem tätlichen Angriff. Ebenso zentral sind die unterschiedlichen Rollen (Opfer, Täter, helfende Personen), die in einer Gefahrensituation auftreten sowie mögliche Rollenwechsel, je nachdem wie die betroffene Person sich verhält.

Psychologische Inhalte: Bei den psychologischen Inhalten wurde der Schwerpunkt auf den Gefahrenradar gelegt, d.h. die Wahrnehmung von Gefahren im Sinne einer gelassenen Wachsamkeit (Füllgrabe 2017). Dabei wird die Wahrnehmung geschult, nur von der Norm abweichendes Verhalten und tatsächliche Gefahren wahrzunehmen und darauf angemessen zu reagieren. Ferner werden verschiedene Elemente der Eigensicherung, die das eigene Verhalten, d.h. die personenbezogene Sicherheit (Körpersprache, Reaktionsmuster), aber auch den gesamten Arbeitsplatz und das Arbeitsumfeld (arbeitsorganisatorische, räumliche und technische Sicherheit) betreffen, thematisch eingebunden.

Juristische Inhalte: Das Wissen über Rechte und Pflichten in Gefahrensituationen knüpft an den Gefahrenradar und an verschiedene Rollen an, sodass in der Situation entschieden werden muss, welches Verhalten rechtmäßig ist: Im Falle eines Angriffs auf sich selbst als Verteidigungsverhalten (Notwehr, §32 Abs. 2 StGB), im Falle eines Angriffs auf eine andere Person als helfende Person in Bezug auf den Täter (Nothilfe, §32 Abs. 2 StGB) sowie die unterlassene Hilfeleistung (§323c Abs. 1 StGB) oder das Festnahmerecht gem. §127 StPO als helfende Person.

Praktische Elemente: Der praktische Teil greift das Erlernen des Gefahrenradars sowie das eigene Auftreten (Körpersprache, Verhaltensweisen) in realen Gefahrensituationen auf. Ebenso steht das Einüben von Reaktionsmustern und -abfolgen im Rahmen des Verteidigungsverhaltens im Fokus. Handlungsfähigkeit in Gefahrensituationen bedeutet demnach nicht, sich ausschließlich im Sinne einer Selbstverteidigung körperlich zur Wehr setzen zu können, sondern vor allem Gefahrensituationen einschätzen zu lernen (Gefahrenwahrnehmung und -radar) und situationsabhängig zu reagieren. Als helfende Person ist es dabei wichtig zu entscheiden, welche Hilfeoptionen in der gegebenen Situation passend sind, sodass die helfende Person nicht selbst zum Opfer wird (Rollenwechsel).

3. Erste Evaluationen

Evaluationen der Wahlpflichtveranstaltung haben ergeben, dass nicht nur das Wissen über das richtige Verhalten in Gefahrensituationen relevant ist, sondern vor allem die Verknüpfung in den praktischen Übungen zum Aufbau einer Handlungsfähigkeit führt. Auch zeigte sich, dass mangelnde körperliche Fitness die Handlungsfähigkeit einschränken kann beziehungsweise als Komponente der Handlungsfähigkeit in Gefahrensituationen angesehen werden kann.

Der Wahlpflichtveranstaltung folgte der Wunsch, auch eine Fortbildung für Beschäftigte in der öffentlichen Verwaltung anzubieten. Diese wurde im Rahmen eines zweisemestrigen studentischen Projekts konzipiert sowie eine erste Pilotfortbildung mit Externen durchgeführt. Hierbei ergaben sich zusätzliche Hinweise für den Ablauf der Fortbildung. Während Studierende ein gesamtes Semester Zeit haben, die Modulinhalte zu erarbeiten und sie dann im praktischen Teil zu verknüpfen, stehen für die Fortbildung nur zwei bis drei Tage zur Verfügung. Dadurch wird sich im Rahmen der Fortbildung mehr an der zeitlichen Abfolge einer Gefahrensituation orientiert und Theorie und Praxis im Wechsel miteinander verknüpft, um den Transfer zu erleichtern.

In beiden Personengruppen (Studierende, externe Beschäftigte) fühlten sich die Personen nach der Veranstaltung sicherer im Umgang mit Gefahrensituationen und stuften ihre Handlungsfähigkeit höher ein. Es scheint, dass es nicht ausreicht, einen Arbeitsplatz anhand von räumlichen, organisatorischen und technischen Maßnahmen (u.a. Türknaufe, Fluchtweg, Büroeinrichtung, Sicherheitsdienst, Alarmierungssysteme) sicher zu gestalten und die Beschäftigten dadurch „passiv" handlungsfähig zu machen. Vielmehr müssen die Beschäftigten im Sinne einer „aktiven" Handlungsfähigkeit selbst dazu befähigt werden, Gefahrensituationen einschätzen und situationsabhängig reagieren zu können.

Aus didaktischer Sicht lässt sich schlussfolgern, dass es sinnvoll ist, Themenkomplexe danach zu betrachten, welche Fachdisziplinen daran beteiligt sind, um tragfähige, praxisnahe Lösungen zu erarbeiten anstatt im limitierten Rahmen einer einzelnen Disziplin Problemfelder zu bearbeiten. Somit wird auch die Weiterentwicklung der Modulinhalte weiterhin interdisziplinär erfolgen.

Literatur

Füllgrabe, U. (2017). *Psychologie der Eigensicherung. Überleben ist kein Zufall* (7. Aufl). Stuttgart: Richard Boorberg Verlag.

Hartmann, A. (2018). *Schutz vor Gewalt am Arbeitsplatz beim Lahn-Dill-Kreis: Bewertung der getroffenen Maßnahmen und Entwicklung von Handlungsempfehlungen* (Bachelorarbeit). Gießen, HfPV.

Päßler, K. & Trommer, U. (2010). *Gewaltprävention – ein Thema für öffentliche Verwaltungen?! „Das Aachener Modell" Reduzierung von Bedrohungen und Übergriffen an Arbeitsplätzen mit Publikumsverkehr.* Düsseldorf. Abgerufen am 17.03.2018 von https://www.unfallkasse-nrw.de/fileadmin/server/download/praevention_in_nrw/PIN_37. pdf.

Schmalbrock, N. (2019). *Sicherheit im Jobcenter Wetterau. Handlungsempfehlungen zur Gewaltprävention (Bachelorarbeit).* Gießen, HfPV.

Vogel, S. (2013). *Gewalt im Jobcenter Darmstadt* (Bachelorarbeit). Wiesbaden, HfPV.

Arbeitskreis
Psychische Störungen nach Arbeitsunfällen
Leitung: Bernhard Zimolong

Peter Bärenz, Jasmin Krivec & Désirée Zercher
Die Vorhersage von AUF-Tagen, Kosten und Länge des Rehabilitationsprozesses bei schweren Arbeitsunfällen mit psychischen Störungen als Unfallfolgen

Jasmin Krivec, Désirée Zercher & Peter Bärenz
Akutintervention bei Psychische Störungen nach Arbeitsunfällen

Peter Bärenz[1], Jasmin Krivec[2] & Désirée Zercher[2]
[1]*Forschungsgesellschaft für angewandte Systemsicherheit und Arbeitsmedizin, Mannheim;* [2]*Berufsgenossenschaft Nahrungsmittel und Gastgewerbe, Mannheim*

Die Vorhersage von AUF-Tagen, Kosten und Länge des Rehabilitationsprozesses bei schweren Arbeitsunfällen mit psychischen Störungen als Unfallfolgen

1. Datenbasis

Die Berufsgenossenschaften befassen sich im Rahmen der Rehabilitation intensiv mit psychischen Störungen nach Arbeitsunfällen (Angenendt et al., 2012; Drechsel-Schlund, 2016; Heidweiller, 2001). Die Berufsgenossenschaft Nahrungsmittel und Gastgewerbe (BGN) führt zur Verbesserung der Heilverfahrenssteuerung eine Studie auf der Basis von N = 11 520 schweren Unfällen der Jahre 2015 und 2016 aus 117 008 Mitgliedsbetrieben durch. Es wurden N = 796 Fälle identifiziert, bei denen eine psychische Störung nach Unfällen diagnostiziert oder vermutet wurde. Die Daten entstammen einer systematischen Aktenanalyse der elektronischen Unfallakten. Eine Befragung der Betroffenen zur Erhebung weiterer Daten war nicht möglich.

Die Unfälle wurden zu über 70 % durch D-Ärzte oder durch die Betriebe gemeldet (Tab. 1). Die anderen Meldungen verteilten sich auf andere Kostenträger, Fachärzte, Psych. Psychotherapeuten, Kliniken und die Polizei (2.8 %).

Tab. 1: Meldung der Fälle durch Einzelpersonen oder Institutionen (n = 249)

	n	%
D-Arztbericht	124	49.8
betriebliche Unfallmeldung	57	22.9
andere Kostenträger	29	11.7
Ärzte und psych. Psychotherapeuten	25	10.0
Kliniken	7	2.8
Polizei	7	2.8

Einschlusskriterien waren: Das Heilverfahren wurde durch die BGN abgeschlossen und es musste sich tatsächlich um einen Arbeitsunfall handeln, bei dem sich eine psychische Störung entwickelt hat. Von den 796 gemeldeten Fällen konnten 249 Fälle (31.3 %) in die Studie aufgenommen werden.

2. Ziele der Studie und Vorgehensweise

Die Steuerung des Heilverfahrens soll verbessert werden. Die dazu verwendete „Weller-Tabelle“ bezieht sich aktuell ausschließlich auf die Reha-Prozesse bei Verletzungen. Psychische Störungen als isolierte Unfallfolgen oder als Komorbidität bei Unfallverletzungen sind nicht Teil des Steuerungsinstruments, sollen aber in das Verfahren integriert werden.

In einem mehrstufigen Verfahren wurden in der elektronischen Akte ex post facto Variablen definiert, die in der Untersuchung verwendet wurden. Die abhängigen Variablen Kosten, AUF-Tage und Fallbearbeitungslänge waren extrem schief verteilt und wurden deshalb, zur sinnvollen Interpretation der Mittelwertvergleiche, einer Box-Cox-Transformation unterzogen.

3. Psychologische Fachdiagnosen

Pro Fall wurden maximal fünf psychologische Diagnosen gestellt. Es fällt auf, dass in 32.9 % der Fälle überhaupt keine Fachdiagnose gestellt wurde (Tab. 2). Die beiden häufigsten Diagnosen waren PTBS (28.1 %) und akute Belastungsstörung (22.1 %).

Tab. 2: Gestellte Fachdiagnosen. Mehrfachantworten waren möglich (n = 249).

	n	% der Fälle
PTBS	70	28.1
akute Belastungsstörung	55	22.1
Anpassungsstörung	36	14.5
Angststörung	25	10.0
Depression	24	9.6
andere psych. Diagnose	18	7.2
keine Fachdiagnose	82	32.9
gesamt	310	124.5

4. Einflüsse auf die Bearbeitungszeit, AUF-Tage und Kosten

4.1 Die Art der Unfälle

Über 50 % der schweren Unfälle mit psychischen Störungen als Unfallfolgen standen in Verbindung mit Gewaltereignissen: Überfälle (Raub, räuberische Erpressung), Streit oder Verdacht auf sexuelle Gewalt gegen Frauen. Etwa 10 % sind Maschinenunfälle in Produktionsbetrieben oder Dienstwegeunfälle eines Auslieferungsfahrers und etwa 25 % Verkehrsunfälle ereigneten sich auf dem Weg zur Arbeit (Tab.3). Die Art der Unfälle hatte keinen Einfluss auf die Variablen AUF-Tage ($F(4, 239) = 1.03$, $p = .39$), Kosten ($F(4, 244) = 1.82, p = .13$) und Fallbearbeitungslänge ($F(4, 244) = 0.18, p = .95$).

Tab. 3: Die näheren Umstände bei Unfällen mit psychischen Störungen als Unfallfolgen (N=249)

	n	%
Überfälle	126	50.6
Unfälle auf dem Weg von und zur Arbeit	61	24.5
andere Ereignisse	25	10.0
Unfälle in der Produktion	24	9.7
Streit	13	5.2

4.2 Verletzungen als Komorbidität

Die psychischen Störungen können isoliert, aber auch mit einer oder mehreren Verletzungen als Komorbidität einhergehen. Die Fälle mit mindestens einer Verletzung unterscheiden sich hinsichtlich der verursachten Kosten (t (247) = 4.67, p = >.01) und der AUF-Tage (t (242) = 2.86, p = >.001) statistisch signifikant. Hinsichtlich der Fallbearbeitungsdauer unterscheiden sich die beiden Gruppen nicht signifikant (t (247) = 1.82, p = .07). Die Anzahl der Verletzungen, unabhängig von ihrer Schwere, schwankten zwischen 0 und 4. Eine einfaktorielle ANOVA hat ergeben, dass die Anzahl der Verletzungen keinen statistischen Einfluss auf die Fallbearbeitungslänge hatte (F (4, 244) = 1.11, p = .35), wohl aber hinsichtlich der Kosten (F (4, 244) = 5.74, p = > .01) und auch hinsichtlich der AUF-Tage (F (4, 239) = 3.64, p = >.01).

Verletzungen als Komorbidität führen zu mehr AUF-Tagen (Tab. 4). Etwa 80 % (PR_{80}) der Fälle mit Verletzungen sind nach 123 Tagen erledigt, bei Fällen ohne Verletzungen wird der Abschluss des Falls schon nach 78 Tagen erreicht. Der Median liegt bei Fällen ohne Verletzungen bei 24 AUF-Tagen, bei Fällen mit Verletzungen bei 47 AUF-Tagen.

Tab.4: AUF-Tage im Vergleich mit und ohne Verletzungen

	gesamt	ohne Verletzung	mit Verletzung
>42 Tage%	59%	49%	68%
PR_{80}	111	78	123
aM	63.9	59.7	69.3
Md	33	24	47
Schiefe	2.5	2.8	1.3
Minimum	0	0	0
Maximum	608	608	256

4.3 Geschlecht

Männer erzeugen mehr Kosten (t (247) = 2.56, p = .01), eine längere Bearbeitungsdauer (t (247) = 2.27, p = .02) und haben auch mehr AUF-Tage (t (242) = 2.56, p = .02) als Frauen.

5. Die multiple Vorhersage der AUF-Tage

Das Weller Instrument lässt eine Prognose von einer isolierten Diagnose auf die durchschnittlichen AUF-Tage zu. Die Frage ist, ob eine multiple Voraussage aus Fallkonstellationen möglich ist, die dem Sachbearbeiter nach Aktenlage schon frühzeitig bekannt sind.

Tab.5: Diskriminanzanalyse[1]): Originale Gruppierung und vorhergesagte Gruppierung bei der Vorhersage der am 80. Perzentil (PR80) der AUF-Tage geteilten Gruppen. Vorhersagevariablen: Diagnose PTBS oder Angst, Migrationshintergrund, Tage bis zur Erstintervention.

	originale Werte	vorhergesagte Werte
	$< PR_{80}$	$> PR_{80}$
$< PR_{80}$	80 (83.3%)	16 (16.7%)
$> PR_{80}$	8 (53.3%)	7 (46.7%)

1) $r_{canon.}$ =.27;
χ^2 (3) = 8.10,
p = 0.04; 78.4% der Fälle wurden korrekt klassifiziert.

Bei der vorliegenden Fallkonstellation konnte aus den frühzeitig bekannten Variablen Diagnose PTBS oder Angststörung, Migrationshintergrund und Tage bis zu einer Erstintervention zu 78.4% die am 80. Perzentil (PR_{80}) geteilten Gruppen vorausgesagt werden (Tab. 5).

Literatur

Angenendt, J., Riering, A., Röhrich, B., Südkamp, N., & Berger, M. (2012). Freiburger Arbeitsunfallstudie-II. Trauma und Berufskrankheit, 14, 186.

Drechsel-Schlund, C., & Scholtysik, D. (2016). Drei Jahre Psychotherapeutenverfahren der Gesetzlichen Unfallversicherung. Trauma und Berufskrankheit, 18 (2), 144–148.

Heydweiller, D. et al. (2001). Psychotraumatologische Betreuung und Behandlung am Beispiel von Unfallopfern. Psychotraumatologie, 3, 41–44.

Weller Datenbank. https://www.fsa.de/produkte/steuerung-des-heilverfahr-ens-weller-datenbank/

Jasmin Krivec[1], Désirée Zercher[1] & Peter Bärenz[2]
[1]*Berufsgenossenschaft Nahrungsmittel und Gastgewerbe, Mannheim;* [2]*Forschungsgesellschaft für angewandte Systemsicherheit und Arbeitsmedizin, Mannheim*

Akutintervention bei Psychische Störungen nach Arbeitsunfällen

1. Theoretischer Hintergrund

Überfälle sind in der Kategorie der interpersonellen Traumata einzuordnen und können zu schweren psychischen Belastungen führen. Die Hälfte der Arbeitsunfälle der Berufsgenossenschaft für Nahrungsmittel und Gastgewerbe (BGN), die zu einer psychischen Störung führen, sind Überfälle. Oftmals tragen die Opfer nach einem solchen Erlebnis schwerwiegende psychische Schäden davon und können lange arbeitsunfähig sein. Raubüberfälle bzw. räuberische Erpressung, die auf dem Weg zur Arbeit oder am Arbeitsplatz passieren, sind meistens Unfälle, die die gesetzlichen Unfallversicherungsträger (UVT) entschädigen müssen. Sie tragen nicht nur die Kosten für die Heilbehandlung, sondern müssen auch für die berufliche Wiedereingliederung der Betroffenen sorgen (Heydweiller, Froese & Hehling, 2001).

In der Literatur wird davon ausgegangen, dass in den meisten Fällen ein frühes Einleiten einer Akutintervention effektiv ist (Plinske, 1999). Man kann dadurch oftmals verhindern, dass sich psychische Störungen ausbilden bzw. sich verschlimmern (Heydweiller et. al., 2001). Menschen besitzen jedoch unterschiedliche Ressourcen und Strategien um traumatische Ereignisse zu verarbeiten, weshalb die Verarbeitung der Extrembelastung individuell sehr unterschiedlich ist. Ein frühzeitiges Hilfeangebot soll dem Betroffenen Sicherheit und Stabilisierung vermitteln (Heydweiller et. al., 2001). Akutinterventionen sind allerdings differenziert zu betrachten.

Viele Betroffene entwickeln keine psychische Störung und können sofort weiterarbeiten. In vielen Fällen wird das Ereignis in kurzer Zeit selbstständig, ohne fachliche Hilfe verarbeitet d.h. es tritt eine Spontanheilung ein. Eine frühe Intervention kann den Heilungsprozess jedoch auch behindern (Micheal, Munsch & Lajtman, 2006). So ist Debriefing eine für traumatische Ereignisse entwickelte Soforthilfe, die sich in einigen Fällen durch Retraumatisierung schädigend auswirken kann (Micheal, et. al., 2006).

Die vorliegende Untersuchung soll zum einen Aufschluss über die Effektivität der Akutintervention geben. Zum anderen soll beantwortet werden, ob bei einer Akutintervention ein zeitiges Einsetzen der Maßnahme sich positiv auf den Heilungsprozess auswirkt.

2. Datenbasis

Als Datenbasis nutzen wir eine Totalerhebung aus den Jahren 2015/2016 der Berufsgenossenschaft Nahrungsmittel und Gastgewerbe (BGN). In diesen Jahren wurden N = 796 Fälle gemeldet, bei denen eine psychische Störung vermutet wurde. Für die Untersuchung werden nur Versicherte eingeschlossen, die durch das Unfallereignis eine psychische Störung entwickelt hatten. Da wir die Wirksamkeit der Akutintervention untersuchen möchten, müssen die Fälle mit einer erfolgreichen Genesung beendet sein. Aufgrund dieser Einschlusskriterien verbleibt eine Stichprobe von $N = 114$ im Alter von (a$M = 39.1$, $SD = 13.76$). Frauen waren in der Stichprobe überrepräsentiert (91 weiblich, 23 männlich).

3. Störungsbilder

Heydweiller, Froese & Hehling (2001) sehen die akute Belastungsreaktion (ICD-10: F43.0), die posttraumatische Belastungsstörung (ICD-10: F43.1) und Anpassungsstörung (ICD-10: F43.2) als die drei Störungsbilder nach psychisch belastenden Ereignissen an. In der Erhebung sind unter den $N = 114$ Fällen, von den Fachdiagnostikern gestellte Diagnosen zu identifizieren: Akute Belastungsreaktion ($N = 26$), posttraumatische Belastungsreaktion ($N = 34$), Anpassungsstörung ($N = 6$), Angststörung ($N = 5$), Depression ($N = 2$), Andere psychische Diagnosen ($N = 1$), Keine Fachdiagnose ($N = 40$). Es fällt auf, dass in 40% der Fälle keine Fachdiagnose gestellt wurde. Das liegt daran, dass durch eine Erstintervention – bei der keine Diagnose gestellt wird – der Bearbeitungsprozess in vielen Fällen nach spätestens fünf probatorischen Sitzungen abgeschlossen wird. Die weitere Behandlung durch Fachärzte oder Psychotherapeuten im sog. Psychotherapeutenverfahren, im Rahmen dessen eine Fachdiagnose gestellt werden muss, ist dann nicht mehr notwendig.

4. Verfahrensbeschreibung

Unfallopfer müssen sich, wie das Gesetz es vorschreibt, einem Durchgangsarzt vorstellen, welcher eine Erstdiagnose feststellt und eine Erstbehandlung der Verletzungen durchführt. Dieser meldet dem Unfallversicherungsträger (UVT) den Unfall. Im weiteren Verfahren kann der/die Betroffene, entweder mit einer Überweisung zu einem Facharzt oder Fachpsychologen rechnen oder ihm wird die Möglichkeit einer schnellen Erstintervention angeboten. Der UV-Träger genehmigt zunächst fünf probatorische Sitzungen. Nach Ablauf der Akutintervention bzw. der probatorischen Sitzungen, kann nach bestehendem Behandlungsbedarf eine ambulante, teilstationäre oder in den seltensten Fällen eine stationäre Therapie zum Tragen kommen.

5. Die Wirkung von Akutintervention auf Fallbearbeitungszeit, Kosten und AUF-Tagen

Wir betrachten, ob sich eine zeitlich frühzeitige Akutintervention (<=14 Tage bis zur Intervention) positiv auf die Fallbearbeitungszeit, die Arbeitsunfähigkeit und die Kosten auswirkt. Es wird angenommen, dass die Durchführung einer Akutintervention grundsätzlich zu einer Reduktion der Fallbearbeitungsdauer, AUF-Tagen und Kosten führt.

Die Hypothesen werden mittels t-Tests für unabhängige Stichproben untersucht. Da wegen der vorhandenen Extremwerte die Voraussetzung einer Normalverteilung der abhängigen Variablen (Fallbearbeitungszeit, Arbeitsunfähigkeit, Kosten) nicht erfüllt wurden, wurde mit den Daten eine Johnson Transformation durchgeführt (Tab.1).

Tab 1: Mittelwerte und Standardabweichung der nicht transformierten Daten von Fallbearbeitungszeit AUF-Tage und Kosten mit und ohne Akutintervention.

	Fallbearbeitungszeit		AUF-Tage		Kosten	
	M	*SD*	*M*	*SD*	*M*	*SD*
mit Akutintervention	3706.78	9534.73	55.38	97.05	176.50	149.25
ohne Akutintervention	6321.34	12836.23	85.00	104.39	314.89	254.38

Es gab einen statistisch signifikanten Unterschied zwischen den Unfallopfern mit und ohne Akutintervention hinsichtlich der Fallbearbeitungszeit, wobei die Fallbearbeitungszeit mit Akutintervention kürzer war (95%- CI [-0.82, -0.12]), $t\,(112) = -2.64$, $p = .009$, d = 0.58. Es gab allerdings keinen statistisch signifikanten Unterschied zwischen den Arbeitsunfähigkeitstagen der Patientengruppe mit Akutintervention und der Patientengruppe ohne Akutintervention, ($t\,(110) = -1.61$, $p = .11$). Es gab keinen statistisch signifikanten Unterschied zwischen den Kosten der Patientengruppe mit Akutintervention und der Patientengruppe ohne Akutintervention ($t\,(111.98) = -0.96$, $p = .338$).

6. Die Wirkung des zeitlichen Beginns einer Akutintervention auf Fallbearbeitungszeit, Arbeitsunfähigkeit und Kosten

Für den richtigen Zeitpunkt der Durchführung einer Erstintervention, wurde angenommen, dass je früher eine Akutintervention in Anspruch genommen wird, desto kürzer ist die Fallbearbeitungszeit, desto weniger Arbeitsunfähigkeitstage hat der Betroffene und desto geringer sind die Kosten, die für den Fall entstehen.

Bei der durchgeführten Regressionsanalyse zeigte sich, dass die Variable Tage bis zum Eintritt der Akutintervention ein signifikanter Prädiktor für die Fallbearbeitungslänge ($b = 0.12$, SE = 0.03, ß = .48, t (50) = 3.82; $p<.001$) ist und einen signifikanten Anteil der Varianz von Fallbearbeitungszeit ($F(1,49) = 14.57, p <, 001, R^2 = .25$) erklärt. Die Variable Tage bis zum Eintritt der Akutintervention ist kein signifikanter Prädiktor für die Arbeitsunfähigkeit ($b = 0.04$, $SE = 0.04$, ß = .12, $t(49) = 0.86$; $p = .393$). Die Variable Tage bis zum Eintritt der Akutintervention ist wiederum ein signifikanter Prädiktor für die Kosten ($b = 0.11$, $SE = 0.03$, ß = .49, t (50) = 3.97, $p <.001$) und erklärt einen signifikanten Anteil der Varianz der Kosten ($F(1,49) = 15.75, p <.001$ $R^2 = .24$).

7. Diskussion und Ausblick

Die Ergebnisse zeigten, dass die Akutintervention sich positiv auf die Dauer der Fälle auswirkte. Jedoch gab es für die Arbeitsunfähigkeitstage sowie für die Kosten keine statisch signifikanten Ergebnisse. Die Untersuchung zeigte auch, dass je früher eine Akutintervention stattfand, desto kürzer war die Fallbearbeitungslänge und desto geringer waren die Kosten. Nur auf die AUF-Tage wirkte sich die frühzeitige Akutintervention nicht signifikant positiv aus.

Es ist sinnvoll, dass die Berufsgenossenschaft den Betroffenen eine frühzeitige adäquate Maßnahme anbieten kann. Dabei ist die Polizei ein wichtiges Bindeglied zwischen dem Ereignis und der Heilbehandlung der Opfer durch die Gesetzliche Unfallversicherung. In einigen Bundesländern gibt es Kooperationsvereinbarungen mit der Polizei. Opfer, auch wenn noch keine Symptome einer psychischen Störung bekannt sind, werden hier z.B. von den Opferbeauftragten der Polizei der Gesetzlichen Unfallversicherung gemeldet (Heydweiller et al., 2001).

Literatur

Beck, K. (2017). Abschlussbericht des Bundesbeauftragten für die Opfer und Hinterbliebenen des Terroranschlags auf dem Breitscheidplatz

Heydweiller, D., Froese, E. & Hehling, W. (2001). Psychotraumatologische Betreuung und Behandlung am Beispiel von Unfallopfer. *Trauma und Berufskrankheiten 3,* 41–44.

Michael, T., Munsch, S. & Lajtman, M. (2006). Kognitiv-verhaltenstherapeutische Frühinterventionsverfahren nach Traumatisierung: Übersicht und Evaluation. Verhaltenstherapie 16, 283–292. DOI: 10.1159/000096165

Plinkske, W. (1999). *Arbeitsunfall und psychische Gesundheitsschäden.* Eppingen, Deutschland: Kepnerdruck Druckerei.

Arbeitskreis
Digitalisierung: Chance 4.0

Leitung: Anja Gerlmaier

Emanuel Beerheide[1] & Kurt-Georg Ciesinger[2]
[1]Landesinstitut für Arbeitsgestaltung des Landes Nordrhein-Westfalen,
[2]Deutsche Angestellten-Akademie Westfalen

Digitales Belastungs- und Beanspruchungsmonitoring und BGM: praktische Erfahrungen aus dem Projekt BalanceGuard

1. Ausgangslage

Die Arbeitswelt ändert sich und Präventionskonzepte müssen sich darauf einstellen: auf wechselnde Arbeitsumgebungen und mobiles Arbeiten, auf neue Arbeitsformen mit mehr Eigenverantwortung für die Beschäftigten, auf das Neuziehen von Grenzen zwischen Erwerbsarbeit und Privatleben sowie auf das Zusammenspiel von psychischen und physischen Belastungen (vgl. u. a. Morschhäuser & Lohmann-Haislah, 2016). Aus diesem Grund ist Arbeitsgestaltung mehr denn je auf die Beteiligung der Beschäftigten angewiesen, nicht nur bei der Maßnahmengestaltung, sondern auch bei der Diagnose von Belastungen und Beanspruchungen.

Es gilt, Angebote zu entwickeln, die entschieden von der Gestaltbarkeit moderner Arbeitswelten ausgehen und dafür Ressourcen erschließen – bei den Arbeitgebern sowie den Funktionsträgerinnen und Funktionsträgern im Betrieb, bei den Beschäftigten und in ihrem sozialen Umfeld. Sie sollten am Individuum ansetzen, die Verantwortung für Gesundheit jedoch nicht an dieses abgeben. Es braucht Angebote zur Arbeitsgestaltung, die kompatibel mit dem Gesundheitshandeln in anderen Lebensbereichen sind und sich auf vorhandene Kompetenzen stützen (vgl. Gerlmaier, 2018).

2. Projekthintergrund

Im Projekt wurde ein individuelles digitales Längsschnittmonitoring psychischer Belastungen und Beanspruchungen entwickelt, das mit betrieblichen und überbetrieblichen Unterstützungsangeboten verzahnt wurde. Durch die Verknüpfung personenbezogener Präventionsprozesse mit organisationalen Prozessen und ihre bedarfsgerechte Anpassung an das jeweilige Setting sollten individuelle und betriebliche Ressourcen gestärkt werden.

Das Forschungs- und Entwicklungsprojekt BalanceGuard (*„Entwicklung und Erprobung eines Assistenzsystems für ganzheitliches Beanspruchungsmonitoring und gesunde Arbeit“*) wurde von 2015 bis 2019 durch das BMBF finanziert. Das Projekt umfasste folgende vier Teilschritte:

a) Inhaltlich wurde BalanceGuard auf Basis eines interventionsbezogenen Wirkungsmodells zu Zusammenhängen zwischen Stressoren, Beanspruchungen und

Ressourcen entwickelt. Das webbasierte Assistenzsystem fokussiert auf Belastungen und Beanspruchungen in der Erwerbsarbeit, betrachtet aber auch solche aus dem Privatleben.

b) Technisch entwickelt und programmiert wurde BalanceGuard als plattformunabhängiges, daher webbasiertes Assistenzsystem. Damit Beschäftigte über längere Zeiträume ihre Belastungs-, Beanspruchungs- und Ressourcensituation dokumentieren können, sollte das System unter strenger Einhaltung des Datenschutzes die Visualisierung von Verläufen gesundheitsrelevanter Merkmale der Arbeitssituation und die Beobachtung von Zusammenhängen zwischen Stressoren und Ressourcen ermöglichen.

c) Zu entwickeln war außerdem ein Präventionsansatz zum informierten, datenschutzgerechten und wirksamen Einsatz des Längsschnittmonitorings. Das Assistenzsystem wurde explizit nicht isoliert als technisches Tool realisiert, sondern als Gesamtpaket zur Verbesserungen der Arbeitsgestaltung. Die digitale Anwendung ist nur in Kombination mit Unterstützungsangeboten zur Verhältnis- und Verhaltensprävention effektiv anwendbar. Dafür wurden Begleitmaßnahmen und Beratungsangebote entwickelt und es wurde geprüft, mit welchen betrieblichen Akteuren Präventionsmaßnahmen und ggf. Prozesse der Organisationsentwicklung umgesetzt werden können.

d) Das entwickelte Assistenzsystem wurde in zwei sehr unterschiedlichen betrieblichen Kontexten inhaltlich und praktisch erprobt. Die dabei gemachten Erfahrungen und erhobenen Informationen bezüglich der Dynamik und des Zusammenspiels von (Mehrfach-)Beanspruchungen, Stressoren und Ressourcen wurden ausgewertet. Außerdem wurden die Erfahrungen aus der praktischen Anwendung reflektiert und für Verbesserungsvorschläge bezüglich des Assistenzsystems BalanceGuard sowie für allgemeinere Lernprozesse zu den Möglichkeiten und Grenzen digitaler Präventionstools genutzt.

3. Erprobungsergebnisse

Grundsätzlich ist festzuhalten, dass ein verlaufsorientiertes Stressmonitoring sowohl auf der individuellen als auch auf der betrieblichen Ebene im Sinne guter Arbeitsgestaltung wirkt. Es sensibilisiert für Gesundheitsrisiken und -ressourcen, es verdeutlicht Wirkungszusammenhänge und es macht sie beobachtbar und kommunizierbar, um Veränderungen einzuleiten. Die Visualisierung von Belastungsverläufen und die tägliche Auseinandersetzung mit der eigenen Situation lösen bei den Beschäftigten Reflexionsprozesse aus, die zu einem besseren Verständnis der eigenen Belastungssituationen und ihrer möglichen gesundheitlichen Folgen führen.

Darüber hinaus ist die Objektivierbarkeit von Belastungen durch den Einsatz des Belastungs- und Beanspruchungsmonitorings eine entscheidende Argumentations- und Handlungsgrundlage für eine verbesserte Arbeitsgestaltung. Beschäftigte werden so befähigt, über Gesundheitsgefährdungen und Problemkonstellationen in ihren Arbeitsprozessen zu sprechen sowie im Rahmen ihrer Ressourcen und Handlungsspielräume bei der Arbeit dysfunktionale Belastungen niedrigschwellig zu minimieren. Dort, wo sie an Grenzen der eigenen Einfluss- und Gestaltungsmöglichkeiten kommen, werden sie so unterstützt, Wünsche und Forderungen an den betrieblichen Arbeitsschutz, die Arbeitsgestaltung und das Gesundheitsmanagement zu formulieren. Der Einsatz von BalanceGuard wirkt als „Türöffner" für die Teilnahme an Maßnahmen zur Gesundheitsförderung und zur Verbesserung von BGM-Strukturen. D. h., die Handlungsbereitschaft und Handlungssicherheit von Beschäftigten zur Überwindung gesundheitskritischer Arbeitssituationen werden ebenso wie die von Führungskräften und anderen Akteuren des Arbeitsschutzes gestärkt. So kann ein Belastungs- und Beanspruchungsmonitoring das Zusammenspiel individuellen Präventionshandelns mit organisationalem unterstützen und die Gestaltungskompetenz aller Beteiligten fördern.

Im Verlauf des Projektes hat sich gezeigt, dass in der Praxis auch bei intensiver Auseinandersetzung mit der Problematik ein Trade-off zwischen erfasster Komplexität der Stressoren und Ressourcen einerseits und einem geringen Befragungsaufwand andererseits besteht. In Reaktion darauf wurden zwei technische Versionen des Monitorings realisiert, eine umfangreiche Web-Anwendung, die sich an den Kriterien der Gemeinsamen Deutschen Arbeitsschutzinitiative zur Umsetzung der Gefährdungsbeurteilung psychischer Belastungen orientiert (GDA 2017), und eine stark komprimierte App. Unabhängig von der technischen Umsetzung bietet das Angebotspaket durch seinen Bausteincharakter eine angemessene Flexibilität und funktioniert in unterschiedlichen Branchen und Unternehmensgrößen.

Die Grundidee ist im Verlauf des Projektes mit Hilfe der Fallstudien praktisch belegt worden: In der „modernen" Arbeitswelt verändern sich Belastungskonstellationen im Zeitverlauf, Belastungen interagieren miteinander und es ist daher sehr sinnvoll, sie mit ihren Auswirkungen im Längsschnitt zu erheben, um passgenaue Unterstützungsangebote und Arbeitsgestaltungsmaßnahmen entwickeln zu können. Die Aussagekraft von Längsschnittdaten zum Belastungsmonitoring wurde – trotz ausbaufähiger Datengrundlage – auch empirisch bestätigt.

Die im Projekt (weiter)entwickelten niederschwelligen Hilfen sind Beispiele für neuartige Verschränkungen von verhältnis- und verhaltensbezogener Prävention sowie die erfolgreiche Verknüpfung digitaler Tools mit ‚analoger' Unterstützung. Dieser Ansatz bietet eine gute Möglichkeit, den Anforderungen einer Arbeitswelt gerecht zu werden, die durch Individualisierung und Flexibilität geprägt ist. Gleichzeitig hält er an persönlicher Beratung fest und stärkt etablierte BGM-Strukturen.

Es ist deutlich geworden, dass BGM- und Arbeitsgestaltungsprozesse nur dann erfolgreich sein können, wenn die angewandten Tools und Methoden für die Beschäftigten verständlich sind, ihnen der persönliche Nutzen klar und der Aufwand zur Teilnahme überschaubar ist. Durch eine systematische, frühzeitige Beteiligung können die Akzeptanz für Maßnahmen erhöht und die Bereitschaft zur Beteiligung gefördert werden. Es gilt, evidenzbasiert vorzugehen, das Vorgehen in einen Gesamtprozess zu integrieren und den Fokus nicht ausschließlich auf die Probleme, Risiken und Defizite zu legen, sondern vor allem die individuellen und organisationalen Ressourcen in den Blick zu nehmen und diese zu fördern.

Eine wachsende Herausforderung für die Gestaltung von Arbeit besteht in der Verknüpfung von Verhaltens- mit Verhältnisprävention. Denn es gilt – ganz praktisch – das zu fördernde individuelle Präventionshandeln mit den jeweiligen Möglichkeiten des betrieblichen Arbeitsschutzsystems und der betrieblichen Gesundheitsförderung, aber auch mit den Aktivitäten anderer betrieblicher und überbetrieblicher Präventionsakteure zu verbinden (z.B. Personalabteilung, Projektmanager, Krankenkassen). BalanceGuard hat praktisch gezeigt, wie aktives Gesundheitshandeln der Beschäftigten andere Präventionsakteure stärken und herausfordern kann. Bestehende Verantwortlichkeiten auszuhöhlen, etablierte Schutzstrukturen zu ersetzen und die Verantwortung für gesundheitsgerechtes Arbeiten einseitig auf die Beschäftigten zu übertragen, ist nicht der richtige Weg, den aktuellen und künftigen Gesundheitsrisiken der Arbeitswelt zu begegnen. Wie das Projekt BalanceGuard gezeigt hat, gibt es gute Alternativen.

Die Ausführungen basieren auf: Beerheide, E. et al. (2019). Digitales Belastungsmonitoring: Basis für eine gesundheitsgerechte Arbeitsgestaltung in modernen Arbeitswelten, In: Arbeit gestalten mit digitalem Belastungs- und Beanspruchungsmonitoring. Abschlussbericht – Projekt BalanceGuard, Bochum: LIA.nrw, S. 6–39, sowie Beerheide, E. et al. (2019). Betriebliches Gesundheitsmanagement in einer digitalisierten Welt: Resümee und Ausblick, ebd., S. 176–178.

Literatur

Gerlmaier, A. (2018). Organisationale Gestaltungskompetenz im Betrieb: Ein (unterschätzter) Mediator des Zusammenhangs von psychischer Belastung und Beanspruchung. In: Zeitschrift für Arbeitswissenschaft 72 (2): 130–136.

Gemeinsame Deutsche Arbeitsschutzstrategie, Leitung des GDA-Arbeitsprogramms Psyche (Hg.) (2017). Arbeitsschutz in der Praxis. Empfehlungen zur Umsetzung der Gefährdungsbeurteilung psychischer Belastung (3., überarb. Auflage).

Morschhäuser, M.; Lohmann-Haislah, A. (2016). Psychische Belastungen im Wandel der Arbeit. In: Knieps, F.; Pfaff, H. (Hg.). BKK Gesundheitsreport 2016. Gesundheit und Arbeit. Zahlen, Daten, Fakten. MWV, S. 191–196.

Anja Gerlmaier
Universität Duisburg-Essen, Institut Arbeit und Qualifikation (IAQ)

Digitale Stressoren und Gestaltungschancen in der Arbeitswelt: zum Stand der Forschung

1. Problemstellung

Die fortschreitende digitale Durchdringung unserer Arbeitswelt stellt das betriebliche Gesundheitsmanagement vor große Herausforderungen: es gilt zum einen, die neuen Technologien gezielter zur Gesundheitsstärkung, Kompetenzentwicklung und besseren Synchronisation von Arbeiten und Leben zu nutzen. Zum anderen braucht es aber auch neue Präventionskonzepte, die resultierende gesundheitliche Risiken durch steigende Arbeitsintensität, zunehmend entgrenzte Arbeitsarrangements und fragiler werdende Arbeitsbeziehungen vermindern können. Aktuelle Befunde des DGB (2017) oder der Hans-Böckler-Stiftung (Gimpel et al., 2018) verweisen hier auf einen erheblichen Handlungsbedarf: Sie verorten an hochgradig digitalisierten Arbeitsplätzen das vermehrte Auftreten von mentalen Stressoren, unter den im Nachfolgenden im Sinne von Zapf & Semmer (2004) Arbeitsmerkmale verstanden werden, welche die Wahrscheinlichkeit einer Stressreaktion erhöhen.

Durch den vermehrten Einsatz von Digitaltechnik wird im Besonderen eine Zunahme von Stressoren wie Zeitdruck- und Beschleunigungserleben, Informationsüberflutung bzw. Kommunikationsrauschen, ein steigender technologischer Anpassungsdruck und hieraus resultierende Lernzwänge, Entgrenzungserfordernisse bzw. Omnipräsenz-Erwartungen sowie Verminderungen von Handlungskontrolle und technologisch bedingte Arbeitsplatzunsicherheit erwartet (vgl. Gimpel et al., 2018; Böhm et al., 2016). Korrelationsanalysen verweisen darauf, dass diese digital induzierten Stressoren in signifikanten Zusammenhang zu psychischer Erschöpfung, Schlafstörungen, Kopfschmerzen oder Verspannungen stehen (Böhm et al., 2016). Digitale Werkzeuge eröffnen auch neue Optionen zur Leistungs- und Verhaltenskontrolle, was bei Beschäftigten zu Stressreaktionen, Ängsten und einer verminderten Arbeitszufriedenheit führen kann (Backhaus, 2019). Unzureichende technische Anpassungsoptionen an das Nutzerverhalten (mangelnde Accessibility) sowie unzuverlässige IT-Systeme (häufige Abstürze, geringe Erwartungskonformität) stellen weitere Faktoren dar, die Stressoren wie Arbeitsunterbrechungen und ungeplanten Zusatzaufwand begünstigen (Sträter, 2019).

In der Arbeitsforschung wurden vielfältige, zum Teil theoretisch fundierte Gestaltungsprinzipien entwickelt, um psycho-mentale Stressoren zu reduzieren oder durch arbeitsbezogene bzw. soziale Ressourcen abzupuffern (u.a. Rothe et al., 2017).

Hierzu zählen unter anderem Partizipationsmöglichkeiten, die Schaffung transparenter Funktionsteilungen und Informationsflüsse, der Aufbau von Personalpuffern oder eine vorausschauende Qualifizierungsstrategie.

Im Rahmen des BMBF-geförderten Projektes „Initiative betriebliche Gestaltungskompetenz stärken" (InGeMo, s. Hinweis am Textende) sollte u.a. auch der Frage nachgegangen werden, welche Gestaltungschancen heute in digitalisierten Arbeitssystemen bestehen, diese arbeitswissenschaftlich fundierten Gestaltungsprinzipien in der Produktion und der produktionsnahen Wissensarbeit erfolgreich anzuwenden. Im Rahmen des Beitrags werden zwei Fragestellungen auf Basis von eigenen empirischen Ergebnissen näher überprüft:

- Welche Gestaltungsprinzipien nutzen Teams und ihre Führungskräfte im Rahmen von Gestaltungsworkshops, um digitale Stressoren zu mindern?
- Gibt es tätigkeitsspezifische Unterschiede beim Umsetzungserfolg und bei der Nutzung von Gestaltungsprinzipien?

2. Methodik/Stichprobe

Im Rahmen des Vorhabens wurden in acht Fallbereichen aus fünf Unternehmen der Elektro- und Metallbranche – aufbauend auf Ressourcenanalysen – Gestaltungsworkshops mit Teams und ihren Führungskräften durchgeführt. Ein Ziel der Interventionsstudien bestand darin, zu überprüfen, inwiefern Teams und ihre Führungskräfte durch den Aufbau von Gestaltungskompetenz befähigt werden können, digitale Stressoren in ihrem Arbeitsbereich zu erkennen und geeignete Präventionslösungen zu erarbeiten und im Rahmen ihrer Handlungsmöglichkeiten umzusetzen. Hierbei handelte es sich um Arbeitsbereiche, in denen in den letzten zwei Jahren digitale Werkzeuge oder Systeme (z.B. Produktionsplanungssysteme, ERP-Systeme) eingeführt worden waren. Zwei Untersuchungsfälle stammten aus dem Bereich Anlerntätigkeiten (Maschinenbedienung), zwei Fälle aus dem Werkzeugbau und vier Fälle aus unterschiedlichen Bereichen produktionsnaher Wissensarbeit (z.B. Projektmanagement).

Die Datenbasis bildeten Dokumentationen der ModeratorInnen aus den Workshops bzw. nach Abschluss der Maßnahmen durchgeführte Interviews mit Führungskräften. Hieraus wurde zunächst die Anzahl der umgesetzten Maßnahmen und die Art der Maßnahmen identifiziert. In einem zweiten Schritt erfolgte eine Zuordnung der Maßnahmen zu bekannten arbeitswissenschaftlichen Gestaltungsprinzipien durch zwei RaterInnen.

3. Ergebnisse

Eine Nachher-Befragung 6 bis 8 Monate nach Abschluss der Gestaltungsworkshops ergab, dass in den acht evaluierten Untersuchungsbereichen insgesamt 82 Gestaltungsideen der Führungskräfte und Teammitglieder zur Reduzierung auftretender digitaler Stressoren umgesetzt wurden (Gerlmaier, 2019). Mit im Durchschnitt elf bzw. zwölf durchgeführten Maßnahmen wiesen die Fälle aus dem Bereich der Facharbeit und produktionsnahen Wissensarbeit doppelt so viele erfolgreich umgesetzte Maßnahmen auf wie die beiden Fälle aus dem Bereich der Einfacharbeit (durchschnittlich sechs Maßnahmen).

Die Kategorisierung nach Gestaltungsprinzipien zeigte wie in Tabelle 1 dargestellt, dass über alle acht Fallbereiche hinweg Umsetzungsmaßnahmen mit dem Fokus auf einer Erhöhung der Erholungskompetenz (14 Maßnahmen), der Förderung der Transparenz (15 Maßnahmen) und der Steigerung von Zeitsouveränität (19 Maßnahmen) deutlich häufiger realisiert werden konnten als Maßnahmen zur Kompetenzentwicklung (9), bzw. zur Kapazitätsoptimierung (8), der Förderung des Sozial- und Führungsklimas (7) oder der Erweiterung von Handlungsspielräumen (7).

4. Diskussion

Die Ergebnisse der Interventionsstudie weisen darauf hin, dass sich während oder nach Digitalisierungsprojekten durchaus bereichsspezifische Gestaltungskorridore ergeben, um digitale Stressoren präventiv zu vermeiden oder abzupuffern. Dies gelang in den untersuchten Fällen besonders gut bei Präventionsmaßnahmen aus dem Bereich des Erholungsmanagements, der Förderung der Transparenz oder der Eröffnung erweiterter Zeitspielräume. Die Teams und ihre Führungskräfte konnten zum Teil auch Gestaltungslösungen realisieren, die eine Erweiterung von Handlungsspielräumen oder eine Optimierung der Personalkapazität zum Ziel hatten, sofern dies noch in ihrem Verantwortungsbereich lag.

Tab. 1: Umgesetzte Maßnahmen (Anzahl der umgesetzten Maßnahmen in den untersuchten Bereichen Anlerntätigkeit (AN), Facharbeit (FA) und Wissensarbeit (WI). Quelle: InGeMo, 2020

Handlungsfeld	Umsetzungsmaßnahme	AN	FA	WI
Erholungskompetenz	Einführung von Pausenräumen		2	1
	Individuelles Erholungsmanagement	1	2	3
	Entwicklung von Pausenritualen	1	2	2
Transparenz	Rollenklärung			2
	Durchführung regelmäßiger Gruppensitzungen (Aufwertung durch Anwesenheit des Vorgesetzten)	2	2	2
	Einführung abteilungsübergreifender Regeltermine zum Wissensaustausch		2	2
	Belastungskommunikation in Teamsitzungen		2	1

Zeitsouve-ränität	Einführung von Block-Zeiten für konzentrationsintensive Aufgaben	1	1	4
	Einführung von Ruhe-Arbeitsplätzen		1	2
	Vereinbarungen zu Kurzpausen	1	1	3
	Gewährung von Home Office-Anteilen			3
	Einführung flexibler Mittagspausen		1	1
Kompetenz-entwicklung (technische)	Einführung von Mitarbeiter-Entwicklungsgespr. mit verbindlicher Festlegung des Qualifizierungsbedarfs		2	3
	Unterweisungen/Trainings zu neuen Arbeitsmaterialien und Prozessen	2	1	1
Kapazitäts-bemessung	Optimierung der Personalkapazitätsplanung zur Vermeidung von Mehrarbeit		1	2
	Einführung entlastender Kooperationsformen (z.B. Arbeitstandems, Vertretungsregelungen)			3
Sozialklima	Führungskräftecoaching zu gesundheitsgerechter Führung	1	1	2
	Teamentwicklungsmaßnahmen		1	2
Handlungs-spielraum	Beteiligung der MA an Planung, Werkzeugauswahl, Arbeitsplatzgestaltung etc.		1	3
	Raumgestaltung, Beschaffung von ergonomischen Arbeitsmitteln			3
Neurege-lung Erreichbarkeit/ Mobilarbeit	Verstärkter Einsatz zur Vermeidung nicht finanzierter Dientreisezeiten			1
	Vereinbarungen zu Schichtübergaben	1	1	
Arbeitsteilung	Veränderte Arbeitsteilung	2		

Die Vermittlung von arbeitswissenschaftlichen Gestaltungsprinzipien auf der operativen Ebene scheint somit erhebliche Potenziale zur Verminderung digitaler Stressoren zu bieten. Innerhalb der Interventionen zeigte sich aber auch, dass eine nachhaltige Stärkung der psychischen Gesundheit von Beschäftigten vor allem dann gelingen kann, wenn Gestaltungsprinzipien gesundheitsgerechter Arbeit nicht nur auf der Teamebene, sondern auf möglichst allen Ebenen einer Organisation implementiert und bei der Einführung neuer Technologien berücksichtigt werden. Aufgrund des explorativen Charakters der Interventionsstudie sind für eine Überprüfung der Gültigkeit der Ergebnisse weitergehende Untersuchungen, nach Möglichkeit mit Kontrollgruppen und in anderen Tätigkeitsbereichen, erstrebenswert.

Literatur: Die Literatur kann bei der Autorin angefordert werden.

Hinweis
Das Verbundprojekt „Initiative betriebliche Gestaltungskompetenz stärken – ein neues Präventionsmodell für Unternehmen und Beschäftigte“ (InGeMo) wurde gefördert vom Bundesministerium für Bildung und Forschung (BMBF), Förderkennzeichen 02L14A020, Laufzeit von April 2016 bis Juli 2019.

Dirk Marrenbach, Martin Braun & Oliver Scholtz
Fraunhofer Institut für Arbeitswirtschaft und Organisation, Stuttgart

Prinzipien präventiver Arbeitsgestaltung am Beispiel digitaler Assistenz im Wareneingang

1. Arbeiten in der Intralogistik

Die Logistik beschäftigt sich mit der systematischen Planung, Realisierung, Nutzung, Instandhaltung und Optimierung von Systemen zum Transport, zur Lagerung, zur Kommissionierung, zur Sortierung und zur Verpackung von Gütern (Junemann, 1989).

Im Zuge der Einführung des Internet der Dinge werden die Systeme der inner- wie zwischenbetrieblichen Logistik zunehmend zu einem echtzeitfähigen Informations- und Koordinationssystem weiterentwickelt, das die Steuerung materieller und immaterieller Güter entlang des gesamten Produktlebenszyklus ermöglicht. Trotz der Fortschritte in der Digitalisierung und Automatisierung können gegenwärtig noch nicht alle logistischen Prozesse unter wirtschaftlichen und technischen Aspekten substituiert werden. Aufgrund seiner kreativen, kognitiven, kommunikativen und kooperativen Fähigkeiten garantiert der Mensch die zum Überleben in dynamischen Märkten notwendige Agilität und Wandlungsfähigkeit. Präventive Maßnahmen stellen in turbulenten Umgebungen die Identifikation, Entwicklung, Entfaltung und Regeneration dieser für das betriebliche Überleben notwendigen menschlichen Fähigkeiten sicher. Im Zuge präventiver Gestaltungsmaßnahmen werden auch assistive Systeme eingesetzt. Anhand von Assistenzsystemen in der Logistik werden in diesem Artikel Prinzipien einer guten Gestaltung von Assistenzsystemen abgeleitet; dies erfolgt am Beispiel eines Wareneingangsarbeitsplatzes in einem Handelsunternehmen für Elektronikkomponenten.

2. Einsatz digitaler Assistenzsysteme

Assistierende Systeme dienen in Produktion und Logistik entweder zur systematischen Anleitung und Kontrolle angelernter Mitarbeiter (d.h. Werkerführungssysteme) oder zur kontextsensitiven Unterstützung von Facharbeitskräften bei der Durchführung komplexer Tätigkeiten (d.h. Assistenzsysteme) (Braun, 2018). Zur Kategorie der Werkerführungssysteme gehören beispielsweise die Pick by Light, Pick to Light oder Pick by Voice-Technologien. Diese Systeme führen die Mitarbeiter Schritt für Schritt durch den Prozess der Kommissionierung. Die Werkerführung sichert durch eine strikte Anleitung und Kontrolle der Tätigkeiten die fehlerfreie Ausführung der Kommissionierung sowie eine zuverlässige Behandlung von Störfällen (d. h. Griff ins Leere). Das Werkerführungssystem übernimmt eine aktive Rolle bei der Kommissionierung durch angelerntes Personal. Der Einsatz derartiger Werkerführungssysteme in manuell bedienten Kommissionierlagern ermöglicht eine Steigerung der Logistikleistung und des Logistikservice. Dies wird durch eine Verschärfung der physischen bzw. psychosozialen Belastungssituation erkauft (d.h. Monotonie, Dequalifizierung, Arbeitsverdichtung). Der Mensch wird durch eine strikte Anleitung und Kontrolle zu einem würdelosen Bioroboter degradiert (d. h. *Downsizing*), der vor allem Restaufgaben ausführt. Dadurch sinkt die Attraktivität derartiger Arbeitsplätze weiter ab (Hirsch-Kreinsen & ten Hompel, 2017).

Die Kategorie der Assistenzsysteme umfasst z.B. eine kontextsensitive Unterstützung der Instandhaltung bei automatisierten Förder-, Lager-, Kommissionier-und Sortiersystemen. Das Assistenzsystem unterstützt die Instandhaltung durch eine Dokumentation der am System durchgeführten Inspektions- und Instandhaltungsprozesse, der Bereitstellung eines Störfallprotokolls, der Bereitstellung von Anleitungen zur Ermittlung der Schadensursache oder eine Übersicht über die vorhandenen Ersatzteile. Derartige Assistenzsysteme schränken die Freiheiten des Personals nicht ein und erlauben die eigenständige Abarbeitung des Instandhaltungsfalls auch ohne den Rückgriff auf das Assistenzsystem. Handlungsunterstützende Assistenzsysteme führen zu einem *Upgrading* des Arbeitssystems in Hinblick auf Fähigkeiten und Fertigkeiten. Sie ermöglichen es den Mitarbeitern, auch komplexe Situationen sicher zu bewältigen. Der Einsatz handlungsunterstützender Assistenzsysteme steigert die Attraktivität des Arbeitsplatzes (Hirsch-Kreinsen & ten Hompel, 2017). Ein assistierendes System kann somit nicht unabhängig vom Arbeitsplatz, in dem es zum Einsatz kommt, geplant und realisiert werden. Vielmehr ist die Gestaltung des Assistenzsystems im Zusammenspiel von Mensch Technik und Organisation ganzheitlich zu planen, realisieren und optimieren (Ulich, 2011). Die im Arbeitssystem tätigen Mitarbeiter sind in den Gestaltungsprozess des assistierenden Systems und Arbeitsplatzes frühzeitig einzubinden, um die Akzeptanz durch die Berücksichtigung der Mitarbeiterbelange zu erhöhen. Dies wird am Beispiel des Wareneingangs in einem Handelsunternehmen für Elektronikkomponenten vorgestellt.

3. Gestaltung eines Assistenzsystems für den Wareneingang

Im BMBF Forschungsvorhaben PREVILOG wurde ein zyklisches Vorgehen zur lernenden Adaption von Arbeitssystemen entwickelt und bei den betrieblichen Projektpartnern erfolgreich angewandt. Das Vorgehen verbindet den soziotechnischen Ansatz und das Viable System Model mit dem Arbeitssystem-Modell nach REFA (vgl. Braun und Marrenbach 2017; Braun et. al. 2018). Grundlage für die Entwicklung eines Assistenzsystems zur Erfassung von Identifikationsmerkmalen elektronischer Komponenten im Wareneingang (WE) eines Distributionszentrums bildete die systematische Analyse aller Aktivitäten am Arbeitsplatz, die Interaktion des WE-Arbeitsplatzes mit den anderen Arbeitsplätzen im Distributionszentrum sowie die Einbindung des Wareneingangs in die beliefernden und zuliefernden Wertströme. Dabei wurde das Zusammenspiel von Mensch, Technik und Organisation am Arbeitsplatz, in der Arbeitsgruppe und im Unternehmen betrachtet.

Im Wareneingang des Logistikzentrums werden die ankommenden Güter anhand ihrer Artikel- und Sendungsinformationen identifiziert, mit ausstehenden Bestellungen verglichen und ins Warehouse Management System (WMS) eingebucht. Das WMS weist den identifizierten Artikeln einen Lagerplatz zu und stößt deren Einlagerung an. Alle nachfolgenden Prozessschritte im Logistiksystem, aber auch bei Wertschöpfungsprozessen des Kunden, erfolgen auf Grundlage der nun erzeugten Artikelidentität. Die zuverlässige und sichere Erfassung aller relevanten Daten bildet die Basis für die effiziente Abwicklung der gesamten Wertschöpfungskette. Zudem ist sie Grundlage zur Vermeidung von Mehrarbeit und Zeitdruck infolge von eiligen Nachlieferungen. Im Zuge eines Cardboard Engineering wurde der Wareneingangsarbeitsplatz hinsichtlich Arbeitsumfänge, Ergonomie und Information partizipativ gestaltet. Zugleich wurden Anforderungen an das Assistenzsystem definiert. Die Identifikation von Dokumenten und Artikeln wird im Wareneingang mittels eines kameragestützten Assistenzsystems („schlauer Klaus") digitalisiert und automatisiert. Das System informiert den Mitarbeiter permanent über eintreffende Bestellungen. Der neue Arbeitsprozess beginnt mit dem Einscannen eines Lieferdokuments. Das Dokument wird anhand von Bestell-und Lieferantennummer mit den vorhandenen Bestellungen verglichen und die richtige Bestellung ausgewählt. Abweichungen werden angezeigt und durch den Mitarbeiter korrigiert. Auf Grundlage der Bestelldaten werden die einzelnen Artikel identifiziert. Sobald der Mitarbeiter die Artikelangaben bestätigt, wird ein Barcode-Etikett gedruckt. Der Mitarbeiter klebt das Etikett auf den Artikel und bestätigt den Prozessabschluss durch das Buchen des Artikels auf einen Transportbehälter. Dieser Prozess wird fortgeführt, bis alle Artikel einer Bestellung erfasst sind. Das Assistenzsystem verfügt über eine lernfähige Objekt-, Barcode- und Texterkennung, die während einer Anlernphase mit aussagekräftigen Beispieldaten gefüttert und durch erfahrene Mitarbeiter überprüft werden muss. Die ungenaue Erkennung von Identitätsmerkmalen erlaubt bislang keine vollautomatische Artikelerfassung. Vielmehr müssen die Identitätsmerkmale vom Menschen geprüft und bestätigt werden. Die Befähigung zur manuellen Ermittlung der Identitätsmerkmale darf nicht verlernt werden.

4. Prinzipien zur präventiven Gestaltung

Das Zusammenspiel von Mensch, Technik und Organisation wird in der traditionellen, prozess- und technologieorientierten Logistiksystemplanung nicht berücksichtigt. Somit bleiben defizitäre Gestaltungen oft unerkannt. Bei angemessener Gestaltung können sich digitale Assistenzsysteme nicht nur positiv auf das gesundheitliche Befinden der Mitarbeiter auswirken, sondern auch die Arbeitsattraktivität steigern. Folgende Prinzipien zur Gestaltung von Assistenzsystemen und der sie umgebenden Arbeitssysteme wurden im PREVILOG systematisch erarbeitet:

- Assistenzsysteme können nicht unabhängig vom umgebenden Arbeitssystemen (d.h. Arbeitsplatz, Unternehmen, Lieferketten) entwickelt und installiert werden.
- Partizipation erschließt das Wissen und die Erfahrungen der Mitarbeiter in Hinblick auf die Tätigkeiten am Arbeitsplatz: Daher sollen die Prozesse am Arbeitsplatz und die Interaktionen mit dem Assistenzsystem gemeinsam geplant und optimiert werden.
- Assistenzsysteme regulieren den Handlungsspielraum von Mitarbeitern: Tätigkeitsumfänge und Ausführungsbedingungen sollen gemeinsam entwickelt und vom den betroffenen Mitarbeitern verstanden werden.
- Die Entwicklung von Assistenz- und Arbeitssystemen in überschaubaren Schritten ermöglicht nicht nur die Beteiligung der Mitarbeiter, sondern erhöht die Transparenz, Nachvollziehbarkeit und Offenheit der entwickelten Lösungen. Dies wirkt sich positiv auf deren Akzeptanz aus. Diese Vorgehensweise ermöglicht ein direktes Eingehen auf die Anmerkungen der beteiligten Mitarbeiter.
- Grundlage einer erfolgreichen Einführung ist das Auffinden einer gemeinsamen Sprache zwischen Mitarbeitern, Ausrüstern und Führung. Hierzu gehört auch die gemeinsame Definition von Erfolgskriterien.

5. Zusammenfassung

Am Beispiel eines Arbeitsplatzes im Wareneingang wurde demonstriert, dass assistive Systeme nur im Kontext der Supply Chain präventiv zu gestalten sind. Dabei ist das Zusammenwirken von Mensch, Technik und Organisation auf verschiedenen Ebenen zu berücksichtigen. Indem assistive Systeme die Funktionsteilung von Mensch und Maschine und damit den menschlichen Entscheidungs- und Handlungsspielraum regulieren, bedarf ihre betriebliche Anwendung einer differenzierten Tätigkeitsanalyse und eines partizipativen Einführungsprozesses. Nur so ist ihr nutzbringender Einsatz zu gewährleisten.

Literatur:
Die Literatur kann bei den Autoren angefordert werden.

Jennifer Schäfer & Erich Latniak
Universität Duisburg-Essen, Institut Arbeit und Qualifikation (IAQ)

Ressourcenförderung und Belastungsreduktion virtuell arbeitender operativer Führungskräfte

Das Arbeiten mit Hilfe von vernetzten Informations- und Kommunikationstechnologien ermöglicht die standort- und zeitzonenübergreifende (‚virtuelle') Zusammenarbeit von Führungskräften und Teams, wodurch Herausforderungen für die Beschäftigten entstehen. So z.B. für die ‚virtuelle' Führung von Teams, die im Vergleich zur traditionellen Führung als herausfordernder beschrieben wird (Fajen, 2018; Akin & Rumpf, 2013). Aufgrund dieser Herausforderungen und früherer Forschung, die zeigen konnte, dass Führungskräfte auf unteren Organisationsebenen tendenziell höheren Belastungen ausgesetzt sind, was sich auf deren Gesundheit auswirkt (Pangert & Schüpbach, 2011; Latniak, 2017) ist davon auszugehen, dass Team- und Projektleitende [operative Führungskräfte (opFk)], die virtuelle Teams leiten hiervon ebenfalls betroffen sind.

Im Rahmen des vLead-Projekts wurden – aufbauend auf einer Literaturrecherche und 12 qualitativen Interviews – Feedbackgespräche mit opFk geführt, um individuell angepasste Gestaltungs- und Handlungsempfehlungen zu erarbeiten, die zu einer verbesserten Arbeitssituation der GesprächspartnerInnen beitragen sollen. Zudem konnte so ein vertiefter Einblick in ihre Führungspraxis und in die Rahmenbedingungen, Belastungen, Ressourcen sowie das individuelle Bewältigungsverhalten dieser Führungskräfte gewonnen werden. Die Ergebnisse werden als unterstützende Bausteine für individuelle Reflexions- und Beratungsprozesse aufbereitet und zur Verfügung gestellt. Eine Nachbefragung der Teilnehmenden wird derzeit vorbereitet. Im Folgenden wird ein Überblick über erster Befunde und vorgeschlagene Maßnahmen gegeben.

1. Vorgehen

Um die opFk in ihrer jeweils spezifischen Tätigkeit sinnvoll unterstützen zu können und ihre Gesundheit und Leistungsfähigkeit zu fördern, wurde ein individuelles Beratungsvorgehen gewählt, das sich am Vorgehen der Stressmanagement-Intervention nach Busch & Steinmetz (2002) orientiert. Es wurden dabei Feedbackgespräche geführt, unterstützt durch ein Diagnose-Instrument auf Screening-Niveau, das Belastungen, Ressourcen sowie das individuelle Bewältigungsverhalten erhob und zu Gesprächsbeginn von den Teilnehmenden beantwortet wurde. Das bildete die Basis für die Reflexion und gemeinsame Analyse der jeweiligen Arbeitssituation. Anknüpfend daran wurden mit den Teilnehmenden konkrete Verbesserungsmöglichkeiten zum Ressourcenaufbau und zur Belastungsreduktion besprochen. Nach jedem Gespräch erhielten die GesprächspartnerInnen einen Feedbackbogen mit den wesentlichen Erkenntnissen aus dem Screening-Instrument, den zentralen Inhalten des Gesprächs und den erarbeiteten Anregungen, um diese in ihrer Führungspraxis zu erproben.

Insgesamt wurden 24 Feedbackgespräche mit opFk aus 3 Unternehmen geführt, die bis auf eine Person im IT-Services- bzw. Software-Entwicklungsbereich arbeiten: 17 opFk waren männlich und 7 weiblich. Die überwiegende Mehrheit der Teilnehmenden arbeitete im IT-Services-Bereich eines großen produzierenden Unternehmens.

2. Arbeitssituation virtuell arbeitender Team- und Projektleitender

In den Gesprächen wurde deutlich, dass ‚virtuelles' Führen der räumlich verteilten Teams Alltag für die teilnehmenden Führungskräfte ist. Dabei hat sich in den untersuchten Beispielen eine hybride Form der Zusammenarbeit entwickelt, bei dem sowohl die opFk als auch Teammitglieder nicht nur am jeweiligen Unternehmensstandort, sondern zeitweise im Homeoffice arbeiten. Rund 90 % der GesprächspartnerInnen arbeiteten dabei täglich oder wöchentlich mit Personen zusammen, die eine andere Sprache sprechen und aus unterschiedlichen Zeitzonen stammen; 3/4 der Teilnehmenden arbeiteten täglich/wöchentlich mit Personen zusammen, die sie nie Face-to-Face getroffen haben.

Zudem handelte es sich um opFk aus einem hoch dynamischen Arbeitsumfeld, das von häufigen Restrukturierungsmaßnahmen (3/4 berichteten dies für die vergangenen 6 Monate) und Veränderungen in der Teambesetzung geprägt waren (fast 90%). Bei fast der Hälfte der opFk (45,8%) hatten in diesem Zeitraum Arbeitsaufgaben bzw. das Arbeitsumfeld gewechselt, was in der Einschätzung einer opFk mündete: „Hätten Sie mir die Frage vor einem halben Jahr gestellt, hätte ich das ganz anders beantwortet".

2.1 Belastungen und Ressourcen

Zu den hoch ausgeprägten Belastungen zählten Arbeitsunterbrechungen: Rund 70 % gaben (mit ‚trifft völlig zu/trifft eher zu' auf einer 5-stufigen Skala) an, immer wieder durch Personen oder Telefonate unterbrochen zu werden (z.B. wegen Nachfragen). Diese Belastung wurde von den Führungskräften in den Gesprächen häufiger nicht als solche wahrgenommen; die teilnehmenden opFk begriffen dies als unvermeidbaren Bestandteil ihrer Tätigkeit, der zwar reduziert, aber nicht völlig vermieden werden kann. Problematisch wird dies allerdings in Arbeitsphasen, in denen konzentrationsintensive Aufgaben zu bearbeiten sind. Ähnlich häufig wurden Entgrenzungsphänomene berichtet (u.a. berufliche Dinge außerhalb der Arbeit zu erledigen), was kritisch für die individuelle Regeneration werden kann. Auch hier sahen einige Teilnehmende in erster Linie Vorteile eines „Work-Life Blendings", einer Verschmelzung von Arbeits- und Freizeit. Etwas mehr als die Hälfte der Teilnehmenden berichteten, dass sich die Teilnahme an beruflichen Weiterbildungsmaßnahmen für sie schwierig gestaltet und die Hälfte der Teilnehmenden berichtete von Zusatzaufwand, weil sie sich Informationen, die vorliegen sollten, selbst beschaffen müssen.

Die teilnehmenden opFk besaßen häufig eine insgesamt günstige Ressourcensituation: Zu den hoch ausgeprägten Ressourcen gehörten die Unterstützung durch Kollegen, Rollenklarheit und berufliche Sinnerfüllung. Etwa 4 von 5 Teilnehmenden gaben an, dass sie ihre Arbeit erfüllt. Etwas weniger ausgeprägte Ressourcen waren das Feedback zu ihrer Arbeit, gute Erholungsmöglichkeiten und der verfügbare Gestaltungsspielraum.

2.2 Bewältigungsverhalten

Deutlich wurde, dass die teilnehmenden Führungskräfte bereits ein großes Repertoire an Bewältigungsstrategien nutzten. Zu den am häufigsten verwendeten Bewältigungsstrategien zählten u.a. die Erweiterung von Kompetenz/Wissen (z.B. das sich mit Kollegen austauschen), die Übersicht und Kontrolle über die Arbeit durch eine verbesserte Planung und Organisation, das Abfinden mit Situationen, die als nicht änderbar wahrgenommen werden, sowie das bewusste Distanzieren von der Arbeit.

Eine Bearbeitung von Aufgaben unter Berücksichtigung der individuellen Leistungsfähigkeit über den Tag (wie z.B. konzentrationsintensive Arbeiten möglichst in Leistungsphasen zu bearbeiten) wird von wenigen opFk angegangen, ebenso Maßnahmen zum Abbau oder der Vermeidung von Mehrarbeit bzw. Überstunden. Auch das Schaffen von Zeiten für ungestörtes Arbeiten (‚Blockzeiten') wird vergleichsweise weniger genutzt; knapp 30 % der Teilnehmenden gaben an, dass sie dies immer oder oft nutzen.

2.3 Vorgeschlagene Gestaltungsmaßnahmen

Vor diesem Hintergrund wurden dabei ansatzbedingt vor allem Maßnahmen entwickelt, die individuell und auf das Team ausgerichtet waren. Zu den häufigsten Handlungsempfehlungen gehörten u.a. Maßnahmen zur Verbesserung der Erholung während der Arbeit, wie z.B. eine regelmäßige Nutzung von Kurzpausen und sog. ‚Blockzeiten' (z.B. in Kombination mit Homeoffice), das Berücksichtigen der eigenen Leistungsfähigkeit, sowie einem Wechsel von Aufgaben mit unterschiedlichen Konzentrationsanforderungen. Ein weiterer Schwerpunkt waren Vorschläge zu regenerativen Erholungsmaßnahmen, wobei viele opFk bereits sehr aktiv sind, sowie

Maßnahmen zur Verbesserung des Detachments. Bei teambezogenen Aspekten ging es vor allem um die Verbesserung der ‚virtuellen' Zusammenarbeit (z.B. in Teamsitzungen bzw. Calls) sowie praktische Probleme der ‚virtuellen' Personalführung. Ein weiteres Themenfeld für Maßnahmen waren Vorschläge in Bezug auf die Einführung agiler Arbeitsweisen und Aspekte der Rollenklärung.

3. Erste Konsequenzen

Die in den Feedbackgesprächen immer wieder thematisierte große Dynamik der Tätigkeiten der opFk legt es nahe, im Rahmen der Personal- und Organisationsentwicklung solche Reflexionsgespräche regelmäßig anzubieten, was unterstützt durch geeignete Hilfsmittel zu einer Entwicklung individueller und organisationaler Gestaltungskompetenz sowie der Bewältigung solcher dynamischen Arbeitsanforderungen beitragen kann.

Literatur

Akin, N. & Rumpf, J. (2013). Führung virtueller Teams. Gruppendynamik und Organisationsberatung: Zeitschrift für angewandte Sozialpsychologie, 44, 373-387.

Busch, C. & Steinmetz, B. (2002). Stressmanagement und Führungskräfte. Gruppe. Interaktion. Organisation. Zeitschrift für Angewandte Organisationspsychologie (GIO), 33, 385-401.

Fajen, A. (2018). Erfolgreiche Führung multikultureller virtueller Teams. Wie Führungskräfte neuartige Herausforderungen meistern. Wiesbaden: Springer Gabler.

Latniak, E. (2017) Ressourcenstärkende Führung – operative Führungskräfte in virtuellen Kontexten. Gruppe. Interaktion. Organisation. Zeitschrift für Angewandte Organisationspsychologie (GIO), 48, 263-271.

Pangert, B. & Schüpbach, H. (2011). Arbeitsbedingungen und Gesundheit von Führungskräften auf mittlerer und unterer Hierarchieebene. In: Bernhard Badura, Antje Ducki, Helmut Schröder & Katrin Macco (Hrsg.), Fehlzeiten-Report 2011. Führung und Gesundheit. Berlin, Heidelberg: Springer.

Förderhinweis

Das Verbundprojekt „Modelle ressourcenorientierter und effektiver Führung digitaler Projekt- und Teamarbeit (vLead)", in dessen Rahmen das Teilprojekt „Ressourcenstärkende Führung – operative Führungskräfte in virtuellen Kontexten stärken und gesund erhalten" vom 01.04.2017-31.12.2020 durchgeführt wird, wird vom Bundesministerium für Bildung und Forschung (BMBF) und dem Europäischen Sozialfonds (ESF) unter dem Förderkennzeichen 2L15A081 gefördert.

Jessica Stock
Bundesverband Deutscher Berufsförderungswerke

Mit Künstlicher Intelligenz berufliche Teilhabechancen verbessern: Lern- und Experimentierräume als partizipativer Gestaltungsansatz

1. Ausgangssituation

Assistenztechnologien auf Basis Künstlicher Intelligenz (KI) gelten als zukunftsweisende Wegbereiter für neue Lehr-, Lern- und Arbeitsformen. In ihnen steckt das Potenzial, individuelle Fähigkeiten zu kompensieren und sogar zu erweitern. Im Kontext von Ausbildung und Arbeit können Assistenztechnologien auf Basis künstlicher Intelligenz damit gerade Menschen mit vorhandenen oder drohendenden Einschränkungen dabei unterstützen, am Arbeitsleben (weiter) teilzuhaben und dies nicht nur in produktiver Weise, sondern auch länger und gesünder. KI-basierte Assistenztechnologien können als intelligente Begleiter das individuelle Handeln unterstützen, Menschen bei ihren Tätigkeiten assistieren oder dabei helfen, am Arbeitsplatz individualisiert zu lernen, Wissen anzureichern und bei Bedarf personalisierte Hilfestellungen zu geben. Bisher sind diese Möglichkeiten jedoch insbesondere für Menschen mit (Schwer)Behinderung kaum ausgeschöpft (Kunze 2018). Gerade für den Bereich der beruflichen Rehabilitation ergeben sich vielfältige Chancen, Menschen mit (Schwer-)Behinderung individuell beim Lernen und Arbeiten zu begleiten und auf diese Weise den Weg der inklusiven Gesellschaft voranzutreiben (BMAS 2016, S.186). Diese Perspektive nehmen nach einer Studie der ‚Aktion Mensch' (2016, S.45) auch die Beschäftigten mit Behinderung selbst ein: So betrachten 70 % die Digitalisierung vor allem als Chance und weniger als Risiko. In einer Umfrage von Microsoft (2017) gaben sogar 80 % der befragten Menschen mit und ohne Behinderung an, dass sie erwarten, dass KI einen wesentlichen Beitrag zur gesellschaftlichen sowie zur beruflichen Teilhabe von Menschen mit Behinderung leisten kann.

Dabei unterliegen die technischen Entwicklungen im Bereich der Künstlichen Intelligenz einer hohen Dynamik, sodass Potenziale wie auch Risiken stetig anwachsen. Ob die Menschen mit (Schwer-)Behinderungen positiv an den Entwicklungen partizipieren können, ist bislang noch offen (Apt & Priesack 2019). Relevant wird nicht zuletzt, ob man die Entwicklungen durch einerseits eine menschzentrierte, inklusive Rahmensetzung und andererseits durch eine aktive Technikaneignung und -gestaltung steuern kann.

2. Projektziele

Im Rahmen des durch das Bundesministerium für Arbeit und Soziales finanzierten Projekts »Assistenzdienste und Künstliche Intelligenz für Menschen mit Schwerbehinderung in der beruflichen Rehabilitation«, kurz: KI.ASSIST, werden derzeit die Chancen von assistiven Anwendungen künstlicher Intelligenz für Menschen mit (Schwer-)Behinderung exploriert.[1] Das Ziel des Modellprojektes ist es, KI-basierte Assistenztechnologien als Elemente eines sozio-technischen Arbeits- und Lernraumes für schwerbehinderte Menschen in der beruflichen Rehabilitation zu analysieren und zu bewerten, um hieraus praxisrelevante Handlungsempfehlungen ableiten zu können, welche die Teilhabechancen auf dem allgemeinen Arbeitsmarkt für die genannte Zielgruppe erhöhen. Der Weg (zurück) ins Arbeitsleben und Übergänge auf den allgemeinen Arbeitsmarkt sollen unterstützt und damit eine selbstbestimmte Teilhabe am Leben in der Gesellschaft nachhaltig gefördert werden.

KI.ASSIST stellt ausdrücklich menschzentrierte KI in den Mittelpunkt und versucht durch partizipative Formate KI-basierte Assistenztechnologien in der beruflichen Bildungspraxis aber auch vergleichend dazu in betrieblicher Praxis zu implementieren, um so ausgeführte Arbeiten zu unterstützen sowie neue Tätigkeiten für die Zielgruppe schwerbehinderter Menschen zu erschließen. Um nachhaltig Ergebnisse für die Zielgruppe im Kontext der beruflichen Rehabilitation generieren zu können, braucht es neben der konkreten Erprobung von KI-Technologien im Rahmen von Lern- und Experimentierräumen, von Beginn an eine starke Personenzentrierung des Projektes, sowie eine Berücksichtigung der organisationalen Settings (Transformation) und der technischen Möglichkeiten (Monitoring) sowie die kommunikative Einbindung von verschiedenen Stakeholdern und eine begleitende Prozess- und Ergebniskommunikation (Dialogplattform). Denn mit dem Projekt soll ein Diskurs zu Chancen und Risiken von KI für Menschen mit Schwerbehinderung in Gang gesetzt werden. Dafür bedarf es eines grundlegend anwendungsorientierten und partizipativ ausgerichteten Forschungsansatzes, in welchem die Gruppe der Menschen mit (Schwer-)Behinderung differenziert in verschiedene Anwendungsszenarien einbezogen wird.

3. Prozessmodell zur Einrichtung von Lern- und Experimentierräumen für Menschen mit Schwerbehinderung

3.1 Der Ansatz der Lern- und Experimentierräume

In Anlehnung an den Ansatz der ‚Betrieblichen und Lern- und Experimentierräume‘

[1] Neben dem Bundesverband Deutscher Berufsförderungswerke (Gesamtprojektleitung) sind die Bundesarbeitsgemeinschaften der Berufsbildungswerke und der Werkstätten für behinderte Menschen ebenso beteiligt wie das Deutsche Forschungszentrum für Künstliche Intelligenz.

des BMAS verstehen wir unter Lern- und Experimentierräumen, nachfolgend LER genannt, ergebnisoffene Räume, die partizipativ entwickelt und umgesetzt werden. Wesentliche Ziele sind die Erprobung und aktive Gestaltung neuer Technologien und Prozesse in geschützten Settings. Das Erproben neuer Technologien und Prozesse innerhalb von LER geht dabei über das rein (technische) Funktionieren explizit hinaus. Ebenso müssen persönliche, soziale und organisationale Auswirkungen gemeinsam exploriert werden. Im Falle des Projektes KI.ASSIST haben beispielsweise Fragen zu Ethik, Datensouveränität, Selbstbestimmung und Teilhabe eine besondere Relevanz.

3.2 Prozessmodell für Lern- und Experimentierräume für Menschen mit (Schwer-)Behinderung

Der Einsatz von KI-basierten Assistenztechnologien in Bildung und Arbeit wird keineswegs automatisch zu einer besseren beruflichen Teilhabe für Menschen mit (Schwer-)Behinderung auf dem allgemeinen Arbeitsmarkt führen. Vielmehr ist es erforderlich, nicht nur die Gelingensfaktoren ebenso wie die Hemmnisse systematisch herauszuarbeiten, sondern vor allem die am System ‚berufliche Rehabilitation' beteiligten Akteursgruppen angemessen zu berücksichtigen: Menschen mit ihren unterschiedlichen Beeinträchtigungen, ihre Ausbildenden, rehapädagogisches Fachpersonal, Fachkräfte zur Arbeits- und Berufsförderung, aber auch Leistungsträger sowie (potenzielle) Arbeitgeber.

Hierzu haben wir im Projekt idealtypisch einen partizipativ ausgerichteten Prozess zur Konzeptualisierung und Implementierung von LER entwickelt, den wir gegenwärtig sukzessive innerhalb von ausgewählten Einrichtungen der beruflichen Rehabilitation umsetzen und durch diese Umsetzung zugleich evaluieren und modifizieren.

Abb. 1: Idealtypisches Prozessmodell zur Konzeptualisierung und Implementierung eines Lern- und Experimentierraums

Der Nukleus aller Lernprozesse im Projekt ist der LER. Dieser kann für Einrichtungen der beruflichen Rehabilitation ein wesentlicher Gestaltungsansatz dafür sein, nachhaltig eine lernförderliche Arbeitsumgebung zu gestalten, welche individuelle Kompetenzen fördert und die Adaption der KI-basierten Assistenzdienste an individuelle Unterstützungsbedarfe ermöglicht.

Literatur

Aktion Mensch (2016). Inklusionsbarometer Arbeit: Ein Instrument zur Messung von Fortschritten bei der Inklusion von Menschen mit Behinderung auf dem deutschen Arbeitsmarkt. Unter Mitarbeit von Handelsblatt Research Institute. Bonn.

Apt,W., Priesack, K. (2019). KI und Arbeit – Chance und Risiko zugleich. In: Wittpahl V. (Hrgs.). Künstliche Intelligenz. Berlin: Springer, S. 221-238.

Bundesministerium für Arbeit und Soziales (BMAS) (2016). Zweiter Teilhabebericht der Bundesregierung über die Lebenslagen von Menschen mit Beeinträchtigungen. Berlin: BMAS.

Kunze, C. (2018). Technische Assistenzsysteme in der Sozialwirtschaft – aus der Forschung in die digitale Praxis? In: Kreidenweis, H. (Hrsg.). Digitaler Wandel in der Sozialwirtschaft. Grundlagen – Stategien – Praxis. Baden-Baden: nomos, S. 163-177.

Microsoft (2017). Künstliche Intelligenz bietet enormes Potenzial für Menschen mit Behinderung. https://news.microsoft.com/de-de/microsoft-umfrage-kunstliche-intelligenz-bietet-enormes-potenzial-fur-menschen-mit-behinderung/. Zuletzt zugegriffen am 29.01.2020.

Arbeitskreis
Gesundheitsförderung und Gesundheitsschutz: Emotionsarbeit in modernen Arbeitswelten

Leitung: Bernhard Zimolong

Sebastian Beitz
IOP.BUW – Institut für Organisationspsychologie Bergische Universität Wuppertal

Zum Zusammenspiel von emotionaler Dissonanz und Regulationsbehinderungen in der Vorhersage unterschiedlicher Beanspruchungsindikatoren im Dienstleistungskontext

1. Einleitung

Dienstleistungsarbeit zeichnet sich aus einer handlungsregulatorischen Perspektive durch eine Dualität aus monologischen und dialogischen Tätigkeitsanteilen bzw. Anforderungen aus (Hacker, 2009). Während einige Anforderungen Interaktion mit dem Kunden beinhalten, beziehen sich andere wiederum auf Aspekte, die unabhängig vom Kundenkontakt sind.

Zu den Anforderungen, die nicht direkt mit Kundenkontakt assoziiert sind, gehören u.a. Regulationsbehinderungen. Dies können unfreiwillige Wartezeiten, Arbeitsunterbrechungen, störende Umweltbedingungen oder unklare Arbeitsaufträge sein. Regulationsbehinderungen können als Rahmenbedingungen bezeichnet werden, unter denen Dienstleister ihre Arbeit verrichten.

Aus einer praxisbezogenen Perspektive ergibt sich daraus die Frage der Beeinflussbarkeit genannter Belastungsfaktoren. Das Erleben von emotionaler Dissonanz im Kundenkontakt scheint auf den ersten Blick nur indirekt beeinflussbar, da es sich bei Kunden um eine externe Quelle handelt. „Klassische" Arbeitsbedingungen in Form von Regulationsbehinderungen sind hingegen leichter beeinflussbar, wenngleich die konkrete Umsetzung von Fall zu Fall schwierig sein kann.

Die vorliegende Studie beschäftigt sich mit dem Zusammenspiel von emotionaler Dissonanz und Regulationsbehinderungen im Kontext des Beanspruchungserlebens und Irritation von Dienstleistern.

2. Gesundheit im Kontext von emotionaler Dissonanz und Regulationsbehinderungen

Ein wesentliches Anforderungsmerkmal von Dienstleistungstätigkeiten ist das Erleben von emotionaler Dissonanz. Emotionale Dissonanz entsteht, wenn ein Dienstleister im Kundenkontakt eine Emotion erlebt, die in der jeweiligen Situation unerwünscht ist. Ob eine bestimmte Emotion unerwünschten Charakter aufweist, hängt vordergründig von den vorherrschenden Darstellungsregeln (display rules) ab, die gewissermaßen einen Zielkorridor für die emotionale Darstellung vorgeben. Aus einer selbst- und handlungsregulatorischen Perspektive bedeutet das Erleben emotionaler

Dissonanz die Notwendigkeit regulative Anstrengungen zu unternehmen und die Emotionen im Sinne der Arbeitsaufgabe anzupassen.

Regulationsbehinderungen sind Arbeitsbedingungen, die für den Mitarbeiter die Erreichung des Handlungsziels erschweren bzw. ihn dabei behindern. Um das Handlungsziel dennoch zu erreichen wird zusätzlicher Handlungs- und Regulationsaufwand benötigt. Für den Mitarbeiter sind Regulationsbehinderungen besonders problematisch, weil sie von ihm in der Regel nicht eigenständig beseitigt werden können. Daher gelten Regulationsbehinderungen als Quelle psychischer Fehlbelastungen, die auf Dauer die Gesundheit beeinträchtigen können (Greiner et al., 1987). Sie sind nicht an eine Kundeninteraktion gebunden und gehören daher zu den monologischen Tätigkeitsanteilen.

Aus der Betrachtung von emotionaler Dissonanz und Regulationsbehinderungen als Fehlbelastungsquellen ergibt sich zunächst die Vermutung eines positiven Zusammenhanges zu dysfunktionalen Beanspruchungsindikatoren (Hypothese 1).

Darüber hinaus wird ein Interaktionseffekt zwischen emotionaler Dissonanz und Regulationsbehinderungen im Hinblick auf dysfunktionale Beanspruchungsindikatoren vermutet (Hypothese 2).

3. Methodik

Die Daten entstammen einer großangelegten Fragebogenstudie mit 609 Dienstleistern verschiedener Branchen (bspw. Pflege, Erziehung und Unterricht, Verkauf). Wesentliches Kernmerkmal der befragten Personen ist eine deutlich ausgeprägte Kundeninteraktion während der Tätigkeit.

Die verwendeten Konstrukte wurden mithilfe von etablierten Skalen erhoben. Die (Sub)Skala zur emotionalen Dissonanz entstammt dem FEWS (Zapf et al., 2005). Die Regulationsbehinderungen wurden anhand der Subskala des SynBA-Verfahrens erfasst (Wieland-Eckelmann et al., 1999).

Als Beanspruchungsindikatoren wurden das Beanspruchungserleben nach Wieland (2006) und Irritation (Müller, Mohr & Rigotti, 2004) herangezogen.

Es wurden korrelative Analysen, Moderationsanalysen (Hayes) und Mittelwertunterschiede mittels T-Test berechnet.

4. Ergebnisse

Die korrelativen Analysen zeigen zunächst erwartbare positive Zusammenhänge zwischen emotionaler Dissonanz und Irritation ($r = .300/p < .05$) sowie dysfunktionaler Beanspruchung ($r = .298/p < .05$). Ein ähnliches Bild zeigt sich in Bezug auf den Zusammenhang von Regulationsbehinderungen und Irritation ($r = .328/p < .05$) sowie dysfunktionaler Beanspruchung ($r = .426/p < .05$).

Ferner zeigt sich jeweils ein signifikanter Interaktionseffekt von emotionaler Dissonanz und Regulationsbehinderungen auf Irritation (ß = .684/p< .05) und dysfunktionaler Beanspruchung (ß = .351/p< .05) (siehe Abbildung 1).

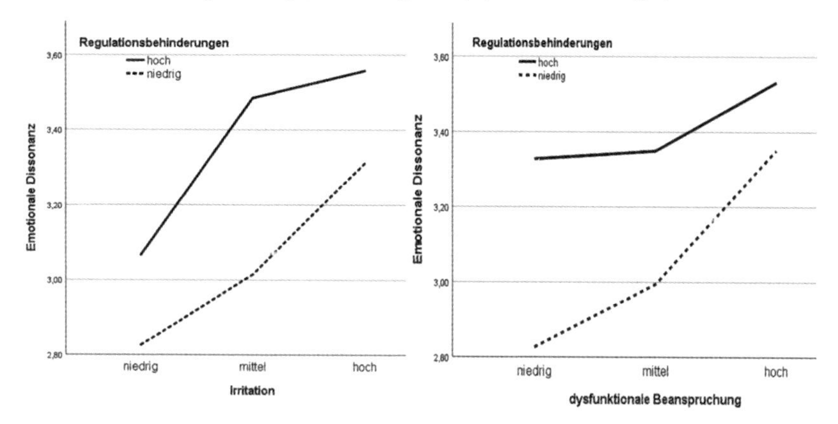

Abb. 1: Interaktionseffekt zwischen emotionaler Dissonanz und Regulationsbehinderungen

Neben dem bewusst kontrollierten Zurückgreifen auf die selbe Regulationsressource, lässt sich in einer weiterführenden Analyse ein möglicher Grund für den Interaktionseffekt identifizieren.

Personen, die unter Bedingungen mit vielen Regulationsbehinderungen arbeiten, scheinen ihre Emotionen anders zu regulieren, als Personen, die sich mit wenigen Regulationsbehinderungen konfrontiert sehen.

Tab. 1: Gruppenunterschiede in Bezug auf Regulationsstrategien

	RB niedrig	RB hoch		
	M (SD)	M (SD)	T (df)	p
Oberflächenhandeln	3,16	3,72	-4,144 (576,5)	,000
Tiefenhandeln	3,55	3,72	-1,705 (530,3)	,089
Problem lösen	4,73	4,70	,209 (550,9)	,835
Vermeidung	2,00	2,40	-3,094 (539,4)	,002
Positive Induktion	3,90	4,00	-,672 (560,2)	,502
Aufmerksamkeitslenkung	2,64	2,69	-,458 (539,2)	,647

RB = Regulationsbehinderungen

Tabelle 1 dokumentiert zwei signifikante Mittelwertunterschiede hinsichtlich der Regulationsstrategien Oberflächenhandeln und Vermeidung. Beide Strategien gelten in der Literatur als dysfunktional und gesundheitsbeeinträchtigend (Hülsheger & Schewe, 2011; Barnow et al., 2013; Beitz, 2016).

5. Fazit

Die Ergebnisse bestätigen zunächst die bereits bekannten bivariaten Zusammenhänge zwischen emotionaler Dissonanz und Regulationsbehinderungen auf der einen und dysfunktionaler Beanspruchungsindikatoren auf der anderen Seite.

Relativ neu ist die Idee einer kombinierten Wirkung von Belastungen, die aus dem dialogischen Part der Tätigkeit stammen, mit Belastungen, die allgemeiner Natur sind und nicht direkt Bezug zur Kundeninteraktion aufweisen. Der gefundene Interaktionseffekt legt nahe im Kontext von Dienstleistungsarbeit ein besonderes Augenmerk auf die Arbeitsbedingungen zu legen, unter denen die Tätigkeit ausgeführt wird. Dies erlangt zusätzliche Relevanz durch den Zusammenhang zu vermehrt eingesetzten dysfunktionalen Regulationsstrategien.

Oft scheint das Erleben emotionaler Dissonanz nur schwer beeinflussbar zu sein, denn Kundenverhalten ist nur indirekt steuerbar und günstige Regulationsstrategien wie etwa Tiefenhandeln zu erlernen, ist ein langwieriger Prozess. Die Beseitigung von Regulationsbehinderungen (wie bspw. unfreiwillige Wartezeiten und Arbeitsunterbrechungen) scheint hingegen ein praktikabler Ansatz zu sein die sich verstärkenden Wirkungen zu umgehen.

Literatur

Barnow, S., Aldinger, M, Ulrich, I. & Stopsack, M. (2013). Emotionsregulation bei Depression: Ein multimethodaler Überblick, *Psychologische Rundschau, 64*(4), 235–243

Beitz, S. (2016). *Emotionsarbeit, Emotionsregulation und psychische Beanspruchung,* Dissertation: Bergische Universität Wuppertal

Hacker, W. (2009). *Arbeitsgegenstand Mensch: Psychologie dialogisch-interaktiver Erwerbsarbeit,* Lengerich: Pabst

Hülsheger, U.R. & Schewe, A.F. (2011). On the costs and benefits of emotional labor: A meta-analysis of three decades of research, *Journal of Occupational Health Psychology, 16,* 361–389

Wieland, R. (2006). Psychische Belastung, in: K. Landau (Hrsg.), Lexikon Arbeitsgestaltung, Stuttgart: Gentner Verlag

Zapf, D., Mertini, H., Seifert, C., Vogt, C., Isic, A. & Fischbach, A. (2005). *FEWS – Frankfurt Emotion Work Scales,* Version 4.3, Goethe Universität Frankfurt a. M.

Weitere Literatur kann beim Autor angefordert werden.

Stefan Diesel[1], Anne Konze[2] & Wladislaw Rivkin[3]
[1]Bergische Universität Wuppertal, [2]Leibniz-Institut für Arbeitsforschung, [3]Aston University

Situative Einflüsse von emotionaler Dissonanz auf akutes Erschöpfungserleben: Tagesverlaufsanalysen mit Wachstumskurvenmodellen

1. Theoretische Perspektiven und Hypothesenableitung

Die willentliche Steuerung der eigenen Emotionen zu Gunsten eines von der Arbeitsrolle geforderten emotionalen Ausdrucks ist inzwischen integraler Bestandteil in nahezu allen beruflichen Tätigkeitssphären (Grandey & Gabriel, 2015). Rollenbezogene Anforderungen an die Emotionsarbeit können Erschöpfungssymptome hervorrufen und andere Beanspruchungsfolgen zeigen, wenn Beschäftigte Emotionen zeigen sollen, die sie tatsächlich nicht erleben (Diestel, Schmidt, & Rivkin, 2015). Diese als emotionale Dissonanz bezeichnete wahrgenommene Diskrepanz zwischen erlebten und geforderten Emotionen steht umfangreichen Metaanalysen zufolge im moderaten bis starken Zusammenhang mit unterschiedlichen Indikatoren der psychischen Beanspruchung (Hülsheger & Schewe, 2011). Die empirische Analyse der Beanspruchungswirkung von emotionaler Dissonanz ist durch zwei aktuelle Entwicklungen geprägt: Zum einen fokussieren zahlreiche Autoren in Tagebuchstudien verstärkt auf unmittelbare Einflüsse von Dissonanz, um zwischen stabilen und zeitlich fluktuierenden Prädiktoren in der Vorhersage von psychischen Wohlbefinden zu differenzieren. Zum anderen herrschen in der Literatur unterschiedliche theoretische Auffassungen darüber, mittels welcher Mechanismen emotionale Dissonanz beanspruchungswirksam wird.

Unter dem Eindruck divergierender Befunde aus Tagebuchstudien konzentriert sich der theoretische Diskurs auf die Frage, ob die Unterdrückung der tatsächlich erlebten Emotionen zu Gunsten von geforderten Emotionen eine begrenzte regulatorische oder kognitive Ressource verbraucht. Während einige Autoren konsistente tagesspezifische Zusammenhänge zwischen emotionaler Dissonanz und akuten Erschöpfungszuständen berichten (Diestel et al., 2015), finden Sayre, Chi, und Grandey (im Druck) keine Mediatoreffekte von Erschöpfungszuständen im tagesspezifischen Zusammenhang zwischen dysfunktionaler Emotionsregulation und Alkoholkonsum.

Der vorliegende Beitrag hat die empirische und theoretische Klärung der Frage nach der Beeinflussung von Erschöpfung durch Dissonanz zum Ziel. Wenn der Verbrauch von begrenzten Ressourcen die Beanspruchungszunahme bei Anforderungen an die willentliche Kontrolle (bspw. von Emotionen) erklärt, dann sollte im Tagesverlauf die erlebte Erschöpfung im Zuge fehlender Regenerationsmöglichkeiten oder auftretender Arbeitsbelastungen tendenziell ansteigen. Diese Vorhersage steht im Einklang mit der integrativen Theorie zur Selbstkontrolle (Kotabe & Hofmann, 2015), der zufolge das Gelingen von Selbstkontrolle von temporär schwankenden Ressourcen abhängig sein kann.

Hypothese 1: Akute Erschöpfung nimmt linear über den Tagesverlauf zu.

Die temporär bedingten Unterschiede in der Erschöpfung dürften sich in konsistenter Weise durch emotionale Dissonanz zum vorherigen Messzeitpunkt vorhersagen lassen.

Hypothese 2: Emotionale Dissonanz tn steht im positiven Zusammenhang mit akuter Erschöpfung t_{n+1}.

Kotabe und Hofmann (2015) konzeptualisieren die begrenzte Ressource als Zwei-Komponenten-Struktur mit fluktuierenden und stabilen Anteilen. Wenn die stabilen Anteile bereits schwach ausgeprägt sind, so sollten aufgrund der hierdurch bedingten Kapazitätsgrenzen die situativen Einflüsse von Dissonanz auf akute Erschöpfung stärker ausfallen. Ein häufig untersuchter Indikator für stabile Anteile stellt die emotionale Erschöpfung dar, die eine chronische Überbeanspruchung der begrenzten Ressourcen reflektiert und daher die Wirkung von Dissonanz moderieren sollte (Trougakos et al., 2015).

Hypothese 3: Emotionale Erschöpfung als personenspezifischer Prädiktor moderiert die positiven Zusammenhänge von emotionaler Dissonanz t_n zu akuter Erschöpfung t_{n+1}: Die messzeitspezifischen Zusammenhänge werden als Funktion von emotionaler Erschöpfung verstärkt.

2. Methode

2.1 Stichprobe, Untersuchungsdesign und Operationalisierung

Zur Testung der drei Hypothesen haben wir 64 berufstätige Personen (durchschnittliches Alter: 40,7 Jahre, *SD* = 13,7; Anteil von Frauen: 55 %) aus unterschiedlichen beruflichen und organisatorischen Kontexten akquiriert, die durch häufige zwischenmenschliche Interaktionen gekennzeichnet. Alle Personen wurden darüber informiert, dass die Teilnahme anonym und freiwillig ist. Die online-basierte Tagebuchstudie umfasste vier Messzeitpunkte, die ein zeitliches Intervall von drei Stunden aufwiesen (11 Uhr → 14 Uhr → 17 Uhr → 19 Uhr). Die internen Konsistenzen von akuter Erschöpfung (α = .91-94), emotionaler Dissonanz (α = .83-.93) und emotionaler Erschöpfung (α = .89) waren im akzeptablen Bereich.

2.2 Analytische Prozedur

Die Analyse der genesteten Daten basierte auf latente Wachstumskurvenmodelle, die für die vier Messungen von akuter Erschöpfung Slope (Steigungskoeffizient) und Intercept (Konstante) beinhalteten, um intraindividuelle Zeitverläufe, zeitverzögerte Einflüsse der emotionale Dissonanz und Moderatoreffekte der emotionalen Erschöpfung zu schätzen. Die Modelle differenzierten zwischen tagesspezifischer Ebene mit akuter Erschöpfung und Dissonanz sowie personenspezifischer Ebene mit emotionaler Erschöpfung als Prädiktor und der Konstanthaltung der drei intraindividuellen Pfade der Dissonanz auf akute Erschöpfung.

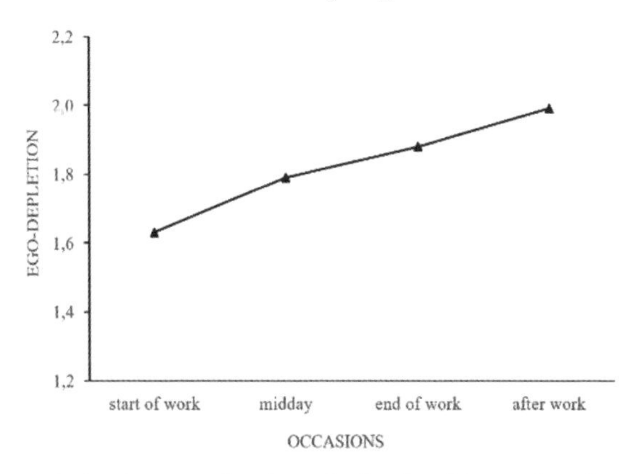

Abb. 1: Tagesspezifischer Anstieg in der akuten Erschöpfung (Ego-Depletion)

3. Ergebnisse

In Übereinstimmung mit Hypothese 1 zeigt die Parameterschätzung für akute Erschöpfung einen linearen Trend über alle vier Messzeitpunkts innerhalb eines Tages ($\mu s = 0.12, p < 0.01$; vgl. Abbildung 1). Allerdings sind die auf Konstanz der Effekte fixierten Pfade von Dissonanz auf akute Erschöpfung statistisch nicht signifikant ($\mu_{rs} = 0.03, p = 0.07$). Dieser Befund widerspricht der Vorhersage von Hypothese 2 (vgl. Abbildung 2). Schließlich moderiert emotionale Erschöpfung die Zusammenhänge zwischen Dissonanz und akuter Erschöpfung ($\gamma_{between} = 0.03, p < 0.05$): Mit ansteigender emotionaler Erschöpfung fällt der positive Effekt von Dissonanz auf akute Erschöpfung stärker aus. Insofern liefern die vorliegenden Analysen empirische Evidenz für Hypothese 3.

4. Diskussion

Die vorliegenden Befunde zeigen, dass emotionale Dissonanz nicht zwangsläufig zu Erschöpfungszuständen führt, sondern die allgemein verfügbaren Ressourcen die Beanspruchungswirkung von Dissonanz auf akute Erschöpfung erklären. Ferner lassen die Analysen mittels Wachstumskurvenmodelle darauf schließen, dass akutes Erschöpfungserleben über den Tag linear ansteigt und sich durch das Zusammenspiel von emotionaler Dissonanz und emotionaler Erschöpfung vorhersagen lässt. Insofern dürfte der unmittelbare Verbrauch von begrenzten Ressourcen nur dann als psychischer Prozess die Beanspruchungswirkung von emotionaler Dissonanz erklären, wenn die betroffenen Personen ohnehin chronische Ressourcendefizite aufweisen.

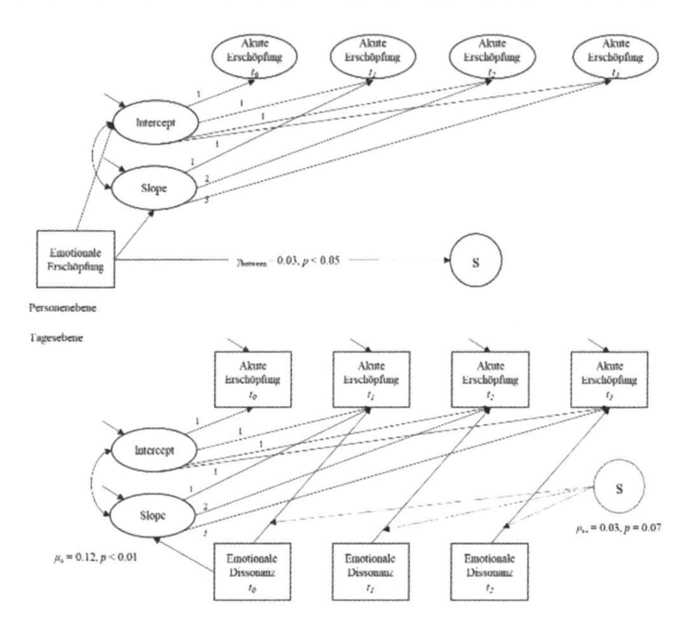

Abb. 2: Latentes Wachstumskurvenmodell zur Vorhersage von akuter Erschöpfung im Tagesverlauf

Literatur

Diestel, S., Rivkin, W., & Schmidt, K.-H. (2015). Sleep quality and self-control capacity as protective resources in the daily emotional labor process: Results from two diary studies. *Journal of Applied Psychology, 100*(3), 809–827.

Grandey, A. A., & Gabriel, A. S. (2015). Emotional Labor at a Crossroads: Where Do We Go from Here? *Annual Review of Organizational Psychology and Organizational Behavior, 2*(1), 323–349.

Hülsheger, U. R. & Schewe, A. F. (2011). On the costs and benefits of emotional labor: A meta-analysis of three decades of research. *Journal of Occupational Health Psychology, 16,* 361–389.

Kotabe, H. P., & Hofmann, W. (2015). On Integrating the Components of Self-Control. *Perspectives on Psychological Science: a Journal of the Association for Psychological Science, 10*(5), 618–638.

Sayre, G. M., Grandey, A. A., & Chi, N.-W. (2019). From cheery to „cheers“? Regulating emotions at work and alcohol consumption after work. *Journal of Applied Psychology.* Advance online publication. https://doi.org/10.1037/apl0000452

Trougakos, J. P., Beal, D. J., Cheng, B. H., Hideg, I., & Zweig, D. (2015). Too drained to help: A resource depletion perspective on daily interpersonal citizenship behaviors. *Journal of Applied Psychology, 100*(1), 227–236.

Patrik Fröhlich
Bergische Universität Wuppertal

Motivationsprozesse und Extrarollenverhalten bei Newcomern: Die Interaktion von Leader-Member Exchange und Core Self-Evaluations

1. Einleitung und Fragestellung

Organisationen stehen heutzutage vor der Herausforderung, qualifiziertes Personal nicht nur zu finden, sondern auch zu halten. Insbesondere in den ersten sechs Monaten entstehen Organisationen durch ungewollte Frühfluktuation hohe Kosten. Vor diesem Hintergrund ist es notwendig, das Augenmerk auf diese frühe Phase – die organisationale Sozialisation – zu legen, um relevante motivationsförderliche Faktoren und deren Zusammenspiel zu verstehen. Hierbei tragen sowohl persönliche als auch organisationale Faktoren wesentlich zum Gelingen des Prozesses bei der organisationalen Sozialisation bei . Obwohl bereits viel zur Wirkung von Ressourcen im Rahmen der Unsicherheitsreduktion bei Newcomern bekannt ist (z.B. Bauer & Erdogan, 2007), finden sich wenige Arbeiten zur Interaktion zwischen Ressourcen im Hinblick auf deren motivationale Wirkung im Sozialisationsprozess. Vor diesem Hintergrund wird, basierend auf der Sozialisationsressourcen-Theorie (SRT, Saks & Gruman, 2018), die Wirkung der Interaktion zwischen organisationalen Ressourcen in Form des Leader-Member Exchange (LMX) und persönlichen Ressourcen in Form von Core Self-Evaluations (CSE) von Newcomern auf Extrarollenverhalten (Organizational Citizenship Behavior, OCB) im Rahmen motivationaler Prozesse untersucht.

2. Theoretischer Hintergrund

Organisationale Sozialisation bezeichnet den Prozess, bei dem Neueinsteiger (Newcomer) sich an ihre neue Rolle bzw. Stelle anpassen und somit von organisationalen Außenseitern zu Insidern werden. In der bisherigen Forschung lag der Schwerpunkt häufig auf der Reduktion von Unsicherheit, wobei personale und organisationale Faktoren in Bezug auf ihre Wirkung auf z.B. Rollenklarheit oder Akzeptanz von Newcomern als Variablen erfolgreicher Sozialisation betrachtet wurden. Motivationale Prozesse und deren Wirkung erhielten hingegen wenig Aufmerksamkeit. Die SRT (Saks & Gruman, 2018) adressiert diese Lücke unter zentraler Betrachtung des Work Engagement (WE). WE kennzeichnet dabei einen positiv-motivationalen, arbeitsbezogenen Zustand (Bakker et al., 2014). Zur Entwicklung und Aufrechterhaltung von WE tragen im Rahmen der SRT verschiedene persönliche sowie organisationale Ressourcen bei. Ein wichtiger Faktor für Motivation, Leistung und Wohlbefinden – insbesondere für Newcomer – ist dabei die Führung. Das Konstrukt des LMX charakterisiert hierbei die Austauschbeziehung zwischen Führungskraft und Mitarbeitern. Als organisationale Ressource wirkt LMX einerseits auf motivationale Prozesse, wie z.B. WE (Breevaart et al., 2015). Andererseits beeinflusst LMX die Leistung von Mitarbeitern, sodass Mitarbeiter beispielsweise mehr OCB zeigen (Martin et al., 2016). Ebenfalls weist WE positive Zusammenhänge zu OCB auf (Newton & LePine, 2018). WE nimmt deshalb im Rahmen der SRT eine vermittelnde Rolle zwischen Ressourcen und Folgen ein. Basierend auf den vorangegangenen Ausführungen lässt sich zusammenfassend Hypothese 1 postulieren: WE mediiert den positiven Zusammenhang zwischen LMX und OCB partiell.

Auch persönliche Ressourcen stehen in Bezug zum Work Engagement von Newcomern und beeinflussen WE sowie letztlich den Sozialisationserfolg (z.B. Ellis et al, 2015). Eine besondere Rolle kommt an dieser Stelle CSE zu, welche eine grundlegende Einschätzung des Selbst sowie des Funktionierens der eigenen Person wiederspiegeln. CSE können vor dem Hintergrund der Theorie der Ressourcenerhaltung nach Hobfoll als Ressourcenmanager angesehen werden (Debusscher et al., 2017). Studien zeigten vor diesem Hintergrund, dass Personen mit hoher CSE besser in der Lage sind, verfügbare Ressourcen besser einzuordnen und zu ihrem Vorteil zu nutzen. Im Kontext der vorliegenden Studie verstärken CSE, als persönliche Ressource, daher die motivationale Wirkung von organisationalen Ressourcen. Hieraus ergibt sich Hypothese 2: Der Zusammenhang zwischen LMX und WE wird durch CSE moderiert; der Zusammenhang ist stärker (schwächer) für Newcomer mit hoher (niedriger) CSE. Das theoretische Modell der moderierten Mediation ist in Abbildung 1 dargestellt.

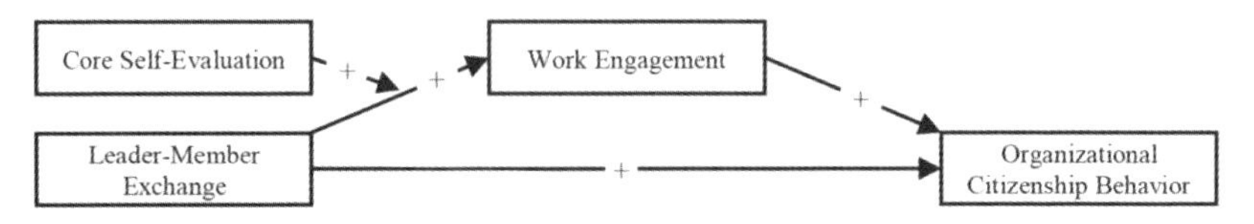

Abb. 1: Modell der moderierten Mediation

3. Stichprobe & Methodik

In der vorliegenden Studie wurden Newcomer in verschiedenen deutschen Unternehmen befragt. Die Stichprobe besteht aus 147 Newcomern (M_{Alter} = 28,58; SD = 7,34; 44,90 % weiblich). Alle Teilnehmer mussten zwischen vier und acht Wochen bei ihrer aktuellen Organisation angestellt sein (M = 5,27; SD = 1,23), um der frühen Phase der organisationalen Sozialisierung zu entsprechen. Die durchschnittliche Berufserfahrung betrug 8,10 Jahre (SD = 8,53). Die bisherige Erfahrung mit Jobwechsel bzw. -einstieg wurde anhand der Gesamtzahl externer (M = 2,23; SD = 2,33) und interner Stellenwechsel (M = 0,83; SD = 1,42) erfasst. Zur Akquise geeigneter Teilnehmer wurde die Convenience-Sampling Methode verwendet. Alle Teilnehmer wurden persönlich angesprochen und akquiriert, nach Recherche privater, beruflicher und akademischer Kontakte des Autors sowie in beruflichen Netzwerken (z.B.: LinkedIn, XING). Zur Messung der relevanten Konstrukte wurden ausschließlich anerkannte und validierte Skalen verwendet. LMX wurde mithilfe der deutschen Version der LMX-7 Skala erfasst (7 Items, $\alpha = 0,87$). CSE wurde anhand der Core Self-Evaluations Scale operationalisiert (12 Items, $\alpha = 0,88$). Die Utrecht Work Engagement Scale (UWES, 9 Items, $\alpha = 0,93$) bildete das WE ab, während OCB über die OCB-Checklist (10 Items, $\alpha = 0,84$) gemessen wurde. Die Analyse der moderierten Mediation erfolgte mithilfe des PROCESS Makro für SPSS.

4. Ergebnisse

In Bezug auf Hypothese 1 ergaben sich signifikante Ergebnisse für den indirekten Effekt von LMX über WE auf OCB. LMX wirkt auf WE (ß = 0,43, $p < 0,01$), WE wiederum auf OCB (ß = 0,34, $p < 0,01$). Nicht signifikant wurde hingegen der direkte Effekt von LMX auf OCB (ß = 0,03, n.s.). Es zeigt sich somit, dass WE den Zusammenhang zwischen LMX und OCB vollständig mediiert. Hypothese 2 konnte ebenfalls bestätigt werden, da CSE verstärkend auf diesen indirekten Effekt wirken, sodass Personen mit hoher Selbstbewertung höheres WE erleben und folgend gesteigertes OCB aufweisen. Zeitgleich wird der indirekte Effekt von LMX über WE auf OCB bei Newcomern mit niedriger CSE nicht signifikant (siehe Tab. 1).

Tab. 1: Konditionale indirekte Effekte in Abhängigkeit von CSE

	M	*SE*	*95% KI*
CSE M – 1 SD	0.07	0.06	-0.02 0.19
CSE M	0.15	0.05	0.06 0.26
CSE M + 1 SD	0.23	0.07	0.09 0.38

Anmerkung: N = 147. *M* = Durchschnittliche Bootstrap Schätzung bei Sample = 5.000. *95% KI* = Konfidenzintervall, erster (zweiter) Wert entspricht unterer (oberer) Grenze.

5. Diskussion und Fazit

Es lässt sich folgern, dass die Interaktion zwischen persönlichen und organisationalen Ressourcen eine wichtige Rolle im motivationalen Prozess bei Newcomern einnimmt. CSE stellen hierbei einen Schlüsselfaktor dar, welcher in der frühen Phase der organisationalen Sozialisation durch Organisationen stets betrachtet werden sollte. Newcomer und Unternehmen profitieren nur dann von einer guten Austauschbeziehung zwischen Vorgesetztem und Newcomer, wenn gleichzeitig eine positive Selbsteinschätzung vorliegt. Das daraus resultierende Extrarollenverhalten ist für Organisationen von hohem Wert. Dabei liefert die vorliegende Studie einen essenziellen theoretischen Beitrag zur SRT, da insbesondere die Relevanz von persönlichen Ressourcen sowie deren Interaktion mit organisationalen Ressourcen in der frühen Phase der organisationalen Sozialisation aufgezeigt wird. Weiterhin wird deutlich, dass organisationale Ressourcen im Rahmen des Sozialisationsprozesses einer differenzierten Betrachtung bedürfen, um eine zu vereinfachte Sicht der Wirkung von beispielsweise Führung (z.B. LMX) auf Leistung (z.B. OCB) zu vermeiden. Vordergründige Limitationen der Studie ergeben sich aus der Erhebung im Querschnitt sowie der subjektiven Erfassung von LMX aus Sicht der Newcomer (Member). Die Ergebnisse verdeutlichen insgesamt die Wichtigkeit der simultanen Verbesserung organisationaler sowie persönlicher Ressourcen im Sozialisationsprozess durch gezielte Maßnahmen.

Literatur

Bauer, T. N., Bodner, T., Erdogan, B., Truxillo, D. M., & Tucker, J. S. (2007). Newcomer Adjustment During Organizational Socialization: A Meta-Analytic Review of Antecedents, Outcomes, and Methods. The Journal of Applied Psychology, 92(3), 707–721.

Bakker, A. B., Demerouti, E., & Sanz-Vergel, A. I. (2014). Burnout and Work Engagement: The JD–R Approach. Annual Review of Organizational Psychology and Organizational Behavior, 1(1), 389–411.

Breevaart, K., Bakker, A. B., Demerouti, E., & van den Heuvel, M. (2015). Leader-Member Exchange, Work Engagement, and Job Performance. Journal of Managerial Psychology, 30(7), 754–770.

Debusscher, J., Hofmans, J., & Fruyt, F. de (2017). Core Self-Evaluations as a Moderator of the Relationship Between Task Complexity, Job Resources, and Performance. European Journal of Work and Organizational Psychology, 26(3), 411–420.

Ellis, A. M., Bauer, T. N., Mansfield, L. R., Erdogan, B., Truxillo, D. M., & Simon, L. S. (2015). Navigating Uncharted Waters. Journal of Management, 41(1), 203–235.

Martin, R., Guillaume, Y., Thomas, G., Lee, A., & Epitropaki, O. (2016). Leader-Member Exchange (LMX) and Performance: A Meta-Analytic Review. Personnel Psychology, 69(1), 67–121.

Newton, D. W., & LePine, J. A. (2018). Organizational Citizenship Behavior and Job Engagement: "You Gotta Keep'em Separated!". In P. M. Podsakoff, S. B. MacKenzie, & N. P. Podsakoff (Eds.), The Oxford Handbook of Organizational Citizenship Behavior (pp. 43–54). Oxford University Press.

Saks, A. M., & Gruman, J. A. (2018). Socialization Resources Theory and Newcomers' Work Engagement: A New Pathway to Newcomer Socialization. Career Development International, 23(1), 12–32.

Charlotte Hohnemann[1], Sophie Schweig[2] & Corinna Peifer[2]
[1]Bergische Universität Wuppertal, [2]Ruhr-Universität Bochum

Feedback als Prädiktor für Flow-Erleben und Leistung: Eine experimentelle Analyse der vermittelnden Prozesse und moderierenden Persönlichkeitsfaktoren

1. Feedback und Flow im Arbeitskontext

Auf Grund von zunehmendem Konkurrenzdruck wird es für Unternehmen immer wichtiger, nicht nur die Leistung, sondern auch das Wohlbefinden der MitarbeiterInnen zu berücksichtigen. Flow-Erleben bietet die Möglichkeit, beide Indikatoren zu fördern und beschreibt einen als belohnend erlebten Zustand vollständiger Konzentration auf die vorliegende Aufgabe (Csikszentmihalyi, 2014). Zentrale Komponenten von Flow sind ein Verlust der Selbstwahrnehmung, ein starkes Gefühl der Kontrolle sowie eine veränderte Zeitwahrnehmung (Csikszentmihalyi, 2014). Wichtige Voraussetzungen sind eine wahrgenommene Balance zwischen den Anforderungen der Aufgabe und den eigenen Fähigkeiten, sowie eine klare Aufgabenstellung und Feedback (Csikszentmihalyi, 2014). Besonders interessant ist der Zusammenhang von Feedback und Flow gerade vor dem Hintergrund, dass Feedback bereits vielfach in Unternehmen als Führungsinstrument eingesetzt wird, um die Leistung von MitarbeiterInnen zu verbessern. Positive Effekte von Flow-Erleben auf die Leistung wurden bereits in vielen Studien gezeigt (vgl. Landhäußer & Keller, 2012). Wir testen in dieser Studie, ob Flow einen Zusammenhang von Feedback und Leistung vermittelt.

Bislang wurde angenommen, dass Feedback das Flow-Erleben fördert, da Informationen über den aktuellen Leistungsstand die Anpassung der eigenen Leistung an die Situation ermöglichen und damit die wahrgenommene Balance aus Anforderungen und Fähigkeiten erhöhen (Csikszentmihalyi, 2014). Die Unterscheidung zwischen positivem und negativem Feedback sowie damit einhergehende mögliche negative Einflüsse wurden zum jetzigen Zeitpunkt allerdings noch nicht beleuchtet und sind daher weiterer Gegenstand dieser Studie. Dabei unterscheiden wir zwischen positivem und negativem Feedback und berücksichtigen zusätzlich den Einfluss von Persönlichkeitseigenschaften. Bisherige Forschung hat gezeigt, dass Persönlichkeitseigenschaften, wie z.B. internale Kontrollüberzeugung und Gewissenhaftigkeit, einen direkten Einfluss auf das Flow-Erleben haben (u.a. Keller & Blomann, 2008; Ross & Keiser, 2014). Ergänzend dazu nehmen wir an, dass sie außerdem beeinflussen, wie wir Feedback interpretieren und sie daher die Effekte von Feedback auf Flow moderieren. Diese Moderation sollte sich vor allem für negatives Feedback zeigen, wie im Nachfolgenden beschrieben wird.

Einen möglichen Erklärungsansatz für den Einfluss internaler Kontrollüberzeugung bietet die Feedback-Intervention Theory (FIT) (Kluger & DeNisi, 1996). Sie besagt, dass das Verhalten eines Individuums durch den Vergleich des wahrgenommenen Zustands mit zuvor definierten Zielen bestimmt wird. Typischerweise wird die Aufmerksamkeit auf Ziele gerichtet, welche sich direkt auf die Aufgabenerfüllung beziehen. Sie kann durch verschiedene Feedbackformen oder Persönlichkeitseigenschaften jedoch auch auf Aufgabendetails oder Teile des Selbstkonzepts gelenkt werden (Kluger & DeNisi, 1996). Übereinstimmend mit den Autoren der FIT nehmen wir an, dass Personen mit internaler Kontrollüberzeugung dazu tendieren, Feedback auf der Ebene des Selbstkonzepts zu verarbeiten. Dort wird die Rückmeldung über eine schlechte Performance auf das eigene generelle Leistungsniveau attribuiert und kann so die wahrgenommene Balance zwischen den Anforderungen der Aufgabe und den eigenen wahrgenommenen Fähigkeiten behindern, sodass dadurch das Flow-Erleben reduziert wird.

Im Gegensatz dazu werden bei dem Persönlichkeitsmerkmal Gewissenhaftigkeit hauptsächlich motivationale Prozesse als Grundlage für den Einfluss von Feedback auf das Flow-Erleben vermutet. Das negative Feedback deutet darauf hin, dass der Aufwand und das Leistungsbestreben verstärkt werden müssen, um eine angemessene Leistung erbringen zu können. Bei wenig gewissenhaften Personen kann jedoch davon ausgegangen werden, dass diese den Aufwand bei einer gering eingeschätzten Relevanz der Aufgabe nicht erhöhen wollen und deren Motivation sowie Konzentration daher sinkt. Als Konsequenz wird auch hier ein geringeres Flow-Erleben erwartet.

Aus den dargestellten Zusammenhängen ergibt sich ein theoretisches Modell, in welchem der Einfluss von Feedback auf die Leistung durch das Flow-Erleben mediiert wird. Zusätzlich moderieren die Persönlichkeitsvariablen internale Kontrollüberzeugung und Gewissenhaftigkeit den Einfluss von Feedback auf Flow.

2. Experimentelle Untersuchung

Um das zuvor dargestellte theoretische Modell der moderierten Mediation zu überprüfen, wurde ein experimentelles Forschungsdesign entwickelt und in Form einer online-basierten Studie implementiert. Insgesamt nahmen 240 ProbandInnen an der Studie teil, bei welcher sie zwei Logikaufgaben mit jeweils zehn zu ergänzenden Matrizen bearbeiteten. Die ProbandInnen erhielten nach der ersten Aufgabe randomisiert ein positives, negatives oder kein Leistungsfeedback, um eine Untersuchung der Einflüsse auf das Flow-Erleben und die Leistung in der Folgeaufgabe zu ermöglichen. Das positive und negative Feedback bescheinigten eine über- bzw. unterdurchschnittliche Leistung. Die Matrizenaufgabe, die auf Basis des Bochumer Matrizentests (BOMAT; Hossiep & Hasella, 2010) entwickelt wurde, war so konstruiert, dass die TeilnehmerInnen ihre Leistung nur eingeschränkt selber einschätzen konnten und daher auf das gegebene Feedback zur Beurteilung ihrer Leistung angewiesen waren. Die Persönlichkeitsmerkmale Gewissenhaftigkeit und internale Kontrollüberzeugung wurden mit der Subfacette des deutschen Big Five Inventory 2 (Danner et al., 2016) bzw. der Kurzskala Interne und Externe Kontrollüberzeugung (Jakoby & Jacob, 2001) erfasst. Das Flow-Erleben wurde mit der Flow-Kurzskala gemessen (Rheinberg, Vollmeyer, & Engeser, 2003). Die Leistung im Matrizentest wurde über den Anteil korrekter Antworten operationalisiert.

3. Ergebnisse

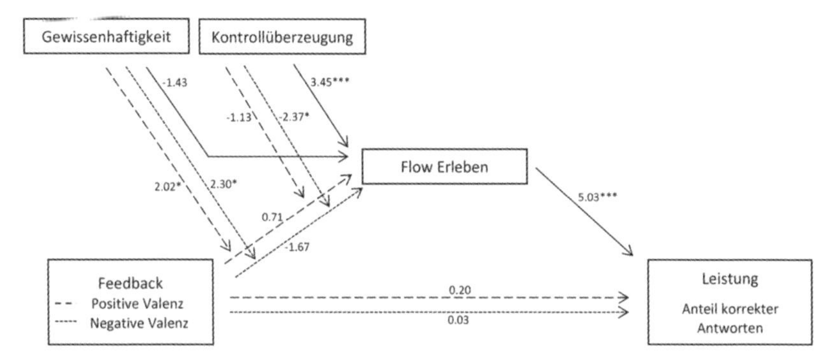

Abb. 1: standardisierte Koeffizienten und Signifikanzen des berechneten Pfadmodells (* $p < .05$, ** $p < .01$, *** $p < .001$)

Zur gemeinsamen Testung der zuvor abgeleiteten Hypothesen wurde eine Pfadanalyse für manifeste Variablen angewendet. Die Ergebnisse, welche in Abbildung 1 dargestellt sind, zeigen keine Haupteffekte von positivem oder negativem Feedback auf Flow in der Folgeaufgabe. Jedoch konnte hypothesenkonform nachgewiesen werden, dass negatives Feedback das Flow-Erleben bei Personen mit internaler Kontrollüberzeugung sowie niedriger Gewissenhaftigkeit reduziert. Überraschend zeigte sich zudem ein negativer Effekt von positivem Feedback auf Flow bei sehr gewissenhaften Personen. Positives Feedback hatte bei anderen Personengruppen keinen signifikanten Einfluss auf Flow, was vermutlich auf die geringere Salienz des Feedbacks bei einer durchschnittlich hohen Leistung der ProbandInnen zurückzuführen ist. Das Flow-Erleben sagte signifikant die Leistung vorher, sodass sich auch die moderierten indirekten Effekte von negativem Feedback über Flow auf die Performance unter Berücksichtigung der Kontrollüberzeugung ($z = -2.13, p = .033$) und der Gewissenhaftigkeit ($z = 2.07, p = .038$) als signifikant erwiesen.

4. Diskussion und Implikationen

Die Ergebnisse betonen, dass der Einfluss von Feedback auf Flow bislang nicht differenziert genug betrachtet wurde. Positives und negatives Feedback zeigen unterschiedliche Interaktionsmuster, welche vermutlich über die wahrgenommene Balance zwischen Anforderungen und Fähigkeiten sowie motivationale Prozesse vermittelt werden. Die Ergebnisse unterstützen zudem die Relevanz von Persönlichkeitsvariablen bei der Interpretation von Feedback. Insbesondere bei negativem Feedback sollte die Darstellungsform an die Persönlichkeit der Mitarbeitenden angepasst werden, um negative Effekte auf motivationale Prozesse zu vermeiden. Limitiert werden diese Ergebnisse durch eine vergleichbar geringe Aufgabenschwierigkeit und eher geringe Aufgabenrelevanz, sodass weitere Forschung nötig ist, um die Wechselwirkungen der dargestellten Konstrukte vollständig entschlüsseln zu können.

Literatur

Csikszentmihalyi, M. (Ed.) (2014). Flow and the Foundations of Positive Psychology: The collected works of Mihaly Csikszentmihalyi. Dordrecht: Springer Netherlands.

Danner, D., Rammstedt, B., Bluemke, M., Treiber, L., Berres, S., Soto, C. J., & John, O. P. (2016). Die deutsche Version des Big Five Inventory 2 (BFI-2). In Zusammenstellung sozialwissenschaftlicher Items und Skalen. Mannheim: GESIS.

Hossiep, R., & Hasella, M. (2010). Bochumer Matrizentest Standard: BOMAT Standard. Göttingen: Hogrefe.

Jakoby, N. & Jacob, R. (2001). Kurzskala Interne und Externe Kontrollüberzeugungen. Zusammenstellung sozialwissenschaftlicher Items und Skalen.

Keller, J. & Blomann, F. (2008). Locus of control and the flow experience. An experimental analysis. European Journal of Personality, 22(7), 589–607.

Kluger, A. N. & DeNisi, A. (1996). The effects of feedback interventions on performance: A historical review, a meta-analysis, and a preliminary feedback intervention theory. Psychological bulletin, 119(2), 254–284.

Landhäußer, A., & Keller, J. (2012). Flow and Its Affective, Cognitive, and Performance-Related Consequences. In S. H. Engeser (Ed.), Psychology. Advances in flow research (pp. 65–85). New York: Springer.

Rheinberg, F., Vollmeyer, R. & Engeser, S. (2003). Die Erfassung des Flow-Erlebens. In J. Stiensmeier-Pelster (Hrsg.), Diagnostik von Motivation und Selbstkonzept (S. 261–279). Göttingen: Hogrefe Verl. für Psychologie.

Ross, S. R. & Keiser, H. N. (2014). Autotelic personality through a five-factor lens: Individual differences in flow-propensity. Personality and Individual Differences, 59, 3–8.

Elvira Radaca
Bergische Universität Wuppertal

Dankbarkeit als Moderator tagesspezifischer Zusammenhänge zwischen Selbstkontrollanforderungen und psychischem Wohlbefinden

1. Dankbarkeit als protektive Ressource

Aufgrund der immer komplexer werdenden modernen Arbeitswelten sind zunehmend mehr Beschäftigte hohen Selbstkontrollanforderungen ausgesetzt, die die willentliche Steuerung sowie Überwindung von motivationalen Tendenzen, Reaktionsimpulsen und Emotionen zu Gunsten der eigenen Arbeitsziele erforderlich machen (Schmidt & Diestel, 2015). Diese Form der Anforderungen wird als Belastung erlebt, die nachweislich im engen negativen Zusammenhang mit Indikatoren des psychischen Wohlbefindens steht. Dieser Zusammenhang lässt sich mit der theoretischen Vorstellung einer begrenzten Ressourcenkapazität erklären, die durch willentlich gesteuerte Prozesse erschöpft wird (Lian et al., 2017). D.h. eine willentliche Anstrengung (z.B. Überwinden innerer Widerstände) greift auf eine begrenzte Ressource zurück, die im Falle einer Beanspruchung kurzfristig erschöpft wird. Im Falle einer starken Beanspruchung der limitierten Ressource erleben Menschen Erschöpfungszustände und zeigen Selbstkontrolldefizite. Dies hat zur Folge, dass u.a. die Leistungsfähigkeit beeinträchtigt und das Erschöpfungserleben gesteigert wird. Studien konnten dies in Form von geringem Work Engagement (beeinträchtigte Leistungsfähigkeit) und einer hohen Ich-Erschöpfung (Erschöpfungserleben) nachweisen (Baumeister et al., 2000). Dispositionale protektive Ressourcen, wie z.B. die Selbstkontrollfähigkeit, konnten in diversen Studien als Moderatorvariable bezogen auf den negativen Zusammenhang zwischen Selbstkontrollanforderungen und Indikatoren des psychischen Wohlbefindens nachgewiesen werden (Diestel et al., 2015). Wir erweitern die bisherige Forschung und nehmen an, dass Dankbarkeit als positive Ressourcen diesen Zusammenhang ebenfalls abschwächen kann. Insbesondere die Broaden-and-Build Theorie bekräftigt, dass Dankbarkeit das psychische Wohlbefinden steigert und über positive Emotionen persönliche Ressourcen aufbauen kann (Fredrickson, 2000). Dankbarkeit wird als eine wichtige psychologische Ressource verstanden und zeigt einen starken positiven Zusammenhang mit psychischem Wohlbefinden.

Um die angenommene moderierende Wirkung von Dankbarkeit zu untersuchen, wählten wir die Methode der Tagebuchstudie, die uns eine differenzierte Untersuchung bezogen auf intraindividuellen, tagesspezifischen Zusammenhang zwischen

Selbstkontrollanforderungen und Indikatoren des psychischen Wohlbefindens ermöglicht. Da das psychische Wohlbefinden sowohl Beanspruchungs- als auch Motivationszustände umfasst, berücksichtigten wir im Rahmen dieser Studie beide Facetten. Als Beanspruchungsindikator wählten wir die Ich-Erschöpfung und als motivationalen Zustand Work Engagement. Folglich untersuchten wir Dankbarkeit als Moderator der tagesspezifischen Zusammenhänge zwischen Selbstkontrollanforderungen und Indikatoren des psychischen Wohlbefindens. Zusammenfassend sind somit folgende Hypothesen abzuleiten:

Hypothese 1: Dankbarkeit moderiert den negativen Zusammenhang zwischen der Überwindung innerer Widerstände (Selbstkontrollanforderung) und Work Engagement: Der tagesspezifische Zusammenhang wird als Funktion zunehmender Dankbarkeit abgeschwächt.

Hypothese 2: Dankbarkeit moderiert den positiven Zusammenhang zwischen der Überwindung innerer Widerstände (Selbstkontrollanforderung) und Erschöpfung: Der tagesspezifische Zusammenhang wird als Funktion zunehmender Dankbarkeit abgeschwächt.

2. Methode

Um komplexe und dynamische Muster zwischen Variablen über den Zeitverlauf von zehn Arbeitstagen aufzudecken, wurde das Untersuchungsdesign einer Tagebuchstudie gewählt, bei der die TeilnehmerInnen an vier Messzeitpunkten pro Tag an einer kurzen Befragung zu den relevanten Variablen teilgenommen haben. Dabei wurden sowohl tages- als auch personenspezifische Einflüsse differenziert.

Stichprobe

Zur Überprüfung der Forschungshypothesen wurde eine deutschsprachige Stichprobe aus unterschiedlichen beruflichen Kontexten erhoben. Insgesamt konnten 117 Teilnehmer für diese Studie gewonnen werden. Die Tagebuchstudie erstreckte sich über zehn Arbeitstage.

Messinstrumente

Für die Messung der eingesetzten Untersuchungsvariablen wurden ausschließlich in der arbeitspsychologischen Literatur etablierte Fragebogenskalen verwendet. Die Teilfacette Überwinden innerer Widerstände des Konstruktes Selbstkontrollanforderungen wurde mittels des Fragebogens zur Erfassung von Selbstkontrollanforderungen von Schmidt und Neubach (2010) erhoben (α=.94). Die Zielvariable Work Engagement (α=.96) wurde über die Utrecht Work Engagement Kurzskala (UWES; Schaufeli et al., 2006) und Flow-Erleben (α=.94) über die etablierte und validierte

Skala Flow Short Scale (FSS) erfasst (Rheinberg et al., 2003). Der Gratitude Questionnaire mit sechs Items (GQ-6) wurde eingesetzt, um die Variable Dankbarkeit (α=.70) zu messen (McCullough et al., 2002).

3. Ergebnisse

In Übereinstimmung mit Hypothese 1 zeigte die Parameterschätzung der hierarchisch linearen Modellierung, dass der negative Zusammenhang zwischen der Überwindung innerer Widerstände (Selbstkotrollanforderungen) und Work Engagement (Level 1: Tagesebene) durch Dankbarkeit (Level 2: Personenebene) moderiert wird. D.h. der Vergleich zwischen einer hoch und niedrig ausgeprägten Dankbarkeit zeigt, dass Beschäftigte, die ihre Dankbarkeit als hoch einstuften, einen schwächeren Zusammenhang zwischen Überwindung innerer Widerstände und Work Engagement aufweisen als Beschäftigte, die ihre Dankbarkeit als niedrig einstuften. Dieser Interaktionseffekt konnte allerdings nicht für die Zielvariable Flow-Erleben bestätigt werden. Folglich stehen die hier analysierten Befundmuster im Einklang mit Hypothese 1, während Hypothese 2 durch die vorliegenden Daten nicht bestätigt werden konnte. D.h. die vorliegende Studie belegt den Einfluss von Dankbarkeit auf das psychische Wohlbefinden von Beschäftigten. Mithilfe einer auf Tagebuchdaten beruhenden Mehrebenenanalyse konnte Dankbarkeit dabei als protektive Ressource identifiziert werden.

4. Limitationen

Eine Limitation der vorliegenden Studie besteht darin, dass dieses Untersuchungsdesign im engeren Sinne keine Kausalzusammenhänge zulässt. Außerdem handelt es sich bei der Beantwortung der Fragen um Selbstberichte (subjektive Daten), die an dieser Stelle aufgrund gemeinsamer Methodenvarianz überschätzte Zusammenhänge bedingen können und somit als problematisch gelten. Doch im Falle einer solchen Konfundierung würden sich Interaktionen, wie sie in dieser Studie untersucht wurden, schwer nachweisen. Daher ist es legitim die vorliegenden Ergebnisse, die theoretisch relevante Erkenntnisse liefern, trotz methodischer Grenzen zuzulassen.

5. Implikationen

Der vorliegende Zusammenhang hat wichtige Implikationen für die Gesundheitsförderung. Die Erkenntnis, dass Dankbarkeit eine moderierende Wirkung auf den negativen Zusammenhang zwischen Selbstkontrollanforderungen und psychischem Wohlbefinden hat, zeigt, dass diese wertvolle protektive Ressource das psychische Wohlbefinden stabilisiert. Daher ist Dankbarkeit sowohl für Unternehmen als auch Privatpersonen als ein bedeutender Faktoreinzuschätzen.

Dankbarkeit kann durch verschiedene Maßnahmen gefördert werden. Die Förderung einer Hilfe- und Zivilcouragekultur in Unternehmen kann Dankbarkeit bei Beschäftigten steigern. Weitere Maßnahmen können im Rahmen von BGM-Kursen oder Trainings umgesetzt werden, indem das Thema Dankbarkeit im Speziellen adressiert wird. Für Privatpersonen kann z.B. die etablierte Intervention „counting one´s blessing" Anwendung finden. Dabei soll an vergangene Ereignisse eines bestimmten Zeitraums, für die man dankbar ist, gedacht werden. Eine Routinisierung dieser Intervention führt dazu, dass Menschen ihre dispositionelle Dankbarkeit stärken.

Literatur

Baumeister, Roy F.; Muraven, Mark; Tice, Dianne M. (2000): Ego Depletion: A Resource Model of Volition, Self-Regulation, and Controlled Processing. In: Social Cognition 18 (2), S. 130–150. DOI: 10.1521/soco.2000.18.2.130.

Diestel, Stefan; Rivkin, Wladislaw; Schmidt, Klaus-Helmut (2015): Sleep quality and self-control capacity as protective resources in the daily emo-tional labor process: results from two diary studies. In: The Journal of applied psychology 100 (3), S. 809–827. DOI: 10.1037/a0038373.

Fredrickson, Barbara L. (2000): Why positive emotions matter in organiza-tions: Lessons from the broaden-and-build model. In: The Psychologist-Manager Journal 4 (2), S. 131–142. DOI: 10.1037/h0095887.

Lian, Huiwen; Yam, Kai Chi; Ferris, D. Lance; Brown, Douglas (2017): Self-Control at Work. In: ANNALS 11 (2), S. 703–732. DOI: 10.5465/annals.2015.0126.

McCullough, Michael E.; Emmons, Robert A.; Tsang, Jo-Ann (2002): The grateful disposition: A conceptual and empirical topography. In: Journal of Personality and Social Psychology 82 (1), S. 112–127. DOI: 10.1037//0022-3514.82.1.112.

Rheinberg, F., Vollmeyer, R., & Engeser, S. (2003). Die Erfassung des Flow Erlebens [The assessment of flow experience]. In J.Stiensmeier-Pelster & F. Rheinberg (Eds.), Diagnostik von Selbstkonzept, Lernmotivation und Selbstregulation [Diagnosisof motivation and self-concept] (pp. 261–279). Göttingen: Hogrefe.

Schaufeli, Wilmar B.; Bakker, Arnold B.; Salanova, Marisa (2006): The Measurement of Work Engagement With a Short Questionnaire. In: Educa-tional and Psychological Measurement 66 (4), S. 701–716. DOI: 10.1177/0013164405282471.

Schmidt, K. H., & Neubach, B. (2010). Selbstkontrollanforderungen bei der Arbeit. Diagnostica.

Schmidt, Klaus-Helmut; Diestel, Stefan (2015): Self-Control Demands. In: Journal of Personnel Psychology 14 (1), S. 49–60. DOI: 10.1027/1866-5888/a000123.

Arbeitskreis

Polizei: Rollenbedrohungen – Gefährdung und persönliche und soziale Ressourcen der Bewältigung in der Polizei

Leitung: Thomas Ellwart

Thomas Ellwart & Mona Rynek

Mechanismen der Rollenbedrohung im Berufsalltag: Ansätze zur Messung und Veränderung

Rüdiger Jacob

Risikofaktoren für die psychische und physische Gesundheit im Polizeidienst

Mona Rynek & Thomas Ellwart

Rollenbedrohung im Berufsalltag – Eine Systematisierung von Triggern, Targets und Konsequenzen

Thomas Welsch

Gewalt gegen dienstjunge Polizeibeamte und Auswirkungen auf die Berufseinstellung

Thomas Ellwart & Mona Rynek
Universität Trier

Mechanismen der Rollenbedrohung im Berufsalltag: Ansätze zur Messung und Veränderung

1. Rollenbedrohung im Berufsalltag

Im später folgenden Beitrag von Rynek und Ellwart wird der Mechanismus zwischen auslösenden Faktoren (Trigger) und frustrierten Bedürfnissen (Target) bei der Bedrohung beruflicher Rollen dargestellt. Unterschieden werden fünf Auslöser (persönliches Misserfolgserleben, externe Behinderungen bei der Aufgabenausführung, leistungs- und personenbezogene Geringschätzung durch Dritte sowie physische Gefahren). Diese Auslöser wirken als Bedrohung, wenn sie einzelne oder mehrere persönliche Bedürfnisse frustrieren bzw. angreifen (Rynek & Ellwart, 2019b; vgl. Abb.1 im Beitrag von Rynek & Ellwart). Ziel des Beitrags ist es, den Mechanismus der Rollenbedrohung anhand von drei Studien im Berufsalltag darzustellen. Es wird gezeigt, wie unterschiedliche Trigger zu dysfunktionalen Folgen im Erleben und Verhalten führen. Abschließend werden Ansätze zur Messung und Intervention skizziert.

1.1 Studie 1: Rollenbedrohungen bei Teilzeitführung

Führungskräfte in reduzierter Arbeitszeit (FIRA, Moldzio & Ellwart, 2017) stellen ein prominentes Arbeitszeitmodell in zahlreichen Branchen dar. Dabei werden abweichend von den traditionellen Rollenvorstellungen der Führung, Aufgaben zwischen mehreren Führungskräften aufgeteilt (Co-Leitung) oder Tätigkeiten delegiert (Moldzio, Ellwart, Hofer et al., 2016). Rollenbedrohung wurde in Form von dysfunktionaler Unterstützung bei FIRA untersucht. Diese entsteht, wenn FIRA von ihren Mitarbeitern und Kollegen unterstützt werden, die Hilfe aber mit Vorwürfen verbunden sind (z.B. dass die arbeitsbezogenen Probleme durch die reduzierte Arbeitszeit der Führung verschuldet sind, vgl. Jochmann-Döhl, 2017). Angelehnt an Semmer, Jacobshagen, Meier, und Elfering (2007) löst ein solch dysfunktionales Unterstützungsverhalten Bedrohungen aus, indem es das *Bedürfnis nach Zugehörigkeit und Status* als FIRA verletzt.

Daten aus einer Befragung von 101 Führungskräften bestätigen dies. So zeigen sich hohe korrelative Zusammenhänge ($r = .86, p < .001$) zwischen dem *Ausmaß dysfunktionaler Unterstützung* und *erlebter Geringschätzung*. Das so bedrohte Zugehörigkeits- und Statusgefühl ging einher mit verminderter Identifikation als Führungskraft ($r = -.47, p < .00;$), geringerer Arbeitszufriedenheit ($r = -.59, p < .001$) und Grübelverhalten ($r = .33, p < .001$).

1.2 Studie 2: Rollenbedrohungen im Rettungsdienst

In einer qualitativen Interviewstudie ($N = 10$) wurden Rettungssanitäter zu Bedrohungssituationen im Arbeitsalltag befragt. Die Ergebnisse zeigen, dass die Bedrohungsauslöser (Trigger) allen fünf Kategorien zuordenbar waren. Sowohl internale Auslöser, wie das Gefühl des Misserfolgs („Das habe ich irgendwie gar nicht geschafft"), als auch externale Auslöser, wie die leistungsbezogene Geringschätzung („die haben mich überhaupt nicht ernst genommen in der Situation, trotz meiner Anstrengung") wurden berichtet. Auch bestätigen die Interviews, dass frustrierte Bedürfnisse eine zentrale Komponente bei der Rollenbedrohung von Rettungssanitätern einnehmen. So wurde von Bedrohungssituationen berichtet, „in denen [ihre] Kompetenz völlig untergraben wurde" oder „in denen man ohnehin das Gefühl hat, man gehört nicht dazu". Schockierend sind die physischen Gefahren bei Rettungskräften. In einem Rollenbild, in dem das Helfen in Notlagen zum Selbstverständnis gehört, führen physische Gefahren durch Tritte, Messer und Gewalt zu einem massiven Angriff auf das Bedürfnis körperlicher Unversehrtheit und Status.

1.3 Studie 3: Rollenbedrohungen durch kritische Situationen und situationsunspezifisches Feedback

In einer experimentellen Laborstudie wurde die Ursächlichkeit (Kausalität) von Auslösern als Bedrohung individueller Bedürfnisse untersucht (Rynek & Ellwart, 2019c). Genutzt wurde ein Simulationsszenario aus der Teamentwicklung für Feuerwehrkräfte, bei dem zwei Probanden eine Löschaufgabe gemeinsam am PC bearbeiten.

Ergebnisse zeigen, dass nicht zu bewältigende, *kritische Situationen* als Misserfolg ($F[1] = 148.88, p < .001, \eta^2 = 79$), sowie Behinderungen in der Handlungsregulation wahrgenommen werden ($F[1] = 57.66, p < .001, \eta^2 = 60$), das Bedürfnis nach Kompetenz, Kontrolle und Status angreifen und damit die Ursache für Rollenbedrohungen darstellen.

Nach dieser nicht zu bewältigenden Situation führte *negatives, situationsunspezifisches Feedback* (d.h. Feedback, das die Person und nicht die Situation verantwortlich machte) zur Wahrnehmung von leistungsbezogener Geringschätzung ($F[2] = 11.75, p < .001, \eta^2 = .17$). In der Folge fühlten sich die Personen im Bedürfnis nach Status und Zugehörigkeit bedroht.

2. Erfassung und Veränderung von Rollenbedrohung

2.1 Die Erfassung von Auslösern und Bedürfnissen

Für die berufliche Praxis stellt sich die Frage, wie das subjektive Erleben von Trigger und Target erfassbar ist. In unseren Studien konnten mit strukturierten Interviews konkrete Situationen analysiert und die Auslöser sowie Bedürfnisse differenziert werden. Maßgeblich ist dabei ein situativer Ansatz (z.B. Critical Incident Technique), bei dem die Situation mit zeitlichen, emotionalen und handlungsbezogenen Facetten beschrieben wird. Danach können Trigger berichtet (z.B. Was genau hat Sie in der Situation so getroffen?) und Bedürfnisse reflektiert werden (z.B. Können Sie sich erklären, warum Sie diese Situation so getroffen hat?). Einen weiteren diagnostischen Zugang stellen Skalen dar (z.B. Basic Psychological Need Satisfaction and Frustration Scale – Work Domain, Schultz, Ryan, Niemiec, Legate & Williams, 2014).

2.2 Ansatzpunkte zur Veränderung und Vermeidung beruflicher Bedrohung

Reduktion und Schutz vor Bedrohungsauslösern. Die wirkungsvollste Maßnahme stellt den Schutz vor Angriffen auf Berufsgruppen wie Rettungskräfte, Polizei und viele andere dar. Wie Jacob in diesem Band darstellt, müssen Politik und Strafverfolgung konsequenter diese Berufsgruppen schützen und unterstützen. Auch intern können eine aufgabenorientierte Feedbackkultur (Ellwart, Peiffer, Matheis & Happ, 2016) oder gut strukturierte Prozesse (Rynek & Ellwart, 2019a) die potentiellen Bedrohungsauslöser minimieren.

Bewusstsein und Differenzierung der eigenen Bedürfnisse und Umweltbedingungen. Menschen unterscheiden sich in ihren Bedürfnissen nach Zugehörigkeit und Kompetenz. Aber auch Arbeitsumwelten unterscheiden sich in den Möglichkeiten diese Bedürfnisse zu befriedigen oder zu frustrieren. Die Selbstreflexion eigener Motive und die Frage der Passung zur Umwelt (Person-Umwelt FIT) kann in Phasen der Berufsorientierung, Personalauswahl und Personalplatzierung hilfreich sein.

Stärkung spezifischer Bedürfnisse in Bedrohungssituationen. Bedürfnisse können auch als Ressource gestärkt werden und so eine Frustration anderer Bedürfnisse kompensieren. Deutlich wird dies beispielsweise in einem hohen Zusammenhalt und sozialer Unterstützung bei Einsatzkräften („Wir halten zusammen." = Zugehörigkeitsbedürfnis), wenn gleichzeitig Statusbedürfnisse durch verbale Geringschätzung gefährdet sind.

Antizipation und Bewertung von Bedrohungen. Der Bedrohungsprozess ist nicht nur ein Wahrnehmungs-, sondern vor allem ein subjektiver Bewertungsprozess. Es werden erwartete Standards der Situationsmerkmale (Soll-Werte) mit der realen Situation verglichen. Auslöser von Bedrohungen sind dabei unerwartete Situationsmerkmale, für die keine Handlungsmuster existieren und die so Bedürfnisse nach Kompetenz oder Status angreifen. Durch eine Stärkung der Handlungskompetenz in Ausnahmesituationen können Rollenbedrohungen vermindert werden (vgl. z.B. Trainings zur Verbesserung der Ressourcen, Van Erp, Gevers, Rispen & Demerouti, 2018).

Literatur

De Rijk, A.E., Le Blanc, P. M., Schaufeli, W: B. & de Jonge, J. (1998). Active coping and need for control as moderators of the job demand-control model: Effects on burnout. Journal of Occupational and Organizational Psychology, 71, 1–18.

Ellwart, T., Peiffer, H., Mattheis, G., Happ, C. (2016). Möglichkeiten und Grenzen eines Online Team Awareness Tools (OnTEAM) in Adaptationsprozessen [Opportunities and limitations of an online team awareness tool (OnTEAM) in adaptation processes]. Zeitschrift für Wirtschaftspsychologie, 4, 5–15.

Ellwart, T., Russell, Y. & Blanke, K. (2015). Führung als Doppelspitze: Co-Leitung erfolgreich managen [Dual Leadership. Successful Management of Co-Leadership]. In R. v. Dick & J. Felfe (Eds.), *Handbuch Mitarbeiterführung, Wirtschaftspsychologisches Praxiswissen für Fach- und Führungskräfte* (pp. 251–262). Wiesbaden: Springer.

Gagné, M. & Deci, E. L. (2005). Self-determination theory and work motivation. *Journal of Organizational Behavior, 26,* 331–362.

Hippler, G. & Krüger, K. (2014). Rollenkonflikt. *Zusammenstellung sozialwissenschaftlicher Items und Skalen (ZIS).*

Moldzio, T. & Ellwart, T. (2017). Führung in reduzierter Arbeitszeit: Attraktives Leitungsmodell zwischen Akzeptanz und Abneigung. *Perspektiven 5–6/2017,* 38–40.

Moldzio, T., Ellwart, T., Hofer, A., Burkhart, E. M., Endres, E. C., Henn, S., Kaup, C. G., Merz, S. & Rynek, M. (2016). Führen in reduzierter Arbeitszeit: Chancen und Risiken für die Personalarbeit der Zukunft. *Wirtschaftspsychologie aktuell, 2016*(1), 13–16.

Rynek, M. & Ellwart, T. (2019). *Rollenbedrohung in Arbeitssituationen. Eine Systematisierung von Triggern, Targets und Konsequenzen.* Vortrag auf der 11. Fachtagung Arbeits-, Organisations- und Wirtschaftspsychologie, Braunschweig.

Rynek, M. & Ellwart, T. (2020). Modellbasierte Situations- und Prozessanalysen in Einsatzteams. Ansatzpunkte zur Messung, Reflexion und Veränderung. In A. Fischbach, P.W. Lichtenthaler & S. Fink: *Psychische Gesundheit und Suizidprophylaxe in der Polizei.* Frankfurt: Verlag für Polizeiwissenschaft.

Rynek, M., Ellwart, T., Peiffer, H., Endres, E. & Moldzio, T. (in prep.). Threats to professional roles in part-time leadership. Effects of dysfunctional support on leader identification, rumination, and job satisfaction.

Semmer, N. K., Jacobshagen, N., Meier, L. L. & Elfering, A. (2007). Occupational stress research: The "Stress-As-Offense-to-Self" perspective. In J. Houdmont & S. McIntyre (Eds.), *Occupational health psychology: European perspectives on research, education and practice* (Vol. 2, pp. 43–60). Castelo da Maia: ISMAI.

Semling, C. & Ellwart, T. (2016). Entwicklung eines Modells zur Teamresilienz in kritischen Ausnahmesituationen. *Gruppe. Interaktion. Organisation., 47,* 119–129.

Schultz, P.P., Ryan, R.M., Niemiec, C.P., Legate, N., & Williams, G.C. (2014). Mindfulness, Work Climate, and Psychological Need Satisfaction in Employee Well-being. *Mindfulness, 6*(5), 971–985.

Van Erp, K. J. P. M., Gevers, J. M. P., Rispen, S., & Demerouti, E. (2018). Empowering public service workers to face bystander conflict: Enhancing resources through a training intervention. *Journal of Occupational and Organizational Psychology, 91,* 84–109.

Rüdiger Jacob
Universität Trier/Soziologie, Empirische Sozialforschung

Risikofaktoren für psychische und physische Gesundheit im Polizeidienst

Polizisten sind wie kaum eine andere Berufsgruppe einem Amalgam aus latenten und manifesten Belastungsfaktoren ausgesetzt. Dies kann in einer chronischen Stressbelastung kulminieren. Stress wird definiert als ein „Zustand der Alarmbereitschaft des Organismus, der sich auf eine erhöhte Leistungsbereitschaft einstellt". Der Begriff wurde 1936 von H. Selye geprägt, der zwischen Eustress als einer notwendigen und positiv erlebten Aktivierung des Organismus und Distress als belastend und schädlich wirkender Reaktion auf ein Übermaß an Anforderungen unterschieden. Allgemein wird der Stress-Begriff heute im letzteren Sinne benutzt (vgl., Gesundheitsberichterstattung des Bundes, o.J.). Eine solche chronische Stressbelastung wiederum erhöht das Risiko für psychosomatische Störungen, Burnout, Absentismus und innere Kündigung und wird schließlich auch für physische Erkrankungen des Herz-Kreislaufsystems bedeutend. Generell kann man eine stetige Zunahme psychischer und psychosomatischer Erkrankungen in Deutschland beobachten. Dabei wurden in einer Metaanalyse, die im Rahmen der Initiative Gesundheit und Arbeit (iga)[1] erstellt wurde, elf Belastungen identifiziert, die als Risikofaktoren für Stress und die genannten Erkrankungen anzusehen sind und die Erkrankungswahrscheinlichkeit deutlich erhöhen. Diese Belastungen sind nach Rau (2015):

1. Hoher Job-strain (d.h. die Kombination von geringem Handlungsspielraum und hoher Arbeitsintensität)
2. Iso-strain (d.h. die Kombination von geringem Handlungsspielraum und hoher Arbeitsintensität bei gleichzeitig geringer sozialer Unterstützung)
3. Hohe Arbeitsintensität (Job demand)
4. Geringer Handlungsspielraum (Job control)
5. Effort-Reward-Imbalance (Ungleichgewicht zwischen erlebter beruflich geforderter Leistung und dafür erhaltener Belohnung/Wertschätzung)
6. Überstunden
7. Schichtarbeit (gesundheitsgefährdend sind vor allem Abend- und Nachtschichten)
8. Geringe soziale Unterstützung
9. Rollenstress

[1] Die Initiative Gesundheit und Arbeit (iga) wird getragen vom Dachverband der Betriebskrankenkassen (BKK), der Deutschen Gesetzlichen Unfallversicherung (DGUV), dem AOK-Bundesverband und dem Verband der Ersatzkassen (vdek).

10. Bullying/aggressives Verhalten am Arbeitsplatz
11. Arbeitsplatzunsicherheit

Für die Polizei definitiv und objektiv relevant sind die Faktoren 3, 6, 7, 9 und 10. Die Faktoren 3 und 8 sind (auch) abhängig von der individuellen Situation und der subjektiven Wahrnehmung und Bewertung. Mit Abstrichen kann dies auch für die Faktoren 1 und 2 gelten, denn hier kommt es sehr darauf an, wie der eigene Handlungsspielraum gerade auch vor dem Hintergrund der rechtlichen Nachbearbeitung und der Bewertung von Rechtssicherheit und Rechtsschutz eingeschätzt wird. Mithin trifft lediglich Faktor 11 (i.d.R.) nicht auf die Polizei zu.

Nun sind viele der skizzierten Belastungen speziell bei der Polizei nicht nur nicht abstellbar, sondern gehören sozusagen zur Arbeitsbeschreibung des Berufs. Umso wichtiger ist dann aber die Frage, wie die Arbeit bei der Polizei organisiert und gestaltet wird, um solche Risiken und Belastungen möglichst zu minimieren, angemessene und gerechte Kompensationen und Gratifikationen zu schaffen und Protektivfaktoren zu stärken. Von zentraler Bedeutung sind dabei die Erfahrungen, Bewertungen und Erwartungen der Beschäftigten selbst. Psychische Belastungen sind immer auch subjektive Belastungen und hier kann es zwischen Selbsteinschätzung und Fremdeinschätzungen durchaus Diskrepanzen geben.

Zur Erhebung dieser Selbsteinschätzung haben wir im Polizeipräsidium (PP) Koblenz eine subjektive Belastungsanalyse in Form einer quantitativen Online-Befragung durchgeführt. Zielgruppe waren die Polizeibeamten. Der Link zu dem Online-Fragebogen wurde am 30.11. und nochmals am 15.12. 2015 per polizeiinterner Email an alle Kollegen verschickt. Das Design ist damit das einer Vollerhebung in den teilnehmenden Direktionen. Faktisch handelt es sich um eine selbstselektive Stichprobe. Die Befragung lief bis Ende Januar 2016.

Symptome einer chronischen Stressbelastung wie Schlafstörungen, Erschöpfungszustände oder Nervosität und Gereiztheit sind in der Bevölkerung hochkorreliert mit einer entsprechenden Belastung, wie z.B. eine Untersuchung der Techniker-Krankenkasse (TK) gezeigt hat. Wir fragten solche Symptome ebenfalls ab (Rücken-/Nackenbeschwerden, innere Unruhe, Schlafprobleme, Reizbarkeit, Konzentrationsprobleme, Magen- und Kopfschmerzen) und stellten dabei teilweise bedenklich hohe Prävalenzen fest. Gesundheitlich bedenklich sind solche Symptome, wenn sie häufiger auftreten. Dies ist bei den Befragten im PP Koblenz bei einigen der vorgegebenen Symptome bei mehr als der Hälfte der Befragten der Fall. Abgesehen von dem Wert für Rücken- oder Nackenschmerzen liegen alle Prävalenzen im PP Koblenz deutlich über den Referenzwerten für die Bevölkerung insgesamt, wie die TK sie erhoben hat. Besonders deutlich ist dies bei Schlafstörungen und Reizbarkeit.

Bedenklich ist auch, dass nur 13,6% der Befragten hinsichtlich dieser 7 Stresssymptome völlig beschwerdefrei sind und mehr als die Hälfte mindestens drei Symptome häufiger hat. Sehr bedenklich ist zudem, dass ein eindeutiger Altersgradient nicht zu erkennen ist. Die durchschnittliche Symptomlast liegt jenseits der Altersgrenze von 30 Jahren bei rund 3, nur bei den Jüngeren ist sie mit 2,3 zwar deutlich niedriger, aber ebenfalls deutlich größer als Null. Bereits Berufsanfänger unter 30, die mehrheitlich (82%) erst maximal 8 Jahre bei der Polizei sind, zeigen mithin deutliche Stresssymptome. Zwischen Männern und Frauen bestehen beim bivariaten Vergleich keine deutlichen Unterschiede (Männer 2,8, Frauen 3,2), in der Kombination von Alter und Geschlecht werden diese aber deutlicher. Abgesehen von der Altersklasse der Beamten über 50 Jahre sind die Durchschnittswerte bei den Frauen stets höher als bei den Männern, wobei diese Unterschiede gerade in den jüngeren Kohorten vergleichsweise groß sind. Dieser kombinierte Effekt von Alter und Geschlecht ist statistisch signifikant. Offen bleibt, ob Frauen vulnerabler sind oder einfach nur offener mit Stressbelastungen umgehen als Männer. Bedenkt man dabei aber, dass (jüngere) Frauen insbesondere bei Einsätzen, bei denen in der überwiegenden Mehrheit dass polizeiliche Gegenüber jung, männlich, angetrunken oder betrunken ist (und/oder unter dem Einfluss anderer Drogen steht) und deshalb die Hemmschwelle für aggressives Verhalten deutlich herabgesetzt ist, (noch) größere Anstrengungen unternehmen müssen als ihre männlichen Kollegen, um ernstgenommen zu werden, sich durchzusetzen und Autorität zu verschaffen, ist eine höhere Stressbelastung durchaus plausibel.

Neben diesen personenbezogenen Merkmalen haben insbesondere verschiedene Organisationsfaktoren Einfluss auf die Stressprävalenz und zwar der Grad der Zufriedenheit mit dem aktuellen Arbeitszeitmodell (insbesondere bei den Befragten im WSD), der Dienstgruppe, die Wahrnehmung und Bewertung der Unterstützung und des Rückhaltes durch die Politik sowie die Arbeitszufriedenheit. Befragte, die mit ihrem Arbeitszeitmodell und/oder der Dienstgruppe (und dem Führungsverhalten des DGL) unzufrieden sind, sich von der Politik nicht ausreichend unterstützt und allleingelassen fühlen und (auch daraus resultierend) eine ausgeprägte Arbeitsunzufriedenheit aufweisen, haben auch eine nochmals deutlich erhöhte Stressyptomprävalenz. Dagegen haben Belastungsfaktoren, die sozusagen zum Berufsalltag und Rollenbild der Arbeit bei der Polizei gehören, wie etwa die Konfrontation mit Aggression, Gewalt oder menschlichem Elend, in der Untersuchungspopulation keinen statistisch nachweisbaren Effekt auf die Prävalenz von Stresssymptomen. Umgekehrt zeigt sich, dass eine funktionierende Dienstgruppe mit einer kompetenten und führungsstarken Leitung, ein akzeptables Arbeitszeitmodell und eine hohe Arbeitszufriedenheit Protektivfaktoren darstellen.

Entsprechend der generell vergleichsweise hohen Symptomlast bewerten die Befragten Ihren gegenwärtigen Gesundheitszustand durchschnittlich mit 2,8, also mit „befriedigend“ – und eben nicht mit „gut“ oder sogar als „sehr gut“. Nur eine Minderheit von 41 % stuft sich selbst so ein. Die Beamten im PP Koblenz beurteilen ihren Gesundheitszustand deutlich schlechter als ihre Kollegen in der Pilotstudie in der Polizeiinspektion Trier 2014 und auch schlechter als die allgemeine Bevölkerung in Trier und Trier-Saarburg bis zum Alter von 65 Jahren, die wir als Referenzstichprobe verwendet haben (Stadt Trier & Landkreis Trier-Saarburg, 2011). Die Ergebnisse zeigen, dass hier Handlungsbedarf besteht.

Literatur

Gesundheitsberichterstattung des Bundes (o.J.) Stichwort Stress. Verfügbar unter: http://www.gbe-bund.de/gbe10/[Januar 2020].

Rau, R. (2015). *Risikobereiche für psychische Belastungen.* Iga.Report, 31.

Stadt Trier & Landkreis Trier-Saarburg (2011). *Regionales Versorgungssurvey Trier Saarburg 2010–2011.*

Mona Rynek & Thomas Ellwart
Universität Trier

Rollenbedrohung im Berufsalltag: Eine Systematisierung von Triggern, Targets und Konsequenzen

1. Rollenbedrohung im Berufsalltag: Ein Mechanismus aus Auslösern und Bedürfnissen

Rettungskräfte, Polizisten, Feuerwehrleute – sie werden bespuckt, beschimpft, belästigt und niedergemacht (Feltes & Weigert, 2018). Zahlreiche Medienberichte zeigen, dass auch andere Berufsgruppen wie Zugbegleiter (Krekel, 2018) und Doktoranden (Steemit, 2018) sich in ihrer beruflichen Rolle bedroht fühlen. Rollenbedrohungen sind nicht nur physischer Natur (z.B. Spuck- oder Bissattacken), sie werden auch durch verbale Äußerungen (z.B. respektlose Bemerkungen) und Verhalten von Kollegen oder Vorgesetzten (z.B. Ignorieren) ausgelöst.

Nach der *Stress-as-Offence-to-Self-Theorie (SOS-Theorie;* Semmer et al., 2007) implizieren Rollenbedrohungen das Gefühl, in seiner beruflichen Rolle in Frage gestellt zu werden. Es findet ein Angriff auf das positive Selbstbild der beruflichen Rolle statt. Die SOS-Theorie postuliert beispielsweise, dass Rollenbedrohungen durch die Wahrnehmung von Misserfolg und Geringschätzung ausgelöst werden und zur Bedürfnisfrustration (z.B. Bedürfnis nach Kompetenz, Bedürfnis nach Zugehörigkeit) führen. Dass neben Auslösern *(Trigger)* Bedürfnisse als *Targets* eine zentrale Komponente im Rollenbedrohungsmechanismus ausmachen, unterstützt weitere Forschung im Bedrohungskontext (z.B. Dunn & Dajl, 2012).

Rynek und Ellwart (2019) systematisierten den Rollenbedrohungsmechanismus über verschiedene Forschungsdisziplinen (z.B. Stress-, Identitäts-, Gerechtigkeitsforschung) hinweg (s. Abb.1). Ihnen zufolge können Situationsmerkmale oder Verhalten anderer Personen zur Wahrnehmung von persönlichem Misserfolgserleben, behinderter Handlungsregulation, personen- oder leistungsbezogene Geringschätzung oder physische Gefahr führen. Diese fünf Trigger verhindern, dass persönlicher Bedürfnisse (Targets) befriedigt werden. Neben dem Bedürfnis nach Kompetenz postulieren Rynek und Ellwart (2019) das Bedürfnis als Kontrolle, Zugehörigkeit, Status und körperlicher Unversehrtheit als relevant für Rollenbedrohung.

Nachfolgend soll die von Rynek und Ellwart (2019) entwickelte, disziplinübergreifende Systematisierung von Auslösern und Bedürfnissen (1) literaturbasiert vorgestellt werden und (2) mittels qualitativer Interviews validiert werden. Die Systematisierung integriert bestehende Forschungsansätze zu Rollenbedrohungen. Eine

Differenzierung des Mechanismus in Trigger und Targets ermöglicht die Beschreibung, Erklärung und Reflexion von Bedrohungssituationen.

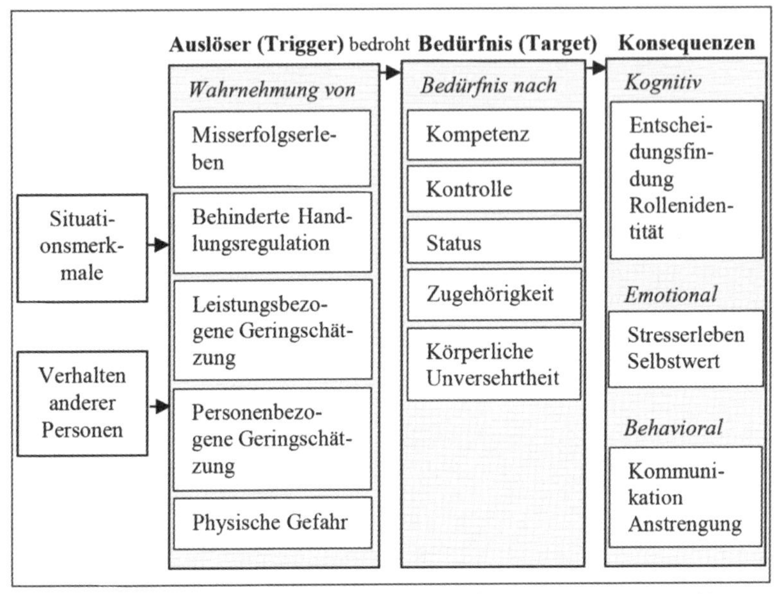

Abb. 1: Die Entstehung von Rollenbedrohung als ein Mechanismus aus Triggern und Targets.

2. Literaturbasierte Systematisierung von bedrohungsrelevanten Auslösern und Bedürfnissen

Rynek und Ellwart (2019) führten ein systematisches Literaturreview durch und entwickelten eine Systematisierung von Auslösern und Bedürfnissen zur Beschreibung des Rollenbedrohungsmechanismus. 182 veröffentlichte Artikel aus verschiedenen psychologischen Forschungsbereichen wurden hinsichtlich ihrer Definitionen, Kontexte, Konsequenzen und Operationalisierungen von Rollenbedrohungen untersucht, bevor in mehreren Runden der Kategorienbildung und Kodierung (vgl., Mayring, 2008) fünf Trigger (Wahrnehmung von persönlichem Misserfolgserleben, behinderter Handlungsregulation, personen- oder leistungsbezogene Geringschätzung oder physische Gefahr) und fünf Targets (frustriertes Bedürfnis nach Kompetenz, Kontrolle, Status, Zugehörigkeit, körperlicher Unversehrtheit) identifiziert wurden. Diese werden in Tabelle 1 beschrieben.

3. Validierung der Systematisierung in qualitativen Interviews

Die von Rynek und Ellwart (2019) entwickelte Systematisierung von Triggern und

Tab. 1: Definition sowie Beispielaussagen aus Polizeiinterviews zu den fünf Triggern und fünf Targets.

	Definition	**Beispielsaussage Interview**
Trigger – *Wahrnehmung von*		
Misserfolgserleben	Diskrepanz zwischen persönlichen Idealen und tatsächlichem Verhalten	„Aber da lagen wir eben falsch, weil es hätten trotzdem Beweise erhoben werden müssen."
Behinderte Handlungsregulation	Das Handeln wird durch besondere Umstände (z.B. Situationsmerkmale, Regeln) behindert.	„Da gibt es dann auch diese Rangordnung, dass nur der Einsatzleiter angesprochen werden darf."
Leistungsbezogene Geringschätzung	Diskrepanz zwischen der persönlichen Leistungsbeurteilung und der externen Leistungsbeurteilung	„Dass er selbst in einer Situation ist, angegriffen wird, sich wehrt und anschließend der Richter sagt, ja sorry, das war aber zu viel Wehren."
Personenbezogene Geringschätzung	Standards zwischenmenschlicher Interaktionen werden ignoriert (z.B. obszöne Gesten)	„und es eigentlich nur darum geht, auf der persönlichen Ebene jemanden zu diskreditieren oder zu verletzen"
Physische Gefahr	Leib und Leben geraten in Gefahr	„ist herausgekommen und hat uns beide bedroht mit einer Schusswaffe, die er da in der Hand hatte"
Target – *bedrohtes Bedürfnis nach*		
Kompetenz	Verlangen, gewünschte Ziele/Ergebnisse/Standards zu erreichen	„dass ich nicht gut genug bin"
Kontrolle	Verlangen, Kontrolle über das eigene Handeln und das Geschehen Drumherum zu haben	„man will in jeder Situation, das ist eine gewisse Berufskrankheit, man will immer Herr der Lage sein"
Status	Verlangen, von anderen geschätzt zu werden und eine wichtige Stellung in der Gruppe einzunehmen	„dass wir auch Dinge tun, die auch anschließend gewürdigt werden und dass wir nicht […] so vor den Kopf geschlagen werden"
Zugehörigkeit	Verlangen, von anderen gemocht zu werden und in der Gruppe dazuzugehören	„ich bin eher die Person, die nicht unbedingt im Mittelpunkt steht, aber sagen wir einfach mal […] gemocht werden will"
Körperliche Unversehrtheit	Verlangen, physisch unbeschadet zu sein	„die Situation zu lösen, ohne dass irgendwo ein körperlicher Schaden entsteht"

Targets wurde in einer qualitativen Interviewstudie mit Polizeibeamten überprüft. In Interviews wurden Situationen beleuchtet, in der sich Polizeibeamte ($N = 20$) in ihrem Arbeitsalltag in ihrer beruflichen Rolle bedroht fühlten. Die Sammlung repräsentativer Beispiele („Prototypen") unterstützt die Systematisierung von Rynek und Ellwart (2019) im Feld und belegt damit den Rollenbedrohungsmechanismus über Trigger und Targets (s. Tab. 1).

Die Systematisierung von Triggern, Targets und Konsequenzen bietet damit einen Ansatzpunkt zur systematischen Beschreibung, Erklärung und Reflexion von Rollenbedrohungssituationen. Die Sensibilisierung für Trigger und Targets kann helfen, um zum einen Auslöser zu vermeiden. Zum anderen kann das Wissen über multiple Trigger und Bedürfnisse auch als Ressource dienen. So kann beispielsweise bei der Frustration des Statusbedürfnisses durch den Vorgesetzten, die Befriedigung dieses Bedürfnisses unter Kollegen oder im Privatleben erfolgen.

Literatur

Dunn, L. & Dajl, D. W. (2012). Self-Threat and Product Failure: How Internal Attributions of Blame affect consumer complaining behavior. *Journal of Marketing research, 49*(5), 670–681.

Feltes, T. & Weigert, M. (2018). *Gewalt gegen Einsatzkräfte der Feuerwehren und Rettungsdienste in Nordrhein-Westfalen.* Öffentlicher Abschlussbericht, Ruhr Universität Bochum.

Krekel, M. (2018). *Schwarzfahrer (22) attackiert Zugbegleiter in Bahn nach Berlin.* Berliner Zeitung.

Mayring, P. (2008). *Qualitative Inhaltsanalyse. Grundlagen und Techniken* (10. Auflage). Weinheim, Basel: Beltz Verlag.

Rynek M. & Ellwart, T. (2019). *Rollenbedrohung in Arbeitssituationen. Eine Systematisierung von Triggern, Targets und Konsequenzen.* Vortrag auf der 11. Fachtagung Arbeits-, Organisations- und Wirtschaftspsychologie, Braunschweig.

Semmer, N. K., Jacobshagen, N., Meier, L. L., & Elfering, A. (2007). Occupational stress research: The "Stress-As-Offense-to-Self" perspective. In J. Houdmont & S. McIntyre (Eds.), *Occupational health psychology: European perspectives on research, education and practice* (Vol. 2, pp. 43 –60). Castelo da Maia: ISMAI.

Steemit (2018). *PHD students and threat to their mental health.* Abgerufen am 25.01.2019. Verfügbar unter: https://steemit.com/life/@aftabkhan10/phd-students-and-threat-to-their-mental-health.

Thomas Welsch
LKA Rheinland-Pfalz

Gewalt gegen dienstjunge Polizeibeamte und Auswirkungen auf die Berufseinstellung

Im Hinblick auf das Kriminalitätsphänomen „Gewalt gegen Polizeibeamte" waren die Jahrzehnte vor der Jahrtausendwende geprägt von wissenschaftlicher Ignoranz. Erst der tragische Umstand von acht im Dienst ums Leben gekommenen Polizeibeamten im Jahr 2000 lenkte die politische, mediale und wissenschaftliche Aufmerksamkeit auf das Kriminalitätsphänomen.

Eine Untersuchung von Latscha (2005) führte zu der Erkenntnis, dass sich insbesondere in den Anfangszeiten einer beruflichen Laufbahn belastende Situationen ereignen. Hierunter sind Gewalterfahrungen zu subsumieren. Ebenso stellte eine nordrhein-westfälische Studie fest, dass insbesondere junge Polizeibeamte Opfer von Gewalttaten werden (Jager et al., 2013).

Eine Vielzahl wissenschaftlicher Studien (z.B. Müller & Tschan, 2011) belegt, dass „Gewalterfahrungen [am Arbeitsplatz] nicht zu vernachlässigende negative individuelle […] und organisationale […] Konsequenzen nach sich ziehen können" (Baier & Ellrich, 2014, S. 10 f.). Von Polizeibeamten wird regelmäßig erwartet, dass sie mit den Belastungen des täglichen Dienstes umgehen können. Dennoch wird deutlich, dass Polizeibeamte Gewalterfahrungen als besonders belastende Ereignisse wahrnehmen, teils mit massiven Auswirkungen auf den einzelnen Beamten (z.B. Jager et al., 2013). Dies lässt vermuten, dass erste Gewalterfahrungen im Polizeidienst u.a. Einfluss auf die Berufseinstellung dienstjunger Polizeibeamter nehmen.

Bislang wurde nicht erforscht, welche Auswirkungen erste Gewalterfahrungen im Polizeidienst auf die Berufseinstellung dienstjunger Polizeibeamter haben können. Nur aufgrund valider Erkenntnisse können Maßnahmen eingeleitet werden, um etwaigen unerwünschten und mit dem Beruf eines Polizeibeamten unvereinbaren Veränderungen der Berufseinstellung entgegenwirken zu können. Diese Studie hat daher zum Ziel 1) die Auswirkungen von Gewalterfahrungen von dienstjungen Polizeibeamten auf die Berufseinstellung zu untersuchen und 2) zu untersuchen, inwieweit eine positive zentrale Selbstbewertung als Ressource dient, um negative Effekte von Gewalterfahrungen abzupuffern.

1. Auswirkungen auf die Berufseinstellung

Es existieren bislang keine wissenschaftlichen Studien über die Auswirkungen von Gewalterfahrungen auf die Berufseinstellung dienstjunger Polizeibeamter. Scheer

(2010) geht zwar in ihrer Dissertationsschrift der Fragestellung nach, ob junge Polizeibeamte möglicherweise mit ‚falschen Vorstellungen' das Studium beginnen und aufgrund der Tatsache, dass ihre Vorstellungen nicht der Realität entsprechen, das Studium abbrechen. Das Thema Gewalt spielt bei ihren Ausführungen jedoch nur eine untergeordnete Rolle.

In dieser Studie soll daher die Berufseinstellung im Zusammenhang mit Gewalterfahrungen genauer untersucht werden. Allgemein wird in der Forschung Berufseinstellung (in der englischen Sprache: ‚Job attitude') als „evaluations of one's job that express one's feelings toward, beliefs about, and attachment to one's job" (Judge & Kammeyer-Mueller, 2012, S. 344) beschrieben. Sie beinhaltet demzufolge eine affektive, kognitive sowie verhaltensbasierte Komponenten. In dieser Studie wird u.a. Zufriedenheit als Indikator für die affektive Komponente der Berufseinstellung, Irritation als Indikator für die kognitive und Engagement als Indikator für die verhaltensbasierte Komponente erhoben, um folgende Hypothese zu prüfen:

Hypothese 1: Gewalterfahrungen dienstjunger Polizeibeamter wirken sich negativ auf Zufriedenheit, Irritation und Engagement aus.

2. Ressource: Positive zentrale Selbstbewertung?

Gewalt hat einen subjektiven Charakter. Folglich können auch die Auswirkungen von Gewalt sehr individuell sein. Beispielsweise können Beleidigungen als ehrverletzend und durchaus belastend empfunden werden, oder aber auch an der Uniform folgenlos „abprallen" (Behr, 2008). Dies führt zu der Annahme, dass jedes Individuum im Besitz von Persönlichkeitseigenschaften ist, die je nach Ausprägung die Auswirkungen von Gewalterfahrungen im Polizeidienst unterschiedlich stark beeinflussen.

Die zentrale Selbstbewertung könnte im Zusammenhang mit negativen Auswirkungen von Gewalterfahrungen eine solch persönlichkeitsbasierte Einflussvariable (Moderator) sein. Eine positive zentrale Selbstbewertung setzt sich laut Judge et al. (2002) aus jeweils hohen Ausprägungen von emotionaler Stabilität, Selbstwirksamkeitserwartung, Selbstwertgefühl sowie externaler Kontrollüberzeugung zusammen. Diese Persönlichkeitseigenschaften dienen als Ressource für den Umgang mit belastenden Situationen und mildern deren negative Folgen ab (Hobfoll, 1989). Daher soll in dieser Studie die folgende Hypothese geprüft werden:

Hypothese 2: Negative Effekte von Gewalterfahrungen dienstjunger Polizeibeamter auf die Berufseinstellung können durch eine positive zentrale Selbstbewertung abgepuffert werden.

3. Methode

Zur Überprüfung der Hypothesen wurde eine quantitative Untersuchung in Form einer schriftlichen Befragung zu zwei Messzeitpunkten (t1, t2) durchgeführt. Die Befragungen erfolgten vor Beginn eines ausgewählten berufspraktischen Studienabschnittes (t1) und nach Beendigung dieses Studienabschnittes (t2). Befragt wurden Studierende des 16. Bachelorstudienganges der Hochschule der Polizei Rheinland-Pfalz.

Im Gegensatz zu bisherigen wissenschaftlichen Elaboraten wurde Gewalt anhand der Rohdaten des Vorgangsbearbeitungssystems der Polizei Rheinland-Pfalz objektiv erhoben. Drei Gruppen wurden miteinander verglichen 1) erste Gewalterfahrungen erfolgten vor t1, 2) erste Gewalterfahrungen erfolgten zwischen t1 und t2 und 3) keine Gewalterfahrungen. Weiterhin wurden Zufriedenheit (vgl. Westermann et al., 1996), Engagement (vgl. Schaufeli & Bakker, 2003) und Irritation (vgl. Mohr et al., 2005) erfasst. Zur Erfassung der zentralen Selbstbewertungen wurde die Core Evaluation Scale (Judge et al., 2002) verwendet.

Aufgrund der Rücklaufquoten von t1 = 83,46% und t2 = 64,34 % flossen insgesamt Fragebögen von 145 Personen in die Auswertung ein. Die Daten wurden mittels multivariater Varianzanalyse (MANOVA) mit Messwiederholung ausgewertet.

4. Ergebnisse

Die Ergebnisse zeigen, dass Hypothese 1 nicht bestätigt werden konnte. Dennoch konnten Evidenzen festgestellt werden. So entfalten erste Gewalterfahrungen zumindest auf Zufriedenheit messbare Auswirkungen. Hier zeigten sich nach Gewalterfahrungen sogar positive Auswirkungen, die mit gesteigerten Zufriedenheitswerten einhergingen, $F(2,138) = 2.36, p < .10, \eta^2 < .06$. Zwischen Gewalterfahrung und Engagement sowie Irritation wurde kein signifikanter Zusammenhang gefunden.

Weiterhin bestätigen die Ergebnisse Hypothese 2 weitestgehend. So zeigte sich, dass ausschließlich Personen mit eher positiven zentralen Selbstbewertungen von Gewalterfahrungen profitieren konnten, während deutlich wird, dass Gewalterfahrungen bei Personen mit einer eher negativen zentralen Selbstbewertungen einen nachhaltig negativen Effekt zur Folge haben (geringes Engagement, $F(2,135) = 5.582, p < .01, \eta^2 < .15$, erhöhte Irritation, $F(2,135) = 3.154, p < .10, \eta^2 < .06$). Es konnte kein signifikanter Einfluss von zentraler Selbstbewertung auf den Zusammenhang zwischen Gewalterfahrungen und Zufriedenheit festgestellt werden.

5. Implikation

Die Studie kann insofern einen Beitrag dazu leisten, dass das Ausmaß etwaiger negativer Folgen von Gewalterfahrungen bei dienstjungen Polizeibeamten reduziert werden kann. Ziel muss es sein, möglichst viele Personen mit eher positiven zentralen Selbstbewertungen für den Polizeiberuf zu gewinnen. Darüber hinaus muss durch adäquate Vorbereitungsmaßnahmen gewährleistet werden, dass insbesondere Personen mit eher negativen zentralen Selbstbewertungen vor nachhaltig negativen Auswirkungen von Gewalt geschützt werden.

Literatur

Baier, D. & Ellrich, K. (2014). Vorstellung des Forschungsprojekts und der kriminalistischen Ausgangslage. In: K. Ellrich & D. Baier (Hrsg.): *Polizeibeamte als Opfer von Gewalt. Ergebnisse einer Mixed-Method-Studie.* Frankfurt am Main: Verlag für Polizeiwissenschaft.

Behr, R. (2008). *Cop Culture – Der Alltag des Gewaltmonopols. Männlichkeit, Handlungsmuster und Kultur in der Polizei.* 2. Auflage. Wiesbaden: Verlag für Sozialwissenschaften.

Hobfoll, S. E. (1989). Conservation of ressources: A new attempt at conceptualizing stress. *American Psychologist, 44*(3), 513–524.

Jager, J., Klatt, T. & Bliesener, T. (2013). *NRW-Studie Gewalt gegen Polizeibeamtinnen und Polizeibeamte. Die subjektive Sichtweise zur Betreuung und Fürsorge, Aus- und Fortbildung, Einsatznachbereitung, Belastung und Ausstattung.* Bericht. Kiel.

Judge, T. A., Erez, A., Bono, J. E. & Thoresen, C. J. (2002). The Core Self-Evaluations Scale: Development of a Measure. *Personnel Psychology, 56,* 303–331.

Judge, T. A. & Kammeyer-Mueller, J. D. (2012). Job Attitudes. *Annual Review of Psychology, 63,* 341–367.

Latscha, K. (2005). *Belastungen von Polizeivollzugsbeamten. Empirische Untersuchung zu Posttraumatischen Belastungsstörungen bei bayerischen Polizeivollzugsbeamten/-innen.* München.

Mohr, G., Rigotti, T. & Müller, A. (2005). Irritation – ein Instrument zur Erfassung psychischer Beanspruchung im Arbeitskontext. Skalen- und Itemparameter aus 15 Studien. *Zeitschrift für Arbeits- und Organisationspsychologie, 49*(1), 44–48.

Müller, S. & Tschan, F. (2011). Consequences of client-initiated workplace violence: the role of fear and perceived prevention. *Journal of Occupational Health Psychology, 16* (2), 217–229.

Schaufeli, W. B. & Bakker, A. B. (2003). *Test manual for the Utrecht Work Engagement Scale.* Unpublished manuscript. Utrecht University. Online verfügbar unter: http://www.schaufeli.com (abgerufen am 07.01.2018, 17:23 Uhr).

Scheer, C. A. (2010). *Hält die Polizei, was sich Polizisten von ihr versprochen haben?* Frankfurt am Main: Verlag für Polizeiwissenschaft.

Westermann, R., Heise, E., Spies, K., Trautwein, U. (1996). Identifikation und Erfassung von Komponenten der Studienzufriedenheit. *Psychologie in Erziehung und Unterricht, 43*(1), 1–22.

Arbeitskreis
Aus- und Weiterbildungen: Einsatzarbeit

Leitung: Nicolai Kleineidam

Maik Holtz, Vera Hagemann, Corinna Peifer,
Jessika Freywald & Christian Miller

Teamarbeit in Stabslagen – Detektion von Störursachen verschiedener Berufsgruppen

Maik Holtz[1], Vera Hagemann[2], Corinna Peifer[3],
Jessika Freywald[1] & Christian Miller[1]
[1]Berufsfeuerwehr Köln, [2]Universität Bremen, [3]Ruhr-Universität Bochum

Teamarbeit in Stabslagen – Detektion von Störursachen verschiedener Berufsgruppen

1. Stabsarbeit

Ereignisse die u.a. einen erhöhten Koordinationsbedarf, besonders viel Personal, besondere Technik oder überregionale Ressourcen erfordern (Heimann und Hofinger, 2016) wie z.B. bei Großfeuer, Überschwemmungen, Stromausfall, Geiselnahmen etc. sind vergleichsweise selten. Wenn dies aber erforderlich wird, ist eine funktionierende Stabsarbeit unabdingbar. Einsatzkräfte aus verschieden Arbeits- und Zuständigkeitsbereichen (Polizei, Feuerwehr, THW, Behörde, etc.) verlassen ihr gewohntes Arbeitsumfeld und versammeln sich zu einem Stab, um in Teamarbeit Aufträge zu bearbeiten, operativ-taktische Maßnahmen zu planen und deren Umsetzung zu steuern. Heimann und Hofinger (2016) definieren den Stab als ein „... Beratungs- und Unterstützungsgremium, das der Person, die in einer kritischen Situation entscheidet, zuarbeitet und dazu spezifische Rollen und Strukturen sowie Informationsflüsse nutzt".

2. Gewohnte Handlungsmuster als Fehlerquelle

Hypothetisches Beispiel bei Hochwasser: Die Entscheidung eines Stabes hat über Radiomeldungen die Bevölkerung zur selbstständigen Evakuierung aus den Hochwassergefahrenzonen aufgefordert. Dies stellte sich im Verlauf als sicherheitsgefährdend heraus. Es bildeten sich Staus und Unfälle auf den Hauptverkehrsstraßen Richtung Landesinnere. Die nötigen Einsatz- und Transportmittelfahrzeuge für die hilfsbedürftigen Menschen kamen nur über Nebenstraßen und sehr langsam voran. Die Evakuierung der Krankenhäuser so wie Alten- und Pflegeheime geriet ins Stocken.

Bei diesem Beispiel kann von einem Fehler bei der Planung einer Handlung gesprochen werden (Reason, 1990). Hier fehlte dem Stab/der Führung die erforderliche Zeit, um entscheidungsrelevante Kenntnis über die konkrete Situation zu erlangen und die möglichen Konsequenzen (Fahrverhalten der Bürger bei Warnungen, Straßenverhältnisse) der Entscheidung abzuwägen. Ein nötiger Austausch, ein Abgleich von Informationen, Zielen und Aktionen fand nicht mehr statt. Vielmehr wurde ad-hoc ein Plan aus vorhandenem Wissen generiert, der in ähnlichen Situationen auch zum Erfolg geführt hatte. Der Ist-Zustand nach der Entscheidung zur „selbständigen Evakuierung" entsprach im Verlauf nicht dem gewünschten Ziel. Typisch bei Planungsfehlern, wurde dieser erst relativ spät erkannt. Auf der Basis der

Schematheorie (Norman, 1981) kann so ein Verhalten auch als Aktivierungsfehler beschrieben werden. Handlungen die hoch geübt sind, werden aufgrund einer bestimmten Situation (z.B. Zeitdruck) ausgelöst. Beispielsweise findet das Kommando „Gefahr – alle sofort zurück!“ bei Feuerwehreinsätzen Anwendung, wenn eine Einsatzkraft eine besondere Gefahr (Einsturz-/Explosionsgefahr) bemerkt (Aktivierung) und ein unverzügliches In-Sicherheit-bringen aller Einsatzkräfte notwendig ist (vgl. FwDV 3). Die Vorläufer von Fehlhandlungen in o.g. Stabslage sind auf der regelbasierten Ebene zu finden. Sie bildet mit der fertigkeitsbasierten Ebene ein besonders effizientes und ohne großen Aufwand mögliches Handlungsschema. Dieses wird innerhalb des GEMS-Modell (Generic Error Modelling System) (Reason, 1990) beschrieben. Die vorliegende Studie gibt einen ersten Überblick über die Barrieren bei der Teamarbeit innerhalb der Berufsgruppen, welche zu Stabslagen einberufen werden. Die Erkenntnisse lassen eine bessere Fehlerprävention während Stabslagen zu. Auch können Stäbe auf ihre Bedarfe hin, berufsgruppenspezifisch aus- und fortgebildet werden.

3. Teamarbeitsprozess und Barrieren bei Stabslagen

Wie bei allen High Responsibility Teams (HRTs) sind die möglichen Folgen von Handlungen (hier: eine nicht mehr befahrbare Straße) i.d.R. nicht mehr reversibel und haben Konsequenzen auf Verhalten, u.U. auch auf Leben und Gesundheit anderer. Bei arbeitenden HRTs wie bei der Polizei, der Feuerwehr etc., bis hin zur Stabsarbeit, resultieren bestmögliche Entscheidungsfindungen und deren Handlungen aus einem wiederkehrenden Muster im Teamarbeitsprozess. Abbildung 1 stellt einen idealisierten Teamarbeitsprozess dar (Hagemann, 2011). Unterschiedliche Barrieren (Eigendynamik, (Re-)Priorisierung, Umweltfaktoren, etc.) können den Teamarbeitsprozess stören und somit u.a. zu Fehlentscheidungen oder zu verzögerten Entscheidungen führen. Die auftretenden Barrieren sowie die Ursachen sind abhängig von den Team-Arbeit-Kontexten und sind von Berufsgruppe zu Berufsgruppe unterschiedlich. Jede Berufsgruppe hat ihr eigens Team-Arbeit-Kontext-Profil – sowohl im Berufsalltag als auch bei Stabslagen. Durch die bei Stabslagen verschieden wahrgenommenen Belastungen in kritischen Situationen können Menschen aus der Berufsgruppe A bspw. anders als aus der Berufsgruppe B reagieren.

4. Methodisches Vorgehen und Design

Zur Ermittlung der Team-Arbeit-Kontexte konnte das Team-Arbeit-Kontext-Analyse-Inventar (TAKAI) als Online-Version im Befragungszeitraum von Mitte August bis Mitte Dezember 2019 unter ogy.de/einsatzkraefte abgerufen werden. Mit 62 Items mit einer 7-stufigen Antwortskala erfasst es mit explizit berufsbezogenen Aus-

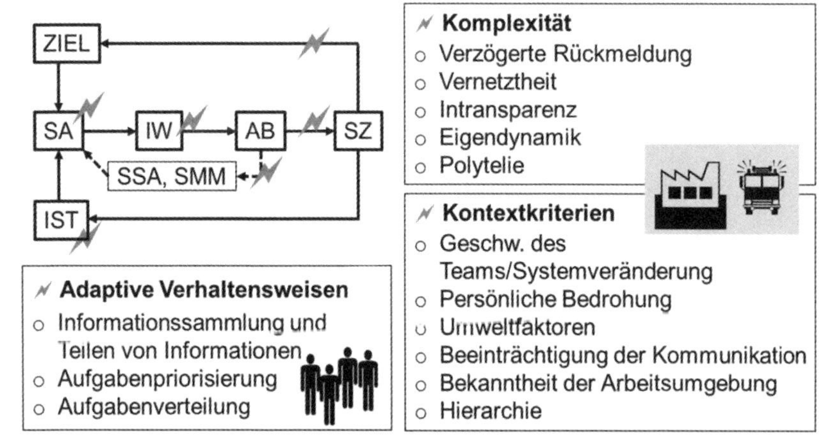

Abb. 1: Ein idealisierter Teamarbeitsprozess. (SA): Situation Awareness; (IW): Informationsweitergabe; (AB): Abgleich von Informationen, Zielen und Aktionen; (SSA): shared situation awareness – Das Teilen der Situations-Informationen; (SMM): shared mental model – Das Teilen von Lösungsmodellen; (SZ): Entscheidung für den Spielzug durch die Führungsfunktion.

sagen das Team-Arbeitsumfeld und Aspekte in kritischen Situationen der jeweiligen Berufsgruppen. Jede Berufsgruppe (Polizei, Feuerwehr, Rettungsdienst, THW, Militär, Behörde) wurde zudem in den Untergruppen „Einsatzdienst", „Leitstelle (LST)", „Stabsarbeit" (Personal, dass überwiegend im Fachbereich Stab arbeitet) und „Innendienst (keine LST, kein Stab)" erfasst. Die Profile der Berufs- und Untergruppen mit – sowie ohne Stabserfahrung, wie alle Gruppen mit Stabserfahrung wurden gegenübergestellt und miteinander vergleichen. Die Analyse erfolgte ab N = 25 vollständig ausgefüllten Fragebögen pro Gruppe.

Die Umfrage wurde 824-mal aufgerufen, davon konnten N=226 vollständig ausgefüllte Fragebögen ausgewertet werden. Nur die Berufsgruppen Feuerwehr „Einsatzdienst" ohne Stabserfahrung (o.Se) N = 35, mit Stabserfahrung (m.Se) N = 46, Rettungsdienst (Einsatzdienst) o.Se N=25, m.Se N=36 erreichten Rücklaufquoten von N ≥ 25. Zum Vergleich aller Job-Profile der Gruppen mit Stabserfahrung wurden ausschließlich die Untergruppen (Einsatzdienst N = 95, Innendienst (keine LST, keine Stabsarbeit) N = 25, Stabsarbeit N = 32) miteinander verglichen.

5. Ergebnisse und Interpretation

Die Berufs-Untergruppe „Feuerwehr Einsatzdienst" zeigt im Bereich „Hierarchie Followership" (Anweisungen von Vorgesetzten werden bei Bedarf von Rangniedrigen hinterfragt/korrigiert) die höchste Differenz. Im Feuerwehr-Einsatzdienst ist dieses Verhalten bei kritischen Situationen weniger stark ausgeprägt als bei Stabslagen. Ein

Aktivierungsfehler durch kritische Situationen bei einer Stabslage hätte zur Folge, dass erkannte Fehlentscheidungen von rangniedrigerem Personal nicht mehr hinterfragt werden. Es führt zur Unterbrechung des Teamarbeitsprozesses im Bereich „Abgleich (AB)“ oder „Spielzüge (SZ)“. Für die Berufsgruppe Rettungsdienst zeigt der Analyseaspekt „Informationssammlung“ (Wichtige Informationen über die Situation und die zu erledigende Aufgabe werden gesammelt, in den Arbeits-/Situationskontext eingebettet und interpretiert und zukünftige Probleme antizipiert.) die höchste Abweichung zum Einsatzdienst. Ein Aktivierungsfehler durch kritische Situationen bei einer Stabslage in diesem Bereich hätte negative Auswirkungen der Situation Awareness (SA) im Teamarbeitsprozess.

Der Vergleich von Berufsgruppen mit Stabserfahrung zeigt, dass bei einer Stabslage die kooperierenden Berufsgruppen aus Einsatzdienst, Innendienst und Stabsarbeit, unterschiedliche Aspekte mit verschiedenen hohen Ausprägungen aufweisen. Bspw. haben Umweltfaktoren wie schlechte Luftqualität im Stabsraum bei Mitarbeitern aus dem „Einsatzdienst“ eine höhere Relevanz (3*) als bei den Kollegen „Innendienst“ (1) und „Stabsarbeit“ (1,5) (Tabelle 1). Dies kann u.a. zur Beeinträchtigung der Situation Awareness (SA) des Personals „Einsatzdienst“ führen.

Tab. 1: *Aspekte mit hoher Relevanz mit negativer Beeinflussung auf den Teamarbeitsprozess; Barriere mit Auswirkung auf: [3] Situation Awareness (SA), Informationsweitergabe (IW), Spielzüge (SZ); [4] Situation Awareness (SA), Informationsweitergabe (IW), Abgleich (AB), Spielzüge (SZ), Ziel; [5] Ziel, Ist-Zustand.

	Berufsgruppen *mit* Stabserfahrung		
	Einsatzdienst	Innendienst	Stabsarbeit
Umweltfaktoren[3]	3*	1	1,5
Persönliche Bedrohung[4]	2,5*	0,5	2
Re-Priorisierung[5]	4,5	3,5*	3*

Literatur

Feuerwehr-Dienstvorschrift FwDV 3 „Einheiten im Lösch- und Hilfeleistungseinsatz“ (2008)

Hagemann, V. (2011). Trainingsentwicklung für High Responsibility Teams. Lengerich: Pabst Verlag.

Hofinger, G. & Heimann, R. (Hg.) (2016). Handbuch Stabsarbeit. Führungs- und Krisenstäbe in Einsatzorganisationen, Behörden und Unternehmen. Heidelberg u.a.: Springer.

Norman, D.A. (1981). Categorisation of action slips. Psychological Review, 88, 1–14.

Reason, J. (1990). Human error. Cambridge: Cambridge University Press.

Arbeitskreis

Präventions-, Sicherheits- und Gesundheitskultur: Betriebliche Beispiele

Leitung: Arno Weber

Ronja Bandusch, Alexander Bolln, Robin Mann, Maximilian Rumpf, Sebastian Vankorb & Arno Weber

Eineinhalb Jahre Kooperationspartnerschaft kommmitmensch – Hochschule Furtwangen: eine erste Reflektion

Patricia Bothe, Anne-Lena Göpfert & Christian Schwennen

Baustein zur Verankerung einer betrieblichen Gesundheitskultur: Umsetzung und Evaluation eines unternehmensweiten Qualifizierungsprogramms „Gesund führen"

Jeannette Büchel & Renate Mayer

Kompetenzentwicklung für Präventionsmitarbeitende – der Suva-Sicherheitscoach

Marlen Cosmar & Supavadi Reich

Die kommmitmensch-Dialoge als Instrument zur Entwicklung der Präventionskultur

Stefan Keller, Susan Kutschbach & Ellen Schwinger-Butz

Erste Evaluationsergebnisse zum BGN-Selbstcheck „Sicherheit und Gesundheit im Betrieb"

Ronja Bandusch, Alexander Bolln, Robin Mann, Maximilian Rumpf,
Sebastian Vankorb & Arno Weber
*Hochschule Furtwangen, Fakultät Gesundheit, Sicherheit, Gesellschaft,
Security & Safety Engineering*

Eineinhalb Jahre Kooperationspartnerschaft kommmitmensch – Hochschule Furtwangen: eine erste Reflektion

1. Einleitung

Seit dem Wintersemester 18/19 besteht eine Kooperation zwischen der Hochschule Furtwangen und der Präventionskampagne kommmitmensch der Deutschen Gesetzlichen Unfallversicherung. Dabei werden insbesondere die folgenden drei Ziele verfolgt:

- Umsetzung einer Präventionskultur an einer Hochschule
- Einbindung der Kampagne in die Ausbildung von Sicherheitsingenieuren und Gesundheitswissenschaftlern
- Forschung und Weiterentwicklung von Instrumenten als Beitrag zum Kampagnenziel

Erste Zwischenergebnisse sind mittlerweile auf der Homepage der Hochschule publiziert. Zeit also eine erste Reflektion der Aktivitäten durchzuführen. Dabei stellt sich heraus, dass die Kampagne nicht nur im Sinne der oben genannten Ziele einen Erfolg darstellt, sondern sich auch im Bereich der Kompetenzentwicklung beweisen kann.

Zu den Zielen der Kampagne gehören, Sicherheit und Gesundheit als Wert zu festigen, eine Präventionskultur aufzubauen, eine Gemeinsamkeit von Führung und Belegschaft für Sicherheit und Gesundheit zu fördern, d.h. auch das „mit" in den Mittelpunkt zu stellen. Dazu werden sechs Handlungsfelder definiert:

- FÜHRUNG Die Unternehmensleitung als entscheidender Impulsgeber
- KOMMUNIKATION Miteinander reden ist das A und O
- BETEILIGUNG Erfahrung und das Wissen der Beschäftigten intensiv nutzen
- FEHLERKULTUR Fehler offen diskutieren und daraus lernen
- BETRIEBSKLIMA In meinem Betrieb fühle ich mich wohl!
- SICHERHEIT UND GESUNDHEIT Selbstverständlich einbeziehen

2. Projekte und Maßnahmen

2.1 Semesterprojekt kommmitmensch

Projektteil Workshop

Der Workshop soll eine interaktive Möglichkeit bieten, den Teilnehmern bestimmte Themen der Kampagne näher zu bringen, mit dem Ziel, dies später auch in der betrieblichen Arbeit umzusetzen. Der Workshop ist für eine maximale Personengruppe von 30 Teilnehmern konzipiert. Der entwickelte Workshop eignet sich besonders als Lerneinheit für Azubis oder Lehrlinge, er kann aber auch in Form einer internen Fortbildung für jede andere Person im Betrieb lehrreich und wichtig sein. Durchgeführt werden sollte dieser Workshop von einer Person mit hinreichender Fachkenntnis oder Lehrkenntnis. Eine Assistenz wird empfohlen.

In einem einführenden Teil werden an die Teilnehmer allgemeine Fragen zum Arbeitsschutz gestellt. Diese sollen eine geeignete Grundlage in die Thematik sowie eine erste Sensibilisierung schaffen. Danach findet eine Aufteilung in Gruppenarbeiten statt, in denen sechs, auf die Zielgruppe junge Menschen ausgerichtet Handlungssituationen bearbeitet werden können. Diese sind Brandgefahr, berufsbedingte Erkrankung, Beinaheunfall, Kommunikation im Betrieb, Mobbing und Sturz. Die Bearbeitungszeit zur Erstellung eines Charts wurde auf eine knappe Stunde festgelegt.

Jede der Handlungssituationen lässt sich mehr oder weniger einem der sechs oben genannten Handlungsfelder der Kampagne zuordnen. In der späteren Auswertung zeigt sich jedoch, dass dies den Teilnehmenden nicht sofort erkennbar war.

Nach der Bearbeitungsphase erfolgt die Präsentation der einzelnen Gruppenergebnisse in der gemeinsamen Runde. Insgesamt muss für den Workshop eine Zeit von gut zwei Stunden eingeplant werden.

Der Workshop wurde zweimal pilotiert. Die erste Probandengruppe bestand aus Teilnehmern einer Lehrveranstaltung im Rahmen des Studiengangs Security & Safety Engineering. Ausschnitte aus diesem Workshop sind im Promotion-Film zur Kampagne zu sehen (siehe unten). Hier zeigten sich ein paar Stolperfallen in der Anmoderation des Arbeitsauftrags, welche bei der zweiten Pilotierung bereits ausgeräumt wurden.

Die zweite Workshop-Durchführung fand mit einer Auszubildenden-Gruppe eines großen Automobilzulieferers statt. Das Alter der Probanden lag dadurch unter dem Altersschnitt der ersten Probandengruppe. Neben der Behebung der Anfangsfehler waren sehr positive und beeindruckende Gesamtergebnisse zu beobachten. Die Rückmeldungen wurden anschließend ausgewertet. Als besonders herausragend erwies sich als Ergebnis die hohe Motivation und Mitarbeit der Gruppe. Erkennbar unter anderem an der Aussage „Endlich mal keine langweilige Arbeitsschutz-Unterweisung“. D.h. das Konzept der aktiven Beteiligung im Rahmen von Fallbeispielen und deren Bearbeitung hat unabhängig von dem Kampagnen-Thema eine stärkere Beteiligung an Arbeitsschutzthemen gefördert. Allerdings muss berücksichtigt werden, dass die Workshopdurchführenden einer ähnlichen Altersgruppe zuzuordnen sind, was die Mitmachbereitschaft sicherlich erhöht hat.

Der Workshopleitfaden wird auf der Homepage der Hochschule unter der Rubrik Sicherheitskultur veröffentlicht.

Projektteil Filme

Parallel zu dem Workshop wurden zwei Filme gedreht, die für Internet und Social Media Kanäle verfügbar sind.

Der erste Film greift eines der Handlungsfelder der Kampagne auf, das Thema Kommunikation. Eine junge Tennisspielerin wird bei ihrer Arbeit als Auszubildende von zwei Kollegen nicht auf den für Fußgänger gesperrten Verkehrsgefahren-Bereich hingewiesen, obwohl diese die Situation deutlich wahrnehmen. Dabei wird sie von einem Gabelstapler angefahren und sitzt anschließend im Rollstuhl. An den sportlichen Tennisaktivitäten kann sie nur noch als Zuschauerin teilnehmen.

Der zweite Film greift das Thema „Ich bin ein kommmitmensch" auf, das auch als Promotion-Maßnahme in der Kampagne implementiert wurde. Fünf Studierende erklären auf ihrem Weg durch ein Hochschulgebäude, warum für sie das Thema so wichtig ist. Der Clip endet mit der Aufforderung, selbst doch zum kommmitmenschen zu werden.

Beide Filme wurden in Kooperation mit dem VDSI gedreht und wurde technisch von Herrn Etienne Heimann unterstützt. Sie sind u.a. auf der Homepage der HFU unter der Rubrik Sicherheitskultur[1] abrufbar.

2.2 Einbindung in Thesis-Arbeiten

Das Thema der Präventionskultur wurde auch in mehreren Abschlussarbeiten (Bachelor- oder Masterarbeiten) aufgegriffen. Im Kern standen dabei immer verhaltensbedingte Risiken oder die Unternehmenskultur. Alle Arbeiten waren inhouse Arbeiten, deren Einzel-Ergebnisse nicht öffentlich präsentiert werden dürfen.

Eines zeigte sich jedoch: Die sechs Handlungsfelder bieten eine gute Struktur, systematisch an der Sicherheitskultur im Unternehmen drehen zu können. Die Möglichkeiten der Selbstbewertung stärken das Bewusstsein hinsichtlich wichtiger Punkte. Allerdings ist es erforderlich einen offenen Blick zu entwickeln und – ganz im Sinne einer positiven Fehlerkultur – nicht in Rechtfertigungshaltungen abzudriften.

[1] https://www.hs-furtwangen.de/was-uns-bewegt/sicherheitskultur/

2.3 Internes Vermarkten der Kampagne

Um auch intern eine Verbreitung der Kampagne voranzutreiben, wurde das Thema unter Verwendung des Kommunikations-Films auch in die allgemeine Unterweisung für die Verwaltungsmitarbeiter aufgenommen.

Eine weitere Kommunikation wurde durch die Verbreitung im Hochschulnewsletter erzeugt. Über die Öffentlichkeitsarbeit sind/sollen zudem auch Social Media Kanäle bestückt werden.

Dies kann jedoch nur einen ersten Aufschlag darstellen. Weiter gilt es nun einzelne Instrumente zu entwickeln, die sukzessiv eingesetzt und verwendet werden können. Eine Hochschuleinrichtung stellt mit ihren Strukturen dabei eine besondere Herausforderung dar. Erfolgreiche Werkzeuge können aber auch einen Lerneffekt in anderen Einrichtungen mit ähnlichen Strukturen erzeugen.

3. Erste Validierung

In einer weiteren Thesisarbeit wurde eine erste Befragung aller Studierenden zur Kampagne durchgeführt. Diese Befragung soll später als Pretest für die Evaluation der künftigen Aktivitäten dienen, d.h. wo stehen wir zu Beginn der Kooperation und wie lässt sich dies weiter verbessern.

Weit über dreihundert Studierende haben an der Befragung teilgenommen. Wie erwartet, war der Bekanntheitsgrad der Kampagne nicht sehr hoch, allerdings war die prozentuale Bekanntheit am Standort Tuttlingen, der mit dem Studiengang Security & Safety Engineering (Standort Furtwangen) und den Protagonisten der Kampagnen-Kooperation praktisch keine Schnittstelle hat, relativ groß. Es kann also darauf geschlossen werden, dass kommmitmensch nicht nur über hochschulinterne Kanäle wahrgenommen wurde. Auch lässt sich sagen, dass Sicherheit und Gesundheit bei der Arbeit eine nicht unerhebliche Bedeutung bei den künftigen Akademiker-Generationen hat, ein Fakt, der vor allem für Personalchefs von Bedeutung sein kann.

Weitere Auswertungen der Befragung lagen bei Redaktionsschluss noch nicht vor. Diese sollen dann im Vortrag beim Kongress einfließen.

Literatur

Deutsche Gesetzliche Unfallversicherung e.V. (DGUV), Kampagne kommmitmensch, www.kommmitmensch.de, Zugriff am 28.01.2020

Hochschule Furtwangen., Sicherheitskultur (www.hs-furtwangen.de/was-uns-bewegt/sicherheitskultur/), Zugriff am 28.01.2020

Patricia Bothe, Anne-Lena Göpfert & Christian Schwennen
CURRENTA GmbH & Co. OHG, Gesundheitsschutz

Baustein zur Verankerung einer betrieblichen Gesundheitskultur: Umsetzung und Evaluation eines unternehmensweiten Qualifizierungsprogramms „Gesund führen"

1. Ausgangssituation

Führungskräfte sind eng mit der Kultur eines Unternehmens verbunden, indem sie in ihrem alltäglichen Handeln die Kultur personifizieren und tragen (Sackmann, 2017). Um eine Gesundheitskultur nachhaltig in Organisationen zu verankern, bedarf es daher notwendigerweise eines Stellenwertes des Themas Gesundheit bei den Führungskräften. Es ist heutzutage unstrittig, dass Führungskräfte mit ihrem Verhalten maßgeblich zum Erhalt und der Förderung der Gesundheit der Beschäftigten beitragen und zentrale Multiplikatoren im Betrieblichen Gesundheitsmanagement (BGM) sind.

Das Thema Gesundheit zählt allerdings nicht zu den typischen Inhalten von Schulungen für Führungskräfte. Diese müssen daher gezielt befähigt werden, in ihrer Funktion positiv zur Gesundheit der Beschäftigten beitragen zu können. Es wurde daher ein Qualifizierungsprogramm zum „Gesund führen" entwickelt und hinsichtlich der Wirksamkeit evaluiert.

Adaptiertes Rollenmodell

Theoretische Basis des Qualifizierungsprogramms ist ein entwickeltes Rollenmodell mit vier Rollen gesunder Führung. Es dient als kognitiver Leitfaden für die Führungskräfte und spiegelt die Aufgaben und Wirkfelder gesunder Führung in zusammenfassender Form wieder. Auf Basis psychologischer und gesundheitswissenschaftlicher Literatur wurden insbesondere der transformationale Führungsstil (vgl. Felfe, 2006), das Konzept der gesundheitsspezifischen Führung (vgl. Gurt et al., 2011) sowie zentrale Strategien der Gesundheitsförderung, z.B. das Empowerment, berücksichtigt (vgl. Kliche & Kröger, 2008):

- *Rolle des Vorbildes:* Vorbild zu sein bedeutet in erster Linie, ein authentisches Auftreten zu zeigen, dass das Kümmern um die eigene Gesundheit wiederspiegelt.
- *Rolle des Wertevermittlers:* Führungskräfte begreifen, vermitteln und kommunizieren die Gesundheit als wichtigen Unternehmenswert.
- *Rolle des Gestalters:* Als zentrale Multiplikatoren für Gesundheit betreiben Führungskräfte das BGM in ihrem Bereich aktiv und sorgen für gesundheitsgerechte Arbeitsbedingungen.

- *Rolle des Empowerers:* Führungskräfte fordern und fördern ihre Beschäftigten so, dass diese Risiken vermeiden, ihre eigene Gesundheit erhalten und aktiv fördern sowie sich in ihrem Arbeitsumfeld für Gesundheit einsetzen und engagieren können.

2. Das Qualifizierungsprogramm

Ziele des Programms sind es, ein gemeinsames Verständnis von Gesundheit und gesundem Führen zu schaffen, Informationen über gesundheitsbezogene Strukturen und Unterstützungsangebote im Betrieb zu vermitteln sowie spezifische Ansatzpunkte, Handlungshilfen und Tools zur Förderung von Gesundheit und Arbeitsfähigkeit aufzuzeigen. Des Weiteren sollen die Führungskräfte in ihrer Motivation und Fähigkeit bestärkt werden, BGM aktiv zu betreiben und gesunde Führung zu einem relevanten Ziel im eigenen Handeln machen zu wollen. Übergeordnetes Ziel des Programms ist es, durch die Förderung gesunder Führung zur Verstetigung einer Gesundheitskultur im Unternehmen beizutragen.

Alle Führungskräfte mit disziplinarischer Personalverantwortung gelten als Zielgruppe des Programms. Im Rahmen der derzeitigen Umsetzung in einem Unternehmen der chemischen Industrie ergab eine Aufstellung zu Beginn des Rollouts eine Anzahl von ca. 250 Personen als Zielgruppe.

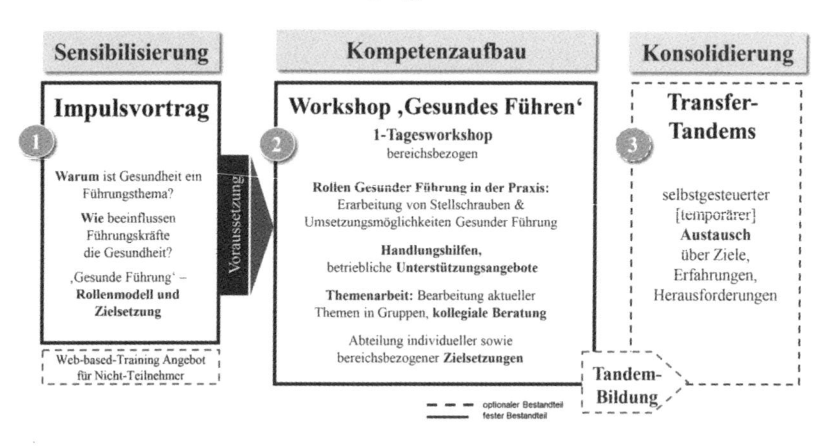

Abb. 1: Aufbau des Qualifizierungsprogramms „Gesund führen"

Ausgehend von motivationalen und volitionalen Lernphasen (hier: Sensibilisierung, Kompetenzaufbau, Konsolidierung) gliedert sich das Programm in drei Module:

1. Einstündiger Impulsvortrag zur Sensibilisierung, Selbstreflektion und Wissensvermittlung

2. Interaktiver, moderierter 1-Tages-Workshop als Schwerpunkt-Intervention zum Kompetenzaufbau
3. Optionale Transfer-Tandems, die im Rahmen des Workshops gebildet werden können

Die Umsetzung findet seit November 2018 (erster Impulsvortrag) bis März 2020 (letzter Workshop) bereichsbezogen statt. Insgesamt sind 22 Workshops sowie 20 Impulsvorträge geplant.

3. Evaluation und erste Ergebnisse

Die Evaluation verfolgt zwei Zielsetzungen: Zum einen soll überprüft werden, ob das Verständnis und die Umsetzung gesunder Führung tatsächlich gefördert werden. Zum anderen soll das übergreifende Ziel untersucht werden, ob Gesund Führen als Bestandteil der Gesundheitskultur verankert werden kann.

Zur Überprüfung des ersten Ziels findet zu drei Zeitpunkten eine Evaluation mittels eines anonymen, standardisierten Kurz-Fragebogens zur Selbsteinschätzung statt. Der Fragebogen enthält 17 Items auf einer 5-stufigen Likert-Skala. Zu jeder Rolle des Gesund Führens werden mit je einem Item a) der Wissensstand, b) die Einstellung, c) Bereitschaft und d) das Führungshandeln im Alltag abgefragt. Das prä-post-Design der Befragung sah wie folgt aus:

t0: unmittelbar vor Beginn des Impulsvortrages
t1: am Ende des Workshops (zusätzliche 13 Items und Freitext-Feld zur Seminarbewertung)
t2: Drei Monate nach dem Workshop

Die Gesamt-Ergebnisse der Evaluation liegen nach Abschluss des letzten Workshops im Frühjahr 2020 vor. Vorab-Ergebnisse zeigen im Zeitvergleich in allen Skalen der Rollen gesunder Führung positive Entwicklungen.

Eine Varianzanalyse ergab für die summierten Gesamt-Werte ein signifikantes Ergebnis mit $p=<0{,}01$. Es kann demnach davon ausgegangen werden, dass der Workshop Effekte auf die Einstellung, Bereitschaft, das Wissen und konkrete Handeln der Zielgruppe zu gesunder Führung hat.

Zur Überprüfung des übergeordneten Ziels, der Förderung gesunder Führung im Arbeitsalltag und damit auch einer Verankerung der Gesundheitskultur, dient eine unternehmensweite Gesundheitsbefragung, deren Ergebnisse der 3. Befragungswelle voraussichtlich Mitte 2020 vorliegen.

Tab. 1: Zwischenstand Evaluationsergebnisse, ausgewertet nach Rollen gesunder Führung, 5-stufige Likert-Skala (1=stimme gar nicht zu bis 5=stimme voll zu) [Stand: Dezember 2019]

Rolle Gesunden Führens	**t0 * (n=165)**	**t1 * (n=144)**	**t2 * (n=60)**	**Beispiel-Item**	
Vorbild	4,12	4,22	4,30	Einstel-lung	*Ich finde es wichtig, beim Thema Gesundheit als Führungskraft mit gutem Beispiel voranzugehen.*
Werte-vermittler	3,64	3,93	3,98	Bereit-schaft	*Ich möchte dafür Sorge tragen, dass Gesundheit einen höheren Stellenwert in unserer täglichen Arbeit erhält.*
Gestalter	3,73	4,01	4,00	Füh-rungs-handeln	*Ich investiere einen Teil meiner Arbeitszeit in das Betriebliche Gesundheits-management*
Empowerer	3,53	3,96	4,15	Wissen	*Ich habe Ideen, wie ich meine Mitarbeiter dazu ermutigen kann, Vorschläge zur Verbesserung der Gesundheit am Arbeitsplatz einzubringen.*
Gesamt	**3,76**	**4,03**	**4,11**		

Literatur

Felfe, J. (2006). Transformationale und Charismatische Führung. Stand der Forschung und aktuelle Entwicklungen. Zeitschrift für Personalpsychologie, 5, 163–176

Gurt, J., Schwennen, C., Elke, G. (2011). Health-specific leadership: Is there an association between leader consideration for the health of employees and their strain and well-being? Work & Stress, 25, 108–127.

Kliche, T. & Kröger, G. (2008). Empowerment in Prävention und Gesundheitsförderung. Eine konzeptkritische Bestandsaufnahme von Grundverständnissen, Dimensionen und Erhebungsproblemen. Gesundheitswesen, 70, 715–720.

Sackmann, S. (2017). Erfolgsfaktoren für neue Arbeitswelten. Unternehmenskultur und Führung. In B. Spieß und N. Fabisch (Hrsg.), CSR und neue Arbeitswelten (S. 375–385). Berlin, Heidelberg: Springer Gabler.

Jeannette Büchel[1] & Renate Mayer[2]
[1]Suva, [2]freiberufliche Trainerin

Kompetenzentwicklung für Präventionsmitarbeitende – der Suva-Sicherheitscoach

1. Ausgangslage

Neben den klassischen Handlungsfeldern der Unfallversicherungsträger (Rehabilitation, Heilbehandlung, Entschädigung), gewinnt die Prävention mehr und mehr an Bedeutung. In Deutschland zielt die Kampagne kommmitmensch der DGUV konsequent auf eine Sicherheitskultur-Entwicklung in den versicherten Unternehmen, und auch bei der Suva in der Schweiz steht zunehmend „der Mensch und sein Verhalten im Mittelpunkt". Die Suva will mit ihrer Präventionsstrategie wirkungsvoll und ganzheitlich Einfluss auf das Verhalten nehmen, um so Unfälle und Berufskrankheiten zu verhindern. Die Unfallversicherungsträger werden von den Kontaktpersonen in den versicherten Betrieben häufig in der Überwachungsfunktion als Kontrollinstanz wahrgenommen, vor allem in anlassbezogenen Beratungen (z.B. nach Unfällen, Arbeitssystemkontrollen). Sie verstehen sich im Kontrast dazu aber häufig eher als beratende Experten. Die Aufsichtspersonen (D) bzw. Durchführungsorgane (CH) werden zudem mit weiteren Rollen beauftragt, zum Beispiel das Werben für (kostenpflichtige) Präventionsdienstleistungen, aktuelle Kampagnen, Selbstverpflichtungen etc. Die Suva beschloss deshalb eine Qualifizierungsmaßnahme für alle Präventionsmitarbeitenden, die die bestehenden Kompetenzen nutzen, herausarbeiten und verwenden sollte. Das Ziel der Maßnahme ist es, die bereits auf hohem Niveau ausgeprägte Selbst- und Methodenkompetenz stärker bewusst und verfügbar zu machen. Hierzu sollte ein praktisches Werkzeug entwickelt werden.

2. Vorgehensweise/Methodik

Für die Mitarbeitenden in der Prävention der Suva wurde eine maßgschneiderte Qualifizierungsmaßnahme abgeleitet, die in sich ändernden Arbeitsumgebungen bzw. Rollenerwartungen bestehen sollte und dabei folgende Grundannahmen traf:

- Fachkompetenz ist aufgrund von Aus- und Weiterbildung in hohem Maß bei den professionell handelnden Akteuren vorhanden oder kann anderweitig aktualisiert werden
- Methodenkompetenz über Gesprächsführung, Beratungsverständnis ist implizit oder unterschiedlich ausgeprägt vorhanden
- Das Berufsbild prägt (gerade wenn es länger ausgeführt wird) die berufliche Identität der handelnden Akteure und wird unterschiedlich bewusst wahrgenommen

oder gar gestaltet.

- Zielbild der Maßnahme soll der „Suva-Sicherheitscoach" sein, der gemeinsam mit dem Kunden nach Lösungen sucht, wie die Prävention ins Zentrum gestellt werden kann, um so nachhaltigen Kundennutzen zu schaffen.

Dem Lernphasenmodell (Broadwell, 1969) folgend wurde die Qualifizierung aus den bewussten und unbewussten Kompetenzen der Suva-Mitarbeitenden heraus entwickelt.

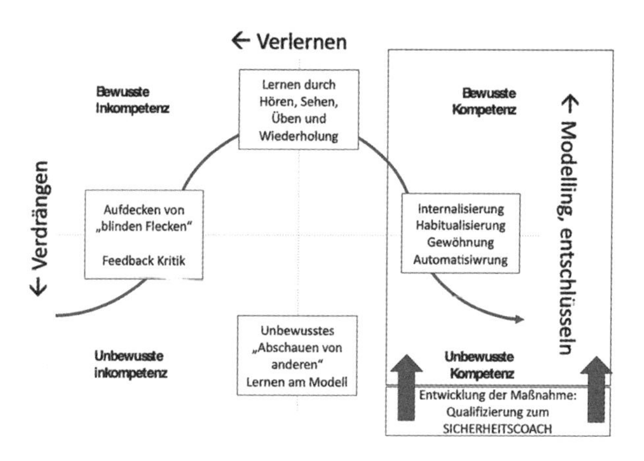

Abb. 1: Lernphasen nach Broadwell und Einordnung der Konzeption der Qualifizierungsmaßnahme Suva-Sicherheitscoach

Hierzu wurden zunächst 60 Protokolle von Sicherheitsgesprächen ausgewertet, die Suva-Mitarbeitende angefertigt hatten. Es ließen sich beim Studium der Protokolle immer wieder ähnliche Rollen identifizieren.

Die sieben identifizierten Rollen wurden grafisch unterstützt dargestellt und in einem Initialworkshop einer Spurgruppe aus Vertretern der Zielgruppe vorgestellt. Bereits hier konnte sich die Zielgruppe bei der Ausgestaltung der Rollenprofile, der Gestaltung der Visualisierung und bei der Konzeption der Qualifizierungsmaßnahme einbringen. Auch beim Initial-Workshop war exemplarisch ein Schauspieler im Einsatz, der die verschiedenen Rollen visualisierte. Weiter begleiteten die Konzepter die Mitarbeitenden bei ihrer Tätigkeit stichprobenartig, um sich ein Bild der Tätigkeiten und Situationen zu verschaffen. Führungskräfte wurden bezüglich Zielstellung und Namensgebung der Qualifizierungsmaßname befragt, was ebenfalls in die Konzeption mit einbezogen wurde.

Zusammengefasst kann man feststellen, dass das Qualifizierungskonzept aus der Praxis heraus für die Praxis entstanden ist. Es wird kombiniert mit klassischen Bausteinen aus der Gesprächsführung (Gesprächsphasen, Kommunikation etc.) und stellt somit eine hoch zielgruppenspezifische, partizipativ entwickelte Maßnahme dar. Ziel ist es, Aufsichtspersonen bzw. Präventionsmitarbeitende zu befähigen, den veränderten Anforderungen in Sachen der Präventionskulturdiagnose und -entwicklung eine Kompetenzentwicklung mittels eines praxistauglichen Handlungsmodells zu ermöglichen.

3. Die Qualifizierung „Suva-Sicherheitscoach"

Der Suva-Sicherheitscoach kombiniert die Rollen aus dem Rollenrepertoire je nach Anlass, Situation, Stimmung und Ziel.

Abb. 2: Die sieben Rollen des Suva-KontRollenfächers

Die sieben Rollen wurden in einem Rollenfächer, der KontRollenfächer benannt wurde, zusammengestellt. Die Qualifizierungsmaßnahme teilt sich in zwei Elemente. In einer zweitägigen Basis-Qualifizierung lernen die Teilnehmenden den Rollenfächer kennen und erneuern bzw. erweitern allgemeine Kenntnisse über Gesprächsführung und Kommunikation. Sie reflektieren, an welchen Stellen welche Rolle im Gesprächsverlauf sinnvoll eingesetzt werden können und in welchen Situationen welche Rollen zielführend sind. Am zweiten Tag steht ein Schauspieler zur Verfügung. Anhand konkreter Herausforderungen der Teilnehmenden wird das Werkzeug KontRollenfächer in Simulationen erprobt und getestet.

Nach Ablauf von 3 bis 6 Monaten treffen sich die Teilnehmenden wieder zu einem Praxis-Workshop. Es werden zusätzliche Wissensbausteine aus dem Bereich Gesprächsführung ergänzt. Übergeordnetes Ziel ist allerdings der Austausch über die Erfahrungen mit dem Werkzeug.

Tab. 1: Die Rollen des Rollenfächers in der Übersicht

	Kontrolleur	Berater	Coach	Motivator	Experte	Verkäufer	Ich als Mensch
Ziele der Rolle	Sicherstellen, dass Gesetze und Regeln eingehalten werden	Eine Lösung für/mit dem Kunden finden	Der Kunde erreicht sein eigenes Ziel	Erfolg des Kunden	Den Kunden informieren/ aufklären	Das Thema Arbeitssicherheit aber auch Präventionsprodukte verkaufen.	Guter Kontakt zum Gegenüber
Werkzeuge	Beobachtung, Überprüfung, Messergebnisse	Das Wissen über mögliche Lösungen	Frage, Analyse der Ressourcen des Kunden	Ansporn Lob Anerkennung	Das eigene Expertenwissen	Infomittel Argumentation	Die eigene Wahrnehmung des Gegenübers und der Situation
Typische Sätze (Beispiele)	Das steht so in... Laut Verordnung xy muss... Ich stelle fest, dass...	Ich empfehele Ihnen... Wenn Sie x tun, dann erreichen Sie y... Dafür gibt es...	Wie sicher fühlen Sie sich hier selbst? Was brauchen Sie um noch sicherer zu arbeiten?	Sehr gut! Da haben Sie schon viel erreicht! Top, das schaffen andere nicht in Ihrer Branche.	Es gibt einen Zusammenhang zwischen... Man hat festgestellt, dass... Ich erkläre Ihnen das gerne	Dazu haben wir folgendes Angebot... Arbeitssicherheit ist ein spannendes Thema, das viel Leid aber auch Kosten spart, wenn man es ernst nimmt.	Wie geht es Ihnen? Ich persönlich kann das gut nachvollziehen... Das ist auch für mich keine angenehme Situation.

4. Fazit und Ausblick

Die Rückmeldungen vieler Teilnehmenden bestätigen die praktische Anwendbarkeit des Werkzeuges. Sie fühlen sich befähigt, ihre Tätigkeit noch besser reflektieren und gestalten zu können, um dadurch den Kunden besser abholen und unterstützen zu können.

Literatur

DGUV. Fachkonzept für die nächste gemeinsame Präventionskampagne der DGUV und ihrer Mitglieder.

DGUV (2015). Das Berufsrollenverständnis der Aufsichtspersonen (AP I) mit Hochschulqualifikation (AP I) in der deutschen gesetzlichen Unfallversicherung. Deutsche Gesetzliche Unfallversicherung (DGUV).

DGUV (2018). Arbeitspapier, Gemeinsames Verständnis der Überwachungs- und Beratungstätigkeit der Unfallversicherungsträger.

Marsden, E. (2019) *The regulator-regulatee relationship in high-hazard industrial activities,* number 2019-02 of the Cahiers de la Sécurité Industrielle, Foundation for an Industrial Safety Culture, Toulouse, France (ISSN 2100-3874). Available at FonCSI.org/en.

Broadwell, M. (20 February 1969). „Teaching for learning (XVI)". wordsfitlyspoken.org. The Gospel Guardian. Retrieved 11 May 2018.

Marlen Cosmar[1] & Supavadi Reich[2]
[1]*Institut für Arbeit und Gesundheit der Deutschen Gesetzlichen Unfallversicherung,*
[2]*Deutsche Gesetzliche Unfallversicherung*

Die kommmitmensch-Dialoge als Instrument zur Entwicklung einer Präventionskultur

1. Hintergrund

Die kommmitmensch-Dialoge (Gebauer & Brückner, 2017) wurden im Rahmen der Kampagne „kommmitmensch" der Berufsgenossenschaften und Unfallkassen entwickelt. Die Kampagne strebt an, die Kultur der Prävention in Unternehmen und Einrichtungen zu fördern. Das Ziel des Instruments ist es in Kleingruppen den Dialog über sechs verschiedene betriebliche Handlungsfelder anzuregen und bei allen Beteiligten ein Verständnis zu vermitteln, wie sicheres und gesundes Verhalten effektiv gefördert werden kann. Mit den kommmitmensch-Dialogen steigen eigens zusammengestellte Teams in die Diskussion ein und erarbeiten gemeinsam eigene Lösungsansätze.

1.1 Das 5-Stufenmodell

Die inhaltliche Grundlage für die kommmitmensch-Dialoge bildet das 5-Stufenmodell der Deutschen Gesetzlichen Unfallversicherung (Abbildung 1, vgl. Gebauer, 2017 in Anlehnung an Hudson, 2011). Es beschreibt fünf verschiedene Qualitäten im Umgang mit Sicherheit und Gesundheit, von gleichgültig bis wertschöpfend. Das Modell hilft dabei, eine gemeinsame Vorstellung und Sprache zu erarbeiten, wie Präventionsarbeit auf einem hohen Niveau aussieht und wie die Präventionskultur positiv beeinflusst werden kann. Die Stufen haben folgende Bedeutung:

Gleichgültig: Sicherheit und Gesundheit spielen nur dann eine Rolle in der Organisation, wenn es darum geht, Schaden abzuwenden.

Reagierend: Sicherheit und Gesundheit werden in der Organisation nur ernst genommen, wenn etwas passiert ist.

Regelorientiert: Sicherheit und Gesundheit haben zwar einen hohen Stellenwert, es wird jedoch davon ausgegangen, dass diese allein durch strikte Regeln und Kontrolle zu erreichen sind.

Proaktiv: Auch nicht zu erwartende Risiken und Gefahren werden in den Blick genommen, ein regelmäßiger Austausch findet statt, auf ungeahnte Entwicklungen wird von allen Seiten frühzeitig aufmerksam gemacht und gegengesteuert, bevor etwas passiert.

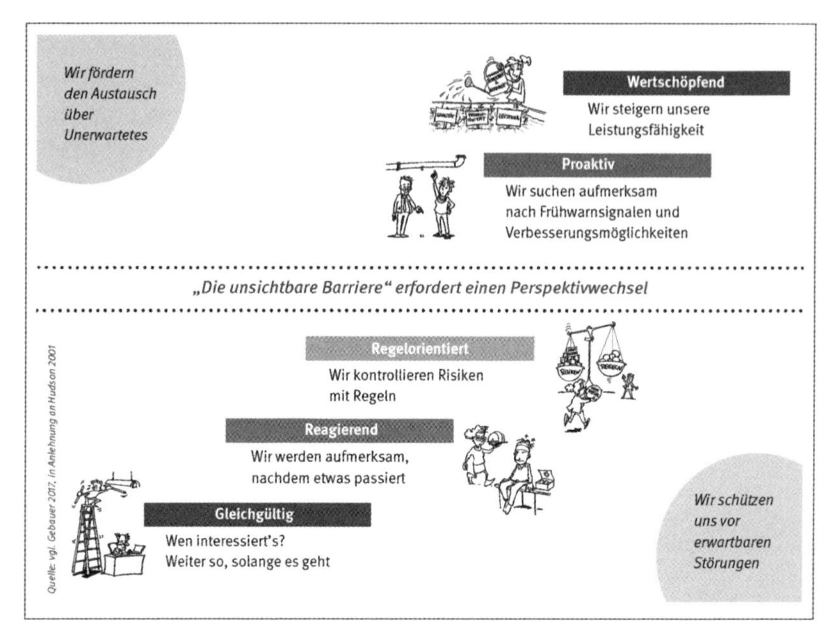

Abb. 1: 5-Stufemmodell der DGUV

Wertschöpfend: Auf dieser Stufe wird Sicherheit und Gesundheit ein noch größerer Stellenwert beigemessen. Eine weit entwickelte Präventionskultur, in der Frühsignalen und Besonderheiten auf den Grund gegangen und kontinuierlich gelernt wird, macht die Organisation auch insgesamt leistungsfähiger. Zeit für Sicherheit und Gesundheit wird bereitwillig investiert und auch verteidigt. Beschäftigte erarbeiten selbstständig Lösungen und Führungskräfte schaffen Raum dafür.

1.2 Die unsichtbare Barriere

Die ersten drei Stufen stehen für einen mehr oder weniger passiven Umgang mit den Themen Sicherheit und Gesundheit, bei dem häufig erst reagiert wird, wenn es bereits Probleme in diesen Bereichen gibt. Gerade auf unbekannte Risiken oder Gesundheitsgefahren kann so nicht schnell genug reagiert werden. Unfälle, arbeitsbedingte Erkrankungen oder Berufskrankheiten können dann die Folge sein. Um solche negativen Folgen zu vermeiden, muss der Blickwinkel verändert werden: Es geht darum, mögliche Folgen für Sicherheit und Gesundheit bereits dann zu bedenken, wenn Entscheidungen getroffen und Aktivitäten geplant werden, um später im betrieblichen Alltag nicht mehr aufwendig nachbessern zu müssen. Erst dann werden Betriebe in vollem Umfang präventiv tätig.

2. Ablauf eines kommmitmensch-Dialogs

2.1 Vorbereitung

Zuerst ist es wichtig im Einvernehmen mit der Leitung eine konkrete Zielstellung zu formulieren, die mit den Dialogen verfolgt werden soll, zum Beispiel „Sicherheit und Gesundheit haben schon einen hohen Stellenwert, aber wir bekommen noch nicht alle wirklich mit ins Boot. Daher wollen wir unsere Präventionskultur gezielt fördern". Für den gesamten Prozess sollten eine oder mehrere feste Ansprechpartner vorhanden sein. Dabei sollte bedacht werden, dass Kulturentwicklung kontinuierlich verfolgt werden sollte, damit sie effektiv ist.

Für die Durchführung ist es außerdem von zentraler Bedeutung, dass eine gute Moderatorin bzw. ein guter Moderator gefunden wird. Diese oder dieser kann aus der Organisation selbst stammen oder auch von extern. Weiterhin muss definiert werden, wer sich an den Dialogen beteiligen soll. Das können die Leitung oder die Mitglieder des Arbeitsschutzausschusses, aber auch einzelne Teams in der Organisation sein.

2.2 Durchführung

Ein kommmitmensch-Dialog besteht aus vier Schritten, die auf einem Arbeitsposter visualisiert werden (Abbildung 2). Zuerst einigen sich die Teilnehmer auf eines von sechs Handlungsfeldern (Führung, Kommunikation, Beteiligung, Fehlerkultur, Betriebsklima oder Sicherheit und Gesundheit).

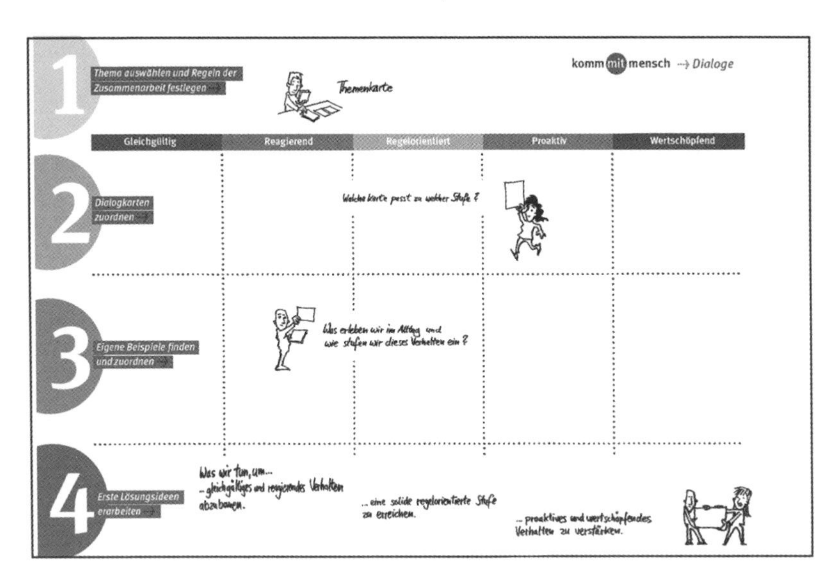

Abb. 2: Arbeitsposter kommmitmensch-Dialoge

Danach ordnen sie fünf Karten, die verschiedene Qualitäten des Handlungsfeldes darstellen, den einzelnen Stufen des 5-Stufenmodells zu. Im dritten Schritt sammeln sie für die einzelnen Stufen konkrete Praxisbeispiele und im vierten Schritt diskutieren sie Maßnahmen, die dabei helfen, Beispiele aus den ersten drei Stufen so zu verändern, dass möglichst die Stufe wertschöpfend erreicht wird.

2.3 Weiterentwicklung der Präventionskultur

Nach der Durchführung der kommmitmensch-Dialoge ist es notwendig, dass gemeinsam die Priorisierung und der Maßnahmenplan erstellt werden. Hierbei sind klassische Fragen wie die Festlegung der Zuständigkeiten, welche Deadlines gesetzt werden sollen und wie und wann die Zielerreichung kontinuierlich geprüft werden kann, festzuhalten. Eine entsprechende Empfehlung ist auch im Leitfaden für die Moderation enthalten.

3. Erfahrungen mit dem Einsatz des Tools

Erste Ergebnisse der Evaluation ergaben, dass die kommmitmensch-Dialoge ein gutes Verständnis für die Präventionskultur schaffen und zu gut nutzbaren Ergebnissen führen. Häufig mangelt es aber an notwenigen Rahmenbedingen, vor allem dem Commitment der Leitung und häufig in der Folge auch an der notwendigen Zeit für die Durchführung des Prozesses. Eine genaue Planung des Gesamtprozesses, ein deutliches Bekenntnis zum Kulturveränderungsprozess und klare Verantwortlichkeiten sind daher notwendig. Das belegen auch Ergebnisse einer Literaturanalyse von Marschall et al. (2017). Die Erfahrungswerte mit den kommmitmensch-Dialogen befinden sich weiterhin in einer kontinuierlichen Evaluierung.

Literatur

Gebauer, A. (2017). Kollektive Achtsamkeit organisieren: Strategien und Werkzeuge für eine proaktive Risikokultur. Stuttgart: Schäffer-Pöschel

Gebauer, A. & Brückner F. (2017) kommmitmensch-Dialoge. Deutsche Gesetzliche Unfallversicherung.

Marschall, J. (2017): Präventionskultur – Scoping Review. Nutzen von Präventionskultur und Möglichkeiten ihrer Gestaltung. Abschlussbericht des IGES Instituts für die Deutsche Gesetzliche Unfallversicherung (DGUV)

Webseite der Präventionskampagne: www.kommmitmensch.de

Stefan Keller, Susan Kutschbach & Ellen Schwinger-Butz
Berufsgenossenschaft Nahrungsmittel und Gastgewerbe (BGN)

Erste Evaluationsergebnisse zum BGN-Selbstcheck „Sicherheit und Gesundheit im Betrieb"

1. Einleitung

Seit Mai 2018 können Unternehmerinnen und Unternehmer von Mitgliedsbetrieben der Berufsgenossenschaft Nahrungsmittel und Gastgewerbe (BGN) in ca. 30 Minuten herausfinden, welchen Stellenwert die Themen Sicherheit und Gesundheit in ihrem Unternehmen haben und ob bzw. wie diese Themen in den Arbeitsalltag integriert sind. Dazu steht ihnen der BGN-Selbstcheck „Sicherheit und Gesundheit im Betrieb" (im Folgenden Selbstcheck) zur Verfügung, eine Web-App, die mit jedem herkömmlichen Smartphone aufgerufen werden kann (https://www.bgncheck.de). Außerdem haben sie die Möglichkeit, über diese App eine Aktions-Box mit Broschüren, Arbeitshilfen, Seminarangeboten und vielem mehr zur Präventions-Kampagne „kommmitmensch" zu bestellen – der Selbstcheck ist das Einstiegsangebot der BGN im Rahmen dieser Kampagne.

Für die Evaluation der Kampagne wurde eine mehrwellige Online-Befragung durchgeführt. Beim ersten Erhebungszeitpunkt wurde der Selbstcheck ausführlich evaluiert. Im Folgenden werden die ersten Ergebnisse dieser Evaluation vorgestellt.

2. Das Projekt „Präventionskultur 360°"

Der Selbstcheck ist das Ergebnis des Forschungsprojekts „Präventionskultur 360°", das die BGN von 2016 bis 2018 gemeinsam mit der SRH Hochschule Heidelberg und dem Arbeitsmedizinischen und Sicherheitstechnischen Dienst der BGN (ASD*BGN) durchgeführt hat. Das Ziel des Projekts war es, den Begriff der Präventionskultur fassbar zu machen und die wesentlichen organisationskulturellen Faktoren zu bestimmen. Zudem sollte ein Screening-Tool entwickelt werden, mit dessen Hilfe die Präventionskultur in den Mitgliedsbetrieben erfasst und langfristig etabliert werden kann.

Der empirische Schwerpunkt des Projekts lag auf der Durchführung von 140 qualitativen, leitfadengestützten Interviews in den Branchen Backgewerbe, Fleischwirtschaft und Gastgewerbe. Dabei wurden sowohl Unternehmerinnen und Unternehmer, Führungskräfte und Beschäftigte in Klein- und Großbetrieben als auch Experten (Aufsichtspersonen, ASD-Berater, betriebsinterne Experten) befragt. Auf der Grundlage der inhaltsanalytischen Auswertung der Interviews, einer vorangegangenen Literaturrecherche und weiteren inferenzstatistischen Auswertungen wurden Dimensionen von Präventionskultur identifiziert und durch entsprechende Korrelationen und Regressionen in einem Präventionskulturmodell abgebildet (vgl. Steinbrenner et al., 2018, S. 37).

Auf der Basis dieses Modell wurde der Selbstcheck entwickelt. Er besteht aus einem Check-Teil mit acht Themenfeldern (z.B. Arbeitsgestaltung, Kommunikation, Führung) und jeweils vier bis sechs Aussagen, die auf einer vier-stufigen Skala bewertet werden. Im Auswertungsteil werden Hinweise gegeben und Maßnahmen vorgestellt, die sich direkt auf die Checkergebnisse beziehen. Außerdem haben die Nutzerinnen und Nutzer des Selbstchecks die Möglichkeit, eine in Abhängigkeit ihres Checkergebnisses individuell zusammengestellte Aktions-Box mit Broschüren, Arbeitshilfen, Seminarangeboten und vielem mehr zur Kampagne „kommmitmensch“ zu bestellen (vgl. Keller & Schwinger-Butz, 2019).

3. Die Evaluation

Im Rahmen der Evaluation der BGN-Kampagne „kommmitmensch“ wurde zwischen März 2019 und Januar 2020 eine Online-Befragung mit zwei Messzeitpunkten durchgeführt. Befragt wurden Personen, die den Selbstcheck durchgeführt, im Anschluss eine Aktions-Box bestellt und ihr Einverständnis gegeben hatten, dass die BGN sie über weitere Angebote der Kampagne informieren darf. Die erste Befragung (t1) erfolgte eine Woche nach Bestellung der Aktions-Box und enthielt hauptsächlich Fragen zum Selbstcheck. Zum zweiten Messzeitpunkt (t2), drei Monate nach der ersten Befragung, erhielten die Befragten vorwiegend Fragen zur Aktions-Box und der Kampagne.

Bei der Evaluation stehen folgende Fragestellungen im Vordergrund: Wer nutzt den Selbstcheck und wie wird er von den Nutzerinnen und Nutzern wahrgenommen und bewertet? Welche Maßnahmen werden nach dem Selbstcheck abgeleitet? Was wird gelernt (Wissenszuwachs nach Nutzung der Medien aus der Aktions-Box)? Das logische Modell zur Evaluation von Maßnahmen von Kurz und Kubek (2018, S. 33 ff.) diente dabei als Grundlage bei der Ableitung von Indikatoren auf den verschiedenen Wirkungsstufen.

4. Ergebnisse

Von den 469 Personen, die eine Einladung mit Link zum Fragebogen t1 erhielten, füllten 294 Personen den Fragebogen aus. Dies ergibt eine Rücklaufquote von 62,7 Prozent.

Jeweils etwa ein Drittel der Befragten ist Fachkraft für Arbeitssicherheit (34,0 Prozent) oder Führungskraft (31,0 Prozent). 20,4 Prozent sind Beschäftigte und nur 12,2 Prozent Unternehmerinnen und Unternehmer. Etwa ein Drittel der Befragten kommt aus dem Gastgewerbe (32,0 Prozent), etwa ein Viertel aus Betrieben der Nahrungsmittelherstellung (23,1 Prozent) und etwa ein Fünftel aus der Fleischwirtschaft (19,7 Prozent). Es folgen das Backgewerbe mit 12,9 Prozent, weitere Branchen mit 6,1 Prozent und die Getränkeindustrie mit 4,8 Prozent. Aus dem Schaustellergewerbe kommen 1,4 Prozent. Fast drei Viertel der Betriebe haben mehr als 50 Beschäftigte (73,8 Prozent), ein Fünftel 11 bis 50 Beschäftigte (20,4 Prozent) und 5,8 Prozent bis 10 Beschäftigte.

Bezogen auf die Nützlichkeit der einzelnen Elemente wird der Selbstcheck auf einer fünf-stufigen Skala (von „sehr nützlich" bis „nicht nützlich") insgesamt als „sehr nützlich" (30,1 Prozent) bzw. „eher nützlich" (50,7 Prozent) bewertet. Nur ca. drei Prozent der Befragten bewerten die Elemente als „eher nicht nützlich" (2,6 Prozent) oder „nicht nützlich" (0,5 Prozent). Den Umfang der Texte bewerten über drei Viertel der Befragten als „genau richtig" (77,3 Prozent). Insgesamt fast 90 Prozent der Befragten bewerten die Verständlichkeit der Texte als „sehr verständlich" (40,6 Prozent) oder „eher verständlich" (47,6 Prozent).

Ein wesentlicher Bestandteil des Selbstchecks sind Hinweise und Maßnahmen zu den Checkergebnissen. Eine Frage im Fragebogen lautete daher: Haben Sie seit dem Selbstcheck schon Maßnahmen in Ihrem betrieblichen Alltag umgesetzt? Diese Frage beantwortete über ein Viertel der Befragten mit „Ja" (26,9 Prozent), 12,3 Prozent haben sogar schon mehrere Maßnahmen umgesetzt.

Der Selbstcheck bietet auch die Möglichkeit, sich mit anderen Unternehmen der gleichen Betriebsgröße und Branche in Bezug auf die einzelnen Handlungsfelder zu vergleichen (Benchmarking). Diese Möglichkeit hat etwas mehr als ein Drittel der Befragten genutzt (37,8 Prozent). Von den Befragten, die nicht am Benchmarking teilgenommen haben, gab die Hälfte (50,0 Prozent) an, dieses Angebot nicht wahrgenommen zu haben, ein Viertel hatte kein Interesse (25,0 Prozent) und 14,2 Prozent Bedenken bezüglich des Datenschutzes. Die Angabe „Sonstige Gründe" machten ca. 10 Prozent (10,8 Prozent), wobei vor allem Zeit- und Termingründe genannt wurden.

Das Nutzungserleben bei der Durchführung des Selbstchecks, die sogenannte User Experience, wurde mit Hilfe des User Experience Questionnaire (UEQ) gemessen (vgl. https://www.ueq-online.org). Der Fragebogen UEQ besteht aus insgesamt 26 semantischen Differentialen, mit jeweils sieben Abstufungen, welche in der Auswertung zu den Dimensionen Attraktivität, Durchschaubarkeit, Effizienz, Steuerbarkeit, Stimulation und Originalität zusammengefasst werden. Abbildung 1 zeigt die Werte des Selbstchecks (Mean) im Vergleich zu 246 ähnlichen Produkten der Normstichprobe des UEQs (Benchmark), die mit dem Fragebogen zur Verfügung gestellt wird.

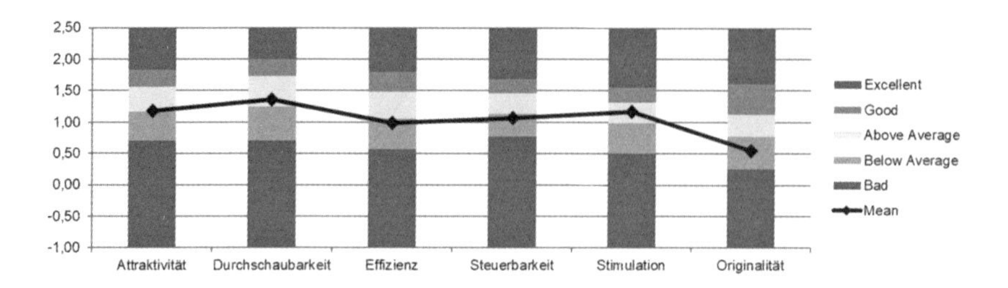

Abb. 1: Ergebnis und Benchmark zur User Experience

5. Ausblick

Die Befragungen zum Messzeitpunkt t2, zur Evaluation der Aktions-Box, werden Ende Januar 2020 abgeschlossen sein. Anschließend werden die Fragebögen der zweiten Teil-Befragung ausgewertet und die Daten von t1 und t2 verknüpft. Dabei sollen folgende Fragen beantwortet werden: Hat das Wissen zu den Handlungsfeldern der Kampagne bei den Befragten nach der Nutzung der Aktions-Box bzw. der darin enthaltenen Medien zugenommen? Spielen die Anzahl bzw. die Bewertung der genutzten Aktions-Box-Inhalte dabei eine Rolle?

Stand Januar 2020, d.h. in ca. einem Jahr, wurden über 1.200 Aktions-Boxen direkt über die App bestellt. Die Befragten finden es auch sehr gut (55,6 Prozent) und ziemlich gut (42,3 Prozent), dass die BGN einen Selbstcheck anbietet und dass dieser als Web-App angeboten wird (sehr gut: 35,7 Prozent; ziemlich gut: 52,5 Prozent).

Literatur

Keller, S. & Schwinger-Butz, E. (2019). Der BGN-Selbstcheck „Sicherheit und Gesundheit im Betrieb“. In: Sicher ist sicher, Jg. 70, H. 5, S. 251–253.

Kurz, B. & Kubek, D. (2018). Kursbuch Wirkung. Das Praxishandbuch für alle, die Gutes noch besser tun wollen. 5. Auflage, Berlin.

Steinbrenner, K, Brinkmann, R., Keller, S. & Blatt, G. (2018). Der Selbstcheck Sicherheit und Gesundheit im Betrieb. Ein neues Instrument zur Erfassung der Präventionskultur in der Nahrungsmittelbranche und im Gastgewerbe. In: Journal Gesundheitsförderung, H. 1, S. 36–38.

Zimber, A. & Borchard, L.-M. (2016). Organisationskulturelle Einflussgrößen bei der Umsetzung der Gefährdungsbeurteilung psychischer Belastungen. In: R. Wieland, Seiler, K. & M. Hammes (Hrsg.). Psychologie der Arbeitssicherheit und Gesundheit. Dialog statt Monolog. 19. Workshop 206. Kröning: Asanger, S. 301–304.

Arbeitskreis

Gewalt am Arbeitsplatz: Traumatisierungen und Gefährdungsbeurteilungen

Leitung: Thomas Oberkötter

Melanie Wicht
Steuerberaterkammer Hessen

Abweichendes Kundenverhalten – Präventive Führung

1. Problemaufriss

In der Dienstleistungsbranche ist die Zufriedenstellung des Kunden bereits aus ökonomischen Erwägungen oft oberstes Ziel. Vom Kundenkontaktpersonal wird seitens des Kunden und in der Regel auch vom Arbeitgeber ein spezielles soziales Verhalten gefordert, dergestalt, dass sich der Dienstleister stets höflich und angenehm gegenüber dem Kunden verhält. Dies wird mit speziellen Verhaltensregeln *(z.B. „guter Kundenservice beginnt mit einem freundlichen Lächeln")* untermauert und dem Kunden wird von vielen Unternehmen suggeriert, er habe Sonderrechte *(„Bei uns ist der Kunde König")*. Ferner besteht in der Regel ein Machtungleichgewicht: Der Kunde kann sich den Dienstleister aussuchen, der Dienstleister den Kunden nicht. Diese Gemengenlage begünstigt abweichendes Kundenverhalten, das sich in unangemessener Kommunikation, der Verletzung von sozialen Normen, aggressivem Verhalten bis hin zur sexuellen Belästigung äußern kann.

2. Folgen für die Gesundheit des Kundenkontaktpersonals

Ist der Dienstleister mit abweichendem Kundenverhalten konfrontiert, ist die Bewältigung einer solchen Situation für ihn gewöhnlich sehr stressend. Schon als ungerecht und unfreundlich empfundenes Kundenverhalten, beispielsweise illegitime Klagen über angebliche Fehler im Service, hat negative Wirkungen auf die Arbeitszufriedenheit von Mitarbeitern und führt zu Stresserleben bzw. Coping. Je nach Dauer und Intensität und Resilienz des Dienstleisters können kurzfristige emotionale Effekte, wie eine vorübergehende Beeinträchtigung der Stimmung hervorgerufen werden, oder auch langfristige psychologische Effekte, wie Stresserkrankungen. So berichten Dienstleister von Angstattacken, Schlaflosigkeit und Erinnerungs-Flashbacks, wenn sie in aggressive Vorfälle verwickelt waren. Ein zusätzliches Gesundheitsrisiko besteht durch Oberflächenhandeln des Dienstleisters als Strategie gegen das abweichende Kundenverhalten (z.B. freundlich lächeln, obwohl dieser wütend wegen des aggressiven Kundenverhaltens ist), was zu emotionaler Erschöpfung führen kann. Zusammengefasst kann festgestellt werden, dass abweichendes Kundenverhalten für das Kundenkontaktpersonal ein ernstes Gesundheitsrisiko darstellt und deshalb mit hohen Kosten für ein Dienstleistungsunternehmen verbunden sein kann.

3. Bewältigungsversuche

Die von Dienstleistern eingesetzten Bewältigungsstrategien können zusätzlich gesundheitsbelastend sein. Das Oberflächenhandeln als Strategie zur Besänftigung des Kunden wurde bereits skizziert. Im Rahmen einer Studie (Reynolds und Harris, 2006) nannten die Befragten als vorbereitende Taktiken beispielsweise Drogenkonsum, Änderung der Kleidung, um sexuelle Belästigung zu vermeiden, „eine andere Persönlichkeit spielen". Während des Ereignisses wird als Taktik u. a. Emotionsarbeit, aber auch Ausnutzen der eigenen sexuellen Attraktivität genannt. Weitere Strategien sind die Distanzierung vom Kunden oder aber auch Rache (z. B. „unbemerkt in die Speisen spucken"). Die unvollständige Aufzählung verdeutlicht, dass die gewählten Bewältigungsstrategien auch kontraproduktiv für die eigene Gesundheit sein können. Es liegen nur wenige Interaktionsstudien im Dienstleistungsbereich vor. Aus den bisherigen Forschungsergebnissen lassen sich jedoch Ansätze für eine Mitarbeiterführung ableiten, die präventiv abweichendem Kundenverhalten entgegenwirken und Ressourcen für „gesunde" Coping-Strategien bieten kann. Diese sollen nachfolgend skizziert werden.

4. Präventives Führen

4.1 Gestaltung des Dienstleistungsklimas/Kundenkommunikation

Ein erster Schritt zur Prävention ist es, ein Bewusstsein für die Gründe von abweichendem Kundenverhalten zu entwickeln und für die Faktoren, die es begünstigt. Denn das Machtungleichheit zwischen Dienstleister und Kunde verschärft sich, wenn das Unternehmen durch ein entsprechendes Leitbild und Vorgesetzte durch ihr Führungsverhalten vermitteln, dass Kundenzufriedenheit höchste Priorität hat und die Wünsche des Kunden in jedem Fall zu erfüllen sind. Wahrgenommene Kundenmacht korreliert beispielsweise relativ eng mit sexueller Belästigung. Darüber hinaus berichten befragte Dienstleister, dass sie hinsichtlich des abweichenden Kundenverhaltens von ihren Vorgesetzten oftmals nicht ernst genommen oder die Vorfälle bagatellisiert werden. Fazit hieraus sollte sein, das Dienstleistungsklima und die Kundenkommunikation so auszugestalten, dass das Dienstleistungsversprechen hinsichtlich der Dienstleistung selbst zwar durchaus höchste Ansprüche erfüllen können darf, hinsichtlich der Interaktion zwischen Dienstleister und Kunden jedoch eine gleichrangige Verhaltenserwartung besteht. Interessanterweise weisen Studien im Beratungskontext darauf hin, dass eine „Beratung auf Augenhöhe" die höchste Kundenzufriedenheit nach sich zieht. Auch ein als echt erlebtes freundliches Verhalten gegenüber dem Kunden wirkt positiv auf Kundenzufriedenheit und Kundenbindung ein.

4.2 Training des Kundenkontaktpersonals

Oberflächenhandeln stellt stresstheoretisch ein Belastungsfaktor dar und kann – je nach Persönlichkeit – zu emotionaler Erschöpfung führen und das Burn-Out-Risiko erhöhen. Handeln Dienstleister an der Oberfläche, erleben sie sich eher als unauthentisch, was wiederum die stärkste Erklärungsgröße der emotionalen Erschöpfung darstellt. Für das präventive Führen bedeutet dies, vom Kundenkontaktpersonal nicht das Vorspielen von Gefühlen zu erwarten und stattdessen Tiefenhandeln als Prävention zu verstehen und das Kundenkontaktpersonal entsprechend zu schulen. Hierbei gelten solche Trainings als besonders wirkungsvoll, die Verhaltenssimulationen einbeziehen.

4.3 Personalauswahl

Bestimmte Ausprägungen der Persönlichkeitsmerkmale korrelieren mit hoher Kundenorientierung. Zwar bleibt „Extraversion“ hierzu
nahezu unkorreliert. Eine hohe Ausprägung dieses Persönlichkeitsmerkmals gilt aber als schützender Faktor gegen emotionale Erschöpfung im Rahmen von Emotionsarbeit. Eine bewusste Auswahl des Kundenkontaktpersonals hinsichtlich Eignung und Neigung bietet demnach ebenfalls einen präventiven Ansatz.

4.4 Befähigende und ressourcenstärkende Arbeitsgestaltung

Werden dem Mitarbeiter weite Reaktionsspielräume eingeräumt und fühlen sie sich für die Arbeitsaufgabe befähigt und von der Führung unterstützt, erhöht sich das Gefühl, auch schwierige Situationen kontrollieren zu können, was eine wichtige Ressource im Umgang mit belastenden Situationen darstellt. Ein präventiver Ansatz sollte deshalb auch die Arbeitsorganisation einbeziehen.

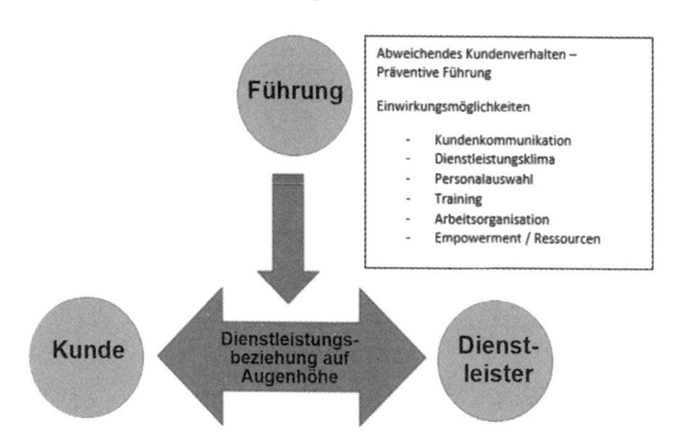

Abb. 1: Modell Abweichendes Kundenverhalten – Präventive Führung

Literatur

Nerdinger, F. (2011). Psychologie der Dienstleistung. Göttingen: Hogrefe..

Rupp, D.E., McCance, A.S. & Grandey, A.A. (2007). A cognitive-emotional theory of customer injustice and emotional labor. Implications for customer service, fairness theory and the multi-foci perspective. In D. DeCremer (Ed.), Advances in psychology of justice and affect (pp. 205-232). Charlotte, NC: Information Age.

Spencer, S., & Rupp, D. E. (2009). Angry, guilty, and conflicted: Injustice toward coworkers heightens emotional labor through cognitive and emotional mechanisms. *Journal of Applied Psychology, 94*(2), 429–444.

Fritzi Wiessmann[1], Heike Merboth[2] & Gudrun Wagner[3]
[1]Berufsgenossenschaft Verkehrswirtschaft Post-Logistik Telekommunikation, [2]Unfallkasse Sachsen, [3]Berufsgenossenschaft Holz und Metall

Umgang mit psychisch beeinträchtigten Beschäftigten

1. Ausgangssituation

Der Themenkomplex „Psychische Belastungen, psychische Störungen, psychische Erkrankungen" nimmt einen immer größeren Raum in der öffentlichen Diskussion ein. Der Gesetzgeber hat bereits 2013 reagiert und die Ermittlung arbeitsbedingter psychischer Belastungen als potentielle Gefährdung für Beschäftigte in das Arbeitsschutzgesetz aufgenommen. Seitdem muss jeder Arbeitgebende explizit psychische Gefahren und Gefährdungen in der Gefährdungsbeurteilung (§ 5, ArbSchG) berücksichtigen. Alle Krankenkassen verzeichnen eine Zunahme der Diagnosen psychischer Erkrankungen. Diese sind auch der häufigste Grund für Frühverrentungen, so dass die Kosten im Gesundheits- und Rentenwesen stark gestiegen sind. Unternehmen vermerken Personalausfälle in Form von hohen Krankenständen und vor allem langen Ausfallzeiten sowie den Abgang von Fachpersonal in den frühzeitigen Ruhestand. Störungen im Arbeitsprozess, eine sinkende Produktivität sowie eine Verschlechterung des sozialen Klimas können Ursachen dafür sein, dass Beschäftigte psychisch beeinträchtigt sind.

2. Handlungsleitfaden für Führungskräfte zum Umgang mit psychisch beeinträchtigten Beschäftigten

Eine neue Broschüre der Deutschen Gesetzlichen Unfallversicherung (DGUV) soll Aufklärung, Hinweise und praktische Hilfe geben, wie Führungskräfte mit psychisch beeinträchtigten Mitarbeiterinnen und Mitarbeitern umgehen sollen, können und müssen. Es herrscht neben einer großen Unwissenheit über Handlungsmöglichkeiten bei psychisch beeinträchtigten Beschäftigten oftmals auch eine Unsicherheit und Scheu Mitarbeiterinnen und Mitarbeiter auf Defizite im Leistungs- und Sozialverhalten anzusprechen und auf notwendige Änderungen hinzuweisen.

Dabei ist es eine der Hauptaufgaben von Führungskräften, geordnete und reibungslose Betriebsabläufe sicherzustellen und eine Mitverantwortung dafür zu tragen, dass Mitarbeiterinnen und Mitarbeiter leistungsfähig und leistungsbereit sind.

3. Inhalte des Handlungsleitfadens

Die Broschüre ist in sechs Kapitel unterteilt und enthält zwei Anhänge.

3.1 Kapitel 1

Psychische Eigenheiten, psychische Beeinträchtigungen, psychische Störungen, psychische Erkrankungen – die Begriffsvielfalt und die damit verbundene Gefahr einer Begriffsmissinterpretation sind groß. Selbst in der Fachwelt herrscht nicht immer Eindeutigkeit, was denn nun die einzelnen Benennungen meinen und welche (Handlungs-)Implikationen damit verbunden sind. In Kapitel 1 „Psychische Auffälligkeiten und psychische Störungen" werden die Bezeichnungen soweit möglich definiert und voneinander abgegrenzt, denn eine eindeutige Abgrenzung ist schwierig, da der Übergang zwischen psychisch gesundem, psychisch beeinträchtigtem und psychisch krankem Verhalten oft fließend und auch von der individuellen Betrachtungsweise sowie kulturellen Normen abhängig ist. Unterscheiden muss eine Führungskraft zwischen psychischen Eigenheiten als charakterliche Besonderheiten ihrer Mitarbeiterinnen und Mitarbeiter und deren eventuellen gesundheitlichen psychischen Beeinträchtigungen.

3.2 Kapitel 2

In Kapitel 2 „Erkennen von psychischen Gesundheitsbeeinträchtigungen" bei Beschäftigten werden Verhaltensauffälligkeiten beschrieben, die Signale dafür sein können, dass eine Mitarbeiterin oder ein Mitarbeiter psychische gesundheitliche Beeinträchtigungen hat oder gar erkrankt ist. Skizziert werden Veränderungen

- in der Arbeitsdisziplin: zum Beispiel Unpünktlichkeit, häufige Verspätungen, Nichteinhalten von Terminen
- im Leistungsverhalten: zum Beispiel starke Leistungsschwankungen, auffällige Leistungsminderungen, Vermeiden von bestimmten Tätigkeiten oder
- im Sozialverhalten: zum Beispiel Rückzugsverhalten, übersteigerte Reaktionen gegenüber Kritik, unangemessenes Verhalten gegenüber Führungskräften, Kolleginnen und Kollegen oder Kundinnen und Kunden.

3.3 Kapitel 3

Nachdem die Führungskraft sensibilisiert wurde, Verhaltensauffälligkeiten und –änderungen wahrzunehmen und auf diese zu achten, werden in Kapitel 3 „Tipps und Praktische Hilfen" aufgezeigt. Ein großes Augenmerk wird auf das frühzeitige Ansprechen von Beschäftigten bei Verhaltensänderungen gelegt, um die Ursachen dafür zu finden. Liegen die Ursachen in Defiziten bei der Arbeitsgestaltung oder in der Arbeitsorganisation und/oder im betrieblichen sozialen Umfeld, gilt es diese abzustellen.

Für diese sensiblen Gespräche gibt es Hinweise in Hinblick auf die organisatorische und inhaltliche Gesprächsvorbereitung sowie für die Gesprächsdurchführung. Informationen zu inner- und außerbetrieblichen Anlaufstellen runden das Kapitel ab.

3.4 Kapitel 4

Kehrt eine Beschäftigte oder ein Beschäftigter nach erfolgreicher Rekonvaleszenz wieder in das Unternehmen zurück, gibt es verschiedene Wege und Maßnahmen für die betriebliche Reintegration. In Kapitel 4 „Rückkehr nach Krankheit in das Unternehmen" werden die Ziele und Möglichkeiten von Wiedereingliederung aufgezeigt.

3.5 Kapitel 5

In Kapitel 5 „Wege zur psychischen Gesundheit am Arbeitsplatz" wird auf die Bedeutung der Gestaltung von Arbeitsbedingungen und gutes Führungsverhalten zur Gesunderhaltung von Beschäftigten eingegangen.

3.6 Kapitel 6

Große Unsicherheit herrscht über rechtliche Handlungsmöglichkeiten für Führungskräfte bei psychischen Auffälligkeiten oder psychischen Störungen/Erkrankungen einer Mitarbeiterin oder eines Mitarbeiters. Darauf wird in Kapitel 6 „Arbeitsrechtliche Aspekte" eingegangen.

3.7 Anlage 1

In Anlage 1 „Kurzbeschreibung ausgewählter psychischer Störungen" werden die häufigsten psychischen Erkrankungen in Deutschland beschrieben: Affektive Störungen inklusive der Zusatzdiagnose Burnout, Angststörungen, Posttraumatische Belastungsstörung, Störungen durch psychotrope Substanzen/Abhängigkeitserkrankungen und Somatoforme Störungen werden mit ihren Merkmalen, Hintergründen und Verläufen skizziert.

3.8 Anlage 2

Anlage 2 ist die Kopiervorlage der „Leitfäden für die Gesprächsvorbereitung und -durchführung".

Literatur

Deutsche Gesetzliche Unfallversicherung (DGUV) (Hrsg.) (2020): Umgang mit psychisch beeinträchtigten Beschäftigten. Handlungsleitfaden für Führungskräfte. Berlin (in Druck, erscheint 2020).

Stefan Joost
Institut für angewandte Mehrpersonenpsychologie www.jooscience.de

„Come in and burn out" – Volkskrankheit oder Erfolgskrankheit?

1. Problembeschreibung

Burnout und Mobbing sind Herausforderungen der Psychotherapie. Obwohl sich diese Syndrome häufig beobachten lassen, herrscht Rätselraten über die Ursachen. Wissenschaftliche Untersuchungen sind kaum zu finden, und die wenigen vorliegenden Arbeiten beschränken sich auf Beschreibungen. Ursächliche Zusammenhänge sucht man vergebens, Phänomenologie ersetzt Ätiologie. Dem Unvermögen folgt ein Anstieg des Anteils der psychischen Erkrankungen an den Frühberentungen in Deutschland von 8,6 % auf 39,3 %[1]. Hinzu kommt, dass sich in den letzten zehn Jahren die Zahl der Krankentage wegen psychischer Probleme mehr als verdoppelt hat.

Diese neue Volkskrankheit ausschließlich durch den Wandel der Arbeitswelt weg von einer leiblichen und hin zu einer stärker seelischen Beanspruchung zu erklären, greift zu kurz. Die Ausgeschiedenen klagen über ein Auseinanderdriften von Unternehmenszielen und gelebter Unternehmenskultur. Verbalisierte Treue zu den Zielen treffe auf eine gelebte Untreue in der Kultur, was bei vielen einen Zynismus gegenüber der Berufstätigkeit[2] auslöst, den Freudenberger bereits 1974[3] beschrieben hatte.

2. Etablierte Behandlungsmethoden

Die Strategien reichen von Psychotherapie bis hin zu betriebswirtschaftlichem Coaching. Die Meinungen der Berufsgruppen gehen weit auseinander und spiegeln die jeweilige Berufsethik wider[4]. Aus dem Blickwinkel der Therapie gelten betriebliche Faktoren als nicht beeinflussbar und werden ausgeklammert. Die Betriebswirte hingegen praktizieren ein Überlebenscoaching auf steilen Karriereleitern, eine Beratung, wie man effektiv Mobbing zum Personalabbau betreibt, miteingeschlossen[5].

3. Massenpsychologisch-biologische Ansätze

Wir kennen sie als isolierte pathologische Zustände, doch was wäre, wenn Burnout und Mobbing überhaupt keine individuellen Krankheiten sind, sondern eine biologische Schwarmreaktionen auf einen krankmachenden Zeit- und Leistungsdruck? Wir leben in einer individualrechtlichen Gesellschaft, Schuld oder Krankheit trägt immer nur der Einzelne. Die Leistungsverausgabung mit plötzlichem Ausfall könnte eine von vielen Abstoßungsreaktionen eines menschlichen Schwarms sein, der sich gegen einen allzu fordernden Arbeitgeber abschottet.

In marktwirtschaftlichen Unternehmen sind alle Angestellten rechtlich dem Arbeitsvertrag unterworfen. Er ist die härteste soziale Grenze innerhalb der Organisation. Die Gleichheit in dieser Abhängigkeit lässt sie einen Schwarm formieren. Wie eine Zelle sich mit einer Membran schützt, so schottet sich der Schwarm der Angestellten gegen Außenreize ab und reagiert nur auf seine inneren Eigenzustände. Biologen wie Maturana und Soziologen wie Luhmann sprechen von einem sich selbst erfindenden, autopoietischen System.

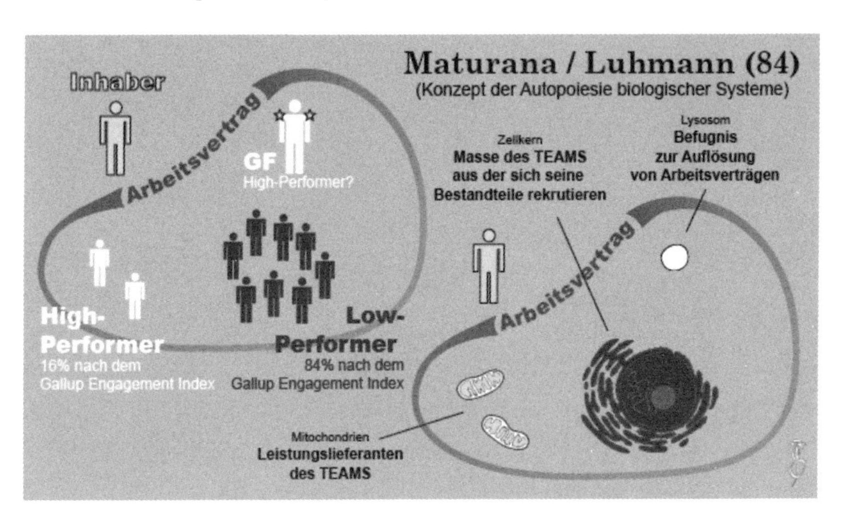

Abb. 1: Konzept der Autopoiesie biologischer und sozialer Systeme

Gefährdungen für den Schwarm, die vom Inhaber ausgehen, wie Zeit- und Leistungsdruck und Kündigungen, werden hinter vorgehaltener Hand ausgetauscht, niemand jedoch wagt es öffentlich darüber zu sprechen. Nach Foulkes ist das Äquivalent zum Bewusstsein der Gruppe die Summe der öffentlichen Äußerungen. Das kollektive Unbewusste, das Latente, sei gleichzusetzen mit dem, was in der Gruppe nicht gesagt werden will, kann oder darf.

4. Analyse der autopoietischen Rollenverteilung

In der „Frau-Holle"-Ausgangssituation ist dem Inhaber die Performance aller Angestellten bekannt. Die High-Performer bekommen den „Goldsegen", an den Low-Performern klebt das „Pech". Mit der Einführung der wissenschaftlichen Betriebsführung durch Taylor 1911 kam eine vierte Person ins Spiel, die mittlere Leitungsebene. Taylor machte die Arbeitsethiker zu Vorarbeitern, aus Vorarbeitern wurden Geschäftsführer.

Im Idealfall und bei gut quantifizierbaren und genau zuordenbaren Arbeitsergebnissen kollaboriert der von Taylor geschaffene Manager gerne mit dem Inhaber und den High-Performern. Die Anzahl der High-Performer steigt. Doch er muss auf der Hut sein. Manche Inhaber täuschen die Verbraucher. Um die Mitbewerber zu überflügeln liefern, sie ein paradiesisches Leistungsversprechen an die Märkte. Im Lautbild des deutschen Wortes *„überflügeln"* ist das Lautbild des Wortes *„Lüge"* enthalten. Auch im Englischen ähnelt *„he, she, it - lies"* dem *„he she it - flys"* im Lautbild. Bleibt die erbrachte Leistung jedoch unter der Versprochenen zurück, könnte der Inhaber das bestehenden Management verantwortlich machen und es durch vorhandene High-Performer auszutauschen. Um dies zu verhindern, beugen Ränkespieler vor. Lässt sich die Arbeitsleistung schlecht quantifizieren und wird viel in Teams gearbeitet, so ist die Bühne frei für den Als-Ob-Modus. Da die Mehrheit der Angestellten weltweit nur eine geringe Bindung an die Ziele der Arbeitgeber hat[6], tut der Geschäftsführer nur so, als ob er mit dem Inhaber kollaboriert. Er lässt den Inhaber wider besseres Wissen glauben, sein Marktversprechen sei umsetzbar und schafft damit eine Des-Kaisers-neue-Kleider-Situation. Gleichzeitig schützt er die Low-Performer und schickt die High-Performer in die Leistungsverausgabung. Um seine Führungsaufgaben nicht zu vermasseln, schwimmt er mit und nicht gegen die träge Masse der Low-Performer. Am Ende wirft er den an der Leistungsverausgabung erkrankten Mitarbeitern vor, sie hätten selbst schuld[7], weil sie sich verausgabt hätten, um als fürsorglicher Manager dazustehen und gleichzeitig von eigenen Anteilen abzulenken.

Dieses Fallenlassen des überlasteten Mitarbeiters wird von den Zuschauern im autopoietischen Labyrinth als Sanktionierung der Mehrleistungsbereitschaft empfunden. Von einem Manager, der ohne Qualitätsabstriche arbeitet, ist dieser Ränkespieler von außen nicht zu unterscheiden[8].

Bereits bei primitiven Säugetieren lässt sich dieser vermutlich riechhirngesteuerte Schwarmmechanismus beobachten. Es gilt als alte Kutscher- Weisheit, dass man das Pferd schlagen soll, das am besten zieht. Der Anteil der High-Performer sinkt. Bei den zuschauenden Arbeitern im Labyrinth entsteht bewusst, d. h. explizit kognitiv, der Eindruck, als werde eine niedrige Performance vom Arbeitgeber nicht nur toleriert, sondern sogar insgeheim erwartet. Hier wird der blinde Fleck der Mikroökonomie am deutlichsten.

Ein Inhaber, der sich bei der Beurteilung der Performance der Mitarbeiter alleine auf das mittlere Management verlässt, ist blind für dieses Ränkespiel. Am Ende erscheint der Inhaber den Arbeitern als lächerliche Figur, die Freund und Feind nicht unterscheiden kann. Ein solcher „King Lear" kann kein Koalitions- oder Ansprechpartner sein.

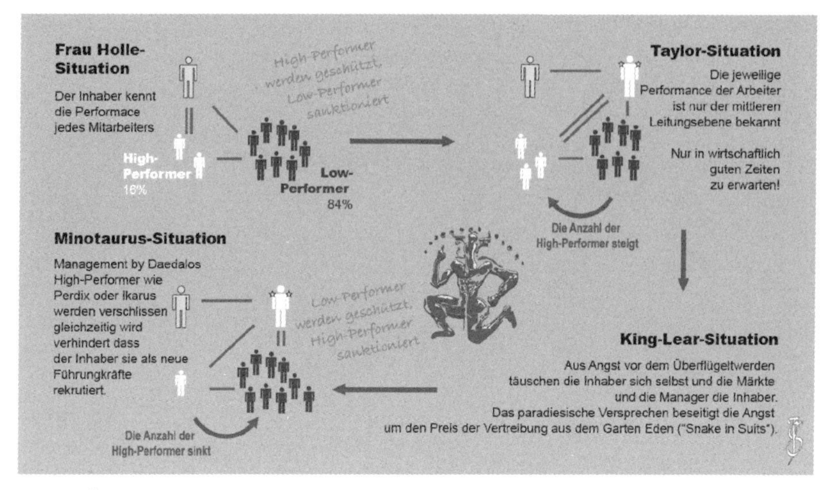

Abb. 2: Überflügelungsängste als Unbehagen in der Unternehmenskultur

Die Macht des Talentmörders entsteht nicht nur durch das passiv eingeleitete Burnout der Zugpferde. Bei denjenigen Mitarbeitern, die nicht nur willig, sondern auch mehrleistungsfähig sind, tritt aktives Streber-Mobbing hinzu, (Demerouti, 2012): Hohe Arbeitsanforderungen können zu positiven Beanspruchungsfolgen führen, die gleichen Anforderungen können aber auch Depressionen, psychosomatische Beschwerden und Distanzierung von der Berufstätigkeit auslösen. Ob sie das eine oder das andere bewirken, hängt im Wesentlichen von der Umgebung ab. Mit negativen Beanspruchungsfolgen ist zu rechnen bei unzureichender Anerkennung oder negative Rückmeldung durch Vorgesetzte und geringe Autonomie bei der Gestaltung der Arbeit[9].

Die Lüge ist ein Schutz vor Schuld und Söhnen, wie es Stignitz formuliert hat[10]. Nur wer dieses Spiel durchschaut, kann seine Performance gut an den tatsächlichen Bedarf anpassen und bleibt immun gegenüber negativen Beanspruchungsfolgen. Diese Erkenntnis ist nicht neu, sie ist so alt wie der Aufstieg der Kaufmannsgilden in Europa. Wer in gierigen Märkten dem Unglück der Leistungsverausgabung aufgrund falscher Versprechungen entgehen will, braucht Schwarmintelligenz: Denn nur wer zu spät kommt, nur aus der Ferne nachzieht und blind und stumm die Arbeit verrichtet, kann das Labyrinth der Ratsherren von Hameln überleben.

Literatur

Die Quellen, auf die in den Fußnoten hingewiesen werden, können beim Autor angefordert werden.

Verzeichnis der Autorinnen und Autoren

Workshop-Reihe
„Psychologie der Arbeitssicherheit und Gesundheit"

Der Workshop „Psychologie der Arbeitssicherheit und Gesundheit" wurde 1984 an der Technischen Universität München ins Leben gerufen und ist eine seitdem bewährte Form selbst organisierten Lernens. Im deutschsprachigen Raum hat sich der in der Regel alle zwei Jahre stattfindende Workshop zur wichtigsten und stark nachgefragten Veranstaltung für den Austausch von Wissenschaft und Praxis zu fachpsychologischen Themen des Arbeits- und Gesundheitsschutzes entwickelt.

Sie finden die Inhaltsverzeichnisse der einzelnen Workshopbände auf unserer Website **www.asanger.de**

Rüdiger Trimpop, Jana Kampe, Moritz Bald, Iris Seliger, Georg Effenberger (Hrsg.)
Psychologie der Arbeitssicherheit und Gesundheit: Voneinander lernen und miteinander die Zukunft gestalten! 20. Workshop 2018
832 S., Hardcover, 49,50 € (633-2)

Rainer Wieland, Kai Seiler, Mike Hammes (Hrsg.)
Psychologie der Arbeitssicherheit und Gesundheit: Dialog statt Monolog. 19. Workshop 2016
654 S., 39,- Euro (606-6)

Monika Eigenstetter, Torsten Kunz, Roland Portuné, Rüdiger Trimpop (Hrsg.)
Psychologie der Arbeitssicherheit und Gesundheit: Psychologie der gesunden Arbeit. 18. Workshop 2014
534 S., 39,- Euro (587-8)

Georgios Athanassiou, Sabine Schreiber-Costa, Oliver Sträter (Hg.)
Psychologie der Arbeitssicherheit und Gesundheit: Sichere und gute Arbeit erfolgreich gestalten – Forschung und Umsetzung in der Praxis. 17. Workshop 2012
2012, 444 S., 39.- Euro (573-1)

Rüdiger Trimpop, Gudrun Gericke, Jochen Lau (Hg.)
Psychologie der Arbeitssicherheit und Gesundheit: Sicher bei der Arbeit und unterwegs – wirksame Ansätze und neue Wege. 16. Workshop 2010
2010, 608 S., 39.- Euro (539-7)

Christian Schwennen, Gabriele Elke, Boris Ludborzs, Helmut Nold, Stefan Rohn, Sabine Schreiber-Costa, Bernhard Zimolong (Hg.)
Psychologie der Arbeitssicherheit und Gesundheit: Perspektiven und Visionen. 15. Workshop 2008
2008, 472 S., 39.- Euro (499-4)

Peter Bärenz, Anna-Marie Metz, Heinz-Jürgen Rothe (Hg.)
Psychologie der Arbeitssicherheit und Gesundheit: Arbeitsschutz, Gesundheit und Wirtschaftlichkeit 14. Workshop 2007
2007, 485 S., 39.- Euro (476-4).

Lutz Packebusch, Birgit Weber, Sandra Laumen (Hg.)
Psychologie der Arbeitssicherheit und Gesundheit: Prävention und Nachhaltigkeit 13. Workshop 2005
2005, 2. Aufl. 2009, 503 S., 39.- Euro (431-4)

Hans-Gerhard Giesa, Klaus-Peter Timpe, Ulrich Winterfeld (Hg.)
Psychologie der Arbeitssicherheit und Gesundheit 12. Workshop 2003
2003, 2. Aufl. 2009, 491 S., 39.- Euro (401-2).

Rüdiger Trimpop, Bernhard Zimolong, Andreas Kalveram (Hg.)
Psychologie der Arbeitssicherheit und Gesundheit: Neue Welten – Alte Welten. 11. Workshop 2001
2002, 509 S., 39.- Euro (374-1)
(Preis für digitalisierte Version: 20,- Euro)

Hans-Peter Musahl, Thomas Eisenhauer (Hg.)
Psychologie der Arbeitssicherheit: Beiträge zur Förderung der Sicherheit und Gesundheit in Arbeitssystemen. 10. Workshop 1999
2000, 581 S., 19.50 Euro (356-3).

Helmut von Benda, Dietmar Bratge (Hg.)
Psychologie der Arbeitssicherheit: 9. Workshop 1997
1998, 394 S., 12.- Euro (337-7)

Boris Ludborzs, Helmut Nold, Bruno Rüttinger (Hg.)
Psychologie der Arbeitssicherheit: 8. Workshop 1995
1996, 796 S., 11.- Euro (317-2)

Friedhelm Burkardt, Claudia Winklmeier (Hg.)
Psychologie der Arbeitssicherheit: 7. Workshop 1993
1994, 646 S., 19.50 Euro (269-9)

Bernhard Zimolong, Rüdiger Trimpop, (Hg.)
Psychologie der Arbeitssicherheit: 6. Workshop 1991
1992, 640 S., 19.50 Euro (225-7)
(Preis für ev. digitalisierte Version/in Vorbereitung: 20,- Euro)

Carl Graf Hoyos (Hg.)
Psychologie der Arbeitssicherheit: 5. Workshop 1989
1990, 397 S., 12.- Euro (178-1)

Boris Ludborzs (Hg.)
Psychologie der Arbeitssicherheit: 4. Workshop 1989
1990, 360 S. **(vergriffen)**
(Preis für digitalisierte Version: 20.- Euro)

Heiner Erke (Hg.)
Psychologie der Arbeitssicherheit: 3. Workshop 1987
1988, 220 S. **(vergriffen)**
(Preis für digitalisierte Version: 15.- Euro)

Friedhelm Burkardt (Hg.)
Psychologie der Arbeitssicherheit: 2. Workshop 1985
1986, 324 S. **(vergriffen)**
(Preis für digitalisierte Version: 15.- Euro)

Carl Graf Hoyos, Gerd Wenninger (Hg.)
Psychologie der Arbeitssicherheit: 1. Workshop 1984
1985, 280 S. **(vergriffen)**
(Preis für digitalisierte Version: 15.- Euro)